續文獻通考經籍考（三種）

中

〔明〕王圻 等撰
王培峰 石風 整理

上海古籍出版社

傳記諸書所載,真僞混淆,殆難盡信,《孝經》亦其一也。竊詳《孝經》之爲書,肇自孔、曾一時問答之語。今文出於漢初,謂悉曾子門人記録之舊,已不可知。古文《孝經》以爲秦時孔鮒所藏,昭帝時魯國三老始以上獻,劉向、衛宏蓋嘗手校,魏晉以後,其書亡失。隋時,有稱得古文《孝經》者,其間與今文增減異同,率不過一二字,而文勢曾不若今文之清順,以許慎《説文》所引及桓譚《新論》所言考證,又皆不合,決非漢世孔壁中古文也。宋大儒司馬公酷尊信之,朱子《刊誤》亦據古文,未能識其何意。今觀邢氏《疏説》,則古文之爲僞審矣。又觀朱子所論,則雖今文亦不無可疑者焉。疑其所可疑,信其所可信,去其所可去,存其所可存,朱子意也。故今特因朱子《刊誤》,以今文、古文校其同異,定爲此本,以俟後之君子云。」

朱鴻曰:「吴子章句經一章,傳十二章,其内合《五刑》一章,去《閨門》一章,删去古文二百四十六字。」

董鼎《孝經大義》一卷

鼎,見書類。

江直方《孝經外傳》二十卷

直方,字思正,蜀人。

張萱曰：「元至元中，南充江直方摘《孝經》，指示切要，條爲之説。仍集經、史、子、集中嘉言善行合經義者，依經分類，爲之羽翼。」

明

項霦《孝經述注》一卷

霦，浙江臨海人。洪武時，爲按察司僉事。

潘府《孝經正誤》一卷

府，字孔修，上虞人。成化進士，累官太常寺卿。事迹具《明史·儒林傳》。

朱鴻曰：「上虞潘府疑《孝經》與《中庸》文體相類，首章孔子極言孝道之大，以告曾子，其下十一章，皆推明首章未盡之旨，斷非孔子先自作經，又自作傳以釋之也。因作《孝經正誤》，效《中庸》章第其序次，亦多牽强。」

羅汝芳《孝經宗旨》一卷

汝芳，字維德，號近谿，南城人。嘉靖進士，累官雲南參政。《明史·儒林傳》附見《王畿傳》中。

臣等謹案：傳稱汝芳從永新顔鈞學，鈞學釋氏，故汝芳之學亦近釋。

黄道周《孝經集傳》四卷

道周，見易類。

道周《自序》略曰：「臣繹《孝經》疑義有五，著義十二。疑義五者：因性明教，一也；追文返質，二也；貴道德而賤兵刑，三也；定辟異端，四也；韋布而享祀，五也。此五者，皆先聖所未著，而夫子獨著之，其文甚疑。十二著者：郊廟，明堂，釋奠，齒胄，養老，耕耤，冠，昏，朝，聘，喪祭，鄉飲酒是也。」

朱垣曰：「先生在白雲庫中，手寫《孝經》百二十本，本本各别。今觀《集傳》，乃以《孝經》爲經，以《禮記》《孟子》錯綜爲緯，與前日寫本絶不相同。」

陳有度曰：「先生嘗言聖賢學問只是一部《孝經》。今觀《集傳》，以一部《禮記》爲《孝經》義疏，以《孟子》七篇爲《孝經》導引，其他六籍，皆肇是書，蓋鄭、孔所未發也。」

孫承澤曰：「漳浦黄先生《孝經集傳》，以《孝經》爲經，以二戴《禮》《儀禮》爲疏義，錯綜宏博，見其苦心讀書。」

沈珩曰：「紫陽朱子《孝經刊誤》，因文删定，無所增加，嘗欲掇取他書之言，别爲外傳，以發此經之義，而自謂未敢，蓋若有待焉。晚歲修明三禮，則以《儀禮》爲經，若二戴《記》及諸經史所載，有及於禮者，各附本經之下，惟《喪》《祭》二禮未就，屬門人黄幹續成之。漳浦黄石齋先生紹明紫陽之意，成《孝經集傳》一書，以《孝經》爲六經之本，而《儀禮》、二戴《記》皆爲義疏，他若游、夏諸儒及子思、孟子所傳備采之，謂之大傳。經傳各條之下，先生以窮理所得，暢厥發明，謂之小傳。」

姚舜牧《孝經疑問》一卷

舜牧，見易類。

熊兆《孝經集講》一卷

兆，泰州人。始末無考。

欽定續文獻通考·經籍考卷十七

經 經解 四書

《宋史·藝文志》經解類五十八部七百五十三卷。不著録者九部一百四十六卷。

《遼》《金》《元》三史不立藝文志，散見各紀傳中。

《明史·藝文志》諸經類四十三部三十四卷，四書類五十九部七百十二卷。

宋

岳珂《刊正九經三傳沿革例》一卷

珂，字肅之，號倦翁，湯陰人。居於嘉興，鄂忠武王飛之孫，敷文閣待制霖之子也。官至户部侍郎，淮東總領制置使。

張萱曰："宋相臺岳珂家塾刊本，與《九經總例》相同。"

黄仲元《四如講稿》六卷

仲元，字善甫，號四如，莆田人。咸淳進士，授國子監典簿，不赴。宋亡，更名淵，字天叟，號韻鄉老人。教授鄉里以終。

《六經奥論》六卷

舊題鄭樵撰，樵，字漁仲，莆田人。居夾漈山中，因以爲號。紹興中，以薦召對，累官樞密院編修。事迹具《宋史·儒林傳》。

臣等謹案：是書内「天文辨」一條，引及樵説，稱夾漈先生。論《書》一條，引朱子語録，且稱朱子之謚。必非樵所著也。

《明本排字九經直音》二卷

不著撰人名氏。

臣等謹案：是書卷首題曰「明本」者，宋時刊板，多舉其地之首一字，如建本、杭本之類，此蓋明州所刊本，即今寧波府也。

《五經圖》六卷

不著撰人名氏。

元

熊朋來《五經説》七卷

朋來，字與可，南昌人。宋咸淳進士，仕元爲福清縣判官。事迹具《元史·儒林傳》。

陸元輔曰:《易説》一卷,《詩》《書説》一卷,《春秋説》一卷,《三禮説》二卷,《大戴記説》一卷,《雜説》一卷。豫章自六經以至篆韻揲法,無不精究。

何異孫《十一經問答》五卷

異孫,里貫無考。

明

蔣悌生《五經蠡測》六卷

悌生,字叔仁,福寧州人。洪武初,舉明經,任本州訓導。

周洪謨《群經疑辨録》三卷

洪謨,字堯弼,四川長寧人。正統進士,累官禮部尚書、太子少保。謚文安。

邵寶《簡端録》十二卷

寶,見春秋類。

黄虞稷曰:「嘉靖四年,應天巡撫吴廷舉上終養南京禮部尚書邵寶《簡端録》《學史》二書,以資啓沃。詔下有司。」

王崇慶《五經心義》無卷數

崇慶,見易類。

臣等謹案：崇慶解《易》曰《議卦》，《書》曰《説略》，《詩》曰《衍義》，《春秋》曰《斷義》，《禮記》曰《訓釋》，共五卷，統名曰《心義》云。

王恕《石渠意見》四卷　《拾遺》二卷　《補闕》一卷

恕，見易類。

陳深《十三經解詁》四十六卷〔一〕

深，見禮類。

蔡汝楠《説經劄記》六卷

汝楠，字子木，號白石，德清人。嘉靖進士，累官南京工部侍郎。《明史·文苑傳》附見《高叔嗣傳》中。

陳士元《五經異文》十一卷

士元，見易類。

士元《自序》略曰：「漢初，文字兼行篆隸，後世易以今文。予讀《十三經注疏》及秦漢晉唐書所載經語，有與今文異者，輒私識之，輯十一卷。」

〔一〕四十六　文淵閣本作「四十七」，《總目》卷三四作「五十六」。

鄧元錫《五經繹》十五卷

元錫,字汝極,南城人。嘉靖舉人,萬曆中以翰林待詔徵,未至而卒。事迹具《明史·儒林傳》。

本傳略曰:「元錫之學淵源王守仁,不盡宗其説。時心學盛行,元錫力排之,故生平博極群書,而要歸於六經,所著《五經繹》等書行世。」

朱睦㮮《五經稽疑》六卷

睦㮮,見春秋類。

郝敬《談經》九卷

敬,見易類。

周應賓《九經考異》十二卷附《九經逸語》一卷

應賓,鄞縣人。萬曆進士,累官禮部尚書。

臣等謹案:是書所謂九經者,以五經、四書合而爲九,非古之所謂九經也。

陳耀文《經典稽疑》二卷

耀文,字晦伯,確山人。萬曆進士,官至按察司副使。

吴繼仕《七經圖》七卷

繼仕，字公信，徽州人。

馮保《經書音釋》二卷

保，字永亭，號雙林，深州人。嘉靖中，秉筆司禮太監，隆慶及萬曆之初最用事。事迹具《明史·宦官傳》。

孫鑛《月峰評經》十六卷

鑛，字文融，號月峰。萬曆進士，官至南京兵部尚書。

許順義《六經三注粹抄》無卷數

順義，字如齋，晉江人。

《五經纂注》五卷

舊題竟陵鍾惺纂注。

臣等謹案：是書删節經文，謬陋太甚，當是書肆託名之本。

鄭鄤《峚陽草堂説書》七卷

鄤，號峚陽，武進人。天啓進士，改庶吉士。

冒起宗《拙存堂經質》二卷

起宗,字宗起,如皋人。崇禎進士。

蔣鳴玉《五經圭約》無卷數

鳴玉,字楚珍,號中完,金壇人。崇禎進士,台州府推官。

陳世濬《經髓》七卷

世濬,字學元,閩縣人。

陳際泰《五經讀》五卷

際泰,見易類。

山井鼎《七經孟子考文補遺》二百六卷

井鼎,日本國人。書首題「西條掌書記山井鼎撰」。

右經解

宋

真德秀《四書集編》二十六卷

德秀,字希元,浦城人。慶元進士,累官户部尚書,進資政殿學士。謚文忠,從祀孔子廟庭。

劉才之《序》略曰：「西山所編《中庸》《大學》，本之朱子《集注》，附以諸儒問辯，間又斷以己意，詳采精擇，誠後學所願見者，已鋟之梓，爲衍其傳，惟《論》《孟》二書闕焉，叩之庭聞，則云已經點校，但未編集。是《論》《孟》固未嘗無成書也。一日論諸堂上，學正劉樸谿承謂《讀書記》中所載《論》《孟》，與今所刊《中庸》《大學》凡例同，其他如《文集》《衍義》等書，亦有可采摭者，因勉其彙集成書。至是，西山所編之四書爲大全，不惟有以成西山點校之初志，抑使天下學者得是書而讀之，皆曰自吾建學始，庶知沿流而遡源，夫豈小補云哉？」

《或問小注》三十六卷

舊題朱子撰。

臣等謹案：是書宋以來皆不著録，諸儒傳朱子之學者，亦無一人言及之。康熙壬午，始有陳彝則家刻本，稱明徐方廣所增注，鄭任鑰又爲重刊，而附以己説，併作《後序》，反覆力辨，信爲朱子書。馬《考》載朱子之言曰「《集注》後來改定處多，遂與《或問》不相應，又無工夫修得」云云，是《或問》尚未暇改，何暇又作《小注》？殆近人所依託也。

《四書問目》無卷數

舊題考亭朱元晦先生講授，門人雲莊劉鑰、睦堂劉炳述記。前有永樂壬寅其九世孫劉文序。

臣等謹案：朱彝尊《經義考》：「劉鑰有《四書集成》，劉炳有《四書問目並注》，已佚。」則《問目》獨出於炳，不應兼題鑰名。又劉文《序》自述嘗任豐城尉，考《豐城縣志》，載明一代典史六十三人，亦無所謂建陽劉文，殆亦其後人所依託也。

錢時《四書管見》十三卷〔一〕

時，見書類。

朱彝尊曰：「錢氏《四書管見》有《孝經》而無《孟子》，與朱子所定四書不同。」

趙順孫《四書纂疏》二十六卷

順孫，字和仲，號格菴，縉雲人。度宗時，官資政殿大學士、福建安撫使。

順孫《自序》略曰：「朱子《四書注釋》，其意精密，其語簡嚴，渾然猶經也。因編取朱子諸書及諸門人講解，有可發明注意者，悉彙注下，以便觀省，名曰《纂疏》。」

〔一〕「四」上《總目》卷三三有「融堂」。

洪天錫《序》曰：「朱子於《論》《孟》既成《集義》，又作《詳説》，既約其精者爲《集注》，又疏其所以去取之意爲《或問》，其後《集注》日以精密，而《或問》遂不復修。文公自謂《集注》乃集義之精，一字稱輕等重，不可增減。格庵趙公又取文公口授及門人私淑與《集注》相發明者，纂而疏之，間以所聞附於後，如援先儒與諸家之説，有隨文直解，不以先後爲高下者；有二説俱通，終以前説爲正者；有二説相須，其義始備，不可分先後者，此《纂疏》所以有功於後學也。」

納喇性德曰：「格庵趙氏《四書纂疏》共二十六卷，前有清源洪天錫《序》，而陵陽牟子才又分序之。其書一以朱子爲歸，不雜異論。於《大學》《中庸》，先之以章句，次以《或問》，間以所聞附其後，又以《語録》暨諸儒發明大義者注其下。於《論語》《孟子》，則一本《集注》，而采《或問》《集義》《詳説》《語録》所載分注焉。昔朱子之爲《章句》也，《大學》則宗程子，會衆説而折其中，《中庸》則以己意分之，復取石子重集解，删其繁，名以《輯略》。其爲《集注》也，取二程、張、范、二吕、謝、游、楊、侯、尹十一家之説，輯爲《要義》，更名曰《精義》，載更《集義》。又本《注疏》，參説并會諸家之言爲《訓蒙口義》，更名曰《詳説》，然後約其精粹爲《集注》。而于《集注》《章句》之外，記其所辯論取舍之意，别爲《或問》，若是其嚴密也。朱子自言《集注》「如等上稱來無異，不高不低」，又言『添減一字不得然』，學者非由《集義》《詳説》《或問》《語録》，以觀其全，無由審《章句集注》之精粹，則是書之有功于朱子多矣。」

黄溍作阡表曰：「公父少傅衛公雷，師事考亭門人滕先生璘，授以《尊所聞集》。公以得于家庭者，溯考亭之源委，纂疏所由作也。」

元

劉因《四書集義精要》二十八卷

因，字夢吉，號静修，容城人。至元中，徵授承德郎右贊善大夫，未幾辭歸。再以集賢學士徵，不起。

《四書辨疑》十五卷

不著撰人名氏。

臣等謹案：是書據蘇天爵《安熙行狀》，蓋爲寧晉陳天祥所作。朱彝尊《經義考》曰：「《四書辨疑》，元人凡有四家：雲峰胡氏，偃師陳氏，黄巖陳成甫氏，孟長文氏。成甫、長文並浙人，雲峰一宗朱子，其爲偃師陳氏之書無疑。」所説當矣。其稱「偃師」者，《元史》稱陳天祥因兄祐仕河南，自寧晉家洛陽，嘗居偃師南山故也。

胡炳文《四書通》二十六卷

炳文，見易類。

炳文《自序》略曰："《四書通》何爲而作也？懼夫讀者得其詞未通其意也。六經，天地也，四書，行天之日月也，子朱子平生精力之所萃，而堯、舜、禹、湯、文、武、周、孔、顔、曾、思、孟之心之所寄也。其書推之，極天地萬物之奥，而本之皆彝倫日用之懿也；合之盡于至大，而析之極于至細也；言若至近而涵至永之味，事皆至實而該至妙之理。學者非曲暢而旁通之，未易謂之窮理也。余潛心五十餘年，會其同而辨其異，會之庶不失其宗，辨之庶不惑于似也。余不敢自謂能通朱子之意，後之通者倘恕其僭而正其所未是，則余之所深冀也。"

鄧文原《序》略曰："漢世定論經傳于白虎觀，因名《白虎通》；漢末封司馬，遷後爲史通，通之義尚矣。新安雲峰胡先生之爲《四書通》也，悉取《纂疏》《集成》之戾於朱子者，删而去之；有所發揮者，則附己説于後。如譜昭穆以正百世不遷之宗，不使小宗得後大宗者，懼其亂也。"

臣等謹案：《江南志》曰："餘干饒魯之學，本出朱子，而説多牴牾。炳文深正其非，作《四書通》以發其未盡之藴。"

張存中《四書通證》六卷

存中，字德庸，新安人。

胡炳文《序》略曰：「北方杜緱山有《語孟旁通》，平水薛壽之有《四書引證》，皆失之太繁，且各有未完處。友人張德庸精加讐校，删冗而從簡，去非而從是，又能完其所未完者，合而名之曰《四書通證》，以附余《四書通》之後。學者于余之《通》知《四書》用意之深，于《通證》知《四書》用事之審。」

存中《自序》略曰：「《四書集注》明理用事簡明爲尚，至集成而理晦矣。胡雲峰去其晦而取其明，則理通矣。今趙氏《箋義》出而事益繁，存中不揆僭越，去其繁而存簡，則事亦通矣。」

史伯璿《四書管窺》八卷

伯璿，字文璣，温州平陽人。

臣等謹案：《志》稱伯璿嗜學强記，博通經史及諸子百家之書。著《窺外編》，論諸經史天文地理、古今制度名物，爲學者傳誦。又有《四書管窺》，辨諸説之與朱子相悖者。

許謙《讀四書叢説》四卷

謙，見書類。

吴師道《序》曰：「許君師仁山金先生履祥，仁山師魯齋王先生柏，從登北山何先生基之門，北山則學于勉齋黄公，而得朱子之傳者也。君上承淵源，雖見仁山甚晚，而天資純敏，妙理融于言表，成説具于胸中，奥者白之，約者暢之，要者提之，異者通之，畫圖以形其妙，析段以顯其義，《叢説》一編，其有裨于《集注》也，審矣。」

倪士毅《重訂四書輯釋》二十卷〔二〕

士毅，字仲宏，歙縣人。

汪克寬《序》曰：「紫陽集諸儒之大成，作爲《集注》《章句》《或問》，以惠後學。而其詞渾然猶經，于是真氏有《集義》，祝氏有附録，蔡氏、趙氏有《集疏》《纂疏》，而吴氏《集成》最晚出。同郡定宇陳櫟、雲峰胡炳文睹《集成》之書，輾轉承誤，莫知所擇，乃各摭其精純，刊繁補缺，定宇著《四書發明》，雲峰著《四書通》，而定宇晚年欲合二書而一之，未遂也。友人道川倪氏實游定宇之門，乃薈萃二家之説，鳩僝精要，考訂訛

〔二〕「卷」上　文淵閣本有「一」。

謬,名曰《四書輯釋》。學者由是而求朱子之意,則思過半矣。」

朱公遷《四書通旨》六卷

公遷,見詩類。

袁俊翁《四書疑節》十二卷

俊翁,字敏齋,袁州人。

王充耘《四書經疑貫通》八卷

充耘,見尚書類。

詹道傳《四書纂箋》二十八卷

道傳,臨川人。始末無考。

明

《四書大全》三十六卷

永樂十三年,胡廣等奉敕撰。

蔡清《四書蒙引》十五卷

清,見易類。

刁包曰:「自金谿迄姚江,凡學其學者,莫不厭薄朱注,肆意妄解,其于四子書,穿鑿決裂甚矣。《大全》後惟《蒙引》專以發明朱注爲主，朱注者四書功臣，《蒙引》又朱注功臣也。」

章一陽《四書正學淵源》十卷

一陽，號元江，蘭谿人。嘉靖中，官漳州訓導。

蕭陽復《序》曰：「金華何文定先生雖後朱子生，而口傳心授，得之勉齋。自是而傳之王文憲、金文安、許文懿，僅二百年間，四先生踵武相承，凡四子書，悉爲之闡微疏奥，以翼朱注。國朝采集《大全》，書中溯其源流，所自謂非朱氏之適傳，不可也。元江裒而輯之，章分句釋，以附于朱注，而傳注益顯。先生司訓于漳，紹乃祖楓山之家學，殆聞四先生之風而興起者乎？」

劉剡《四書通義》二十卷

剡，字用章，休寧人。

鄭曉《四書講意》無卷數

曉，見書類。

呂柟《四書因問》六卷

柟，見易類。

高拱《問辨録》十卷　《日進直講》五卷

拱，見春秋類。

薛應旂《四書人物考》四十卷

應旂，字仲常，武進人。嘉靖進士，官至陝西按察司副使。

孫慎行《元晏齋困思鈔》三卷

慎行，字聞斯，武進人。萬曆進士，官至禮部尚書。

葛寅亮《四書湖南講》九卷

寅亮，錢塘人。萬曆進士。

萬尚烈《四書測》六卷

尚烈，字思文，南昌人。

毛尚忠《四書會解》十卷

尚忠，字子亮，號誠庵，嘉善人。萬曆進士，官至監察御史。

沈守正《四書説叢》十七卷

守正，見詩類。

鹿善繼《四書説約》無卷數

善繼，字伯順，定興人。萬曆進士，官至太常寺少卿。

寇慎《四書酌言》三十一卷

慎，字永修，號禮亭，同官人。萬曆進士，官至蘇州府知府。

姚舜牧《四書疑問》十一卷

舜牧，見易類。

陳禹謨《經籍異同》三卷　《經言枝指》一百卷

禹謨，字錫元，常熟人。萬曆中，由舉人官至四川按察司僉事。

臣等謹案：二書雜引經文，旁搜諸説，頗爲龐雜。

章世純《四書留書》六卷

世純，字大力，臨川人。天啓舉人，官至柳州府知府。《明史·文苑傳》附見《艾南英傳》中。

魯論《四書通義》三十八卷

論，字孔壁，號西麓，江西新城人。天啓中，以貢生授潁州州同，官至福州府同知。

徐養元、趙漁同編《四書集説》二十八卷

養元，字長善；漁，字問源，俱唐山人。

陳仁錫《四書考》二十八卷　《四書考異》一卷

仁錫，見易類。

譚貞默《三經見聖編》一百八十卷

貞默，字梁生，號埽庵，嘉興人。崇禎進士，官至國子監祭酒。

張自烈《四書大全辨》三十八卷　附録六卷

自烈，字爾公，宜春人。崇禎末，南京國子監生。

陸元輔曰：「爾公以《大全》成于明初，督促而成，擇之不詳，故辨其異同，實以存疑而已。」

徐邦佐《四書經學考》十卷　《補遺》一卷

邦佐，字孟超，錢塘人。

陳鵬霄《續考》一卷

鵬霄，字天羽，山陰人。

陳際泰《四書讀》十卷

際泰，見易類。

桑拱陽《四書則》無卷數

拱陽，字暉升，蒲州人。崇禎舉人。

喬中和《圖書衍》五卷

中和，見易類。

臣等謹案：是編爲四書講義，而名之爲《圖書衍》者。凡四書所言，皆以五行八卦配合之也。

右四書

欽定續文獻通考·經籍考卷十八

經 樂

《宋史·藝文志》樂類一百十一部一千七卷。

《遼》《金》《元》三史不立藝文志,散見各紀傳中。

《明史·藝文志》樂類五十四部四百八十七卷。

吴澄曰:「經出於漢而樂獨亡。其書疑多是聲音樂舞之節,少有辭句可誦,故秦火之後無傳,諸儒不過能言樂之義而已。」

焦竑曰:「《漢志》以禮樂著之六藝,皆非孔氏之舊也。然今所傳三禮爲漢遺書,而樂六家不可復睹矣。竇公《大司樂章》既見于《周禮》,河間獻王之《樂記》亦録于《小戴》,則古樂不復有書。而諸史相沿,至取樂府、教坊、琵琶、羯鼓之類,以充樂部,而欲與聖經埒,可乎?雖然,今之樂猶古之樂也。儒者睹禮樂崩壞,痛爲惋惜,不知賈人之鐸,諧黄鍾之律;庖丁之刀,中《桑林》之舞;牧童之吹葉,閨婦之鳴砧,悉暗與音會,樂固未嘗亡也。

宋李照、胡瑗改鑄鐘磬，冀還之古，蜀人房庶蓋深非之，謂上古氣與聲樸，後世稍稍更易，而其意自存。金石，鐘磬也，易爲方響；絲竹，琴瑟也，易爲箏笛；匏，笙也，易之以木；塤，土也，變而爲甌。擊鼓而爲革，貫板而爲木，于用亦甚適已。第令由今之器，寄古之聲，去其沾滯靡曼，而一歸雅正，非識禮樂之情者不能也。」

朱彝尊曰：「《周官》成均之法，所以教國子樂德、樂語、樂舞三者而已。樂德，則《舜典》命夔教胄子數言，已括其要；樂語，則《三百篇》可被弦歌者是；樂舞，則鏗鏘鼓舞之節，不可以爲經，大約存其綱領。然則《大司樂》一章即《樂經》，可知《樂記》如《冠禮》有義、《喪服》有傳，即謂于今具存可也。」

元

熊朋來《瑟譜》六卷

朋來，見經解類。

余載《韶舞九成樂補》一卷

載，字大車，天曆時人。嘗爲福州路儒學録。以養親辭官，隱居終身。

劉瑾《律呂成書》二卷

瑾，見詩類。

明

張敉《舞志》十二卷

敉,初名獻翼,見易類。

朱載堉曰:「舞有文武,文用羽籥,武用干戚是也。《周禮》舞《大夏》即文舞,秉翟尾以爲容,故爲之夏。《禹貢》徐州厥貢,羽畎夏翟,翟,雉屬。《爾雅·釋鳥》有九雉名:一曰鷂,二曰鳪,三曰鷮,四曰鳪,五曰鷩,六曰海雉,七曰山雉,八曰鵫雉,九曰鵗雉。雉絶有力曰奮,五彩成章曰翬,南方曰𠷎,東方曰鶅,北方曰鵗,西方曰鷷,此四方雉名也。夫雉身有文章,性又耿介,故先王貴之。其用不一,用於五玉、三帛之屬,貴其性也;用於山龍、華蟲、宗彝、藻火之屬,貴其文也。《詩》曰『左手執籥,右手秉翟』,《書》曰『舞干羽于兩階』,此之謂歟?夫《雲門》《咸池》《五英》《六莖》尚矣,若《大章》《韶》《濩》《象》《武》則皆文舞。蓋進退揖讓以爲儀,周折規矩以爲節,手舞足蹈以爲態,使人興感於至德也。而先儒之惑者,因《詩》有『植其鷺羽』之説,遂云用鷺;因《易》有『鴻羽爲儀』之説,遂云用鴻。不知《易》象所喻,變風所指,並非文舞之正例也。第用翟亦分文武,翟羽柄長三尺,其端龍口中植翟尾三莖,文舞用之;柄長五尺,其端龍項下垂。雉羽五層,武舞用之。或用彩繒之帗,或用彩羽之旌,或用白羽之翿，或用紅纓之旄，隨時引舞所持，以別文武二舞而已。武用干戚，何也？干戚，禮器也。干與兵器之盾不同，兵器之盾，以革飾之者，致其用也；禮器之干，以漆飾之者，昭其象也。戚與兵器之鉞不同，兵器之鉞，以鐵爲之者，取其利也；禮器之戚，以木爲之者，取其義也。夫干者，君子所以爲衛也；戚者，君子所以爲斷也。《周禮·大司樂》之屬有司干者，所掌舞器，即所謂干戚也。朱干玉戚，以象武功，故有執干而舞，仗戚而舞，董之韎師旄人，先王制器尚象，有精意，有儀文。張敉是書，首制度，次舞名，次舞容，次舞節，所以昭文德，象武功者，於斯略見。」

劉績《六樂説》無卷數

績，見禮類。

張敔《雅樂發微》八卷

敔，饒州人。嘉靖時，官禮部員外郎。

臣等謹案：明永樂中有張敔，字伯起，合肥人。由貢生除御史，仕至按察司僉事。蓋别是一人。此張敔見朱載堉《律吕精義》第五卷及《明史·陸粲傳》。

倪復《鍾律通考》六卷[一]

復,字汝新,上元人。正統舉人,累官知南安府事。學通經史,尤邃於鍾律。

湛若水《古樂經傳》三卷

若水,見禮類。

若水《自序》略曰:「補《樂經》何爲者也?以樂經之缺,而擬補之也。《樂記》其傳也,經亡而傳存,猶告朔之餼羊也[二]。然而論其義理而遺度數,則樂之本廢矣。夫禮之起在節文,節文者,升降揖讓之謂也;度數者,律吕聲音之謂也。予在西樵隱居無事,間取諸家律吕之説,而竊損益以文之,擬爲《古樂經》一篇,而以《樂記》諸篇見於載籍者列於後,以爲之傳焉。經以定其度數,傳以發其義理,而樂其可知矣。或曰:『王通續經,至今爲誚,而吾子又有是作焉,不亦取譏於天下後世矣乎?』曰:『述之也,非作之也;擬之也,非續之也,夫何誚?』」

黄佐《樂典》三十六卷

佐,字才伯,號泰泉,香山人。正德進士,官至少詹事。事迹具《明史·文苑傳》。

[一] 六卷　《總目》卷三八同,文淵閣本作「無卷數」。
[二] 「告」上　文淵閣本有「幸」。

佐《自述》曰：「觀《豫》之象，則雷出地奮，即合樂之律，自下而上，可知矣。觀夔之言，則琴瑟下管，即雲和孤竹之屬可知矣。觀諸《商頌》『依我磬聲』，則擊石拊石，合于鳴球可知矣。觀於《春秋》『萬入去籥』，則萬舞干戚合于英韶可知矣。凡此皆《大司樂》成均之法也，孰謂五經具在而樂獨無傳耶？矧夫歌奏相命，聲變成方，即謂之《樂記》之經可也。」

臣等謹案：佐《樂典》凡五種，《樂均》十二卷，《樂義》九卷，《大司樂義》三卷，《樂記解》十一卷，末一卷爲《詩樂》。

韓邦奇《苑洛志樂》二十卷

邦奇，見易類。

黄虞稷曰：「邦奇殫精四十年而成是書，門人潼關張大猷爲之編次刊行。」

黄宗羲曰：「邦奇著述之大者，爲《志樂》一書[一]。始録之日，有九鶴舞於庭。傳其術者，爲楊椒山，手製十二律管吹之，而其聲合，今不可得其詳。然聲氣之元，在黄鍾之長短空圍，而又不能無疑。邦奇依《律吕新書》注中算法，黄鍾長九寸，空圍九

[一] 志樂 文淵閣本作「樂律」。

分，積八百十一分，用圓田術，三分益一得一十二，以開方法除之，得三分四釐六毫强，爲實徑之數，不盡二毫八絲四忽。以徑求積，自相乘得一十分九釐九毫一絲六忽，加入開方不盡之數，得一十二分。以管長九十分乘之，得一千八十分，爲方積之數，四分取三，爲圓積八百一十分。蓋蔡季通以管長九寸爲九十分，故以面積九分乘之，得八百一十分。其實用九無用十之理，凡度長短之言十者，皆分九爲十，以便算也。今三吴程路，尚以九計，可知矣。則黄鍾長九寸者，八十一分，以面積九分乘之黄鍾之積，七百二十九分也。」

蔡宗兖《律同》二卷

宗兖，字我齋，山陰人。正德進士，官興化府教授。

劉濂《樂經元義》八卷

濂，字濬伯，南宫人。正德進士，由杞縣知縣擢監察御史。

《樂律志》曰：「濂謂三百之詩，以詞意寓於聲音，以聲音附之詞意，讀之則爲言，歌之則爲曲，被之金石管絃則爲樂。《樂經》不缺，三百篇皆《樂經》也。因擬三百篇爲宫、商二調，定樂器之品爲宫、商、角、徵、羽，具六律旋宫之法，爲陽爲陰，成尺量之法，爲累黍容黍，以夷則、無射爲二變調，與古今諸儒之説頗異。」

鄧文憲《律呂解注》二卷

文憲，號念齋，新會人。官晉江縣教諭。

李文利《大樂律呂元聲》六卷附《律呂考注》四卷

文利，字乾遠，號兩山，莆田人。成化舉人，官思南府儒學教授。

臣等謹案：文利本之劉恕《通鑑外紀》、長孫無忌《隋志》，並《呂氏春秋》，謂黄帝命伶倫取竹制律，闊三寸九分，而吹之爲黄鍾之宫，曰含少，因而詳加考證，正司馬遷九寸之誤而作，其兄前知廬江縣李元校補之。嘉靖三年，其門人四川巡撫苑承鑾進其書於朝。王廷相、韓邦奇皆精心樂律者，不以其説爲然，詳見《樂考》。

季本《樂律纂要》一卷

本，見易類。

本《自述》曰：「天地之氣，陽生于子，以漸而進，至巳而極；陰生于午，以漸而退，至亥而窮，此自然之運也。然陰中有陽，陽中有陰，陽氣常昇[一]，以弱爲降，陰氣常降，以强爲升，如謂氣以漸而自子升至於亥，律以漸而自黄鍾短至于應鍾，而其所

[一] 常　文淵閣本作「有」。

升、所短之差，多寡異説〔一〕。至於應鍾與黄鍾之律，相隔四寸二分三釐，其交接之際，亦太相懸矣。豈有天地循環無端之氣，而可以往而不返言哉？蔡元定知其説之不通也，曰：『陽之升始於子，至亥而後窮上返下；陰之升始于午，至巳而後窮上返下，律于陰則不書，故終不復始，亦近于卮詞矣。』聖人特以聲之和者，無所取衷，故假候氣以爲則耳。」

李文察《李氏樂書》十九卷

文察，字廷謙，平和人。嘉靖時，官同知遼州事。上書進郊廟大禮，召爲太常典簿。

黄虞稷曰：「嘉靖十七年五月，文察同知遼州，進其書於朝。時議謂其于樂理、樂聲，多前人所未發，且于人聲中考定五音，以爲製律候氣之本，法似徑捷，深合《虞書》『依永和聲』之旨。請令文察與太常知音律者，選能歌舞生百餘人，協同肄習。詔授文察太常寺典簿，並同肄業。」

李文察《自序》略曰：「作樂必以律吕者，蓋本於《書》『律和聲』之一言也。彼言律而兼吕，陰統乎陽也。律吕，樂之筌蹄，得魚者忘筌，得獸者忘蹄，得樂者亦可以忘

〔一〕説　文淵閣本作「數」。

律呂乎？非律呂無以正樂之聲，滯律呂無以得樂之意，得意在律呂前，製律在得意後。異代製樂，萬代同理，非得其意能之乎？君子未考律呂，先得樂意，得歌聲之和，而樂意得矣。」

臣等謹案：《福建通志》：「文察好古明經，會得《樂書》，遂審聲候氣，洞悉音律，以著諸篇。」今考其書，凡《古學筌蹄》九卷，《律呂新書補注》一卷，《青宫樂調》三卷，《典樂要論》三卷，《樂記補説》一卷，《四聖圖解》二卷。大旨本《史記·律書》與《周官·大司樂職》文，而自爲之説。

孫應鼇《律呂分解》二卷　《律呂發明》二卷

應鼇，見易類。

韋焕《雅樂考》二十卷

焕，常熟人。嘉靖中，官福建仙遊縣教諭。

王邦直《律呂正聲》六十卷

邦直，字子魚，即墨人。嘉靖中，官鹽山縣縣丞。

朱載堉《樂律全書》四十卷[一] **《律呂正論》四卷 《律呂質疑辨惑》**

載堉,鄭恭王厚烷之世子。

臣等謹案:載堉爲何瑭外孫,承文定之緒論,所作《樂律全書》,凡十一種,《律呂精義》内外篇各十卷,《律學新説》四卷,《鄉飲樂譜》六卷,其《樂學新説》《算學新説》《操縵古樂譜》《旋宮合樂譜》《六代小舞譜》《二佾綴兆圖》《零星小舞譜》七種,則皆不分卷。至《律呂正論》,乃其草創之本。而《律呂質疑辨惑》,則與《律呂精義》互相闡發者也。

載堉自序《律呂精義》略曰:「六藝殘缺,聲調數術,知之者鮮。班《志》文藻,足以動人,失於辯而非實。繼作者或失之疏略,或失之冗瑣,舍本存末,於樂何益?《唐書》獨志曆而遺律,《宋史》摭其末而遺其源。蔡元定《律書》,每條所引古人舊説,乃經也,本也;其各條辨論,乃傳也,末也。《宋志》悉删其本,讀者不知此論從何而發,雖密猶疏也。夫樂者,聲音之學也;律者,度數之學也。伶工樂官,但能紀其鏗鏘鼓舞,而不能言其義,齊、魯、韓、毛能言《詩》之義,而不知其音。太史公《律書》其最要

[一] 四十卷 文淵閣本作「無卷數」,《總目》卷三八作「四十二卷」。

者，末後『生鍾分』百三十五字耳。班固釋五音曰：『宮，中也，居中央，暢四方，唱始施，生爲四聲綱也。』釋六律曰：『黄鍾者，陽氣施種於黄泉，孳萌萬物，爲六氣元也。』此書論聲調、數術，不敢忽略，而不敢藻飾者，蓋恐蹈舍本存末之弊也。」

又自序《樂學新説》略曰：「漢時竇公獻《古樂經》，其文與《周官・大司樂》同，然則《樂經》未嘗亡也。樂官之屬凡二十，分爲三類，大司樂、樂師、大胥、小胥爲一類。蓋大夫、士之明樂者，而爲國子師，若伶倫、后夔是也。《禮記》所謂大司成，疑即此官也；樂師，疑即樂正也。大胥，大學長也；小胥，小學長也。大師、小師、瞽矇、眡瞭四官爲一類，若師摯、師曠、師冕、師涓等是也。周制，一命爲下士，二命中士，三命上士，四命下大夫，五命中大夫，此《大司樂》爲中大夫。每官有正有副，其長若干，佐必倍之，若《大司樂》中大夫二人，則樂師下大夫四人，乃其佐也。樂師又有佐焉，上士八人，下士十有六人，又其佐也。所撰《新説》，凡四種：一曰律學，二曰樂學，三曰算學，四曰音學。前二者，律書之本原；後二者，律書之支派，所以羽翼是書者也。夫算學謂之新説，何也？如周徑積冪相求之類，舊則疏而新則密；平方不用商除，立方不顯廉法之類，舊則繁而新則簡。舊以勾股爲末，專明九章；新以勾股爲首，專明曆律。此其異也。」

又《總論歌舞》曰：「古人學歌以永之，一字爲衆妙之門；學舞以轉之，一字爲衆妙之門。所謂歌者，五聲六律，千變萬化，舉要言之，不過一氣永長而已。所謂舞者，三迴九轉，四綱八目，舉要言之，不過一體旋轉而已。太祖命侍臣熊鼎曰：『樂以人聲爲主，人聲和則八音諧。』斯訓也，即舜命夔意也。李文察曰：『永爲聲氣之元，乃人心之中聲也。』第志微噍殺，固不能永，而粗厲猛憤，亦不能永。必心平氣和，不疾不徐，不剛不柔，然後有永聲。歌到有永處，而天地之氣已在我矣。按古者天子用八佾，士用二佾，庶人無佾數，獨以一人舞。《周禮》樂師掌教國子小舞，所謂小舞，以其無佾數，獨一人舞，故名之小舞，非異于大舞也。朱子曰：『唐人舞，狀有四，曰招，曰摇，曰送，其一疑即是上轉。』蓋招爲内轉，摇爲外轉，送爲下轉，總不外轉之一字。」

汪浩然《琴瑟譜》三卷　《八音摘要》二卷

浩然，瓊州人。

臣等謹案：浩然自稱廣東瓊州府正樂生員，蓋樂生也。

許珍《律吕新書分注圖纂》十三卷

珍，字時聘，號静菴，天長人。卷首葉良佩《序》有「掌教吾庠」之語。據太學題名碑「良佩，嘉靖間進士，浙江太平人」，則珍乃太平學官也。

呂懷《律呂古義》三卷　《簫韶考逸》二卷

懷，見易類。

張鳳翔《樂經集注》二卷

鳳翔，見禮類。

鳳翔《自序》略曰：「禮樂至周而大備，《周禮·大司樂》文，則周公所著也。漢初，魏竇公獻古經，其文與《大司樂》合，而學士、大夫率沿爲禮家言，無專學也。古《學》《庸》存於《戴記》，至程子始尊信表章，而古者由學入道之大法，始賴以存。古樂雖亡，而周公所著之經，固存于世，觀大備于成周，而樂其可知也。竊取程子之意，乃表而出之，俾專于樂者考焉。」

陸元輔曰：「鳳翔述《周官·大司樂》以下諸官而爲之注，末以《小戴禮·樂記》諸篇附焉。」

瞿九思《樂經以俟録》無卷數

九思，見春秋類。

朱彝尊曰：「瞿氏論樂，史學遷序之。雖經鏤板，卷帙未定，非完書也。」

袁應兆《大樂嘉成》一卷

應兆,字瑜石,江寧人。崇禎舉人,官休寧縣教諭。

邵儲《古樂義》十二卷

儲,里貫無考。

欽定續文獻通考・經籍考卷十九

經 儀注、讖緯

《宋史・藝文志》儀注類一百七十一部三千四百三十八卷。《遼》《金》《元》三史不立藝文志，散見各紀傳中。《明史・藝文志》儀注類五十七部四百二十四卷。

元

鄭泳《鄭氏家儀》無卷數

泳，字仲潛，浦江人。官温州路總管府經歷，義門八世孫濤之弟。

明

丘濬《家禮儀節》八卷

濬，字仲深，瓊山人。景泰進士，官至文淵閣大學士，謚文莊。

臣等謹案：濬是書本之世所傳《文公家禮》，而稍參以當時之制。然《家禮》出于後人附會，實非朱子所作，濬殆未之深考也。

呂柟《禮問》二卷

柟，見易類。

宋纁《四禮初稿》四卷

纁，字伯敬，號栗菴，商丘人。嘉靖進士，官至吏部尚書，謚莊敏。

纁《自序》略曰：「禮之衛人，甚于城郭，顧儀文周詳，人苦其難，因其難而廢之，豈獨齊民哉？然則指途導軌，莫若就簡删繁。余因彙諸家禮書，參互考訂，先求製作之源，次及條目之詳。其間窒礙難行及有不安於心者，則斟酌變通，謬加損益，期不失乎禮之本義，簡要易從焉而已。然皆據一時之見，未敢遽以爲是也，故以初稿名焉。」

呂坤《四禮翼》四卷　《四禮疑》五卷

坤，字叔簡，寧陵人。萬曆進士，累官刑部侍郎。

坤《四禮翼自序》略曰：「四禮者何？人道之終始也。翼四禮者何？濟四禮之所未備也。《冠翼》二，前《蒙養》，後《成人》；《昏翼》二，前《女子》，後《婦人》；《喪翼》二，前《侍疾》，後《修墓》；《祭翼》二，前《事生》，後《睦族》。凡六經之微言奥義，講解難明，不敢采輯，惟以民間之日用常行，可以家喻而户曉者，析爲條目，俾皆童而習之。」

朱軾曰：「寧陵呂叔簡先生論定四禮，編輯《蒙養》至《睦族》凡八篇，深情至理，雖愚夫婦亦當悚然動目。此人心世道賴以維持，豈特翼四禮已哉？是書雖與六經並存可也。」

楊慎《家禮儀節》八卷

慎，見禮記類。

馬從聘《四禮輯》一卷

從聘，字起莘，靈壽人。萬曆進士，官至右僉都御史，巡撫延綏。崇禎時，城破，從聘與其三子俱殉節。

臣等謹案：從聘，乾隆四十年賜謚忠節。

韓承祚《明四禮集説》八卷

承祚，萬曆時人。卷首自署曰「東魯」。仕履無考。

呂維祺《四禮約言》四卷

維祺，字介孺，號豫石，河南新安人。萬曆進士，官至南京兵部尚書。流賊李自成陷開封,抗節死。

以上通禮

宋

車垓《内外服制通釋》七卷

垓,字經臣,天台人。咸淳中,由特奏召授迪功郎、浦城縣尉,以年老不赴。學者稱爲雙峰先生。德祐二年卒。

牟楷《序》略曰:「禮有《冠》《昏》《喪》《祭》,而此獨取於《喪》者,良以俗之厚,由於《喪》之重民俗厚,而後《冠》《昏》之禮可行。噫,親喪固所自盡也。世降俗澆,斬齊且莫之盡,況期功乎?期功之正者且莫之盡,況若義、若降、若加者乎?安得如先生者,出而司風俗之柄。即是書而躬行之,則變澆爲淳不難矣。」

張復跋曰:「雙峰先生《内外服制通釋》發明《朱子家禮》,殆無遺藴,讀是書者,孝弟之心可以油然而生矣。」

臣等謹案:垓子瑢次其書凡六類〔一〕,一五服諸圖,二五服喪制名義,三五服提

〔一〕子　文淵閣本作「男」。

要，四五服圖説，五三殤以次降服，六深衣疑義，共爲九卷。其第八、第九兩卷已佚。

明

徐駿《五服集證》六卷

駿，常熟人。

駿《自序》略曰：「聖人制五服，别親疏之等，俾不相瀆也。馮鼎元有曰：『禮莫嚴於五服，而五服莫嚴於父母，終喪之制，可不慎乎？』駿每按《家禮》及《御製孝慈録》，采儒先至當之論，附以臆見，爲《五服問答》。凡三脱稿，名曰《集證》。」

以上附録

右儀注

明

孫瑴《古微書》三十六卷

瑴，字子雙，華容人。

瑴《自序》略曰：「緯有七，儷經而行，顧其文，皆删餘也。相傳孔子既述六經，知後世不能稽同其意，别立緯及讖八十一首，以遺來世，故東漢謂之古學。魏晉以降，傳爲符圖，圖令人諱，諱令人憚，至隋而燬，遂禁不傳。自昔爲之説者，有郄有袁，爲之注者，有鄭有宋。一以爲起於中興之前，終張之徒，皆借仲尼，雜以己説；一以爲盛于建武之代。俗儒趨時，篇卷第目，轉加增廣。惟劉彦和以爲事幽辭富，有助文章，故羲皞之原，鐘律之要，瑞孽之符，鬼神之狀，讀者皆有取焉。嘗讀歷代史經籍藝文志，空標其目，間有存者，亦復如裂錦碎璧，聲味不聯。余于是考其班部，推其宗旨，覈其譌闕。蓋句累而章，章累而篇，篇累而帙，既成，名之曰《古微書》。雖非本文之後先，要亦可以大義徵，以文律準也。」

右讖緯

欽定續文獻通考・經籍考卷二十

經 小學

臣等謹案：馬端臨《通考》小學類，自訓詁、音韻、字學各書之後，如《蘭亭考》《十七史蒙求》《弟子職》等書，皆列焉。今續輯此門，惟訓詁、字書、韻書以類相從。餘如《帖考》則歸考録[一]，《蒙求》則附類書，其有關於養正閑家者，皆入儒家類，庶區分部别，不使錯雜云。

《宋史・藝文志》小學類二百六部二千五百七十二卷。不著録者，六部六十九卷。

《遼》《金》《元》三史不立藝文志，散見各紀傳中。

《明史・藝文志》小學類八種二百四十部一千八百五十九卷。

焦竑曰：「古者八歲入小學，習六甲、四方與書數之藝，成童而授之。迨其大成也，知

[一] 考 據文淵閣本作「目」。

類通達，靡所不晰，而小學始基之矣。《爾雅》津涉九流，標正名物，講藝者莫不先之，於是有訓詁之學。文字之興，隨世轉易，譌舛日繁，三蒼之説，始製字法，而《説文》興焉，於是有偏旁之學。五聲異律，清濁相生，孫炎、沈約始作字音，於是有音韻之學。蓋古昔六藝，乘其虚明，肄之以適用，而精神心術之微寓焉矣。古學久廢，世儒采拾經籍格言，作爲小學，以補亡。夫昔人所歎爲數可知而義難知〔一〕，今之所患在義可知而數難陳，孰知不得其數，則影響空疏，而所謂義者，何可知矣？」

宋

羅願《爾雅翼》三十二卷

願，字端良，號存齋，新安人。汝楫子，以蔭補承務郎，乾道二年登進士第，知鄂州。

都穆《序》略曰：「《爾雅》，周公書也。昔之志藝文者，附於《孝經》，志經籍者，附於《論語》，皆所以尊經也。唐四庫書目，始置之小學之首。至宋邢昺等奉敕爲疏，《爾雅》遂復與諸經並列。由周而後作者〔二〕，漢孔鮒有《小爾雅》，魏張楫有《廣雅》，宋陸農師有《埤雅》。《爾雅翼》者，宋知鄂州新安羅公端良所著也。是書之出，後於陸

〔一〕夫　文淵閣本作「失」。
〔二〕後　文淵閣本作「來」。

氏，而考覈名物，援引百家，其博洽視陸氏殆又過之。惜史闕公傳，《文獻通考》亦不載其書，非其裔孫文殊，曷能使其晦而復傳耶？」

明

朱謀㙔《駢雅》七卷

謀㙔，見易類。

謀㙔《自序》略曰：「《盤》《誥》《雅》《頌》，選艱而挹賾。今去殷周三千餘禩，其雕章繪語、方言殊訓，與夫制事錫名，豈不淵且博哉？畸文隻句，獨得訊之頡籀家書，乃聯二爲一，駢異而同，析之則吳越，合之則肝膽，古故無其編，非藝事一大歉哉？暇日檢諸解詁，排纂散出之文，經子史流，稗官膭説，罔不搜括條貫，依《廣雅》《埤雅》之義，作《駢雅》七卷，又作《方國殊語》，雖所見異詞，所聞異語，皆不删廢，要亦郭公夏五之例云。」

張萱《彙雅》二十卷　《續編》二十八卷

萱，字孟奇，博羅人。萬曆時舉人，官至户部郎中。

魏濬《方言據》二卷

濬，見易類。

陳與郊《方言類聚》四卷

與郊，見禮類。

以上訓詁

宋

郭忠恕《汗簡》三卷　《目録敘略》一卷

忠恕，字恕先，洛陽人。工篆籀，尤善畫。仕周，爲宗正丞兼國子書學博士。宋太宗時，召爲國子監主簿。事迹具《宋史·文苑傳》。

忠恕《自述》曰：「小篆散而八分生，八分破而隸書出，隸書悖而行書作，行書狂而草書聖。自隸以下，吾不欲觀。」

周越《序》略曰：「自蒼頡逮我朝，善書者得三百九十八人，以古文、大小篆、隸、飛白、八分、行書、草書，通爲八體，附以雜書，以真書、真行、行草、草書，分爲四等。」

朱彝尊曰：「周宗正博士洛陽郭忠恕著《汗簡》，編集七十二家篆法，鳥迹、蝌斗畢具，依《説文》例，始乙終亥，後附宋虞部員外郎李直方、高士鄭思肖跋。」

臣等謹案：馬《考》止載《佩觿》三卷，未及《汗簡》，今特補録。

侍其良器《續千文》一卷

良器，里貫未詳。官左朝散大夫，知池州軍事。

元

戴侗《六書故》三十三卷

侗，字仲達，永嘉人。淳祐中，登進士第，以國子監簿守台州。德祐初，由秘書郎遷軍器少監，辭疾不起。

吾丘衍曰：「戴侗《六書故》以鐘鼎文編此書，不知者多好之，以其字字皆有，不若《説文》與今不同者多也。形古字今，雜亂無法，鐘鼎偏旁不能全有，只以小篆足之，或一字兩法，人多不知。本音睘。加，不過爲『寰』字，乃音作官。村字從邨，不從寸木，今乃書此爲村，引杜詩『無村眺望賒』爲證，甚誤學者。許氏《解字》引經，漢時猶篆隸，乃得其宜，今侗亦引經，而不能精究經典古字，以近世差誤等字作證，去《説文》遠矣。」

楊桓《六書統》二十卷　《六書統溯原》十二卷

桓，字武子，號辛泉，兖州人。中統時，以郡諸生補濟州教授，累官太史院校書、監察御史、國子監司業。

吴均《增修復古編》四卷

均，字仲平，爵里無考。

周伯琦《説文字原》一卷　《六書正譌》五卷

伯琦，字伯温，饒州人。官至兵部侍郎。

伯琦《自序》略曰：「《字原》以序製作之全，《正譌》以刊傳寫之誤。」

王禕曰：「伯温於字學最用功，其作字結體，蓋出泰山李斯舊碑，其著書發明斯義，有《説文字原》《六書正譌》云。」

李文仲《字鑑》五卷

文仲，長洲人。

舒天民《六藝綱目》二卷

天民，字執風，鄞縣人。

《蒙古譯語》一卷

不著撰人名氏。

明

《華夷譯語》一卷

洪武二十二年，翰林侍講火源潔等奉敕撰。火源潔，蒙古人。書前有劉三吾序。

《篇海類編》二十卷

舊題宋濂撰，屠隆訂正。濂，字景濂，浦江人。元至正末，召爲編修，不就。洪武中，官至翰林學士承旨。隆，字長卿，鄞縣人。萬曆進士，官禮部主事。《明史·文苑傳》附見《徐渭傳》中。

臣等謹案：是書致爲舛陋，且書中所引，如田汝耔、湯顯祖輩，皆正德以後人，其爲謬妄，不辨可知。所稱屠隆訂正者，亦託名也。

黄諫《從古正文》五卷

諫，字世臣，蘭州人。天順進士，累官侍講學士。後坐與石亨交，謫廣州府通判。

方仕《集古韻隸》五卷〔一〕

仕，字伯行，寧波人。

〔一〕韻隸 《總目》卷四三作「隸韻」。

楊慎《石鼓文音釋》五卷　附録一卷　《六書索隱》五卷　《經子難字》二卷

慎,見禮類。

陶滋《石鼓文正誤》二卷

滋,字時雨,絳州人。正德進士。

豐道生《金石遺文》五卷

道生,即豐坊所更名也。坊,見易類。

王應電《同文備考》八卷附《聲韻會通韻要粗釋》二卷

應電,見禮類。

顧充《字義總略》四卷

充,字回瀾,上虞人。隆慶舉人,官至南京工部都水司郎中。

魏校《六書精藴》六卷　《音釋》一卷

校,見禮類。

錢曾曰:「此於六書之學,詳考極佳,尚是徐元懋手寫稿本。後附莊渠先生親筆書四紙,亦筆墨中一古物也。」

陳士元《古俗字略》七卷

士元，見易類。

周宇《字考啓蒙》十六卷〔一〕

宇，字必大，西安左衛人。嘉靖舉人，官户部主事。

《併音連聲字學集要》四卷

不著撰人姓名。萬曆二年，會稽陶承學得此書於吴中，屬其同邑毛曾删訂。前有承學序。承學，字子述。嘉靖進士，累官禮部尚書。

張士佩《六書賦音義》三卷

士佩，字濾濱，韓城人。嘉靖進士，官南京户部尚書。

卞蓘《古器銘釋》十卷

蓘，揚州人。始末無考。

田藝衡《同文集》五十卷

藝衡，字子藝，錢塘人。以歲貢生，官休寧縣訓導。《明史·文苑傳》附見其父汝成

〔一〕啓　底本作「起」，據文淵閣本、《總目》卷四三改。

傳中。

趙撝謙《童蒙習句》一卷

撝謙,原名古則,餘姚人。宋秦悼惠王之後。洪武中,徵修《洪武正韻》,持議不協,出爲中都國子監典簿,罷歸,尋以薦爲瓊山縣教諭。事迹具《明史·文苑傳》。

本傳略曰:「撝謙博究六經百氏之學,尤精六書,時目爲考古先生。」

撝謙《自述》略曰:「自許叔重以來,以同意相受,『考』『老』字爲轉注;依聲託事,『令』『長』字爲假借。其説既興,康成以之而解經,漁仲以之而成《略》,遂失假借、轉注之本指。蕭楚謂:『一字轉其聲而讀之,是謂轉注。』宋張有曰:『轉注者,展轉其聲,注釋他字之謂也。假借者,不轉韻而假借爲他用之謂也。』近世程端禮謂:『轉注爲轉聲,假借爲借聲。』皆足正『考』『老』之謬。」

焦竑《俗書刊誤》十二卷

竑,見易類。

葉秉敬《字學》四卷

秉敬,字敬君,衢州西安人。萬曆進士,以部郎出知開封府,進河南提學僉事,再遷荆西道参議。

吴元滿《六書正義》十二卷　《六書總要》五卷　《六書泝源直音》二卷　《諧聲指南》一卷

元滿，字敬甫，歙縣人。萬曆中布衣。

李登《六書指南》二卷　《摭古遺文》二卷　《補遺》一卷　《書文音義便考私編》五卷　附《難字直音》一卷

登，字士龍，上元人。官新野縣知縣。

林茂槐《諸書字考》二卷

茂槐，字穉虚，福清人。萬曆進士，官至吏部郎中。

袁子讓《字學元元》十卷

子讓，字仔肩，郴州人。萬曆進士，官眉州知州。

《五侯鯖字海》二十卷

舊題湯海若訂正。

臣等謹案：明湯顯祖號若士，亦曰海若，臨川人。萬曆進士，官至禮部主事，終於遂昌縣知縣。事迹見《明史》本傳。據是書卷首標題，當爲顯祖所作。然頗多訛謬，體例亦雜，蓋明末坊賈所僞託也。

朱光家《字學指南》十卷

光家，字謙甫，上海人。

李當泰《字學訂譌》二卷

當泰，字元祉，泗州人。

徐孝《合并字學集篇集韻》二十三卷

孝，順天布衣。始末無考。

夏宏《字考》二卷

宏，字用德，號銘乾，海陽人。

都俞《類纂古文字考》五卷

俞，字仲良，錢塘人。仕履無考。其序跋則萬曆時也。

趙宧光《説文長箋》一百四卷　《六書長箋》七卷

宧光，字凡夫，吴縣人。

顧炎武曰：「《説文》原本次第不可見。楊慎《六書索隱》曰：『《説文》有孔子説，楚莊王説，左氏説，韓非説，淮南子説，司馬相如説，董仲舒説，京房説，衛宏説，揚雄説，劉歆説，桑欽説，杜林説，賈逵説，傅毅説，官溥説，譚長説，王育説，户彤説，張林說，黄顒說，周盛說，逯安說，歐陽僑說，甯嚴說，爰禮說，徐巡說，莊都說，張徹說。叔重本諸人之説作《説文》，然則叔重已不能盡得古人之意矣。』萬曆時，吴人趙凡夫作《説文長箋》，適當喜新尚異之時，其書盛行，而刺謬者甚多。如顧野王，陳人也，而以爲晉之虎頭。陸龜蒙，唐人也，而以爲宋之象山。王筠，梁人也，而以爲晉。王禹偁，宋人也，而以爲南朝。恂，字箋，漢宣帝諱，而不知宣帝諱詢。衎字箋，漢平帝諱，而不知平帝諱衎。《後漢書·劉虞傳》：『故吏尾敦於路劫虞首，歸葬之。』注：尾姓敦名。《箋》引云：『《後漢》尾敦路劫劉虞首歸之莽。』若以『敦路』爲人名，而又以『葬』爲『莽』，是劉幽州之首，歸於王莽也。叩，京兆藍田鄉，《箋》云：『地近京口，故从口。』夫藍田乃今之西安屬，而京口則今之鎮江府。寸，十分也。《漢書·律曆志》一黍爲一分，十分爲一寸，本無可疑，而增其文曰：『析寸爲分，當爲十分尺之一。』此類不可勝數，姑舉其尤謬者正之。」

朱彝尊曰：「凡夫以篆書名，略以草書體書之，名曰草篆。所撰《説文長箋》，一時紙貴，然自解人觀之，未有不齒冷也。古之小學，書數方名，大小二篆、八分、三真、六草，諸體雜出。賴有叔重《説文》一編，自乙至亥，本之倉頡。追譜以四聲，《説文》亡矣。顧野王《玉篇》，其文多於叔重，孫强又增益之，追題以《大廣益》，而《玉篇》又亡矣。蓋書之最古者,莫如篆學,野王雜以隸書,已失其舊。李陽冰刊定《説文》,頗出私意,詆訶許氏。凡夫草篆,其又何所本乎?」

釋道泰《集鐘鼎古文韻選》五卷

道泰,字來峰,泰州人。

張自烈《正字通》十二卷

自烈,見經解類。

臣等謹案:是書本自烈撰。其前列國書十二字母,則國朝廖文英所續加也。文英,字百子,連州人。康熙中,官南康府知府。

以上字書

宋

司馬光《切韻指掌圖》二卷附《檢例》一卷

光,見易類。

臣等謹案:是書舊有《檢例》一卷。元卲光祖以爲斷非光作,因自撰爲《檢圖之例》附於其後。光祖,字宏道,吴人。自署洛邑,殆其祖籍也。

李燾《説文解字五音韻譜》十卷

燾，字仁父，《桯史》云「一字子真」。號巽巖，丹陵人。紹興進士，官至敷文閣學士。贈光禄大夫，謚文簡。

臣等謹案：是編前、後序，見馬《考》徐鍇《繫傳》條下，而佚去標題，世遂不知燾有此書，今應續録。

毛晃《增修互注禮部韻略》五卷

晃，見書類。

魏了翁曰：「三衢毛氏《增韻》奏御之六十二年，其子居正義甫應大司成校正經籍之聘，始克録梓於冑庠。然人情異嚮，趨簡厭繁，故軼其始著，尚多刊削。世之不遇者，非獨一《增韻》也。」

郭守正《增修校正押韻釋疑》五卷

守正，字正己，自號紫雲山人〔一〕，景定時人。

臣等謹案：《押韻釋疑》，宋紹定時廬陵進士歐陽德隆所撰，至景定甲子，守正增

〔一〕人　文淵閣本作「民」。

修之。

楊伯巖《九經補韻》一卷

伯巖,字彦瞻[一],號泳齋,代郡人。淳祐間,以工部郎守衢州。

伯巖《自序》略曰:「《禮部韻》一書,政爲聲律舉子設。紹興間,三山黄進士嘗補選進上,乃亦闕略。如《禮記》『歛般請以機封』,《毛詩》『鱣鮪發發』之爲『鱍鱍』,《周禮》『舍采合舞』之爲『釋菜』。或音義未順,或非韻語可押,豈可任後學之傳訛?乃即經釋搜羅,萃爲一編,於嘉定十七年冬而書成焉。」

俞任禮《後序》曰:「《禮部韻》以略,言多隘之,而議欲增。自元祐國子博士孫諤隨乞添收,其後黄啓宗有《補韻》,吴棫有《韻補》《補音》,毛晃有《增韻》,張貴謨有《韻略補遺》,近世黄子厚、蔣全甫各有論,泳齋先生《補韻》,凡九經中字之假借,音之旁通,考訂分彙,各疏其下。」

[一] 瞻　文淵閣本作「思」。

金

韓孝彦《四聲篇海》十五卷

孝彦，字允中，真定松水人。

韓道昭《五音集韻》十五卷

道昭，字伯暉，孝彦子。

元

楊桓《書學正韻》三十六卷

桓，見本類。

劉鑑《經史正音切韻指南》一卷

鑑，字士明，關中人。

熊忠《古今韻會舉要》三十卷

忠，字子忠，昭武人。

朱宗文《蒙古字韻》二卷

宗文,字彦章,信安人。前有劉更序,又稱爲朱巴延,蓋宗文嘗充蒙古學弟子〔一〕,故別以蒙古語命名也。

《四聲等子》一卷

不著撰人名氏。

《漢隸分韻》七卷

不著撰人名氏。

明

《洪武正韻》十六卷

洪武中,翰林侍講學士樂韶鳳、宋濂等撰。

趙撝謙《聲音文字通》三十二卷

撝謙,見本類。

〔一〕「學」上　文淵閣本有「字」。

章黼《韻學集成》十三卷

黼，字道常，嘉定人。隱居教授，以博聞稱。

蘭廷秀《韻略易通》二卷

廷秀，字上菴，正統中人[一]。

楊慎《古音叢目》五卷　《古音獵要》五卷　《古音餘》五卷　《古音附録》一卷　《奇字韻》五卷　《古音略例》一卷　《轉注古音略》五卷　《古音駢字》一卷

慎，見禮類。

慎《轉注古音略自序》曰：「六書分六體，班固云『象形、象事、象意、象聲、假借、轉注是也』。六書以十分計之，象形居其一，象事居其二，象意居其三，象聲居其四。假借，借此四者也；轉注，注此四者也。四象以爲經，假借、轉注以爲緯。四象之書有限，假借、轉注無窮也。漁仲《六書考》論假借極有法則，至説轉注之義，則謬以千里矣。」

[一]「人」下　文淵閣本有「爵里無考」四字。

張位《問奇集》一卷

位，字明成，新建人。隆慶進士，官至吏部尚書、武英殿大學士。

位《自序》略曰：「凡音必先辨五音，其淺深輕重，全在齒腭間别之。如宫，喉音；商，齒頭正音；角，牙音；徵，舌頭、舌上音；羽，脣輕音，切音之紐，不可不别。」

茅溱《韻譜本義》十卷

溱，字平甫，丹徒人。

方日升《韻會小補》三十卷

日升，字子謙，永嘉人。

陳第《毛詩古音考》四卷　《屈宋古音義》三卷

第，見易類。

第《屈宋古音義自序》略曰：「《毛詩》《易象》之音，若日月中天，耿然不可易矣。考之屈宋，其音往往與《詩》《易》合，其《詩》《易》所無者，又往往與周秦漢魏之歌謡詩賦合，其爲古音何疑？自唐顔師古、太子賢注兩《漢書》，於長卿、子雲、孟堅、平子諸賦，音有與時乖者，後儒不察，自《毛詩》、楚辭、漢賦，凡古昔有韻之篇，動以叶韻當之。余少好屈宋，一一以古音讀之，聲韻頗諧，因復集《屈宋古音義》，公之同好。」

濮陽淶《韻學大成》四卷

淶，字貞菴，廣德州人。嘉靖舉人，官南昌府通判。

葉秉敬《韻表》無卷數

秉敬，見本類。

吴繼仕《音聲紀元》六卷

繼仕，見經解類。

呂維祺《音韻日月燈》七十卷

維祺，見儀注〔一〕。

張獻翼《讀易韻考》〔二〕

獻翼，見易類。

甘雨《古今韻分注撮要》五卷

雨，字子開，永新人。萬曆進士，由翰林院檢討謫德安府推官，遷南京刑部郎中。

臣等謹案：是書雨所撰，而注之者爲陳士元。士元，見易類。

〔一〕「注」下　文淵閣本有「類」。

〔二〕「考」下　文淵閣本、《總目》卷四四有「七卷」二字。

呂坤《交泰韻》一卷

坤,見儀注類。

周嘉棟《正韻彙編》四卷

嘉棟,字隆之,黄州人。萬曆進士。

程元初《律古詞曲賦叶韻》十二卷

元初,字全之,歙縣人。

朱簡《韻總持》三卷

簡,字修能,萬曆時人。

釋真空《篇韻貫珠集》一卷

真空,號清泉。萬曆中,京師慈仁寺僧。

金尼閣《西儒耳目資》無卷數

尼閣,字四表,西洋人。

楊時偉《正韻箋》四卷

時偉,見春秋類。

喬中和《元韻譜》五十四卷

中和，見易類。

陳藎謨《皇極圖韻》一卷

藎謨，字獻可，嘉興人。黄道周之門人。

臣等謹案：是書本邵子《皇極經世》聲音倡和之説而推衍之，末以經緯子母爲説，實即邵子之言陰陽剛柔也。

陳藎臣《元音統韻》二十八卷〔一〕

藎臣，始末無考。

臣等謹案：是書爲其門人胡邵瑛增修。

桑紹良《青郊雜著》一卷　《文韻考衷六聲會編》十二卷

紹良，字遂叔，零陵人。

龔黄《古叶讀》五卷

黄，爵里無考。

〔一〕八　文淵閣本作「一二」。

楊貞一《詩音辨略》二卷

貞一,字孟公,新都人。

馬自援《等音外集》一卷 《内集》一卷

自援,雲南人。始末無考。

《纂韻》五十卷

不著撰人名氏。

《字韻合璧》二十卷

不著撰人名氏,但題「鄱東朱孔陽訂正」。

以上韻書

欽定續文獻通考·經籍考卷二十一

史

臣等謹案：馬端臨《通考》史部有正史、編年、起居注、雜史、傳記、僞史、霸史史評史鈔、故事、職官、刑法、地理、時令、譜牒、目録十四門，本《隋史·藝文志》舊法，參宋中興以前諸志而爲之分類，亦爲確當。今續馬氏之書，悉仍其目，惟起居注則改爲詔令奏議，僞史、霸史則改爲載記，謹從《四庫全書》之例，稍爲變通云。

史 正史 編年

《宋史·藝文志》正史類五十七部四千四百七十三卷。

《遼》《金》《元》三史不立藝文志，散見各紀傳中。

《明史·藝文志》正史類一百十部一萬二百三十二卷。

宋

熊方《補後漢書年表》十卷《同姓王侯表》二,《異姓諸侯表》六,《百官表》二。

方,字廣居,豐城人。官澧州司户參軍。自名其堂曰「補史」。

熊方《進書表》略曰:「明爻、象、彖之原,乃可學《易》;識風、雅、頌之旨,始與言《詩》。總之必有宗,主之各有體。惜東京之再造,痛信史之未成。蔚宗之思雖精,俄乖素志;劉昭之業未廣,不及表年。譬爲山而或虧一簣,效煉石而欲補高天。人異志同,世殊事合,求義例于班固,不減前篇;較興廢於西京,豈慙後作?謹集《補後漢年表》十卷,隨表投進。」

朱彝尊曰:「范氏《後漢書》無志,梁劉昭序司馬彪《續漢書八志》,注之;無表,宋熊方補之。方之《經進表》列銜稱右迪功郎、前權澧州司户參軍,表外兼有序狀,蓋思陵朝所進也。余嘗憾南北國子監本,范史於本紀後,雜以司馬氏八志,觀者不察,誤以爲即范氏史,每著書引證,輒指爲《後漢志》云云。是何異以李丙、張甲之性情,寄王乙、趙丁之軀體乎?故嘗持論,謂宜雕范史於前,而以司馬志列其後,并以熊氏年表附之,庶成一代完書也。」

臣等謹案:《四庫全書》正史一門,凡注釋音義,校正字句,以及綴拾遺闕,辨證異同，足與正史相輔者，即附於本書之後，如熊方《補後漢書年表》之類是也。今《續通考》則自《史記》以下至《五代史》，俱不容贅入，而熊方是書亦無可附，即從《四庫全書》之例，載入正史門。其先後以作者時代爲序。方爲南宋初人，故首列於此。

洪遵《訂正史記真本凡例》一卷

遵，字景嚴，鄱陽人。皓仲子。官至同樞密院事，謚文安。

劉辰翁《班馬異同評》三十五卷

辰翁，字會孟。廬陵人。景定間，廷試對策忤賈似道，置丙第。以親老，請掌濂溪書院。宋亡後，隱居以終。

楊士奇跋曰：「《班馬異同》三十五卷，相傳出於須溪，觀其評注批點，臻極精妙，信非須溪不能。而《文獻通考》載爲倪思所撰，豈作於倪，而評注出於須溪耶？」

臣等謹案：馬端臨《通考》載《班馬異同》三十五卷，實據陳振孫《直齋書録解題》，以爲倪思所撰，使或出於辰翁，則陳振孫時亦不得先爲著録。蓋倪思有《班馬異同》一書，而辰翁評之，特以所評舊無專刻，僅附倪思書以行，故有疑《班馬異同》即爲辰翁所作者。楊士奇跋語，亦復兩持不決，今《四庫全書》定爲劉辰翁《班馬異同評》三十五卷。又倪思《班馬異同》，馬氏收入史評門，考思原書本較《史》《漢》之異同，宜與正史相附,故辰翁是書,亦即附入正史門内。

《三國志辨誤》一卷

不著撰人名氏。

臣等謹案:是書皆辨陳壽《三國志》及裴松之注之誤,書中於是字皆缺筆,疑宋之遺民,爲端宗諱也。今據《四庫全書》列於宋人之末。

元

《宋史》四百九十六卷本紀四十七,志一百六十二,表三十二,列傳二百五十五。

托克托等奉敕撰。托克托,字大用。以蔭官提舉司,歷太師、右丞相。

王圻曰:「初,元世祖立國史院,首命王鶚修《遼》《金》二史。宋亡,又命史臣通修三史。延祐、天曆之間,屢詔修之,以義例未定,竟不能成。順帝至正三年,命托克托爲都總裁,特穆爾達實、張起巖、歐陽玄、吕思誠、揭傒斯爲總裁官修之。或欲如《晉書》例,以宋爲世紀,而遼、金爲載紀。或又謂遼立國先於宋五十年,宋南渡後常稱臣於金,以爲不可。待制王理者,著《三史正統論》,欲以遼金爲北史,太祖至靖康爲宋史,建炎以後爲南宋史,一時持論不决。詔遼、宋、金各爲史。凡再閲歲,書成上之,舉例論贊表奏,多玄屬筆云。」

臣等謹案：《宋史·總目》題「本紀四十七，志一百六十二，表三十二，列傳二百五十五」，今考《宋史》卷四百七十八至卷四百八十三實爲世家六卷，而《總目》未列，蓋偶遺也。

《遼史》一百十六卷本紀三十，志三十三，表八，列傳四十五。

托克托等奉敕撰。

《金史》一百三十五卷本紀十九，志三十九，表四，列傳七十三。

托克托等奉敕撰。

顧炎武曰：「《金史》大抵出劉祁、元好問之筆，亦頗可觀。然其中多有重見，而涉於繁者。」

明

《元史》二百十二卷本紀四十七，志五十三，表六，列傳九十七。

宋濂等奉敕撰。濂，見經類。

黄虞稷曰：「洪武二年，詔宋濂、王禕等修《元史》，凡本紀三十七，志五十二，表六，列傳六十三，通一百五十八卷。三年，儒士歐陽和等采摭元統以後事實，還朝，仍命濂、禕等續修，增本紀十，志五，表二，列傳三十六。凡前書未備者，悉補完之。」

顧炎武曰：「《元史》不出於一人之手。宋濂序云：『洪武元年十二月，詔修《元史》，臣濂、臣禕總裁。二年二月丙寅開局，八月癸酉書成，紀三十七，志五十二，表六，傳六十三。順帝時，無實録可徵，因未得爲完書。復詔儀曹遣使行天下，其涉於史事者，令郡縣上之。三年二月乙丑開局，七月丁亥書成，紀十，志五，表三，傳三十六。凡前書有所未備者，頗補完之。總裁仍濂、禕二人，而纂録之士，獨趙壎終始其事。』然則《元史》之成，雖不出於一時一人，而宋、王與趙，亦難免疏略之咎矣。洪武中，嘗命解縉修正《元史》舛誤，其書留中不傳。」

臣等謹案：《元史》本紀有脱漏月者。列傳有重書年者，有一人兩傳者。《天文志》既載月五星淩犯，而本紀復詳書之，不免重出，志末云「餘見本紀」，亦非體。又諸志皆案牘之文，並無鎔范。俱詳見顧炎武《日知録》中。

許相卿《史漢方駕》三十五卷

相卿，字台仲，海寧人。正德進士，官兵科給事中。

臣等謹案：相卿是書，因倪思《班馬異同》原本，稍爲釐訂，改題此名。陳勝、英布二傳，思書偶遺，此補綴所闕。他如《衛青霍去病傳》附録諸將，《漢書》別自立傳，與《史記》文不相襲者，思書删去，此皆綴拾所遺，其先後次第，改從司馬貞《索隱》，亦稍更其序。又相卿以《史》《漢》相同者，直書行中，不同者分行夾注，凡《史記》有而

《漢書》無者，偏列於右，《漢書》有而《史記》無者，偏列於左，條理井然，較思書爲勝。

郝敬《史記瑣瑣》二卷

敬，見經類。

程一枝《史詮》五卷

一枝，字巢父，休寧人。

臣等謹案：郝敬《史記瑣瑣》則取《史記疑義》，略爲考證注釋，程一枝《史詮》則專釋《史記》字句，校考諸本，頗有發明，均爲注釋《史記》之書，故附列於此。

項夢原《宋史偶識》三卷

夢原，字希憲，秀水人。萬曆進士，官至刑部郎中。

臣等謹案：凡考注一代之史者，非淹貫全書則不能論著，故自《宋史》以後，撰述者寥寥，所録亦無多云。

臣等又案：王圻《續通考》所載正史、編年等類，或歷考史傳而未見其人，或有其人而未傳其書，至於門類參差，時代倒置者，更不可悉數。今從《四庫全書》之例更定采録，後倣此。

右正史

《宋史·藝文志》編年類一百五十一部一萬五百七十五卷。

遼金元三史不立藝文志,散見各紀傳中。

《明史·藝文志》編年附正史類。

宋

尹洙《五代春秋》二卷

洙,字師魯,河南人。天聖進士,以薦爲館閣校勘。累遷右司諫,知渭州兼領涇原路經略公事。以争永樂城事,徙慶州,復爲董士廉所訟,貶崇信軍節度副使,監均州酒稅,卒。

臣等謹案:是書體用編年,所載自梁開平元年,迄周顯德七年。鄭樵《通志略》作二卷,與今本合,而馬《考》無之。蓋洙是書已載入所作《河南集》中,此其别行之本也,以其初本自爲一書,故仍補入。

王益之《西漢年紀》三十卷

益之,字行甫,金華人。官大理司直。

臣等謹案:益之是書《自序》稱:「《年紀》三十卷,《考異》十卷,《鑑論》若干卷。」今《永樂大典》中獨存《年紀》三十卷,而《考異》則散附《年紀》各條之下,殆後人離析其文歟？又《序》稱：「自高祖迄王莽之誅，而今本終于平帝居攝，且其文或首尾不完，中間亦有脱佚。」蓋編入《永樂大典》之時，已殘缺矣。又益之所著《漢官總録職源》，已見馬《考》，而是書獨遺，今據《四庫全書》補入。

江贄《少微通鑑節要》五十卷

贄，崇安人。致和中，太史奏少微星見，特舉遺逸，不起，賜號少微先生。

陸唐老《增節音注資治通鑑》一百二十卷

唐老，會稽人。淳熙中進士第一。

劉時舉《續宋編年資治通鑑》十五卷 一作《續宋中興編年資治通鑑》。

時舉，里貫無考。

朱彝尊曰：「《宋中興通鑑》一十五卷，通直郎國史院編修官劉時舉編。史嵩之喪父，以右相起復，時舉爲廩學生，與王元野、黄道等九十四人上書争之，是亦慷慨之士也。觀者嫌其太略，然以視王宗沐、薛應旂所撰，則條理過之矣。」

臣等謹案：時舉是書所記，始高宗建炎元年，迄寧宗嘉定十七年，當成於理宗之世。而書末附論稱理宗云云，似非時舉原文，謹附識備考。

王應麟《通鑑地理通釋》十四卷

應麟，見經類。

金履祥《通鑑前編》十八卷　《舉要》三卷

履祥，見經類。

本傳略曰：「履祥嘗謂司馬文正公作《資治通鑑》，秘書丞劉恕爲《外紀》，以記前事，不本于經，而信百家之説，是非謬于聖人，不足傳信。自帝堯以前，不經夫子所定，固野而難質，夫子因魯史以作《春秋》，王朝列國之事，非有玉帛之使，則魯史不得而書，非聖人筆削之所加也。況左氏所説，或闕或誣，凡此類皆不得以壁經爲辭，乃用邵氏《皇極經世曆》、胡氏《皇王大紀》之例，損益折衷，一以《尚書》爲主，下及《詩》《禮》《春秋》，旁采舊史、諸子、表年、繫事，斷自唐堯以下，接于《通鑑》之前，勒爲一書。凡所引書，輒加訓釋，以裁正其義，先儒多所未發。既成，以授門人許謙曰：『二帝三王之盛，其微言懿行，宜後王所當法；戰國申商之術，其苛法亂政，亦後王所當戒。』則是編不可以不審也。」

臣等謹案：金履祥自撰《後序》謂既編年表，例須表題，故别爲《舉要》三卷，原本凡所引經傳子史之文，皆作大書，惟訓釋及案語則以小字夾注附綴于後。其後浙江重刻之本，列舉要爲綱，以經傳子史之文爲目，而訓釋仍錯出其間。又或以此書冠于《通鑑綱目》之首，題曰《通鑑綱目前編》，乃後來所改名，並非其舊。

《宋史全文》三十六卷

不著撰人名氏。

臣等謹案：舊本題曰《續通鑑長編》，而以李燾《進長編表》冠之於前。考燾成書在孝宗時，所録止及北宋，此書實載南宋一代之事，其非出燾手明甚。又每卷標題皆有「宋史全文」四字，其書自建隆以迄咸淳，用編年之體，以次排纂。

《續宋編年資治通鑑》十八卷

不著撰人名氏。

臣等謹案：舊本題「朝散郎、尚書禮部員外郎兼國史院編修官李燾經進」。考《宋史·藝文志》及燾本傳，惟載所著《續通鑑長編》，無此書之名。此書所記皆北宋事，體例與《宋史全文》約略相似，而闕漏殊甚，蓋當時麻沙坊本。

《兩朝綱目備要》十六卷

不著撰人名氏。

臣等謹案：是書所紀，自宋光宗紹熙元年，迄寧宗嘉定十七年事迹。諸家書目皆不著録，世罕傳本，惟見於《永樂大典》者，尚首尾完具。今釐定爲十六卷云。

《宋季三朝政要》六卷

不著撰人名氏。

臣等謹案：是書卷首題詞稱：「理宗國史爲元載入北都，無復可考，故纂集理、度二朝，及幼主本末，附以廣、益二王事。其體亦編年之流，蓋宋之遺老所爲也。

元

胡三省《資治通鑑音注》一百九十四卷　《資治通鑑釋文辨誤》十二卷

三省，字身之，天台人。宋寶祐進士，官至朝奉郎。終元代，隱居不仕。

臣等謹案：三省《音注自序》略曰：「是書依陸德明《經典釋文》釐爲《廣注》九十七卷，著《論》十篇，自周迄五代，略序興亡。大致以《考異》及所注者散入《通鑑》各文之下，曆法、天文則隨目録所書而附注焉。凡記事之本末，地名之同異，州縣之建置離合，制度之因革損益，悉疏其所以然。若《釋文》之舛謬，悉改正之。」別著《辨誤》十二卷。《序》略曰：「《通鑑釋文》行世，有史炤本，有公休本。史炤本馮時行爲之序，公休本刻于海陵郡齋，前無序，後無跋。温公修《通鑑》，公休爲檢閱文字官。又有成都曹氏版，號《龍爪通鑑》，要之海陵《釋文龍爪注》大同小異，皆蹈襲史炤而僞謬相傳，海陵本乃託之公休以欺世，適所以誣玷公休，此不容不辨也。」三省，史失其傳，據其《自序》，蓋在世祖至元二十二年也。

陳桱《通鑑續編》二十四卷

桱，字子經，奉化人。流寓長洲，官至翰林學士。

臣等謹案：桱以司馬光《通鑑》、朱子《綱目》，並終於五代，其周威烈王以上，雖有金履祥《前編》，而亦斷自陶唐，因著此書。首述盤古至高辛氏爲一卷，次摭契丹在唐及五代時事爲一卷，餘皆宋事，自太祖迄二王。其書全仿《綱目》之例，而以《通鑑續編》爲名，非其實也。

何中《通鑑綱目測海》三卷

中，字太虛，一字養正，撫樂人。事迹具《元史·儒學傳》中。

自《跋》曰：「朱子作《綱目》續《春秋》，然其間書法可商略者猶多，間附己意，輯成《綱目測海》三卷。」

察罕《帝王紀年纂要》一卷

罕，解州人。官平章事。

邵遠平曰：「察罕，西域博勒和城人，生于猗氏縣。皇慶元年，平章政事。乞歸，居德安白雲山别墅,以白雲翁自號。嘗著《帝王紀年》一書,程鉅夫爲之序曰:『史莫信于《書》《春秋》,莫博于遷《史記》,後之稽古者,舍此何以哉?』然孔子斷自唐虞,信而足徵,司馬乃上述黄帝以來,又遠詳其世次,先儒固嘗疑之。至于諸家編紀沿襲舛訛,莫相統一,皆好博之流弊也。後惟康節《經世書》以曆紀之,始明白可信。平章白雲翁信道篤學,博觀約取,政事餘暇,取諸家紀載集正之,一以經世爲準,名《歷代帝王紀年纂要》,其上及羲農者,備博覽而已。夫信孔子者,莫若康節;信康節者,莫若白雲,然則後之信白雲者,端在此編矣。」

臣等謹案:察罕成此書在皇慶元年,至明景泰中,翰林侍講學士黄諫復爲《補輯》,惟改原本每代下至延祐戊午若干年,爲下至洪武戊申若干年,并補入元代諸帝紀年爾。

明

王禕《大事紀續編》七十七卷

禕,字子充,義烏人。明初,徵爲中書省掾。修《元史》成,擢翰林待制。使雲南,抗節死。贈翰林學士,追謚忠文。事迹具《明史·忠義傳》。

胡粹中《元史續編》十六卷

粹中，名由，以字行，山陰人。永樂中，官楚府長史。

《續資治通鑑綱目》二十七卷[一]

成化中，商輅等奉敕撰。輅，字宏載，淳安人。正統乙丑進士第一，官至大學士，謚文毅。

臣等謹案：輅等所修《續綱目》，疏舛不可枚舉。今與朱子《綱目》均蒙聖祖仁皇帝御批，折衷至當。我皇上御批《通鑑輯覽》，於是編之繆誤，仰邀指斥無遺。其原書竟不足録，姑列其目於此。

丘濬《世史正綱》三十二卷

濬，字仲深，瓊山人。景泰進士，官至大學士。卒贈太傅，謚文莊。

許誥《通鑑綱目前編》三卷

誥，字廷綸，自號函谷山人，靈寶人。弘治進士，官至南京户部尚書，謚莊敏。

臣等謹案：誥以金履祥《前編》書法多所舛迕，乃重輯是書，以訂正之。其實拘文牽義，不足取也。

[一] 續資治通鑑綱目 《總目》卷八八作「通鑒綱目續編」。

魏校《經世策》一卷

校,見經類。

顧應祥《人代紀要》三十卷

應祥,字維賢,號箬溪,長興人。弘治進士,官至南京刑部尚書。

吴朴《龍飛紀略》八卷

朴,字華甫,詔安人。嘉靖時布衣。

臣等謹案:是書仿《綱目》體例,紀明太祖事迹。初名《禮樂征伐書》,後改今名,前有嘉靖甲辰林希元《序》〔一〕。

《明本紀》一卷

不著撰人名氏。

《成憲録》十一卷

不著撰人名氏。

臣等謹按:是二書,《明本紀》則紀明太祖事迹,自起兵濠梁,迄建國金陵,分年

〔一〕元　底本作「九」,據文淵閣本改。

編次，洪武三年以後並闕，蓋草創未竟之本也。《成憲録》則紀明太祖至英宗五朝之事，考明太宗廟號，至嘉靖十七年始改曰成祖，此書仍稱太宗，是作於成化以後嘉靖以前者。

雷禮《大政記》三十六卷

禮，字必進，豐城人。嘉靖進士，官至工部尚書。

《明六朝索隱》十六卷

舊本題雷禮撰。

臣等謹按：是書以正統、景泰、天順、成化、弘治、正德六朝事迹，編年紀録。考《明史·藝文志》不載是書，疑後人從《實録》抄撮而成，託名於禮者。

沈越《嘉隆聞見紀》十二卷

越，字中甫，江寧人。嘉靖進士，官至監察御史。

南軒《通鑑綱目前編》二十五卷

軒，字叔後，嘉靖進士，官至吏部郎中。

薛應旂《宋元資治通鑑》一百五十七卷　《甲子會紀》五卷　《憲章録》四十七卷

應旂，見經類。

臣等謹按:《宋元通鑒》一書,朱彝尊嘗譏其孤陋寡聞,惟道學宗派特詳。《甲子會紀》自黄帝八年至嘉靖四十二年爲七十二甲子,每年下略紀大事。《憲章録》則起洪武,迄正德,蓋以續所作《宋元通鑑》也。

杜思《考信編》七卷

思,字子睿,鄞縣人。嘉靖進士,官至青州府知府。

黄光昇《昭代典則》二十八卷

光昇,字明舉,晉江人。嘉靖進士,官至刑部尚書。

《秘閣元龜政要》十六卷

不著撰人名氏。

臣等謹按:是書所紀,皆明太祖事。書中已稱成祖,蓋嘉靖以後人所作。

卜世昌《明通紀述遺》十二卷

世昌,秀水人。

臣等謹按:舊本於第三、第六、第七、第十一等卷。又題「秀水屠衡校訂」,是世昌及衡二人合作者。有馮夢禎、屠隆等序。世昌及衡二人事迹無考,所紀起元至正,迄明隆慶六年,蓋隆慶以後人所作也。

支大綸《世穆兩朝編年史》六卷

大綸，字華平，嘉善人。萬曆進士，官奉新縣知縣。

譚希思《明大政纂要》六十卷

希思，字岳南，茶陵人。萬曆進士，官至四川巡撫。

朱國禎《大政記》三十六卷

國禎，字文寧，烏程人。萬曆進士，官至大學士，謚文肅。

吴瑞登《兩朝憲章録》二十卷

瑞登，字雲卿，武進人。官光州訓導。

臣等謹案：薛應旂纂洪武至正德九朝事，爲《憲章録》。瑞登因輯嘉靖、隆慶兩朝，以續應旂之書。瑞登，蓋萬曆時人也。

張銓《國史紀聞》十二卷

銓，字宇衡，沁州人。萬曆進士，官至監察御史，巡按遼東〔一〕。天啓元年，大兵破遼陽，殉節死。贈兵部尚書，謚忠烈。事迹具《明史·忠義傳》。

〔一〕按　文淵閣本作「撫」。

顧錫疇《綱鑑正史約》三十六卷

錫疇,字九疇,號瑞屏,崑山人。萬曆進士。崇禎末,官至南京禮部侍郎。福王時,進尚書。後爲總兵官賀君堯所殺。

程元初《歷年二十一傳殘本》十二卷

元初,見經類。

楊時偉《春秋編年舉要》無卷數

時偉,字去奢,長洲人。

臣等謹案:是書成于崇禎甲戌,凡前後二編,皆倣《史記》年表之例,前爲《春秋列國編年舉要》,後爲《獲麟後七十七年編年舉要》。

張自勳《綱目續麟》二十卷　《彙覽》三卷　《校正凡例》一卷　附録一卷

自勳,字卓菴,南昌人。

臣等謹案:是書成于崇禎癸未,《續麟》則摘於《綱目》及《考異》書法〔一〕,發明考證之文,而一一辨正其是非。《彙覽》則列增刪正綱者,三千六百四十餘字,增刪分注

〔一〕於　文淵閣本作「列」。

者，四百四十餘字。《校正凡例》則載朱子《凡例》與劉友益《書法凡例》，而各著其疑。附録上卷備列朱子《論綱目手書》等篇，下卷全録方孝孺《正統論》。

右編年

臣等又案：編年一體，歷朝繼作，或有或無，不能相續，亦難以統系爲次。今各依作者時代先後編之，一如正史類。

欽定續文獻通考·經籍考卷二十二

史 詔令奏議

臣等謹案:馬端臨《通考》于正史、編年外,特立「起居注」一門,而實録、日曆、詔令等,悉類敘焉。考宋代以下起居注、實録、日曆並皆散佚,無可登載。今從《四庫全書》之例,改爲詔令奏議類云。

《宋史·藝文志》不立詔令奏議類。

《遼》《金》《元》三史不立藝文志,散見各紀傳中。

《明史·藝文志》不立詔令奏議類。

宋

宋敏求《唐大詔令集》一百三十卷

敏求,字次道,趙州平棘人。參知政事綬之子。進士及第,官至史館修撰,龍圖閣直學士。

臣等謹案：馬端臨《通考》原例以詔令併入起居注，已載敏求所撰唐宣宗以下實録一百四十八卷〔二〕，而是書獨遺。考熙寧三年敏求《自序》稱：「繕寫成編，會忤權解職，顧翰墨，無所事，第取唐詔令，目其集而弆藏之」云云。蓋其以封還李定詞頭，由知制誥罷奉朝請時也。此書世無刊本，輾轉傳鈔，雖稍有脱誤，而唐代典故，實足藉以考證焉，今補載于此。

明

明世宗《火警或問》一卷

臣等謹案：此書爲世宗御製之文，敕諭乃其附録。然宣示中外，是亦詔令類矣。故載於此。

楊士奇《三朝聖諭録》三卷

士奇，名寓，以字行，泰和人。建文時，以辟召入翰林。永樂初，改編修，官至大學士。贈太師，謚文貞。

〔二〕宣　底本作「武」，據文淵閣本改。按：據《文獻通考》卷一九四《經籍考》二十一，《唐武宗實録》非宋敏求纂著。四　文淵閣本作「二」，浙江書局本作「三」。

楊士奇《代言録》一卷　《奏對録》一卷

士奇，見前。

張孚敬《諭對録》三十四卷

孚敬，初名璁，字秉用，永嘉人。正德進士，官至大學士，謚文忠。

霍韜《明詔制》八卷

韜，字渭先，南海人。正德進士，官至禮部尚書，謚文敏。

《明詔令》二十一卷

不著編輯者名氏。

臣等謹案：是書所載，自明太祖至世宗嘉靖十八年止，蓋嘉靖時人所爲也。

《絲綸提要便覽》一卷

不著編輯者名氏。

臣等謹案：是書所載，乃明萬曆、天啓中内閣票旨成式，皆兩房中書舍人抄撮而成者。以其爲當日王言之式，故附録於詔令之末。

以上詔令

宋

陳次升《讜論集》五卷

次升，字當時，興化仙遊人。熙寧進士，知安丘縣。以薦爲監察御史，提點淮南河東刑獄，入爲殿中侍御史，進左司諫，貶南安軍監酒税。徽宗立，召爲右諫議大夫。復除名，編管循州。政和中，復舊職，卒。

臣等謹案：次升是集，爲其兄子南安丞安國所編，凡録奏疏二百七篇。馬《考》未見，蓋已久佚不傳。今《四庫全書》從《永樂大典》中采葺編次，共得八十六篇，又于歷代名臣奏疏中，增補三十篇，釐爲五卷。讀史者亦可藉以參證焉。

臣等謹案〔一〕：馬《考》以章奏自爲一門，次於别集之後。然奏議皆論事之文，與紀傳互證，自應歸入史部。今從《四庫全書》之例，附載於詔令之後，其或編入本集者，則仍從集部著録。再奏章類亦有别集、總集之分〔二〕，今但統爲一門，不復以别集居前，總集居後，一依撰人時代爲次焉。

〔一〕謹　文淵閣本作「又」。
〔二〕奏章　文淵閣本作「章奏」。

呂午《左史諫草》一卷

午，字伯可，歙縣人。嘉靖進士，官至起居郎、右文殿修撰，知彰州。

臣等謹案：是編凡奏議六首，皆嘉熙二年所上。雖篇數無多，而宋末時事，頗可考見。後附其子沆一疏，并方回所爲午及沆傳[一]，亦多與《宋史》本傳可以相證焉。

明

黄淮、楊士奇《歷代名臣奏議》三百五十卷

淮，字宗豫，永嘉人。洪武進士，官至大學士、户部尚書，謚文簡。士奇，見本類。

臣等謹案：是書乃永樂十四年黄淮、楊士奇奉敕編，自商周以迄宋元，分六十四門。

商輅《文毅疏稿略》一卷

輅，見編年類。

臣等謹案：輅是集爲其子侍講良年所編。後有其孫汝頤跋，稱「《輅素庵文集》凡數十卷，兩遭回禄，悉爲煨燼，幸此卷獨存，因鋟諸梓」云云。則是書固爲單行之

[一] 回　原作「面」，據文淵閣本改。

本，所載奏疏，凡三十三篇。

葉盛《文莊奏疏》四十卷

盛，字與中，崑山人。正統進士，官至吏部左侍郎，謚文莊。

王恕《端毅奏議》十五卷

恕，見經類。

臣等謹案：恕又有《介庵奏稿》六卷，乃其官南京兵部尚書時所刻，其吏部諸疏不在編内。此爲正德辛巳三原知縣王成章合而刻之者，故舍彼登此。

謝鐸、黄孔昭《赤城論諫録》十卷

鐸，見經類。孔昭，字世顯。天順進士，官至工部侍郎，謚文毅。天台人。

邵寶《大儒奏議》六卷

寶，見經類。

馬文升《端肅奏議》十二卷

文升，字負圖，鈞州人。景泰進士，官至吏部尚書，謚端肅。

王瓊《晉溪奏議》十四卷

瓊，字德華，太原人。成化進士，官至吏部尚書，謚恭襄。

楊一清《關中奏議稿》十卷[一]

一清，字應寧，安寧人[二]。成化進士，官至大學士，謚文襄。

楊廷和《文忠三録》七卷

廷和，字介夫，新都人。成化進士，官至大學士，謚文忠。

毛紀《密勿稿》三卷　《辭榮録》一卷

紀，字維之，掖縣人。成化進士，官至大學士，謚文簡。

胡世寧《端敏奏議》十卷

世寧，字天清，仁和人。弘治進士，官至兵部尚書，謚端敏。

何孟春《文簡疏議》十卷

孟春，字子元，郴州人。弘治進士，官至吏部左侍郎，以争大禮左遷南京工部左侍郎，尋削籍。隆慶初，贈禮部尚書，謚文簡。

毛伯温《襄懋奏議》二十卷

伯温，字汝厲，吉水人。正德進士，官至兵部尚書。天啓初，追謚襄懋。

[一] 議　文淵閣本作「題」。

[二] 安　底本作「文」，據文淵閣本改。

方鳳《改亭奏草》一卷

鳳，字時鳴，號改亭，崑山人。正德進士，官至廣東提學僉事。

邵錫《石峰奏疏》四卷

錫，字天佑，號石峰，安州人。正德進士，官至右副都御史，巡撫山東。

孫懋《毅菴奏議》二卷

懋，字德夫，號毅菴，慈溪人。正德進士，官至應天府尹。

桂萼《文襄奏議》八卷

萼，字子實，安仁人。正德進士。嘉靖初以議禮驟貴，官至大學士。謚文襄。

王以旂《漕河奏議》四卷

以旂，字士昭，江寧人。正德進士，官至兵部尚書，總督三邊，謚襄敏。

毛憲《諫垣奏草》四卷

憲，字式之，武進人。正德進士，官禮科給事中〔二〕。

〔二〕禮　文淵閣本作「吏」。

張原《玉坡奏議》四卷

原，字士元，三原人。正德進士，官吏科給事中，以疏論時事，謫貴州新添驛丞。嘉靖初，復故官。

鄧顯麒《夢虹奏議》二卷

顯麒，字文端，號夢虹，奉新人。正德進士，官監察御史。

夏言《南宫稿》五卷〔一〕　**《桂洲奏議》二十一卷**

言，字公謹，貴溪人。正德進士，官至大學士。爲嚴嵩所構，坐與曾銑交關棄市。隆慶初，復原官，謚文愍。

曾銑《復套議》二卷

銑，字子重，江都人。正德進士，官至兵部侍郎，總督三邊。

張孚敬《奏對稿》十二卷

孚敬，見本類。

〔一〕「稿」上　文淵閣本、《總目》卷五五有「奏」字。

李遂《督撫經略》八卷〔一〕

遂，字邦良，豐城人。嘉靖進士，官至兵部尚書，謚襄敏。

曾忭《前川奏疏》二卷

忭，號前川，泰和人。嘉靖進士，官至兵科都給事中。

楊博《本兵疏議》二十四卷

博，字維約，蒲州人。嘉靖進士，官至吏部尚書，謚襄毅。

黄訓《名臣經濟録》五十三卷

訓，歙縣人，嘉靖進士，官至副都御史。

臣等謹案：是書輯洪武至嘉靖九朝名臣經世之言，不皆奏議之體，故但以《經濟録》爲名。其實奏議居十之九，故附於此。

唐順之《右編》四十卷

順之，字應德，武進人。嘉靖進士，官至淮揚巡撫。

臣等謹案：是書所録，皆歷代名臣論事之文，與黄淮等所編《歷代奏議》體例相

〔一〕「略」下　文淵閣本、《總目》卷五六有「疏」字。

近,並附於此。

張鹵《嘉隆疏抄》二十卷

鹵,字召和,儀封人。嘉靖進士,官至南京太常寺卿。

張瀚《臺省疏稿》八卷《疏議輯略》三十七卷

瀚,字元洲,仁和人。嘉靖進士,官至吏部尚書,謚恭懿。

周怡《訥谿奏疏》一卷

怡,字順之,號訥谿,太平人。嘉靖進士,官至太常寺少卿。

章煥《平倭四疏》三卷

煥,字揚華,長洲人。嘉靖進士,官至督理南京倉儲右副都御史。

譚綸《襄敏奏議》十卷

綸,字子理,宜黄人。嘉靖進士,官至兵部尚書,謚襄敏。

高拱《南宫奏牘》二卷　《綸扉内稿》一卷　《外稿》一卷　《掌銓題稿》十四卷　《獻忱集》二卷

拱,見經類。

潘季馴《司空奏疏》七卷〔一〕 **《兩河經略》四卷**

季馴，字時良，烏程人。嘉靖進士，官至總督河道、工部尚書。

董傳策《奏疏輯略》一卷

傳策，字原溪，上海人。嘉靖進士，官至南京禮部右侍郎。

吴文華《粤西奏稿》三卷 **《留都疏稿》一卷**

文華，字子彬，連江人。嘉靖進士，官至兵部尚書，謚襄惠。

張檟《存笥録》一卷

檟，字叔養，江西新城人。嘉靖進士，官至南京工部右侍郎。

王錫爵《文肅奏草》二十三卷

錫爵，字元馭，太倉人。嘉靖進士，官至大學士，謚文肅。

項篤壽《小司馬奏草》六卷

篤壽，字子長，秀水人。嘉靖進士，官至兵部郎中。

〔一〕七　文淵閣本作「六」。

顧養謙《沖菴撫遼奏議》二十卷　《督撫奏議》八卷

養謙,字益卿,江南通州人。嘉靖進士,官至户部侍郎,總督薊遼兼經略。

《安南奏議》一卷　《議處安南事宜》一卷

不著撰人名氏。

沈一貫《敬事草》十九卷

一貫,見經類。

趙志皋《内閣題奏議》十卷[一]

志皋,字汝邁,蘭谿人。隆慶進士,官至大學士,謚文懿。

王家屏《文端奏疏》四卷

家屏,字仲伯,山陰人。隆慶進士,官至大學士,謚文端。

李頤《奏議》二卷

頤,字維貞,餘干人。隆慶進士,官至總督河漕。

[一] 議　文淵閣本、《總目》卷五五作「稿」。

顧九思《掖垣題稿》三卷

九思，字與睿，長洲人。隆慶進士，官至右通政。

姚學閔《諫垣疏稿》四卷

學閔，字順山，武陵人。隆慶進士，官至給事中。

萬世德《海防奏議》四卷

世德，山西偏頭千户所人。隆慶進士，官至右都御史，總督薊遼。

李化龍《治河奏疏》四卷〔一〕

化龍，字于田，長垣人。萬曆進士，官至兵部尚書，謚襄毅。

顧爾行《兩朝疏抄》十二卷

爾行，歸安人。萬曆進士，官大名府推官。

陳與郊《黄門集》三卷

與郊，見經類。

〔一〕治河　《總目》卷五六作「河治」。

吴達可《奏疏遺稿》無卷數

達可,字安節,宜興人。萬曆進士,官至左通政。

周孔教《中丞疏稿》十六卷

孔教,字明行,臨川人。萬曆進士,官至右都御史,總理河道。

楊東明《青瑣藎言》二卷

東明,字啓修,虞城人。萬曆進士,官至刑部右侍郎。

張貞觀《掖垣諫草》五卷

貞觀,字惟誠,沛縣人。萬曆進士,官至禮科給事中。

馬從聘《蘭臺奏疏》無卷數

從聘,見經類。

王紀《畿南奏議》六卷

紀,字維理,芮城人。萬曆進士,官至刑部尚書。

楊天民《全甫諫草》十四卷

天民,號全甫,山西太平人。萬曆進士,官禮科給事中,降永從縣典史,後贈光禄寺少卿。

朱吾弼、李雲鵠、蕭如松、孫居相《留臺奏議》二十卷

吾弼，字諧卿，高安人。萬曆進士，官至南京太僕寺卿。雲鵠，字黄羽，内鄉人，萬曆進士。如松，字鶴侶，内江人。並官南京御史。居相，字拱揚，沁水人。萬曆進士，官至户部尚書。

臣等謹案：吾弼尚有《朱子奏議》一編，皆自《晦菴集》中抄出，故不復録。

朱燮元《督蜀疏草》十六卷 《襄毅疏草》十二卷 《少師奏疏》八卷

燮元，字懋和，浙江山陰人。萬曆進士，官至兵部尚書，總督四川、貴州軍務，晉左柱國少師，謚襄毅。

姚文蔚《右編補》十卷

文蔚，見經類。

黄汝亨《古奏議》無卷數

汝亨，字貞父，仁和人。萬曆進士，官至江西布政司參議。

黄起龍《留垣奏議》四卷

起龍，字應興，莆田人。萬曆進士，官至南京吏科給事中。

黄建中《留垣疏草》無卷數

建中，字良輔，揚州興化人。萬曆進士，官至南京户科給事中。

逯中立《兩垣奏議》一卷

中立，見經類。

周起元《忠愍奏疏》五卷

起元，字仲先，海澄人。萬曆進士，官至右僉都御史，巡撫江南，以忤璫魏忠賢被害。崇禎初，追贈兵部侍郎，謚忠愍，改謚忠惠。

錢春《湖湘五略》十卷

春，字梅谷，武進人。萬曆進士，官至户部尚書。

劉懋《兵垣奏疏》一卷

懋，字養中，臨潼人。萬曆進士，官至兵科給事中。

吴玉《侍御奏疏》一卷

玉，壽陽人。天啓進士，官至河南布政司參議。

李嵩《按晉疏草》無卷數

嵩，字影石，棗强人。天啓進士，官至布政使。

周堪賡《治河奏疏》二卷

堪賡，字仲聲，寧鄉人。天啓進士，官至工部侍郎。

衛楨固《真定奏疏》一卷　附刻一卷

楨固，韓城人。崇禎進士，官至御史。

徐宗夔《二李先生奏議》二卷

宗夔，字敞虞，蘇州人。

臣等謹案：宗夔所編，蓋李夢陽、李三才二人奏議也。

以上奏議

欽定續文獻通考·經籍考卷二十三

史 雜史

臣等謹案:雜史之名,肇於《隋志》,馬端臨《通考》因之。惟陳振孫《書録解題》,則立「别史」一門,以處上不至於正史,下不至於雜史者,義例誠爲最善。然馬氏雜史類既列《宋三朝志》雜史部卷總數於前,復列《宋中興志》别史部卷總數於後。又目内所載,如《東觀漢記》及高峻《小史》、蘇轍《古史》之類,亦即可列於别史,則其書尚屬相近。今沿馬氏之例,雜史、别史,仍彙爲一門云。

《宋史·藝文志》别史類一百二十三部二千二百八十卷。

《遼》《金》《元》三史不立藝文志,散見各紀傳中。

《明史·藝文志》雜史類二百十七部二千二百四十四卷。

宋

李綱《建炎時政記》三卷

綱，字伯紀，邵武人。政和進士，官至太常少卿。欽宗時，授兵部侍郎、尚書右丞。南渡後，拜尚書右僕射兼中書侍郎。爲御史所劾，罷爲觀文殿大學士。

趙希弁曰：「所編自建炎元年五月一日至八月十八日事。」

陳東《靖炎兩朝見聞録》二卷

東，字少陽，鎮江丹陽人。欽宗時，貢入太學，上書請去蔡京、王黼而用李綱。高宗即位，召至行在，又劾黄潛善、汪伯彦，爲二人所構，論死。後追贈承信郎，又加贈朝奉郎、秘閣修撰。

趙子砥《燕雲録》一卷

子砥，宗室子。官鴻臚寺丞。靖康丁未，隨二帝北行。建炎戊申，遁還，高宗命爲故官。

王繪《紹興甲寅通和録》一卷

繪，里貫無考。

臣等謹案：是書乃高宗紹興四年以和議未成，遣魏良臣如金，繪副之，使還，備録其事。

員興宗《采石戰勝録》一卷

興宗,字顯道,仁壽人,自號九華山人。以薦除教授,召試,擢著作郎、國史編修、實録院檢討。乾道中,奉祠去,僑居潤州以終。

王柛《燕翼詒謀録》五卷

柛,字叔永,晉陽人。寓居山陰,號求志老叟。嘗官淮北,未詳何職。

臣等謹案:柛《自序》謂,考之《國史實録》《寶訓聖政》等書,上起建隆,下迄嘉祐,所采凡一百六十二條,皆祖宗良法美政,可爲世守者。柛之出處,不概見於他書,今考書中所稱云云知之。

羅泌《路史》四十七卷

泌,字長源,廬陵人。乾道中,書成行世。

葉隆禮《契丹國志》二十七卷

隆禮,號源林,嘉興人。淳祐進士,歷官秘書丞。

宇文懋昭《大金國志》四十卷

懋昭,淮西人。自金歸宋,改授承事郎,工部架閣。端平元年,書成表上。

郭允蹈《蜀鑑》十卷

允蹈，資州人。

臣等謹案：是書舊本題曰「不著撰人名氏」。前有方孝孺序稱「宋端平中，李文子作」，然文子所作序云「俾資州郭允蹈輯爲一編」[一]，則文子特總其事耳，今訂爲允蹈所撰。

吕中《大事記講義》二十三卷

中，字時可，泉州晉江人。淳祐進士，遷國子監丞兼崇政殿説書，徙肇慶教授。

臣等謹案：是書皆記北宋時事，間有論斷，足補《宋史》所未備，亦多異同之處，可資參證。乃中平日講論稿本，而葉適等爲之編次者，前有興國軍教授劉實甫序。

倪思《重明節館伴語録》一卷[二]

思，字正甫，歸安人。乾道進士，歷官寶文閣學士，謚文節。

張棣《正隆事迹記》一卷

棣，始末無考。書中但稱歸正官，蓋自金入宋者。

[一] 中　底本作「州」，據文淵閣本改。
[二] 一卷　文淵閣本作「無卷數」。

程卓《使金録》一卷

卓,字從元,休寧人。大昌從子。淳熙進士,歷官同知樞密院事,贈特進資政殿大學士,謚正惠。

趙萬年《襄陽守城録》一卷

萬年,里貫未詳。

張革之《誅吴録》一卷

革之,字西仲,潼川人。

郭士寧《平叛録》一卷

士寧,里貫未詳。

趙與袞《辛巳泣蘄録》一卷

與袞,宗室子,官蘄州司理權通判事。

鄒伸之《使北日録》一卷

伸之,里貫未詳。

陳仲微《廣王衛王本末》一卷

仲微,字致廣,高安人。嘉泰進士,咸淳中爲兵部侍郎。宋亡,從二王入廣厓山,敗後遁入安南而歿。

《南渡録》二卷

不著撰人名氏。

《竊憤録》一卷

不著撰人名氏。

《禦侮録》二卷

不著撰人名氏。

《咸淳遺事》二卷

不著撰人名氏。

臣等謹案：《宋史·藝文志》不載是書，惟見明《文淵閣書目》。《永樂大典》中所輯，止於咸淳八年。今《四庫全書》釐訂其文，編爲二卷。

《三朝野史》一卷

不著撰人名氏。

《平巢事迹考》一卷

不著撰人名氏。

《碧溪叢書》八卷

不著撰人名氏。

臣等謹案：是編所載凡八種，如蔡絛《北狩行録》、洪皓《松漠紀聞》之類，皆删節之本耳。名曰《叢書》，實爲史家之流别，故附於此。

遼

王鼎《焚椒録》一卷

鼎，字虚中，涿州人。清寧進士，官至觀書殿學士。

王士禛《居易録》曰：「《契丹國志·后妃傳·道宗蕭后本傳》云，『性恬澹寡欲。魯王宗元之亂，道宗同獵，未知音耗，后勒兵鎮帖中外，甚有聲稱。崩葬祖州』云云而已。《焚椒録》所記，絶無一字及之。又《録》稱『后爲南院樞密使惠之少女』，而《志》云『贈同平章事顯然之女』。《志》言勒兵，似嫻武略者，而《録》言『幼能誦《詩》，旁及經子，所載《射虎》應制諸詩及《回心院》詞，皆極工』，而無一語及武事。且《本紀》道宗在位四十七年，改元者三，清寧、咸雍、壽昌，初無太康之號，而《録》載乙辛密奏『太康元年十月』云云。皆牴牾不合。按《遼史·宣懿皇后傳》雖略，而與《焚椒録》所紀同，蓋《契丹志》之疏耳。」

金

《大金弔伐録》四卷

不著撰人名氏。

《煬王江上録》一卷

不著撰人名氏。

臣等謹案：是書所載皆金事，蓋金人所撰也[一]。

元

郝經《續後漢書》九十卷

經，字伯常，陵川人。官至翰林侍讀學士，贈昭文館大學士，追封冀國公，謚文忠。

經《自序》曰：「晉平陽侯相陳壽，故漢吏也。漢亡事晉，作《三國志》，以曹氏繼漢，而不與昭烈，稱之曰蜀，鄙爲偏霸僭僞。於是統體不正，大義不明，紊其綱維，故稱號議論皆失其正。哀帝時，滎陽太守習鑿齒著《漢晉春秋》，謂三國蜀以宗室爲正，魏雖受漢禪，尚爲篡，晉平蜀，而漢始亡。上疏請越魏繼漢，以正統體，不用。宋元嘉

[一]蓋　文淵閣本作「因有煬王之稱知爲」。

中，文帝詔中書侍郎裴松之采三國異同，凡數十家，以注壽書，補其缺漏，辨其舛錯，積力雖勤，而亦不能更正統體。歷南北隋唐五季，百有餘歲，列諸三史之後，不復議爲也。宋丞相司馬光作《通鑑》，始更蜀曰漢，仍以魏紀事，而昭烈爲僭僞，至晦菴先生朱熹爲《通鑑》作《綱目》，黜魏，而以昭烈章武之元年繼漢，統體始正矣。然而本史正文猶用壽書，經嘗聞搢紳先生餘論，謂壽書必當改作，竊有志焉。中統元年，詔經持節使宋，告登寶位，通好弭兵。宋人館留儀真，不令進退，乃破稿發凡，起漢終晉，以更壽書，作表、紀、傳，録諸序議贊。十二年夏五月，借書於兩淮制使殷應雷，得二《漢》《三國》《晉書》，遂作正史，以裴注之異同，《通鑑》之去取，《綱目》之義例，參校刊定，歸於詳實，以昭烈纂承正統，魏、吴爲僭僞。十三年十月書成，年表一卷，帝紀二卷，列傳七十九卷，録八卷，共九十卷，號曰《續後漢書》。奮昭烈之幽光，揭孔明之盛心，祛操、丕之鬼蜮，破懿、昭之城府，千載之蔽，一旦廓然矣。」

吴師道《戰國策校注》十卷

師道，字正傳，蘭溪人。至治進士，官至國子博士，致仕後，授禮部郎中。事迹具《元史·儒學傳》。

臣等謹案：《漢·藝文志》《戰國策》與《史記》爲一類，歷代史志因之。晁公武

《讀書志》始改入子部縱横家，馬《考》因之。考《戰國策》乃劉向裒合諸記，併爲一編，既非一家之言，當爲史類。師道是書，補正鮑、彪之注爲多，今從《四庫全書》之例，載入史類。餘並倣此。

趙居信《蜀漢本末》三卷

居信，字季明，許州人。至治中，官至翰林學士承旨。

朱彝尊《跋》曰：「明乎陳壽不忘蜀漢之本心，而後可更作蜀漢之史。若信都趙氏《蜀漢本末》一書，其持論謂壽進魏於正統，抑昭烈爲僭國，視之與孫權同科。是於《三國志》未嘗絜其長短，測其用意之深，徒因《綱目》書法而作者也。試取壽之書法，一一表出之，則不予魏以正統，昭烈非僭國，蜀與孫權殊科，灼然見矣。」

王鶚《汝南遺事》四卷

鶚，字伯翼，東明人。金正大進士，爲左右司員外郎。金亡歸元，官至翰林學士承旨。

劉一清《錢塘遺事》十卷

一清，臨安人。

謝朱勝《南宋補遺》無卷數

朱勝，里貫始末俱未詳。

臣等謹案：是書稱南宋中有宋末之語，當爲元人所作。

《東南紀聞》二卷

不著撰人名氏。

劉敏中《平宋録》三卷

敏中，章丘人。至元中，監察御史，劾權貴，不報，辭職歸。後起歷集賢學士，上疏陳十事，遷翰林學士承旨。卒謚文簡。

臣等謹案：是書舊題「杭州路司獄燕山平慶安撰」。黄虞稷《千頃堂書目》以爲劉敏中作，今考卷首周明《序》稱「平慶安梓行」，則此書實爲敏中所撰也。

《皇元聖武親征録》一卷

不著撰人名氏。

虞集《平猺記》一卷

集，字伯生，號道園，崇仁人。仕至翰林學士兼國子祭酒。

明

世宗《大狩龍飛録》二卷

明世宗肅皇帝御撰。

權衡《庚申外史》二卷

衡，字以制，號葛溪，吉安人。元末避亂，居彰德黄華山，明初歸江西，寓居臨川以終。

宋濂《洪武聖政記》二卷

濂，見經類。

劉基《國初禮賢録》一卷〔一〕

基，字伯温，青田人。論佐命功，封誠意伯。後追謚文成。

《别本洪武聖政記》十二卷

不著撰人名氏。

《平蜀記》一卷

不著撰人名氏。

《北平録》一卷　别本《北平録》一卷

不著撰人名氏。

〔一〕文淵閣本合此條與上條爲一條，皆爲劉基作，誤。論佐命功封誠意伯後追謚文成　文淵閣本作「元進士，明初聘入禮賢館，參預機密，拜御史中丞。論佐命功，封誠意伯。正德九年，追謚文成」。

張紞《雲南機務鈔黄》一卷

紞,字季昭,富平人。洪武初,以通經舉。歷官雲南左布政使,召爲吏部尚書。

《明高皇后傳》一卷

不著撰人名氏。

寧王權《漢唐秘史》二卷

權,自號臞仙。太祖第十七子,封寧王。

劉辰《國初事迹》一卷

辰,字伯静,金華人。官刑部侍郎。

臣等謹案:本傳稱,永樂初,李景隆言辰知國初事,召至預修《太祖實録》,此即修實録時所進事略草本也。

《奉天靖難記》四卷

不著撰人名氏。

金幼孜《北征録》一卷　《後北征録》一卷

幼孜,本名善,以字行,新淦人。建文時舉人,授户科給事中。靖難後,改翰林檢討,官至大學士。卒贈太保,謚文靖。

臣等謹案：本傳稱：「成祖重幼孜文學，所遇山川要害，輒命記之。幼孜據鞍起草立就。」又稱「所撰有《北征》前後二録」，即此書也。

楊榮《後北征記》一卷

榮，初名子榮，字勉仁，建安人。建文進士，除翰林院編修。靖難後，官至大學士。卒贈太師，謚文敏。

臣等謹案：榮以永樂二十二年四月，扈從北征，記其往還始末，乃著此書。編排日月，紀述頗詳。

《小史摘鈔》二卷

不著撰人名氏。

李賢《天順日録》一卷

賢，字原德，鄧州人。宣德進士，官至大學士，謚文達。

劉定之《否泰録》一卷

定之，見經類。

倪謙《朝鮮記事》一卷

謙，字克讓，錢塘人。正統進士，官至南京禮部尚書，謚文僖。

張瑄《南征録》一卷

瑄,字延璽,江浦人。正統進士,官至南京刑部尚書。

李實《出使録》一卷一名《使北録》。

實,字孟誠,合州人。正統進士,官至右都御史。以居鄉暴横,斥爲民。

張瓚《東征紀行録》一卷

瓚,字宗器,孝感人。正統進士,官至總督漕運左副都御史。

馬文升《三紀》三卷

文升,見奏議類。

楊瑄《復辟録》一卷

瑄,字廷獻,豐城人。景泰進士,官至浙江按察使。

王軾《平蠻録》一卷

軾,字用敬,公安人。天順進士,官至南京兵部尚書,謚襄簡。

袁彬《北征事迹》一卷

彬,字文質,江西新昌人。以錦衣校尉,從英宗北狩,扈蹕南歸。官至掌錦衣衛都督僉事。

楊銘《正統臨戎録》一卷

銘，本名哈銘，蒙古人。幼從其父爲通事。英宗北狩，銘與袁彬倶隨侍。及英宗還，始賜姓楊。

李東陽《燕對録》二卷

東陽，字賓之，茶陵人。四歲舉神童，天順進士，官至大學士，謚文正。

許進《平番始末》一卷

進，字季升，靈寶人。成化進士，官至兵部尚書，謚襄毅。

吴寬《平吴録》一卷

寬，字原博，長洲人。成化壬辰進士第一，官至禮部尚書，謚文定。事迹具《明史·文苑傳》。

臣等謹案：黄虞稷《千頃堂書目》別載有黄標《平吴録》一卷，其書見陸楫《古今説海》中，與此同名而詳略各異，蓋截然二書也。附識於此。

王鏊《史餘》一卷

鏊，字濟之，吴縣人。成化進士，官至大學士，謚文恪。

婁性《明政要》二十卷

性，上饒人，成化進士，官至南京兵部武庫司郎中。

楊循吉《蘇州府纂修識略》六卷

循吉，字君謙，吴縣人。成化進士，官禮部主事。《明史·文苑傳》附見《徐禎卿傳》中。

秦金《安楚録》十卷

金，字國聲，無錫人。弘治進士，官至南京兵部尚書，謚端敏。

劉昭《東征忠義録》無卷數

昭，字仲賢，廬陵人。弘治進士，官至嘉興府知府。

陳洪謨《治世餘聞》二卷　《繼世紀聞》五卷

洪謨，字宗禹，武陵人。弘治進士，官至兵部左侍郎。

《革除編年》無卷數

不著撰人名氏。

臣等謹案：《浙江通志》載「是書爲嘉善袁仁撰」，而朱彝尊又稱「陳洪謨有《革除編年》一書」。《明史·藝文志》俱無之，未知孰是。今附識備考。

都穆《壬午功臣爵賞録》一卷　《壬午功臣别録》一卷

穆，字元敬，吴縣人。弘治進士，官至禮部主客司郎中，加太僕寺少卿。

李時《南城召對録》一卷

時，字宗易，任丘人。弘治進士，官至大學士，謚文康。

陸深《南巡日録》一卷　《北還録》一卷

深，字子淵，號儼山，上海人。弘治進士，官至詹事府詹事兼翰林院學士。卒謚文裕。事迹具《明史·文苑傳》。

姜清《秘史》一卷

清，字源甫，弋陽人。正德進士，官至尚寶少卿。

朱彝尊跋曰：「紀遜國事者，大約惑於齊東野人之語，尤甚者《從亡遺筆》《致身録》也[一]。弋陽姜清撰《秘史》，稽之故牒，以證其非，幸書成於《致身録》未出之前。顧猶信程濟爲有其人，則亦非信史矣。」

[一] 遺　應作「隨」。

霍韜《明良集》十二卷

韜,見詔令類。

許相卿《革朝志》十卷

相卿,見正史類。

陳沂《維楨録》一卷　附録一卷

沂,字魯南,鄞縣人。正德進士,官至太僕寺卿。

童承敘《平漢録》一卷

承敘,字漢臣,沔陽人。正德進士,官至左庶子。

朱紈《戎邊紀事》一卷

紈,字子純,長洲人。正德進士,官至提督浙閩海防軍務、巡撫浙江右副都御史。

黄佐《革除遺事節本》六卷

佐,見經類。

廖道南《楚紀》六十卷

道南,字鳴吾,蒲圻人。正德進士,官至翰林院侍讀學士。謫徽州府通判,尋復舊職。

王洙《宋史質》一百卷

洙，字一江，臨海人。正德進士。

臣等謹案：洙是書因《宋史》而重編之，自以臆見，别創義例，荒唐悖謬，縷指難窮。今《四庫全書》列爲存目，以其自明以來印本已多，恐或存於世，熒無識者之聽，爲世道人心之害，故辭而闢之云。

李贄《藏書》六十八卷　《續藏書》二十七卷

贄，見經類。

臣等謹案：贄書皆狂悖乖謬，非聖無法，《藏書》則排擊孔子，别立褒貶，是非顛倒，實爲小人無忌憚之尤。今《四庫全書》特存其目，蓋以深暴其罪焉。總之其書可焚，其板可斧，當與王洙之書並加誅斥者也，故附於此。

《哈密事迹》一卷　附《趙全讞牘》一卷

不著撰人名氏。

臣等謹案：是編本不題書名，前載正德中吐魯番侵擾哈密及經略彭澤與王瓊構釁事，後載嘉靖間刑部議讞煽誘諳達叛人趙全等九人奏牘。蓋明人雜抄之殘帙也。

柯維騏《宋史新編》二百卷

維騏，字奇純，莆田人。嘉靖進士，授南京户部主事，未任事而歸。事迹具《明史·文苑傳》。

鄭曉《今言》四卷　《徵吾録》二卷　《遜國君記鈔》二卷　《臣事鈔》一卷

曉，見經類。

孫允中《雲中紀變》一卷

允中，魯府儀衛司人。嘉靖進士，官至山西按察司僉事，爲總督劉源清所惡，劾罷。尋復原官，致仕。

臣等謹案：嘉靖時有兩孫允中：其一太原人，嘉靖進士，官至應天府丞；其一即此孫允中，所記嘉靖十二年兵變事，蓋其官山西時也。

陳士元《荒史》六卷

士元，見經類。

鄧元錫《函史上編》八十一卷　《下編》二十一卷　《明書》四十五卷

元錫，見經類。

王世貞《弇山堂別集》一百卷

世貞，字元美，太倉人。嘉靖進士，官至南京刑部尚書。事迹見《明史・文苑傳》。

徐學謨《世廟識餘録》二十六卷

學謨，見經類。

田汝成《炎徼紀聞》四卷　《行邊紀聞》一卷　《遼記》一卷　《龍憑紀略》一卷

汝成，字叔禾，錢塘人。嘉靖進士，官至廣西布政司右參議。事迹具《明史・文苑傳》。

朱睦㮮《聖典》二十四卷　《革除逸史》二卷

睦㮮，見經類。

臣等謹案：《明史・藝文志》載，睦㮮《遜國記》二卷，殆即此書之別名也。

俞大猷《洗海近事》二卷

大猷，字志輔，晉江人。嘉靖中，舉武進士。累官右都督，謚武襄。

袁褧《奉天刑賞録》一卷

褧，吴縣人。

臣等謹案：是書舊題「懶生袁子」，不著其名。以黄虞稷《千頃堂書目》考之，蓋袁褧所撰書[一],皆紀成祖靖難時爵賞誅戮之事。

唐順之《廣右戰功録》一卷

順之,見奏議類。

《建文事迹備録》一卷

不著撰人名氏。

《自序》稱:「嘉靖辛卯,太嶽山人,書於水竹村居。」

錢德洪《平濠記》一卷

德洪,本名寬,以字行,餘姚人。嘉靖進士,官至刑部郎中。事迹具《明史·儒林傳》。

尹耕《南泰紀略》一卷

耕,字子莘,蔚州人。嘉靖進士,官至河南按察司僉事。

李愷《處苗近事》一卷

愷,字克諧,惠安人。嘉靖進士,官至辰沅兵備副使。

[一]「書」上 文淵閣本有「也其」二字。

方民悦《交黎撫勦事略》五卷

民悦，麻城人。嘉靖進士，官至廣東按察司副使。

符驗《革除遺事》十六卷

驗，字大充，黄巖人。嘉靖進士，官至廣西按察司僉事。

郭世霖《使琉球録》二卷

世霖，永豐人。嘉靖進士，官至南京太僕寺卿。

高拱《靖夷紀事》一卷〔一〕　**《綏廣記事》一卷**　**《防邊紀事》一卷**

拱，見經類。

《平倭録》無卷數

不著撰人名氏。

臣等謹案：是書紀任環平倭事迹，不知何人所作。以其爲嘉靖癸丑年事，故列於此。

郭應聘《西南紀事》六卷

應聘，字君賓，莆田人。嘉靖進士，官至南京兵部尚書，謚襄靖。

〔一〕「拱」下　文淵閣本有「伏戎紀事一卷」。

高岱《鴻猷録》十六卷

岱，字伯宗，京山人。嘉靖進士，官至景王府長史。

申時行《召對録》一卷

時行，見經類。

焦希程《平夷功次録》一卷

希程，榜姓周，象山人。嘉靖進士，官至貴州兵備副使。

張文熣《戰國策談椒》十卷

文熣，字維昇，仁和人。

穆文熙《七雄策纂》八卷

文熙，字敬止，東明人。嘉靖進士，官吏部員外郎。

黄俁卿《倭患考原》二卷

俁卿，閩人。

《嘉靖倭亂備抄》二卷

不著撰人名氏。

《瀛艖談苑》十二卷

舊本題釣瀛子撰。不著名氏。

《平黔三紀》一卷

不著撰人名氏。

臣等謹案：以上三書，不知何人所作。其書皆記嘉靖間事，故並載之。

鄭汝璧《明帝后紀略》一卷

汝璧，縉雲人。隆慶進士，官至兵部侍郎，總督宣大。

蕭崇業、謝杰《使琉球録》二卷

崇業，雲南臨安人。隆慶進士，官至右僉都御史。杰，長樂人。萬曆進士，官至户部尚書，總督倉場。

朱謀㙔《邃古記》八卷

謀㙔，見經類。

李化龍《平播全書》十五卷

化龍，見奏議類。

郭子章《平播始末》二卷

子章,里貫未詳。萬曆間巡撫貴州,被命與李化龍同討平播州。

范守己《肅皇外史》一卷

守己,字介儒,洧川人。萬曆進士,官至按察司僉事。

屠叔方《建文朝野彙編》二十卷

叔方,秀水人。萬曆進士,官至監察御史。

余繼登《典故紀聞》十八卷

繼登,字世用,交河人。萬曆進士,官至禮部尚書,謚文恪。

余寅《乙未私志》一卷

寅,本字君房,改字僧杲,鄞縣人。萬曆進士,官至太常寺少卿。

臣等謹案:明有兩余寅,其一字仲房,歙縣人,嘗入胡宗憲幕中,非此余寅也。

茅國縉《晉史删》四十卷

國縉,字薦卿,歸安人。萬曆進士,官至監察御史。

王士騏《馭倭録》九卷

士騏,字冏伯,太倉人,世貞子。萬曆進士,官至吏部員外郎。《明史·文苑傳》附載

《世貞傳》末。

錢士升《南宋書》六十卷　《遜國逸書》七卷

士升，見經類。

韓爌《閹黨逆案》一卷

爌，字象雲，蒲州人。萬曆進士，官至大學士。

朱鷺《建文書法擬》五卷

鷺，字白民，吴縣人。

臣等謹案：是書作於萬曆乙未，詔復革除年號之時。

吴瑞登《繩武編》三十四卷

瑞登，見編年類。

《北樓日記》二卷

不著撰人名氏。

臣等謹案：是書蓋記萬曆間寧夏事。北樓者，寧夏鎮城樓也。

陳邦瞻《宋史記事本末》二十六卷〔一〕　**《元史紀事本末》四卷**

邦瞻，字德遠，高安人。萬曆進士，官至兵部左侍郎。

陳治本、吕允昌、朱錦《明寶訓》四十卷

治本，官南京禮部郎中。允昌，官工部郎中。錦，官禮部主事。三人里貫俱未詳。

張鼐《吴淞甲乙倭變志》二卷

鼐，字世調，華亭人。萬曆進士，官至南京吏部右侍郎。

謝陛《季漢書》五十六卷

陛，字少連，歙縣人。

蔣之翹《晉書别本》一百三十卷

之翹，字楚穉，秀水人。

朱彝尊《静志居詩話》曰：「之翹居射襄城，詳對《楚詞》《晉書》《韓柳文集》，鏤版以行。又輯《檇李詩乘》，搜録鄉黨先正詩無遺。晚年無子，書籍散佚，《詩乘》亦亡。」

〔一〕二十六　文淵閣本作「十」。

郭之奇《稽古篇》五十五卷

之奇，揭陽人。崇禎進士。

高斗樞《守麇紀略》一卷

斗樞，字象先，鄞縣人。崇禎進士，官至湖廣按察使。

李清《南北合史注》一百卷

清，字心水，號映碧，揚州興化人。崇禎進士，官至吏科給事中。

孫瑴《唐紀》無卷數

瑴，字士先[一]，華容人。

唐大章《書系》十六卷

大章，字士一，仙遊人。天啓中貢生。

劉振《識大録》無卷數

振，字自成，宣城人。

〔一〕先　文淵閣本作「元」。

李澤長《從龍譜》無卷數

澤長，無錫人。

諸葛元聲《兩朝平攘録》五卷

元聲，會稽人。

陸夢龍《挺擊始末》一卷

夢龍，見經類。

《虐政集》一卷　《邪氛集》一卷　《倒戈集》一卷

不著撰人名氏。

楊維休《泰昌日録》一卷

維休，字叙度，豐城人。天啓中監生。

陳繼儒《建文史待》無卷數

繼儒，字仲醇，松江華亭人。事迹具《明史·隱逸傳》。

戴笠《永陵傳信録》六卷

笠，字耕野，吴江人。

沈謏《事辭輯餘》無卷數

謏，歸安人。

曹參芳《遜國正氣紀》二卷

參芳，里貫未詳。

茅元儀《嘉靖大政類編》二卷 《平巢事迹考》一卷

元儀，字止生，歸安人。崇禎時，以薦授翰林院待詔。尋參孫承宗軍務，改授副總兵官。以兵譁下獄，遣戍漳浦而卒。

趙元祉《定保録》無卷數

元祉，無錫人。

荀廷詔《蜀國春秋》十八卷

廷詔，字宣子，成都人。崇禎時舉人。

文秉《先撥志始》二卷

秉，字蓀符，吴縣人。大學士震孟子。

李光壂《守汴日志》一卷

光壂，祥符人。崇禎十五年，以守城功，由貢生議敘知縣。

臣等謹案:是編紀崇禎癸未李自成攻開封事,分日編敘,所載頗詳。

蔣平階《東林始末》一卷

平階,字大鴻,華亭人。

《高廟紀事本末》一卷

不著撰人名氏。

《談往》一卷

不著撰人名氏。

臣等謹案:明代紀載之書,莫多於靖難、革除以及北狩、復辟時事。今所編録,均依撰人年代爲次,而不序其事之先後。且雜史一門,兼包衆體,本難條析,是以不復類分焉。

欽定續文獻通考·經籍考卷二十四

史 傳記上

臣等謹案：馬端臨《通考》傳記一門最屬繁雜。王圻《續通考》所載，漫無别擇，尤爲泛濫。若鄭樵《通志·藝文略》分目十三，又嫌瑣屑。今從《四庫全書》之例，先聖賢，次名人，次總録，次雜録，次别録，以類爲敘，總曰傳記。至《遼》《金》本無著録，則從其闕云。

《宋史·藝文志》傳記類四百一部一千九百六十四卷。

《遼》《金》《元》三史不立藝文志，散見各紀傳中。

《明史·藝文志》傳記類一百四十四部一千九百九十七卷。

宋

歐陽士秀《孔子世家補》十二卷

士秀，盧陵人。

臣等謹案：宋代紀録聖迹之書，馬《考》所載《孔子編年》《東家雜記》外，惟有此書。今首登於此。

元

《孔氏實録》一卷

不著撰人名氏。

臣等謹案：是書末一條云：「大蒙古國領中書耶律楚材奏准皇帝聖旨，於南京特取襲封孔元措，令赴闕里奉祀。」此書疑即元措等所撰。明《文淵閣書目》有《孔子實録》一册。今從《四庫全書》，作《孔氏實録》。

程復心《孔子論語年譜》一卷　《孟子年譜》一卷

復心，字子見，婺源人。皇慶時，以所撰《四書纂釋》進於朝，授徽州路教授。致仕，給半俸終其身。

臣等謹案：此二書爲曹溶《學海類編》所載，疑出僞撰。

明

陳鎬《闕里志》二十四卷

鎬，會稽人。成化進士，官至右副都御史，巡撫湖廣。

劉濬《孔顏孟三氏誌》六卷

濬，永嘉人。成化中，官鄒縣教諭。

季本《孔孟事迹圖譜》四卷

本，見經類。

《素王記事》無卷數

不著撰人名氏

張玭《夷齊録》五卷

玭，字席玉，石州人。嘉靖進士，官至南京户部右侍郎。

蔡復賞《孔聖全書》三十五卷

復賞，巴陵人。

陳堯道《尊聖集》四卷

堯道，里貫無考。官大埔縣教諭。

劉天和《仲志》五卷

天和，字養和，麻城人。正德進士，官至兵部尚書，謚莊襄。

張雲漢《閔子世譜》十二卷

雲漢，字倬侯，宿州人。

胡其久《東齊考疑》四卷

其久，崇德人。隆慶時舉人，官龍南知縣。

白瑜《東齊志》一卷

瑜，字紹明，永平人。萬曆進士，官至刑部左侍郎。

沈朝陽《闕里書》八卷

朝陽，江寧人。天啓中貢生，官池州府學教授。

呂元善《聖門志》六卷　《三遷志》五卷

元善，字季可，海鹽人。天啓中，官山東布政司都事，後殉流寇難。

呂兆祥《宗聖志》十二卷　《陋巷志》八卷

兆祥，元善子。

夏洪基《孔子年譜綱目》一卷　《孔子弟子傳略》二卷

洪基，字元開，高郵人。

《道統圖贊》一卷

不著撰人名氏。

《聖賢圖贊》無卷數

不著撰人名氏。

以上聖賢

宋

趙起《种太尉傳》一卷

起，字得君，里貫無考。

趙子櫟《杜工部年譜》一卷

子櫟，字夢授，太祖六世孫。元祐進士，紹興中官至寶文閣直學士。

魯訔《杜工部詩年譜》一篇

訔，字季欽，嘉興人。官至福建提點刑獄公事。

臣等謹案：趙子櫟、魯訔均紹興中人。馬《考》未載，今補入。

王質《紹陶録》二卷

質，見經類。

臣等謹案：王質於淳熙中奉祠山居，作此書，舊於《雪山集》外别行，今列于此。

胡知柔《象臺首末》五卷

知柔，吉水人。

臣等謹案：知柔父夢昱，嘉定進士，官大理評事，以論濟王事，貶死象州。寶慶元年，追贈員外郎。咸淳三年，追謚剛簡。知柔編其奏疏遺文及謚議題贈諸作，以成此書。

王宗稷《東坡年譜》一卷

宗稷，字伯言，五羊人。

臣等謹案：宗稷《自記》稱：「紹興庚申，隨外祖守黄州，到郡訪東坡先生遺迹，甲子一周矣。思諸家詩文皆有年譜，獨此尚缺，謹編次先生出處，大略敘其歲月先後，爲《年譜》云。」今刻於《東坡集》首者，即此書也。

樓鑰《范文正公年譜》一卷　《補遺》一卷　附《義莊規矩》一卷

鑰，字大防，鄞縣人。隆興進士，官至參知政事，除資政殿大學士，謚宣獻。

臣等謹案：樓鑰所撰惟《年譜》一卷，其《補遺》一卷不知何人所作，《自記》謂取舊譜所未載者，見之各年之下。元天曆初，范氏後人與《年譜》同刊行之。又《義莊規矩》一卷，則爲范氏後人所録，並附於此。

綦焕《綦崇禮年譜》一卷

焕，高密人，崇禮孫。官至通直郎，知饒州德興縣。

馮忠恕《涪陵紀善録》一卷

忠恕，臨汝人。紹興初，官黔州節度判官。

臣等謹案：忠恕常師事尹焞，焞在涪時，忠恕官黔蜀，往來必過涪。其後焞被召赴都，忠恕以鞫獄來涪，因輯是書。《宋史·尹焞傳》稱「焞言行見於《涪陵紀善録》爲詳」，則修史時即采此書也。

《尹和靖年譜》一卷

不著撰人名氏。

度正《周子年譜》一卷

正，字周卿，合州人。紹興進士，官至禮部侍郎。

陳天麟《梅詢年譜》一卷

天麟，宣城人。

臣等謹案：天麟爲宋淳熙中人，撰《梅詢年譜》一卷。又元至元中，張師曾撰《梅堯臣年譜》一卷。師曾，亦宣城人。明萬曆中，梅一科合而刻之，題曰《二梅公年譜》。今録天麟所撰，而附載於此。

魏仲舉《韓文類譜》七卷

仲舉，建安人。

臣等謹案：仲舉乃慶元中書賈也，嘗刊《韓集五百家注》，輯呂大防、程俱、洪興祖三家所撰譜記，編爲此書。

文安禮《柳子厚年譜》一卷

安禮，里貫未詳。紹興中，知柳州事。

臣等謹案：以上二書，本皆附刊集中。近時祁門馬曰璐合刻之，題曰《韓柳年譜》，今仍分列爲二焉。

《君臣相遇録》十卷

不著撰人名氏。

臣等謹案：是書載宋韓琦事迹，蓋出自南宋時，其家子孫所爲。晁、陳二家書目及馬《考》均未著録，今補入。

《朱子年譜》一卷

舊本題袁仲晦撰。仲晦，里貫未詳。

臣等謹案：陳振孫《書録解題》有《紫陽年譜》三卷，李方子公晦所撰。馬《考》載之，此書題目及撰人、卷數俱不同，蓋别爲一本也。

陳貽範《鄱陽遺事録》一卷

貽範，天台人。官鄱陽通判。

臣等謹案：范仲淹嘗守鄱陽，有善政。紹聖中，貽範爲鄱陽通判，因輯是書。

《范文正遺迹》一卷　《言行拾遺事録》四卷

不著撰人名氏。

李心傳《道命録》十卷

心傳，見經類。

臣等謹案：是書備載程子、朱子進退始末。《宋史》心傳本傳作五卷，此作十卷，與本傳不合。考卷首有元程榮秀《序》，自稱因原本而釐定之，則此非心傳之舊也。

《饒雙峰年譜》一卷

不著撰人名氏。

元

翟思忠《魏鄭公諫續録》二卷

思忠，下邳人。

臣等謹案：元伊蘇丹《魏鄭公諫録序》云：「唐王綝《諫録》五卷，至順初，下邳翟思忠爲常州知事，摭其餘爲《續録》二篇。」今考《永樂大典》中所載，王綝《諫録》之後，即綴此本，篇數俱合，其爲思忠所續無疑。

耶律有尚《許魯齋考歲略》一卷

有尚，字伯强，號迂齋，東平人。官至昭文館大學士。

蘇天爵《劉文靖公遺事》一卷

天爵，字伯修，真定人。官至浙江行省參知政事。

陶凱《辜君政績書》二卷

凱，字中元，江都人。中至正鄉試榜，官永豐教諭。

臣等謹案：凱官教諭時，適永豐令辜中受代去，因序其政績，爲此書。

謝應芳《思賢録》五卷　《續録》一卷

應芳，字子蘭，武進人。至正中，薦授三衢清獻書院山長，兵阻不赴。明初，歸横山以終。事迹具《明史·儒林傳》。

臣等謹案：應芳是編，爲其鄉宋寶文閣學士鄒浩而作。正録成於至正十五年，故附諸元人之末。

明

崔百胄《崔清獻全録》十卷

百胄，增城人。

臣等謹案：百胄是編皆其六世祖與之之遺事、遺文也。與之，紹熙進士，理宗時累官廣東安撫使，拜參知政事、右丞相，致仕，卒謚清獻。所著有《菊坡文集》《嶺海便民榜》《海上澄清録》，均佚不傳。

李維樾、林增志《忠貞録》三卷　附録一卷

維樾，字蔭昌；增志，字可任，俱安福人。

臣等謹案：維樾等是書，爲其同里卓敬而作。

楊時偉《諸葛忠武書》十卷

時偉，見編年類。

危素《草廬年譜》二卷　附録二卷

素,字太樸,金溪人。元翰林承旨,入明爲翰林侍講學士,謫居和州,卒。事迹具《明史·文苑傳》。

《褒賢集》五卷

不著撰人名氏。

臣等謹案:是書爲明初人所編,取宋元人著作有關范仲淹者,合爲一書。

《滁陽王廟歲祀册》一卷

不著撰人名氏。

臣等謹案:明初,追封郭子興爲滁陽王,立廟滁州。此本即從廟中碑刻録出别行者。

李文秀《鐘鼎逸事》一卷

文秀,昆明人。

臣等謹案:文秀,黔寧王沐英之閹豎也。是編皆紀英行事。

陳怡《直道編》八卷

怡,吴縣人。

臣等謹案:怡祖祚,永樂進士,歷官福建按察司僉事。怡輯其年譜、行狀之類爲此書，吴寛題曰《直道編》。

劉廌《翊運録》二卷

廌，青田人，誠意伯基之孫。

丁元吉《陸右丞蹈海録》一卷

元吉，鎮江人。

顔端、徐翰《張乖厓事文録》四卷

端，應山人，官成都縣教諭。翰，杭州人，官華陽縣教諭。

王承裕《李衛公通纂》四卷

承裕，字天宇，三原人。吏部尚書恕之子，弘治進士，官至南京户部尚書，謚康僖。

陸相《陽明先生浮海傳》一卷

相，字良弼，餘姚人。弘治進士，官至長沙府知府。

戴銑《朱子實紀》十二卷

銑，字寶之，婺源人。弘治進士，官至給事中。

葉性、談倫《韓祠録》三卷

性，里貫未詳，官潮州同知。倫，上海人，天順進士，官至户部右侍郎。

王道行《奕世增光録》八卷

道行,字明南,陽曲人。嘉靖進士,官至布政使。

王鴻《薛文清行實録》五卷

鴻,河津人。官石灰山關税大使。

商汝頤《文毅公行實》一卷

汝頤,大學士輅孫。

商振倫《文毅年譜》四卷

振倫,大學士輅元孫。

陳虞岳《傳信辨誣録》一卷

虞岳,泰和人。

夏崇文《忠靖遺事》一卷

崇文,字廷章,湘陰人。成化進士,官至南京太僕寺少卿。

顧元慶《雲林遺事》一卷

元慶,字大有,長洲人。

朱存理《旌孝録》一卷

存理，字性甫，長洲人。成化間布衣。

臣等謹案：是書載旌表孝子朱灝事迹，舊本不著撰人名氏。今考灝即存理之父，朱觀潛跋《存理遺文》，稱有《旌孝録》一卷，則此編乃存理所輯也。

徐階《岳廟集》五卷

階，字子升，華亭人。嘉靖進士，官至大學士，謚文貞。

吴悌《疏山集》十七卷

悌，字思誠，號疏山，金谿人。嘉靖進士，官至兵部侍郎，謚文莊。事迹具《明史·儒林傳》。

臣等謹案：是書乃悌門人李約所編，本名《紀實録》，其後以附録之文增多，改題曰集。今仍入之傳記類。

胡桂奇《梅林行實》無卷數

桂奇，績溪人，兵部尚書宗憲之子。

孫堪、孫墀、孫陛《忠烈編》十卷

堪、墀、陛，皆餘姚人，巡撫江西副都御史燧之子。

鄭履淳《端簡年譜》七卷

履淳,字叔初,海鹽人,尚書曉之子。嘉靖進士,官至光禄寺少卿。

李廷寶《董子故里志》六卷

廷寶,字國用,曲沃人。嘉靖中,官景州知州。

李楨《濂溪志》九卷

楨,字維卿,安化人。隆慶進士,官至南京刑部尚書。

李嵊慈《濂溪志》十三卷

嵊慈,字元穎,龍城人。官道州知州。

朱維陛《東方類語》十六卷

維陛,海鹽人。

唐伯元《二程年譜》二卷

伯元,字仁卿,澄海人。萬曆進士,官至吏部文選司郎中。事迹具《明史·儒林傳》。

王士騏《武侯全書》二十卷

士騏,見雜史類。

范明泰《米襄陽外紀》十二卷　《米芾志林》十六卷

明泰，字長康，嘉興人。萬曆中舉人。

徐縉芳《精忠類編》八卷

縉芳，字奕開，晉江人。萬曆進士，官至監察御史。

楊鶴《薛文清年譜》一卷

鶴，字修齡，武陵人。萬曆進士，官至兵部尚書，總督三邊軍務。

李韡《海珠小志》五卷

韡，番禺人。萬曆中，官武定府知府。宋吏部侍郎李昂英之後。

郭化《蘇米譚史》一卷　《蘇米譚史廣》六卷

化，字肩吾，宣城人。

顧道洪《襄陽外編》無卷數

道洪，字嗣圖，無錫人。

趙滂《程朱闕里志》八卷

滂，歙縣人。

馬巒《温公年譜》六卷

巒,字子端,夏縣人。

鄭鄤《宋三大臣彙志》二十一卷

鄤,常州人。天啓進士。

毛晉《蘇米志林》三卷

晉,見經類。

顧與沐《端文年譜》二卷

與沐,無錫人,顧憲成之子。官至夔州府知府。

馮奮庸《張抱初年譜》一卷

奮庸,字則中,壽安人。

戴光啓、邵潛《關帝紀定本》四卷

光啓,字方生;潛,字潛夫,皆江都人。

王元鼎《心齋類編》二卷

元鼎,泰州人,王艮之後。

陳繼儒《邵康節外紀》四卷

繼儒，見雜史類。

姚履旋《遜志齋外紀》二卷　《續集》二卷

履旋，上元人。

周沈珂《周元公集》十卷　《周氏遺芳集》五卷

沈珂，吴縣人，周子之後。

夏賓《靈衛廟志》一卷

賓，里貫無考。

陳念先《廱略》二卷

念先，慈谿人。

《宋四家外紀》四十九卷

不著編輯者名氏。

臣等謹案：四家者，蔡襄、蘇軾、黄庭堅、米芾也。《蔡紀》成於徐𤊹，《蘇紀》成於王世貞，《黄紀》成於黄之伸，《米紀》成於范明泰，本各自爲書，此蓋明季坊賈所合刻也。

以上明人

欽定續文獻通考·經籍考卷二十五

史 傳記下

宋

朱子《伊洛淵源録》十四卷

朱子，字元晦，婺源人。後徙建陽，從李侗學，得列聖道統之傳。舉進士，累官秘閣修撰，謚曰文。淳祐初，從祀孔廟。事迹具《宋史·道學傳》。

臣等謹案：馬《考》傳記類止有朱子《名臣言行録》二十四卷，而未載此書，今補入。

李幼武《名臣言行録續集》八卷　《别集》二十六卷　《外集》十七卷

幼武，廬陵人。

臣等謹案：是書蓋續朱子《前》《後集》而作。據其序文，則幼武當爲理宗時人。

杜大珪《名臣碑傳琬琰集》一百七卷

大珪，眉州人。

臣等謹案：大珪自署稱進士，而序作於紹熙甲寅，則光宗時人矣。

袁韶《錢塘先賢傳贊》一卷

韶，字彦純，慶元人。淳熙進士，官至參知政事，贈太師、越國公。

《慶元黨禁》一卷

不著撰人名氏。

臣等謹案：是書見《永樂大典》中，題曰「滄州樵叟撰」，不知何許人也。《序》稱「淳熙乙巳」，則作於宋理宗之十八年，《宋史·藝文志》不著録。又《紹興正人論》一卷，則題「湘山樵夫撰」，其號與此大同小異，似出一人之手。考馬端臨所載《紹興正論》二卷，《序》稱瀟湘野夫者，即其書也。今不贅入。

《京口耆舊傳》九卷

不著撰人名氏。

臣等謹案：明楊士奇《文淵閣書目》、焦竑《國史·經籍志》並載此書，不云誰作。考書中《蘇庠傳》末自稱「家世丹陽，從庠之孫得其家傳」云云，當爲南宋末年丹陽人所撰。

《靖康小雅》一卷

不著撰人名氏。

臣等謹案：是書皆録靖康死事之臣，列傳之末，係以四言詩，故以《小雅》爲名。其文散見徐夢莘《北盟會編》中。

章穎《南渡十將傳》十卷

穎，里貫未詳。

《昭忠録》一卷

不著撰人名氏。

臣等謹案：是書皆記宋末忠節事迹，蓋宋遺民之所作也。

元

吴師道《敬鄉集》十四卷〔一〕

師道，見雜史類。

〔一〕集　《總目》卷五八作「録」。

辛文房《唐才子傳》八卷

文房，字良史，西域人。

蘇天爵《元朝名臣事略》十五卷

天爵，見本類。

徐顯《稗傳》一卷

顯，紹興人。

尤玘《萬柳溪邊舊話》一卷

玘，字君玉，號知非子，無錫人。尤袤之後。

臣等謹案：書中所記，皆尤氏先世事。

鄭濤《旌義編》二卷

濤，字仲舒，浦江人。官太常禮儀院博士。

明

宋濂《浦陽人物記》二卷

濂，見經類。

解縉《古今列女傳》三卷

縉，字大紳，吉水人。洪武進士，官至翰林學士，出爲廣西參議。

《忠傳》四卷

不著撰人名氏。

臣等謹案：是書載於《永樂大典》中，當是明初人所作。

陶宗儀《草莽私乘》一卷

宗儀，見經類。

《别本宋遺民録》一卷〔一〕

不著撰人名氏。

臣等謹案：是書乃明初抄本，毛晉刻之，與程敏政《宋遺民録》異。

鄭柏《金華賢達傳》十二卷

柏，字叔端，浦江人。宋濂之門人。

〔一〕别本　《總目》卷六一無。

黄潤玉《四明文獻録》一卷

潤玉，字孟清，鄞縣人。永樂中舉人，官至廣西提學僉事。

蔡保禎《孝紀》十六卷

保禎，字瑞卿，漳浦人。

姚堂《潤州先賢録》六卷

堂，字彦容，慈谿人。正統進士，官至鎮江府知府。

王蕡《忠義録》十四卷

蕡，字時禎，金谿人。景泰進士，官至浙江按察使。

尹直《名相贊》一卷　《南宋名臣言行録》十六卷

直，字正言，太和人。景泰進士，官至大學士，謚文和。

謝鐸《伊洛淵源續録》六卷

鐸，見經類。

程敏政《宋遺民録》十五卷

敏政，字克勤，休寧人。成化進士，官至禮部右侍郎。事迹具《明史·文苑傳》。

王弼《尊鄉録節要》四卷

弼,黄巖人。成化進士,官至興化府知府。

宋端儀《考亭淵源録》二十四卷

端儀,字孔時,莆田人。成化進士,官至廣東提學僉事。

鄧淮《鹿城書院集》無卷數

淮,吉水人。成化進士,官至温州府知府。

葉夔《毘陵忠義祠録》四卷　附録一卷　《毘陵人品記》四卷

夔,字司韶,武進人。成化中,以貢生官汝陽訓導。

徐紘《名臣琬琰録》二十四卷　《續録》二十二卷

紘,字朝文,武進人。弘治進士,官至雲南按察副使。

王瓊《椽曹名臣録》一卷　《續集》一卷

瓊,見奏議類。

祝允明《蘇材小纂》六卷

允明,字希哲,長洲人。弘治時舉人,官至應天府通判。《明史·文苑傳》附見《徐禎卿傳》中。

鄭岳《莆陽文獻》十三卷　《列傳》七十五卷

岳，字汝華。弘治進士，官至兵部左侍郎。

王朝佐《東嘉先哲録》二十卷

朝佐，字廷望，浙江平陽人。弘治進士，官至南京工部員外郎。

顧璘《國寶新編》一卷

璘，字華玉，吴縣人。弘治進士，官至刑部尚書。事迹具《明史·文苑傳》。

劉節《春秋列傳》五卷

節，字介夫，大庾人。弘治進士，官至刑部侍郎。

張芹《備遺録》一卷

芹，新淦人。弘治進士，官至浙江右布政使。

林塾《拾遺書》一卷

塾，莆田人。弘治進士，官至浙江布政司參議。

金賁亨《台學源流》七卷

賁亨，字汝白，臨海人。弘治進士，官至江西提學副使。

程曈《新安學系録》十六卷

曈,號峨山,休寧人。

閻秀卿《二科志》一卷

秀卿,蘇州人。

顧爾邁《明瑺彰癉録》一卷

爾邁,淮安人。

郁衮《革朝遺忠録》二卷

衮,嘉興人。

《别本革朝遺忠録》二卷

不著撰人名氏。

毛憲《毘陵正學編》一卷

憲,見奏議類。

吴守大《名臣像圖》一卷

守大,字有君,崑山人。

潘塤《淮郡文獻志》二十六卷　《補遺》一卷

塤，山陽人。正德進士，官至右副都御史，巡撫河南。

方鵬《崑山人物志》十卷

鵬，字時舉，崑山人。正德進士，官至太常寺卿。

項篤壽《今獻備遺》四十二卷

篤壽，見奏議類。

徐咸《名臣言行録前集》十二卷　《後集》十二卷

咸，字子正，號東濱，海鹽人。正德進士，官至襄陽府知府。

楊循吉《吴中往哲記》一卷

循吉，見雜史類。

李濂《祥符鄉賢傳》八卷　《祥符文獻志》十七卷

濂，字川父，祥符人。正德進士，官至山西按察司僉事。事迹具《明史·文苑傳》。

王世貞《嘉靖以來首輔傳》八卷

世貞，見雜史類。

唐龍《群忠録》二卷

龍，見經類。

陳沂《畜德録》一卷

沂，見雜史類。

黄魯曾《續吴中往哲記》一卷　《補遺》一卷

魯曾，字得之，吴縣人。正德時舉人。

臣等謹案：舊本有《吴中故實記》一卷，題曰「楊循吉撰」，實即《吴中往哲記》也。又有《續記》一卷，《補遺》一卷，亦即黄魯曾之原本也，謹識於此。

李璧《劍陽名儒録》三卷

璧，字自文，武緣人。官劍州知州。

黄佐《廣州人物傳》二十四卷

佐，見經類。

李默《建寧人物傳》四卷

默，字時言，甌寧人。正德進士，官至吏部尚書，爲趙文華所構，下獄死。萬曆中，追謚文愍。

唐樞《國琛集》二卷

樞，見經類。

應廷育《金華先民傳》十卷

廷育，字仁卿，永康人。嘉靖進士，官至按察司僉事。

張時徹《善行録》八卷　《續録》二卷

時徹，字維静，鄞縣人。嘉靖進士，官至南京兵部尚書。

金江《義烏人物記》二卷

江，字孔殷，義烏人。

鄭燭《濟美録》四卷

燭，歙縣人。

楊應詔《閩學源流》十六卷

應詔，建安人。嘉靖間舉人。

朱衡《道南源委録》十二卷

衡，字士南，萬安人。嘉靖進士，官至工部尚書。

周復俊《東吴名賢記》二卷

復俊，字子籲，崑山人。嘉靖進士，官至南京太僕寺卿。

劉鳳《續吴先賢贊》十五卷

鳳，長洲人。嘉靖進士，官至河南按察司僉事。

皇甫濂《逸民傳》二卷

濂，字子約，長洲人。嘉靖進士，除工部主事，謫河南布政司理問，遷興化同知。《明史·文苑傳》附見《皇甫涍傳》中。

海瑞《元祐黨人碑考》一卷

瑞，字汝賢，號剛峰，瓊山人。由舉人官至南京右都御史，謚忠介。

羅汝鑑《群忠備遺録》二卷

汝鑑，字明夫，新喻人。

李貴《宋五先生郡邑政績》一卷

貴，字廷良，豐城人。嘉靖進士，改庶吉士。

雷禮《内閣行實》八卷

禮，見編年類。

耿定向《碩輔寶鑑要覽》四卷
定向，字在倫，麻城人。嘉靖進士，官至户部尚書，謚恭簡。
蔡國熙《守令懿範》四卷
國熙，永年人。嘉靖進士，官至山西提學副使。
戚元佐《檇李往哲前編》一卷
元佐，字希仲，嘉興人。嘉靖進士，官至尚寶司卿。
歐大任《百越先賢志》四卷
大任，字楨伯，廣東順德人。嘉靖中，以歲貢生除江都訓導，歷官至南京户部郎中。
《明史·文苑傳》附見《黄佐傳》中。
喬懋敬《古今廉鑑》八卷
懋敬，字允德，上海人。嘉靖進士，官至湖廣右布政使。
吴爵《莆陽科第録》二卷
爵，湖廣寧鄉人。嘉靖中，官福建興化府訓導。
鄭應旗《懷忠録》無卷數
應旗，莆田人。嘉靖中貢生。

王道隆《吴興名賢續録》二卷

道隆，字客山，烏程人。

方學漸《桐彝》三卷

學漸，字逵卿，桐城人。以子大鎮仕贈大理寺少卿。

《靖難功臣録》一卷

不著撰人名氏。

黄姬水《貧士傳》二卷

姬水，字淳父，吴縣人。嘉靖中諸生。

張大復《崑山人物傳》十卷　《名宦傳》一卷

大復，字元長，崑山人。嘉靖中諸生。

魏顯國《歷代相臣傳》一百六十八卷　《守令傳》二十四卷　《儒林傳》二十卷　《元相臣傳》十二卷

顯國，字汝忠，南昌人。隆慶時舉人。

張朝瑞《忠節録》十卷

朝瑞，字子禎，海州人。隆慶進士，官至南京鴻臚寺卿。

張昶《吴中人物志》十二卷

昶，字景春，長洲人。

唐鶴徵《輔世編》六卷

鶴徵，見經類。

郭子章《聖門人物志》十二卷　《豫章書》一百二十二卷

子章，見經類。

金養蒙《國士懿軌》十卷〔二〕

養蒙，臨海人。

姚咨《春秋名臣傳》十三卷

咨，字舜咨，無錫人。

秦淪《戰國人才言行録》十卷

淪，無錫人。

〔二〕軌　《總目》卷六二同，文淵閣本作「範」，浙江書局本作「規」。

朱睦㮮《鎮平世系記》二卷

睦㮮，見經類。

喻均、劉元卿《江右名賢編》二卷

均，新建人。隆慶進士，官至按察司副使。元卿，見經類。

王應昌《宗譜纂要》一卷

應昌，字亮之，嵊縣人。萬曆中舉人。

張世則《貂璫史鑑》四卷

世則，諸城人。萬曆進士，官至四川安許兵備副使。

周汝登《聖學宗傳》十八卷

汝登，字繼元，嵊縣人。萬曆進士，官至南京尚寶司卿。《明史・儒林傳》附見《王畿傳》末。

臣等謹案：是書盡采先儒語之類禪者以入，蓋欲合儒、釋而會通之也。

徐學聚《歷朝璫鑒》四卷

學聚，字敬輿，蘭谿人。萬曆進士，官至福建巡撫副都御史。

李茂春《鹽梅志》二十卷

茂春，字蔚元，杞縣人。萬曆進士。

李廷機《漢唐宋名臣録》五卷

廷機，字爾張，晉江人。萬曆進士，官至大學士，謚文清。

夏樹芳《棲真志》四卷

樹芳，字茂卿，江陰人。萬曆中舉人。

朱國楨《開國臣傳》十三卷　《遜國臣傳》五卷

國楨，見編年類。

焦竑《獻徵録》一百二十卷　《名臣實節録》二十七卷〔二〕

竑，見經類。

馮從吾《元儒考略》四卷

從吾，字仲好，長安人。萬曆進士，官至工部尚書，謚恭定。

〔二〕「名」上《總目》卷六二有「熙朝」二字。

王士騏《四侯傳》四卷

士騏,見雜史類。

毛一公《歷代内侍考》十卷

一公,字雲卿,遂安人。萬曆進士,官至給事中。

李日華、鄭琬《梅墟先生别録》二卷〔一〕

日華,字君實,嘉興人。萬曆進士,官至太僕寺少卿。《明史·文苑傳》附見《王維儉傳中》。琬,字漢卿,閩人。

臣等謹案:日華等是書爲周履靖而作。履靖,字逸之,嘉興人。上卷爲日華所撰,載其生平甚悉,下卷爲琬所撰〔二〕,亦略具事實,而摘其詩句尤多。

江盈科《十六種小傳》一卷

盈科,字進之,桃源人。萬曆進士,官至四川提學副使。

魏應嘉《夥壞封疆録》一卷

應嘉,興化人。萬曆進士,官至兵部左侍郎。

〔一〕琬　文淵閣本、《總目》卷六〇作「琰」。
〔二〕撰　文淵閣本作「作」。

王紹徽《東林點將録》一卷

紹徽，陜西咸寧人。萬曆進士，官至吏部尚書。

《東林籍貫》一卷

不著撰人名氏。

《東林同志録》一卷

不著撰人名氏。

《東林朋黨録》一卷

不著撰人名氏。

《天鑒録》一卷

不著撰人名氏。

《盜柄東林夥》一卷

不著撰人名氏。

孫慎行《事編内篇》八卷

慎行，字聞斯，武進人。萬曆進士，官至禮部尚書，謚文介。

黄汝亨《廉吏傳》無卷數

汝亨，見奏議類。

金汝諧《歷代名臣芳躅》二卷

汝諧，字啓宸，平湖人。萬曆進士。

過庭訓《聖學嫡派》四卷

庭訓，字成山，平湖人。萬曆進士，官至應天府丞。

吴伯與《宰相守令合宙》十三卷

伯與，字福生，宣城人。萬曆進士，官至廣東按察副使。

吴亮《毘陵人品記》十卷　《名世編》八卷

亮，字采于，武進人。萬曆進士，官至大理寺少卿。

吴甡《安危注》四卷

甡，字鹿友，揚州興化人。萬曆進士，官至大學士。

錢士升《表忠記》十卷

士升，見經類。

錢陞《壺天玉露》四卷

陞，字元履，海鹽人。萬曆舉人。

劉鱗長《浙學宗傳》無卷數

鱗長，字孟龍，晉江人。萬曆進士，官至南京户部郎中。

徐㘫《榕陰新檢》八卷

㘫，字興公，閩縣人。

黄廷鵠《爲臣不易編》無卷數

廷鵠，里貫未詳。

吴用先《令史高山集》七卷

用先，里貫未詳。

歐陽東鳳《晉陵先賢傳》二卷

東鳳，字千仞，潛江人。萬曆進士，官至常州府知府。

王兆雲《詞林人物考》十二卷

兆雲，字元楨，麻城人。

董復表《弇州史料》三十卷

復表，字章甫，華亭人。

徐象梅《兩浙名賢録》五十四卷　《外録》八卷

象梅，字仲和，錢塘人。

許有穀《古今貞烈維風什》四卷　《忠義存褒什》二卷

有穀，字子仁，宜興人。

邵正魁《續列女傳》九卷

正魁，字長孺，休寧人。

陳繼儒《逸民史》二十二卷

繼儒，見雜史類。

陳鳴鶴《東越文苑》六卷

鳴鶴，字汝翔，侯官人。天啓中諸生。

文震孟《姑蘇名賢小記》二卷

震孟，字文起，長洲人。天啓壬戌，進士第一，官至大學士，謚文肅。

陳盟《崇禎閹臣行略》一卷

盟，號鶴灘，富順人。天啓進士，官至吏部右侍郎，加禮部尚書。

韓昌箕《王謝世家》三十卷

昌箕，字仲弓，烏程人。

吴孝章《名臣志鈔》二十四卷

孝章，字平子，嘉興人。

沈夢熊《歷代相業軍功考》二卷　《明代相業軍功考》二卷

夢熊，字兆揚，歸安人。

陸嘉穎《銀鹿春秋》一卷

嘉穎，字子垂，嘉定人。天啓中，官主簿。

臣等謹案：是編輯古來義僕事迹。其以「銀鹿」爲名者，銀鹿爲唐顔峴家僮，事顔真卿終身，至禍患不避去故也。

郭凝之《孝友傳》二十四卷

凝之，字正中，海寧人。天啓中舉人，官至兖東兵備副使。

周鑣《遜國忠記》十八卷

鑣,字仲馭,金壇人。崇禎進士,官至刑部員外郎。

朱常淓《古今宗藩懿行考》十卷

常淓,明宗室,潞王翊鏐子。萬曆四十六年,襲封潞王。

賀中男《明經濟名臣傳》四卷

中男,永新人。

鄒泉《宗聖譜》十四卷

泉,字子静,常熟人。

趙鳳翀《辨隱録》四卷

鳳翀,字文舉。里貫未詳。

陸濬源《陸氏世史鈔》六卷

濬源,平湖人。

潘京南《衡門晤語》六卷

京南,新都人。

周聖楷《楚寶》四十五卷

聖楷，字伯孔，湘潭人。

《道南録》五卷

不著撰人名氏。

《國殤紀略》一卷

不著撰人名氏。

以上總録

宋

陳規《守城録》四卷

規，字元則，安丘人。中明法科。靖康末，以安陸令攝守事。建炎初，除知德安府，著有《捍禦群盜功》。又知順昌府，與劉琦同却金兵。尋移知廬州，卒。

臣等謹案：是書凡分三種，首爲規所撰《靖康朝野僉言後序》；次曰《守城機要》，亦規所作；次曰《建炎德安守禦録》，則瀏陽湯璹所作。璹，淳熙進士，官德安府教授，尋訪規守城遺事，作爲此書，紹熙間，嘗表上之。三書本各自爲帙，不知何人併爲一編，考書末識語，則寧宗以後人所輯也。又馬《考》止載劉荀《建炎德安守禦録》

三卷,而無疇書之名,故併載之。

盧襄《西征記》一卷

襄,字贊元。《自序》稱衢州人。

僧祖秀《華陽宫紀事》一卷

祖秀,蜀人。

臣等謹案:是書即王偁《東都事略》所載之《艮嶽記》也。

胡舜申《乙巳泗州録》一卷 《己酉避亂録》一卷

舜申,績溪人,舜陟之兄。官至舒州通判。

張淏《艮嶽記》一卷

淏,字清源,開封人。僑居婺州,官至奉議郎。

臣等謹案:是書所紀,即摭取徽宗《艮嶽記》及僧祖秀《華陽宫記》之略也。

臧梓《勤王記》一卷

梓,里貫未詳。銜署左宣教郎、荆湖南路安撫置制大使司幹辦公事。

鄭剛中《西征道里記》一卷

剛中,見經類。

元

劉郁《西使記》一卷

郁，真定人。

郭畀《客杭日記》一卷

畀，字天錫，京口人。

《保越録》一卷

不著撰人名氏。

明

陳誠《使西域記》一卷

誠，吉水人。洪武進士，永樂中吏部員外郎。

錢溥《使交録》十八卷

溥，字原溥，華亭人。正統進士，官至南京吏部尚書，謚文通。

李東陽《東祀録》一卷

東陽，見雜史類。

楊循吉《七人聯句詩記》一卷

循吉，見雜史類。

臣等謹案：循吉與王仁甫、徐寬、陳章、王弼、侯直、趙寬會飲聯句，因成是記。

毛紀《歸田雜識》二卷

紀，見奏議類。

趙璜《歸閒述夢》一卷

璜，字廷實，安福人。弘治進士，官至工部尚書，謚莊敬〔一〕。

陸深《淮封日記》一卷　《南邊日記》一卷

深，見雜史類。

都穆《使西日記》二卷

穆，見雜史類。

方豪《斷碑集》一卷

豪，字思道，開化人。正德進士，官至按察副使。《明史·文苑傳》附見《鄭善夫

〔一〕敬　文淵閣本作「敏」，《明史·趙璜傳》作「靖」。

傳》中。

臣等謹案：豪嘗知沙河縣事，求得顔真卿所書《宋璟神道碑》斷石，重立之，乃裒集一時題咏及案牘之文爲是編。

舒芬《東觀録》一卷

芬，見經類。

楊慎《滇程記》一卷

慎，見經類。

王世懋《却金傳》一卷

世懋，字敬美，太倉人。世貞弟，嘉靖進士，官至太常寺少卿。《明史·文苑傳》附見《世貞傳》中。

《南内記》一卷

不著撰人名氏。

董傳策《奇游漫記》四卷

傳策，見奏議類。

張鳴鳳《西遷注》一卷

鳴鳳,字羽王,豐城人。嘉靖時舉人,官桂林府通判。

王之垣《歷仕録》一卷

之垣,號見峰,山東新城人。嘉靖進士,官至户部左侍郎。

楊四知《黄粱遺迹志》一卷

四知,祥符人。萬曆進士,官至巡按直隸御史。

臣等謹案:《太學題名碑》明有兩楊四知:其一萬曆進士祥符人,其一崇禎進士六安人。今據是書所題,定爲萬曆中人。

張國祥《恩命世録》十卷

國祥,張道陵之後。萬曆中襲爵,爲五十代天師。

楊東明《饑民圖説》一卷

東明,見奏議類。

李同芳《視履類編》二卷

同芳,字濟美,崑山人。萬曆進士,官至山東巡撫。

高曰化《宫省賢聲録》四卷

曰化，澄海人。萬曆中，官楚府右長史。

何鏷《繡斧西征記》一卷

鏷，泰興人。萬曆中舉人。

李日華《禮白嶽記》一卷　《璽召録》一卷

日華，見本類。

賀仲軾《兩宫鼎建記》二卷

仲軾，字敬養，獲嘉人。萬曆進士。

朱祖文《北行日譜》一卷

祖文，字完夫，長洲人。

孫傳庭《鑒勞録》一卷

傳庭，字伯雅，代州鎮武衛人。萬曆進士，官至兵部尚書。督師征流寇，歿於柿園之戰。

臣等謹案：是書爲傳庭撫秦時所作，自以所有勞績無不仰邀主鑒，隨時紀録，因以名編。

許徽《定變録》六卷

徽,里貫未詳。

以上雜録

明

茅坤《徐海本末》一卷

坤,字順甫,歸安人。嘉靖進士,官至大名兵備副使。事迹具《明史·文苑傳》。

《王直傳》一卷

不著撰人名氏。

臣等謹案:以上二書,本爲合刻,題曰《海寇後編》。今析出著録,應從叛臣諸傳附載史末之例,傳自爲一類,而明代惟此二書,故即附傳記之末焉。

以上别録

欽定續文獻通考·經籍考卷二十六

史 載記

臣等謹案：馬端臨《通考》有霸史、僞史一門，考阮孝緒《七録》始立僞史，《隋書·經籍志》改稱霸史，而馬氏則兼用二名。其曰霸曰僞，乃指當時僭撰者而言，若非偏方割據者之所自作，即不得概以此目之。今所存者，大抵後人追記爲多，《四庫全書》準《東觀漢記》《晉書》之例，案：《後漢書·班固傳》稱撰平林、新市、公孫述事爲載記，劉知幾《史通》亦稱平林、下江諸人《東觀》列爲載記，又《晉書》附敘十六國亦云載記。題曰載記，於義甚允，故亦倣此而改馬氏之舊名焉。

《宋史·藝文志》霸史類四十四部四百九十八卷。案：《宋史》不立載記類，原有霸史一門，此條仍從其舊。

《遼》《金》《元》三史不立藝文志，散見各紀傳中。

《明史·藝文志》不立載記類。

宋

臣等謹案:《宋史·藝文志》霸史類四十四部,今所存者,馬令、陸游《南唐書》外十餘種,皆馬《考》所已録。惟《四庫全書》存目所載石延年等書,《宋志》以下均未著録,大都出於依託。今仍列之於目,而各加辨證如左。

石延年《十六國考鏡》一卷

延年,字曼卿,宋城人。官至太子中允。

臣等謹案:是編舉《晉書·載記》中所列五涼、四燕、三秦、二趙并成夏等十六國,考其始終,傳世幾代,歷年若干,通篇不及三千言[一]。曹溶《學海類編》收之,其間僞本甚多,此爲託名無疑。

王稱《西夏事略》一卷

稱,字季平,眉州人。承議郎,知龍州,直秘閣。

臣等謹案:是編即稱《東都事略》中之西夏傳,作僞者鈔出,别題此名。曹溶《學海類編》亦爲收入,失考殊甚。

[一] 三　文淵閣本同,《總目》卷六六作「二」。

元

吾丘衍《晉文春秋》一卷[一] **《楚史檮杌》一卷**

衍，字子行，錢塘人。

臣等謹案：王禕集有《吾子行傳》，記衍所著書，有《晉文春秋》《楚史檮杌》二種。蓋捃摭舊事，以補晉、楚二史之闕。本非僞作，特傳其書者，改《晉文春秋》爲《晉乘》，以合《孟子》所述之名耳。前有大德十年吾丘衍序一篇，則係後人贋作。

戚光《南唐書音釋》一卷

光，建康人。

錢曾《讀書敏求記》曰：「光嘗輯《金陵志》，搜訪文獻，大有考證，爲當時所稱許。」

臣等謹案：宋陸游撰《南唐書》十八卷，元天曆初，戚光爲之音釋，前有趙世延序。

黎崱《安南志略》二十卷

崱，字景高，安南國人。至元中入朝，官奉議大夫，僉歸化路宣撫司事，居于漢陽。

[一] 文春秋　《總目》卷六六作「史乘」。

臣等謹案：朱彝尊跋稱：「崱自内附後著述[一]，乃撰此志。程鉅夫、元明善、許有壬、龍仁夫、歐陽玄皆爲之序，於山川、風土、人物、書命詞章之類，能一一詳悉之。」今考是書所紀安南事實，與《元史》列傳多有異同，正可互相參證。是雖地志之流，實可以備外史之數。又馬《考》於霸史、僞史門，即收入《雞林志》《高麗圖經》等書，今從其例録之。餘如鄭麟趾《高麗史》之類，並倣此。

明

楊學可《明氏實録》一卷

學可，新都人。

臣等謹案：是書記明玉珍父子始末。其以《實録》爲名者，蓋沿《燉煌實録》《建康實録》之例。

《越史略》三卷

不著撰人名氏。

臣等謹案：是書紀安南國事，爲陳氏之臣所作，原題《大越史略》。僭號紀年，真

[一]「著」上　文淵閣本有「閒居」二字。

爲僞史，悖繆不足録。今列之於目，以正其罪。考成書之時，在洪武初年，故載於此。

鄭麟趾《高麗史》二卷

麟趾，高麗國人。官正獻大夫，工曹判書，集賢殿大提學，知經筵春秋館事，兼成均大司成。

臣等謹案：朱彝尊《曝書亭集》有是書，《題跋》稱：「明景泰二年，高麗使臣鄭麟趾表進於朝，凡一百三十九卷，其體例有條不紊。」此本止《世系》一卷，《后妃列傳》一卷，蓋非完書也。

《朝鮮史略》六卷

一名《東國史略》，不著撰人名氏。

陳霆《唐餘紀傳》十八卷

霆，字聲伯，德清人。弘治進士，官至山西提學僉事。

顧應祥《南詔事略》一卷

應祥，見編年類。

錢貴《吴越紀餘》五卷　附《雜吟》一卷

貴，字元抑，長洲人。

臣等謹案：是書采輯吴越故實，分題編録，詳于吴而略于越。前有正德庚午《自記》。所謂三大綱者，編年、書法、世家也；所謂三十五事者，季札觀樂之類也。

楊慎《滇載記》一卷

慎，見經類。

黄洪憲《朝鮮國紀》一卷

洪憲，字懋中，秀水人。隆慶進士，官至少詹事，掌翰林院事。

李文鳳《越嶠書》二十卷

文鳳，字廷儀，宜山人。嘉靖進士，官至雲南按察司僉事。

朱彝尊跋曰：「安南自元黎崱《輯志略》後，又百餘年，建置沿革，廢興之由，未有成書紀載。文鳳特爲詮次，有倫有要。外史邦國之志，斯稱善矣。」

《孤忠小史》十八卷

不著撰人名氏。

臣等謹案：此本即李文鳳《越嶠書》也，不知何人題以《孤忠小史》，其名與書不合。又文鳳書二十卷，此則缺其前二卷，而起于第三卷也。

吴國倫《陳張本末略》一卷　附《方國珍本末略》一卷

國倫，字明卿，興國人。嘉靖進士，官至河南布政司參政。《明史·文苑傳》附見《李攀龍傳》中。

李清《南唐書合訂》二十五卷

清，見雜史類。

馬蓋臣《吴越世家疑辨》一卷

蓋臣，爵里未詳。

姚士粦《後梁春秋》二卷

士粦，字叔祥，海鹽人。

臣等謹案：王士禛《居易録》稱士粦有此書，惜未見之，殊不知其無可取也。士粦又嘗爲《西魏春秋》若干卷，蓋亦補魏收書之缺，今佚，不傳矣。

劉文進《韓氏事迹》一卷　《方氏事迹》一卷

文進，爵里未詳。

倪輅《南詔野史》一卷

輅，昆明人。

欽定續文獻通考·經籍考卷二十七

史 史評　史鈔

臣等謹案：晁公武《讀書志》曰：「鈔節之學不行，而論説者爲多，故摘論史者爲史評而廢史鈔。」此晁氏自敘其書云爾。要之評鈔亦相爲表裏，缺不爲漏，備不爲贅，故馬《考》二者皆載而不復區分。今從《四庫全書》之例，仍分爲二而並列一門焉。

《宋史·藝文志》史鈔類七十四部一千三百二十四卷

《遼》《金》《元》三史不立藝文志，散見各紀傳中。

《明史·藝文志》史鈔類三十四部一千四十二卷。

臣等謹案：《宋》《元》《明志》俱不載史評類，而史鈔之中，史評亦多互見，今止列史鈔部卷總數。

宋

呂祖謙《議史摘要》四卷

祖謙，見經類。

臣等謹案：是書舊題《新刊祖謙呂先生議史摘要》，又題曰《議史摘粹》，其實即呂祖謙《左氏博議》，但增以注釋耳。

唐庚《三國雜事》二卷

庚，字子西，眉州丹稜人。紹聖進士，官宗學博士，以薦除提舉京畿常平，後謫居惠州。大觀五年赦歸，道卒。事迹具《宋史·文苑傳》。

曹彦約《經幄管見》四卷

彦約，字簡甫，都昌人。淳熙進士，官至兵部尚書。以華文閣學士致仕，謚文簡。

葛洪《涉史隨筆》一卷

洪，字容甫，婺州東陽人。淳熙進士，官至參知政事、觀文殿學士，謚端簡。

李燾《六朝通鑑博議》十卷

燾，見經類。

錢時《兩漢筆記》十二卷

時，見經類。

李心傳《舊聞證誤》四卷

心傳，見經類。

臣等謹案：《宋史・藝文志》載心傳是書，作十五卷，明代已無傳本。今從《永樂大典》中采輯一百四十餘條，釐爲四卷。雖非全帙，亦足爲考證之資焉。

《三國六朝五代紀年總辨》二十八卷

不著撰人名氏。

臣等謹案：馬端臨《通考》載永嘉朱黼《紀年統論》一卷、《紀年備遺》一百卷，有葉適《序》，稱其書三千餘篇，述吕氏、武氏、王莽、曹丕、朱温，皆削其紀年。今考此書，《三國紀年》不列曹丕，《五代紀年》不列朱温，其例正相合。又開禧丁卯吴焕然《序》稱「魏仲舉求得永嘉朱先生《三國六朝五代紀年總辨》」云云，則此書爲仲舉所摘出刊行者，實即《紀年備遺》中之二十八卷也。以其題名既別，仍爲録入，而特加辨證於此。

陳亮《三國紀年》一卷

亮，字同甫，婺州永康人。紹興四年進士第一，官至建康軍節度判官。

臣等謹案：此書名爲《紀年》，實史家論斷之體，已載亮所著《龍川集》中，此其别行之本也。

南宫靖一《小學史斷》二卷　《續集》一卷　附《通鑑總論》一卷

靖一，字仲靖，分寧人。端平進士。

王應麟《通鑑答問》五卷

應麟，見經類。

王繼善《史學提要》一卷

繼善，字成性，盱江人。

元

陳櫟《歷朝通略》一卷

櫟，見經類。

王惲《承華事略》一卷

惲，字仲謀，東平人。世祖時，官至翰林學士。

錢天祐《敘古頌》二卷

天祐，爵里無考。

尹起莘《資治通鑑綱目發明》十九卷

起莘，遂昌人，隱居不仕。

劉友益《資治通鑑綱目書法》五十九卷

友益，永新人。

王幼學《資治通鑑綱目集覽》五十九卷

幼學，字行卿，望江人。

徐昭文《資治通鑑綱目考證》五十九卷

昭文，字季章，上虞人，韓性門人。

董蕃《通鑑質疑》無卷數

蕃，字子衍，宜興人。釣臺書院山長。

郝經《通鑑書法》無卷數

經，見正史類。

金居敬《通鑑綱目凡例考異》無卷數

居敬，休寧人。從朱升、趙汸學。

臣等謹案：尹起莘等各書，原附朱子《綱目》而行，雖有發揮，未得要領。今朱子《綱目》及金履祥《前編》、商輅《續編》，均蒙聖祖仁皇帝御批，折衷至當，起莘等書可以盡廢矣。姑存其目，謹識於此。

胡一桂《十七史纂要古今通考》十七卷

一桂，見經類。

楊維楨《史義拾遺》二卷

維楨，見經類。

凌緯《事偶韻語》一卷

緯，里貫未詳。

明

寧王權《通鑑博論》三卷

權，見雜史類。

趙弼《雪航膚見》十卷

弼,字輔之,號雪航,南平人。永樂間,以明經授教諭,家於漢陽。

劉定之《宋論》三卷

定之,見經類。

商輅《蔗山筆塵》一卷

輅,見奏議類。

夏寅《政監》三十二卷

寅,字正夫,華亭人。正統進士,官至山東布政使。

邵寶《學史》十三卷

寶,見經類。

李士實《世史積疑》二卷

士實,新建人。成化進士,官至右都御史致仕。正德間,以從宸濠謀叛伏法,事見《明史》。

張邦奇《兀涯西漢書議》十二卷

邦奇,字常甫,鄞縣人。弘治進士,官至南京兵部尚書,謚文定。

李東陽《新舊唐書雜録》一卷

東陽，見雜史類。

程敏政《宋紀受終考》三卷

敏政，見傳記類。

張時泰《續資治通鑑綱目廣議》十七卷

時泰，字西州[一]，松江人。弘治中，官秀水縣訓導。

許浩《宋史闡幽》二卷　《元史闡幽》一卷

浩，字復齋，餘姚人。弘治中，以貢生官桐城縣教諭。

臣等謹案：《宋史闡幽》浩因與丘濬讀《宋史》而作，《元史闡幽》則取《續綱目》所書而論斷之。此與《通鑑綱目前編》之許浩同姓名又同時，實各一人也。

范光宙《史評》十卷

光宙，字霽陽，石門人。

[一] 州　文淵閣本作「洲」。

方鵬《責備餘談》十卷

鵬,見傳記類。

田維祐《東源讀史録》無卷數

維祐,字裕夫,蕭山人。正德進士,官至肇慶府知府。

何思登《翼正録》一卷

思登,字一舉,武昌人。正德進士,官至翰林院編修。

鄒泉《尚論編》二十卷

泉,見傳記類。

吕顓《世譜增定》二卷

顓,字夢賓,陝西寧州人。嘉靖進士,官至應天府尹。

楊一奇《史談補》五卷

一奇,交城人[一]。嘉靖進士。

[一] 交 原作「文」,據文淵閣本改。

張居正、呂調陽《帝鑑圖説》無卷數

居正，見經類。調陽，臨桂人，嘉靖進士，官至大學士，謚文簡。

戴璟《群史品藻》三十卷〔一〕

璟，字孟光，號石屏，奉化人。嘉靖進士，官至僉都御史，巡撫廣東。

唐順之《兩漢解疑》二卷　《兩晉解疑》一卷

順之，見奏議類。

臣等謹案：二書好爲異論，與前人相左。

陸深《史通會要》三卷

深，見雜史類。

洪垣《覺山史説》二卷

垣，字峻之，婺源人。嘉靖進士，官至温州府知府。

張之象《太史史例》一百卷

之象，字元超，華亭人。嘉靖中，官浙江按察司知事。《明史·文苑傳》附見《文徵明

〔一〕「卷」下　文淵閣本有「《漢唐通鑑品藻》二十卷」。

傳》中。

王世貞《史乘考誤》十卷

世貞,見雜史類。

范櫄《洗心居雅言集》二卷

櫄,字養吾,會稽人。嘉靖進士,官至知府。

吴崇節《古史要評》五卷

崇節,字介甫,弋陽人。嘉靖時舉人,官武岡縣知縣。

臣等謹案:是編所載,起周靈王,迄南宋,每事先標題目,後載史文,特不能無漏云。

賀祥《史取》十二卷

祥,號長白,長沙人。

于慎行《讀史漫録》十四卷

慎行,字可遠,東阿人。隆慶進士,官至禮部尚書。

李維楨、郭孔延《史通評釋》十二卷

維楨,字書寧,京山人。隆慶進士,官至南京禮部尚書。事迹具《明史·文苑傳》。孔延，爵里未詳。

趙南星《史韻》二卷

南星，見經類。

徐三重《餘言》二卷

三重，字同周[一]，華亭人。萬曆進士，官至刑部主事[二]。

朱正色《涉世雄談》八卷

正色，字應明，南和人。萬曆進士，官至右副都御史，巡撫寧夏。

陳懿典《讀史漫筆》一卷

懿典，見經類。

王維儉《史通訓故》六十卷

維儉，字損仲。萬曆進士，官至山東巡撫。事迹具《明史·文苑傳》。

熊尚文《蘭曹讀史日記》四卷

尚文，字益中，豐城人。萬曆進士，官至工部右侍郎。

[一] 同周　文淵閣本作「伯同」。

[二] 主事　文淵閣本作「尚書」。

涂一榛《尚友齋論古》無卷數

一榛,字廷薦,漳州鎮海衛人。萬曆進士,官至右通政使。

鄭賢《人物論》三十四卷

賢,字元直,莆陽人。官震澤縣教諭。

王志堅《讀史商語》四卷

志堅,字弱生,更字淑士,崑山人。萬曆進士,官至湖廣提學僉事。事迹具《明史·文苑傳》。

臣等謹案:《明史》本傳稱:「志堅爲南京兵部尚書〔一〕,時要同舍郎爲讀史社,撰一書,曰《讀史商語》。」即是編也。

鍾惺《史懷》二十卷

惺,見經類。

臣等謹案:《明史》本傳稱:「惺官南都禮部郎中,時僦居秦淮水閣,讀史恒至丙夜,有所見即筆之,名曰《史懷》。」即是編也。

〔一〕尚書　文淵閣本作「郎中」。

張大齡《元羽外編》四十卷〔一〕

大齡，眉州人。

顧正誼《詩史》十五卷

正誼，松江人。萬曆中，官中書舍人。

馮士元《測史剩語》六卷

士元，字廷對，新昌人。萬曆間貢生，官至河南府教授。

吴宏基《史拾載補》無卷數

宏基，字伯持，仁和人。

臣等謹案：是編前有《自序》，似乎先著一書，名《史拾》，而此補之者。

程至善《史砭》二卷

至善，字于止，休寧人。

郭大有《評史心見》十二卷

大有，字用亨，江寧人。

〔一〕「卷」上　文淵閣本、《總目》卷九〇有「六」字。

鄭賡唐《古質疑》一卷

賡唐，見經類。

陳繼儒《讀書鏡》十卷

繼儒，見雜史類。

茅元儀《青油史漫》二卷

元儀，見雜史類。

宋存標《史疑》四卷

存標，字子建，華亭人。崇禎間貢生，候補翰林院孔目。

張溥《史論二編》十卷

溥，見經類。

胡夢泰《讀史書後》一卷

夢泰，字友蠡，鉛山人。崇禎進士，官鄞縣知縣。

朱明鎬《史糾》無卷數

明鎬，字豐芑，太倉人。

臣等謹案：是書考訂諸史書法之謬，及其事迹之牴牾者。上自《三國》，下迄《元史》，每史各爲一編。

冒起宗《拙存堂史括》三卷

起宗，見經類。

孟稱舜《史發》無卷數

稱舜，字子塞，會稽人。崇禎間諸生。

楊時偉《狂狷裁中》十卷[一]

時偉，見編年類。

張自勛《廿一史獨斷》三十一卷

自勛，見編年類。

臣等謹案：此書每一史爲一卷，各糾其失，而斷以己意，然未能一一核其虚實，究其異同也。

《尚論編》六卷

不著撰人名氏。

[一] 此條底本缺，據文淵閣本補。

《國書考異》六卷

不著撰人名氏。

臣等謹案：是書所考事迹，惟明洪武、永樂兩朝，據實録以及諸家文集、碑誌，參證異同，斷其是非，而攻駁鄭曉《今言》者爲多。

《賣菜言》□卷〔一〕

舊本題曰匪齋撰，不著名氏。

臣等謹案：是編取各代人物，〔二〕各加評斷。書中稱莊烈帝〔三〕，疑福王時人也。

以上史評

宋

沈樞《通鑑總類》二十卷

樞，字持要，德清人。紹興進士，官至太子詹事、光禄卿，謚憲敏。

〔一〕□　底本闕文，文淵閣本、《總目》卷九〇作「一」，浙江書局本作「三」。

〔二〕各　文淵閣本作「明」。

〔三〕「帝」下　文淵閣本有「爲思皇帝」。

呂祖謙《十七史詳節》二百七十三卷

祖謙，見經類。

黃震《古今紀要》十九卷

震，字東發，慈谿人。官至浙東提舉。事迹具《宋史·儒林傳》。

元

曾先之《十八史略》二卷

先之，字從野，廬陵人。

明

張九韶《元史節要》十四卷

九韶，字美和，清江人。洪武十年，以薦授國子助教，遷翰林院編修。

范理《讀史備忘》八卷

理，字道濟，天台人。宣德進士，官至南京吏部侍郎。

劉績《春秋左傳類解》二十卷

績，見經類。

王渙《兩晉南北奇談》六卷

渙，象山人。弘治進士。

臣等謹案：是書舊本題「宋王渙撰」。渙爲仁宗慶曆末睢陽五老之一，世僅傳渙《五老會詩》一首[一]，不聞其著此書，鄭樵以下諸家書目，亦不著録。惟考《太學進士題名碑》，弘治丙辰科有王渙，象山人，《明史・藝文志》有渙所著《墨池手録》三卷，此本自稱「墨池王渙」，與號相合，故定爲明王渙所撰焉。

《分類通鑑》四卷

不著撰人名氏。

方瀾《讀書漫筆》十八卷

瀾，莆田人。正德進士，官至禮部郎中。

陳深《諸史品節》三十九卷

深，見經類。

[一]「渙」下　文淵閣本有「所作」。

唐順之《史纂左編》一百二十四卷〔一〕

順之，見奏議類。

茅坤《史記鈔》六十五卷

坤，見傳記類。

李紀《史略詳注補遺大成》十卷

紀，字大正，金谿人。

梁夢龍《史要編》十卷

夢龍，字乾吉。嘉靖進士，官至吏部尚書，謚貞敏。

凌迪知《左國腴詞》八卷　《太史華句》八卷　《兩漢雋言》十六卷

迪知，字稺哲，烏程人。嘉靖進士，官至兵部員外郎。

顔鯨《春秋貫玉》四卷

鯨，字應雷，慈谿人。嘉靖進士，官至太僕寺卿。

〔一〕「卷」下　文淵閣本有「《左氏始末》十二卷」。

穆文熙《四史鴻裁》四十卷

文熙，見傳記類。

項篤壽《全史論贊》八十卷

篤壽，見奏議類。

臣等謹案：是書皆摘録諸史論贊，非自評也[一]，故登史鈔之列。

《綵線貫明珠秋檠録》一卷

不著撰人名氏。

臣等謹案：是書蓋《史略》《蒙求》之類，所紀自伏羲至明武宗止，則是嘉靖以後書也。

秦淪《春秋類編》三十二卷

淪，見傳記類。

薛虞畿《春秋别典》十五卷

虞畿，海陽人。

[一] 飛　文淵閣本作「亦」。

王思義《宋史纂要》二十卷

思義，字允明，松江人。

汪應蛟《古今彝語》十二卷

應蛟，字潛夫，婺源人。萬曆進士，官至户部尚書，謚清簡〔一〕。

馬維銘《史書纂略》二百二十卷

維銘，字新甫，平湖人。萬曆進士，官至兵部職方司主事。

吴士奇《史裁》二十六卷

士奇，字無奇，歙縣人。萬曆進士，官至太常寺卿。

謝肇淛《史觽》十七卷

肇淛，字在杭，福建長樂人。萬曆進士，官至廣西右布政使。《明史·文苑傳》附見《鄭善夫傳》中。

趙維寰《讀史快編》四十四卷

維寰，字無聲，平湖人。萬曆中舉人。

〔一〕清　文淵閣本作「文」。

余文龍《史鸞》二十五卷

文龍,字起潛,古田人。萬曆進士,官至南京工部尚書[一]。

周詩雅《南北史鈔》無卷數

詩雅,字廷吹,武進人。萬曆進士。

王光魯《閱史約書》五卷

光魯,字漢恭,淮安人。

臣等謹案:是書專爲讀史者考訂之用,故附入史鈔類。

俞焕章《讀史圖纂》一卷

焕章,字文伯,宣城人。

臣等謹案:是書凡《圖》二十有七[二],上起三皇,下迄明之神宗,各以世系、地域列而爲圖,亦便於讀史者之尋檢。今附入史鈔,與《閱史約書》同例。

章大吉《左記》十二卷

大吉,字惠伯,山陰人。萬曆間貢生,官至南京國子典簿。

[一] 尚書　文淵閣本作「主事」。

[二] 二　文淵閣本作「五」。

彭以明《二十一史論贊輯要》三十六卷

以明，廬陵人，萬曆間諸生。

孫笵《左傳分國紀事》二十二卷

笵，字匡儀，錢塘人。天啓間舉人。

陳仁錫《史品赤函》四卷

仁錫，見經類。

楊以任《讀史集》四卷

以任，字維節，瑞金人。崇禎進士，官至國子監博士。

文德翼《宋史存》二卷

德翼，字用昭，德化人。崇禎進士，官至嘉興府推官。

施端教《讀史漢翹》二卷〔一〕

端教，字匪莪，泗州人。

〔一〕施　底本作「池」，據文淵閣本、《總目》卷六五改。

沈國元《二十一史論贊》三十六卷

國元，字飛仲，吴縣人。

張毓睿《三國史瑜》八卷

毓睿，字聖初，錢塘人。

姚允明《史書》十卷

允明，字汝服，休寧人。

俞文龍《史異編》十七卷

文龍，晉江人。

以上史鈔

欽定續文獻通考・經籍考卷二十八

史 故事

臣等謹案：故事之屬，有通制，有典禮，有邦計，有軍政，有法令，有營建，凡以國政朝章六官所職者，並入斯類。今《續通考》故事一門，條目雖多，部卷甚少，是以不復分列。至職官刑法，舊本別出，仍從其例焉。

《宋史・藝文志》故事類一百九十八部二千九十四卷。

《遼》《金》《元》三史不立藝文志，散見各紀傳中。

《明史・藝文志》故事類一百六部二千一百二十一卷。

宋

李維《邦計彙編》一卷

維，字仲方，肥鄉人。雍熙進士，歷官翰林學士、工部尚書、柳州觀察使。

臣等謹案：是書即《册府元龜》邦計一門之總序，當時預修者十五人，維居其列，後人剽剟此序,詭題書名,而以爲維之所撰,未可信也。

陳彭年《貢舉敘略》一卷

彭年,字永年,南城人。雍熙進士,官至兵部侍郎。贈右僕射,謚文僖。

臣等謹案:是書即《册府元龜》貢舉一門之總序,後人以彭年爲作序十五人之一,遂題彭年之名耳。

陳傅良《歷代兵制》八卷

傅良,字君舉,瑞安人。紹興進士,官至寶謨閣待制,謚文節。事迹具《宋史·儒林傳》。

《紹興十八年同年小録》一卷

王佐榜進士題名。

臣等謹按:是科爲紹興戊辰南渡後第七科也,以朱子名在五甲第九十,故是科同年小録特傳。

《寶祐四年登科録》一卷

文天祥榜進士題名。

臣等謹案:是科天祥本列第五,理宗親擢第一,其二甲第一名爲謝枋得,第二十七名爲陸秀夫,三人皆以忠節爲世所重,故是科小録與紹興十八年題名並傳。

臣等又案：馬《考》以《中興登科小録》載入傳記類，考進士題名乃典禮之屬，存諸故事門，於義始允，故紹興、寶祐兩録登此。

趙昇《朝野類要》五卷

昇，字文昌，里貫無考。

王應麟《漢制考》四卷

應麟，見經類。

金

《大金集禮》四十卷

不著撰人名氏。

黄虞稷《千頃堂書目》曰：「明昌六年，禮部尚書張暐等所進《大金德運圖説》一卷，不著撰人名氏。」

臣等謹案：是編爲金尚書省會官集議之文。

元

馬端臨《文獻通考》三百四十八卷

端臨，字貴與，樂平人。宋丞相廷鸞之子，咸淳中，漕試第一，元初起爲柯山書院山長，終于台州儒學教授。

朱彝尊曰：「宋《崇文總目》當時撰定，諸儒皆有論說，凡一書大義，必舉其綱，法至善也。其後若《郡齋讀書志》《書録解題》等編，咸取法於此，故雖書有亡失，而後之學者覽其目録，猶可想見前書之本末焉[一]。乃夾漈鄭氏謂：『每書據標目自見，何用更爲之説，又何用一一更爲之説。於是紹興中，改定此書，僅存其目，悉去論説書之散佚者。』學者遂無由知撰述之本旨矣。幸而尚存其概，則鄱陽馬氏之功也。」

《元典章前集》六十卷　附《新集》無卷數

英宗時官撰。

《廟學典禮》六卷

不著撰人名氏。

臣等謹案：是書所載始于元太宗九年丁酉，終于成宗大德間，蓋元人所録也。

歐陽玄《拯荒事略》一卷

玄，字原功，瀏陽人。延祐進士，官至翰林學士承旨，謚曰文。

〔一〕前　文淵閣本作「全」。

武祺《寶鈔通考》八卷

祺，里貫無考。至正十三年，爲户部尚書。

《通祀輯略》三卷

不著撰人名氏。

《元内府宫殿著作》一卷[一]

不著撰人名氏。

明

《明祖訓》一卷

洪武二年命中書編次，六年書成，太祖自爲《序》。

臣等謹案：明太祖《序》稱「開導後人，立爲家法，大書揭于西廡，朝夕親覽，以求至當，首尾六年，凡七謄録稿，至今方定」云云。然則諸侍臣僅謄録[二]、排纂而已，其文悉太祖御撰也。

[一] 著　文淵閣本、《總目》卷八四作「制」。

[二] 謄　文淵閣本作「繕」。

《明堂或問》一卷　《正孔子祀典説》一卷

世宗肅皇帝御撰。

《存心録》十卷

不著撰人名氏。

臣等謹案：《明史·藝文志》載吴沈等編次《存心録》十八卷[一]。沈，蘭谿人。元國子博士，師道之子，洪武時官大學士。此書所載禮節，皆洪武三年以前之事，則《藝文志》所謂《存心録》者，即此書，惟卷數不符，或係史志之誤也。

張迪《日本東夷朝貢考》一卷

迪，字文海，華亭人。

危素《元海運志》一卷

素，見傳記類。

費闇《臨雍録》一卷

闇，字廷言，丹徒人。成化進士，官至禮部侍郎。

[一] 次　文淵閣本作「集」。

《明會典》一百二十八卷

弘治十年奉敕撰，十五年書成，正德四年重校刊行。

席書《大禮集議》五卷

書，字文同，遂寧人。弘治進士，官至大學士，謚文襄。

陸深《科場條貫》一卷

深，見雜史類。

邵寶《漕政舉要録》十八卷

寶，見經類。

丘濬《鹽法考略》一卷　《錢法纂要》一卷

濬，見編年類。

傅浚《鐵冶志》二卷

浚，字汝源，南安人。弘治進士，官至工部郎中。

王守仁《陽明鄉約法》一卷　《陽明保甲法》一卷

守仁，字伯安，號陽明，餘姚人。弘治進士，官至兵部尚書，封新建伯。

陳講《馬政志》四卷

講,字子學,遂寧人。正德進士,官至山西提學副使。

朱熊《救荒補遺書》三卷〔一〕

熊,字維吉,江陰人。

張璁《保和冠服圖》一卷

璁,見詔令類。

《太廟敕議》一卷

嘉靖中禮部頒行。

朱當㴐《改元考》一卷

當㴐,明宗室魯王禮之元孫。

朱自新《重緝祖陵紀略》二卷

自新,明宗室邦翰之孫。

〔一〕「荒」下 文淵閣本、《總目》卷八四有「活民」二字。

張問之《造甎圖説》一册

問之，慶雲人。嘉靖進士，官至工部郎中。

朱廷立《鹽政志》十卷

廷立，通山人。嘉靖進士，官至禮部右侍郎。

劉璽《嘉靖清源關志》四卷

璽，字雙泉，唐縣人。嘉靖進士，官至右副都御史，巡撫宣府。

馬麟《淮關志》八卷

麟，巴縣人。嘉靖進士，官至南京户部員外郎。

胡彦《茶馬類考》八卷

彦，沔陽人。嘉靖進士，官至巡察茶馬御史。

王宗沐《海運詳考》一卷　《海運志》二卷

宗沐，字新甫，臨海人。嘉靖進士，官至刑部左侍郎。

王侹《洲課條例》一卷

侹，里貫未詳。

史起蟄、張矩《兩淮鹽法志》十二卷

起蟄，江都人。矩，儀徵人。

張鳴鳳《漕書》一卷

鳴鳳，見傳記類。

羅汝芳《明通寶義》一卷　《廣通寶義》一卷

汝芳，見經類。

梁夢龍《海運新考》三卷

夢龍，見雜史類。

崔旦《海運編》二卷

旦，字伯東，平度人。

查志隆《山東鹽法志》四卷

志隆，字鳴治，海寧人。嘉靖進士，官至山東布政司左參政。

《八閩政議》三卷

不著撰人名氏。

鄭若曾《海運圖説》一卷　《蘇松浮賦議》一卷

若曾，字伯魯，號開陽，崑山人。嘉靖初貢生。

王圻《續文獻通考》二百五十四卷　《謚法通考》十八卷　《重修兩浙鹺志》二十四卷

圻，字元翰，上海人。嘉靖進士，官至陝西布政司參議。《明史·文苑傳》附見《陸深傳》中。

黃虞稷曰：「王圻《續文獻通考》始宋嘉定，後暨遼金元迄明萬曆，凡二十四門，悉依馬氏《前考》，又益以節義、書院、氏族、六書、道統、方外等門。」

臣等謹案：朱彝尊謂：「王圻《續文獻通考》續鄱陽馬氏之書〔一〕，乃中間有卷帙者，十之一二三而已〔二〕。兼之世次之後先紊亂，名字之稱謂錯雜，典籍之篇目重複，其牽率爲已甚矣。」王圻此書，誠有如彝尊所譏。然著述之難，馬端臨《自序》早詳言之，王氏雖疏，而其中可據以拾遺者，亦復不少，分別觀之可也。

沈棨《南船記》四卷

棨，字子由，長洲人。嘉靖進士，官湖廣副使。

〔一〕文獻　文淵閣本無。「續」上　文淵閣本有「本以」。
〔二〕「十」上　文淵閣本有「僅」。

楊宏《漕運通志》十卷

宏,字希仁,海州大河衛人。嘉靖中,以指揮使授都督同知,總運江北。

《明集禮》五十三卷

徐一夔等奉敕撰。一夔,字大章,天台人。署杭州教授。事迹具《明史·文苑傳》。

金贇仁《太常總覽》無卷數

贇仁,嘉靖中進士[一]。以齋醮有寵,官至太常寺少卿。

周孔教《救荒事宜》一卷

孔教,見奏議類。

《念初堂集》十二卷

不著撰人名氏。

臣等謹案:是書舊題《念初堂集》,實即《太學志略》也。

朱睦㮮《謚苑》二卷

睦㮮,見經類。

[一] 中進　文淵閣本作「間道」。

朱勤美《王國典禮》八卷

勤美，字伯榮，開封人。睦㮊子，爲周藩宗正。

鄧汝璧《明臣謚類抄》一卷

汝璧，見雜史類。

張朝瑞《明貢舉考》九卷

朝瑞，見傳記類。

龔輝《西槎彙草》一卷

輝，餘姚人。嘉靖進士，官至工部右侍郎。〔一〕

周夢暘《水部備考》十卷

夢暘，字啓明，南漳人。萬曆進士，官至工部都水司郎中。

馮夢禎《歷代貢舉志》一卷

夢禎，字開之，秀水人。萬曆進士，官至國子監祭酒。

〔一〕右　文淵閣本作「左」。

郭正域《明典禮志》二十卷

正域,見經類。

何繼高、馮學易、閔遠慶《長蘆鹽法志》十三卷

繼高,字汝登,山陰人。萬曆進士,官至江西布政司參政。學易,字韋卿,臨海人。隆慶時舉人,官至長蘆鹽運司運同。遠慶,字基厚。萬曆進士,官至四川按察司僉事。

徐學聚《明朝典彙》二百卷

學聚,見傳記類。

馮應京《經世實用編》二十八卷

應京,見經類。

《明典章》無卷數

不著撰人名氏。

《會典抄略》無卷數

不著撰人名氏。

王在晉《通漕類編》九卷

在晉,字明初,太倉人。萬曆進士,官至兵部尚書。

董其昌《學科考略》一卷

其昌，字思白，華亭人。萬曆進士，官至禮部尚書，謚文敏。

張鼐《餘堂考故》一卷

鼐，見雜史類。

鮑應鼇《明臣謚彙考》二卷

應鼇，字山父，歙縣人。萬曆進士，官至禮部祠祭司郎中。

李之藻《頖宮禮樂疏》十卷

之藻，字振之，仁和人。萬曆進士，官至工部都水司郎中。

李槼《粵東鹺政考》二卷

槼，字長孺，鄞縣人。萬曆進士，官至兵部侍郎。

荆之琦《北新鈔關志》十六卷

之琦，丹陽人。萬曆進士。

孫能傳《謚法纂》十卷

能傳，字一之，寧波人。萬曆進士，官至工部員外郎。

沈德符《秦璽始末》一卷

德符,字景倩,秀水人。萬曆間舉人。

瞿九思《孔廟禮樂考》六卷

九思,見經類。

徐伯徵《留都武學志》五卷

伯徵,字儒臺,海寧人。萬曆進士,官至揚州府知府。

葉秉敬《明謚考》三十八卷

秉敬,見經類。

郭良翰《明謚彙編》二十四卷〔一〕

良翰,見經類。

魏純粹《開荒十二政》一卷

純粹,柏鄉人。萬曆間,官永城縣知縣。

〔一〕「彙」上 文淵閣本同,《總目》卷八二有「紀」。

《禮部志稿》一百卷

泰昌元年官撰。

《太常續考》八卷

不著撰人名氏。

胡我琨《錢通》三十二卷

我琨，字自玉。里貫未詳。

楊時喬《馬政紀》十二卷

時喬，見經類。

倪元璐《國賦紀略》一卷

元璐，見經類。

陳龍正《救荒策會》七卷

龍正，字惕龍，嘉善人。崇禎進士，官至南京國子監丞，福王召爲禮部祠祭司員外郎。

盧上銘《辟雍紀事》無卷數

上銘，字爾新，東莞人。崇禎中，官南京國子監典簿。

陳懋仁《年號韻編》一卷

懋仁，字無功，嘉興人。官泉州府經歷。

張宏道、張凝道《三元考》十四卷

宏道，字成孺；凝道，字明孺，皆武進人。

《四庫全書總目》作「明三元考」。

袁應兆《萬古法程》一卷

應兆，見經類。

董説《七國考》十四卷

説，見經類。

汪珂玉《古今鹺略》九卷　《鹺略補》九卷

珂玉，字玉水，徽州人，寄籍嘉興。崇禎中，官山東鹽運史判官。

張陛《救荒事宜》一卷

陛，字登子，山陰人。

《鹽法考》十卷

不著撰人名氏。

欽定續文獻通考·經籍考卷二十九

史 職官 刑法

《宋史·藝文志》職官類五十六部五百七十八卷。《遼》《金》《元》三史不立藝文志，散見各紀傳中。《明史·藝文志》職官類九十三部一千四百七十九卷。

宋

楊億《歷代銓政要略》一卷

億，字大年，浦城人。雍熙初，年十一，召試詩賦，授秘書省正字。淳化中，賜進士第，官至工部侍郎，翰林學士兼史館修撰，謚曰文。

臣等謹案：此書《宋史·藝文志》不載，馬《考》亦未著録。今考《册府元龜》銓政一門,總序其文,與此悉同,乃後人割裂,以附億名耳,謹識于此[一]。

周必大《玉堂雜紀》三卷

必大,字子充,廬陵人。紹興進士,宏詞科,歷右丞相少保,益國公。寧宗朝,以少傅致仕。卒謚文忠。

臣等謹案:此書皆記翰林故事,以編入《必大文集》中,故馬《考》於史部未著録。此蓋别行之本,今補入。

徐自明《宋宰輔編年録》二十卷

自明,字誠甫,永嘉人。官太常博士,終零陵郡守。

許月卿《百官箴》六卷

月卿,字太空,婺源人。淳祐間,賜進士及第,官至浙江西運幹。宋亡,隱居不仕。

胡太初《晝簾緒論》一卷

太初,天台人。淳祐間,嘗守處州。

[一]「此」下　文淵閣本有「《州縣提綱》四卷,舊本題陳古靈撰。臣等謹案:古靈爲宋陳襄别號。襄,字述古,侯官人。歷進士,官至右司郎、中樞密直學士。是書見楊士奇《文淵閣書目》,考《永樂大典》所載之本,前有吴澄《序》,止言前修所撰,不著其名氏,謹附識於此」。

元

張養浩《三事忠告》四卷

養浩，字希孟，濟南人。官至禮部尚書。天曆中，拜陝西行臺中丞。卒謚文忠。

臣等謹案：養浩爲縣令時，著《牧民忠告》；爲御史時，著《風憲忠告》；入中書時，著《廟堂忠告》。三書本各自爲編，今《四庫全書》存目别著《牧民忠告》一卷，即其一也。此爲明宣德間重刊，總題曰《三事忠告》云。

王士點、商企翁《秘書志》十一卷〔一〕

士點，字繼志，東平人。官著作郎。企翁，字繼伯，豐州人。官著作佐郎。

任栻《太常沿革》二卷

栻，里貫未詳。官太常博士。

劉孟保《南臺備要》二卷

孟保，里貫未詳。

〔一〕「志」上 《總目》卷七九有「監」。

明

《官箴》一卷

宣宗章皇帝御撰。

魏校《官職會通》二卷

校,見經類。

黄佐《南廱志》二十四卷

佐,見經類。

《翰林記》二十卷

不著撰人名氏。

臣等謹案:《明史·藝文志》載黄佐《翰林記》二十卷,是書當出佐撰。

廖道南《殿閣詞林記》二十二卷

道南,見雜史類。

蕭根《虔臺志》十二卷

根,爵里未詳。

馮世雍《呂梁洪志》一卷

世雍，江夏人。嘉靖進士，官工部主事。

徐桂《鄖臺志略》九卷

桂，潛山人。嘉靖進士，官鄖陽府知府。

陳燦《虔臺續志》五卷

燦，里貫未詳。官贛州府學教授。

汪宗元《南京太常寺志》十二卷

宗元，號春谷，崇陽人。嘉靖進士，官至總理河道右都御史。

雷禮《列卿紀》一百六十五卷[一]

禮，見編年類。

顧存仁《太僕寺志》十四卷

存仁，字伯剛，太倉人。嘉靖進士，官至太僕寺卿。

茅坤《浙省分署紀事本末》六卷

坤，見傳記類。

[一]「卷」下　文淵閣本有「《南京太僕寺志》十一卷」。

符驗《留臺雜記》八卷

驗,見傳記類[一]。

汪宗伊《南京吏部志》十五卷

宗伊,字子衡,崇陽人。嘉靖進士,官至南京吏部尚書。

黄養蒙《吏部職掌》無卷數

養蒙,南安人。嘉靖進士,官至户部右侍郎。

《公侯簿》二卷[二]

不著撰人名氏。

張位《詞林典故》一卷　附《翰林須知》一卷

位,見經類。

臣等謹按:是書乃官翰林學士時所輯,分三十二門[三]。

[一] 傳記　文淵閣本作「雜史」。

[二] 二　文淵閣本、《總目》卷八〇作「三」。

[三] 臣等謹按是書乃官翰林學士時所輯分三十二門　文淵閣本無。

鄭汝璧《明功臣封爵考》八卷

汝璧，見雜史類。

《館閣漫録》無卷數

不著撰人名氏。

臣等謹案：焦竑《國史·經籍志》載是書十卷，題爲張元忭撰。

蕭彦《掖垣人鑑》十七卷　附録一卷

彦，字思學，涇縣人。隆慶進士，官至湖廣總督。

吕坤《明職》一卷

坤，見經類。

《職官志》一卷　附《后妃》《妃嬪傳》《外戚傳》三篇

不著撰人名氏。

李天麟《楚臺記事》七卷

天麟，字公振，武定人。萬曆進士，官至監察御史，巡按湖廣。

劉日升《符司紀》六卷

日升，廬陵人，萬曆進士，官至應天府尹。

周應賓《舊京詞林志》六卷

應賓,見經類。

桑樂夔《南京鴻臚寺志》四卷

樂夔,濮州人。萬曆進士,官光禄寺少卿,攝鴻臚。

李日華《官制備考》二卷

日華,見傳記類。

吕邦耀《續宋宰輔編年録》二十六卷

邦耀,字元韜,錦衣衛籍,順天人。萬曆進士,官至通政司右參議。

范景文《大臣譜》十二卷

景文,字夢章,吴橋人。萬曆進士,官至大學士。殉流寇之難。

臣等謹案:景文於順治九年,世祖章皇帝賜謚文忠。

朱長芳《南京工部志》十八卷

長芳,上海人。南京國子監生。

施沛《南京都察院志》四十卷

沛,里貫未詳。

翁逢春《南京行人司志》十六卷

逢春，吴縣人。南京國子監生。

明

《文武諸司衙門官制》五卷

不著撰人名氏。

徐石麒《官爵志》三卷

石麒，字寶摩，嘉興人。天啓進士，授工部主事，忤魏忠賢，削籍。崇禎中，官至吏部尚書。南都破後，不食死。

王光魯《古今官制沿革圖》無卷數

光魯，見史評類。

魯論《仕學全書》三十五卷

論，見經類。

《明官制》五卷

不著撰人名氏。

《土官柢簿》二卷

不著撰人名氏。

右職官

《宋史·藝文志》刑法類二百二十一部七千九百五十五卷。

《遼》《金》《元》三史不立藝文志，散見各紀傳中。〔一〕

《明史·藝文志》刑法類四十六部五百九卷。

臣等謹案：馬《考》據《隋書·經籍志》稱刑法有律有令，今有格有式，今從其例，編爲刑法一門云。

宋

劉筠《刑法敘略》一卷

筠，字子儀，大名人。咸平進士，累擢司諫知制誥，翰林學士承旨，進龍圖閣學士，加禮部侍郎。

〔一〕翁逢春南京行人司志十六卷……散見各紀傳中　底本、浙江書局本無，應爲刊刻時遺漏此段文字，此處據文淵閣本補。

臣等謹案：是編載曹溶《學海類編》中，今考其文，即《册府元龜》之總敘也〔一〕。

宋慈《洗冤録》二卷

慈，字惠父。淳祐時，官朝散大夫直秘閣。

元

鄭汝翼《永徽法經》三十卷

汝翼，字鵬舉，河南人。中金朝律科選，入元爲大理丞，以奉直大夫、左三部郎中致仕。

臣等謹案：是書作於元世祖中統癸亥，意主發明唐律，故名之曰《永徽法經》。

《至正條格》二十三卷

元順帝時官撰。

王與《無冤録》二卷

與嘗官海鹽縣令，里貫未詳。

彭天錫《政刑類要》一卷

天錫，字仁仲，湖州人。

〔一〕「龜」下　文淵閣本有「刑法一門」。

《官民準用》七卷

不著撰人名氏。

《金玉新書》二十七卷

不著撰人名氏。

臣等謹案:是書蓋元時坊本,其曰《金玉新書》者,殆取金科玉律之意也。

明

《明律》三十卷

明太祖時官撰[一]。

吴訥《祥刑要覽》二卷　《删訂棠陰比事》一卷　《補遺附録》一卷

訥,字敏德,號思菴,常熟人。永樂中,以知醫薦。仁宗監國,聞其名,使教功臣子弟。洪熙初,擢監察御史,官至右都御史。

臣等謹案:《棠陰比事》爲宋桂萬榮所撰,而訥删補之者也。萬榮,鄞縣人,由餘干尉仕至朝散大夫,直寶章閣,知常德府。仿李瀚《蒙求》之體,取古來剖析疑獄之

[一]官　文淵閣本作「敕」。

事，括以四德語[二]，而自爲之注，凡一百八十四條。至明景泰間，訥以其徒拘聲韻對偶，而敘次無義，乃删存八十條，以事之大小爲先後，不復以叶韻相從，其注亦少爲點竄。又爲補遺二十三事，附録四事，别成一卷。

高銓《王恭毅駁稿》二卷

銓，字宗選，江都人。成化進士，官至南京户部尚書。

臣等謹案：是書爲王概官大理寺卿時案牘之文，銓編次成帙者也。概，字同節，廬陵人。正統進士，官至刑部尚書，謚恭毅。其任大理寺卿時，與法司會讞，多所平反。謹附識於此。

右刑法

[二]德　文淵閣本作「韻」。

欽定續文獻通考·經籍考卷三十

史　地理上

臣等謹案：馬端臨《通考》地理一門，編排無次，王圻《續通考》叢雜尤甚。今從《四庫全書》之例，首總志，次都會、郡縣，次河渠，次邊防，次山川，次古迹，次雜記，次游記，次外記，分類録之。

《宋史·藝文志》地理類四百七部五千一百九十六卷。

《遼》《金》《元》三史不立藝文志，散見各紀傳中。

《明史·藝文志》地理類四百七十一部七千四百九十八卷。

宋

祝穆《方輿勝覽》七十卷

穆，字和父，建陽人。受業於朱子，以所著書進，授迪功郎，爲興化軍涵江書院山長。

臣等謹案：元岳璘等所修《大一統志》，最爲繁博，明焦竑《經籍志》載其目爲千卷。今已散佚無存，謹識於此。

明

《寰宇通衢》一卷

明太祖洪武中官撰。

《明一統志》九十卷

吏部尚書兼翰林院學士李賢等奉敕撰。賢，見雜史類。

桂萼《輿圖記敘》二卷

萼，見奏議類。

廖世昭《志略》十六卷

世昭，福建懷安人。正德進士，官國子監博士。

張天復《皇輿考》十二卷

天復，號內山，山陰人。嘉靖進士，官至雲南按察司副使。

黄汴《圖注水陸路途》八卷

汴，里貫未詳。

郭子章《郡縣釋名》二十六卷

子章，見經類。

陸化熙《目營小輯》四卷

化熙，見經類。

曹學佺《輿地名勝志》一百九十三卷

學佺，見經類。

楊爾曾《海内奇觀》十卷

爾曾，字聖魯，錢塘人。

《地圖綜要》無卷數

朱紹本、吴學儼、朱國達、朱國幹同撰。紹本等里貫俱無考。

《古今輿地圖》無卷數

不著撰人名氏。

以上總志

宋

梁克家《淳熙三山志》四十二卷

克家，字叔子，晉江人。紹興中廷試第一，官至右丞相，封儀國公，謚文靖。

高似孫《剡録》十卷

似孫，字續古，號疏寮，餘姚人。淳熙進士，歷官校書郎，出倅徽州，遷守處州。

周應合《景定建康志》五十卷

應合，號溪園，武寧人。淳祐進士，官至實録院修撰。以疏劾賈似道，謫饒州通判。

鄭瑶、方仁榮《景定嚴州續志》十卷

瑶，官嚴州教授；仁榮，官嚴州學録，里貫均未詳。

潛説友《咸淳臨安志》九十三卷

説友，字君高，處州人。淳祐進士，咸淳間，知臨安府事。及宋亡，降元，爲李雄剖腹死。

常棠《澉水志》八卷

棠，字召仲，號竹窗，海鹽人。

元

徐碩《至元嘉禾志》三十二卷

碩,里貫未詳,嘗官嘉興路教授。

馮復京、郭薦《昌國州圖志》七卷〔一〕

復京,潼川人,官昌國州判。薦,里貫未詳,官鄞縣教諭。

張鉉《金陵新志》十五卷〔二〕

鉉,字用鼎,陝西人。嘗爲奉元路學古書院山長。

袁桷《延祐四明志》二十卷

桷,字伯長,慶元人。少爲麗澤書院山長,以薦改翰林國史院檢閱官,累遷侍講學士。卒贈江浙行省參知政事,謚文清。

于欽《齊乘》六卷

欽,字思容,益都人。歷官兵部侍郎。

〔一〕「昌」上《總目》卷六八有「大德」。
〔二〕「金」上《總目》卷六八有「至大」。

李好文《長安志圖》三卷

好文，字惟中，東明人。至治進士，官至翰林學士承旨。

《至正無錫縣志》四卷

不著撰人名氏。

明

胡謐《成化山西志》十六卷

謐，四川馬湖沐川長官司人。永樂進士。

黃潤玉《寧波府簡要志》五卷

潤玉，見傳記類。

夏時正《成化杭州府志》六十三卷

時正，字季爵，仁和人。正統進士，官至大理寺卿。

黃璿《建陽縣志》四卷　《雜志》三卷　《續志》一卷

璿，建陽人。

王㒨《毘陵志》四十卷

㒨，字廷貴，武進人。景泰進士，官至南京吏部尚書，謚文肅。

柳瑛《中都志》十卷

瑛,字廷玉,臨淮人。天順進士,官至河南按察司僉事。

《成化金華府志》三十卷[一]

不著撰人名氏。

謝鐸《赤城新志》二十三卷

鐸,見經類。

黄仲昭《弘治八閩通志》八十七卷

仲昭,名潛,以字行。成化進士,官至江西提學僉事。

伍餘福《成化陝西志》三十卷

餘福,字天錫,臨川人。官陝西按察司副使。

柳琰《嘉興府志》三十二卷

琰,儀真人。成化進士,官嘉興府知府。

[一] 成化 《總目》卷七三無。

王珣《弘治湖州府志》二十四卷

珣，曹縣人。成化進士，官至右副都御史，巡撫寧夏。

朱昱重修《毘陵志》四十卷　《三原縣志》十六卷

昱，字懋易，武進人。

臣等謹按：《毘陵志》體例頗精，《三原志》遠不逮也[一]。

汪舜民《徽州府志》十二卷

舜民，婺源人。成化進士，官至右副都御史，巡撫鄖陽。

張愷《常州府志續集》八卷

愷，無錫人。成化進士。

楊循吉《吴邑志》十六卷

循吉，見雜史類。

王啓《赤城會通記》二十卷

啓，號柏山，黄巖人。成化進士，官至刑部尚書。

[一] 臣等謹按毘陵志體例頗精三原志遠不逮也　文淵閣本無。

楊子器《常熟縣志》四卷

子器,字名父,慈谿人。成化進士,官常熟縣知縣。

王鏊《姑蘇志》六十卷

鏊,見雜史類。

康海《武功縣志》三卷

海,字德涵,武功人。弘治壬戌進士第一,官翰林院修撰。以救李夢陽事,坐劉瑾黨削籍。《明史·文苑傳》附見《李夢陽傳》中。

顧清《松江府志》三十二卷

清,字士廉,華亭人。弘治進士,官至南京禮部尚書。

林庭棉、周廣《嘉靖江西通志》三十七卷

庭棉,字利瞻,閩縣人。弘治進士,官至工部尚書,謚康懿。廣,字充之,崑山人。弘治進士,官至南京刑部右侍郎。

何景明《雍大記》三十六卷

景明,字仲默,信陽人。弘治進士,官至陝西提學副使。事迹具《明史·文苑傳》。

李讓《崇安縣志》四卷

讓，天台人。官崇安訓導。

崔銑《彰德府志》八卷

銑，見經類。

盛儀《嘉靖維揚志》三十八卷

儀，字德章，江都人。弘治進士，官至太僕寺卿。

鄒衡《嘉興志補》十二卷

衡，嘉興人。

韓邦靖《朝邑縣志》二卷

邦靖，號五泉，朝邑人。正德進士，官至工部員外郎。

胡纘宗《嘉靖安慶府志》三十卷

纘宗，字世甫，泰安人。正德進士，官至左副都御史，巡撫河南。

費寀《嘉靖廣信府志》二十卷

寀，字子和，鉛山人。正德進士，官至禮部尚書。

張欽《正德大同府志》十八卷

欽,字敬之,通州衛人。正德進士,官至工部左侍郎。

任慶雲《商略》無卷數

慶雲,商州人。正德舉人,官至陝州知州。

董穀《澉浦續志》九卷

穀,字碩甫,海鹽人。正德舉人,官安義、漢陽知縣。

陳沂《金陵古今圖考》無卷數　《金陵世紀》四卷

沂,見雜史類。

顔木《隨志》二卷

木,字維喬,應山人。正德進士,官亳州知州。《明史·文苑傳》附見《王廷陳傳》中。

毛鳳韶《浦江志略》八卷

鳳韶,字瑞成,麻城人。正德進士,官至雲南按察司僉事。

黄佐《嘉靖廣西通志》六十卷

佐,見經類。

陸釴《山東通志》四十卷

釴，字舉之，鄞縣人。正德進士，官至山東提學副使。

姚虞《嶺海輿圖》一卷

虞，字澤山，莆田人。嘉靖進士，官至淮安府知府。

龔輝《全陝政要略》四卷

輝，見故事類。

徐獻忠《吴興掌故集》十七卷

獻忠，字伯臣，華亭人。嘉靖間舉人，官奉化縣知縣。《明史·文苑傳》附見《文徵明傳》中。

戴璟《廣東通志初稿》四十卷

璟，見史評類。

趙時春《平涼府通志》十三卷

時春，字景仁，平涼人。嘉靖進士，官至右副都御史，巡撫山西。

聞人詮《南畿志》六十四卷

詮，字邦正，餘姚人。嘉靖進士，官至湖廣按察司副使。

唐樞《湖州府志》十四卷

樞,見經類。

趙文華《嘉興府圖記》二十卷

文華,慈谿人。嘉靖進士,官至工部尚書。《明史》附見《姦臣嚴嵩傳》。

胡松《滁州志》四卷

松,字汝茂,滁州人。嘉靖進士,官至南京吏部尚書,謚恭肅。

謝少南《嘉靖全州志》六卷

少南,上元人。嘉靖進士,官至廣西提學僉事。

陳讓《嘉靖邵武府志》十五卷

讓,字以禮。嘉靖進士,官至監察御史。

雷禮《嘉靖真定府志》三十三卷

禮,見編年類。

樊深《嘉靖河間府志》二十八卷

深,號西田,河間人。嘉靖進士,官至通政使。

《陝西行都司志》十二卷

不著撰人名氏。

張道《嘉靖貴州通志》十二卷

道，里貫未詳。官貴州宣慰司訓導。

汪來《北地紀》四卷

來，字君復，天津衛人。嘉靖進士，官慶陽府知府。

何鏜《括蒼彙紀》十五卷

鏜，字振卿，處州衛人。嘉靖進士，官至江西提學僉事。

曹金《萬曆開封府志》三十四卷

金，祥符人。嘉靖進士，官至兵部右侍郎，兼僉都御史，巡撫陝西。

沈朝宣《嘉靖仁和縣志》十四卷

朝宣，字三吾，仁和人。官江陵縣知縣。

徐學謨《萬曆湖廣總志》九十八卷

學謨，見經類。

高鶴《定遠縣志》十卷

鶴,字若齡,山陰人。嘉靖進士,官定遠縣知縣。

王學謨《續朝邑縣志》八卷

學謨,字子揚,朝邑人。嘉靖進士,官至大同左衛兵備道。

王世懋《三郡圖説》一卷

世懋,見傳記類。

《萬曆廣東通志》七十二卷

郭棐、王學曾、袁昌祚同撰。棐,南海人,嘉靖進士,官至布政使,加光禄寺卿。學曾,里貫未詳,官光禄寺丞。昌祚,東莞人,隆慶進士,官布政司參議。

趙瓚《嘉靖貴州圖經新志》十八卷

瓚,葉榆人。官貴州宣慰使司教授。

《萬曆四州總志》三十四卷

魏樸如、童良、游樸同撰。樸如,官敘州府同知;良,諸生,里貫均未詳。樸,福寧人,萬曆進士,官成都府推官。

馬文煒《安丘縣志》二十八卷

文煒，字仲韜，安丘人。嘉靖進士，官至右都御史，巡撫江西。

史朝富、陳良珍《永州府志》十七卷

朝富，晉江人。嘉靖進士，官永州府知府。良珍，南海人，官永州府推官。

沈明臣《通州志》八卷

明臣，字嘉則，鄞縣人。嘉靖中諸生。《明史·文苑傳》附見《徐渭傳》中。

葛洞《江都縣志》八卷[一]

洞，字近園，江都人。

石邦政《豐潤縣志》十三卷

邦政，豐潤人。

張元忭、孫鑛《紹興府志》五十卷

元忭，字子蓋，山陰人。隆慶進士，官至左諭德。事迹具《明史·文苑傳》。鑛，見經類。

[一]「江」上《總目》卷七四有「嘉靖」二字。

田瑄《南康府志》十二卷

瑄，大田人。隆慶進士，官南康府知府。

陸君弼《萬曆江都縣志》八卷

君弼，江都人。萬曆中貢生。

伍讓《萬曆衡州府志》十五卷

讓，衡陽人。萬曆進士，官至貴州提學僉事。

謝詔《天啓贛州府志》二十卷

詔，贛縣人。萬曆進士，官至四川左布政使。

李㒺《萬曆德州志》十二卷

㒺，長洲人。萬曆中貢生。官德州學正。

董斯張《吴興備志》三十二卷

斯張，字遐周，烏程人。

謝肇淛《滇略》十卷

肇淛，見史鈔類。

王一化《萬曆應天府志》三十三卷

一化，里貫無考。

何喬遠《閩書》一百五十四卷

喬遠，字稚孝，晉江人。萬曆進士，官至南京工部右侍郎。

王國楨《萬曆濟寧州志》八卷

國楨，字翼廷，安邑人。萬曆進士，官至濟寧兵河道副使。

謝杰《順天府志》六卷

杰，見雜史類。

劉尚朴《萬曆信陽州志》八卷

尚朴，信陽人。萬曆進士，官至山東布政司參政。

陳大綬《萬曆饒州府志》四十五卷

大綬，浮梁人。萬曆進士，官至福建布政司參議。

黃元忠《岳郡圖説》一卷

元忠，字整菴，鄞縣人。萬曆中國子學正，出爲岳州府通判。

胡震亨《海鹽縣圖經》十六卷

震亨,字孝轅,海鹽人。萬曆時舉人。官至兵部員外郎。

蔣如苹《萬曆容城縣志》七卷

如苹,字賓王,益都人。由貢生官容城縣知縣。

韓浚《萬曆嘉定縣志》二十卷

浚,字邃之,淄川人。官嘉定縣知縣。

《萬曆嚴州府志》二十四卷

臣等謹案:是書爲神宗萬曆甲寅所修,題名者有主修,有同修,有纂修,有續修,不知撰人爲誰。

張宏代《天台縣志》二十卷

宏代,靈璧人。官天台縣知縣。

劉萬春《泰州志》十卷

萬春,字公孕,泰州人。萬曆進士,官至浙江布政司參政。

戴日强《萬曆餘杭縣志》十卷

日强，蒙城人。餘杭縣知縣[一]。

王光藴《萬曆温州府志》十八卷

光藴，字季宣，温州人。官寧國府同知。

《萬曆襄陽府志》五十一卷

不著撰人名氏。

秦鏞《清江縣志》八卷

鏞，見經類。

劉芳《崇禎碭山縣志》二卷

芳，字百子，石屏人。官碭山縣知縣。

以上都會郡縣

[一]「餘」上　文淵閣本有「官」字。

宋

單鍔《吴中水利書》一卷

鍔,字季隱,宜興人。嘉祐進士,得第後不就官。

臣等謹案:宋元祐六年,蘇軾知杭州日,以鍔是書進於朝,會軾爲舒亶所劾,其議遂寢。軾進書狀,載《東坡集》五十九卷中,此書即附其後。馬《考》未著録,今補入。

魏峴《四明宅山水利備覽》二卷

峴,鄞縣人。官朝奉,提舉福建路市船。

臣等謹案:是書成於宋嘉定間,《四明郡志》嘗采其説。馬《考》未著録,今補入。

元

潘昂霄《河源記》一卷

昂霄,字景梁,號蒼厓,濟南人。官至翰林侍讀學士,謚文僖。

任仁發《浙西水利議答録》十卷

仁發,雲間人。仕至都水少監。

《海道經》一卷

不著撰人名氏。

沙克實《河防通議》二卷

沙克實，色目人。官至秘書少監。

王喜《治河圖略》一卷

喜，里貫未詳。

明

車璽《治河總考》四卷

璽，宛平人。成化進士，官河南按察司僉事。

王瓊《漕河圖志》三卷

瓊，見奏議類。

姚文灝《浙西水利書》無卷數

文灝，貴溪人。成化進士，官工部主事。

劉天和《問水集》三卷

天和，見傳記類。

吴仲《通惠河志》二卷　附録一卷

仲,字亞甫,武進人。正德進士,官至處州府知府。

伍餘福《三吴水利論》一卷

餘福,號寒泉,吴縣人。正德進士,官至按察司副使。

臣等謹案:明成化間,修《陜西志》之伍餘福與此同姓名,同官副使,惟一爲吴縣人,一爲臨川人,里貫各異。附識備考。

歸有光《三吴水利録》四卷

有光,見經類。

《新河初議》一卷

不著撰人名氏。

《浙西水利書》一卷

不著撰人名氏。

王獻《膠萊新河議》二卷

獻,字惟從,咸寧人。嘉靖進士,官山東巡察海運副使。

《吴中水利通志》十七卷

不著撰人名氏。

吴山《治河通考》十卷

山，高安人。嘉靖進士，官至禮部尚書，謚文端。

沈啓《吴江水利考》五卷

啓，見故事類。

吴韶《全吴水略》七卷

韶，華亭人。

潘季馴《河防一覽》十四卷　《兩河管見》三卷

季馴，見奏議類。

龐尚鴻《治水或問》四卷

尚鴻，字少襄，南海人。副都御史尚鵬之弟。

《新濬海鹽内河圖説》一卷

不著撰人名氏。

《新河成疏》無卷數

工部郎中游季勛、沈子木、朱應時、涂淵，主事陳楠、張純、唐鍊同編。

王圻《東吴水利考》十卷

圻，見故事類。

鄭若曾《黄河圖議》一卷

若曾，見故事類。

潘鳳梧《治河管見》四卷

鳳梧，桐鄉人。隆慶時舉人。

徐貞明《潞水客談》一卷

貞明，字伯繼，貴溪人。隆慶進士，官至尚寶少卿。

張光孝《西瀆大河志》五卷

光孝，字維訓。里貫未詳。

《千金堤志》八卷

謝廷諒、周孔教、姜宏範同撰。廷諒，字友可，金谿人，萬曆進士，官至順天府知府。孔教，見奏議類。宏範，臨川人。

謝肇淛《北河紀》八卷　《紀餘》四卷

肇淛，見史鈔類。

黄克纘《古今疏治黄河全書》四卷

克纘，字紹夫。萬曆進士，官至工部尚書。

黄承元《河漕通考》二卷

承元，秀水人。萬曆進士，官至副都御史，巡撫福建。

陳應芳《敬止集》無卷數

應芳，字元振，泰州衛人。萬曆進士，官福建布政司參政。

臣等謹案：應芳集當時奏疏、公移、私札成此書，蓋爲泰州而作，名曰「敬止」，重桑梓也。

仇俊卿《海塘録》八卷

俊卿，海鹽人。官國子監博士。

吴道南《河渠志》一卷

道南，字會甫，崇仁人。萬曆進士，官至大學士，謚文恪。

胡瓚《泉河史》十五卷

瓚,見經類。

袁黄《皇都水利》一卷

黄,號了凡,嘉善人。萬曆進士,官兵部主事。

朱國盛《南河志》十四卷

國盛,字敬韜,華亭人。萬曆進士,官至工部尚書。

張内藴、周大韶《三吴水考》十六卷

内藴,吴江人。大韶,華亭人。

張國維《吴中水利書》二十八卷

國維,字九一,東陽人。天啓進士,福王時官至吏部尚書。南京破後,從魯王于紹興,事敗投水死。

薛尚質《常熟水論》一卷

尚質,常熟人[一]。

以上河渠

[一]「人」下 文淵閣本有「《黄運兩河考議》六卷,不著撰人名氏」。

欽定續文獻通考·經籍考卷三十一

史 地理下

宋

陳武《江東地利論》一卷

武，里貫未詳。

陳克、吴若《東南防守利便》三卷

克，始末無考；若，官建康府通判，里貫均未詳。

江默《邊防控扼形勢圖論》一卷

默，里貫未詳。

明

胡宗憲《籌海圖編》十三卷

宗憲，字汝貞，績溪人。嘉靖進士，官至兵部尚書。督師剿倭寇，以言官論劾，下獄瘐死。萬曆初，追復原官，謚襄愍。

聞人詮《東關圖》一卷

詮，見本類。

何鏜《修攘通考》四卷

鏜，見本類。

臣等謹案：是編以《地理指掌圖》及桂萼《明輿地圖》、許論《九邊圖》三本，合而刊之，別立此名，更無一字論著。鏜之陋未必至是，或庸妄坊賈所僞託歟？

魏焕《九邊考》十卷

焕，字東洲，長沙人。嘉靖進士，官兵部職方司主事。

鄭若曾《海防圖論》一卷　《萬里海防圖説》二卷　《江防圖考》一卷　《鄭開陽雜著》十一卷

若曾，見故事類。

吴時來《江防考》六卷

時來，仙居人。嘉靖進士，官至左都御史，謚文恪。

范洓《兩浙海防類考續編》十卷

洓，字原易，休寧人。萬曆進士，官至福建右布政使。

蔡逢時《温處海防圖略》二卷

逢時，字應期，宣城人。萬曆進士，官温處兵備副使。

臣等謹案：是編紀明季倭寇出没温處間，備載地圖、船械以及戰守、選練之法。

鄧鐘《籌海重編》十卷

鐘，字道鳴，晉江人。

《海防圖論》一卷

不著撰人名氏。

《陜西鎮考》一卷

不著撰人名氏。

以上邊防

宋

倪守約《赤松山志》一卷

守約，里貫無考。《自序》稱「松山羽士」，蓋道流也。

元[一]明善《龍虎山志》三卷

明善,字復初,清河人。以薦授學正,擢太子文學,歷翰林學士,謚文敏。

劉大彬《茅山志》十五卷

大彬,錢塘人。延祐中,襲封茅山四十五代宗師、洞觀微妙元應真人。

陳性定《仙都志》二卷

性定,縉雲山道士。

《天台山志》一卷

不著撰人名氏。

明

裘仲孺《武夷山志》十九卷

仲孺,字稺生,崇安人。洪武初,薦授平遠縣知縣。

張萊《京口三山志》十卷

萊,字廷心,丹徒人。弘治間舉人。

[一] 元　底本無,據文淵閣本補。

蔡昇《震澤編》八卷
昇，字景東，吴江人。
田汝成《西湖游覽志》二十四卷　《志餘》二十六卷
汝成，見雜史類。
楊循吉《金山雜志》一卷
循吉，見雜史類。
邵寶《慧山記》三卷
寶，見經類。
朱諫《雁山志》四卷
諫，號蕩南，樂清人。弘治進士，官至吉安府知府。
彭簪《衡嶽志》十三卷
簪，安城人，官衡山縣知縣。
沈津《鄧尉山志》一卷
津，字潤卿，蘇州人。

桑喬《廬山紀事》十二卷

喬,字子木,江都人。嘉靖進士,官至監察御史。以首劾嚴嵩,爲所構陷,謫戍九江,卒。

戴葵《仙都山志》二卷

葵,酆都人。

盛時泰《牛首山志》二卷

時泰,字仲交,江寧人。嘉靖中貢生。

王應辰《仙巖志》六卷

應辰,里貫無考。

潘之恒《黄海》六十卷

之恒,字景升,歙縣人。嘉靖間,官中書舍人。

徐表然《武夷山志略》四卷

表然,字德望,崇安人。

釋宗净《徑山集》三卷

宗净,始末未詳。

郭子章《阿育王山志》十卷

子章，見經類。

徐邦佐、陳朝用、朱文山《京口三山續志》四卷

邦佐，號雁洲，浦城人，官鎮江府教授。朝用，號南湖，寧都人。文山，號仰泉，常寧人。皆官鎮江府訓導。

魯點《齊雲山志》五卷

點，字子輿，南漳人。萬曆進士，官休寧縣知縣。

周應賓《普陀山志》六卷

應賓，見經類。

田玉《太岳太和山志》十七卷

玉，里貫未詳。萬曆中宦官。

史起欽《太姥志》一卷

起欽，字敬所，鄞縣人。萬曆進士，官福寧州知州。

左宗郢《續刻麻姑山志》十七卷

宗郢，南城人。萬曆進士，官至太常寺少卿。

傅梅《嵩書》二十二卷

梅，字元鼎，邢臺人。萬曆間舉人，官刑部主事。力争梃擊一案，鄭氏之黨中以察典，罷官，後起爲台州府知府。明亡，抗節死。

臣等謹案：梅於乾隆四十一年賜謚忠節。

曹學佺《蜀中名勝記》三十卷

學佺，見經類。

張維新《華嶽全集》十三卷

維新，汝州人。官潼關道副使。

蔣鐄《九疑山志》九卷

鐄，長洲人。萬曆中，官寧遠縣知縣。

韓晃《羅浮野乘》六卷

晃，字賓仲，南海人。萬曆中，官青田縣知縣。

徐待聘《雁山志勝》四卷

待聘，字廷珍，常熟人。萬曆進士，官至按察司副使。

宋燾《泰山紀事》三卷

燾，字繹田，泰安州人。萬曆進士，官翰林院編修。

釋無盡《天台山方外志》三十卷　《幽溪别志》十六卷

無盡，天台高明寺僧，名傳燈，無盡乃其號也。

趙之韓、王濬初《恒岳志》二卷

之韓，汜水人，官渾源州知州。濬初，山陰舉人。

徐嘉泰《天目山志》四卷

嘉泰，字道亨，循州人。官於潛知縣。

楊繼益《烟雲手鏡》二卷

繼益，里貫無考。

丁惟曜《海陽山水志》四卷

惟曜，字貞白，休寧人。

談修《惠山古今考》十卷　附録三卷　《補遺》一卷

修，字思永，無錫人。

黄天全《九鯉湖志》六卷

天全,莆田人。

樊得仁《龍門志》三卷

得仁,里貫無考。

李應奇《崆峒志》三卷

應奇,字鶴厓,平涼人。

張睿卿《峴山志》六卷

睿卿,字稚通,歸安人。

釋廣賓《上天竺志》十五卷

廣賓,始末無考。

徐日炅《爛柯山志》二卷

日炅,西安人。天啓進士。

章之采《東西天目志》八卷

之采,字去浮,仁和人。

顧元鏡《九華山志》八卷

元鏡，歸安人。萬曆進士，官池州府知府。

王永積《錫山景物略》八卷

永積，字崇巖，無錫人。崇禎進士，官至兵部職方司郎中。

徐鳴時《横谿録》八卷

鳴時，字君和，吴縣人。崇禎中貢生，官武寧縣知縣。

俞策《閤皁山志》二卷

策，里貫未詳。

以上山川

宋

張敦頤《六朝事迹編類》二卷[一]

敦頤，字養正，紹興進士。歷知舒、衡二州。

[一] 二　文淵閣本、《總目》卷七〇作「三」。

元

鄧牧《洞霄圖志》六卷　《大滌洞天記》三卷

牧,字牧心,錢塘人。大德己亥,入洞霄宫,止超然館,隱居以終。

臣等謹案:《大滌洞天記》即牧所撰《洞霄圖志》内宫觀、山水、洞府、古迹、碑記五門,而删其人物,每門又加刊削,蓋明初重刻之本也。

明

蕭洵《故宫遺録》一卷

洵,盧陵人。洪武初,爲工部郎中。

孫仁《西岳神祠事録》七卷

仁,貴池人。景泰進士,官至户部右侍郎。

李濂《汴京遺迹志》二十四卷

濂,見傳記類。

盧襄《石湖志略》一卷　《文略》一卷

襄,字師陳,吴縣人。嘉靖進士,官至兵部職方司郎中。

周詔《石鼓書院志》四卷

詔，號臺山，富順人。嘉靖中，官衡州府知府。

釋大壑《浄慈寺志》十卷

大壑，字元津，杭州浄慈寺僧。

張元忭《雲門志略》五卷

元忭，見本類。

甘雨《白鷺洲書院志》二卷

雨，見經類。

王在晉《歷代山陵考》一卷

在晉，見故事類。

吴之鯨《武林梵志》十二卷

之鯨，字伯裔，錢塘人。萬曆閒舉人，官浮梁知縣。

謝肇淛《方廣巖志》四卷

肇淛，見史鈔類。

李安仁《石鼓書院志》二卷

安仁，字裕居，遷安人。萬曆中，官衡州府知府。

祁光宗《關中陵墓志》二卷

光宗，後更名伯裕，滑縣人。萬曆進士，官至兵部尚書。

葛寅亮《金陵梵剎志》五十三卷

寅亮，見經類。

宋奎光《徑山志》十四卷

奎光，字培巖，萬曆間舉人，官餘杭教諭〔一〕。

釋圓復《延壽寺紀略》一卷

圓復，字休遠，鄞縣人。

戴英《禹門寺志》六卷

英，字上愼，宜興人。崇禎進士。

〔一〕教諭　文淵閣本作「知縣」。

周永年《鄧尉聖恩寺志》十八卷

永年，字安期，吴江人。

楊明《天童寺集》二卷

明，里貫無考。

葉廷祥、郭以隆、紀延譽、陳翘卿《南谿書院志》四卷

廷祥，官尤溪知縣；以隆，稱署縣事，疑爲丞簿之類；延譽，官教諭；翘卿，官訓導，里貫均未詳。

程嘉燧《破山興福寺志》四卷

嘉燧，字孟陽，休寧人。崇禎末布衣。

以上古迹

宋

王十朋《會稽三賦》二卷

十朋，字龜齡，樂清人。紹興二十七年進士第一，官至龍圖閣學士，謚忠文。

臣等謹按：十朋所著有《梅溪集》。此賦三篇於集外别行，郡人史鑄爲之注，亦頗詳贍，以其與地志相近，故附于此。

《都城紀勝》一卷

不著撰人名氏。

臣等謹案：是書成于宋端平二年，皆記杭州瑣事。

吴自牧《夢粱録》二十卷

自牧，錢塘人。

周密《武林舊事》十卷

密，字公謹，號草窗。先世濟南人，其曾祖隨高宗南渡，因家湖州。淳祐中，官義烏令。宋亡不仕，終于家。

《西湖繁勝録》一卷

不著撰人名氏。

元

王士點《禁扁》五卷

士點，見職官類。

費著《歲華紀麗譜》一卷　附《箋紙譜》一卷　《蜀錦譜》一卷

著，華陽人，官至重慶府總管。

臣等謹案：唐韓鄂有《歲華紀麗》，爲類事之書。費著是《譜》，偶同其名，實則追述成都舊事，體與《東京夢華録》相近。末附《箋紙》《蜀錦》二譜，則因風俗而及土産，蓋皆地志之屬也。

高德基《平江記事》一卷

德基，平江人。官至建德路總管。

明

楊循吉《廬陽客記》一卷

循吉，見雜史類。

陸深《蜀都雜抄》一卷

深，見雜史類。

楊樞《淞故述》一卷

樞，字運之，華亭人。嘉靖間舉人，官江西臨江府同知。

王世懋《閩部疏》無卷數

世懋，見傳記類。

沈思孝《秦録》一卷　《晉録》一卷

思孝,字繼山,嘉興人。隆慶進士,官至右副都御史兼兵部侍郎。

陳士元《江漢叢談》二卷

士元,見經類。

張鳴鳳《桂勝》十六卷　《桂故》八卷

鳴鳳,見傳記類。

謝肇淛《長溪瑣語》一卷

肇淛,見史鈔類。

許伯衡《滇南雜記》二卷

伯衡,號聽菴,崑山人。萬曆間舉人,官晉寧州知州。

何宇度《益部談資》三卷

宇度,里貫未詳。萬曆中,官夔州府通判。

陳懋仁《泉南雜志》二卷

懋仁,見雜史類。

陳鳴鶴《閩中考》一卷

鳴鶴，見傳記類。

曹學佺《蜀中廣記》一百八卷〔一〕

學佺，見經類。

《兩河觀風便覽》四卷

不著撰人名氏。

劉侗《帝京景物略》八卷

侗，字同人，麻城人。崇禎進士，官吴縣知縣。

朱廷焕《增補武林舊事》八卷

廷焕，字中白，單縣人。崇禎進士，官工部主事。

黄淳耀《山左筆談》一卷

淳耀，字藴生，號陶菴，嘉定人。崇禎進士，南都破後，殉節死。事迹具《明史·儒林傳》。

〔一〕佺　底本作「詮」。下同。

陶晉楧《楚書》一卷

晉楧，字若楧，秀水人。

以上雜記

宋

張禮《游城南記》一卷

禮，字茂中，浙江人。

元

郭囉羅斯納新《河朔訪古記》二卷

納新，字易之。族出西北郭囉羅斯，因以爲氏。寓居南陽，後徙鄞縣，爲浙東東湖書院山長。以薦授翰林編修，官出參桑結實哩軍事，卒於軍。

明

何鏜《游名山記》十七卷

鏜，見本類。

慎蒙《天下名山諸勝一覽記》十六卷

蒙，字山泉，歸安人。嘉靖進士，官至監察御史。

王世懋《名山游記》一卷

世懋，見傳記類。

潘之恒《名山注》無卷數

之恒，見本類。

王士性《五岳游草》十二卷　《廣志繹》五卷　《雜志》一卷　《黔志》一卷　《豫志》一卷

士性，字恒叔，臨海人。萬曆進士，官至南京鴻臚寺卿。

姚士粦《日緘訪勝録》一卷

士粦，見載記類。

黄汝亨《天目游記》一卷

汝亨，見奏議類。

王衡《紀游稿》一卷

衡，字辰玉，太倉人。萬曆進士，官翰林院編修。

姚希孟《循滄集》二卷

希孟，字孟長，長洲人。萬曆進士，官至詹事府詹事。

宋彦《山行雜記》一卷

彦，華亭人。

《名山記》四十八卷　《圖》一卷　附録一卷

不著撰人名氏。

徐宏祖《霞客游記》十二卷

宏祖，字霞客，江陰人。

以上游記

宋

朱輔《溪蠻叢笑》一卷

輔，字季公，桐鄉人。

臣等謹案：《虎丘志》載輔所作《咏虎丘》詩一首，知爲南宋末人。

元

周達觀《真臘風土記》一卷

達觀，温州人。

汪大淵《島夷志略》一卷

大淵，字焕章，南昌人。

張道宗《記古滇説》一卷

道宗，里貫無考。

《異域志》一卷

不著撰人名氏。

《異域圖志》一卷

不著撰人名氏。

明

錢古訓《百夷傳》一卷

古訓，餘姚人。洪武進士，官至湖廣布政司參政。

張洪《南夷書》一卷

洪，字宗海，常熟人。洪熙初，召入翰林，官修撰。

鞏珍《西洋番國志》無卷數

珍，應天人。

馬觀《瀛涯勝覽》一卷

觀,里貫無考。

董越《朝鮮賦》一卷　《朝鮮雜志》一卷

越,字尚矩,寧都人。成化進士,官至南京工部尚書,謚文僖。

黄衷《海語》三卷

衷,字子和,南海人。弘治進士,官至兵部右侍郎。

顧玠《海槎餘録》一卷

玠,字匯堂,吴縣人。官至南安府知府。

薛俊《日本考略》一卷

俊,定海人。

鄭若曾《日本圖纂》一卷　《朝鮮圖説》一卷　《琉球圖説》一卷　《安南圖説》一卷

若曾,見故事類。

黄省曾《西洋朝貢典録》三卷

省曾,字勉之,吴縣人。嘉靖時舉人。《明史·文苑傳》附見《文徵明傳》中。

蕭大亨《夷俗記》一卷

大亨，號岳峰，泰安人。嘉靖進士，官至兵部尚書。

《朝鮮國志》一卷

不著撰人名氏。

譚希思《四川土夷考》四卷

希思，見編年類。

李言恭、都杰《日本考》五卷

言恭，字維寅，李文忠之裔，襲封臨淮侯。杰，字彦輔，嘉靖進士，官至南京兵部尚書。

蔡汝賢《東夷圖説》二卷　《嶺海異聞》一卷　《續聞》一卷

汝賢，字思齊，華亭人。隆慶進士。

張燮《東西洋考》十二卷

燮，字紹和，龍溪人。萬曆間舉人。

艾儒略《職方外紀》五卷

儒略，西洋人。

羅曰褧《咸賓録》八卷

曰褧，字尚之，江西人。

鄺露《赤雅》一卷

露，字湛若，南海人。崇禎間諸生。

《朝鮮志》二卷

不著撰人名氏。

以上外紀

欽定續文獻通考·經籍卷三十二

史 時令 譜牒 目録

《宋史·藝文志》不立時令類。

《遼》《金》《元》三史不立藝文志，散見各紀傳中。

《明史·藝文志》不立時令類。

宋

陳元靚《歲時廣記》四卷

元靚，里貫未詳。

明

瞿佑《四時宜忌》一卷

佑，字宗吉，錢塘人。洪武初官國子助教，永樂初官周王府右長史，謫戍保安，洪熙初赦還。

李泰《四時氣候集解》四卷

泰,字文通,鹿邑人。洪武進士,官詹事府通事舍人。

臣等謹案:詹事府通事舍人,明初嘗設此官,附識備考。

盧翰《月令通考》十六卷〔一〕

翰,見經類。

馮應京《月令廣義》二十五卷

應京,見經類。

朱朝瞌《節宣輯》四卷

朝瞌,明周定王橚七世孫。橚曾孫同鏉,始分封上洛。萬曆三十二年,朝瞌襲封。

戴羲《養餘月令》二十九卷

羲,字馭長,里貫未詳。崇禎中,官光禄寺典簿。

陳堦《日涉編》十二卷

堦,字升也,應城人〔二〕。

〔一〕六 《總目》卷六七同,文淵閣本作「二」。

〔二〕堦字升也應城人 底本無此句,據文淵閣本補。

王勛《廣月令》三卷　《後集》二卷

勛，字曰放，黟縣人。

右時令

《宋史·藝文志》譜系類一百十部四百三十七卷。

《遼》《金》《元》三史不立藝文志，散見各紀傳中。

《明史·藝文志》譜系類三十八部五百四卷。

臣等謹案：譜牒一門，馬端臨《通考》所載，已屬無幾。自宋以下，譜學久廢，傳本尤屬寥寥。今所采輯，亦惟宋、明兩代之書云。

宋

王應麟《姓氏急就篇》二篇

應麟，見經類。

臣等謹案：是書以姓氏排纂成篇，倣史游《急就章》體。

章定《名賢氏族言行類稿》六十卷

定，建安人。

臣等謹案：是書搜采古今事實，以姓氏爲類，用韻排次。凌迪知《萬姓統譜》、廖用賢《尚友録》二書，蓋從其例。

明

《天潢玉牒》一卷

不著撰人名氏。

臣等謹案：是書載明代世系，蓋自宋以後譜牒傳本，僅有此爾。

司馬晰《涑水司馬氏源流集略》八卷

晰，字宗晦，夏縣人。萬曆時舉人。宋司馬光十七世孫。

朱鍾文《考亭朱氏文獻全譜》十二卷

鍾文，字吾滄。朱子十二世孫。官大足縣知縣。

李日華《姓氏譜纂》七卷

日華，見傳記類。

夏樹芳《奇姓通》十四卷

樹芳，見傳記類。

凌迪知《萬姓統譜》一百二十六卷

迪知，見史鈔類。

傅作興《文竽彙氏》二十四卷

作興，字廷用，建昌人。

臣等謹案：是書前有《自序》云：「文本於氏，宜先正其氏，以辨其文，而濫竽是懼，故以二字爲名。」其說殊牽合無理，所推原譜系之始，亦多附會。

廖用賢《尚友録》二十二卷

用賢，字賓于，建寧人。

臣等謹案：是書排纂事實，以韻爲綱，以姓爲目，一如章定《名賢氏族言行類稿》及凌迪知《萬姓統譜》之例。

右譜牒

《宋史·藝文志》目録類六十八部六百七卷。

《遼》《金》《元》三史不立藝文志，散見各紀傳中。

《明史·藝文志》不立目録類。

臣等謹案：諸家書目皆爲經籍而作，金石之文，《隋》《唐志》附小學類。惟馬端臨《通考》，乃以金石入目録，《宋志》因之，今用其例，附入金石一門，而仍爲分列，不使與經籍相淆焉。

宋

趙希弁《讀書附志》一卷

希弁，袁州人。宋宗室子，江西漕貢進士，秘書省校勘。

高似孫《子略》四卷　《目録》一卷

似孫，見地理類。

陳振孫《直齋書録解題》二十二卷

振孫，字伯玉，號直齋，安吉人。仕爲浙江提舉，改知嘉興府[一]，終官侍郎。

臣等謹案：振孫此書，以歷代典籍分爲五十三類，各詳其卷帙多少，撰人名氏，而品題其得失，故曰《書録解題》。馬氏《經籍考》據此書及晁公武《讀書志》成編，然《讀書志》世有刻本，而此書久佚，惟《永樂大典》尚載其完帙。今加校訂釐爲二十二

[一] 浙江提舉改知嘉興府　文淵閣本作「興化府通判」。

卷，著録《四庫全書》，謹識於此。

王應麟《漢藝文志考證》十卷

應麟，見經類。

明

楊士奇《文淵閣書目》四卷

士奇，見詔令類。

《寧藩書目》一卷〔一〕

不著撰人名氏。

錢溥《秘閣書目》無卷數

溥，見傳記類。

葉盛《菉竹堂書目》六卷

盛，見奏議類。

〔一〕寧　文淵閣本同，《總目》卷八七無此字。

崔銑《文苑春秋敘録》一卷

銑，見經類。

晁瑮《寶文堂分類書目》三卷〔一〕

瑮，字君石，開州人。嘉靖進士，官至國子監司業。

朱睦㮮《授經圖》二十卷　《經序録》五卷

睦㮮，見經類。

焦竑《國史經籍志》六卷

竑，見經類。

《經廠書目》一卷

不著撰人名氏。

臣等謹案：經廠，即内繙經廠，明世以宦官主之，書籍刊板皆貯於此。所列共一百十四部，皆習見之書，好事者録而傳之，往往舛誤，不足觀也。

以上經籍

〔一〕三　《總目》卷六七同，文淵閣本作「一」。

宋

曾宏父《石刻鋪敘》二卷

宏父，字幼卿，廬陵人。

臣等謹案：宋有兩曾宏父：其一名惇，字宏父，爲曾布之孫，曾紆之子，後人避寧宗諱，多以字行；其一即此曾宏父。朱彝尊是書《跋》，謂宏父名惇，以字行，殊爲失考，謹附訂於此。

曹士冕《法帖譜系》二卷

士冕，字端可，號陶齋，都昌人。

俞松《蘭亭續考》二卷

松，字壽翁，錢塘人。

臣等謹案：俞庭椿，亦字壽翁，二人同姓同字，同在宋末，而實非一人。謹附識于此。

王象之《輿地碑記目》四卷

象之，金華人。嘗知江寧縣。

《寶刻類編》八卷

不著撰人名氏。

臣等謹案：是書所載，上自周秦，迄于五季，並記及宣和、靖康年號，知爲南宋人所撰。《宋史·藝文志》不載其名，諸家書目亦未著録，惟《文淵閣書目》有之。然世無傳本，僅見于《永樂大典》中，今編定爲八卷云。

元

吾丘衍《周秦刻石釋音》一卷

衍，見雜史類。

明

陶宗儀《古刻叢鈔》一卷

宗儀，見經類。

朱珪《名迹録》六卷　附録一卷

珪，字伯盛，崑山人。

陳暐《吴中金石新編》八卷

暐，字耀卿，河南人。弘治間，官蘇州通判。

都穆《金薤琳瑯》二十卷　《吴下塚墓遺文》三卷

穆，見雜史類。

楊慎《水經注碑目》一卷

慎，見經類。

盛時泰《蒼潤軒碑跋紀》一卷　《續紀》一卷

時泰，見本類[一]。

顧元慶《瘞鶴銘考》無卷數

元慶，見傳記類。

顧從義《法帖釋文考異》十卷

從義，字汝和，上海人。嘉靖中，詔選善書者入直，授中書舍人，直文華殿。隆慶初，以預修國史成，擢大理寺評事。

顧起元《金陵古今石考》一卷

起元，字太初，江寧人。萬曆進士，官至吏部左侍郎兼翰林院侍讀學士，謚文莊。

[一] 見本類　文淵閣本作「字仲交，上元人。以諸生貢入太學」。按：盛時泰首見於本書卷三十一地理類下。

孫克宏《碑目》三卷

克宏，華亭人。萬曆進士，官至漢陽府知府。

趙均《金石林時地考》二卷[一]

均，字靈均，吴縣人。宧光之子。

趙崡《石墨鐫華》六卷　附録二卷

崡，字子函，盩厔人。萬曆時舉人。

郭宗昌《金石史》二卷

宗昌，字允伯，華州人。

周錫珪《唐碑帖跋》四卷

錫珪，字禹錫，會稽人。

來濬《金石備考》十四卷

濬，里貫未詳。

[一] 二卷　《總目》卷八六同，文淵閣本作「無卷數」。

于奕正《天下金石志》無卷數

奕正，字司直，宛平人。崇禎中諸生。

以上金石

右目録

欽定續文獻通考·經籍考卷三十三

臣等謹案：馬端臨《經籍考》子類凡二十門，蓋本諸列史藝文志，而列史又本劉向《輯録》者也。顧如名家、墨家、縱横家，後世鮮有專書，即馬氏所收，每門亦自無幾，今從《四庫全書》之例闕之，餘皆依類詮次。惟譜録一門，馬氏所無，其序農家引《宋三朝藝文志》謂「殖物寶貨著譜録者，亦佐助衣食之源，故咸見于此」。然酒經、蟹譜悉入農家，似于體例究爲未協，況宋以來著譜録者，取類尤繁，勢難比附。今亦從《四庫全書》之例，增入此門，列于農家之後。共一十有八門：曰儒家，曰道家，曰法家，曰雜家，曰小説家，曰農家，曰譜録，曰天文，曰推算，曰五行，曰占筮，曰刑法，曰兵家，曰醫家，曰神仙家，曰釋家，曰類書，曰雜藝術。用便觀覽，資采擇焉。

子 儒家上

《宋史·藝文志》儒家類一百六十九部一千二百三十四卷。

《遼》《金》《元》三史不立藝文志，散見各紀傳中。

《明史·藝文志》儒家類一百四十部一千二百三十卷。

宋

王開祖《儒志編》一卷

開祖，字景山，永嘉人。皇祐進士，試秘書省校書郎，佐處州麗水縣。後退居郡城之東山，設塾授徒，爲永嘉道學倡，郡守楊蟠立《儒志坊》表之。

楊蟠《序》略曰：「景山舉進士，以所如不合，退與其徒講學，所著僅存此編。其言曰：『孟子以來，道學不明，吾欲述堯舜之道，論文武之治，杜邪淫之路，開皇極之門。』非有所見，而能爲是言哉？」

臣等謹案：編中有曰：「復者，性之宅旡；妄者，誠之源學。離性而言情，奚情之不惡。」時濂洛諸儒未作，乃能發明經藴，見及于此，温州理學之淵，實有以開金華慶元之先者也。

《張子全書》十四卷　附録一卷

張載，字子厚。其先大梁人，父迪以殿中丞知涪州，早卒，遂不能歸，僑寓郿縣。登進士，調雲巖令，以吕公著薦，授崇文院校書。與王安石不合，引疾歸。復以吕大防薦，詔知太常禮院。又與有司議禮不合，仍引歸，道卒。嘉定十三年，賜謚曰明。淳祐元年，封郿伯,從祀孔廟。事迹見《宋史·道學傳》。

楊時《二程粹言》二卷

時,字中立,南劍州將樂人。熙寧進士,累官國子祭酒。高宗即位,除工部侍郎兼侍讀,以龍圖閣直學士,提舉洞霄宫。卒謚文靖。

李邦獻《省心雜言》一卷

邦獻,懷州人。官至直敷文閣。

朱子刪定,曾恬、胡安國所編《上蔡語録》三卷

朱子,見史類。恬,字天隱,温陵人。安國,見經類。

臣等謹案:是書乃恬與安國所録謝良佐語,而朱子刪定之者也。良佐,字顯道,上蔡人。登進士第,建中靖國初,官京師,召對忤旨,出監西京竹木場。復坐事,廢爲民。事迹見《宋史·道學傳》。

朱子《延平答問》一卷　附録一卷

臣等謹案:朱子於高宗紹興二十三年,將赴同安主簿任,往見李侗、于延平,始從受學。紹興三十年冬,同安任滿,再見侗,僅留月餘,又閲四載而侗没。計前後相從,不過數月。故書札往來問答爲多,後朱子輯而録之,又載其與劉平甫二條,以成是書。朱子門人又取朱子平昔論延平語，及祭文、行狀，别爲一卷，題曰附録，明非朱子原本所有也。侗，字原中，劍浦人。事迹見《宋史·道學傳》。

朱子《雜學辨》一卷　附《記疑》一卷

臣等謹案：朱子撰是書，蓋斥當時諸儒之雜于佛老者。凡蘇軾《易傳》十九條，蘇轍《老子解》十四條，張九成《中庸解》五十二條，吕希哲《大學解》四條，皆摘録原文，各爲駁正，于下記疑之作。以程子門人記録師説，有傳以己意，遂致流入二氏者，亦摘録而與之辨，凡二十條。

黎靖德編《朱子語類》一百四十卷

靖德，導江人。

臣等謹案：《朱子語類》見于藝文志者，有葉味道所編本。又王圻《續通考》載黄士毅亦有《文公語類》。靖德是編成于度宗咸淳庚午，訂正舛譌，删除重複，較他本特爲修整云。

劉清之《戒子通録》八卷

清之，字子澄，臨江人。紹興進士，光宗時知袁州。

劉荀《明本釋》三卷

荀,東平人。尚書左僕射摯之孫,孝宗時知盱眙軍。

汪晫編《曾子》一卷　《子思子》一卷

晫,字處微,績溪人。咸淳中,其孫夢斗獻此二書于朝,得贈通直郎。

劉炎《邇言》十二卷

炎,字子宣,括蒼人。

陳埴《木鐘集》十一卷

埴,字器之,永嘉人。嘗舉進士,授通直郎致仕。

臣等謹案:埴之學出於朱子。明永樂中修《五經大全》,所稱潛室陳氏,即埴也。是編雖以集爲名,而實則所作語録,凡《論語》一卷,《孟子》一卷,《六經總論》一卷,《周易》一卷,《尚書》一卷,《毛詩》一卷,《周禮》一卷,《禮記》一卷,《春秋》一卷,《近思雜問》一卷,《史》一卷。《自序》謂取《禮》「善問者,如攻堅木;善待問者,如撞鐘」義,名曰「木鐘」。今從《四庫全書》例,列于子類。

滕珙編《經濟文衡前集》二十五卷　《後集》二十五卷　《續集》二十五卷

珙,字德章,號蒙齋,婺源人。淳熙進士,官合肥令。與兄璘俱游朱子之門。

臣等謹案：是書蓋取諸朱子《語録》《文集》，分類編次，《前集》皆論學，《後集》皆論古，《續集》則補二集所遺也。

又案：别有分類標注之本，爲明朱吾弼重刊，各標要語簡端，以備答策之用，殊無足取。

真德秀《大學衍義》四十三卷　《讀書記》六十一卷　《政經》一卷

德秀，見經類。

臣等謹案：馬端臨《通考》經類載真德秀《西山讀書記》三十九卷，其引陳振孫云：「其書有甲乙丙丁，今但有甲三十七卷，丁二卷，乙丙未見。」蓋振孫惟見初行之本，故云。然今世所傳明時舊刊本中，多乙記二十二卷，乃德秀門人湯漢所續刊。《序》稱「《讀書記》惟甲乙丁爲成書」，此與《通考》所載完缺不同，理宜著録。今從《四庫全書》之例，列于子類。其《政經》一卷，德秀再守泉州時所著，在理宗紹定五年，蓋晚年之作，亦振孫《書録解題》中所未載，故《通考》弗録也。

黄震《黄氏日抄》九十五卷

震，見史類。

陳淳《北溪字義》二卷

淳，字安卿，號北溪，龍溪人。嘉定十年，授迪功郎，泉州安溪主簿，未上而卒。

臣等謹案：此編蓋其門人清源王雋所録。

熊節《性理群書句解》二十三卷

節，字端操，建陽人。官至通直郎，知閩清縣事。

臣等謹案：此編節所撰，而熊剛大爲之注。剛大，亦建陽人，受業于蔡淵、黄榦，嘉定中登進士，掌建安書院。

陳謨《東宫備覽》六卷

謨，字中行，泉州永春人。慶元進士，累官校書郎兼實録院檢討官。

薛據《孔子集語》三卷

據，字叔容，永嘉人。官至浙東常平提舉。

張洪、齊㷂同編《朱子讀書法》四卷

洪，字伯大；㷂，字充甫，皆鄱陽人。

臣等謹案：是書本朱子門人輔廣所輯，鄱陽王氏復廣爲《後編》，洪與㷂因而補訂之。

《家山圖書》一卷

不著撰人名氏。

錢曾《讀書敏求記》曰：「《家山圖書》，晦庵私淑弟子之文。」

《伊川粹言》二卷

舊題張栻編。

臣等謹案：宋濂《潛溪集》有此書《跋》，謂《前序》不著姓氏，相傳爲張南軒栻撰，則明初尚不著栻之名。此本當爲後人據濂語補題也。

唐棣《唐氏遺編》四卷

棣，字彦思，宜興人。嘗受業于伊川程子。

臣等謹案：是書乃棣與門人共記平日問答之語。

吴沆《通言》一卷

沆，見經類。

胡寅《崇正辨》三卷

寅，字明仲，建安人。安國弟淳之子。宣和進士，仕至徽猷閣直學士。事迹見《宋史·儒林傳》。

童伯羽《玉溪師傳》一卷　附録一卷

伯羽,字蜚卿,甌寧人。朱子門人。

李元綱《聖門事業圖》一卷

元綱,字國紀,錢塘人。孝宗時上庠生。

元綱《自序》略曰:「《大學》之道,必以致知爲先。予留心道學幾三十載,序爲十圖,共成一編,以示同志,蓋欲咸知聖門事業之所在,而不失趨向也。」

王介《序》略曰:「國紀之學,以存心養性爲本,所造必欲至于通晝夜之道,明屈伸之理而後已。日就月將,撰成十圖,俾後學知所趨向。又集内聖外王之道,作《言行編》等書行世。」

楊萬里《庸言》一卷

萬里,字廷秀,吉水人。紹興進士,累官秘書監、江東轉運使、總領淮西江東。朝議行鐵錢,萬里不奉詔,改贛州,乞祠,遂不復出。後聞韓侂胄專權,憂憤而卒,謚文節。萬里嘗自名其室曰「誠齋」,光宗親書二字賜之。

家頤《子家子》一卷

頤,字養正,眉山人。

王佖《紫陽宗旨》二十四卷

佖，東陽人。

《浩齋語録》二卷

舊題過源撰。

臣等謹案：是書卷末附源行實，稱源字道源，號浩齋，臨川人。其書可疑處甚多，疑是後人僞託之作。

《性理字訓》一卷

舊題程端蒙撰，程若庸補輯。端蒙，字正思，德興人，朱子門人，淳熙七年鄉貢，補太學生。若庸，字達原，休寧人，咸淳四年進士，嘗充武夷書院山長。

臣等謹案：是書以四字爲句，規倣李瀚《蒙求》，而不諧聲韻。自古無此體裁，亦後人所託名也。

蔡沈《洪範皇極内外篇》五卷

沈，字仲默，元定子。事迹見《宋史·儒林傳》。

張行成《皇極經世索隱》二卷　《皇極經世觀物外篇衍義》九卷　《易通變》四十卷　《翼元》十二卷

行成，字文饒，一作子饒，臨邛人。官直徽猷閣，知潼川府。

王柏《研幾圖》一卷

柏，見經類。

鍾過《皇極經書類要》九卷

過，字益齋，廬陵人。

祝泌《觀物篇解》五卷　《皇極經世解起數訣》一卷

泌，字子涇，德興人。咸淳進士，官饒州府三司提舉。

鮑雲龍《天原發微》五卷

雲龍，字景翔，歙縣人。景祐中，鄉貢進士。

丁易東《大衍索隱》三卷

易東，見經類。

《道南三先生遺書》十一卷

不著編輯名氏。

臣等謹案：是書摘録楊時、羅從彦、李侗三家語録及雜著，黄虞稷《千頃堂書目》載莆田宋端儀有《道南三先生遺書》，疑即是編。

《朱子文語纂編》十四卷

不著編輯者名氏。

臣等謹案：是書取朱子《文集》《語類》，約略以類相從，而不分門目，前後亦無序跋，蓋草創未完之本也。

元

張理《易象圖説内篇》三卷　《外篇》三卷

理，見經類。

程端禮《讀書分年日程》三卷

端禮，字敬叔，號畏齋，鄞縣人。以薦爲建平教諭，遷台州路教授。

謝應芳《辨惑編》四卷　附録一卷

應芳，見史類。

孫自强《太極辨》三卷

自强，會稽人。

許衡《魯齋心法》一卷

衡,見經類。

何中《通書問》一卷

中,見史類。

蘇天爵《治世龜鑑》一卷

天爵,見史類。

臣等謹案:是書所采,皆宋以前善政嘉言,而大旨歸于培養元氣。其目凡六,曰治體、用人、守令、愛民、爲政,而終之以止盜焉。蓋其時妖寇自淮右延及江東,正干戈俶擾之際,末篇殆有深意也。

史伯璿《管窺外篇》二卷

伯璿,見經類。

王廣謀《聖賢語論》二卷

廣謀,里貫無考。

明

成祖《聖學心法》四卷

前有永樂七年御製《序》，大旨以唐文皇作《帝範》十二篇自比云。

明仁孝文皇后《内訓》一卷

前有永樂三年正月望日《自序》。考是書凡二十篇，曰德性，曰修身，曰慎言，曰謹行，曰勤勵，曰警戒，曰節儉，曰積善，曰遷善，曰崇聖訓，曰景賢範，曰事父母，曰事君，曰事舅姑，曰奉祭祀，曰母儀，曰睦親，曰慈幼，曰逮下，曰待外戚。永樂五年頒行天下。

《性理大全》七十卷

永樂中，胡廣等奉敕撰。成祖製《序》，頒行天下。

朱隱老《皇極經世書説》十八卷

隱老，字子方，號灊峰，豐城人。大學士朱善之父。

張九韶《理學類編》八卷

九韶，字美和，後以字行，清江人，元末累舉不仕。洪武初，以薦爲縣學教諭，遷國子助教，改翰林編修，致仕歸。後復徵入校書，書成遣還。

徐達左《顔子鼎編》二卷

達左,字良夫,平江人。元季遁迹鄧尉山,洪武初,起爲建寧縣學訓導。

臣等謹案:是書爲高陽所删補并注。陽,嘉興人。

顧諒《西村省己録》二卷

諒,字希武,號西村,上虞人。洪武中,以薦爲無錫縣教諭。

方孝孺《雜誡》一卷

孝孺,字希直,一字希古,天台人。以薦召授漢中府學教授。建文中,官至翰林侍讀學士,改文學博士。燕王篡位,抗節死。事迹具《明史》本傳。

臣等謹案:孝孺終明之世,未列謚典。乾隆四十一年奉諭旨,追録前代忠烈,賜謚忠文。

何孟春《家語注》八卷

孟春,見史類。

曾承業編《曾子全書》三卷

承業,曾子六十二代孫。《序》稱博士,蓋襲職之宗子也。

曹端《太極圖説述解》一卷　《通書述解》一卷　《西銘述解》一卷　《夜行燭》無卷數

端，字正夫，澠池人。永樂舉人，官霍州學正，後改蒲州。事迹見《明史·儒林傳》。

本傳略曰：「端五歲，見河圖、洛書，即畫地質之父。及長，專性理，務實踐，而以静存爲要[一]。讀宋儒書，歎曰：『道在是矣。』嘗言欲至于聖人之道，須從太極上立根脚。又曰：『爲人須從志士勇士，不忘上參取。』又曰：『孔顔之樂仁也，孔子安仁而樂在其中，顔淵不違仁而不改其樂，程子令人自得之。』又曰：『天下無性外之物，而性無不在焉，性即理也，曰太極，曰至誠，曰至善，曰大德，曰大中，名不同，而道則一。』初，伊洛諸儒明道、伊川，後劉絢、李籲輩身及二程之門。至河南許衡、洛陽姚樞，講道蘇門，北方之學者，翕然宗之。明興三十餘載，而端倡明絶學，論者推爲明初理學之冠。」

臣等謹案：端以其父好釋氏，乃采經傳格言切于日用者，爲《夜行燭》一書進之。謂釋氏以空爲性，非天命之性；老氏以虚爲道，非率性之道，父從之。其書分類編輯，爲目十有五。

[一] 存　文淵閣本作「養」。

趙邦清輯《月川語録》一卷

邦清，真寧人。

臣等謹案：是編所載，皆曹端講學之語。端嘗作《月川交映圖》擬太極，學者稱月川先生。

薛瑄《讀書録》十卷　《續録》十二卷　《從政名言》二卷　《薛子道論》一卷

瑄，字德温，河津人。從魏希文、范汝舟游，深于理學，一本程朱。永樂進士，官至禮部右侍郎，入閣預機務。贈禮部尚書，謚文清，崇祀孔廟。

瑄自識《讀書録》曰：「横渠張子云：『心中有所開，即便劄記，不思還塞之矣。』余讀書至心有所開，隨即録之，蓋以備不思而還塞也。若所見之是否，則俟正於後之君子云。」

臣等謹案：《瑄年譜》：「宣宗宣德元年，服闋，至都上章，願就教職。宣宗特擢爲御史，尋差監沅州銀場。」《從政名言》第二條稱「吾居察院」，第四條稱「余始自京師來湖南」，蓋作于奉使沅州時也。其《道論》所載，皆自《讀書録》中摘出，當是書賈别立此名，以求售者耳。

尹直《明良交泰録》十八卷

直，見史類。

丘濬《大學衍義補》一百六十卷　《朱子學的》二卷

濬，見經類。

黄纖《皇極經世書傳》八卷

纖，字宗大，香山人。佐之父也。

章懋《楓山語録》一卷

懋，字德懋，蘭溪人。成化進士，累官南京禮部尚書，謚文懿。

周琦《東溪日談録》十八卷

琦，字廷璽，馬平人。成化進士，官至南京户部員外郎。

胡居仁《居業録》十二卷

居仁，見經類。

楊廉《序》略曰：「正統間以理學爲倡者，薛文清一人而已。近年乃得餘干胡敬齋所爲《居業録》，精確簡當，其言粹然。《讀書録》之外所見，惟此耳。廉聞敬齋嚴毅精苦，力行不怠，其議論實由涵養體驗得來，非考索探討所致也。」

臣等謹案：别本有《居業録類編》三十一卷，爲陳鳳梧所輯，凡分三十一類，類爲一卷。鳳梧，字文鳴，廬陵人。弘治進士，官至右都御史，巡撫應天。

蔡清《性理要解》二卷《虚齋三書》無卷數[一]

清，見經類。

臣等謹案：《性理要解》前有蘇濬《序》，詞氣拙陋，殆由僞託。《虚齋三書》以《看太極圖》改名《太極圖説》，以《看河圖洛書説》改名《河洛私見》，而增以《艾庵密箴》五十條，故曰三書。爲其裔孫廷魁所刊，其名亦非清所自題也[二]。

張詡《白沙遺言纂要》十卷

詡，字廷實，南海人。成化進士，官至南京通政司左參議，嘗受業於陳獻章。

余祐《文公先生經世大訓》十六卷

祐，字子積，鄱陽人。弘治進士，官至雲南布政使。内召爲太僕寺卿，未及行，又擢吏部侍郎，未聞命而病卒。

顧璘《近言》一卷

璘，見史類。

[一] 此二書文淵閣本分兩條：「蔡清《性理要解》二卷，清，見經類。蔡清《虚齋三書》無卷數，臣等謹案：是編以《看太極圖》改名《太極圖説》，以《看河圖洛書説》改名《河洛私見》，而增以《艾庵密箴》五十條，故曰三書。爲其裔孫廷魁所刊，其名亦非清所自取也。」

[二] 題　文淵閣本作「取」。

欽定續文獻通考·經籍考卷三十四

子 儒家下

明

王守仁《傳習録略》一卷

守仁，見史類。

黄宗羲曰：「先生反求諸心，而得所性之覺，曰致良知。良知爲知，致良知即行也。特與朱子之説不無牴牾，而所極力表章者，乃在象山。遂疑先生或出於禪，豈知致良知乃因明而誠，以人合天之謂，其去禪遠矣。先生之言曰：『良知，即獨知。』其與朱子牴牾處，總在《大學》一書。朱子之解《大學》也，先格致而後誠意；先生之解《大學》也，即格致爲誠意，似有分合之異。然所謂慎獨一關，因明致誠以進於聖人之道，則一也。先生門人偏天下，自東廓先生而外，諸君子其最著者，其淵源分合之故，亦略可觀云。」

臣等謹案：《明史·藝文志》載王守仁《傳習録》四卷。是本爲曹溶《學海類編》所載，不著何人所編，要非其舊也。

羅欽順《困知記》二卷　《續記》二卷　附録一卷

欽順，字允升，泰和人。弘治癸丑進士第三，官南京國子司業。以忤劉瑾奪職，後起爲吏部尚書，謚文莊。事迹見《明史·儒林傳》。

本傳略曰：「時王守仁以心學立教，欽順致書，力辨其非。嘗謂心之説混於禪學，而不知有千里毫釐之謬。爲著《困知記》，自號整庵。」

林希元曰：「先生自敘爲學云：『昔官京師，逢一老僧，漫問何由成佛。』渠亦漫答禪語云：『佛在庭前柏樹。』子精思達旦，恍然有得，取《證道歌》讀之，若合符節，自以爲至奇至妙，天下之理莫或加焉。後官南雍，聖賢之書，未嘗一日去手。潛玩久之，始知前所見者，乃此心虚靈之妙，而非性之理也。自此研磨體認數十年，用心甚苦。年垂六十，始了然有見於心性之真，而確乎有以自信。」

高攀龍曰：「先生於禪學尤極探討，發其所以不同之故。自唐以來排斥佛氏，未有如是之明且悉者，先生之功偉矣。」

徐問《讀書劄記》八卷

問，字用中，號養齋，武進人。弘治進士，官至南京户部尚書，謚莊裕。

臣等謹案：是書第五卷專闢陽明，問嘗與羅欽順書言，黄佐促成之。

崔銑《士翼》四卷　《後渠庸言》一卷

銑，見經類。

黄佐《泰泉鄉禮》七卷　《庸言》十二卷

佐，見經類。

王廷相《慎言》十三卷

廷相，字子衡，儀封人。弘治進士，官至兵部尚書。

程敏政《心經附注》四卷

敏政，見史類。

呂柟《涇野子内篇》二十七卷　《周子抄釋》三卷　《張子抄釋》六卷　《二程子抄釋》十卷　《朱子抄釋》二卷

柟，見經類。

黄宗羲曰：「關學世有淵源，皆以躬行禮教爲本，而涇野實集其成。觀其出處言動，無一不歸于道，而心術隱微，無毫髮可議，卓然閔、冉之徒無疑也。異時，陽明先生講良知之學，本以重躬行，而學者誤之，反遺行而言知，得先生尚行之旨以救之，所謂一髮千鈞。時先生講席，幾與陽明中分，其盛一時，篤行之士，争出其門。」

陸深《同異録》二卷

深，見史類。

夏良勝《中庸衍義》十七卷

良勝，字于中，南城人。正德進士，官至太常寺少卿。

湛若水《格物通》一百卷　《揚子折衷》六卷　《心性書》無卷數　《遵道録》八卷　《甘泉新論》一卷

若水，見經類。

臣等謹案：若水《格物通》體例略倣《大學衍義》。《揚子折衷》蓋闢宋儒楊簡之説。《心性書》有圖有説，復集《心性通》三十五章，倣周子《太極圖説》《通書》之意。其《遵道録》，則所輯皆明道程子之説，《自序》謂遵明道也。

劉陽《論學要語》一卷　《洞語》一卷　《接善編》一卷　《人倫外史》一卷

陽，字一舒，安福人。由舉人授碭山縣知縣，官至監察御史。

臣等謹案：是編舊總題曰《劉兩峰集》，今從《四庫全書》之例，分敘其目，列于儒家類。

程曈《閑闢録》十卷

曈，見史類。

楊向春《皇極經世心易發微》八卷

向春，字體元，號野厓，普洱人。

熊宗立《洪範九疇數解》三卷

宗立，字道軒，建陽人。劉剡門人。剡，見經類。

韓邦奇《洪範圖解》二卷　《苑洛語録》六卷

邦奇，見經類。

胡纘宗《願學編》二卷　《近取編》二卷

纘宗，見史類。

王崇慶《海樵子》一卷

崇慶，見經類。

王蓂《東石講學録》十一卷　《心學録》四卷　《大儒心學語録》二十七卷

蓂,見史類。

戴金《三難軒質正》無卷數

金,字純夫,漢陽人。正德進士,官至兵部尚書。

臣等謹案:金以力行、責己、克終三者甚難,因取以名軒,而徵集同時士大夫所贈詩辭、序記、論説、銘贊,彙成是編。

陳琛《正學編》二卷

琛,見經類。

舒芬《太極繹義》一卷　《通書繹義》一卷

芬,見經類。

季本《説理會編》十五卷

本,見經類。

本自述略曰:「學當以自然爲宗,警惕者,自然之用,戒慎恐懼,未嘗致纖悉之力,有所恐懼,便不得其正矣。東廓云:『不警惕不足言自然,而不警惕其失也蕩。』斯言可爲破的。」

聶豹《困辨録》八卷

豹，字文蔚，號雙江，永豐人。正德進士，官至兵部尚書，謚貞襄。

戴經《燕居答述》二卷

經，德清人。聶豹之門人也。

臣等謹案：是編皆述豹講授之語。

薛侃《研幾録》無卷數

侃，見經類。

周海門曰：「薛中離歸田後，遠涉浙江[一]，會羅念庵于青原書院。已入羅浮，講學于永福寺，二十四年始還家。門人記所聞，曰《研幾録》。

臣等謹案：是書乃侃門人鄭二極所編。

教英《慎言集訓》二卷

英，字子發，清江人。正德進士，官至河南右布政使。

[一] 涉　文淵閣本作「游」。

顧亮《辨惑續編》七卷　附録二卷

亮,字寅仲,長洲人。正德中,況鍾知蘇州府,嘗聘致幕中。

尤時熙《擬學小記》六卷　《續録》一卷

時熙,字季美,自號西川居士,洛陽人。嘉靖舉人,官至户部主事。

臣等謹案:時熙師事劉魁,傳王守仁良知之學,有所心得,輒爲筆記。其婿李根裒其雜著編次之[一]。

王艮《心齋約言》一卷

艮,字汝止,號心齋,泰州人。王守仁之門人。

艮《自述》略曰:「格物之物,即物有本末之物,身與國家、天下一物也;格者,知身之爲本,而國家、天下之爲末,反己是格物工夫。故曰:『身安而天下、國家可保也。』又曰:『道重則身重,身重則道重,以天地萬物依于身,不以身依于天地萬物。』聖人復起,不易斯言。」

[一] 裒　文淵閣本作「并」。

王棟《一庵遺集》二卷

棟，字隆吉，號一庵，泰州人。艮從弟。嘉靖中，由歲貢生補江西南城訓導，遷深州學正。

錢德洪《緒山會語》二十五卷

德洪，見史類。

曹煜《東溪蔓語》一卷

煜，浮粱人。嘉靖丙戌進士。

唐順之《諸儒語要》二十卷

順之，見史類。

蔡靉《洨濱語録》二十卷

靉，字天章，號洨濱，寧晉人。嘉靖進士，官至監察御史，巡按河南。靉少從韓邦奇、湛若水游，其講學宗旨不出二家。

王文禄《廉矩》一卷

文禄，字世廉，海鹽人。嘉靖舉人。

臣等謹案：是編凡十八章，皆以訓廉爲主。

蔣信《道林諸集》無卷數

信，字卿實，號道林，武陵人。嘉靖進士，官至貴州提學副使，嘗師事王守仁、湛若水。

臣等謹案：是編乃其卜築桃岡時，與諸弟子講學之書，而其門人章評所刊者。

樊深《西田語略》二十三卷　《續集》二十九卷

深，見史類。

何祥《識仁定性解注》二卷

祥，字克齋，内江人。嘉靖舉人。

薛應旂《方山紀述》一卷　《薛子庸語》十二卷

應旂，見經類。

臣等謹案：《紀述》乃其所鈔先正格言，分上下二篇。上篇皆論性命之理，下篇則論治道也。《庸語》乃其講學之語，分二十四篇。

侯一元《二谷讀書記》二卷

一元，字舜舉，樂清人。嘉靖進士，仕至江西布政使。

阮鶚《禮要樂則》二卷

鶚，桐城人。嘉靖進士，官至右副都御史，巡撫福建。

陳建《學蔀通辨》十二卷

建，字廷肇，東莞人。嘉靖舉人，官知信陽縣。

王諍《大學衍義通略》三十一卷

諍，號竹巖，永嘉人。嘉靖進士，官至右僉都御史，巡撫貴州。

孫丕揚《格物圖》一卷　《論學篇》一卷

丕揚，富平人。嘉靖進士，官至吏部尚書，謚恭介。

耿定向《耿子庸言》二卷

定向，見史類。

胡直《胡子衡齊》八卷

直，字正甫，泰和人。嘉靖進士，官至福建按察使。

臣等謹案：直之學出于歐陽德及羅洪先，故以王守仁爲宗。嘗與門人講學螺水上，輯問答之語爲是書。

魏時亮《大儒學粹》九卷

時亮，字敬吾，南昌人。嘉靖進士，官至工部侍郎。

臣等謹案：是書取周子、二程子、張子、朱子及陸九淵、薛瑄、陳獻章、王守仁九家之言，人各爲卷。

徐用檢《三儒類要》五卷

用檢，字克賢，號魯源，蘭溪人。嘉靖進士，官至南京太常寺卿。

臣等謹案：是書所謂三儒者，薛瑄、陳獻章、王守仁也。

韓萬鍾《性理三書圖解》九卷

萬鍾，蘄州人。

臣等謹案：是篇所云「三書」者，《易學啓蒙》《律吕新書》《洪範皇極内篇》也。

李材《見羅全書》二十卷

材，字孟誠，豐城人。嘉靖進士，官至右僉都御史，巡撫鄖陽〔一〕。

臣等謹案：材患學者每以朱與王兩家格物致知之説，争衡聚訟，因揭「修身爲本」一言，以爲孔、曾宗傳，而謂知止即知本。又謂格物之功，散見八條目中，以朱子補傳爲誤。其學較姚江末派爲近實，顧憲成頗稱之。是編乃其講學之語，材門人李復陽官無錫令時所輯。

〔一〕巡撫　文淵閣本作「撫治」。

方學漸《心學宗》四卷

學漸，見史類。

孔承倜《日言》一卷

承倜，字永冠，曲阜人。至聖先師六十代孫。官至荊王府長史。

徐中《性理圖説》一卷

中，字成中，鄱陽人〔一〕。

俞邦時《一書增删》四卷

邦時，號敬軒，新昌人。

臣等謹案：是編名一書者，以一爲本也。本邦時所撰，國朝康熙己卯，吕夏音復增删之，故題曰《一書增删》。

楊道會《性理抄》二十卷

道會，字惟宗〔二〕，晉江人。隆慶進士，官至湖廣左布政使。

〔一〕鄱　文淵閣本作「番」。

〔二〕宗　文淵閣本作「中」。

劉元卿《諸儒學案》八卷

元卿,見經類。

唐鶴徵《憲世編》六卷

鶴徵,見經類。

林𣈆《群書歸正集》十卷

𣈆,號方塘,鄞縣人。隆慶中諸生。

臣等謹案:此書爲𣈆八十四歲時所作,本四十二卷,其從孫御史祖述删爲十卷,仍分十六門。

吕坤《呻吟語》六卷　《呻吟語摘》二卷

坤,見經類。

臣等謹案:坤《呻吟語摘》乃其晚年定本,較初刊之本,彌爲簡要云。

范淶《㖠言》十卷

淶,見史類。

汪應蛟《中銓》六卷

應蛟,見史類。

臣等謹案：是編皆其講學之語，以當日諸儒各立門户，應蛟欲無所偏倚，故以「中銓」爲名云。

周汝登《王門宗旨》十四卷

汝登，見史類。

臣等謹案：是編首載王守仁講學之語，並其奏疏、雜著、詩文，而以王艮、徐曰仁、錢德洪、王畿之説次焉。

徐三重《信古餘論》八卷　《庸齋日記》八卷

三重，見史類。

鄒元標《南臯語義合編》四卷

元標，字爾瞻，號南臯，吉水人。萬曆進士，官至左都御史，謚忠介。

臣等謹案：是編乃其門人所輯，以講學者爲會語，説經者爲解義，故總名曰《語義合編》。

趙仲全《道學正宗》十八卷

仲全，字梅峰，涇縣人。

顧憲成《小心齋劄記》十六卷　《顧端文公遺書》三十七卷　附《年譜》一卷

憲成，字叔時，無錫人。萬曆進士，官至吏部文選司郎中，削籍歸，起南京光禄寺少卿，移疾不赴，卒于家。崇禎初，贈吏部右侍郎，謚端文。

錢一本《範衍》十卷　《黽記》四卷

一本，見經類。

岳元聲《聖學範圍圖》無卷數

元聲，字之初，號石帆，嘉興人。萬曆進士，官至兵部侍郎。

臣等謹案：是書一名《範圍教圖》，大旨以儒教統攝二氏。

王三極《性理備要》十二卷

三極，號少墩，仙遊人。

高攀龍《二程節録》四卷　《文集鈔》一卷　附録一卷

攀龍，見經類。

傅新德《南雍誡勖淺言》一卷

新德，字元明，又字商盤，定襄人。萬曆進士，官至國子監祭酒，贈禮部右侍郎，謚文恪。

馮從吾《馮子節要》十一卷

從吾，見史類。

吴道南《文華大訓箴解殘本》三卷

道南，見史類。

方大鎮《荷薪義》八卷

大鎮，字君静，桐城人。萬曆進士，官至大理寺少卿。

臣等謹案：始大鎮父學漸講學桐川，大鎮追述父訓及與同社諸人問答之語，詮次成帙，其大旨在闡良知之説，于儒釋分别，辨論極詳。

徐必達《周張全書》二十二卷

必達，見史類。

《正蒙釋》四卷

舊題高攀龍集注，徐必達發明。

臣等謹案：葉向高《序》此書，乃必達所自定，非攀龍原本也。

潘士達《增訂論語外篇》四卷

士達，字在聞，安吉州籍，烏程人。萬曆進士，官至廣東提學僉事。

臣等謹案:是書取諸子百家所載孔氏之言,分類排纂,倣《論語》二十篇之數,蓋因南昌李栻舊稿而增葺之。

王在晉《龍沙學録》六卷

在晉,見史類。

龍遇奇《聖學啓關臆説》三卷

遇奇,字才卿,號紫海,吉安人。萬曆進士,官至監察御史。

朱鴻《經書孝語》無卷數

鴻,字子漸,仁和人。萬曆間諸生。

劉宗周《聖學宗要》一卷　《學言》三卷　《人譜》一卷　《人譜類記》二卷　《證人社要言》一卷

宗周,見經類。

惲日初編《劉子節要》十四卷

日初,號遜庵,武進人。劉宗周門人。

王化振《諸儒要語》九卷

化振,字宇春,滁州人。萬曆舉人,官户部主事。周汝登之門人。

文翔鳳《太微經》二十卷

翔鳳，字天瑞，三水人。萬曆進士，官至太僕寺少卿。

吕維祺《存古約言》六卷

維祺，見經類。

臣等謹案：是書凡十二篇，大略以《朱子家禮》爲主，並采擇諸家之言，爲條例注釋，而以箴誡格言附後。

吴桂森《真儒一脉》無卷數

桂森，見經類。

鍾韶《論語逸編》三十一卷

韶，字牙臺，海鹽人。

張信民《印正稿》六卷

信民，澠池人，孟化鯉之門人。

臣等謹案：信民傳姚江良知之學，其門人馮奮庸等録其平日問答議論爲是書。

辛全《衡門芹》一卷　《經世碩畫》三卷

全，字復元，號天齋，絳州人。萬曆末貢生，以特薦授知府，未赴官而卒。

李經綸《洪範皇極注》四卷

經綸，見經類。

喬中和《説疇》一卷

中和，見經類。

賀時泰《思聰録》一卷　《作師編》一卷　《人模樣》一卷

時泰，字叔交，一字陽亨，江夏人。少爲諸生，以聾廢，因自號聾人。

臣等謹案：《思聰録》一書，爲其子大學士逢聖所編，皆時泰平日講學之語。

王應昌《傳習録論述參》一卷

應昌，見史類。

章世純《留書别集》二卷

世純，見經類。

臣等謹案：《留書别集》，初名《已未留》，周鍾序之。張煒如以刊本未善，因爲編定先後，考正標題，訂爲此本。

《性理綜要》二十二卷

舊題詹淮輯，陳仁錫訂正。淮，號柏山，新安人。仁錫，見經類。

臣等謹案：是書今審定爲庸俗坊本，又有《性理標題彙要》，實即此書，蓋坊賈改新名以求售者。

黄道周《三易洞璣》十六卷　《榕壇問業》十八卷

道周，見經類。

吴麟徵《家誡要言》一卷

麟徵，字來皇，號磊軒，海鹽人。天啓進士，官至太常寺少卿。明亡殉節。世祖章皇帝賜謚忠節。

臣等謹案：是編皆其居官時寄訓子弟之書，其子蕃昌摘録成帙。蕃昌，字仲木，劉宗周門人。

喬可聘《讀書劄記》四卷

可聘，字君徵，一字勝任，寶應人。天啓進士，官至監察御史。

林允昌《弟經》一卷　《經史耨義》二十二卷

允昌，見經類。

成勇《消閒録》十卷

勇，字仁有，安樂人。天啓進士，官至南京監察御史。崇禎中，以劾楊嗣昌謫戍寧波。

衛福王時，起爲原官，不赴，被緇而終。是編乃其講學之語。

張星《顔子繹》五卷

星，永城人。崇禎進士，官光禄寺署丞。

陳龍正《程子詳本》二十卷

龍正，見史類。

鍾人傑《性理會通》七十卷　《續編》四十二卷

人傑，字瑞先，錢塘人。

李公柱《學脉正編》五卷

公柱，初名松，字子喬，嘉善人。崇禎進士，官歙縣知縣。

沈壽民《閑道録》十六卷

壽民，字眉生，號耕巖，宣城人。崇禎中，行保舉法，巡撫張國維以壽民應詔。甫入都，即劾楊嗣昌奪情，熊文燦撫賊，留中不報，乃移疾歸。

王尹《道學迴瀾》八卷

尹，字莘民，號覺齋，安福人。嘗從鄒元標、高攀龍講學于首善書院。會黨禍起，乃歸里。崇禎末，大學士陳演欲薦之，辭不就。是編乃其門人所録，大旨力闢心學，辨陽儒陰釋之誤。

顧樞《西疇日抄》二卷

樞，字庸庵，無錫人。天啓舉人，顧憲成之孫，高攀龍之門人。

潘平格《求仁録》十卷

平格，字用徵，慈谿人。

陳士槐《河圖發微》無卷數

士槐，字植甫，莆田人。明季諸生。

張自勛《卓庵心書》四卷

自勛，見史類。

朱朝瑛《罍庵雜述》二卷

朝瑛，見經類。

《孔子遺語》一卷

不著編輯者名氏。

《易十三傳》十三卷

不著撰人名氏。

《參兩》無卷數〔一〕

不著撰人名氏。

《太極圖分解》一卷

不著撰人名氏。

《道一編》六卷

不著撰人名氏。

《宋先賢讀書法》一卷

不著撰人名氏。

《性理群書集覽》七十卷

不著撰人名氏。

温璜《温氏母訓》一卷〔二〕

璜，字寶忠，烏程人。崇禎進士，官徽州府推官。

臣等謹案：是編蓋録其母陸氏之訓，璜于明亡後殉節。乾隆四十一年賜謚忠烈。

〔一〕參兩　文淵閣本作「兩參」。

〔二〕後「温」　文淵閣本作「陸」。

欽定續文獻通考·經籍考卷三十五

子 道家　法家

《宋史·藝文志》道家類一百二部三百五十七卷。不著録者十三部。

《遼》《金》《元》三史不立藝文志，散見各紀傳中。

《明史·藝文志》道家類五十六部二百六十七卷。

宋

江遹《沖虚至德真經解》八卷

遹，自署杭州州學内舍生。

臣等謹案：是書乃遹所注《列子》。其稱《沖虚至德真經》者，考《唐書·藝文志》，天寶元年詔號《列子》爲《沖虚真經》。又據晁公武《讀書志》，宋景德中加號「至德」，故有此名也。

朱子《陰符經考異》一卷

朱子,見史類。

葛長庚《道德寶章》一卷

長庚,字白叟,號白玉蟾。又以其祖仕瓊而生,别號海瓊子。閩清人。嘉定間,封紫清真人。

夏元鼎《陰符經講義》四卷

元鼎,字宗禹,自號雲峰散人,永嘉人。

袁淑真《陰符經集解》三卷

淑真,官朝散郎,行潭州長沙縣主簿。

俞琰《陰符經注》一卷

琰,見經類。

林希逸《莊子口義》十卷

希逸,見經類。

褚伯秀《南華真經義海纂微》一百六卷

伯秀,杭州道士。

《極没要緊》一卷

舊題公是先生撰。

臣等謹案：公是先生，宋劉敞也。是書皆摭拾郭象《莊子注》語聯綴成文，疑爲好事者所依託。以其爲道家言，故附載于宋時道家諸書之後。

金

劉處元《陰符經注》一卷

處元，道士，重陽子王嚞七弟子之一也。

元

吴澄《道德真經注》四卷

澄，見經類。

澄《跋》曰：「莊君平所傳章七十二，諸家所傳章八十一，然有不當分而分者。定爲六十八章，上篇三十二章二千三百六十六字，下篇三十六章二千九百二十六字，凡五千二百九十二字。」

杜道堅《文子纘義》十二卷

道堅，字南谷，當塗人。武康計籌山昇元觀道士。

明

宋濂《龍門子凝道記》二卷

濂,見史類。

陸西星《南華經副墨》八卷

西星,字長庚,號方壺外史。

焦竑《老子翼》三卷　《莊子翼》八卷　《莊子闕誤》一卷　附録一卷　《陰符經解》一卷

竑,見經類。

朱得之《莊子通義》十卷

得之,自號參元子,烏程人,一云靖江人。

方時化《陰符質劑》一卷

時化,見經類。

陶望齡《解莊》十二卷

望齡,字周望,號石簣,會稽人。萬曆進士,官至國子監祭酒,謚文簡。

文德翼《讀莊小言》一卷

德翼,見史類。

方以智《藥地炮莊》九卷

以智，字密之，桐城人。崇禎進士，官翰林院檢討。

朱孟嘗《道德經説奥》二卷

臣等謹案：是書附刻朱翊鈲《廣讌堂集》後，孟嘗當是字。但未審即翊鈲作，抑或其子孫所作也。

陳繼儒《養生膚語》一卷

繼儒，見史類。

朱清仁《舍素子塵譚》十卷

清仁，號懷白，别號含素子，黄州人。流寓南昌，爲道士。

朱應鼎《引年録》二卷

應鼎，靖江人。

《古今南華内篇講録》十卷

不著撰人名氏。

《攝生要語》一卷

不著撰人名氏。

釋德清《觀老莊影響論》一卷

德清，字登印，號憨山，全椒人。

臣等謹案：此外有《陰符經三皇玉訣》三卷、金陵道人唐淳《陰符經詮》一卷、姑射山太元子侯善淵《陰符經注》一卷、許劍道人手刊《古老子》二卷，其時代俱不可考，附識于此。

右道家

臣等謹案：馬端臨《經籍考》仍班《志》之例輯法家，而又于史類別立刑法一門。仍以法家者流，義取信，賞必罰，如管、韓諸子之書，大旨雖主嚴峻，而法之所該自廣，要不專論乎刑名。至于刑制及明慎用刑之道，則別詳于刑法門中，固非複出也。後世祖述管、韓諸書者，傳世甚少，故《宋史》《明史》之藝文志，俱不載法家。今依馬氏之例，續輯此門，擇其有合者列焉。他若宋之宋慈《洗冤録》、元之王與《無冤録》、明之吴訥《祥刑要覽》等書，俱輯入史類刑法門，不復見于此云。

明

劉績《管子補注》二十四卷

績，見經類。

朱長春《序》略曰："管子伯圖，大要三事，一曰法，二曰財，三曰兵。但全書多雜，大率僞作。法如四維四順，雜則爲急礅必誅；財如倉廩衣食乘馬，雜則爲朘削龍斷；兵如七法幼官，雜則爲設詐權以奇。故其書有春秋之文，有戰國之文，有秦先周末之文，其體立辨。自經言外，内言十二，外言十二，短言、區言十七，雜篇十九，《輕重》全于僞矣。乃自尹知章初注蕪陋，劉氏所定又甚略，往往多舛礙讀。蓋置《輕重篇》弗論，庶其忠于管氏。"

朱長春《管子榷》二十四卷

長春，字大復，烏程人。萬曆進士，官刑部主事。

長春《自序》略曰："嘗讀内外傳，管氏行事略具。經國寄軍于農，乃内匡多欲之君，而四伐九會，帖然大服，意區區富强、名法、數術，效不至是。今詳覽《幼官》《五行》《白心》《内業》諸篇，而後知管子原于道，不與申、韓同科，特取徑小耳。聖人所以病其器小，病其任道之用小也，故桓公王霸之交，管子道法之交，而其書則道法之雜也。」

梅士享《詮敘管子成書》十五卷

士享,字伯獻,宣城人。

門無子《韓子迂評》二十卷

臣等謹案:陳深《序》稱,門無子,俞姓,吴郡人,篤行君子。

《法家哀集》無卷數

不著撰人名氏。

臣等謹案:蘇祐《題辭》稱,從史陳永以是集見,曰司臺司籍潘智手録[二],因命補綴付之梓,則是編當爲永所輯定。

右法家

[二] 司臺　文淵閣本無此二字。

欽定續文獻通考·經籍考卷三十六

子

雜家上　雜學　雜考

臣等謹案：馬端臨因班史之例，立雜家一門，其説則班固所稱：「雜家者流，出於議官，兼儒墨，合名法，知國體之有在，見王治之無不貫，此雜家所長也。」要之，漢以後名家、墨家之屬，絶少專書，其有出入經史，泛濫百家，旁及乎名物、象數之細者，俱得以雜家目之。馬氏所載，不敵小説家之半。南宋以來，厥類滋多，今從《四庫全書》例，析而爲六，曰雜學，曰雜考，曰雜説，曰雜品，曰雜纂，曰雜編，以次采輯如左。

《宋史·藝文志》雜家類一百六十八部一千五百二十三卷。

《遼》《金》《元》三史不立藝文志，散見各紀傳中。

《明史·藝文志》雜家類六十七部二千二百八十四卷。

宋

崔敦禮《芻言》三卷

敦禮,本河北人。南渡後,與弟敦詩同登紹興進士,官至諸王大小學教授,居于溧陽。

于恕編《心傳録》三卷　《日新録》一卷

恕,張九成之甥。

臣等謹案:此二書皆録張九成語。

倪思《經鉏堂雜志》八卷

思,見史類。

陳録《善誘文》一卷

録,自稱丹穴老人,里貫無考。

臣等謹案:是編皆通俗勸善之言。

施清臣《几上語》一卷　《枕上語》一卷

清臣,號東洲,淳祐間人。自稱赤城散吏。

臣等謹案:是書皆本二氏之旨,而以儒理附會之。

吴大有《千古功名鏡》十二卷　《拾遺》一卷

大有，字勉道，號松壑，嵊縣人。寶祐間，游太學，率諸生上書，言賈似道姦狀，不報。歸與林昉、仇遠輩，以詩酒自娱[一]。元初，辟爲國子檢閲，不赴。

臣等謹案：是書分十五類，皆闡揚因果之説。

李元綱《厚德録》四卷

元綱，見儒家類。

臣等謹案：此録盛陳果報兼述神怪。

李昌齡《樂善録》二卷

昌齡，里貫無考。

臣等謹案：是書大旨皆談罪福因果，所記宋事居多。

何坦《西疇常言》一卷

坦，盱江人。

[一] 詩　文淵閣本作「文」。

李之彦《東谷所見》一卷

之彦，號東谷，永嘉人。

《樂庵遺書》四卷

舊題李衡撰，其門人龔昱編。衡，見經類。昱，字立道，崑山人。

臣等謹案：是書所言，大抵與隆萬間心學相合，當是姚江末流僞託之作。

《樵談》一卷

舊題許棐撰。棐，字忱父，號梅屋，海鹽人。

臣等謹案：是編皆勸戒之言，然詞氣如出屠隆、陳繼儒一輩人口，殊不類宋人之作。

金

李純甫《鳴道集説》一卷

純甫，字之純，宏州襄陵人。承安中，登進士，前後三入翰林。正大末，出倅坊州，未赴。改京兆府判官，卒于南京。

元

敖繼《中説》三卷

繼，古文淵字，其爵里無考。

臣等謹案：是書大旨本乎圖書，而雜以佛老。

劉君賢《學問要編》六卷

君賢，字文定，泰和人。元末兵亂，依母族袁氏於雩昌，遂冒姓袁。

華悰韡《慮得集》四卷　附録二卷

悰韡，字公愷，號貞固，處士，無錫人。入明後，不仕而終。

臣等謹案：是編乃其詒訓子孫之書，附録二卷，則詩文雜著也。

明

劉基《郁離子》二卷

基，見史類。

徐一夔《序》略曰：「郁離者，離爲火，文明之象，言用之則其文郁郁然，爲盛世文明之治也。」

王禕《青巖叢録》一卷　《巵辭》一卷〔一〕

禕,見史類。

蘇伯衡《空同子瞽説》一卷

伯衡,字平仲,金華人。本宋蘇轍之裔,以轍子遲守婺州,因家于婺。元末貢于鄉。洪武初,徵入禮賢館,仕至處州教授。

臣等謹案:李夢陽亦著《空同子》,與此同名,實兩書也。

王達《筆疇》二卷

達,字達善,號耐軒居士,無錫人。洪武中,以明經薦爲縣學訓導,再遷國子助教。永樂初,擢翰林編修,官至侍讀學士。

唐順之曰:「是書大率稱引《老》《莊》,然而古先所以厚施薄責、懲忿窒慾之緒言,亦往往而在也。」

黎久之《黎子雜釋》一卷

久之,字未齋,臨川人。官高安縣知縣。

〔一〕「巵」上《總目》卷一二四有「華川」二字。

臣等謹案：是書雜舉奇怪之事，推求其理，詞極辨博，而大旨仍歸于神怪。末綴論文二條，皆務反舊説，以示新奇云。

岳正《類博雜言》一卷

正，字季方，號蒙泉，漷縣人。正統戊辰進士第一，由編修改修撰。天順中，入閣預機事，以謀去石亨、曹吉祥不成，謫欽州同知。後逮繫杖，戍肅州。憲宗立，復本官，留侍經筵，又以忤大學士李賢，出爲興化府知府。嘉靖追贈太常寺卿〔一〕，謚文肅。

臣等謹案：是書雜論陰陽五行及醫卜星算之説，中間論大衍之數及皇極經世之數，亦頗有發明。《明史·藝文志》作二卷，今已編入正《類博稿》中。此本乃曹溶《學海類編》中所收，僅存六頁，非其全也。

胡澄《警時新録》一卷

澄，字景高，臨川人。

臣等謹案：是書凡五十篇，篇有標題，皆警戒下愚之語。

〔一〕「靖」下　文淵閣本有「初」字。

桑悦《桑子庸言》一卷

悦,字民懌,常熟人。成化舉人,官至柳州府通判。

祝允明《祝子罪知》七卷　《浮物》一卷　《讀書筆記》一卷

允明,見史類。

王宏山《志》曰:「祝枝山,狂士也,著《祝子罪知録》,其舉刺予奪,言人之所不敢言,刻而戾,僻而肆,蓋學禪之弊。乃知屠隆、李贄之徒,其議論亦有所自,非一日矣。」

臣等謹案:允明《浮物》一編,取韓愈文「浮物也,氣猶水也」之義命名,亦皆務爲新奇之論,甚至以《詩》三百篇、《春秋》二萬言爲聖人之煩,可謂放言無忌。惟《讀書筆記》一編,言頗近理,蓋其少時作也。

李夢陽《空同子》一卷

夢陽,字獻吉,慶陽人,徙扶溝。弘治進士,官至江西提學副使。

《空同子纂》一卷

不著編輯者名氏。

臣等謹案:是書取李夢陽《空同子》,每篇摘抄十之三四,載曹溶《學海類編》。

王俊《濯舊稿》一卷

俊，字機翁，弋陽人。弘治進士，官至禮部尚書，謚文莊。

王廷相《雅述》二卷

廷相，見儒家類。

何景明《大復論》一卷

景明，見史類。

鄭善夫《經世要談》一卷

善夫，字繼之，閩縣人。弘治進士，官至南京吏部驗封司郎中。

顧應祥《惜陰録》十二卷

應祥，見史類。

臣等謹案：是編前數卷《論理》《論學》諸篇，皆主良知之説。

薛蕙《西原遺書》二卷　《約言》無卷數

蕙，字君采，亳州人。弘治進士，官至吏部考功司郎中。

錢琦《錢子測語》二卷

琦，字公良，海鹽人。正德進士，官至思南府知府。

相，字汝弼，號古野道人，懷寧人。前有正德庚午曾漢《序》，稱其年四十，貢成均歷司封。

陳相《百感録》一卷

臣等謹案：是書倣《莊子》寓言，多假蟲魚鳥獸以寄其意。

陳沂《拘虚晤言》一卷

沂，見史類。

王文禄《竹下寤言》二卷　《海沂子》五卷

文禄，見儒家類。

唐樞《宋學商求》一卷　附録一卷　《疑誼偶述》一卷　《一庵雜問録》一卷　《嘉禾問録》一卷　《轄圜窩雜著》一卷　《酬物難》一卷　《咨言》一卷　《景行館論》一卷　《積承録》一卷　《一庵語録》一卷　《因領録》一卷

樞，見經類。

臣等謹案：樞書大旨宗王守仁之緒論，專以闡明心學，而多涉禪理。内如《一庵雜問録》《因領録》二編，語意率援儒入墨，尤爲誕謾不經。《積承録》乃其門人吴思誠所編，《一庵語録》其婿陸稃所編，《因領録》則其婿吴允恭所編也。

張純《存愚録》一卷

純，永嘉人。嘉靖舉人，官至南康府知府。

皇甫汸《百泉子緒論》一卷

汸，字子循，長洲人。嘉靖進士，官至雲南按察司僉事。

臣等謹案：是書凡八篇，一曰《原墨》，二曰《罪言》，三曰《非俗》，四曰《詭士》，五曰《刺飲》，六曰《慨禮》，七曰《詒戚》，八曰《知難》，皆爲時弊而發，其詆臺諫惡習甚至。

沈愷《夜燈管測》二卷

愷，字舜臣，號鳳峰，華亭人。嘉靖進士，官至湖廣布政司右參政。

臣等謹案：是書乃愷爲寧波知府防倭海上時所作，凡一百篇，借事寓言，以示勸戒，大致規摹《郁離子》。

羅洪先《冬游記》一卷

洪先，字達夫，吉水人。嘉靖己丑進士第一，官至贊善。隆慶初，贈太常寺少卿，謚文恭。

蔡羽《太藪外史》一卷

羽，字九逵，自號林屋山人，又稱左虚子，吴縣人，由國子生授翰林院孔目。

黄省曾《擬詩外傳》一卷　《客問》一卷

省曾，見史類。

臣等謹案：是書《擬詩外傳》，雜論治亂之理，凡三十條，每條引詩二句，全仿韓嬰《詩外傳》之例。《客問》凡十五則，前四則論陰陽象緯，後十一則論人事。

鄧球《閒適劇談》五卷

球，自號三吾寄漫子，祁陽人。嘉靖進士，官至銅仁府知府。

陸樹聲《汲古叢語》一卷　《病榻寤言》一卷　《耄餘雜識》一卷

樹聲，字與吉，號平泉，華亭人。嘉靖辛丑進士第一，官至禮部尚書，謚文定。

陳絳《金罍子》四十四卷

絳，字用揚，上虞人。嘉靖進士，官至太僕寺卿。

臣等謹案：是書本名《山堂隨鈔》，陶望齡爲删汰之，改題今名，以所居有金罍山也。

而卒。

張錬《經濟録》二卷

錬，字伯純，武功人。嘉靖進士，官至湖廣按察司僉事。

周思兼《學道記言》五卷　《事行紀略》一卷

思兼，字叔夜，華亭人。嘉靖進士，官至湖廣按察司僉事，遷廣西提學副使，未至

臣等謹案：是編蓋語録之類，末附補遺、家訓、遺語各數則，又彙録碑版、傳志等文爲《事行紀略》，皆其子紹元、紹節所增輯也。

李豫亨《推篷寤語》九卷　《餘録》一卷　《三事遡真》一卷

豫亨，字元薦，松江人。

臣等謹案：豫亨《自序》其《推篷寤語》，謂舟之無所見者篷蔽之，人之懵所知者寐障之，此書欲啓昔之寐，爲今之覺，故曰《推篷寤語》。至《三事遡真》一編，則以有生所必需者，衣、食、居處三事，因爲原其所由始及古今成行，可爲世則者，綴于篇。

來知德《瞿塘日録》十二卷

知德，見經類。

羅汝芳《一貫編》四卷　《近溪子明道録》八卷　《會語續録》二卷　《識仁編》二卷

汝芳，見經類。

臣等謹案：《識仁編》二卷，爲其門人楊起元所編。蓋取程子「爲學須先識仁」之語。

鄭曉《古言》二卷

曉，見經類。

臣等謹案：是編議論偏僻，多不近理，如以曲學阿世之公孫宏爲勝司馬光，以聚斂誤國之王安石爲遠過韓、范、富、歐，甚至謂堯舜非生知安行，大率務爲新奇之説而顛倒是非，有所不顧。又謂佛言空，道家言虚，儒言太極，只一箇空圈，爲學祇要還此本體。謂吾儒格致誠正，與佛老無甚異，所見如此，其學術概可知矣。至于以《竹書紀年》所載伊尹事誤爲《逸周書》，以《大禹謨》爲今文《尚書》之類，援據訛舛，抑其小疵也。

張翀《渾然子》一卷

翀，字子儀，柳州衛籍，馬平人。嘉靖進士，授刑部主事。以疏劾嚴嵩下詔獄，謫戍都匀。隆慶初，起爲吏部主事，官至刑部右侍郎。

臣等謹案：是書凡十八篇，篇各標題，皆設爲主客問答，旁引曲證，以推明事物之理，大抵規仿劉基《郁離子》。

王世懋《經子臆解》一卷　《望崖録》二卷　《澹思子》一卷

世懋，見史類。

周宏祖《内外篇》二卷

宏祖，字少魯，麻城人。嘉靖進士，官至南京光禄寺卿。

臣等謹案：是編《内篇》所論，皆性命、道德、事物，多本于《老》《莊》之旨。《外篇》則自天文、地理以至錢穀、甲兵皆有論，亦祇略涉籓籬而已。

沈鯉《文雅社約》一卷　附録一卷

鯉，字仲化，歸德人。嘉靖進士，官至大學士，謚文端。

臣等謹案：鯉里中有文雅臺，相傳即矍相之圃。鯉與里人修舉社飲之禮，以禮法相約，凡書劄、宴會、稱呼、揖讓、交際、冠服、閑家、御下、田宅、器用、勸義、明微、冠婚、喪祭、身檢、心檢十六條，附録《社倉約》《義學約》《族田約》《勸施迂談》《垂涕衷言》《鄉射約》《篤親會》《墓享儀》《沈氏祠堂生忌單》《女訓約言》十篇。《明史》稱鯉念時侈，因稽典制，自冠婚喪祭以及酬酢往來，率定爲中制，頒示天下。蓋去奢崇儉，鯉之本志，此書猶是意也。

趙台鼎《脉望》八卷

台鼎，字長元，自號丹華洞主，内江人。大學士貞吉子。

袁衷等《庭幃雜録》二卷

衷，嘉善人。父彦坡生五子，長即衷，次曰襄，曰裳，曰表，曰衮。表嘗舉于鄉；衮游文徵明之門，能以文學世其家；衷等録其父母之訓，而錢曉爲之删定云。

袁士瑜《海蠡編》二卷

士瑜，號七澤，公安人。即宗道、宏道、中道之父。

臣等謹案：是書大旨以儒釋二家同源異派，或援釋疏孔，或證孔于釋。謂濂、洛諸儒于聖人書，詮釋妙暢，如樽注海，是編如蠡注海，故名《海蠡編》。其釋明德，謂即是良知；釋止至善，謂住于善，亦非至善，皆本釋氏之虚寂與無善無惡之説而衍之。蓋沿姚江之末流，而變本加厲者耳。

嚴堯㪍《槐亭漫録》無卷數

堯㪍，字汝儀，號槐亭，朝邑人。官房縣主簿。

臣等謹案：是書凡十一篇，曰明元，曰太極，曰天文，曰地理，曰時令，曰人物，曰性命，曰鬼神，曰文史，曰雜著，曰拒邪。

胡袞《東水質疑》六卷

袞，字補之，自號味菜山人，鄱陽人。嘉靖中，官台州教授。東水者，其所居也。

臣等謹案：是書前四卷皆史論，起周訖宋。後二卷皆讀書題記，自《左傳》《國語》暨諸子集，起周訖明。

朱得之《宵練匣》十卷

得之，見道家類。

臣等謹案：是書凡分三編，曰《稽山承語》，紀其聞于師者也；曰《烹芹漫語》，紀其聞于友者也；曰《印古心語》，紀其驗于經典，而有得于心者也。皆提唱心學，陽儒陰釋之言。

陳于陛《意見》一卷

于陛，字元忠，南充人，大學士以勤之子。隆慶進士，官亦大學士〔一〕。

〔一〕「亦」下　文淵閣本有「至」字。

蔣以忠《藝圃琳瑯》四卷

以忠,字孝甫,常熟人。隆慶進士,官至廣平府知府。

臣等謹案:是書因何景明《大復論》門目太狹,推而廣之,自《從化》至《殖業》,凡八十二篇。所論皆類集古人成語,而以己意聯絡之,詞多排偶,大致與類書相似。

于慎行《筆麈》十八卷

慎行,見史類。

臣等謹案:是編分三十五類,所紀皆明代典故,亦頗及雜説。

管志道《問辨牘》四卷　《續問辨牘》四卷　《從先維俗議》五卷

志道,見經類。

趙鴻賜《無甚高論》七卷

鴻賜,字承元,桐城人。嘉靖中副都御史釴之子。

周宏禴《何之子》一卷

宏禴,字元孚,麻城人。萬曆進士,官至尚寶司少卿。

屠隆《鴻苞》四十八卷

隆,見經類。

臣等謹案：是書所言放誕而駁雜，蓋李贄之流亞也。

楊起元《證學編》四卷　附《證學論策》一卷

起元，字貞復，廣東歸善人。萬曆進士，官至吏部左侍郎，謚文懿。

臣等謹案：是編大抵講學之語，其論佛仙有達摩西來，單傳直指，儒生學士從此悟入，然後稍接孔脉云云。援儒入墨，誣誕多矣〔一〕。

張恒《因明子》無卷數

恒，字伯常，嘉定人。萬曆進士，官至太常寺少卿。

臣等謹案：是書于儒釋之辨，言之甚力。屢提幽明二義，以佛法爲幽教，聖道爲明教，「因明」二字謂此。

馮渠《進修録》三卷

渠，字謙川，江西新城人。萬曆進士。

臣等謹案：是書分二十篇，全規仿《論語》之文。

〔一〕多　文淵閣本作「甚」。

程德良《三一子》無卷數

德良，字凝之，號雲連，雲夢人。萬曆進士，官崇信知縣。

臣等謹案：是書凡三篇，以立德、立功，立言爲序，大旨欲合儒釋爲一耳。

詹在泮《微言》四卷　附《説書隨筆》一卷

在泮，字定齋，衢州人。萬曆進士。

臣等謹案：是編雜輯明代講學語録，其《説書隨筆》則在泮自著，總不外乎借禪言以闡儒理也。

吴應賓《宗一聖論》二卷

應賓，字尚之，桐城人。萬曆進士，官翰林院編修。

臣等謹案：是書闡發性命，多入禪宗。

袁黄《祈嗣真詮》無卷數

黄，見史類。

焦竑《支談》三卷　《焦弱侯問答》一卷

竑，見經類。

臣等謹案：《支談》主于三教歸一，《問答》爲潘曾紘所編，率妄誕之語。

吴炯《叢語》十二卷

炯，字晉明，華亭人。萬曆進士，官杭州府推官。

祝世禄《環碧齋小言》一卷

世禄，字無功，江西德興人。萬曆進士，官至尚寶司卿。

臣等謹案：是書純以禪門之説，附合儒理。

郝敬《時習新知》六卷

敬，見經類。

曾偉芳《西行草》一卷

偉芳，字君彦，號滄巖，惠安人。萬曆進士，官至兵部武選司員外郎，謫賓州州判。天啓中，贈布政司使參議。

臣等謹案：是書皆其雜著之文，大要以王守仁之學爲主。

賀應保《傳家迂言》一卷　《迂議》一卷　《迂億》一卷

應保，字宏任，號正予，永新人。

曹于汴《共發編》四卷

于汴，字自梁，安邑人。萬曆進士，官至左都御史。

臣等謹案：是編乃其與門人問答語，持論多涉老氏之指。

陳伯友《盡心編》一卷　《證語》二卷　《海鷗居日識》二卷

伯友，字中怡，濟寧州人。萬曆進士，官至太常寺卿。

臣等謹案：其説大抵沿良知之學，而參入禪機。

葉秉敬《寅陽十二論》二卷

秉敬，見經類。

臣等謹案：是編分十二篇，曰太極，曰仁孝，曰性善，曰工夫，曰勉强，曰學問，曰資質，曰知行，曰理欲，曰好惡，曰零總，曰獨並。其説喜爲新奇，而於理殊多未愜也。

戴君恩《剩言》十四卷

君恩，字忠甫，澧州人。萬曆進士，官至四川兵備副使。

臣等謹案：是編乃其家居所著，其學出于姚江。至謂孔子近禪，孟子近道，尤爲荒誕云。

張後覺《宏山集》四卷

後覺，字志仁，號宏山，茌平人。官華陰縣訓導。

臣等謹案：後覺嘗受業於尤時熙，其學源出姚江，推闡彌深，彌墮禪趣。其第一卷《教言》，第二卷《語録》，皆門人趙維新所編。書中動稱顔山農，宗旨可見。

趙維新《感述録》六卷　《續録》四卷

維新，字素衷，茌平人。官長山縣教諭。

臣等謹案：此二録即感其師張後覺之言而述之，故曰感述。

曾大奇《治平言》二卷

大奇，字端甫，泰和人。

臣等謹案：明神宗之末，庶事叢脞，大奇是書略仿賈誼《新書》，而文格則多近蘇氏策論。

鄒士元《論學緒言》六卷

士元，字志尹，吉水人。

臣等謹案：是書首載鄒元標《序》，蓋萬曆時人也。其論學大抵以陳獻章、王守仁爲宗，而立論多墮于空虚云。

林兆恩《林子全集》四十卷

兆恩，字懋勛，號龍江，又號子谷子，又稱三教先生，莆田人。

屠本畯《韋弦佩》無卷數

本畯,字田叔,鄞縣人。以蔭入仕,官至福建鹽運同知。

臣等謹案:是書大旨以性情嗜慾之偏爲疾病,以清淨忍耐之法爲醫藥。後《視履》一篇,亦謹身寡過之意。

竇文照《紀聞類編》四卷

文照,字子明,秀水人。萬曆中,官光禄寺典簿。

臣等謹案:是書每卷分六類,亦格言之流。朱國祚《跋》稱其孝行,蓋以人重之也。

周伯耕《虞精集》八卷

伯耕,字更生,莆田人。

臣等謹案:是書名「虞精」者,蓋取虞人獵百禽之精語,大率鎔鑄故事以成文,欲以博麗見長,而襞積之痕未化也。

王貞善《王氏二書選要》十一卷

貞善,字如性,泰和人。

臣等謹案:是編爲鄒元標選定書名,亦元標所題。凡《静談》五卷,前四卷皆其語録，第五卷附雜文五篇，其持論宗陸九淵。又《讀史法戒》六卷，前三卷爲法言，後三卷爲戒言，皆紀古人言行之有關勸懲者。

朱健《蒼崖子》無卷數

健，字子强，進賢人，天啓舉人。

臣等謹案：是書凡十篇，篇有標目，皆題曰《内篇》。據其弟徽《序》所稱，則尚有《外篇》也。

張復《爨下語》二卷

復，字子遠，休寧人。

臣等謹案：是書每條俱以偶語聯比成文，頗似格言，而多雜以委卷之語。

姚張斌《尚絅小語》三卷

張斌，號尚絅，亦號絅生，金谿人。天啓進士。

陳其德《垂訓樸語》一卷

其德，字太華，桐鄉人。

臣等謹案：其德《自序》稱苜蓿多年，當是曾爲學官。是書勸善格言，附以遺詩十首。

陳繼儒《狂夫之言》三卷　《續狂夫之言》二卷　《安得長者言》一卷

繼儒，見史類。

楊觀光《睿養圖説》無卷數

觀光，招遠人。崇禎進士，官至少詹事。

臣等謹案：是書乃觀光爲贊善時所進。以《唐六典》載東宫官制，贊善官職掌侍從翼養之事，故以睿養之道，演爲三圖，一曰《養性圖》，二曰《養氣圖》，三曰《養體圖》，每圖各係以説。

毛元淳《尋樂編》一卷

元淳，字還樸，一字嬰中，松陽人。崇禎時歲貢生。

董漢策《補計然子》一卷

漢策，字帷儒〔一〕，烏程人。

臣等謹案：是書成于崇禎壬午，雜取《左》《國》《吴越春秋》諸書爲之，凡四十篇。又《敘略》一篇，大旨以勾踐之復伯起衰，激怠事在，人自爲之，自云「釋憤之作」是也。

〔一〕帷　文淵閣本作「偉」。

沈大洽《蔬齋厞語》四卷

大洽，號愚公，又號雪樵，杭州人。

賀貽孫《激書》無卷數

貽孫，見經類。

王化隆《真如子醒言》九卷

化隆，自號真如子，廣漢人。由貢生官主簿。

臣等謹案：是書分九篇，文頗博麗閎肆，規仿《淮南子》。

魏大成《養生弗佛二論》一卷

大成，字時夫，柏鄉人。

《聽心齋客問》一卷

舊題盧山山人萬尚父撰，履貫無考。

《文園漫語》一卷

舊題程希堯撰，里貫無考。

王清一《化書新聲》無卷數

《自序》稱「先天風雷侍者」，又有「大衆推充都管」云云，蓋道士也。

臣等謹案：是書取《譚峭化書》，按節分章，各爲注釋。

《枕流日劄》一卷

不著撰人名氏。

臣等謹案：明季心學盛行，末流之弊，淪于異説。西人慧黠，因摭佛經而變幻之，或兼剽儒家、道家之詞，而又舉所謂三教者全排之，夸詐乖謬，實爲異端之尤。惟其推測天文、製作、器用，亦有專長，不無可取〔一〕。聖朝節録其技能，而禁傳其學術，具存深意。歐羅巴人所撰各書，如利瑪竇《辨學遺牘》之類，其大旨皆以闡發彼教，兹不附録于雜學類者，以其爲功令所禁，即當屏之經籍外云。

以上雜學

宋

黄伯思《東觀餘論》二卷

伯思，字長睿，號霄賓，又自號雲林子，昭武人。政和中，官至秘書郎。

〔一〕不無可取　文淵閣本作「無不可取」。

趙叔問《肯綮録》一卷

叔問，自號西隱老人，魏王廷美之裔。

朱翌《猗覺寮雜記》二卷

翌，字新仲，號灊山居士，舒州人。政和中登進士第。南渡後，官中書舍人。

張淏《雲谷雜記》四卷

淏，見史類。

姚寬《西溪叢語》三卷

寬，字令威，嵊縣人。仕至權尚書户部員外郎、樞密院編修官。

王觀國《學林》十卷

觀國，字用賓，長沙人。紹興時，官左承務郎，知汀州寧化縣。

高似孫《緯略》十二卷

似孫，見史類。

袁文《甕牖閒評》八卷

文，字質甫，鄞人，燮之父。

龔頤正《芥隱筆記》一卷

頤正，字養正，處州遂昌人。光宗時，爲國史院檢討官。

孫奕《示兒編》二十三卷

奕，字季昭，號履齋，廬陵人。寧宗時，嘗官侍從。

劉昌詩《蘆浦筆記》十卷

昌詩，字興伯，江西清江人。寧宗進士，嘉定間嘗爲縣令。

王楙《野客叢書》三十卷　附《野老記聞》一卷

楙，字勉夫，長洲人。養母不仕，惟杜門著述，當時稱爲講書君。

邢凱《坦齋通編》一卷

凱，爵里無考。

葉大慶《考古質疑》六卷

大慶，字榮甫。以詞賦知名，嘗官建州學教授。

魏了翁《經外雜抄》二卷　《古今考》一卷　《正朔考》一卷　《讀書雜抄》二卷

了翁，見經類。

陳叔方《潁川語小》二卷

臣等謹案：是書散見《永樂大典》中，但題爲陳叔方撰。考宋時有陳昉，字叔方，號節齋，温州平陽人。累官吏部尚書、端明殿學士，謚清惠。又元時有隱士陳植，亦字叔方。今考是書，無一語及元事，當是陳昉無疑。

趙與旹《賓退録》十卷

與旹，字行之，藝祖七世孫也。官麗水丞。

史繩祖《學齋佔畢》四卷

繩祖，字慶長，眉山人。受業于魏了翁之門，官朝請大夫，直焕章閣。

趙升《朝野類要》五卷

升，字向辰。仕履無考。

王應麟《困學紀聞》二十卷

應麟，見經類。

羅壁《識遺》十卷

壁，字子蒼，號默耕，新安人。

《愛日齋叢抄》五卷

臣等謹案：是書據陶宗儀《説郛》，題宋葉某撰，名字無考。

元

方回《續古今考》三十七卷

回，字萬里，號虚谷。宋末知嚴州，入元爲建德路總管。

臣等謹案：是書蓋續魏了翁之《古今考》也。了翁書，見前。

黄溍《日損齋筆記》一卷

溍，字晉卿，金華人。延祐進士，歷官翰林侍講學士、中奉大夫、知制誥、同修國史、同知經筵事，謚文獻。

明

楊慎《丹鉛餘録》十七卷　《續録》十二卷　《摘録》十三卷　《總録》二十七卷

慎，見經類。

周洪謨《箐齋讀書録》二卷

洪謨，見史類。

陳霆《兩山墨談》十八卷

霆，見史類。

朱承爵《灼薪劇談》二卷

承爵，字子儋。里貫無考。

趙釴《古今原始》十四卷

釴，字子舉，一字鼎卿，桐城人。嘉靖進士，官至右僉都御史，巡撫貴州。

林有望《史綱疑辨》四卷

有望，字未軒，桐城人。嘉靖進士，官至四川按察司僉事。

陳錫《千古辨疑》七卷

錫，字南衡，天台人。嘉靖進士，官至禮部員外郎。

王世懋《讀史訂疑》一卷

世懋，見史類。

臣等謹案：是編乃其考證之文，雖以《讀史訂疑》爲名，而所言不必皆史書。如鴻臚澗昆山龍魚水，則糾《明一統志》疏漏；鍾離令嫁前令女事，則論《自警編》之失；至于玉蘭花一條，直《農家圃史》中語，於史益爲無涉。蓋本筆記之流，而强立讀史之目者也。

黄溥《簡籍遺文》二卷

溥,鄞縣人。仕履無考。

周夢暘《常談考誤》四卷

夢暘,見史類。

張鼎思《瑯琊曼衍》四卷

鼎思,字慎吾,安陽人。萬曆進士。

鄭明選《秕言》四卷

明選,字侯升,歸安人。萬曆進士,官至南京刑科給事中。

王宇《升庵新語》四卷

宇,字永啓,閩縣人。萬曆進士,官至山東提學參議。是編抄撮《丹鉛諸録》之什一,故曰《升庵新語》。

陳耀文《正楊》四卷　《學林就正》四卷

耀文,見經類。

臣等謹案:《正楊》凡一百五十條,皆糾楊慎之譌。其《學林就正》則聚諸駁雜異説，詆呵聖賢，乖剌處正復不少也。

張萱《疑耀》七卷

萱，廣東人。官户部郎中。

王一槐《玉唾壺》二卷

一槐，錢塘人。萬曆末，官臨淄縣知縣。

錢希言《戲瑕》三卷

希言，字簡棲。吴縣諸生。

陳懋仁《析酲漫録》六卷

懋仁，見史類。

鄧伯羔《藝彀》三卷　《彀補》二卷

伯羔，見經類。

徐㶿《筆精》八卷

㶿，見史類。

張存紳《雅俗稽言》四十卷

存紳，字叔行，號見其，華容人。天啓中，由貢生官蒲圻縣訓導。

陳良儒《讀書考定》三十卷

良儒,字穉修,湖北人。崇禎中,由廕生官光禄寺典簿。

方以智《通雅》五十二卷

以智,見道家類。

周嬰《卮林》十一卷

嬰,字方叔,莆田人。崇禎十四年,以貢入京,特授上猶知縣。

胡爌《拾遺録》無卷數

爌,字闇翁。南昌人。

周祈《名義考》十二卷

祈,蘄州人。

吕毖《事物初略》三十四卷

毖,字貞九。吴縣人。

《俗語》一卷

不著撰人名氏。

《緯略類編》三十五卷

不著撰人名氏。

《稗乘》四卷

不著編輯者名氏。

以上雜考

欽定續文獻通考·經籍考卷三十七

子 雜家中 雜説 雜品

宋

龔鼎臣《東原録》一卷

鼎臣,字輔之,鄆州須城人。景祐進士,歷官諫議大夫、京東東路安撫使,知青州,改大中大夫,提舉亳州太清宫,以正議大夫致仕。

《試筆》一卷

舊題歐陽修撰。

臣等謹案:是書蓋雜集其手書、墨迹,録而成編。

龐元英《文昌雜録》七卷

元英,字懋賢,單州人。丞相籍之子,官至朝散大夫。

臣等謹案:元豐壬戌,元英官主客郎中,在省四年,時官制初行,所記朝廷典故爲多，《通典》載尚書省爲文昌天府，故以名書。

沈括《補筆談》二卷　《續筆談》一卷〔一〕

括，字存中，錢塘人，寄籍吳縣。嘉祐進士，熙寧中官至翰林學士、龍圖閣待制。坐議城永樂事，謫筠州團練副使，後復光禄寺少卿，分司南京，卜居潤州以終。

臣等謹案：沈括《夢溪筆談》二十六卷，已見馬端臨《通考》，其《補續》二種未載，今應續録。

《仇池筆記》二卷

舊題蘇軾撰。

臣等謹案：是書考係後人輯本，非軾手定。

楊延齡《楊公筆録》一卷

延齡，官至朝奉郎。里居無考。

吕希哲《吕氏雜記》二卷

希哲，字原明。先世萊州人，後家壽州，公著之子也。初以父蔭得官，徽宗時，歷知

〔一〕一　文淵閣本作「二」。

相、邢二州，罷奉宫祠，羈寓淮泗間以卒。

《章申公九事》一卷

不著編輯者名氏。

臣等謹案：是書蓋從章惇墨迹中録出者。

汪若海《麟書》一卷

若海，號東叟，歙縣人。靖康中，爲太學生。建炎中，官至直秘閣，知江州事。

馬永卿《嬾真子》五卷

永卿，字以貞[一]，揚州人。流寓鉛山，登大觀進士，累官夏縣令。

吴炯《五總志》一卷

炯，里居無考。紹興時，嘗爲樞密院編修，官浙西提舉。

吕本中《紫薇雜説》一卷

本中，壽州人。始以曾祖公著遺表，恩授承務郎，累遷直秘閣。紹興中，賜進士出身，官至太常少卿兼侍講，權直學士院。以草趙鼎遷僕射制忤秦檜，檜風御史蕭振劾罷奉祠。

[一] 以貞　文淵閣本、《總目》卷一二一作「大年」。

卒謚文清。

臣等謹案：是書名《紫薇雜説》者，以本中嘗官中書舍人故也。又當時學者稱爲東萊先生，舊本遂誤題吕祖謙撰，今據趙希弁《讀書志》訂正。

員興宗《辨言》一卷

興宗，見史類。

張邦基《墨莊漫録》十卷

邦基，字子賢，高郵人。

沈作喆《寓簡》十卷

作喆，字明遠，號寓山，湖州人。紹興進士，以左奉議郎，爲江西漕司幹官。

蘇籀《欒城遺言》一卷

籀，字仲滋，眉州人。轍之孫，遲之子也。南渡後，居婺州，官至監丞。

臣等謹案：籀年十餘歲時，侍轍於潁昌。自後凡九年，未嘗去側。因録其所聞可追記者若干語，以示子孫，故曰《遺言》。

李如篪《東園叢説》三卷

如篪，字季牖，崇德人。少游上庠，晚以特科官桐鄉丞。

吴箕《常談》一卷

箕,字嗣之,新安人。乾道進士,授仁和主簿,歷知當塗縣。爲趙汝愚所重,召主審察,尋卒。

謝采伯《密齋筆記》五卷　《續記》一卷

采伯,字元若,台州臨海人。宰相深甫之子,理宗后謝氏之伯叔行也。嘉泰進士,歷知廣德軍、湖州,累遷大理寺正。

費衮《梁谿漫志》十卷

衮,字補之,無錫人。

臣等謹案:衮,事迹罕見,考《禮部韻略條例》,載有寧宗開禧元年國子監發解進士費衮《論〈韻略〉經弦二字劄子》一篇,當即其人。

韓淲《澗泉日記》三卷

淲,字仲止,號澗泉。世居開封,南渡後,其父流寓信州,因隸籍上饒。

臣等謹案:《宋史》無淲傳,仕履無考。惟戴復古《石屏集》有《挽韓仲止詩》,云:「雅志不同俗,休官二十年。隱居谿上宅,清酌澗中泉。慷慨商時事,淒涼絶筆篇。三篇遺稿在,當並史書傳。」知淲蓋坎坷退居,賫志以殁之士也。

岳珂《愧郯録》十五卷

珂，見經類。

臣等謹案：是書名「愧郯」者，取《春秋左氏傳》郯子來朝事，言通知掌故，有愧古人也。

儲泳《祛疑説》一卷

泳，字文卿，號華谷。僑居華亭，工于吟咏。

羅大經《鶴林玉露》十六卷

大經，字景綸，廬陵人。登進士第，嘗官嶺南。

張端義《貴耳集》一卷　《二集》一卷　《三集》一卷

端義，字正夫，號荃翁。鄭州人，居于蘇州。端平中，應詔三上書。坐妄言，韶州安置。

俞文豹《吹劍録》一卷　《吹劍録外集》一卷

文豹，字文蔚，括蒼人。

臣等謹案：《吹劍録》持論偏駁，多不中理。《外集》晚年所作，言頗醇正。

車若水《脚氣集》二卷

若水,字清臣,號玉峰山民,黄巖人。

俞成《螢雪叢説》二卷

成,字元德,東陽人。

吴枋《宜齋野乘》一卷

枋,字木方,江陰人。

臣等謹案:是書雖以「野乘」爲名,多涉考證。

陳郁《藏一話腴》四卷

郁,字仲文,號藏一,臨川人。理宗朝,充緝熙殿應制,又充東宫講堂掌書。

俞德鄰《佩韋齋輯聞》四卷

德鄰,字宗大,號太迂山人。永嘉人,徙居京口。咸淳進士,宋亡不仕,遯迹以終。

俞琰《書齋夜話》四卷

琰,見經類。

周密《齊東野語》二十卷　《志雅堂雜鈔》一卷

密,見史類。

臣等謹案：《齊東野語》中，考正古義，皆極典核，而所記南宋舊事爲多。密本濟南人。其曾祖扈從南渡，因家吴興之弁山，自號弁陽老人。然其志終不忘鄉國，故《自序》中述其父之言，謂身雖居吴，心未嘗一飯不在齊。而密亦自署歷山，書中又自署華不注山人，書以《齊東野語》爲名，從父志也。《志雅堂雜鈔》則與其所作《雲煙過眼録》《癸辛雜識》諸書互相出入，而詳略稍殊，疑爲初記之稿本，經後人裒綴而成者耳。

《碧湖雜記》一卷

不著撰人名氏。

臣等謹案：陶宗儀《説郛》題曰「宋謝枋得撰」，然《宋志》及諸家書目皆不載。書僅八條，殆非完本。

《袖中錦》一卷

舊本題宋太平老人撰，不著名氏。

《衍約説》十三篇

不著撰人名氏。

臣等謹案：是書蓋家誡世範之流。

元

鮮于樞《困學齋雜録》一卷

樞，字伯機，漁陽人。官太常寺典簿。

劉壎《隱居通議》三十一卷

壎，字起潛，南豐人。至大時，爲南劍州學官。

白珽《湛淵静語》二卷

珽，字廷玉，錢塘人。仕至蘭谿州判官。

李冶《敬齋古今黈》八卷

冶，字仁卿，號敬齋，真定欒城人。金末登進士第，辟知鈞州。金亡後，家於元氏，世祖屢加禮聘，最後以學士召就職。朞月，以老病辭去。

臣等謹案：是書以黈名，蓋取不外聽之義。

陳櫟《勤有堂隨録》一卷

櫟，見經類。

臣等謹案：是書雖多談義理，而頗兼考證，於宋末元初諸人，各舉其學問之源流，文章之得失，持論特爲平允。

王惲《玉堂嘉話》八卷

惲，見史類。

盛如梓《庶齋老學叢談》三卷

如梓，衢州人。庶齋，其自號也。嘗官崇明縣判官。

臣等謹案：是書多辨論經史、評騭詩文之語，而朝野逸事，亦間及之。分爲三卷，而第二卷别析一子卷〔一〕，實四卷也。

陸友《研北雜志》二卷

友，字友仁，一字宅之，平江人。工詩及各體書，博極群物。柯九思、虞集同薦於朝，未及任用，會二人去職而止。自號研北生。

陳世隆《北軒筆記》一卷

世隆，字彦高，錢塘人。

吾丘衍《閒居録》一卷

衍，見史類。

〔一〕子　文淵閣本作「小」。

郭翼《雪履齋筆記》一卷

翼,字羲仲,崑山人,自號東郭生。官訓導。

姚桐壽《樂郊私語》一卷

桐壽,字樂年,睦州人。順帝後至元中,嘗爲餘干教授。解官歸里,自號桐江釣叟。至正中,流寓海鹽。

臣等謹案:桐壽遭江南擾亂之時,惟海鹽未被兵火,尚得閉户安居,從容論述,故以《樂郊私語》爲名。

俞鎮《學易居筆録》一卷

鎮,字伯貞,崇德人。

明

鎦績《霏雪録》無卷數

績,字孟熙。先世洛陽人,徙於山陰。

臣等謹案:是書辨核詩文疑義,頗有根據,雜述舊聞,多有淵源。成化間,嘗刊行。

王逵《蠡海集》一卷

逵，錢塘人。

臣等謹案：逵博究子史百家，其學蓋出於邵子，其書亦規摹《觀物外篇》。

葉子奇《草木子》四卷

子奇，字世杰，號静齋，龍泉人。明初，以薦官巴陵主簿。

《春雨雜述》一卷

舊題解縉撰。縉，字大紳，吉水人。洪武進士，永樂中，官翰林學士，出爲廣西參議，改交趾。後爲高煦所譖，下獄死。

臣等謹案：是書論作詩學書之法，多從詩話、書譜中抄撮而成。又標題重複，漫無體例，疑或出于依託也。

胡廣《雜著》一卷

廣，字光大，吉水人。建文庚辰進士[一]，惠帝以其名與漢胡廣同，更名靖，除翰林院修撰。靖難兵至，迎降。永樂初，復原名。累官文淵閣大學士。謚文穆。

[一]「進士」下　文淵閣本有「第一」二字。

黄潤玉《海涵萬象録》四卷

潤玉，見史類。

臣等謹案：是書乃潤玉孫溥録其平日言論，分四十類。

李賢《古穰雜録》三卷

賢，見史類。

曹安《讕言長語》一卷

安，字以寧，號蓼莊，松江人。正統舉人，官安丘縣教諭。

徐伯齡《蟫精雋》十六卷

伯齡，字延之，嵊縣人。

臣等謹案：是書卷末有張錫所作《傳》一篇，稱伯齡博學能文，善書工琴，而不肯以技自試云。

王鏊《震澤長語》二卷

鏊，見史類。

臣等謹案：是編乃鏊歸田後，隨筆録記之書。

文林《瑯琊漫抄》一卷

林，字宗儒，長洲人。成化進士，官至温州府知府。

都卬《三餘贅筆》二卷〔一〕

卬，字維明，號豫菴，吴縣人。太常寺卿穆之父也，封工部主事。

梅純《損齋備忘録》二卷

純，夏邑人。成化進士。洪武中駙馬都尉殷之元孫，世隸勛籍，應襲指揮使。書中自稱，讀《近思録》中張子論世禄子孫不應工聲病、售有司一條，遂請于朝廷而復舊官。

鄭瑗《井觀瑣言》三卷　《蜩笑偶言》一卷

瑗，字仲璧，莆田人。成化進士，官至南京禮部郎中。

盧格《荷亭辨論》十卷

格，字正夫，東陽人。成化進士，官至監察御史。

臣等謹案：是書持論詭異，攻擊朱子之書，往往過當。前有劉宗周《序》，謂「學惟大疑而後能大信，後儒不及前人，亦其果于自信之意多而存疑者寡，若先生可謂真

〔一〕二　《總目》卷一二七同，文淵閣本作「三」。

求自信者」,蓋微詞也。

王鴻儒《凝齋筆語》一卷

鴻儒,字懋學,南陽人。成化進士,官至南京户部尚書,謚文莊。

都穆《聽雨紀談》一卷

穆,見史類。

陳霆《山堂瑣語》二卷

霆,見史類。

劉教《正思齋雜記》二卷

教,字因吾,吉水人。

孫宜《遯言》十卷

宜,字仲可,華容人。

臣等謹案:是書原目十七類,分十七卷,此本止于十卷,蓋非完帙。

張志淳《南園漫録》十卷

志淳,自號南園野人,雲南籍江寧人。成化進士,官至户部侍郎,坐劉瑾黨,勒致仕。

臣等謹案:是書《自序》稱,因讀洪邁《容齋隨筆》、羅大經《鶴林玉露》二書,仿而爲之。卷首數條，皆掎摭《容齋隨筆》之語，辨其是非，其餘則述所見聞，各爲考證。大抵似洪書者十之一，似羅書者十之九。

何孟春《餘冬序録》六十五卷

孟春，見史類。

陸深《停驂録》一卷　《續録》三卷　《河汾燕閒録》二卷　《傳疑録》二卷　《春雨堂雜抄》一卷

深，見史類。

林炫《巵言餘録》十三卷

炫，字貞孚，閩縣人。正德進士，官至通政司參議。

陳沂《詢芻録》一卷

沂，見史類。

胡侍《真珠船》八卷　《墅談》六卷

侍，字奉之，號濛溪，咸寧人。正德進士，官至鴻臚寺少卿，坐議大禮，謫潞州府同知。

敖英《東谷贅言》二卷　《緑雪亭雜言》一卷

英，見儒家類。

郎瑛《七修類稿》五十一卷

瑛，字仁寶，仁和人。

倪復《東巢雜著》二卷

復，見經類。

張鈇《郊外農談》三卷

鈇，字子威，慈谿人。嘉靖進士。

陸垹《簣齋雜著》一卷

垹，字秀卿，嘉善人。嘉靖進士，官至右僉都御史，巡撫河南。

蘇祐《逌旃瑣語》一卷

祐，字允吉，一字舜澤，濮州人。嘉靖進士，官至兵部尚書。

黄訓《讀書一得》四卷

訓，見史類。

陸樹聲《長水日抄》一卷

樹聲，見本類。

戴冠《濯纓亭筆記》十卷

冠，見經類。

張居正《太岳雜著》一卷

居正，見經類。

李錦《次麓子集》十二卷

錦，號次麓，榆社人。嘉靖舉人，官至宛平知縣。

臣等謹案：是書雖以集名，實説部之類，凡三十二門。

李蓘《黄谷瑣談》四卷

蓘，字于田，内鄉人。嘉靖進士，官至提學副使。

王世懋《窺天外乘》一卷 《遠壬文》一卷

世懋，見史類。

臣等謹案：《窺天外乘》述明代故事，而參以論斷體例，頗近《龍川略志》。《遠壬文》乃其訓導子弟之作，詞雖淺近，而切中物情。

何良俊《四友齋叢説》三十八卷

良俊，字元朗，華亭人。嘉靖中，官翰林院孔目。

陳師《覽古評語》五卷　《禪寄筆談》十卷　《續談》五卷

師，字思貞，錢塘人。嘉靖壬戌，會試副榜，授華亭縣教諭，官至永昌府知府。

王薰《青林雜録》一卷

薰，字簡之，天台人。嘉靖中，黄巖縣學生。

劉世偉《厭次瑣談》一卷

世偉，字宗周，陽信人。嘉靖中，官寧州州同。

江應曉《對問編》八卷

應曉，字覺卿，徽州人。嘉靖末，官涪州州判。

陳德文《孤竹賓談》四卷

德文，號石陽山人，吉州人。嘉靖中，以順天府尹行部永平館於夷齊廟。公餘筆記，以永平爲古孤竹國，遂以《孤竹賓談》名書。

羅鶴《應菴任意録》十四卷

鶴，字子應，號應菴，泰和人。

徐渭《路史》二卷

渭，字文長，山陰人。嘉靖時諸生。事迹具《明史·文苑傳》。

張大復《梅花草堂筆談》十四卷　《二談》六卷　《聞雁齋筆談》六卷

大復，字元長，崑山人。

朱孟震《河上楮談》三卷　《汾上續談》一卷　《浣水續談》一卷　《游宦餘談》一卷

孟震，字秉器，新淦人。隆慶進士，官至右副都御史，巡撫山西。

李維楨《黄帝祠額解》一卷

維楨，見史類。

彭汝讓《木几冗談》一卷

汝讓，字欽之，青浦人。

余懋學《説頤》八卷

懋學，字行之，婺源人。隆慶進士，官至南京户部右侍郎。天啓中，追謚恭穆。

馮時可《雨航雜録》二卷

時可，見經類。

臣等謹案：是書上卷多論學、論文，下卷多記物産，而間涉雜事。

李詡《戒菴漫筆》八卷

詡，字厚德，號戒菴老人，江陰人。少爲諸生，坎坷不第，年八十餘而卒。

徐三重《采芹録》四卷　《牖景録》二卷　《家則》一卷　《野志》一卷

三重,見史類。

臣等謹案:《采芹録》第一卷論養民教民,第二、第三卷多論學校貢舉、政事利弊,第四卷多論明代人物臧否。大抵考證典故,究悉物情,而持論率皆平允。

董其昌《畫禪室隨筆》四卷

其昌,見史類。

臣等謹案:是編第一卷論書,第二卷論畫,第三卷分記游、記事、評詩、評文四子部,第四卷亦分子部四,曰雜言上,曰雜言下,曰楚中隨筆,曰禪悅大旨。

田藝衡《留青日札》三十九卷　《玉笑零音》一卷

藝衡,見經類。

臣等謹案:藝衡所著《玉笑零音》自有單行之本,而《留青日札》中亦復編入。

徐懋升《留留青》六卷

懋升,字元舉,錢塘人。

馬大壯《天都載》六卷

大壯,字仲復,徽州人。羅汝芳門人。

支允堅《異林》十卷

允堅，字子固，號梅坡居士。

林兆珂《宙合編》八卷

兆珂，見經類。

吴安國《纍瓦三編》十二卷

安國，字文仲，長洲人。萬曆進士，官至寧波知府。

朱國楨《湧幢小品》三十二卷

國楨，見史類。

王敬臣《俟後編》六卷　《補録》一卷　《附録》二卷

敬臣，字以道，長洲人。歲貢生，萬曆丙戌，南京禮部尚書袁洪愈薦爲國子監博士。

顧成憲《藝林剩語》十二卷

成憲，字初章，松江人。

趙世顯《趙氏連城》十八卷

世顯，字仁甫，侯官人。萬曆進士，官梁山知縣。

穆希文《説原》十六卷

希文,字純文,嘉興人。

焦竑《焦氏筆乘》八卷

竑,見經類。

王肯堂《鬱岡齋筆麈》四卷

肯堂,見經類。

李日華《六研齋筆記》四卷　《二記》四卷　《三記》四卷　《紫桃軒雜綴》三卷　《又綴》三卷

日華,見史類。

袁宏道《瓶花齋雜録》一卷

宏道,字幼學,公安人。萬曆進士,官至吏部稽勛司郎中。

謝肇淛《文海披沙》八卷

肇淛,見史類。

曹學佺《西峰字説》三十三卷

學佺,見經類。

臣等謹案：是書中解字者十之一二，非解字者十之七八，故列于雜家。

朱光裕《射林》八卷

光裕，字仁仲，蘇州人。萬曆中諸生。

姚福《青溪暇筆》三卷

福，字世昌，自號守素道人，江寧人。

胡震亨《讀書雜記》二卷

震亨，見史類。

臣等謹案：是編所辨，皆有根據，第筆端時露佻薄耳。

陳禹謨《説儲》八卷　《二集》八卷

禹謨，見經類。

張所望《閲耕餘録》六卷

所望，字叔翹，上海人。萬曆進士，官至廣東按察司副使。

葉秉敬《書肆説鈴》二卷

秉敬，見經類。

陳全之《篷窗日録》八卷

全之,字粹仲,閩縣人。萬曆進士。

閔元衢《歐餘漫録》十二卷

元衢,字康侯,烏程人。

宋鳳翔《秋涇筆乘》一卷

鳳翔,字羽皇,秀水人。萬曆舉人。

安世鳳《燕居功課》二十七卷

世鳳,字鳳引,商邱人。萬曆進士,官定海知縣。

黄元會《仙愚館雜帖》七卷

元會,字經甫,太倉人。萬曆進士。

周宇《認字測》三卷

宇,見經類。

吕曾見《吕氏筆奕》八卷

曾見,字眉陽,紹興人。官西安教諭。

黄奂《黄元龍小品》二卷

奂，字元龍，歙縣人。

商維濬《古今評録》四卷

維濬，字陽初，會稽人。

樂純《雪菴清史》五卷

純，字思白，號天湖子，沙縣人。

姚旅《露書》十四卷

旅，號園客，莆田人。

臣等謹案：是編雜舉經傳，旁證俗説。其以《露書》名篇，蓋取王充「口務明言，筆務露文」之語。

陳繼儒《書蕉》二卷　《枕談》一卷　《偃曝談餘》二卷

繼儒，見史類。

詹景鳳《明辨類函》六十四卷

景鳳，字東園，休寧人。由舉人入仕，官至平樂府通判。

楊繼益《澹齋内言》一卷　《外言》一卷

繼益，字茂謙，松江人。

焦周《説楛》七卷

周，字茂孝，上元人。修撰竑之子。萬曆舉人。

譚貞默《譚子雕蟲》二卷

貞默，見經類。

茅元儀《福堂寺貝餘》五卷

元儀，見史類。

方以智《物理小識》十二卷

以智，見道家類。

釋本以《蘭葉筆存》無卷數

本以，字以軒，蘇州人。

《蒙泉雜言》二卷

不著撰人名氏。

《東皐雜記》一卷

不著撰人名氏。

《春寒閒記》一卷

不著撰人名氏。卷末自跋「辛酉三月二十五日記」，署曰「德水」。

《山居代曆》一卷

不著撰人名氏。

以上雜説

宋

《物類相感志》十八卷

舊題蘇軾撰，今審爲僞書。

《物類相感志》一卷

舊題蘇軾撰。

《格物麤談》二卷

舊題蘇軾撰，今審爲僞書。

趙希鵠《洞天清録》一卷

希鵠,宋宗室子,燕王德昭裔。

臣等謹案:是書所論,皆鑒别古器之事。

陳槱《負暄野録》二卷

臣等謹案:是書舊本祇題姓名,不著時代。考《閩書》,陳槱,陳幾之孫,長樂人,紹熙元年進士。書中「秦璽」條内,稱近嘉定己卯。光宗紹熙元年,下距寧宗嘉定己卯,首尾三十年。又「西漢碑」條内,稱聞之梁溪尤袤,惜不再叩之。袤亦當光寧之時,疑即此陳槱也。

周密《雲煙過眼録》四卷　《續録》一卷

密,見史類。

臣等謹案:是書所載書畫古器,略品甲乙,而不甚考證。

元

《居家必用事類全集》十卷

不著撰人名氏。

明

《多能鄙事》十二卷

舊題劉基撰，今審爲僞託之書。

曹昭《格古要論》三卷

昭，字明仲，松江人。

臣等謹案：是書分十三門，於古今名玩器具之真贋優劣，皆能剖析纖微。又諳悉典故，一切源流本末，無不釐然，故頗爲賞鑒家所重。

都穆《都氏鐵網珊瑚》二十卷

穆，見史類。

楊溥《水雲録》二卷

溥，長沙人，自號水雲居士。

宋詡及其子公望《竹嶼山房雜部》三十二卷

詡，字久夫；公望，字天民〔二〕，華亭人。

〔二〕天 文淵閣本作「山」。

高濂《遵生八牋》十九卷

濂,字深父,錢塘人。

張應文《清秘藏》二卷

應文,字茂實,崑山人。監生,著《清河書畫舫》及《真迹日録》之張丑,即其長子也。

李濂《李氏居室記》五卷

濂,見史類。

李璵《群芳清玩》無卷數

璵,字惠時,蘇州人。

費元禄《鼂采館清課》二卷

元禄,字學卿,鉛山人。

《蕉窗九録》無卷數

舊題項元汴撰。元汴,字子京,秀水人。

臣等謹案:元汴家藏書畫之富,甲于天下。是書殊陋略,當是僞託之作。

屠隆《考槃餘事》四卷　《游具雅編》一卷

隆,見經類。

安世鳳《墨林快事》十二卷

世鳳，見本類。

沈德符《飛鳧語略》一卷

德符，見史類。

慎懋官《華夷花木鳥獸珍玩考》十卷

懋官，字汝學，湖州人。

陳繼儒《妮古録》四卷　《巖棲幽事》一卷

繼儒，見史類。

谷泰《博物要覽》十六卷

泰，字寧宇，官蜀王府長史。

文震亨《長物志》十二卷

震亨，字啓美，長洲人。徵明之曾孫。崇禎中，官武英殿中書舍人。明亡，殉節死。

張雲龍《廣社》無卷數

雲龍，字爾陽，華亭人。

臣等謹案：是書乃因陶邦彦所作《燈謎》而廣之。

《便民圖纂》十六卷

不著撰人名氏。

《莝録》三卷

不著撰人名氏。

以上雜品

欽定續文獻通考·經籍考卷三十八

子 雜家下 雜纂 雜編

宋

張鎡《仕學規範》四十卷

鎡，字公甫。其先成紀人，徙居臨安，官奉議郎、直秘閣。

《卧遊録》一卷

舊題吕祖謙撰。祖謙，見經類。

臣等謹案：是書出陳繼儒《普秘笈》中，凡四十五則。前二十一則，全録劉義慶《世説新語》；次十八則，全録蘇軾雜著及《陶潛集》；惟後二則不知爲誰語。其言參差不倫，毫無取義，殆明人依託也。

高似孫《文苑英華鈔》四卷

似孫，見史類。

周守忠《養生雜纂》二十二卷　附《月覽》二卷

守忠，號蓤庵，履貫無考。

《石屏新語》二卷

舊題戴復古撰。復古，字式之，黄巖人。

臣等謹案：是書惟録張詢古《五代新説》、陳郁《藏一話腴》二種，而多所删節，當是後人抄撮成編，託爲復古作也。

《古今藝苑談概上集》六卷　《下集》六卷

舊題俞文豹撰。文豹，見本類。

臣等謹案：是書多引明代之書，蓋僞託也。

趙善璙《自警編》九卷

善璙，太宗七世孫，家于南海。端平中，嘗知江州。

臣等謹案：是書乃編次宋代名臣大儒嘉言懿行之可爲法則者。

應俊《琴堂諭俗編》二卷

俊，官宜豐令，里居無考。

臣等謹案：是編輯鄭玉《道諭俗編》、彭仲剛《諭俗續編》二書爲一，而又爲之補論。其末《擇交游》一編，又元人左祥所增入，以補原書之遺者也。

周密《澄懷録》二卷

密，見史類。

臣等謹案：是書采唐宋諸人所紀登涉之勝，與曠達之語，彙爲一編，皆節載原文而注書名其下。

元

張光祖《言行龜鑑》八卷

光祖，字紹先，大德時爲泉州推官。

許熙載《女教書》四卷

熙載，字獻臣，彰德相州人。參知政事有壬之父。

臣等謹案：是書編集經書及先儒之言，凡有關于女教者，分爲六篇，曰《内訓》，曰《昏禮》，曰《婦道》，曰《母儀》，曰《孝行》，曰《貞節》。

《景行録》一卷

舊題史弼編。弼，字君佐，自號紫微老人，博野人。官至福建省平章政事，封鄂國公。

臣等謹案：是書成於世祖至元丁亥，多剽竊《省心録》之語，似出妄人所依託。前有明瞿佑《序》，亦僞作也。

蘇霖《有官龜鑑》十九卷

霖，見經類。

吴亮《忍經》一卷

亮，字明節，錢塘人。

林坤《誠齋雜記》二卷

坤，字載卿，號誠齋。嘗官翰林。

《嫏嬛記》三卷

舊題伊世珍撰。

臣等謹案：錢希言《戲瑕》謂是書爲明桑懌所僞託，當必有據也。

《女紅餘志》二卷

舊題龍輔撰。

臣等謹案：是書原《序》稱，輔爲武康常陽之妻，上卷皆采掇新艷字句，下卷皆輔所作小詩。錢希言《戲瑕》謂是好事者所依託也。

《閒博録》一卷

不著撰人名氏。

臣等謹案：是書大都述先正格言，及達觀保生之事。

明

明太祖《資世通訓》一卷

臣等謹案：是書分十四篇，作于洪武八年，前有明祖自製《序》，後有編修趙壎《序》。

明仁孝后《勸善書》二十卷

臣等謹案：是書成于成祖永樂三年。其所采輯，兼及三教，蓋意主勸戒下愚，不及所作《内訓》之純粹也。

明宣宗《臣鑒》三十七卷

臣等謹案：是書取春秋迄金元人臣事迹，分善可爲法、惡可爲戒二類，有宣宗自製《序》。

《外戚事鑒》二卷

不著撰人名氏。

臣等謹案：黄虞稷《千頃堂書目》有明宣宗《外戚事鑒》五卷，類列漢以下歷代戚里之臣凡七十九人。此本所載，大略相符，然止五十六人，而書亦祇二卷，殆後人有所竄改合并，非原書也。

明景帝《君鑒》五十卷

臣等謹案：是書成于景泰四年，有景帝自製《序》，亦分善可爲法、惡可爲戒二類，與宣宗《臣鑒》相同。而自二十九卷至三十五卷皆紀明祖宗之事，則用范祖禹《帝學》例也。

《昭鑒録》十一卷

洪武初，諸臣奉敕撰。六年書成，太子贊善，宋濂爲序。

臣等謹案：是編采録漢唐以下藩王善惡以爲鑒戒。

《永鑒録》二卷

洪武初，諸臣奉敕撰。

臣等謹案：是書凡分六目，一曰篤親親之義，一曰失親親之義，訓朝廷也；一曰善可爲法，一曰惡可爲戒，一曰立功國家，一曰被姦陷害，訓諸王也。每條各舉古事，而演以俗語，取其易曉。

《歷代駙馬録》二卷

洪武中，諸臣奉敕撰。

《公子書》三卷

洪武中，熊鼎等奉敕撰。

臣等謹案：是書較《永鑒録》尤俚淺，蓋以訓開國武臣之子弟者。

陶宗儀《説郛》一百二十卷

宗儀，見經類。

臣等謹案：是書所録凡一千二百九十二種，自三十二卷《劉餗傳載》以下，有録無書者七十六種，今仍其舊。

馬順孫《帝王寶範》三卷

順孫，江南人。洪武中布衣。

張洪《使規》一卷

洪，見史類。

王達《景仰撮書》一卷

達，見本類。

趙撝謙《學范》二卷

撝謙,見經類。

周是修《綱常懿範》十卷

是修,初名德,以字行,泰和人。洪武中,舉明經,由霍丘訓導改衡府紀善。燕王兵入,死之。

臣等謹案:是修於乾隆四十一年,賜謚節愍。是編采輯前言往行,凡十六門,然所述率荒陋鄙,類村塾野老稍知字義者所爲,殊不似是修之筆。殆原書久佚,而後人贋補之,如張九齡《千秋金鑑》類也。

《爲善陰隲》十卷

永樂十三年官撰頒行。前有成祖自製《序》。

彭韶《政訓》二卷

韶,字鳳儀,莆田人。天順進士,官至刑部尚書,謚惠安。

臣等謹案:是編《文公政訓》一卷,皆采掇《朱子語類》中論政之語;《西山政訓》一卷,則真德秀《西山集》中所載帥長沙及知泉州日告諭官僚之文也。

魏偁《聞見類纂小史》十四卷

偁，字達卿，鄞縣人。官石城訓導。

《食色紳言》二卷

舊題皆春居士撰，不著名氏。

臣等謹案：明本《瀛奎律髓》，有成化丁亥新安守龍遵《序》，自稱皆春居士。此書疑即遵作也。

楊循吉《奚囊手鏡》十三卷

循吉，見史類。

臣等謹案：是編薈粹諸類書，頗稱博贍，而門目未分，茫無體例。劉鳳、王世貞嘗分得其稿，後遂散佚。《明史・藝文志》作二十卷，此止十三卷，不知爲鳳家之半部，抑世貞家之半部也。

黎堯卿《諸子纂要》八卷

堯卿，忠州人。弘治進士。

方鵬《續觀感録》六卷

鵬，見史類。

臣等謹案：鵬《自序》謂，周是修嘗作《觀感録》，紀古今孝義之事，其書不傳，因復爲此以續之。

方鳳《物異考》一卷

鳳，見史類。

錢琦《禱雨録》一卷

琦，見本類。

沈津《欣賞編》無卷數

津，見史類。

陳深《諸子品節》五十卷

深，見經類。

朱應奎《翼學編》十三卷

應奎，字麗明，廣漢人。

臣等謹案：太學進士題名碑，嘉靖辛丑科有朱應奎，錦衣衛籍，疑即其人。

秦鳴雷《談資》三卷

鳴雷，字子豫，臨海人。嘉靖甲辰進士第一，官至南京吏部尚書。

王時槐《廣仁類編》四卷

時槐，字子植，號南塘，安福人。嘉靖進士，官至太僕寺少卿，出爲陝西布政司參政中察典，罷歸。後起爲太常寺卿，不赴，卒于家。事迹具《明史·儒林傳》。

陳耀《文學圃薫蘇》六卷

耀文，見經類。

李贄《初潭集》十二卷　《讀升庵》二十卷

贄，見經類。

黄希憲續《自警編》八卷

希憲，字毅所，金谿人。嘉靖進士，官至應天巡撫。

楊昱《牧鑑》十卷

昱，字子晦，號東谿，汀州人。

臣等謹案：是書以經史百家之言有關政治者，裒輯成帙。凡四類，曰治本，治體，應事，接人。

陳其力《芸心識餘》七卷　《續》一卷

其力，字克相，號芸心子，通海人。官南京户部司務。

陸貽孫《烟霞小説》二十二卷

貽孫,蘇州人。

穆文熙《閲古隨筆續》二卷

文熙,見史類。

臣等謹案:是編尚有《正集》,今未之見。

《諸子彙函》二十六卷

舊題歸有光編。有光,見經類。

臣等謹案:是書采録自周至明子書,每種數條,多有本非子書,而摘取他書數語,稱以子書者。且改易名目,詭怪不經,當是僞託之作。

李栻《困學纂言》六卷

栻,字孟敬,豐城人。嘉靖進士,官至浙江按察司副使。

萬表《灼艾集》六卷

表,字民望,鄞縣人。正德武進士,累官都督同知。

臣等謹案:是編采輯唐宋以來説部,每書祇載一二條或四五條,似曾熓《類説》。

沈津《百家類纂》四十卷

津，慈谿人。嘉靖中，官含山教諭。

臣等謹案：此與作《鄧尉山志》及《欣賞編》之沈津，姓名偶同，實兩人也。

張位《警心類編》四卷

位，見經類。

《天池秘集》十二卷

舊本題徐渭編，武林孫一觀校。渭，見本類。一觀，無考。

臣等謹案：渭係嘉靖中人，是編所載如葉向高、陳繼儒之類，皆在其後，渭安得見其詩文？蓋即一觀所輯，僞託于渭也。

劉元卿《六鑑舉要》六卷

元卿，見經類。

臣等謹案：是編取《帝鑑》《相鑑》《言鑑》《牧鑑》《璫鑑》《閨鑑》六書，各撮取其文，合爲一帙。

王國賓《群書摘草》五卷

國賓，號養默，武進人。萬曆進士，其作此書時，方監榷杭州北新關，未詳其終于何官。

呂坤《閨範》四卷

坤,見經類。

胡效臣《百子咀華》十四卷

效臣,字鍾衡,黄州人。萬曆舉人,官旌德知縣。

張鼎思《瑯琊代醉編》四十卷

鼎思,見本類。

臣等謹案:是編雜抄諸史百家之言,臚次成書。

徐三重《蘭芳録》二卷

三重,見史類。

臣等謹案:是編皆録古人輕世遺榮之事。

程達《警語類抄》八卷

達,字順南,清江人。萬曆進士,官至漳泉兵備道。

楊起元《諸經品節》二十卷

起元,見本類。

臣等謹案：起元傅良知之學，浸淫入於二氏，是編蓋删纂釋、道二家之書。

周應治《霞外麈談》十卷

應治，字君衡，鄞縣人。萬曆進士。

臣等謹案：楊德周《序》稱，應治爲觀察，是曾任監司，而是書即其時所作也。

李廷機《宋賢事彙》二卷

廷機，見史類。

葉向高《説類》六十二卷

向高，字進卿，號臺山，福清人。萬曆進士，官至東閣大學士，謚文忠。

臣等謹案：是書爲向高所編，而林茂槐增删之者。茂槐，見經類。

錢一本《遯世編》十四卷

一本，見經類。

傅履禮、高爲表同撰《廉平録》五卷

履禮，官長蘆鹽運司知事。爲表，官滄州學正。里貫俱無考。

焦竑《焦氏類林》八卷

竑，見經類。

《二十九子品彙釋評》二十卷

題翰林三狀元會選。前列焦竑、翁正春、朱之蕃三人名。

臣等謹案：是書雜録諸子，毫無倫次，蓋坊賈僞託之本。

方大鎮《田居乙記》四卷

大鎮，見儒家類。

姚文蔚《省括編》二十三卷

文蔚，見經類。

臣等謹案：是編采史傳中先機應變之迹，自春秋訖于元季，分言、事、兵爲三類。

徐玉衡《智品》十三卷

玉衡，字元之，黄岡人。萬曆進士，官崑山令。

臣等謹案：是編爲於倫所補葺。倫，字惇之，亦黄岡人。萬曆進士，官至右通政。其書搜輯古初至明代用智之事，故名《智品》。

《再廣歷子品粹》十二卷

舊題湯賓尹撰。賓尹，字嘉賓，宣城人。萬曆進士，官南京國子監祭酒。

臣等謹按：是編所列二十四家子書，多杜撰名目，疑爲僞託之作。

陶珽《續説郛》四十六卷

珽，姚安人。萬曆進士。

馮夢龍《智囊》二十八卷　《智囊補》二十八卷

夢龍，見經類。

黄時燿《知非録》二卷

時燿，字德韜，號我素，新都人。

吕純如《學古適用編》九十一卷

純如，字孟諧，一字益軒，吴江人。萬曆進士，官至兵部侍郎。

邢承爔《牧津》四十四卷

承爔，字爾光，山陰人。萬曆進士，官至江西布政司參政。

臣等謹按：是書采輯歷代循吏事實，分類編次，蓋牧民之津梁也。

來斯行《經史典奥》六十七卷

斯行，蕭山人。萬曆進士，官至福建右布政使。

馮柯《宗藩訓典》十二卷

柯，字貞白，慈谿人。以薦舉侍襄王書堂。

王象晉《清寤齋欣賞編》一卷

象晉,字藎臣,山東新城人。萬曆進士,官至浙江右布政使。

王圻《稗史彙編》一百七十五卷

圻,見史類。

閔元衢《增定玉壺冰》二卷

元衢,見史類。

臣等謹案:都穆采古來高逸之事,題曰《玉壺冰》。寧波張孺愿稍删補之,題曰《廣玉壺冰》。元衢以爲未盡,復增定此編。

黄文炤《古今長者録》八卷

文炤,字季弢,晉江人。萬曆中諸生。

李鶚翀《洹詞記事抄》一卷　附《明良記》四卷

鶚翀,字如一,江陰人。

臣等謹案:《洹詞》本崔銑所著文集,鶚翀摘其論宋事及明初事迹者六十一則,續抄三十六則,後附楊儀《明良記》。據鶚翀《自題》云,同楊憲副《二記》爲一帙。又有《明良記小引》稱,與《保孤記》皆係秘本,則已佚其一種也。

張翼、包衡同撰《清賞録》十二卷

翼，字二星，餘杭人。衡，字彦平，秀水人。二人皆久困場屋，棄去制義，因共購閲古書，采摭雋語僻事，積而成帙。

馬嘉松《十可篇》十卷

嘉松，字㽔生，平湖人。萬曆末諸生。

臣等謹案：是書摘録子史及諸家小説，分爲十篇，曰《可景》《可味》《可快》《可鄙》《可泯》《可坦》《可遠》《可諧》《可嘉》《可删》。

曹臣《舌華録》九卷

臣，字藎之，歙縣人。

趙爾昌《元壺雜俎》八卷

爾昌，字慶叔，錢塘人。官宣城知縣。

薛夢李《教家類纂》八卷

夢李，字近泉，嘉興人。

孫能傳《益智編》四十一卷

能傳，見史類。

林有麟《法教佩珠》二卷

有麟，見經類。

徐應秋《玉芝堂談薈》三十六卷

應秋，字君義，浙江西安人。萬曆進士，官至福建左布政使。

臣等謹案：是書蓋考證之學，每條立一標題爲綱，而備引諸書以證之，大抵采自小説、雜記者爲多。軼事舊聞，往往而在，取材博贍，足資采擇云。

錢繼登《經世環應編》八卷

繼登，字爾先，又字龍門，嘉善人。萬曆進士，官至僉都御史。

瞿式耜《愧林漫録》十卷

式耜，字起田，常熟人。萬曆進士，累遷右僉都御史，巡撫廣西，進文淵閣大學士兼兵部尚書。大兵下廣西，抗節死。

臣等謹案：式耜于乾隆四十一年賜謚忠節。是編雜録諸儒之言，蓋式耜林居時，録以自警，大指歸于爲善而已。

李輅《掌録》無卷數

輅，自號繡雲居士。履貫無考。

楊宗吾《檢蠹隨筆》三十卷

宗吾，字伯相，成都人。官錦衣衛指揮。大學士廷和之曾孫，修撰慎之孫也。

錢蓘《厚語》四卷

蓘，字懋登，海鹽人。萬曆中，由貢生官於潛訓導。

黄秉石《偶得紺珠》一卷

秉石，字復子，江寧人。萬曆中，以薦爲推官，官至嚴州府同知。

鄭端允《培壘居雜録》四卷

端允，字思孟，海鹽人。

《廣百川學海》無卷數

舊題馮可賓編。可賓，益都人，天啓進士。

臣等謹案：是編乃書賈于《説郛》印板中，抽取此百三十種，别刊序目，標立此名，託言出于可賓者也。

閔元京、凌義渠同編《湘煙録》十六卷

元京，字子京，烏程人，義渠之舅也。未詳其所終。義渠，字駿甫，此書亦題爲烏程人，而太學題名碑作歸安人，天啓進士，仕至大理寺卿。

臣等謹案：義渠于崇禎甲申殉節，世祖章皇帝賜謚忠介。

木增《雲薖淡墨》六卷

增，字生白，雲南人，麗江土司。世襲土知府，以助餉征蠻功晉秩左布政使，年甫三十即謝職。天啓初，特給誥命，以旌其忠。

臣等謹案：增好讀書，多與文士往還，是書蓋其隨筆摘抄之本。

胡尚洪《子史碎語》二十四卷

尚洪，字叔開，宣城人。

李雲翔《諸子拔萃》八卷

雲翔，字爲霖，江都人。

來集之《倘湖樵書》十二卷　《博學彙書》十二卷

集之，見經類。

蔣一葵《堯山堂外紀》一百卷

一葵，字仲舒，常州人。取紀傳所載軼聞瑣事，擇其稍僻者，輯爲是編。

胡爌《家規輯要》無卷數

爌，見本類。

陳繼儒《筆記》二卷　《讀書十六觀》一卷　《群碎録》一卷　《珍珠船》四卷　《銷夏》四卷　《辟寒》四卷　《古今韻史》十二卷　《福壽全書》無卷數

繼儒，見史類。

周詩雅《廣銷夏》一卷　《廣碎寒》一卷　《銷夏補》一卷　《辟寒補》一卷　《銷夏再》一卷　《辟寒再》一卷　《寒夏合再》一卷

詩雅，見史類。

董德鏞《可如》六卷

德鏞，字孔昭，鄞縣人。

臣等謹案：是書取鳥獸蟲魚之事，合于忠孝節義者，分類摘録，共六十三門。

馮夢龍《談概》三十六卷

夢龍，見經類。

閔于忱《枕函小史》無卷數

于忱，履貫無考。

朱廷旦《擣堅録》二十四卷

廷旦，字爾兼，嘉善人。天啓中貢生。

臣等謹案：是書分一百類，每類各爲小序，陳勸戒之旨，而徵引故實列于後。名「擣堅」者，謂如病之刺其堅也。

趙民獻《萃古名言》四卷

民獻，雲南人。

鄭瑄《昨非齋日纂》二十卷

瑄，字漢奉，閩縣人。崇禎進士，官至應天巡撫。

顔茂猷《迪吉録》九卷

茂猷，字狀其，又字仰子，平和人。崇禎甲戌特賜進士。

吴應箕《讀書止觀録》五卷

應箕，字次尾，貴池人。崇禎間，副榜貢生，後殉節死。

朱輔《韋弦自佩録》十二卷

輔，號杲庵，建德人。官至簡州知州。

李長科《廣仁品二集》無卷數

長科，字小有，揚州興化人。

臣等謹案：是書闡明戒殺之説，雜舉故實，以證因果。題曰《二集》，當尚有《初集》，今未之見。

諸茂卿《今古鉤玄》四十卷

茂卿，字子茂，諸城人。

俞弁《山樵暇語》一卷

弁，履貫無考。

臣等謹案：是書雜録古今瑣事及詞章典故，間加考據，亦有全録舊文者。

楊兆坊《楊氏塾訓》六卷

兆坊，字思説，杭州人。

戴有孚《著疑録》九卷

有孚，字聖山，永新人。

衛泳《枕中秘》無卷數

泳，字永叔，蘇州人。

郭偉《百子金丹》十卷

偉，字士俊，泉州人。

《薆古介書》無卷數

舊題東海黄禹、金定邵闇生編。

臣等謹案：是書蓋書肆粗識字義之人，刊以射利者也。

《觀生手鏡》一卷

題蘋川布衣編。不著名氏。

《古今名賢說海》二十二卷

不著編輯者名氏。前有隆慶辛未《自序》，題曰飛來山人。

臣等謹案：明陸楫有《古今說海》一百四十二卷，此似得其殘缺之本，僞刻序目以售欺者也。

《名賢彙語》二十卷

不著編輯者名氏。前亦有隆慶辛未《自序》，亦稱飛來山人。

《布粟集》八卷

不著撰人名氏。自題曰布粟子，又自題其號曰鳳臺。

《九朝談纂》無卷數

不著撰人名氏。

臣等謹案：是書所輯，自明太祖至武宗九朝説部雜事。

以上雜纂

宋

龔士卨《五子纂圖互注》四十二卷

士卨，字子質，號石廬子。理宗時人，爵里無考。

臣等謹案：是書所輯五子，老、莊、荀、楊及文中子《中説》也。

明

《藝圃搜奇》十八卷　《補缺》二卷

舊題徐一夔編。一夔，見史類。

臣等謹案：是書所輯，大抵改易書名人名，以售其欺，蓋後人所贋託也。

何瑭《柏齋三書》三卷

瑭，字粹夫，懷慶衛人。弘治進士，官左都御史。

臣等謹案：瑭是書持論詭異，於宋之周、張、邵、朱及蔡元定、真德秀諸儒，俱有貶詞，并譏《禮經》之《樂記》爲過當而失實。末有崔銑《跋》，乃極稱所論之超卓。銑學頗醇正，不應至此，疑或假託以爲重也。

陸深《儼山外集》三十四卷

深,見史類。

臣等謹案:是編乃其劄記之文,其子楫彙爲一集,凡《傳疑録》二卷,《河汾燕閒録》二卷,《春風堂隨筆》一卷,《知命録》一卷,《金臺紀聞》二卷,《願豐堂漫書》一卷,《谿山餘話》一卷,《玉堂漫筆》三卷,《停驂録》一卷,《續停驂録》三卷,《豫章漫抄》四卷,《中和堂隨筆》二卷,《史通會要》三卷,《春雨堂雜抄》一卷,《同異録》二卷,《蜀都雜抄》一卷,《古奇器録》一卷,《書輯》三卷。核其大致足資考證者,多在明人説部之中,猶爲佳本。

陸楫《古今説海》一百四十二卷

楫,字思豫,上海人。

臣等謹案:是編分四部七家,所采凡一百三十五種。略有删節,尚存始末。較他書所編,特爲詳贍云。

彭汝嘉《六詔紀聞》二卷

汝嘉,定州人。正德進士,官南京吏科給事中。

臣等謹案:是編上卷曰《會勘夷情録》,乃嘉靖中建昌道兵備副使俞夔處置四川鹽井衛士千户與雲南麗永二府土舍争界事公務案牘。下卷曰《南荒振玉》，乃乩仙方海何真人與夔等唱和之詩。汝嘉合刻傳之。夔，建德人，正德進士。

唐樞《木鐘臺集》無卷數

樞，見經類。

王文禄《丘陵學山》無卷數

文禄，見儒家類。

陸樹聲《陸學士雜著》十一卷 《陸文定公書》無卷數

樹聲，見史類。

胡維新《兩京遺編》五十七卷

維新，餘姚人。嘉靖進士，官至監察御史。

沈節甫《紀録彙編》二百十六卷

節甫，烏程人。嘉靖進士，官至工部左侍郎，謚端靖。

穆文熙《左傳國語國策評苑》六十一卷

文熙，見史類。

朱東光《中都四子集》六十二卷

東光，字元曦，浦城人。隆慶進士，官分巡淮徐道。

臣等謹案：是書所編《老子》《莊子》《管子》《淮南子》四種，以亳與濠梁、潁上、壽春，皆中都所轄也[一]，故以名書。

程榮《山居清賞》二十八卷

榮，字伯仁，歙縣人。

臣等謹案：是編列《南方草木狀》至《禽蟲述》，凡十五種。中惟《茶譜》一種，爲榮所自著。

高鳴鳳《今獻彙言》八卷

鳴鳳，履貫無考。

臣等謹案：《明史·藝文志》高鳴鳳《今獻彙言》二十八卷，今本祇有八卷，蓋非完本也。

〔一〕也　文淵閣本作「地」。

吕坤《吕公實政録》七卷〔一〕

坤，見經類。

臣等謹案：是書皆其歷官條約之類，其門下士趙文炳巡按湖廣時校刊之。

鍾惺《合刻五家言》無卷數

惺，見經類。

臣等謹案：是書所謂五家者，《文子》及劉晝《新論》、《鬼谷子》、《公孫龍子》、劉勰《文心雕龍》也。

周履靖《夷門廣牘》一百二十六卷

履靖，字逸之，嘉興人。

樊維城《鹽邑志林》六十二卷

維城，黄岡人，萬曆進士。崇禎中，以福建按察司副使家居。張獻忠陷黄州，抗節死。

臣等謹案：是編乃維城宰海鹽時，輯三國以來海鹽縣人著作，共爲一集。

〔一〕政　原無，據文淵閣本、《總目》卷一三四補。

胡應麟《少室山房筆叢正集》三十二卷　《續集》十六卷

應麟，字元瑞，蘭溪人。萬曆舉人。

胡文焕《格致叢書》無卷數

文焕，字德甫，號全庵，錢塘人。

項皐謨《學易堂筆記》一卷　《二筆》一卷　《三筆》一卷　《四筆》一卷　《五筆》一卷

皐謨，字懋功，自稱酉山居士，嘉興人。

程允兆《天都閣藏書》二十五卷

允兆，字天民，歙縣人。

陳繼儒《眉公十集》四卷

繼儒，見史類。

毛晉《津逮秘書》無卷數

晉，見經類。

黄澍、葉紹泰同編《漢魏別解》十六卷

澍，字仲霖，錢塘人，崇禎進士。紹泰，字來甫，嘉興人，崇禎時諸生。

臣等謹案：是編所輯，自《吴越春秋》訖于薛收《元經傳》，凡四十六種，大抵從原書中節録者。

閔景賢、何偉然同編《快書》五十卷

景賢，字士行，烏程人。偉然，字仙臞，仁和人。

何偉然《廣快書》五十卷

臣等謹案：偉然既與閔景賢同訂《快書》，又以五十種廣之，同訂者吴從先也。

汪定國《諸子褎異》十六卷

定國，字蒼舒，海寧人。

蔣軼凡編《皇書帝佚》無卷數

軼凡，字季超，諸暨人。

臣等謹案：是編首載僞《三墳》及《乾坤鑿度》，謂之皇書；次載《中天佚典》，託名五帝之言，謂之帝佚。首有《自序》，語極荒誕不經。

沈廷松編《明百家小説》一百九卷

廷松，號石閭，履貫無考。

《歷代小史》一百五卷

不著編輯者名氏。

《明小史》八十九卷

不著編輯者名氏。

《溪堂麗宿集》無卷數

不著撰人名氏。

《翰苑叢抄》十四卷

不著撰人名氏。

以上雜編

欽定續文獻通考・經籍考卷三十九

子 小説家上

臣等謹案：馬端臨《通考》承班氏例，立小説一門，其言曰：「閭里小智之所及，亦使綴而不忘，如或一言可采，此亦芻蕘狂夫之義也。」信哉！斯言弗可易已。今從《四庫全書》例，析爲雜事、異聞、瑣説三者，而統名之曰小説家，凡二卷。其餘剽竊他書，别標名目者，汰而弗録，以避複沓焉。

《宋史・藝文志》小説家三百五十九部一千八百八十六卷。

《遼》《金》《元》三史不立藝文志，散見各紀傳中。

《明史・藝文志》小説家一百二十七部三千三百七卷。

宋

田況《儒林公議》二卷

況，字元均。其先京兆人，徙居信都。舉進士，又舉賢良方正，累官樞密使。以觀文殿學士提舉景靈宫,卒。

臣等謹案:是篇紀太祖建隆以迄仁宗慶曆朝廷政事及士大夫行履,得失甚詳,五代十國時事亦間附焉。

《錢氏私志》一卷

臣等謹案:是書舊本,或題錢彦遠撰,或題錢愐撰,或題錢世昭撰。據書末世昭《跋》,則是書固非彦遠所爲,亦非盡愐所纂,蓋愐嘗記所聞見,而世昭敘而集之耳。

莫君陳《月河所聞集》一卷

君陳,字和中,歸安人。嘉祐進士,嘗以權刑部郎中,知婺州。

孔氏《談苑》四卷

舊題孔平仲撰。平仲,字毅父,一作義甫,清江人。治平進士,官至金部郎中,提點永興路刑獄,帥鄜延、環慶。再坐黨論,奉祠卒。事迹具《宋史》本傳。

臣等謹案:是書多録當時瑣事,而頗病叢雜。趙與旹疑爲不知典故者所爲,必非孔氏真本。

王鞏《甲申雜記》一卷

鞏,字定國,自號清虚先生,莘縣人。工部尚書素之子,官至宗正丞。

趙令時《侯鯖録》八卷

令時，字德麟，燕王德昭元孫。元祐中，簽書潁州公事，坐與蘇軾交通，罰金，入黨籍。紹興初，襲封安定郡王。

高晦叟《珍席放談》二卷

晦叟，仕履無考。

曾慥《高齋漫録》一卷

慥，字端伯，晉江人。孝寬曾孫。官至尚書郎，直寶文閣。

王銍《默記》三卷

銍，字性之，汝陰人。紹興初，爲樞密院編修官。

王明清《玉照新志》六卷

明清，字仲言，汝陰人。官朝請大夫。

張知甫《張氏可書》一卷

知甫，仕履無考。

周煇《清波雜志》十二卷　《别志》二卷

煇，字昭禮，邦彦之子。

莊綽《雞肋編》無卷數

綽，字季裕，清源人。

龔明之《中吴紀聞》六卷

明之，字希仲，號五休居士，崑山人。紹興間，以鄉貢廷試，授高州文學。淳熙初，舉經明行修，授宣教郎致仕。

施德操《北窗炙輠録》一卷

德操，見經類。

范公偁《過庭録》一卷

公偁，仲淹之元孫。仕履無考。

陳長方《步里客談》二卷

長方，字齊之，侯官人。紹興進士，官江州軍學教授〔一〕。

曾敏行《獨醒雜志》十卷

敏行，字達臣，自號獨醒居士，吉水人。年甫二十，以病廢，不能仕進。遂專意學問，

〔一〕州軍學　文淵閣本作「陰縣學」。

積所聞見，成此書。其子三聘編爲十卷，有楊萬里《序》，并謝諤《跋》。

陳鵠《耆舊續聞》十卷

鵠，南陽人，始末無考。

葉紹翁《四朝聞見録》五卷

紹翁，字靖逸，龍泉人。

臣等謹案：是編載高孝光寧四朝軼事，足補史傳之闕。

周密《癸辛雜識前集》一卷　《後集》一卷　《續集》二卷　《别集》二卷

密，見史類。

趙溍《養疴漫筆》一卷

溍，字元晉，號冰壺，葵之子也。咸淳中，知建寧府。

俞文豹《清夜録》一卷

文豹，見雜家類。

王應龍《翠屏筆談》一卷

應龍，履貫無考。

陳世崇《隨隱漫録》五卷

世崇，號隨隱，臨川人。理宗時，嘗以布衣官東宫掌書。

《楓窗小牘》二卷

不著撰人名氏。

《南窗紀談》一卷

不著撰人名氏。

《朝野遺紀》一卷

不著撰人名氏。

《三朝野史》一卷

不著撰人名氏。

臣等謹案：是書記理、度、端三朝之事。

元

劉祁《歸潛志》十四卷

祁，字京叔，渾源人。御史從益之子，太學生，舉進士不第。元兵入汴，遁還鄉里，戊戌復出就試，魁南京，選充山西東路考試官。後征南行省，辟置幕府。

臣等謹案：是書載金元遺事，與史不同者甚多，足資考證。

陸友仁《吴中舊事》一卷

友仁，字輔之，吴郡人。

蔣子正《山房隨筆》一卷

子正，嘗爲溧陽學官。里貫無考。

楊瑀《山居新話》四卷

瑀，字元誠，杭州人。官至中奉大夫，浙東道宣慰使都元帥。

鄭元祐《遂昌雜録》一卷〔一〕

元祐，字明德。至正丁酉除平江路儒學教授，移疾去。後七年，復擢江浙儒學提舉，卒於官。

臣等謹案：元祐之先，本遂昌人。其父希遠徙錢塘，元祐又流寓平江，其集以僑吴名，而是録仍題曰「遂昌」，不忘本也。

〔一〕一　文淵閣本作「四」。

孔齊《至正直記》四卷

齊，字行素，號静齋，曲阜人。其父退之，爲建康書掾，因家溧陽。元末又辟兵，居四明，仕履無考。

熊太古《冀越集紀》二卷

太古，豐城人。朋來之子。登進士，官至江西行省郎中。至正末，天下盜起，太古力陳守禦計，當事者不能從，遂棄官去。入明後，不仕而終。

明

陶宗儀《輟耕録》三十卷

宗儀，見經類。

臣等謹案：是書載元時朝野舊事，頗有裨於史學。

《農田餘話》二卷

題明長谷真逸撰，不著名氏。

臣等謹案：是書所紀，多元末及張士誠竊據時事。

孫道易《東園客談》一卷

道易，字景周，自號映雪老人，華亭人。

葉盛《水東日記》三十八卷

盛，見史類。

臣等謹案：是書記明代制度文章，及一時遺文逸事，多可與史傳相參。

彭時《可齋雜記》一卷

時，字純道，安福人。正統戊辰進士第一，官至文淵閣大學士，謚文憲。

張寧《方洲雜言》一卷

寧，字靖之，方洲其號也，海鹽人。景泰進士，官至給事中。

尹直《謇齋瑣綴録》八卷

直，見史類。

黄瑜《雙槐歲抄》十卷

瑜，字廷美，香山人。景泰舉人，長樂縣知縣。有惠政，以勁直去官，自稱雙槐老人。

沈周《石田雜記》一卷

周，字啓南，長洲人。以繪事名一時，郡守欲以賢良薦，周筮得《遯》之九五，遂决意不出。年八十三而卒。事迹具《明史·隱逸傳》。

陸容《菽園雜記》十五卷

容，字文量，號式齋，太倉州人。成化進士，官至浙江右參政。

王瓊《雙溪雜記》二卷

瓊，見史類。

宋端儀《立齋閒録》四卷

端儀，見史類。

王錡《寓圃雜記》十卷

錡，字元禹，别號夢蘇道人，長洲人。

臣等謹案：是書載洪武迄正統間朝野事迹，於吴中故實尤詳。

許浩《復齋日記》二卷

浩，見史類。

祝允明《野記》四卷　《前聞記》一卷

允明，見史類。

皇甫録《明記略》四卷　《近峰問略》八卷　《下陴紀談》二卷

録，字世庸，號近峰，長洲人。弘治進士，官至順慶府知府。

羅鳳《延休堂漫録》三十六卷

鳳，字子文，號印岡，應天人。弘治進士，官至石阡府知府。

《剪勝野聞》一卷

不著撰人名氏。

臣等謹案：是書所記皆明太祖初年之事。陶珽《續説郛》、黄虞稷《千頃堂書目》皆題徐禎卿著，然《明史·禎卿本傳》及《藝文志》俱不載。書中所紀，往往不經，疑未必出禎卿手也。

陸深《玉堂漫筆》三卷　《金臺紀聞》二卷　《春風堂隨筆》一卷　《知命録》一卷　《谿山餘話》一卷　《願豐堂漫書》一卷

深，見史類。

韓邦奇《見聞考隨録》無卷數

邦奇，見經類。

董穀《碧里雜存》一卷

穀，見史類。

伍餘福《苹野纂聞》一卷

餘福,見史類。

陸釴《賢識録》一卷　《病逸漫記》無卷數

釴,見史類。

李默《孤樹裒談》十卷

默,見史類。

耿定向《先進遺風》二卷

定向,見史類。

臣等謹案:是書定向所撰,而毛在增補之。在,自署太倉人,始末無考。

王世貞《觚不觚録》一卷

世貞,見史類。

何良俊《何氏語林》三十卷

良俊,見雜家類。

沈津《吏隱録》二卷

津,見史類。

余永麟《北窗瑣語》無卷數

永麟，鄞縣人。嘉靖舉人，官蘇州府通判。

楊儀《螭頭密語》一卷

儀，字夢羽，常熟人。嘉靖進士，官至山東按察司副使，備兵霸州。

高拱《病榻遺言》二卷

拱，見經類。

凌迪知《名世類苑》四十六卷

迪知，見史類。

方學漸《邇訓》二十卷

學漸，見史類。

宋雷《西吴里語》四卷

雷，自號市隱居士，湖州人。

《國朝典故輯遺》二十卷

不著撰人名氏。

臣等謹案：是書雜記洪武至正德十朝事，前有《自序》，作於嘉靖三十二年，自稱

「東吴逸史」。

王穉登《吴社編》一卷

穉登,字百穀,長洲人。太學生。

連鑲《筆記》一卷

鑲,字抑武,常熟人。嘉靖中,官安陸縣知縣。

《世説新語補》四卷

舊題何良俊撰補,王世貞删定。

姜兆熊《樊川叢話》八卷

兆熊,字恂如,歸安人。

蔣以化《西臺漫記》六卷

以化,字仲學,常熟人。隆慶舉人,官至監察御史。

李樂《見聞雜記》四卷

樂,字彦和,號臨川,歸安人。隆慶進士,官至福建按察司僉事。

臣等謹案:是書前二卷乃全録董氏《古今粹言》及鄭曉《今言》,後二卷則自記所見聞,凡一百八十六條云。

潘士藻《闇然堂類纂》六卷

士藻，見經類。

丁元薦《西山日記》二卷

元薦，字長孺，長興人。萬曆進士，官至尚寶司少卿。

焦竑《玉堂叢語》八卷

竑，見經類。

錢養廉《貽清堂日鈔》無卷數

養廉，字國維，仁和人。萬曆進士，官至吏部考功司郎中。

李本固《汝南遺事》二卷

本固，字叔茂，汝寧人。萬曆進士，官至大理寺卿。以言事罷歸，郡守黄鄰初屬修《汝南志》，其削草未經收録者，復輯爲是書。

顧起元《客座贅語》十卷

起元，見經類。

王象晉《剪桐載筆》一卷

象晉，見雜家類。

楊德周《金華雜識》四卷

德周,字齊莊,鄞縣人。萬曆舉人,官高唐縣知縣。

魏濬《嶠南瑣記》二卷

濬,見史類。

徐象梅《瑯嬛史唾》十六卷

象梅,見史類。

談修《避暑漫筆》二卷

修,見史類。

李紹文《明世説新語》八卷

紹文,字節之,華亭人。

《管窺小識》四卷

不著撰人名氏。

臣等謹案:是書中「世宗崇尚青詞」一條云「少年至都,猶及見之」,又稱「張居正以橫肆敗其人」,當是萬曆間人,而生于嘉靖時者也。

陳繼儒《見聞録》八卷　《太平清話》四卷

繼儒，見史類。

茅元儀《西峰淡話》四卷

元儀，見史類。

鄭仲夔《蘭畹居清言》十卷

仲夔，字龍如，江西人。

李清《外史新奇》無卷數

清，見史類。

《明遺事》三卷

不著撰人名氏。

釋静福《癸未夏抄》四卷

静福，錢塘人。

以上雜事

欽定續文獻通考·經籍考卷四十

子 小説家下

宋

《分門古今類事》二十卷

不著撰人名氏。

臣等謹案：是書第八卷中有《龍泉夢記》一篇，題曰《先大夫龍泉夢記》，爲政和七年宋如璋作，則作是書者即如璋之子也，名字無考。

《五色線》二卷

不著編輯者名氏。

馬純《陶朱新録》一卷

純，字子約，自號樸樕翁，單州城武人。紹興中，爲江西漕帥。隆興初，以大中大夫致仕。

黄輔《峽山神異記》一卷

輔，嘗爲瀧水縣令，里籍無考。

魯應龍《閒窗括異志》一卷

應龍，字子謙，海鹽人。宋末布衣。

金

元好問《續夷堅志》二卷

好問，字裕之，號遺山，太原人。興定進士，官至左司郎中。金亡不仕。事迹具《金史·藝文傳》。

元

《異聞總録》四卷

不著撰人名氏。

明

趙弼《效顰集》三卷

弼，見史類。

都穆《談纂》二卷

穆，見史類。

陸氏《虞初志》八卷

不著其名。

祝允明《志怪録》五卷

允明，見史類。

侯甸《西樵野記》四卷

甸，蘇州人。

陳良謨《見聞記訓》一卷

良謨，字中夫，安吉人。正德進士，官至貴州布政使司參政。

《耳鈔秘録》一卷

不著撰人名氏。

楊儀《高坡異纂》二卷

儀，見本類。

陸采《冶城客論》二卷

采，字子元，長洲人。粲之弟。

馮汝弼《祐山雜説》一卷

汝弼，字惟良，平湖人。嘉靖進士，官工科給事中。以言事謫潛山縣丞，遷知太倉州，調揚州府同知，不赴。隆慶中，追贈布政司參政。

施顯卿《古今奇聞類記》十卷

顯卿，字純甫，無錫人。嘉靖舉人，官新昌縣知縣。

王世懋《二酉委談》一卷

世懋，見史類。

《燃犀集》四卷

不著撰人名氏。自稱茂苑樹瓠子，前有嘉靖辛酉《序》。

朱睦㮮《異林》十六卷

睦㮮，見經類。

馮夢禎《映雪堂漫録》一卷

夢禎，見史類。

虞淳熙《孝經集靈》一卷

淳熙,字長孺,錢塘人。萬曆進士,官至吏部稽勛司郎中。

臣等謹案:朱彝尊《經義考》載,淳熙有《孝經邇言》九卷、《今文孝經説》一卷,今皆未見。是編專輯《孝經》靈異之事,如赤虹化玉之類,於經義毫無發明,未可附於經解。今退列小説,從《四庫全書》例也。

蔡善繼《前定録》二卷

善繼,字伯達,烏程人。萬曆進士,官至福建左布政使。

洪應明《仙佛奇蹤》四卷

應明,字自誠,號還初道人。里貫無考。

錢希言《獪園》十六卷

希言,見雜家類。

鄭仲夔《耳新》十卷

仲夔,見本類。

王兆雲《王氏雜記》十四卷

兆雲,見史類。

徐昌祚《燕山叢録》二十二卷

昌祚，字伯昌，常熟人。

臣等謹案：是編多載京畿之事，故以「燕山」爲名。

江東偉《芙蓉鏡孟浪言》四卷

東偉，字青來，自號壺公，開化人。萬曆舉人。

沈德符《敝帚軒剩語》三卷　《補遺》一卷

德符，見史類。

王同軌《耳談》十五卷

同軌，字行父，黄岡人。由貢生官江寧縣知縣。

姚宣《聞見録》一卷

宣，字懋昭，應天人。

汪雲程《逸史搜奇》無卷數

雲程，徽州人。

聞性道《四明龍薈》一卷

性道，見史類。

臣等謹案：是書專載四明諸井潭龍神見伏靈迹。

梅鼎祚《才鬼記》十六卷

鼎祚，字禹金，宣城人。

以上異聞

宋

丘濬《牡丹榮辱志》一卷

濬，字道源，黟縣人。天聖進士，官至殿中丞。

李石《續博物志》十卷

石，見經類。

臣等謹案：是書舊題晉李石撰，然書中稱曾公亮得龍之脊，王安石得龍之睛。又陳正敏《遯齋閒覽》、曾慥《集仙傳》均宋時書，其爲南宋時之李石明甚，其誤爲晉人者，當由未考原書故也。

陳日華《談諧》一卷

日華，孝宗時人。

沈俶《諧史》一卷

俶，始末無考。

周守忠《古今諺》一卷

守忠，見雜家類。

張致和《笑苑千金》一卷

致和，南宋時人。

《滑稽小傳》二卷

不著撰人名氏。

《醉翁滑稽風月笑談》一卷

不著撰人名氏。

元

鄭持正《文章善戲》一卷

持正，始末無考。

宋元懷《拊掌録》一卷

元懷，延祐時人。

《古杭雜記詩集》四卷

不著撰人名氏。據目録末題識，蓋元時江西書賈所刊也。

臣等謹案：陶宗儀《説郛》内亦載有是書，題元李東有撰。然與此本參較，僅首二條相同，餘皆互異，謹附識。

《玉堂詩話》一卷

不著撰人名氏。

明

牛衷《埤雅廣要》二十卷

衷，官蜀府護衛千户。里貫無考。

支立《十處士傳》一卷

立，字中夫，嘉興人。天順中，官翰林院孔目。

黄暐《篷窗類記》五卷

暐，字日昇，號東樓，吴縣人。弘治進士，官至刑部郎中。

游潛《博物志補》二卷

潛，字用之，豐城人。弘治舉人，官雲南賓州知州。

黄謙《古今文房登庸録》一卷
謙，江寧人。始末無考。
陸奎章《香奩四友傳》二卷
奎章，字子翰，武進人。
陳中州《居學餘情》三卷
中州，字洛夫，青田人。貢生，官廬江教諭。
楊慎《古今諺》一卷　《古今風謡》一卷
慎，見經類。
舒纓《梨洲野乘》無卷數
纓，字振伯，餘姚人。嘉靖進士，官王府長史。
郭子章《六語》三十卷
子章，見經類。
陳禹謨《廣滑稽》三十六卷
禹謨，見經類。

朱維藩《諧史集》四卷

維藩，淮安人。據《自序》稱題於豫章官署，不詳何官。

陳世寶《古今寓言》十二卷

世寶，字介錫，鉅鹿人。萬曆中，官監察御史，巡按江西。

陳邦俊《廣諧史》十卷

邦俊，字良卿，秀水人。

吴從先《小窗自紀》四卷　《艷紀》十四卷　《清紀》五卷　《別紀》四卷

從先，爵里無考。

梅鼎祚《青泥蓮花記》十三卷

鼎祚，見本類。

以上瑣語

欽定續文獻通考·經籍考卷四十一

子 農家 譜録

臣等謹案：漢班固謂「農家者流，蓋出於農稷之官，播百穀，勸耕桑，以足衣食」。逮乎《唐志》著録，取類斯雜，馬端臨已議其非。今祇擇其應列於農家者，按時代輯入，而別增譜録一門，次於後焉。

《宋史·藝文志》農家類一百七部四百二十三卷。

《遼》《金》《元》三史不立藝文志，散見各紀傳中。

《明史·藝文志》農家類二十三部一百九十一卷。

元

《農桑輯要》七卷

元世祖時官撰頒行本。

臣等謹案：是書前有至元十年翰林學士王磐《序》，稱詔立大司農司，不治他事，專以勸課農桑爲務。行之五六年,功效大著。農司諸公又慮播植之宜,蠶繅之節,未得其術,於是徧求古今農家之書,摭其切要,纂成一書,鏤爲板本進呈,將以頒布天下。考《元史》稱世祖即位之初,首詔天下崇本抑末,於是頒《農桑輯要》之書於民,即是書也。書凡分典訓、耕墾、播種、栽桑、養蠶、瓜菜、果實、竹木、藥草、孳畜十門。

魯明善《農桑衣食撮要》二卷

明善,輝和爾舊作畏吾兒,今改正。人。父字魯,遂以爲氏。名鐵柱,以字行。延祐甲寅,出監壽郡,撰此書。

臣等謹案:是編循十二月令,件繫條別,蓋猶《四民月令》《四時纂要》諸書之遺意也。

王禎《農書》二十二卷

禎,字伯善,東平人。官豐城縣尹。

臣等謹案:是書凡《農桑通訣》六,《穀譜》四,《農器圖》十二。每圖之末,系以銘贊詩賦。所載水器,尤於實用有裨。

明

周王橚《救荒本草》二卷

橚，太祖第五子。洪武十一年封，十四年就藩開封。建文中，廢徙雲南。永樂初，復爵。洪熙元年薨，謚定。

臣等謹案：《明史》稱橚好學，能詞賦，以國土坦衍，庶草蕃廡，考核其可佐饑饉者四百餘種，繪圖上之，即此書也。

桂萼《經世民事録》十二卷

萼，見史類。

臣等謹案：是書乃萼爲武康令時所編。

王磐《野菜譜》一卷

磐，字鴻漸，高郵人。

馬一龍《農説》一卷

一龍，字負圖，溧陽人。嘉靖進士，官至國子監司業。

王世懋《學圃雜疏》一卷

世懋，見史類。

臣等謹案：是編分花、果、蔬、瓜、豆、竹六類，各疏其品目及栽植之法。大致以花爲主，而草木之類則從略。

王象晉《群芳譜》三十卷

象晉，見雜品類。

周文華《汝南圃史》十二卷

文華，字含章，蘇州人。前有萬曆庚申陳元素《序》，稱爲光禄。

臣等謹案：是編分月令栽種花果、木果、水果、木本花、條刺花、草本花、竹、木、草、蔬菜、瓜、豆十二門，皆敘述栽種之法，間以詩詞。

王路《花史左編》二十七卷

路，字仲遵，嘉興人。

臣等謹案：是書皆載花之品目故實，分類編輯。前有陳繼儒《序》，與路所作《小引》，皆稱二十四卷。考是編，第二十五卷《花之友》，二十七卷《花之器》皆題「潭雲宜猷馭雲子補」，二十二卷《花塵》題「百花主人輯」，則此三卷乃後人所補入，而刊書者併爲一編耳。又路《小序》稱此書爲《左編》，别有《右編》爲花之辭翰，約一十二卷，蓋有其名而未成書者也。

徐光啓《農政全書》六十卷

光啓，見經類。

臣等謹案：是編總括農家諸書，裒爲一集，凡《農本》三卷，《田制》二卷，《農事》六卷，《水利》九卷，《農器》四卷，《樹藝》六卷，《蠶》四卷，《蠶桑廣類》二卷，《種植》四卷，《牧養》一卷，《製造》一卷，《荒政》十八卷。别有陳子龍删補本四十六卷，子龍所作《凡例》，稱删者十之三，補者十之二。今祇有傳鈔之本，要不及光啓原本之詳悉也。

熊三拔《泰西水法》六卷

三拔，西洋人。

臣等謹案：是書成於神宗萬曆壬子，皆記取水、蓄水之法。

鮑山《野菜博録》四卷

山，字元則，號在齋，婺源人。嘗入黄山，築室白龍潭上七年，備嘗野蔬諸味。因次其品類，别其性味，詳其調製，著爲是編。

吴彦匡《花史》十卷

彦匡，爵里無考。

《沈氏農書》一卷

題漣川沈氏撰。

臣等謹案：是書成於崇禎末，沈氏爲湖州人，故所述皆吴中土宜云。

右農家

宋

《墨經》一卷

題晁氏撰。

臣等謹案：何薳《春渚紀聞》云：「晁季一生平無他嗜，獨見墨喜動眉宇，其所製銘曰『晁季一寄寂軒』。造者不減，潘陳又稱其與賀方回、張秉道、康爲章，皆精究和膠之法，其製皆如犀璧。此書中論膠云：『有上等煤而膠不如法，墨亦不佳，如得膠法，雖次煤皆成善墨』〔一〕。與所言精究和膠法亦合。疑爲晁季一作也。季一，名貫之，晁説之之兄弟行，嘗爲樞密院檢討官。

〔一〕皆　文淵閣本作「能」。

《硯譜》一卷

不著撰人名氏。

臣等謹案：是編雜録硯之出産，與其故實。

《端溪硯譜》一卷

不著撰人名氏。末有淳熙十年東平榮芑《跋》，曰：「右縉雲葉樾交叔傳此譜。」

陳敬《香譜》四卷

敬，字子中，河南人。

《疏食譜》一卷

題清漳陳達叟撰。達叟，始末無考。

臣等謹案：左圭《百川學海》所刻其序，自稱本心翁，而書前標題，乃作門人清漳友善書堂陳達叟編。則達叟乃編其師之書，非所自撰也。

宋祁《益部方物略記》一卷

祁，字子京，雍丘人。天聖進士，官至翰林學士承旨，謚景文。

臣等謹案：是編乃祁知益州時所作。

劉蒙《劉氏菊譜》一卷

蒙,彭城人,仕履無考。

臣等謹案:是書前有蒙《自序》,稱崇寧甲申爲龍門之游,訪劉元孫所居,相與訂論,爲此譜。蓋徽宗時人。

趙時庚《金漳蘭譜》三卷

時庚,魏王廷美九世孫。

陳仁玉《菌譜》一卷

仁玉,字碧棲,台州仙居人。擢進士第,開慶中,官禮部郎中、浙東提刑,入直敷文閣。

臣等謹案:是編備載菌所生之時,所采之地,與其形狀色味,凡十一種。

史鑄《百菊集譜》六卷　《菊史補遺》一卷

鑄,字顏甫,號愚齋,山陰人。

周必大《唐昌玉蕊辨證》一卷

必大,見史類。

臣等謹案:《唐昌玉蕊辨證》已載入《平園集》中,此乃摘出别行之本。

陸游《天彭牡丹譜》一卷

游，字務觀，山陰人。始以蔭補官，孝宗初召見，賜進士出身，仕至寶章閣待制，封渭南伯。

王貴學《蘭譜》一卷

貴學，字進叔，臨江人。

《蘭易》一卷　附録《蘭易十二翼》一卷　《蘭史》一卷

題鹿亭翁撰，不著名氏。

陳思《海棠譜》三卷

思，臨安人。理宗時書賈也。

杜綰《雲林石譜》三卷

綰，字季揚，號雲林居士，山陰人。宰相衍之孫。

元

陸友《墨史》二卷

友，字友仁，亦字宅之，平江人。

陳椿《熬波圖》無卷數

椿，天台人。

臣等謹案：是書乃順帝元統中，椿爲下砂場鹽司，因前提幹舊圖而補成者也。自各團竈座至起運散鹽，爲圖四十有七，圖各有說，後繫以詩。

忽思慧《飲膳正要》三卷

思慧，官飲膳太醫。元世祖時人。

《易牙遺意》二卷

舊題韓奕撰。奕，字公望，平江人。生於元文宗時，入明遁迹不仕，終於布衣。

臣等謹案：是編仿《古食經》之遺，考奕與王賓、王履齊名，稱「吴中三高士」，未必屑屑於此，疑好事者所僞託也。

賈銘《飲食須知》八卷

銘，海寧人，自號華山老人。元時，嘗官萬户。入明已百歲，太祖召見，問其平日頤養之法，對曰要在慎飲食，因以此書進，賜讌禮部而還。

臣等謹案：是書所載，皆物性之相反相忌者。

《饌史》一卷

題元人撰，不著名氏。

臣等謹案：《永樂大典》所載，有《天府聚珍妙饌集》一卷，不著時代名氏。謹附識。

明

《宣德鼎彝譜》八卷

宣德中，禮部尚書吕震等奉敕編次。

沈繼孫《墨法集要》一卷

繼孫，洪武時人。自署其籍爲姑蘇，餘不可考。

臣等謹案：是編爲圖二十有一，圖各有説，自浸油以至試墨，敘次詳核，具有條理。

陸深《古奇器録》一卷

深，見史類。

郭子章《蠙衣生劍記》一卷　《蠙衣生馬記》一卷

子章，見經類。

錢希言《劍筴》二十七卷

希言,見雜家類。

胡文焕《古器具名》二卷　附《古器總説》一卷

文焕,見雜家類。

《分宜清玩譜》一卷

不著撰人名氏。

臣等謹案:是編皆嚴嵩家藏弆書畫器玩之目。

黄鶴《槎居譜》一卷

鶴,字修翎,宜興人。嘉靖進士。

江貞《歙硯志》三卷

貞,字吉夫,婺源人。官紹興府教授。

程君房《程氏墨苑》十二卷

君房,歙縣人。

方于魯《方氏墨譜》六卷

于魯,字建元,歙縣人。

鍾嶽秀《文苑四先生集》四卷

嶽秀，字泰華，自署江左人。

顧孟容《冠譜》一卷

孟容，錢塘人。

朱術垧《汝水巾譜》一卷

術垧，字均焉，自號汝水居士。遼簡王植七世孫。由輔國中尉改授鎮江府通判，遷户部主事。

嚴澄《蝶几譜》一卷

澄，字道徹，常熟人。大學士訥次子。由蔭生官邵武知府。

周嘉冑《香乘》二十八卷

嘉冑，揚州人。

毛晉《香國》三卷

晉，見經類。

鄧玉函《奇器圖説》三卷　王徵《諸器圖説》一卷

玉函，西洋人。徵，涇陽人，天啓進士，官揚州府推官。徵嘗詢西洋奇器之法於玉函，玉函以其國所傳文字口授之，乃譯爲是書。

徐獻忠《水品》二卷

獻忠，見史類。

陸樹聲《茶寮記》一卷

樹聲，見雜家類。

田藝衡《煮泉小品》一卷

藝衡，見經類。

何彬然《茶約》一卷

彬然，字文長，一字寧野。蘄州人。

夏樹芳《茶董》二卷

樹芳，見史類。

屠本畯《茗笈》二卷　《閩中海錯疏》三卷

本畯，見雜家類。

萬邦寧《茗史》二卷

邦寧，奉節人。天啓進士。

許次紓《茶疏》一卷

次紓，字然明，錢塘人。

《湯品》無卷數

不著撰人名氏。

徐炬《酒譜》一卷

炬，杭州人。

馮時化《酒史》六卷

時化，字應龍。里籍無考。

袁宏道《觴政》一卷

宏道，見雜家類。

沈沈《酒概》四卷

沈，自署震旦豳民囦囦父。履貫無考。

《亳州牡丹志》一卷

不著撰人名氏。

臣等謹案：黄虞稷《千頃堂書目》，是編列朱統鐕《牡丹志》後，疑亦統鐕所作。

薛鳳翔《牡丹史》四卷

鳳翔，字公儀，亳州人。由例貢仕至鴻臚寺少卿。

張志淳《永昌二芳記》三卷

志淳，見雜家類。

臣等謹案：是編以永昌所産山茶、杜鵑二花爲一譜。

楊端《瓊花譜》一卷

端，字惟正，鄞縣人。家居揚州。

王思義《香雪林集》二十六卷

思義，見史類。

臣等謹案：是編凡《梅圖》二卷、《詩詞文賦》二十二卷、《圖譜》二卷。

楊德周《澹圃芋紀》一卷

德周，見小説家類。

臣等謹案：是編爲德周所撰，而趙士駿復增定之。士駿，字西星，鄞縣人。與德周同里。

張謙德《瓶花譜》一卷

謙德，崑山人。

釋真一《筍梅譜》二卷

真一居江南法華山龍歸塢，其地多筍，梅花亦極盛，因各爲作譜。

鄧慶宷《荔支通譜》十六卷

慶宷，字道協，福州人。

陳詩教《花裏活》三卷

詩教，字四可，秀水人。

臣等謹案：是編輯古來花卉故實，書名蓋取張翥詩「蛺蝶一生花裏活」之意，然殊不雅馴。

楊慎《異魚圖贊》四卷

慎，見經類。

臣等謹案：是編凡《魚圖》三卷，贊八十六首；《海錯》一卷，贊三十首，詞頗古雋。

袁達《禽蟲述》一卷

達，字德修，閩縣人。正德舉人，官貴溪縣知縣。後爲湖廣都司經歷。

陳繼儒《虎薈》六卷

繼儒，見史類。

沈宏正《蟲天志》十卷

宏正，嘉定人。

臣等謹案：是書集鳥獸蟲魚異事分爲六部。

林有麟《素園石譜》四卷

有麟，字仁甫，華亭人。太僕寺卿景暘子，由蔭生官龍安府知府。

郁濬《石品》二卷

濬，字開之，松江人。

右譜録

欽定續文獻通考·經籍考卷四十二

子

天文　推算　五行　占筮　形法

臣等謹案：劉歆《七略》、班固《藝文志》皆著陰陽家，然班《志》所載二十一家之書，無一存者，《隋書》遂不立陰陽門。故馬《考》稱隋唐已不能知其名義，無由以後來所著之書，續立此門也。今仍分天文、推算、五行、占筮、形法五門，以符馬氏之例。

《宋史·藝文志》天文類一百三十九部五百三十一卷。

《遼》《金》《元》三史不立藝文志，散見各紀傳中。

《明史·藝文志》天文類五十部二百六十三卷。

宋

王應麟《六經天文編》二卷

應麟，見經類。

臣等謹案：是編裒六經之言天文者，以《易》《書》《詩》所載爲上卷，《周禮》《禮記》《春秋》所載爲下卷。

金

《天文主管》一卷

題明昌元年司天臺少監武亢校正。

臣等謹案：亢爲哀宗時人，不應章宗時已爲司天少監，疑其出於託名，故時代舛錯也。

元

趙友欽《革象新書》五卷

友欽，字敬夫，饒州德興人。宋之宗室。

岳熙載《天文精義賦》四卷

熙載，官太史院管勾。里貫無考。

李克家《戎事類占》二十一卷

克家，字肖翁，南昌富州人。官遼陽儒學提舉。

《天文秘略》無卷數

題新安胡氏撰，不著名字。

明

劉基《清類天文分野之書》二十四卷

基，見史類。

王禕《重修革象新書》二卷

禕，見史類。

《天元玉曆祥異賦》七卷[一]

洪熙中官撰。前有仁宗自製《序》。

戈永齡《太陽太陰通軌》無卷數

永齡，宛平人，官欽天監保章正。

韓萬鍾《象緯彙編》二卷

萬鍾，蘄州人。

魏濬《緯譚》一卷

濬，見經類。

[一] 七卷　文淵閣本、《總目》卷一八二作「無卷數」。

柯仲炯《宣夜經》無卷數

仲炯,里貫無考。

趙宧光《九圜史圖》一卷　附《六匌曼》一卷

宧光,見經類。

許胥臣《蓋載圖憲》一卷

胥臣,見經類。

李之藻《渾蓋通憲圖説》二卷　《圜容較義》一卷

之藻,見史類。

梅文鼎《訂補渾蓋通憲圖説》略曰:「渾蓋之器,以蓋天之法,代渾天之用,其製見於《元史》。札瑪里鼎所用儀器中,竊疑爲周髀遺術,流入西方。然本書黄道分星之法,尚缺其半,故此器甚少,蓋無從得其制也。兹爲完其所缺,正其所誤,可以依法成造。」

之藻自序《圜容較義》略曰:「凡厥有形,惟圜爲大;有形所受,惟圜至多。渾圜之體難名,而平面之形易析。試取同周一形以相参考,等邊之形必鉅於不等邊之形,多邊之形必鉅於少邊之形,最多邊者圜也,最等邊者亦圜也。析之則分杪不漏,是知多邊;聯之則圭角全無,是知等邊。不多邊、等邊則必不成圜,惟多邊、等邊,故圜容最鉅。昔經利公按即西洋人利瑪竇。研窮天體，因論圜名，拈出一義，次爲五界十八題，借平面以推立圜，設角形以徵渾體。」

徐光啓《測量法義》一卷　《測量異同》一卷　《勾股義》一卷

光啓，見經類。

利瑪竇《乾坤體義》二卷

瑪竇，西洋人。

臣等謹案：利瑪竇于明神宗時航海至廣東，是爲西法入中國之始。

熊三拔《表度説》一卷　《簡平儀説》一卷

三拔，西洋人。

陽瑪諾《天問略》一卷

瑪諾，西洋人。

王英明《曆體略》三卷

英明，字子晦，開州人〔二〕。

〔二〕「人」下　文淵閣本有「萬曆舉人」四字。

臣等謹案：是書所論，皆天文之梗概，未及於測量推步之法。

《象緯全書》無卷數

不著撰人名氏。

劉孔昭《星占》三卷

孔昭，基之十三世孫。天啓三年，襲封誠意伯。

柯洽《天文書》無卷數

洽，字九疑，天台人。

《靈臺秘苑》一百二十卷

不著撰人名氏。

臣等謹案：是書徵引故實，迄於元末，蓋明人所編輯，而襲庾季才之書名者也。

《注解祥異賦》七卷

不著撰人名氏。

《天漢全占》二卷

不著撰人名氏。

臣等謹按：是書上卷爲《步天歌》，下卷爲《天漢經》。各繪圖於上，而載其説及雜占於下。

《海上占候》一卷

不著撰人名氏。

《軍占雜事》一卷

不著撰人名氏。

《占候書》十卷

不著撰人名氏。

《天文諸占》一卷

不著撰人名氏。

右天文

《宋史·藝文志》曆算類一百六十五部五百八十九卷。

《遼》《金》《元》三史不立藝文志，散見各紀傳中。

《明史·藝文志》曆算類一百三十一部二百九十一卷。

宋

秦九韶《數學九章》十八卷

九韶，始末無考。惟卷首《自序》稱其籍曰魯郡，其時爲淳祐七年，魯郡已久入於元，蓋署其祖貫也。

元

李冶《測圓海鏡》十二卷　《益古演段》二卷

冶，字鏡齋，欒城人。金末登進士，入元官翰林學士。

明

貝琳《七政推步》七卷[一]

琳，官南京欽天監監副。里貫無考。

朱載堉《聖壽萬年曆》八卷　附《律曆融通》四卷

載堉，見經類。

[一] 七卷　文淵閣本作「無卷數」。

鮑泰《天心復要》三卷

泰，徽州人。

顧應祥《測圖海鏡分類擇術》十卷　《弧矢算術》一卷

應祥，見史類。

邢雲路《古今律曆考》七十二卷　《戊申立春考證》一卷

雲路，字士登，安肅人。萬曆進士，官至陝西按察司副使。

臣等謹按：是書詳於推算，而略於律法，七十二卷中言律者不過六卷。

李之藻《同文算指前編》二卷　《通編》八卷

之藻，見史類。

徐光啓等修《新法算書》一百卷

光啓，見經類。

利瑪竇譯歐几里得《幾何原本》六卷

臣等謹案：此西洋人歐几里得所撰，利瑪竇口譯而徐光啓筆受之書也。

林祖述《星曆釋義》二卷

祖述，字道卿，鄞縣人。萬曆進士，官至廣西提學僉事。

朱仲福《折衷曆法》十三卷

仲福,靈壽人。

《類編曆法通書大全》三十卷

不著編輯者名氏。

右推算

《宋史·藝文志》五行家八百五十三部二千四百二十卷。

《遼》《金》《元》三史不立藝文志,散見各紀傳中。

《明史·藝文志》五行家一百四部八百六十一卷。

宋

宋仁宗《洪範政鑒》十二卷

前有仁宗自製《序》。

臣等謹按:王應麟《玉海》稱,康定元年十一月丙辰,内出御製《洪範政鑒》十二卷示輔臣,即此本也。

徐子平《徐氏珞琭子賦注》二卷

子平，事迹無考。

臣等謹按：《珞琭子》原書見馬《考》。

釋曇瑩《珞琭子三命消息賦注》二卷

曇瑩，號蘿月，嘉興人。

臣等謹按：曇瑩以談《易》名一時，故是編往往以命理附合《易》理。

《三命指迷賦注》一卷

舊題岳珂補注。

臣等謹按：是編疑出術家所依託，然書頗可采。

《五星要録》無卷數

不著撰人名氏。

臣等謹案：是書中多載喬行簡、真德秀等命，蓋南宋人所輯也。

《康節内秘影》一卷

舊題邵子撰。

臣等謹案：是書以八卦之數，定人貧富貴賤。後有《總論》一篇，雜引古今事，而有張南軒《北門視草》云云，當是南宋人所作也。

《河洛真數》二卷

舊題陳摶撰。摶，字圖南，事迹具《宋史·隱逸傳》。

臣等謹按：是編蓋術士僞託之書，其説以《易》之卦爻，配合人生年月日，以定休咎。

《邵子加一倍法》一卷

不著撰人名氏。

臣等謹按：是書以六十甲子積數，以卜貴賤吉凶，考程子謂「邵子數學，祇是加一倍法」，非謂占禄命也。書名蓋假其語，以附會于邵子耳。

柴望《丙丁龜鑑》五卷　《續録》二卷

望，字仲山，江山人。官至國史編校。宋亡，不仕而終。

臣等謹按：《續録》二卷，一爲元人所撰，一爲明人所續記。

遼

《星命總括》三卷

舊題耶律純撰。

臣等謹按：《遼史》列傳無純名。其原序所稱，統和二年奉使高麗議地界事，亦不見於《遼史》，殆依託也。

元

《太乙統宗寶鑑》二十卷

題曉山老人撰，不著名氏。前有大德七年《自序》。

李欽夫《子平三命淵源注》一卷

欽夫，字仁敬，號五羊道人。

臣等謹按：此外有《寸金易鑑》，題西蜀易鏡先生撰，不著姓名。舊以元李欽夫《子平三命淵源注》附于後。又《永樂大典》載《九宫八卦遁法秘書》二卷、《成數大定》一卷，皆不著撰人名氏，當是元以前書，謹附識于此。

明

《佐元直指圖解》十卷

舊題劉基撰，江之棟輯，汪元標訂。

臣等謹按：世有《佐元直指賦》一篇，傳爲基所著。天啓丁卯，之棟因演爲圖式而纂注之，元標則爲刊刻以行者也。

《演禽圖訣》無卷數

舊題劉基撰。

臣等謹按:《明史・藝文志》不載是書,殆出于依託也。

《肘後神經大全》三卷

舊題涵虚子臞仙撰。

臣等謹按:臞仙爲寧王權自號,權所著《肘後神樞》二卷,《運化元樞》一卷,見《明史・藝文志》。是編卷帙與史志不合,疑爲後人增益,非原本也。

王巽《遁甲吉方直指》一卷

巽,自號秦臺子,蘭陽人。官欽天監五官司曆。

李淑通《五行類事占徵驗》九卷

淑通,河南人。《自序》稱賜進士,前詹事府通事舍人。

張賁通《五行類事占徵驗》六卷

賁通,里貫無考。

萬民英《星學大成》十卷　《三命通會》十二卷

民英,字育吾,大寧都司人。嘉靖進士,歷官河南道監察御史,出爲福建布政司右參議。

樓楷《通書捷徑》無卷數

楷，號南沙，鄞縣人。

趙迎《範圍數》無卷數

迎，鞏縣人。嘉靖進士，官南京工部主事。

黄一鳳《選擇集要》六卷

一鳳，字時鳴，峽江人。萬曆進士。

錢春《五行類應》九卷

春，見史類。

胡獻忠《大統皇曆經世》三卷

獻忠，自號六六道人，婺源人。

郭仰廉《奇門説要》一卷

仰廉，里貫無考。

程道生《遁甲演義》二卷

道生，字可生，海寧人。

池本理《禽星易見》一卷

本理,贛州人。

臣等謹按:《禽星易見》,《明史·藝文志》作四卷,此本僅作一卷,蓋傳抄者所合并也。

汪三益《參籌秘書》十卷

三益,字漢謀,貴溪道士。

臣等謹按:是編采《禽遁奇門》諸書,裒合成編。

《呂氏摘金歌》無卷數

舊題呂氏撰,不著其名。

《演禽通纂》二卷

不著撰人名氏。

《太乙成書》八卷

不著撰人名氏。

《黄帝演禽七元三傳心法》一卷

不著撰人名氏。

《七元六甲天書》一卷

不著撰人名氏。

《奇門要略》一卷

不著撰人名氏。

《太乙遁甲專征賦》一卷

不著撰人名氏。

臣等謹案：焦竑《經籍志》有明員卓《遁甲專征賦》，其名與此相合，疑即卓書。

《將門秘法陰符經》三卷

不著撰人名氏。

《五曜源流》二卷

不著撰人名氏。

《五星考》三卷

不著撰人名氏。

《星平會海》十卷

不著撰人名氏。

右五行

《宋史·藝文志》蓍龜類三十五部一百卷。

《遼》《金》《元》三史不立藝文志,散見各列傳中。

《明史·藝文志》併入五行類。

宋

劉啓明《六壬軍帳賦》一卷

啓明,河南人。始末無考。

徐道符《六壬心鏡要》三卷　《後集》一卷

道符,自號無欲子,始末無考。

凌福之《六壬畢法賦》一卷

福之,履貫無考。

景齊《神機相字法》一卷

齊,始末無考。

元

吴正《皇極大定動數得一論》一卷

正，字太初，里貫無考。

李道純《周易尚占》三卷

道純，字元素，號清庵，又號瑩蟾子，都梁人。

陸森《玉靈聚義》五卷

森，字茂林，平江路人。官陰陽教諭。

邵居敬《龜鑑易影皇極數》一卷

居敬，里貫無考。

《六壬五變中黄經》二卷

不著撰人名氏。

《六壬開雲觀月經》一卷

不著撰人名氏。

《大六壬無惑鈐》一卷

不著撰人名氏。

《六壬行軍指南》一卷

不著撰人名氏。

《奇門遁甲賦》一卷

不著撰人名氏。

《六壬兵占》二卷

不著編輯者名氏。

《皇極數》三卷

不著撰人名氏。

《皇極生成鬼經數》一卷

不著撰人名氏。

《九天玄女課》一卷〔二〕

不著撰人名氏。

〔二〕女　文淵閣本作「妙」。

明

韓邦奇《易占經緯》四卷

邦奇，見經類。

盧翰《籤易》一卷

翰，見經類。

喻有功《周易懸鏡》十卷

有功，字若無，又字混初，高安人。

喬中和《大易通變》六卷

中和，見經類。

《易數總斷》無卷數

題新安和玉山人程汝文撰。

《六壬大全》十二卷

不著撰人名氏。題懷慶府推官郭載騋校。

童軒《紀夢要覽》三卷

軒，字士昂，鄱陽人。景泰進士，官至吏部尚書。

張鳳翼《夢占類考》十二卷

鳳翼，字伯起，長洲人。嘉靖舉人。

陳士元《夢林元解》三十四卷

士元，見經類。

臣等謹按：是編爲何棟如重輯。棟如，見史類。

右占筮

宋

賴文俊《催官篇》二卷

文俊，字太素，處州人。嘗官于建陽，好相地之術，棄職浪游，自號布衣子。

蔡元定《發微論》一卷

元定，字季通，建陽人。游朱子之門。慶元中，僞學禁起，坐黨籍，竄道州，卒于謫所。後韓侂胄敗，追贈迪功郎，賜謚文節。事迹具《宋史·儒林傳》。

廖瑀《九星穴法》四卷

瑀，字伯玉，寧都人。十五通五經，人稱廖五經。建炎中，以茂異薦，不第。卜居金精山，自稱金精山人。

《天玉經外傳》一卷　《四十八局圖》一卷

舊題吴克誠撰，其子景鸞續成之。克誠，德興人，嘗從學于陳摶。景鸞，字仲翔，慶曆中官司天監正。

臣等謹案：是書似是明人贋作，其四十八局，附以經驗各圖，如朱國祚、黄洪憲之屬，皆明神宗時人，僞託之迹顯然矣。

金

張行簡《人倫大統賦》一卷

行簡，字敬甫，莒州日照人。禮部侍郎暐之子。大定進士，累官禮部尚書、翰林學士承旨、太子太傅。贈銀青榮禄大夫，謚文正。

元

《玉尺經》四卷

舊題劉秉忠撰，明劉基注。秉忠，初名侃，字仲晦，邢州人。少補邢臺節度府令史，旋棄去，隱武安山中。從浮屠法，更名子聰。世祖在藩邸，僧海雲邀與入見，大悦之，留贊大計，人稱聰書記。及世祖即位，始創議建國號，規模制作，皆所草定。至元元年，拜光禄大夫、太保，參預中書省事，賜今名。十一年卒，贈太傅、趙國公，謚文貞。改謚文正，追封常山王。

臣等謹案：是書晚出，蓋依託也。

明

《披肝露膽經》一卷

舊題劉基撰。

臣等謹案：是書語頗淺陋，殆嫁名于基者。

袁忠徹《古今識鑒》四卷

忠徹，鄞縣人。父珙，字庭玉，號柳莊，精于相法，嘗決成祖當有天下。及即位，擢太常寺丞。忠徹傳其父術，仕至尚寶少卿。事迹見《明史·方技傳》。

李國木《地理大全一集》三十卷　《二集》二十五卷

國木，字喬伯，漢陽人。

羅珏《地理總括》三卷

珏，字世美，鄱陽人。

徐之鏌《羅經頂門針》二卷

之鏌，建陽人。萬曆中諸生[一]。

黄慎《堪輿類纂人天共寶》十二卷

慎，字仲修，海陽人。

沈昇《羅經消納正宗》二卷

昇，里貫無考。

《寸金穴法》二卷

不著撰人名氏。

右形法

[一] 萬　底本闕，據文淵閣本補。

欽定續文獻通考·經籍考卷四十三

子　兵家

《宋史·藝文志》兵書類三百四十七部一千九百五十六卷。

《遼》《金》《元》三史不立藝文志，散見各紀傳中。

《明史·藝文志》兵書類五十八部一千一百二十二卷。

宋

《將鑑論斷》十卷

舊題戴少望撰。

臣等謹案：宋沈光作《戴溪〈春秋傳〉序》稱「其字曰少望」，則此書當爲溪作。然溪以孝宗淳熙五年登第，寧宗開禧中尚官資善堂説書，而此書《自序》題紹興辛酉，爲高宗十一年，下距登科之歲已三十八年，更六十五年而爲開禧。年代相隔太遠，疑别一人，其名偶與溪之字同也。是書采輯古來善用兵者，始於孫武，終於郭崇韜，凡九十三人，每人之下皆以一語標目，評其得失，大抵多爲南渡時事而發。此本爲宋麻沙版，明武定侯郭勛重刊之本。前有正德十年達賓《序》，題曰《將鑑博議》，與宋版不同。

許洞《虎鈐經》二十卷

洞，字淵夫，吴興人。咸平進士，官雄武軍推官，免歸。尋召試中書，改烏江縣主簿。

臣等謹案：是書卷首有洞進表及《自序》，共二百十篇，大都彙集前人之説，而參以己意。惟第九卷所載飛鶚、長虹、重覆、八卦四陣及飛轅寨諸圖，爲洞自創耳。

李舜臣《江東十鑑》一卷

舜臣，字子思，井研人。乾道進士，官成都府教授，擢宗正寺主簿。

臣等謹案：是編搜輯江東戰勝之迹，上起三國，下至六朝，共得十事，皆先敘其事，次加論斷，大旨爲高宗南渡，偏據一隅而發明。姚廣孝等編輯《永樂大典》，特録是書，又復遷就其説，不知明太祖之得天下，實起于江北，與漢高祖略同。成祖篡位，終于北遷，則金陵之不爲勝地明矣。恭讀皇上御題，綜括南北之大勢，洞燭往古之得失，用以闢舜臣之虚談，揭廣孝之私意，經緯天地，睿鑒高深，實足爲萬古定評，非尋常管蠡之見所能窺測也。《永樂大典》本有地圖，別本無之。

《美芹十論》一卷

舊題辛棄疾撰。

棄疾，字幼安，歷城人。官至龍圖閣待制，進樞密都承旨。謚忠敏。

臣等謹案：是書皆論恢復之計，卷末又載疏四篇，則後人所附入也。然史不言棄疾有是書。考《江西通志》載，臨川黄兑，字悦道，紹興進士，官至朝議大夫，嘗獻《美芹十策》《進取四論》。此或兑書，而後人訛爲棄疾歟？

李道傳《江東十考》一卷

道傳，字貫之，舜臣子也。官至太常博士，知果州，謚文節。事迹具《宋史·儒林傳》。

臣等謹案：是書前有《自序》，大旨考六朝備兵之實[一]，而補其父舜臣《十鑑》所未盡，然皆儒生坐談之見也。

《南北十論》一卷

題許學士撰，不著其名。

臣等謹案：《十論》僅存其八，曰吴，曰蜀，曰東晉，曰宋，曰齊，曰梁，曰陳，曰元

[一] 兵　文淵閣本作「具」。

魏，大約爲諷南渡君臣而發。

張預《百將傳》一百卷

預，字公立，東光人。

臣等謹案：是編有翟安道注。安道，字居仁，安陽人。其書采歷代名將百人，始于周太公，終於五代劉鄩，各爲之傳，而綜論其行事。凡有一節與孫武書合者，皆表而出之，別以《孫子兵法》題其後。蓋欲述古以規時，亦戴少望《將鑑論斷》之類。

明

劉寅《三略直解》三卷

寅，始末未詳。據太學題名，洪武辛亥有崞縣劉寅，蓋即其人。

龍正《八陣變合圖説》無卷數

正，武都人。

臣等謹案：正德中，萊陽藍章巡撫四川，駐兵漢中，遣人至魚復江，圖八陣壘石。正時在章幕中，遂推演爲《圖説》，刊于蜀中。

王瓊《北邊事迹》一卷　《西番事迹》一卷

瓊，見史類。

臣等謹案：瓊在嘉靖初，總督三邊軍務，因集歷代守邊得失，及所條畫奏疏，合爲一書。《西番事迹》一卷，其出討土魯番所作，前有王九思《序》，稱「關中士大夫作爲詩歌，以紀其盛」，題曰「元老靖邊屬九思序」。而書中實無詩歌，疑刊書者誤取他序以冠此册也。

曹允儒輯《握機經》三卷　《握機緯》十五卷

允儒，字魯川，太倉人。

臣等謹案：是書首載風后古文一十九字，次載太公望增衍三百六十五字，次載宋阮逸所撰《李衛公問對》中六十七字。采輯諸家注釋，于衡衝風雲諸陣，皆繪爲圖，凡三卷。又以《孫子》十三篇、《吴子》六篇爲《握機緯》。《孫子》輯諸家注釋，凡十三卷；《吴子》惟用劉寅注，凡二卷。據王世貞《序》稱「崑山明齋王氏與念菴羅公、荆川唐公，因倭變力研窮之，而以其説盡授之魯川曹君」云。

萬表《海寇議》一卷

表，見雜家類。

臣等謹案：嘉靖時，海寇出没，爲江浙患〔一〕。表推原禍本，以爲奸民通番所致，因爲此議，上之當事者。考黄虞稷《千頃堂書目》載表《海寇前後議》一卷，今已佚其《後議》。

尹耕《塞語》一卷

耕，見史類。

臣等謹案：是書作於嘉靖庚戌，皆言捍禦塞北諸部之術。

唐順之《武編》十卷

順之，見史類。

臣等謹案：是書皆論用兵指要，分前後二集。《前集》六卷，凡五十四門；《後集》四卷，凡九十七門。體例略如《武經總要》。所録前人舊説，凡兵家言及唐宋名臣奏議，無不摭集。

何良臣《陣記》四卷　《軍權》四卷

良臣，字惟聖，會稽人。官至薊鎮游擊。

〔一〕江浙　文淵閣本作「浙江」。

臣等謹案:《陣記》皆述練兵之法,凡二十三類,共六十六篇。《軍權》分十七目,爲一百七十四篇,中間有云:「募選之事,付諸有司。欺昧朦朧,上下交蔽。」又云:「將不識兵,兵不識將。卒然有事,實無以支。」皆譏切時政之語,蓋有激而然也。

鄭若曾《江南經略》八卷

若曾見史類。

臣等謹案:是編爲江南倭患而作,兼及防禦土寇之事。八卷之中,每卷又各分上下,多一時權宜之計。福建林潤爲應天巡撫,爲評而刊之。

卜大同《備倭記》二卷

大同,字吉夫,秀水人。嘉靖進士,由刑部主事,累遷湖廣按察使僉事、布政司參議。弭蘄黄盜及平苗有功,終福建巡海副使。

臣等謹案:是編乃大同官福建時,講求備倭而作。上卷分八篇,下卷分二篇。所言頗簡略,不足以資考核,其書本名《備倭圖記》,原本卷首尚有海圖,此本佚之。

李材《將將紀》二十四卷

材,字孟誠,號見羅,豐城人。嘉靖進士,官至僉都御史,巡撫鄖陽。

臣等謹案:是書大旨專重御將。而首卷至九卷,詳載漢、唐、宋七帝本紀之文,殊無斷制。十卷至二十一卷分別得失，自虞夏迄南宋，各綴數條，亦未完備。二十二卷至二十四卷，援摭經文，旁及子史，議論尤迂。考材於隆慶、萬曆中，屢殲倭寇，非全不知兵者，而其書乃如是不可解也。

葉夢熊《運籌綱目》八卷　《決勝綱目》十卷

夢熊，字南兆，歸善人。嘉靖進士，官至南京工部尚書。

臣等謹案：是編乃夢熊總督三邊時所作。《運籌綱目》爲綱八，爲目八十，綱目之下，俱有統論，各采史事以證之。《決勝綱目》不立總綱目，凡百條，亦前綴統論，證以史事。惟《運籌綱目》列史事而評之，《決勝綱目》先立説，而以史事證之，體爲小異耳。

郭光復《倭情考略》一卷

光復，武昌人。官揚州府知府。

臣等謹案：嘉靖中，東南屢中倭患，而揚州當江海之衝，被害尤甚。光復因考次所聞爲此編。首總論，次事略，及倭患、倭術、倭語、倭好、倭船、倭刀，載其情狀頗詳。蓋以必得其情，始可籌備禦之術也。考萬曆己丑進士，别有一郭光復，官至右副都御史、遼東巡撫，乃順天固安人，姓名適相同耳。

戚繼光《練兵實記》九卷　附《雜集》六卷　《紀效新書》十八卷

繼光,字元敬。世襲登州衛指揮僉事,歷官薊州、永平、山海等處總兵。官中軍都督府左都督,進太子太保。事迹具《明史》本傳。

臣等謹案:隆慶二年,繼光以都督同知,總理薊州、昌平、保定三鎮,上疏請浙東殺手、礮手各三千,再募西北壯士馬軍五枝,步軍十枝,專聽訓練。乃輯其《練兵實政》,曰練伍,練膽氣,練耳目,練手足,練營陣,練將。其附載《雜集》:一《儲將通論》,二《將官到任》,三《登壇口授》,四《軍器制解》,五《車步騎解》。其初到鎮有《疏》云:「教兵之法,美觀則不實用,實用則不美觀。」此書標曰「實記」,徵實用也。又其《登壇口授》云:「時惟庚午夏六月,而請刊此書。」移文云:「擬定教練已經二年,今將條約通集成帙」,則書成于隆慶五年辛未矣。《紀效新書》乃其官浙江參將練兵備倭時作,首爲《請訓練公移》三篇,次爲《或問其下》十八篇,曰束伍,曰操令,曰陣令,曰諭兵,曰法禁,曰比較,曰行營,曰操練,曰出征,曰長兵,曰牌筅,曰短兵,曰射法,曰拳經,曰諸器,曰旌旗,曰守哨,曰水兵,各系以圖而爲之説。皆閲歷有驗之言,故曰《紀效》。蓋繼光爲將精于訓練,傳稱其在鎮十六年,邊備修整,薊門晏然,所著書談兵者,皆遵用之,則非泛摭韜略常談者比也。

《莅戎要略》一卷　《武備新書》十四卷　《長子心鈐》無卷數

舊皆題戚繼光撰。

臣等謹案：《莅戎要略》即《練兵實記》中之條約。而《武備新書》與《紀效新書》大同小異，仍冠以繼光《紀效新書序》。其《火器諸圖》下題曰：「崇禎庚午仲秋，羽南彭翔謹録秘藏。」首有「四明謝三賓訂正」字，或即三賓所撰，蓋亦未可定。中如「雕木爲虎豹，使口中出火。以木爲人，藏礟于腹。以火爇馬尾，使之衝敵」，語同兒戲，必非繼光所作。《長子心鈐》中有對壘號令一條，云：「南塘戚少保謂，此爲束陣第一法。」則亦非繼光所自爲矣。

侯繼國《兩浙兵制》四卷

繼國，號龍泉，金山衛人。世襲指揮使。

臣等謹案：是書第一卷，首列全浙海圖，附以説，並及沿革兵制，第二卷載造戰船及火器、軍器、營操、甲操等圖，第三卷載倭警始末，第四卷爲日本風土記。於一時海防軍政，最爲詳悉。惟《日本記》有録無書，疑裝葺者偶佚之耳。

馮時寧《古今將略》四卷

時寧，字以一，桐鄉人。

盛萬年《嶺西水陸兵紀》二卷

萬年,字恭伯,秀水人。萬曆進士,官至江西按察使,遷雲南布政使,未上卒。

臣等謹案:萬年官廣西按察使時,值倭入寇,而電白、吴川二地東南濱海,先受其害。乃審度地勢,布置堡寨,圖其兵弁制度及巡船款式,而成是編。

熊明遇《劍草》一卷

明遇,字子良,進賢人。萬曆進士,官至兵部尚書。

臣等謹案:是編摘取古今名將事迹爲論斷,凡百餘條。蓋隨筆劄記之文,不足當著述之目。

《嶺南客對》一卷

舊題粤西舜山子撰,不著姓名。

臣等謹案:是書以粤中猺獞嘯聚,時出劫掠,爲居民行旅之害。有司不能制,故設爲賈客問答,以推究其得失。所陳方略,雖未必切中事宜,然亦可見當時疆吏措置之乖方矣。

陳禹謨《左氏兵略》三十二卷

禹謨,見經類。

臣等謹案：是編取《左傳》所敘兵事，以次排纂，又雜引子史證明之，而斷以己意。書生迂滯之見，無異鍥舟求劍也。

董承詔《類輯練兵諸書》十八卷

承詔，武進人。萬曆進士。天啓中，官至浙江布政使。

臣等謹案：是書編輯戚繼光談兵諸書，删其繁複，分爲十六類，冠以汪道昆《繼光墓誌》及承詔所作小傳。

顧斌《火器圖》一卷

斌，字質夫，晉江人。萬曆舉人。官廣東信宜縣知縣，調蜀府左長史。

臣等謹案：是編言軍中火攻之具甚詳，然大抵斌以意造之，無濟于實用也。如所製木人騎馬之類，頗近兒戲。其火藥器具，皆取天地星宿之數，太極兩儀之象，亦殊迂闊。前有《火器原》《火器要》二篇[一]，多書生紙上之談。又末有《風雨賦》一篇，謂熟此以占天文，百無一失，是尤不必然之事也。

〔一〕後「器」文淵閣本作「攻」。

張龍翼《兵機類纂》三十二卷

龍翼,字羽明,松江人。

臣等謹案:是書取古今言兵事者,分爲三十二類。每類中又各析子目,所載明事尤詳。第三十一卷專言陣勢,然陳法未載圖式,殊爲缺略。

《廣名將譜》十七卷

不著撰人名氏。

臣等謹案:是書卷首題「黄道周注斷」。前有崇禎癸未道周《序》,詞意弇陋,殆書肆所僞託。其目録後幅割裂,亦非足本。

曾益《左略》一卷

益,字予謙,山陰人。

臣等謹案:是書專摘《左傳》所言兵事,凡五十六篇,各標以名目。

《談兵髓》七卷

題西浙囂囂生撰,不著名氏。

臣等謹案：是編雜綴成書，初無秘授，前有王洽《序》。洽，字和仲[一]，臨邑人。萬曆進士，官至兵部尚書。《序》作于天啓甲子巡撫浙江時，則嚣嚣生亦明末人矣。

李盤《金湯十二籌》八卷

盤，字小有，揚州人。

臣等謹案：是書以「十二籌」爲名，而今存其八，非完本矣。所言皆團練鄉勇、捍禦土寇之計，雜引古事以證之，然多不切合。

宋徵璧《左氏兵法測要》二十卷

徵璧，原名存楠，字尚木，華亭人。

臣等謹案：是書節略左氏所紀兵事，而論其得失。然引車戰以談兵，殊爲不諳時勢也。

[一] 和仲　原作「仲和」，據文淵閣本、《總目》卷一〇〇改。

欽定續文獻通考·經籍考卷四十四

子 醫家

《宋史·藝文志》醫書類五百九部三千三百二十七卷。

《遼》《金》《元》三史不立藝文志，散見各紀傳中。

《明史·藝文志》醫書類六十八部一千六十四卷。

宋

董汲《旅舍備要方》一卷

汲，字及之，東平人。

夏德《衛生十全方》三卷

德，字子益。里貫無考。

臣等謹案：德又有《奇疾方》一卷，已見馬《考》。

王執中《鍼灸資生經》七卷

執中，字叔權，永嘉人。據趙綸《序》稱，澧陽郡博士。

陳自明《婦人大全良方》二十四卷

自明，字良父，臨川人。官建府醫學教諭。

嚴用和《濟生方》八卷

用和，始末無考。

吴澄《古今通變仁壽方序》曰：「世之醫科不一，惟有所傳授得之，嘗試者多驗。予最嘉嚴氏《濟生方》之藥，不泛不繁，用之輒有功，蓋其方乃平日所嘗試而驗者也。」

楊士瀛《仁齋直指》二十六卷　附《傷寒類書活人總括》七卷

士瀛，字登父，號仁齋，福州人。

《顱顖經》二卷

不著撰人名氏。

《明堂灸經》八卷

題西方子撰。

《急救仙方》六卷

不著撰人名氏。

《小兒衛生總微論方》二十卷

不著撰人名氏。

《太醫局程文》九卷

臣等謹案：是編皆宋時考試醫學之制。

金

劉完素《素問元機原病式》一卷　《宣明方論》十五卷　《傷寒直格方》三卷　《傷寒標本心法類萃》二卷

完素，字守真，河南人。事迹具《金史·方技傳》。

本傳略曰：「完素嘗遇異人陳生，飲以酒，大醉。及寤，洞達醫術，以庸醫多妄說，乃注《原病式》二萬餘言。然好用涼劑，以降心火、益肝腎爲主。」

張元素《病機氣宜保命集》三卷

元素，字潔古，易州人。八歲試童子舉，二十七試經義。進士不第，乃去學醫，洞徹其術，治病不用古方，曰：「運氣不侔，古今異軌。古方新病，不相能也。」

張從正《儒門事親》十五卷　《傷寒心鏡》一卷

從正，字子和，睢州考城人。興定中，召補太醫，尋辭去。事迹具《金史·方技傳》。

李杲《内外傷辨惑論》三卷　《脾胃論》三卷　《蘭室秘藏》三卷〔一〕

杲，字明之，自號東垣老人，真定人。以納貲得官監濟源税。幼好醫書，捐千金從易州張元素學，盡得其傳。當時以神醫目之，所著書多傳于世。

元

王好古《醫壘元戎》十二卷　《此事難知》二卷　《湯液本草》三卷

好古，字進之，趙州人。官本州教授，其學出于李杲，又嘗受業于張元素。

沙圖穆蘇《瑞竹堂經驗方》五卷

沙圖穆蘇，字謙齋。由御史出爲建昌太守。

危亦林《世醫得效方》二十卷

亦林，字達齋，南豐人。官本州醫學教授。其高祖遇仙人董奉之二十五世孫，傳其秘方，因據以成書。詳亦林所自序。

〔一〕三　文淵閣本作「六」。

朱震亨《格致餘論》一卷　《局方發揮》一卷　《金匱鉤元》三卷

震亨，字彦修，金華人。受業于羅知悌，得劉守真之傳。宋景濂言其得考亭正傳，爲金華四賢之的嗣，不徒以醫名也。

黄虞稷曰：「彦修從許文懿學，所居在丹溪，學者稱丹溪先生。」

滑壽《難經本義》二卷

壽，字伯仁，自號攖寧生。許州人，寄居鄞縣，從王居中學，受《素問》《難經》，又參會張仲景、劉守真、李明之三家而貫通之，所治無不愈。天台朱右摭其治疾神效者數十事爲作傳。

王國端《扁鵲神應鍼灸玉龍經》一卷[一]

國端，婺源人。

鄒鋐《壽親養老新書》四卷

鋐，泰寧人。

臣等謹案：是書第一卷，即宋陳直之《養老奉親書》，已見馬《考》。第二卷以下，

[一] 一卷　文淵閣本作「無卷數」。

皆鋐所續增也。

齊德之《外科精義》二卷

德之，官醫學博士，充御藥院外科太醫。

戴啓宗《脉訣刊誤》二卷　附録二卷

啓宗，字同父，金陵人。官龍興路儒學教授。

王履《醫經溯洄集》二卷〔一〕

履，字安道，崑山人。學醫于朱丹溪，盡得其術。

鎦洪《傷寒心要》一卷

洪，都梁人。始末無考。

何若愚《添注指微賦》一卷

若愚，爵里無考。

艾元英《如意方》二卷〔二〕

元英，東平人。

〔一〕二　文淵閣本作「一」。
〔二〕意　文淵閣本、《總目》卷一〇五作「宜」。

王珪《泰定養生主論》十六卷

珪，字均章，自號中陽老人。嘗從仕棄官，歸隱虞山。下慕丹術，尤邃于醫。

《類編南北經驗醫方大成》十卷

題文江孫允賢撰。

臣等謹案：是書本名《醫方集成》，後爲坊賈增輯，改題此名。

馬宗素《傷寒醫鑒》一卷

宗素，始末無考。

臣等謹案：是書載《河間六書》，皆采劉完素之説，以駁朱肱《南陽活人書》。

明

周定王橚《普濟方》四百二十六卷〔二〕

橚，見農家類。

周文采《醫方選要》十卷

文采，洪武時人。

〔二〕四百二十六卷　文淵閣本作「一百六十八卷」。

戴原禮《推求師意》二卷

原禮，朱震亨門人。

熊宗立《素問運氣圖括定局立成》一卷

宗立，見儒家類。

徐用誠《玉機微義》五十卷

用誠，字彦純，會稽人。

臣等謹案：是書爲用誠所撰，而劉純續增之。純，字宗原，咸寧人。

徐用宣《小兒方》十卷

用宣，衢州人。

徐謙《仁端録》十六卷〔一〕

謙，字仲光，嘉興人。

臣等謹案：是書專論治痘諸法。

〔一〕十六　《總目》卷一〇四同，文淵閣本作「十八」。

劉宇《安老懷幼書》四卷

宇,字志大,河南人。成化進士,官山西按察副使。

薛鎧《保嬰撮要》八卷

鎧,字良武,吴縣人。官太醫院醫士。

何瑭《醫學管見》一卷

瑭,字柏齋,懷慶人。弘治進士,官南京右副都御史,謚文定。事迹具《明史·儒林傳》。

周宏《衛生集》四卷

宏,里貫無考。

劉純《雜病治例》一卷　《傷寒治例》一卷

純,見前。其父橘泉翁,受醫術于朱震亨。純幼承家學,又從其鄉馮庭幹、許宗魯、丘克容游,盡得其法。

蔣儀《藥鏡》四卷

儀,嘉興人。正德進士。

丁瓚《素問鈔補正》十二卷

瓚,字點白,鎮江人。嘉靖進士,官温州府知府。

薛己《薛氏醫案》七十八卷

己，字立齋，吴縣人。正德間，以薦授御醫，擢南京太醫院院判晉院使。

汪機《讀素問鈔》九卷 《鍼灸問對》三卷 《外科理例》七卷附《方》一卷 《運氣易覽》三卷 《痘證理辨》一卷附《方》一卷

機，字省之，祁門人。精通醫術，治病多奇中，與吴縣張頤、杞縣李可大、常熟繆希雍齊名。

馬蒔《素問注證發微》九卷

蒔，字仲化，會稽人。

陳會《神應經》一卷

會，字善同，里貫無考。

臣等謹案：是書前有《宗派圖》，稱梓桑君席宏達九傳至席華叔，十傳至席信卿，十一傳至會，會傳二十四人，皆歷歷可據。

陳桷《石山醫案》三卷

桷，字惟宜，祁門人。

江瓘《名醫類案》十二卷

瓘，字民瑩，歙縣諸生。因病學醫。子應宿世其業。

孫一奎《赤水元珠》三十卷　《醫旨緒餘》二卷　《孫氏醫案》五卷

一奎，字文垣，號東宿，又號生生子，休寧人。《醫案》五卷，一奎輯，其子泰來、明來編。

李時珍《本草綱目》五十二卷　《奇經八脉考》一卷　《瀕湖脉學》一卷

時珍，字東璧，蘄州人。官楚王府奉祠正。事迹具《明史·方技傳》。

王世相《醫開》一卷

世相，字季鄰，號清溪，蒲州人。官延川知縣。

李濂《醫史》十卷

濂，見史類。

虞摶《醫學正傳》八卷

摶，字天民，自號花溪恒德老人，義烏人。其學以朱震亨爲宗，而參以張機、孫思邈、李杲諸家之説。

萬表《萬氏家抄濟世良方》六卷

表，見兵家類。

臣等謹案：是編乃表孫邦孚所增輯。邦孚，字汝永，官都督僉事。

張時徹《攝生衆妙方》十一卷　《急救良方》二卷

時徹，見史類。

胡嗣廉編校《靈秘十八方加減》一卷

嗣廉，濟南人。

李湯卿《心印紺珠經》二卷

湯卿，里貫無考。

吴正倫《養生類要》二卷

正倫，字子敘，自號春巖子，歙縣人。

高士《志齋醫論》二卷

士，字志齋，鄞縣人。

陳仕賢《經驗良方》十一卷

仕賢，字邦憲，福清人。嘉靖進士，官副都御史。

方廣《丹溪心法附餘》二十四卷

廣，字約之，號古齋，休寧人。

董炳《避水集驗要方》四卷

炳,字文化,河州人。父相,字玉鶴,以醫得名,柳應聘爲作《玉鶴翁傳》。炳,别號懷鶴。

臣等謹案:是編乃隆慶丙寅淮水決時,炳避居樓上所集,故以「避水」爲名。

方有執《傷寒論條辨》八卷　《本草鈔》一卷　《或問》一卷　《痙書》一卷

有執,字中行,歙縣人。

王肯堂《證治準繩》一百二十卷

肯堂,見經類。

本傳略曰:「肯堂好讀書,尤精于醫。所著《準繩》,該括精粹,世競傳之。」

肯堂《自序》略曰:「余鋭志醫學,采取古今方論,參以鄙見,而命高生隱次第録之,先成雜病論,與方各八巨帙。」

繆希雍《先醒齋廣筆記》四卷　《神農本草經疏》三十卷

希雍,字仲醇,常熟人。附見《明史·方技傳·李時珍傳》中。

臣等謹案:天啓中,王紹徽作《點將録》,以東林諸人分配《水滸傳》一百八人姓名,稱希雍爲神醫安道全。朱國禎《湧幢小品》記天啓辛酉國禎患膈病,上下如分兩截,中痛甚不能支,希雍用蘇子五錢飲之即止,亦可見其技之工矣。

張介賓《類經》三十二卷　《景岳全書》六十四卷

介賓，字會卿，號景岳，山陰人。從名醫金英游，遂精醫道。

葉秉敬《序》略曰："景岳治病，一以《内經》爲主，但恐《内經》資于自用，而不能與天下共用。乃著《類經》三十二卷，犁爲三百九十條，益以《圖翼》十一卷，《附翼》四卷，殫精極微，有功于軒岐大矣。"

馮時可《上池雜説》一卷

時可，見經類。

皇甫中《傷寒指掌》十四卷

中，字雲洲，仁和人。

楊繼洲《鍼灸大全》十卷

繼洲，平陽人。萬曆中醫官。

張三錫《醫學六要》十九卷

三錫，字叔承，應天人。

李中梓删補《頤生微論》四卷　《雷公炮製藥性解》六卷

中梓，字士材，華亭人。

劉應泰《魯府秘方》四卷

應泰,官魯王府侍醫。

吴有性《瘟疫論》二卷　《補遺》一卷

有性,字又可,震澤人。

王化貞《普門醫品》四十八卷　《補遺》四卷[一]

化貞,字肖乾,諸城人。萬曆進士,官至僉都御史、巡撫遼東。事迹附見《明史·熊廷弼傳》。

吴勉學編《河間六書》二十七卷

勉學,字肖愚,歙縣人。

黄承昊《折肱漫録》六卷

承昊,字履素,號闇齋,秀水人。洪憲子。萬曆進士,官福建按察使。

董説《運氣定論》一卷

説,見經類。

[一] 四　文淵閣本作「二」。

高武《鍼灸聚英》四卷　《鍼灸節要》三卷[一]

武，里貫無考。

盧之頤《本草乘雅半偈》十卷　《痎瘧論疏》一卷

之頤，字子繇，錢塘人。

孫志宏《簡明醫彀》八卷

志宏，字台石，杭州人。

金鎞《秘論》十二卷

題梁谿流寓李藥師撰。

《扁鵲指歸圖》一卷

不著撰人名氏。

《類方馬經》六卷

不著撰人名氏。

[一] 三　文淵閣本作「四」。

續文獻通考 經籍考（二種）

下

（明）王圻 等撰

王培峰 石風 整理

上海古籍出版社

欽定續文獻通考·經籍考卷四十五

子 神仙家　釋家

臣等謹案：馬端臨《通考》倣班固《藝文志》之例，道家之外，復列神仙。所謂道家者，漢時黄老並稱，其大旨主乎清净無爲而已。赤松子、魏伯陽之徒，則言煉養而不言服食，盧生、李少君言服食而不言煉養；張道陵、寇謙之言符籙而不言煉養服食，至杜光庭之流又惟以經典科教爲事。蓋清净無爲之指，於是蕩焉無存矣。棄本逐末，言人人殊。《宋史·藝文志》神仙家至爲繁富。《遼》《金》《元》三史，亦間見旁出。《明史》則總道家、神仙爲一類。今仍於道家之外别立神仙家一門，以符馬氏體例。至釋氏向列於神仙家之後，今亦仍其序次云。

《宋史·藝文志》神仙家三百九十四部一千二百十六卷。

《遼》《金》《元》三史不立藝文志，散見各列傳中。

《明史·藝文志》神仙家二十三部九十九卷。

宋

《按節坐功法》一卷

舊題陳摶撰。

臣等謹案:是書《宋史·藝文志》不著録,蓋後人託名也。

王欽若《翊聖保德傳》三卷

欽若,字定國,新喻人。淳化進士,累官司空門下侍郎,同平章事。

陳顯微《周易參同契解》三卷

顯微,字宗道,自號抱一子,淮陽人。嘉定、端平間,臨安佑聖觀道士。

王道《古文龍虎經注疏》三卷

道,自署保義郎,差充恩平郡王府指揮使。

陳葆光《三洞群仙録》二十卷

葆光,江陰道士。

吕元素《道門定制》十一卷

元素,西蜀道士。是書前五卷元素所撰,後六卷爲其弟子吕大焕所補。

楊智遠《梅仙觀記》一卷

智遠，仙壇觀道士。

俞琰《周易參同契發揮》三卷　《釋疑》一卷　《易外别傳》一卷　《席上腐談》二卷　《元學正宗》二卷　《爐火監戒録》一卷

琰，見經類。

《疑仙傳》三卷

題隱夫王簡撰。諸書或引作玉簡，其人當是乾德、開寶間人。

《延壽第一紳言》一卷

題愚谷老人撰。不著名氏。

金

王處一《華山志》一卷

處一，始末無考。

元

陳致虚《周易參同契分章注》三卷　《金丹大要》十卷

致虚，字觀吾，自號上陽子。

臣等謹案：是書凡分三十五章，其所疏解，皆明白顯暢。

洪知常《海瓊傳道集》一卷

知常，太平興國宫道士。

丘處機《攝生消息論》一卷

處機，登州棲霞道士，自號長春子。

李道純《中和集》三卷　《後集》三卷

道純，見占筮類。

李鵬飛《三元參贊延壽書》五卷

鵬飛，至元間人，自稱九華澄心老人。

余覺華《修真捷徑》九卷

覺華，字榮甫，建安人。

陳采《清微仙譜》一卷〔一〕

采，建安道士。

〔一〕「卷」下 文淵閣本、《總目》卷一四七有「附録三卷」四字。

李道謙《甘水仙源録》十卷

道謙，元時道士。

李道謙《終南山祖庭仙真内傳》二卷附朱象先《終南山説經臺歷代仙真碑記》一卷

象先[一]，亦元時道士。

張雨《元品録》五卷

雨，字伯雨，一字天雨，别號貞居子，錢塘人。宋崇國公九成後也。年二十餘，棄家爲道士，自稱句曲外史。

戴起宗《悟真篇注疏》三卷附《直指詳説》一卷

起宗，字同甫，集慶路人。延祐中，嘗官紹興儒學教授。

臣等謹案：《悟真篇》爲宋時張伯端所撰，見馬《考》。乾道中，翁葆光始析爲三篇，作注以申繹其義，又附以《悟真直指詳説》一篇。元至順間，起宗重加訂正，復爲疏以發明之。葆光，字淵明，號無名子，象川人。

[一]「象先」上　文淵閣本有「道謙見前」四字。

徐仙《翰藻集》十四卷附《贊靈集》四卷

不著編輯名氏。

臣等謹案：是書所載皆唐末徐温二子知證、知諤詩文，稱降神於閩所作，蓋附乩書也。後附《贊靈集》，皆頌神之文。

明

明太祖《周顛仙傳》一卷

顛仙，建昌人，事迹詳《明史·方技傳》。於洪武二十六年，太祖親製此傳，命中書舍人詹希庾書之，勒石廬山。

寧王權《神隱志》二卷

權，見史類。

冷謙《修齡要指》一卷

謙，字啓敬，嘉興人。洪武初，官太常寺協律郎。

蔣一彪《古文參同契集解》三卷

一彪，自號復陽子，餘姚人。

郭本中、步履常同編《鶴林類集》無卷數

本中、履常，皆道士。

臣等謹案：是編述其師周元真之靈異也。元真，字元初，吴縣人。以雨暘祈禱，頗有應驗，一時文士多以詩文投贈。本中等因萃爲是編。

范應虚《紫陽道院集》二卷

應虚，字志敏，號棲雲，杭州紫陽庵道士。庵在吴山西南瑞石山上，名流多有題咏。應虚因裒輯爲此編。

《霞外雜俎》一卷

題鐵脚道人撰。有敖英《序》稱，嘉靖丁酉，泊舟空舲灘，遇仙翁所授。又有後跋稱，鐵脚道人，姓杜氏，名巽才，魏人。

朱載瑋《諸真元奥集成》九卷

載瑋，明之宗室也。

張位《周易參同契注解》三卷　《悟真篇注解》三卷

位，見經類。

李堪《玉洞藏書》四卷

堪,號楚愚,應城人。嘗爲諸生。

李文燭《黄白鏡》一卷　《續黄白鏡》一卷

文燭,字晦卿,自號夢覺道人,丹徒人。

朱約佶《觀化集》一卷

約佶,號雲仙,又號弄丸山人。靖江王守謙之裔,居於廣西。

趙樞生《含元子》十二卷

樞生,字彦材,太倉人。

陳繼儒《香案牘》一卷

繼儒,見史類。

段元一《化機彙參》五卷

元一,字思真,號涵虚子,又號永明道人,自署北郡人。嘗官知縣。

彭在份《讀丹録》無卷數

在份,號從野逸人,莆田人。

白雲霽《道藏目録詳注》四卷

雲霽，字明之，號在虚子，上元人，明季道士。

《廣胎息經》二十二卷

不著撰人名氏。

臣等謹案：是書第二十一卷引羅洪先、陳獻章語，審爲明代道流所作，舊題宋人者，妄也。

《至游子》二卷

不著撰人名氏。

《群仙珠玉集成》四卷

不著編輯者名氏。

《道書類鈔》無卷數

不著編輯者名氏。

《二六功課》一卷

題石室道人撰，不著名氏。

右神仙家

《宋史·藝文志》釋家類二百二十二部九百四十九卷。

《遼》《金》《元》三史不立藝文志，散見各列傳中。

《明史·藝文志》釋家類一百一十五部六百四十五卷。

宋

釋贊寧《高僧傳》三十卷〔一〕

贊寧，德清人。杭州龍興寺僧。吴越王錢鏐署爲兩浙僧統，宋太宗嘗召對於滋福殿，詔修《高僧傳》。咸平中，加右階僧録。至道二年卒，謚曰圓明大師。

釋普濟《五燈會元》二十卷

普濟，字大川，靈隱寺僧。

臣等謹案：是書取釋道原《景德傳燈録》、駙馬都尉李遵勖《天聖廣燈録》、釋維白《建中靖國續録》、釋道明《聯燈會要》、釋正受《嘉泰普燈録》，撮其要旨，彙爲一書，故曰《五燈會元》。

〔一〕「高」上　文淵閣本、《總目》卷一四五有「宋」。

釋曉瑩《羅湖野録》四卷

曉瑩，字仲温，江西人。能詩，紹興時僧。

釋志磐《佛祖統紀》五十四卷

志磐，咸淳時人。住四明東湖。

釋元敬、元復同撰《武林西湖高僧事略》一卷

元敬，西湖僧。元復，東嘉僧。

元

釋覺岸《釋氏稽古略》四卷

覺岸，字寶洲，烏程人。

釋念常《佛祖通載》二十二卷

念常，號梅屋，華亭人。延祐中，居嘉興大中祥符禪寺。

《神僧傳》九卷

不著撰人名氏。

明

陳實原《大藏一覽》十卷

實原，寧德人。

管志道《覺迷蠡測》三卷　《剩言》一卷　附録一卷

志道，見經類。

夏樹芳《法喜志》三卷

樹芳，見史類。

周永年《吴都法乘》十二卷

永年，見史類。

釋可真《長松茹退》二卷

可真，字達觀，吴江人。世稱紫柏大師。

右釋家

欽定續文獻通考·經籍考卷四十六

子 類書上

臣等謹案：《舊唐書》以前之志，但有雜家而無類書，其以類書别爲一類者，自《唐書》始。晁公武謂齊梁間士大夫之俗喜徵事，以爲其學淺深之候，類書之起，當在此時。今考分類編纂之書，實始于梁公武之言良信，謹依馬端臨《通考》例，續輯如左，其有抄録他書，别標名目，以欺世者，本書已載，即不復爲采入，以避冗複云。

《宋史·藝文志》類書類三百七部一萬一千三百九十三卷。

《遼》《金》《元》三史不立藝文志，散見各紀傳中。

《明史·藝文志》類書類八十三部一萬七千一百八十六卷。

宋

徐晉卿《春秋經傳類對賦》一卷

晉卿《自序》稱，將仕郎秘書省校書郎。里貫無考。

臣等謹案：《左傳》文繁詞縟，學者往往緯以儷語，見于《宋藝文志》者，有崔昇等十餘家。今並佚，惟此賦尚存，凡一百五十韻。

劉攽《文選類林》十八卷

攽，字貢父，與兄敞同舉慶曆進士。歷官秘書少監，出知蔡州，後終于中書舍人。

臣等謹案：是編取《文選》字句，可供詞賦之用者，分門標目，共五百四十九類，疑南宋時業詞科者所贋託也。

吕祖謙《詩律武庫前後集》三十卷

祖謙，見經類。

臣等謹案：是編分類標題，大抵皆習見之事，考《祖謙年譜》及《宋史・藝文志》皆不載，蓋後人依託也。

周守忠《姬侍類偶》二卷

守忠，見雜家類。

臣等謹案：是書有朝奉大夫鄭域中《序》及守忠《自序》，仿侍兒小名，録而以四言，隔句用韻，凡八十有八聯。大抵以《太平廣記》爲稿本，漏略不全。

劉達可《璧水群英待問會元選要》八十二卷

達可，爵里無考。

臣等謹案：是書前有淳祐乙巳建安陳子和《序》，分十六門，大約爲太學諸生答策而設。

祝穆《事文類聚前集》六十卷　《後集》五十卷　《續集》二十八卷　《别集》三十二卷

穆，見史類。

臣等謹案：是書《前集》之首，有淳祐丙午穆《自序》，每集各分總部，而附以子目，條分件繫。蓋沿歐陽詢《藝文類聚》、徐堅《初學記》之體，而略變其例。

劉應李《翰墨大全》一百二十五卷

應李，字希泌，建陽人。咸淳進士，主本邑簿。

臣等謹案：是書仿祝穆《事文類聚》之例，分二十五門。

潘自牧《記纂淵海》一百卷

自牧，字牧之，金華人。慶元進士，知龍游縣事。

王應麟《玉海》二百卷　附《辭學指南》四卷　《小學紺珠》十卷

應麟，見經類。

臣等謹案：《玉海》有婺郡文學李垣《序》，稱其多識廣聞，淹貫博洽。其爲書精密淵深，區分臚列，靡所不載，凡二百四卷，總以二十一門，析之爲二百四十餘類[一]。《紺珠》分門隸事，與諸類書略同，惟以數爲綱，而以所統之目係于下，則應麟之創例。

林駉《源流至論前集》十卷　《後集》十卷　《續集》十卷　黃履翁《源流至論别集》十卷

駉，字德頌，寧德人。嘗以《易》冠鄉薦。履翁，字吉父，爵里無考。

章如愚《山堂考索》二百十二卷

如愚，字俊卿，婺州金華人。慶元進士，官國子博士，知貴州，忤韓侂胄罷歸。

臣等謹案：是書分四集：《前集》六十六卷，《後集》六十五卷，《續集》五十六卷，《别集》二十五卷，共二百十二卷。事必有據，言必有徵。蓋仿杜氏《通典》之例。

趙崇絢《雞肋》一卷

崇絢，字元素。簡王元份八世孫。

[一] 二百四十餘　文淵閣本作「二百六十一」。

方鳳《野服考》一卷

鳳，一名景山，字韶卿，浦陽人。宋末授容州文學，國亡不仕。與謝翺、吴思齊友善。

臣等謹案：是書摭取經史及説部所記野服之制，凡十六條。

陳思《小字録》一卷　《補録》六卷

思，見農家類。

臣等謹案：思本理宗時書賈，而此書卷首題爲「成忠郎緝熙殿國史實録院秘書省搜訪」，不知何時所授，其書乃仿陸龜蒙《侍兒小名録》，而略加推廣。

楊伯嵒《六帖補》二十卷

伯嵒，見經類。

謝維新《古今合璧事類備要前集》六十九卷　《後集》八十一卷　《續集》五十六卷　《别集》九十四卷　《外集》六十六卷

維新，字去咎，建安人，始末無考。自署「膠庠進士」，蓋太學生也。

臣等謹案：是書成于寶祐丁巳，《前集》四十一門，《後集》四十八門，《續集》六門，《别集》六門、《外集》十六門。共三百六十六卷，一百一十七門。

陳景沂《全芳備祖》五十八卷

景沂，號肥遯，天台人。

臣等謹案：是書前有寶祐元年韓境《序》，言理宗時曾進於朝。《前集》二十七卷，所記皆花；《後集》三十一卷，果卉、草木、農桑、蔬藥。凡七部，每一物分事實祖、賦詠祖二類。

詹光大《群書類句》二十七卷

光大，里貫無考。

臣等謹案：是書凡分一千五百餘門，前有蔡公亮《序》。

蕭元登《古今詩材》八卷

元登，里貫無考。

臣等謹案：是書取唐宋人詩分類編輯，間有評注，皆剽竊諸家詩話。殆又出《詩律武庫》之下。

裴良甫《十二先生詩宗集韻》二十卷

良甫，字師聖，里貫無考。

臣等謹案：是書見趙希弁《讀書附志》，卷末稱「淦川宋季用校正」。「十二先生」

者，唐杜甫、李白、高適、韓愈、柳宗元、孟郊，宋歐陽修、曾鞏、蘇軾、王安石、黄庭堅、陳師道也。

徐伯益《訓女蒙求》一卷

伯益，里貫無考。

臣等謹案：是書倣李瀚《蒙求》之例，類集婦女事迹，括以四言韻語。

朱景元《經學隊仗》三卷

景元，里貫無考。

《永嘉八面鋒》十三卷

不著撰人名氏。

臣等謹案：是書卷末有都穆《跋》，謂宋時嘗有刻本，稱永嘉先生相傳爲陳傅良所撰云。

《群書會元截江網》三十五卷

臣等謹案：是書首題「太學增修」。中有淳祐、端平年號，蓋理宗時程試策論之本也。前有元至正七年東陽胡助《序》，黄虞稷《千頃堂書目》遂誤以爲助撰。凡分六十五門，每門各附子目。

《翰苑新書前集》七十卷　《後集上》二十六卷　《後集下》六卷　《別集》十二卷　《續集》四十二卷

臣等謹案：是書明陳文燭《序》，第稱宋人，不著名氏。他本題謝枋得撰者，蓋坊賈所僞託也。

《四六膏馥》七卷

舊題楊萬里撰。

臣等謹案：是書殊淺陋，當是坊賈所託名。

《八詩六帖》二十九卷

題王狀元撰，不著其名。

臣等謹案：是書蓋坊賈所爲之贋本，摘李、杜、韓、柳、歐、王、蘇、黄之詩，而竊白居易之書名也。

《諸史偶論》十卷

臣等謹案：是書題「柳州計宗道校」。宗道，明弘治進士，馬平人。稱「校」則非其所著，考所引史事至五代而止，審爲宋人所作。

《萬卷菁華前集》八十卷　《後集》八十卷　《續集》三十四卷

不著撰人名氏。

《三場通用引易活法》九卷

不著撰人名字。

臣等謹案：是書蓋宋人取説《易》之詞，分類排比，以備場屋之用者也。詞雖解《易》，而體則全是類書。

元

陰時夫《韻府群玉》二十卷

時夫，名幼遇，以字行，奉新人。登宋寶祐九經科，入元不仕。

嚴毅《增修詩學集成押韻淵海》二十卷

毅，字子仁，建安人。

臣等謹案：是書卷首有順帝至元庚辰張復《序》，體例與《韻府群玉》相近。

高耻傳《群書鉤玄》十二卷

耻傳，臨邛人。

臣等謹案：是書前有耻傳《自序》，後附《删節通鑑》一卷，題曰「建置沿革」，又附陳騤《文則》一卷。

祝明《聲律發蒙》五卷

明，字文卿。原書二卷，見高儒《百川書志》；後三卷，潘瑛所續，明劉節校補。瑛，不知何許人。節，見經類。

胡炳文《純正蒙求》三卷

炳文，見經類。

富大用《事文類聚新集》三十六卷　《外集》十五卷

大用，字時可，里貫無考。

祝淵事《文類聚遺集》十五卷

淵，字宗禮，里貫無考。

《敏求機要》十六卷

臣等謹案：是書題「月梧劉實撰，鳳梧劉茂實注」。而撰人則於「劉」字下「實」字上空一字，疑是兄弟二人，本以實字連名，舊本糢糊，傳寫者因於撰者之名，空一字也。審書中所云，當是宋遺民之入元者。

《古賦題》十卷　《後集》五卷

題天曆己巳古雍劉氏翠巖家塾識。蓋元仁宗時所刊。

《排韻增廣事類氏族大全》十卷

不著撰人名氏。

明

寧王權《原始秘書》十卷

權，見史類。

張九韶《群書拾唾》十二卷一本作《群書備數》。

九韶，見史類。

臣等謹案：是書仿王應麟《小學紺珠》之例，以數記事，分十二門。前有李登《序》。

楊信民《姓源珠璣》六卷

信民，江陰人。永樂中，官日照縣知縣。

袁均哲《群書纂類》十二卷

均哲，字庶明，建昌人。正統中，官彬州知州。

臣等謹案：是編補張九韶《群書拾唾》之闕，加以注釋，凡十三門。一本作《群書備數》[一]。

包瑜《韻府續編》四十卷

瑜，字希賢，青田人。景泰庚午舉人，官教諭。

陳士元《名疑》四卷　《姓匯》四卷　《姓觽》十卷

士元，見經類。

臣等謹案：《名疑》博采史傳及百家雜説，凡古人名字同異，無不畢載。雖間有訛誤，然采摭繁富，頗廣見聞。其《姓匯》《姓觽》兩書徵引，殊多疏舛。

何喬新《策府群玉》三卷

喬新，見經類。

范泓《典籍便覽》八卷

泓，字本涵，婺源人。

[一] 一本作群書備數　文淵閣本無此七字。

《群書集事淵海》四十七卷

不著撰人名氏。

臣等謹案：《明史·藝文志》據高儒《百川書志》以是書爲弘治時人編，而李東陽《懷麓堂集》載有此書，《後序》稱國初人輯，内官監左少監賈性捐貲鏤版，是此書本出明初，《百川書志》誤據賈性重刻之本耳。書分十門，五百七十二子目。

王圻《三才圖會》一百六卷

圻，見史類。

臣等謹案：是書輯諸書圖譜爲一編，凡十四類。

朱文《涉覽屬比》四卷

文，睢州人。

臣等謹案：是書末有自《跋》，稱書成於正德乙巳。考正德紀年，並無乙巳，疑有訛誤。其書每條以古人二事相似者，合而論之。事皆習見，議論亦極膚淺。

劉定之《文安策略》十卷

定之，見經類。

臣等謹案：是書乃所擬場屋對策之作。周榮作《定之年譜》，記此書成於宣德九年甲寅,時定之年二十六歲,蓋其揣摩程試時也。

楊慎《謝華啓秀》八卷　《哲匠金桴》五卷　《均藻》四卷

慎,見經類。

臣等謹案:《謝華啓秀》《哲匠金桴》,皆摘取古人新雋句,一則裁爲對偶,一則分韻編録。《均藻》乃《韻府群玉》之流。考許慎《説文》無韻字,小學家以均字代之,引《鶡冠子·五均》爲證。慎書名蓋取諸此。

《可知編》八卷

舊題楊慎撰。

臣等謹案:是書獨不見於《升庵書目》,殆坊賈所依託也。

李黼《王制考》四卷

黼,無錫人。

臣等謹案:是書采經史中有關制度者,分類纂輯,統爲七十四篇,前有《自序》。

鄒泉《經世格要》二十八卷

泉,見史類。

臣等謹案:是書以《周禮》六官爲綱,而分隸故實於下,大抵不出《文獻通考》《大學衍義補》諸書。

羅頎《物原》一卷

頎，字儀甫，浙江山陰人。

臣等謹案：頎以宋高承《事物紀原》不能黜妄崇真，故更訂此編。分十八門，共二百三十有九條。

吴昭明《五車霏玉》三十四卷

昭明，始末無考。

臣等謹案：是編爲汪道昆增訂。道昆，字伯玉，歙縣人。嘉靖進士，官兵部左侍郎。《明史》附見《王世貞傳》中。

浦南金《修辭指南》二十卷

南金，吴縣人。嘉靖舉人，官國子監助教。

臣等謹案：是編取《爾雅》《左腴》《漢雋》《書敘指南》四書彙爲一編，分二十部四十類。

施仁《左粹類纂》十二卷

仁，字宏濟，長洲人。嘉靖舉人。

黄省曾《騷苑》四卷

省曾,見史類。

臣等謹案:是編摘《楚辭》字句,以供剽竊之用,乃劉攽《文選雙字》之類。省曾原書三卷,後一卷爲張所敬補。所敬,字長輿,自署曰清河,從郡望也。

張之象《楚騷綺語》六卷

之象,見史類。

游日章《駢語雕龍》四卷

日章,字學絅,莆田人。嘉靖進士,官至知府。

臣等謹案:是編以駢偶之詞,類隸古事,分十七門。晉安林世勤爲之注釋。

《詩學事類》二十四卷　《韻學事類》十二卷　《韻學淵海》十二卷

題李攀龍撰。攀龍,字于鱗,歷城人。嘉靖進士,官河南按察使。事迹具《明史·文苑傳》。

臣等謹案:三書皆龐雜弇陋,必坊賈所僞託也。

唐順之《荆川稗編》一百二十卷

順之,見史類。

臣等謹案:是編仿章如愚《山堂考索》之例。薈萃群言,區分類聚,始之以六經,終之以六官。六經所不能盡，則條次九流諸家之學術，凡爲類二十有七。六官所不盡，則賅之以史傳，凡爲類二十有五云。

耿隨朝《名物類考》四卷

隨朝，字敬菴，滑縣人。嘉靖進士，官至山西按察使副使〔一〕。

臣等謹案：是書詮釋名物，分十五門。蓋《爾雅》之支流。

《異物彙苑》五卷　《彙苑詳注》三十六卷

舊題王世貞撰。世貞，見史類。

臣等謹案：兩書皆剽剟諸書而成，疑託名世貞者也。

《古今類腴》十八卷

不著撰人名氏。

臣等謹案：是書前有吴一鵬《序》，云是王麟洲作。麟洲，王世懋別號也。見史類。凡分十門，一百二十一子目，皆采掇成語以備舉業之用，殆坊賈僞託，必非出世懋手也。

〔一〕按察使　文淵閣本作「按察司」。

欽定續文獻通考·經籍考卷四十七

子 類書下

明

吴夢材《彊識略》四十卷

夢材，字國賢，崇陽人。

況叔祺《考古辭宗》二十卷

叔祺，字吉甫，高安人。嘉靖進士，官貴州提學僉事。

劉鳳《雜俎》十卷

鳳，見史類。

臣等謹案：是書摘録古書字句，凡分八類。

王可大《國憲家猷》五十六卷

可大，字元簡，南京錦衣衛人。嘉靖進士，官台州府知府。

凌迪知《文選錦字》二十一卷

迪知，見史類。

徐元太《喻林》一百二十卷

元太，字汝賢，宣城人。嘉靖進士，官刑部尚書。

臣等謹案：是書采摭古人設譬之詞，彙爲一編。凡分十門，五百八十餘類。歷二十餘年而後成。

徐時行《群書纂粹》八卷

時行，即申時行，見經類。

臣等謹案：時行，初寄養於徐，從其姓。此蓋其未復姓時作。

王荔《正音攟言》四卷

荔，字子巖，高陽人。嘉靖舉人，官青州府推官。

臣等謹案：是書乃村塾對偶之本，分二十二部。前有李國檣《序》〔一〕。

〔一〕檣　文淵閣本作「楨」。

潘之恒《亘史鈔》無卷數

之恒，見史類。

臣等謹案：是書《明史·藝文志》作九十一卷。顧起元《序》稱，有《内紀》《外紀》《雜紀》，爲卷九百九十有六。今僅存《内紀》，蓋殘缺不完之本也。

潘塤《楮記室》十五卷

塤，見史類。

鄭若庸《類雋》三十卷

若庸，字虚舟，崑山人。少爲諸生，以任俠不羈見斥。客趙康王厚煜邸中，厚煜給以筆札，令其倣《初學記》《藝文類聚》，越二十年而成此書。

趙樞生《含元齋别編》十卷

樞生，見神仙家類。

顧充《古雋考略》六卷

充，見經類。

莊元臣《三才考略》十二卷

元臣，字忠原，歸安人。隆慶進士。

臣等謹案：是書分十二門，蓋備科舉對策之用者。

張元抃《翰林諸書選粹》四卷

元抃，見史類。

郭子章《黔類》十八卷

子章，見經類。

臣等謹案：是編其巡撫貴州時所輯，故曰《黔類》。實隸事之書，非《黔志》也。凡分三十六門。

祝彦《祝氏事偶》十五卷

彦，字元美，山陰人。萬曆舉人。

臣等謹案：是書采史傳所載古人事迹相同者，倣《世説新語》門目，分條徵引。

陳與郊《廣修辭指南》二十卷

與郊，見經類。

屠隆《標緗對類》二十卷

隆，見雜家類。

何三畏《何氏類鎔》三十五卷

三畏,見史類。

臣等謹案:是編取類書典故,以駢語聯絡成文,即宋吴淑《事類賦》之屬,但不爲韻語耳。

徐常吉《事詞類奇》三十卷　《六經類聚》四卷

常吉,字士彰,武進人。萬曆進士,官浙江按察司僉事。

臣等謹案:《類奇》爲類二十有四,吴人陸伯元爲之注。《類聚》凡十八門,内有陶元良續增者。元良,字乃永,亦武進人。

樊王家《春秋内外傳類選》八卷

王家,潛江人。萬曆進士。

閔文振《異物彙苑》十八卷

文振,字道充,浮梁人。

姚光祚《廣蒙求》三十七卷

光祚,字允昌,吴縣人。萬曆舉人,官保定府同知。

臣等謹案:宋王逢原有《十七史蒙求》,光祚以其未備,從而廣之,分三十七類。

陶涵中《男子雙名記》一卷

涵中，字雪凡，嘉興人。萬曆舉人，官建昌府同知。

臣等謹案：是書記古人雙名，如殷七七、王保保，凡二十一人。然以佘闕爲佘闕，不知何所據也。

吴道南《秘笈新書》十三卷　《别集》三卷

道南，見史類。

臣等謹案：是書據道南《自序》謂「本宋謝枋得之書，道南爲之增補」。

黄一正《事物紺珠》四十一卷

一正，字定父，揚州人。

臣等謹案：是書《明史·藝文志》作四十六卷。今以書考之，乃四十六目也。

馮琦《經濟類編》一百卷

琦，字琢菴，臨朐人。萬曆進士，官至禮部尚書，謚文敏。

臣等謹案：是編爲琦手録之稿，琦没後，弟瑗與其門人周家棟、吴光儀重爲排纂。

余寅《同姓名録》十二卷　周應賓《補録》一卷

寅,見史類。應賓,見經類。

顧起元《説略》三十卷

起元,見史類。

臣等謹案:是編《明史·藝文志》作六十卷,而起元《自序》止三十卷,與今本合。蓋《明史》偶誤也。《明史》收入小説家類,以與曾慥《類説》、陶宗儀《説郛》相近。然詳考體例,其分門、排比、編次之法,實與類書相同。

陳耀文《天中記》六十卷

耀文,見經類。

臣等謹案:是編乃其類事之書,以所居近天中山,故曰《天中記》。

章潢《圖書編》一百二十七卷

潢,見經類。

臣等謹案:是編取左圖右書之義,凡諸書有圖可考者,無不彙輯而爲之説。明人圖譜之學,惟此與王圻《三才圖會》爲巨帙。然圻書門目瑣屑,不及潢書之有體要。

陳禹謨《駢志》二十卷

禹謨，見經類。

彭大翼《山堂肆考》二百二十八卷　《補遺》十二卷

大翼，字雲舉，一字一鶴，江南通州人。以歲貢判梧州。

臣等謹案：《江南志》稱，大翼自梧州乞歸，因事繙閲，積四十年而書成，名曰《山堂肆考》，凡分宫、商、角、徵、羽五集。

劉鴻訓《玉海纂》二十二卷

鴻訓，字默成，長山人。萬曆進士，官至文淵閣大學士。

《時物典彙》二卷

舊題李日華撰。日華，見史類。

臣等謹案：是書雜剽類書故實，飣餖成帙，舛謬百出，當是僞託之作。

杜涇《對制談經》十五卷

涇，西安人。始末無考。

臣等謹案：是書因宋葉時《禮經會元》舊文百篇，分類排纂，立十五門以統之。

徐鑒《諸書考録》四卷　《諸經紀數》十四卷

鑒，字觀父，豐城人。萬曆進士，官監察御史，提督應天學政。

許獬《八經類集》三卷

獬，字子遜，同安人。萬曆進士，官翰林院編修。八經，《易》《書》《詩》《春秋》《禮記》《周禮》《孝經》《小學》也。

林滮《藻軒閑録補續詞叢類采》八卷

滮，字元盛，福州人。官至昌化縣知縣。

楊德周《輿識隨筆》一卷

德周，見小説家類。

陳懋學《事言要元》三十二卷

懋學，字希賢〔一〕，福唐人。萬曆舉人，官兵馬司指揮。

吴之俊《獅山掌録》二十八卷

之俊，字彦章，號芝房，歙縣人。萬曆進士，官武强縣知縣。

〔一〕賢　文淵閣本作「顏」。

楊聯芳《諸經纂注》三十四卷

聯芳，字懋賞，漳州人。

徐應秋《駢字憑霄》二十四卷

應秋，見雜家類。

臣等謹案：是書皆采輯經史駢連之字，《詮義》十卷，《釋名》十四卷。自注引王嘉《拾遺記》「蒼梧有鳥，名憑霄，能吐五色氣」名書之義，蓋取諸此。

陳子壯《經濟言》十二卷

子壯，字集生，南海人。萬曆進士，官禮部侍郎。明亡殉難。

楊淙《事文玉屑》二十四卷

淙，始末無考。

江旭奇《朱翼》無卷數

旭奇，字舜升，歙縣人。官安岳縣丞〔二〕。

臣等謹案：是書凡分六部，捃摭諸書是非，一以朱子爲斷，故名《朱翼》。

〔二〕「官」上　文淵閣本有「萬曆中」三字。

黄以陞《史説萱蘇》一卷

以陞，字孝義，龍溪人。

臣等謹案：是書取史事之相類者，隨筆記載。《自序》謂「臯蘇釋勞，萱草忘憂」，故以「萱蘇」爲名。

俞安期《唐類函》二百卷　《詩雋類函》一百五十卷　《類苑瓊英》十卷

安期，字羡長，吴江人。

臣等謹案：《唐類函》取唐人類書，删除重複，彙爲一函，分四十三部。《詩雋類函》取皇古迄唐代之詩，彙爲一編，分三十六部。《類苑》分别事類，每條止撮舉二字，中缺「天文」一類，殆未成之書也。

劉嗣昌《劉氏類山》十卷

嗣昌，字燕及，桐城人。萬曆中，官興化府知府。

臣等謹案：是書爲目七十，所載之書，止于唐代。

卓明卿《卓氏藻林》八卷

明卿，字澄甫，錢塘人。萬曆中，官光禄寺署正。

臣等謹案：是編采擷群書，分門輯録。談遷《棗林藝簣》謂「是吴興王氏之本，明卿竊取之」。

錢應充《史學璧珠》十八卷

應充，字子美，紹興人。萬曆中貢生。

徐袍《事典考略》六卷

袍，字仲章，婺源人。

王思義《故事選要》十四卷

思義，見史類。

劉仲達《劉氏鴻書》一百八卷

仲達，字九逵，宣城諸生。

臣等謹案：是書分二十四類，卷端題湯賓尹删定。

汪宗姬《儒函數類》六十二卷

宗姬，字肇邰，歙縣人。

臣等謹案：是書《明史·藝文志》作《儒數類函》，蓋刊本誤也。

穆希文《蟫史》十一卷

希文，見雜家類。

臣等謹案：是書專記鳥獸故實，故以「蟫」名。

王志慶《古儷府》十二卷

志慶，字與游，崑山人。天啓舉人。

臣等謹案：是書采摭漢魏賦頌、六朝唐宋人駢體，分十八門，大概仿歐陽詢《藝文類聚》之例。

董斯張《廣博物志》五十卷

斯張，見史類。

臣等謹按：晉張華《博物志》，南宋李石嘗續之，仍華舊目。斯張更從而廣之，全改華之體例，凡分門二十有二，子目六十有七。

李清《歷代不知姓名録》十卷　《諸史同異》六十八卷

清，見史類。

臣等謹按：清取諸史所載有事迹而無姓名者，類而聚之，爲《歷代不知姓名録》。又取諸史中之相合者，分三十八類；相反者分三十類，類各一卷，名之曰《諸史同異》。

李肇亨《婦女雙名記》一卷

肇亨，字會泰，嘉興人。太僕卿日華之子。

彭儼《五侯鯖》十二卷

儼，字若思，江西人。

李紹文《藝林纍百》八卷

紹文，見小説類。

羅萬藻《十三經類語》十四卷

萬藻，字文止，江西人。天啓舉人，福王時官上杭縣知縣。唐王僭號，擢禮部主事，未幾卒。

陳懋仁《庶物異名疏》三十卷

懋仁，見史類。

胡文焕《詩學彙選》二卷

文焕，見經類。

陳繼儒《文奇豹斑》十二卷

繼儒，見史類。

李琪枝《清異續録》三卷

琪枝，字雲卿，嘉興人。太僕卿日華之孫，肇亨之子。

臣等謹案：是書雖續陶穀之《清異録》，然穀書體近稗官，此則事多古典，名同實異，未可同類而觀云。

凌稚隆《五車韻瑞》一百六十卷

稚隆，見經類。

臣等謹案：是編因陰時夫《韻府群玉》，而稍變其例，每韻之下，先刊小篆，然後隨韻隸事。前有謝肇淛《序》。

張雲鸞《五經總類》四十卷

雲鸞，字羽臣，號泰巖，無錫人。崇禎時，嘗以所輯經書、講義獻之闕下。

臣等謹案：是編取五經及《周禮》《孝經》，分門排比，共爲七十二類。

程良孺《茹古略集》三十卷

良孺，見雜家類。

吕一經《古今好議論》十卷

一經，字子傳，號非菴，吴縣人。崇禎進士，官至河南提學副使。

劉侗《名物考》十卷

侗，見史類。

顔茂猷《六經纂要》無卷數

茂猷，見雜家類。

傅巖《事物考》八卷

巖，字野清，義烏人。崇禎進士，官歙縣知縣，明末殉節〔一〕。

文德翼《傭吹録首集》二十卷　《次集》二十一卷

德翼，見史類。

何偉然《四六霞肆》十六卷

偉然，見雜家類。

方夏《廣韻藻》六卷

夏，字南明，自號養春子，長洲人。

許之吉《麗句集》六卷

之吉，爵里無考。

臣等謹案：是編采前人儷偶之句，分門編次，亦楊慎《謝華啓秀》之類。

〔一〕歙縣知縣明末殉節　文淵閣本作「監察御史」。

孫丕顯《文苑彙雋》二十四卷

丕顯，字啓周，閩人。

劉葉《事類通考》十卷

葉，字芝華，饒州人。

卓有見《策統綱目》三十九卷

有見，莆田人。

徐炬《古今事物原始》三十卷

炬，見譜録類。

韓孔贊《古史彙編》四卷

孔贊，字羲一，里貫無考。

馮廷章《子史彙纂》二十四卷

廷章，字子建，常熟人。

臣等謹案：是書分二十四類，卷首列徵引書目千餘種，唐宋諸志不著録者十之六七，明諸家書目不著録者十之九。

《類雅》二十卷

不著撰人名氏。

《萬年統紀》十二卷

不著撰人名氏。

《對類》二十卷

不著撰人名氏。

《大政管窺》四卷

不著撰人名氏。

《汲古編》四卷

不著撰人名氏。

欽定續文獻通考·經籍考卷四十八

子　雜藝術

臣等謹案：馬端臨《通考》沿史志之例，立雜藝術一門，而以陳振孫《書録解題》列書品、書斷之類於雜藝，譏其於義無當。然書與射固均爲六藝中之一事，振孫謂諸書所論書法之工拙，正與射御同科，其説亦不爲無見。今續輯宋以來論書之作與論畫者，並列其琴譜之屬，有僅爲山人墨客識曲審音之事者，亦入焉。自餘次序，則仍從馬氏之例云。

《宋史·藝文志》雜藝類一百十六部二百二十七卷。

《遼》《金》《元》三史不立藝文志，散見各紀傳中。

《明史·藝文志》雜藝類四十九部四百五十七卷。

宋

朱長文《墨池編》六卷

長文，字伯原，吴縣人。登乙科，官至秘書正字。事迹見《宋史·文苑傳》。

臣等謹案：是編論書學源流，分爲八門，皆引古人成書而類次之。

米芾《海岳名言》一卷

芾，字元章，襄陽人。寄居京口，官至禮部員外郎，知淮陽軍。

《宣和書譜》二十卷　《畫譜》二十卷

不著撰人名氏。

韓拙《山水純全集》一卷

拙，字純全，南陽人。官忠訓郎。

姜夔《續書譜》一卷

夔，見經類。

岳珂《寶真齋法書贊》二十八卷

珂，見經類。

臣等謹案：珂是書以其家所藏墨迹，自晉唐迄南宋，各系以跋而爲之贊。

陳思《書小史》十卷

思,見農家類。

董史《書録》三卷

史,字良史,宋末人。

元

李衎《竹譜》十卷

衎,字仲賓,號息齋道人,薊丘人。起家將仕郎,皇慶中,爲吏部尚書、集賢殿大學士,謚文簡。

趙孟頫曰:「吾友仲賓爲此君寫真,冥搜極討,蓋欲得畫竹之情狀。二百年來,以畫竹稱者,皆未必能精深如仲賓也。」

湯垕《畫鑒》一卷

垕,字君載,東楚人。

垕《自序》略曰:「采真子妙于考古,在京師時,與鑒畫博士柯君敬仲論畫,遂著此書。用意精到,悉有據依。惜尚缺略,乃爲删補,編次成帙,名曰《畫鑒》。」

鄭杓《衍極》二卷

杓，字子經，羅源人。泰定中，官南安縣教諭。

盛熙明《法書考》八卷

熙明，其先曲鮮人，後居豫章。

夏文彥《圖繪寶鑑》五卷　《續編》一卷

文彥，字士良。其先吴興人，居于松江。嗜古，精繪事，爲楊維楨所稱。

蘇霖《書法鉤元》四卷

霖，字子啓，鎮江人。

劉維志《字學新書摘抄》一卷

維志，達州人。

《畫紀補遺》二卷　《元畫紀》一卷

不著撰人名氏。

明

陶宗儀《書史會要》九卷　《補遺》一卷　《續編》一卷

宗儀，見經類。

朱存理《珊瑚木難》八卷　《鐵網珊瑚》十六卷

存理，見史類。

張紳《法書通釋》二卷

紳，字士行，登州人。洪武十五年，以薦舉授鄠縣教諭，累官浙江左布政使。

黄瑜《書學會編》四卷

瑜，字廷美，華亭人。天順中，官肇慶府知府。

周瑛《書纂》五卷

瑛，字梁石，莆田人。成化進士，累官四川右布政使。學者稱翠渠先生。

楊慎《墨池瑣録》四卷〔一〕

慎，見經類。

臣等謹案：此書極推重趙孟頫，謂其一洗顔柳之病，直以晉人爲師，右軍之後一人而已。

〔一〕瑣　原作「鎖」，據文淵閣本改。

豐坊《書訣》一卷

坊，見經類。

詹景鳳曰：「坊爲人逸出法紀外，而書學極博，五體並能，諸家自魏晉以及國朝，靡不兼通，規矩盡從手出。」

孫鑛《書畫跋跋》三卷　《續》三卷

鑛，見經類。

臣等謹案：王世貞先有《書畫跋》，鑛又跋其所跋，故名《書畫跋跋》。

唐志契《繪事微言》一卷[一]

志契，字敷五，又字元生，江都人。與弟志伊並能畫[二]，而志契尤以山水擅名。

張丑《清河書畫舫》十二卷　《真迹日録》一卷　《二集》一卷　《三集》一卷　《清河書畫表》一卷　《法書名畫見聞表》一卷　《南陽法書表》一卷　《南陽名畫表》一卷

丑，原名謙德，字叔益。後改今名，字青父，號米菴，吴縣人。

朱彝尊曰：「青父精于鑒古，所撰《清河書畫舫》等書，時人比之黄伯思、周公

[一] 一　文淵閣本作「二」。
[二] 伊　文淵閣本作「尹」。

謹云。」

陸深《書輯》三卷

深，見史類。

劉璋《明書畫史》三卷　《元朝遺佚附録》一卷

璋，字圭甫，嘉定人。《書畫史末》一卷，同邑童時補正。時，字尚中。

陸樹聲《平泉題跋》二卷

樹聲，見雜家類。

王世貞《書苑》十卷　《畫苑》十卷　《弇州山人墨迹跋》三卷　《墨刻跋》四卷

世貞，見史類。

詹景鳳《書苑補益》八卷　《畫苑補益》四卷

景鳳，見雜家類。

李開先《中麓畫品》一卷

開先，字伯華，號中麓，章丘人。嘉靖進士，累官太常寺卿。《明史·文苑傳》附載《陳束傳》中。

徐渭《筆元要旨》一卷

渭，見雜家類。

王穉登《吴郡丹青志》一卷

穉登，見小説類。

穉登《自序》略曰：「吴中繪事，自曹、顧、僧繇以來，鬱乎雲興，蕭疏秀妙。余展所藏名畫，自吴都以迄昭代，纍纍滿篋，圖石疑雲，寫川欲浪，爰作《吴中丹青志》，以信將來。」

汪顯節《繪林題識》一卷

顯節，始末無考。

張鳳翼《海内名家工畫能事》二卷

鳳翼，見占筮類。

釋蓮儒《畫禪》一卷　《湖州竹派》一卷

蓮儒，自稱白石山衲子，始末無考。其《湖州竹派》一編，皆抄取舊書，而又不著明出處。

李日華《竹嬾畫賸》一卷　《續畫賸》一卷

日華，見史類。

項穆《書法雅言》一卷

穆，字德純，號貞元，秀水人。元汴之子。元汴鑒藏書畫，甲于一時，穆承其家學，於書法特工。

項聖謨《墨君題語》二卷

聖謨，字孔彰，秀水人。

莫是龍《畫説》一卷

是龍，字雲卿，以字行，更字廷韓，華亭人。布政使如忠之子。萬曆中，以貢入國學。《明史·文苑傳》附見《董其昌傳》中。

何三畏曰：「廷韓摹大癡畫十年，乃出以示人。其潛心如是，故神情秀潤，墨采淋漓，試雜之大癡真迹中，恐亦未易識别。」

朱象衡《筆道通會》一卷

象衡，字朗初，秀水人。

張泰階《寶繪録》二十卷

泰階，字爰平，上海人。萬曆進士。

趙宧光《寒山帚談》二卷　《拾遺》一卷　附録一卷

宧光，見經類。

潘之淙《書法離鉤》十卷

之淙，字無聲，號達齋，錢塘人。

朱謀垔《畫史會要》五卷

謀垔，字隱之，號厭原山人。樂安靖莊王之曾孫，封奉國將軍。

周之士《游鶴堂墨藪》二卷

之士，字士貴，自號四明居士，齊興人。

陳繼儒《書畫史》一卷

繼儒，見史類。

郁逢慶《書畫題跋記》十二卷　《續題跋記》十二卷

逢慶，字叔遇，别號水西道人，嘉興人。

黄鳳池《唐詩畫譜》五卷

鳳池,徽州人。

沈與文《畫志》一卷

與文,自稱姑餘山人。

《畫譜》六卷

不著撰人名氏。

《草書集韻》五卷

不著撰人名氏。

以上書畫

顧煜《射書》四卷

煜,字銘柏,無錫人。

程道生《射義新書》二卷

道生,海寧人。

以上射

明

嚴澄松《絃館琴譜》二卷

澄，見譜録類。

黄獻《琴譜正傳》六卷

獻，字仲賢，廣西平樂人。孝宗時中官。

臣等謹案：黄虞稷《千頃堂書目》載原書十卷，今本爲宋仕校正、楊嘉森編，衹六卷，仕、嘉森俱無錫人。

楊表正《琴譜大全》十卷

表正，字西峰，延平人。

胡文焕《文會堂琴譜》六卷

文焕，見雜家類。

張廷玉《理性元雅》六卷

廷玉，字汝光，延安人。萬曆進士，累官工部郎中。

臣等謹案：是編爲所作琴譜，琴凡四式，曲凡百篇。又别譜鼓瑟之法，合一十有二曲爲一卷，以附于後。

林有麟《青蓮舫琴雅》四卷

有麟，見譜録類。

楊掄《伯牙心法》一卷　《太古遺音》無卷數

掄，號桐菴，江寧人。

以上琴譜

元

吾丘衍《學古編》一卷

衍，見史類。

明

徐官《古今印史》一卷

官，字元懋，吴縣人。

顧從德《印藪》六卷

從德，字汝修，上海人。

何通《印史》五卷

通，字不違，松江人。

以上篆刻

元

《丸經》二卷

不著撰人名氏。

《雙陸譜》一卷

題丫角道人撰。

明

林應龍《適情録》二十卷

應龍，字翔之，永嘉人。禮部儒士。

臣等謹案：是書前八卷，載日本僧虚中所傳《奕譜》三百八十四圖。第九卷以下爲外篇，補遺圖説，則應龍所搜録也。

王穉登《奕史》一卷

穉登，見小説類。

王思任《奕律》一卷

思任，字季重，山陰人。萬曆進士，累官江西按察司僉事。

《秋仙奕譜》十二卷

不著撰人名氏。

李孝元《壺譜》一卷

孝元,字松橋,滑縣人。官都司經歷。

郭元鴻《壺史》三卷

元鴻,泰和人。

以上雜技

欽定續文獻通考·經籍考卷四十九

集

臣等謹案：馬端臨《通考》集類凡七門，曰楚辭，曰别集，曰詩集，曰歌詞，曰章奏，曰總集，曰文史。考《隋志》始以楚辭爲一門，其名最古，今特因之。别集所賅本廣，詩詞之類，即可統歸其中。今《續通考》以自宋而後名目益繁，篇帙彌富，仍依《通考》之例，於别集外分詩集一門。其章奏已歸史類著録，無庸贅入。歌詞本皆詞集，今增入詞話、曲譜等書，以次於集類之末。至總集，則仍其舊，而文史改爲詩文評，謹從《四庫全書》之例云。

集 楚辭　别集一

《宋史·藝文志》楚辭類八家十二部一百四卷。

《遼》《金》《元》三史不立藝文志，散見各紀傳中。

《明史·藝文志》不立楚辭類。

宋

楊萬里《天問天對解》一卷

萬里，字廷秀，吉水人。紹興進士，官至寶謨閣學士致仕，卒謚文節。

吴仁傑《離騷草木疏》四卷

仁傑，見經類。

臣等謹案：仁傑《自序》謂梁劉杳有《草木疏》二卷，其書已亡。杳《疏》凡王逸所集者皆在焉，仁傑獨取二十五篇疏之。其大旨謂《離騷》之文多本《山海經》，故書中引用，每以《山海經》爲斷。

明

汪瑗《楚辭集解》八卷　《蒙引》二卷　《考異》一卷

瑗，字玉卿，歙縣人。

屠本畯《離騷草木疏補》四卷　《楚騷協韻》十卷　附《讀騷大旨》一卷

本畯，見子類。

臣等謹案：是書以宋吴仁傑《離騷草木疏》多有未備，特於香草類增入麻、秬、黍、薇、稻、粢、麥、粱八種，於嘉木類增入楓、梧二種，其餘於仁傑《疏》多所删汰。

黄文焕《楚辭聽直》八卷　《合論》一卷

文焕，見經類。

臣等謹案：文焕坐黄道周黨下獄，因在獄中著此書，蓋借屈原以自感[一]，其曰「聽直」，取原《惜誦》篇中「皋陶聽直」語也。

沈雲翔《楚辭評林》八卷

雲翔，字千仞，慶城人。

右楚辭

《宋史·藝文志》别集類一千八百二十四部，二萬三千六百四卷。

《遼》《金》《元》三史不立藝文志，散見各紀傳中。

《明史·藝文志》别集類一千一百八十八部，一萬九千八百九十六卷。

[一] 自　文淵閣本作「寓」。

宋

臣等謹案:馬端臨《通考》於宋人别集,載至嘉定以前,較《宋史·藝文志》闕者尚多。蓋據當日所見録之,而未博徵志乘也。今際《四庫全書》告成,海内藏書盡登秘府,又檢《永樂大典》各韻中,凡湮没之書可以搜輯者,悉加編綴。於宋人佚集纂出甚夥。兹於《通考》已載其目者不復重登外,餘悉爲著録,俾後知斯文不朽,其遭逢盛世,良非偶然云爾。

趙湘《南陽集》六卷

湘,字叔靈。其先自京兆徙越,遂爲西安人。淳化進士。

臣等謹案:湘即趙抃之祖,《宋史·抃傳》不著世系,故湘始末亦不具。蘇軾爲抃作碑,稱湘官廬江尉,其後追贈司徒,則以抃貴推恩者也。

蔣堂《春卿遺稿》一卷

堂,字希魯,宜興人。大中祥符進士,歷官左諫議大夫,改給事中,兩守吴郡,以禮部侍郎致仕。

臣等謹案:胡宿作《堂神道碑》,稱堂以皇祐六年卒,贈吏部侍郎。又本傳載堂有《吴門集》二十卷,今祇一卷,乃明天啓中其裔孫鐄掇拾散佚成之。題曰「春卿」,蓋仍致仕之官云。

趙抃《清獻集》十卷

抃，字閱道，西安人。景祐初進士及第，歷官龍圖閣直學士、參知政事。出鎮越中，再移蜀郡，以太子少保致仕，謚清獻。

臣等謹案：抃是集詩文各五卷，乃從宋嘉定中舊本重刊，前有天台陳仁玉《序》。

胡宿《文恭集》五十卷　《補遺》一卷

宿，字武平，晉陵人。天聖進士，歷官樞密副使，以太子少師致仕。贈太子太傅，謚文恭。

《金君卿文集》二卷

君卿，字正叔，浮梁人。慶曆進士，官度支郎中。

臣等謹案：《宋藝文志》載《君卿集》十卷，《江西通志》作十五卷。考《永樂大典》載是集有富臨原《序》一篇，稱臨川江明仲求遺稿，編成十五卷，號《金氏文集》，則《宋志》稱十卷者誤矣。

黄庭堅《山谷刀筆》二十卷

庭堅，字魯直，分寧人。官至著作佐郎，知鄂州。事迹具《宋史·文苑傳》。

臣等謹案：馬《考》以表、賦、策、論、四六、尺牘統入别集，蓋每類僅止數種，故不復區分。今從其例，仍歸别集類。是編爲庭堅所著尺牘，馬《考》所未著録，爰爲補載，餘倣此。

吕陶《净德集》三十八卷

陶，字元鈞，號净德，成都人。皇祐進士，歷官給事中，改集賢院學士。

祖無擇《龍學文集》十六卷

無擇，字擇之，上蔡人。累官龍圖閣學士，坐事謫忠正軍節度副使。

臣等謹案：《無擇集》十卷，附司馬光、梅堯臣等贈答之作，曰《名臣賢士詩文》二卷；又附無擇叔祖SIGNAL、叔士衡等傳記、敕書及詩，曰《家集》四卷，乃其曾孫行編次。

朱長文《樂圃餘稿》十卷　附録一卷

長文，見子類。

臣等謹案：《樂圃集》凡一百卷，南渡後燬於兵。其從孫知漢陽軍，思重加編次，以非全集，名曰《餘稿》，而以墓、銘、表、傳爲附録云。

游酢《廌山集》四卷

酢，字定夫，建陽人。元豐進士，歷官監察御史，終知濠州事。事迹具《宋史·道學傳》。

華鎮《雲溪居士集》三十卷

鎮，字安仁，會稽人。元豐進士，官至朝奉大夫，知漳州軍事。

慕容彦逢《摛文堂集》十五卷　附録一卷

彦逢，字淑遇，宜興人。元祐進士，累官刑部尚書。

張元幹《蘆川歸來集》八卷

元幹，字仲宗，自號真隱山人，又曰蘆川老隱。

宗澤《忠簡公集》八卷

澤，字汝霖，義烏人。元祐進士。靖康中〔二〕，知磁州。勤王兵起，以澤爲副元帥。累遷延康殿學士兼開封尹，留守東京。贈觀文殿學士，謚忠簡。

汪藻《浮溪文粹》十五卷

藻，字彦章，德興人。崇寧進士，歷官顯謨閣學士、左太中大夫，封新安郡侯。事迹具《宋史·文苑傳》。

臣等謹案：馬《考》稱藻《浮溪集》六十卷，蓋據陳振孫《書録解題》所載。又趙希

〔二〕中　文淵閣本作「初」。

弁《讀書後志》增《猥稿外集》一卷、《龍溪文集》六十卷，共一百二十一卷，《宋藝文志》並著於録。今本爲明胡堯臣所刊，凡十五卷。

李光《莊簡集》十八卷

光，字泰發，上虞人。崇寧進士，累官吏部尚書。因争和議，安置瓊州，移昌化軍，卒。追復資政殿學士，謚莊簡。

臣等謹案：光集載於《紹興正論》者四十卷，《宋藝文志》作前、後集三十卷，焦竑《經籍志》作二十六卷，錯互不合。錢溥《秘閣書目》、葉盛《菉竹堂書目》俱載有《莊簡集》八册，是明初尚存，其後散佚，今據《四庫全書》著録。

孫覿《内簡尺牘》十卷

覿，字仲益，晉陵人。大觀進士，政和中詞科，以薦爲侍御史。屢謫貶，終於提舉鴻慶宫。

臣等謹案：覿所著《鴻慶居士集》，馬《考》已著録。是編爲覿門人李祖堯輯并注，與覿集中所載尺牘，時有不同。

劉才邵《檆溪居士集》十二卷

才邵，字美中，廬陵人，號檆溪居士。宣和間，中宏詞科。紹興中，官工部侍郎，權吏部尚書，加顯謨閣直學士。

李正民《大隱集》十卷

正民，字方叔，揚州人。政和進士，歷官中書舍人、徽猷閣待制。

王洋《東牟集》十四卷

洋，字元渤，山陽人。宣和進士。紹興中，官起居舍人、知制誥，直徽猷閣。

黄彦平《三餘集》四卷

彦平，字季岑，豫章人。宣和進士。建炎初，官吏部郎中，提點湖南刑獄。

臣等謹案：《三餘集》世無傳本，《宋藝文志》作黄季岑《三餘集》，《經籍志》作黄次山《三餘集》，厲鶚《宋詩紀事》則云「黄次山，字季岑」，輾轉異同，不可究詰。惟《豐城縣志》於宋《黄得禮傳》内載其世系、名字，逐一條晰，知此集爲得禮次子彦平所撰。

陳康伯《文恭公集》十三卷

康伯，字長卿，弋陽人。宣和中上舍丙科，官至尚書左僕射，同中書門下平章事，謚文恭。

羅從彦《豫章文集》十七卷

從彦，字仲素，沙縣人。以薦授博羅縣主簿。淳祐間，追謚文質。事迹具《宋史·道學傳》。

陳東《少陽集》十卷

東，見史類。

蘇籀《雙溪集》十五卷

籀，見子類。

廖剛《高峰文集》十二卷

剛，字用中，順昌人。紹興中，官御史中丞，以提舉明道宫致仕。

鄧肅《栟櫚集》十六卷

肅，字志宏，南劍人。以薦賜進士，建炎初官右正言。

臣等謹案：王明清《揮麈後録》載《栟櫚遺文》三十卷。今本僅詩一卷、詞一卷、文十四卷。

李流謙《澹齋集》十八卷

流謙，字無變，德陽人。以父廕補將仕郎，歷官通判、潼川府事。

曹勛《松隱文集》四十卷

勛，字功顯，陽翟人。宣和進士，紹興中以韋太后北還迎鑾功，累官昭信軍節度使。

卒贈少保，謚忠靖。

張九成《橫浦集》二十卷

九成，字子韶，號無垢居士。其先開封人，徙居錢塘。紹興二年進士第一，仕至刑部侍郎，以忤秦檜謫居南安軍。檜死，起知温州，丐祠歸。卒贈太師崇國公，謚文忠。

汪應辰《文定集》二十四卷

應辰，字聖錫，玉山人。紹興五年進士第一，歷官敷文閣學士、四川制置使，知成都府。

臣等謹案：馬《考》載應辰《玉山翰林詞草》五卷，而《宋藝文志》載其集五十卷，流傳已罕。明弘治中，程敏政於內閣本摘抄其要，編爲十二卷，又附遺事、志、傳等文二卷。今據《四庫全書》著録，較多十之四五。

陳長方《唯室集》四卷　附録一卷

長方，見子類。

鄭興裔《忠肅奏議遺集》二卷〔一〕

興裔，字光錫〔二〕，顯肅皇后外家三世孫。由成忠郎歷官武泰軍節度使，贈太尉，謚

〔一〕二卷　文淵閣本作「無卷數」。

〔二〕光　底本缺字，據浙江書局本、《總目》卷一五八補，文淵閣本作「允」。

忠肅。

臣等謹案：是編雖以奏議爲名，實則裒集雜文共爲一集。以其出於南宋之後，故陳振孫《書録解題》及《宋藝文志》俱未載。

鄭樵《夾漈遺稿》三卷

樵，見經類。

臣等謹案：樵當時以博洽著，不以文章名。其集自陳振孫《書録解題》以下皆不著録，此本乃後人所編。

范浚《香溪集》二十二卷

浚，字茂名，蘭溪人。紹興中舉賢良方正，辭不赴。

曾協《雲莊集》五卷

協，字同季，南豐人。紹興中，以世賞得官，歷仕臨安通判、權知永州事。

吴儆《竹州集》二十卷　附《棣華雜筆》一卷

儆，字益恭，休寧人。紹興進士，歷官廣南西路安撫使，主管台州崇道觀，謚文肅。

晁公遡《嵩山居士集》五十四卷

公遡，字子西，鉅野人。公武之弟。仕履無考。

李侗《延平文集》三卷　附録一卷

侗，見子類。

馮時行《縉雲文集》四卷

時行，字當可，璧山人。紹興間，官提點成都刑獄公事。

臣等謹案：《時行集》，《宋藝文志》作四十三卷，原本久佚。明嘉靖中，李璽訪得舊抄殘本，編爲四卷。

史堯弼《蓮峰集》十卷

堯弼，字唐英，眉州人。舉進士，未仕。

臣等謹案：焦竑《經籍志》載《蓮峰集》三十卷，今據《四庫全書》著録。原序二篇，一作於乾道丙戌，自署曰「省齋」，無可考；一爲「任濟」，全序作於嘉定癸酉。

羅願《鄂州小集》六卷　附録二卷

願，見經類。

臣等謹案：淳熙甲辰，願由知南劍州改鄂州，卒於官。州佐劉清之爲刊其稿，名《鄂州小集》，止六卷，史稱十卷，誤。今所傳本，明人重刻，後附願兄頌、弟頎及姪似臣之文二卷。

周孚《蠹齋鉛刀編》三十二卷

孚，字信道，濟南人。寓家丹徒，乾道進士，官真州教授。

臣等謹案：集首有京口陳珙《序》，稱遺文共三十卷，蓋珙《序》專指詩文而言。末二卷爲《非詩辨妄》，以鄭樵作《詩辨妄》，決裂古訓，汩亂經義，南渡諸儒多爲所惑，孚陳二十四事以攻之。其書原自別本單行，後人取以附入，故通爲三十二卷。

崔敦禮《宫教集》十二卷

敦禮，見子類。

倪樸《石陵書》一卷

樸，字文卿，浦江人。居石陵村，因以爲號。嘗應進士舉，以事徙筠州，會赦得還。

臣等謹案：謝翺輯樸雜著，其本久佚。此則明嘉靖間毛鳳韶所輯，不曰集而曰書者，以編中擬上高宗書爲主，舉其重也。

衛博《定菴類稿》四卷

博，里貫無考。

臣等謹案：《宋中興百官題名》記載：「乾道四年正月，衛博爲樞密院編修，官四月，致仕。」知其終於是職。

李吕《澹軒集》八卷

吕，字濱老，光澤人。

臣等謹案：吕行事不見於史傳，惟周必大《平園續稿》有吕墓誌，稱其「端莊自重，記誦過人，年四十即棄科舉，至七十七而卒」。焦竑《經籍志》載《澹軒集》十五卷。今本詩三卷，詞一卷，雜文四卷，末附周必大《墓誌》。

虞儔《尊白堂集》六卷

儔，字壽老，寧國人。隆興進士，累官兵部侍郎。

臣等謹案：儔行事不見於《宋史》，而志乘所載頗詳。蓋屢著治行，不徒以文學見長者。據陳貴誼原序，集本二十四卷，今本詩四卷，文二卷。

袁説友《東塘集》二十卷

説友，字起巖，建安人。隆興進士，累官同知樞密院、參知政事。

彭龜年《止堂集》二十卷

龜年，字子壽，清江人。乾道進士，累官湖北安撫使，以寶謨閣待制致仕，謚忠肅。

曾丰《緣督集》二十卷

丰，字幼度，樂安人。乾道進士，歷官知德慶府。

臣等謹案：丰集真德秀嘗板行於世，歲久不傳。元元統間，丰五世孫德安購其遺集，虞集爲之序。明嘉靖間，詹事講嘗選録十二卷刊行，謹附識於此。

王子俊《格齋四六》一卷

子俊，字材臣，吉水人，安丙帥蜀，嘗辟爲制置使屬官。

臣等謹案：子俊所著有《史論》《師友緒言》《三松類稿》諸書，馬《考》載《三松集》十八卷，均佚不傳。此本原題曰《格齋三松集》，當即類稿之一種。

王炎《雙溪集》二十七卷

炎，字晦叔，婺源人。乾道進士，官至軍器少監。

臣等謹案：炎與淳熙中觀文殿大學士王炎姓名相同，非一人也。所著總題曰《雙溪類稿》，今存者惟詩文集焉。

舒璘《文靖集》二卷

璘，字元質，一字元賓，奉化人。乾道進士，官宜州通判。淳祐中，追謚文靖。事迹具《宋史·儒林傳》。

趙汝談《南塘四六》一卷

汝談，字履常，太宗八世孫，居餘杭。淳熙進士，官至權刑部尚書。

劉爚《雲莊集》十二卷

爚，見經類。

臣等謹案：是集爲祁承㸁澹生堂抄本，前有嘉定間李埴《序》，又附真德秀碑文，乃明天順間其十世孫梗所編。

員興宗《九華集》二十五卷　附録一卷

興宗，見史類。

趙善括《應齋雜著》六卷

善括，爲太宗七世孫。《宋史·宗室表》載其名。

臣等謹案：集中《迓黄樞密知隆興府啓》有「一廛爲氓」語，則籍隸隆興。《祭漢陽趙守文》有「仙源同盟，雁塔俱第」語，則嘗登進士也。

陳造《江湖長翁集》四十卷

造，字唐卿，高郵人。淳熙進士，官淮南西路安撫使參議。

孫應時《燭湖集》二十卷　《附編》二卷

應時，字季和，號燭湖居士，餘姚人。淳熙進士，知常熟縣，移判邵武軍。

臣等謹案：是書末附應時之父介及其兄應求、應符詩，並應時父子誌、傳、行狀，子祖開《補官省劄》諸篇爲上、下二卷。

李廷忠《橘山四六》二十卷

廷忠,字居厚,號橘山,於潛人。淳熙進士,歷官夔州通判。

李洪《芸菴類稿》六卷

洪,正民子,寓海鹽,曾以侍從官知温州。

楊冠卿《客亭類稿》十五卷

冠卿,字夢錫,江陵人。舉進士,嘗出知廣州。

陳淳《北溪大全集》五十卷 《外集》一卷

淳,見子類。

衛涇《後樂集》二十卷

涇,字清叔,華亭人。淳熙十一年進士第一,歷官參知政事,封秦國公,謚文節。

楊萬里《千慮策》二卷 《錦繡論》二卷

萬里,見楚辭類。

陳傅良《止齋論祖》五卷

傅良,見史類。

高似孫《騷略》三卷

似孫，見史類。

臣等謹案：是編皆所擬騷賦等篇。

曹彦約《昌谷集》二十二卷

彦約，見史類。

薛季宣《浪語集》三十五卷

季宣，見經類。

劉宰《漫堂集》三十六卷

宰，字平國，金壇人。紹熙進士，屢薦不起，以直顯謨閣終於家，謚文清。

度正《性善堂集》十五卷

正，見史類。

臣等謹案：《宋史》本傳載正《性善堂集》，不著卷數。趙希弁《讀書附志》列其目，凡十五卷。今本卷數與《附志》合。

程珌《洺水集》三十卷

珌，字懷古，休寧人。紹熙進士，累官禮部尚書、翰林學士、知制誥，歷端明殿學士致仕。

臣等謹案：陳振孫《書録解題》載珌集六十卷。今本爲明末其裔孫至遠所刻，僅三十卷。

陳文蔚《克齋集》十七卷

文蔚，字才卿，上饒人。嘗舉進士，端平二年詔補迪功郎。

臣等謹案：文蔚所著《尚書類編》已佚，其文集亦無傳本，故陳振孫《書録解題》《宋藝文志》俱不載，今本乃明初其郡人張時雨及其裔孫良鑑掇拾而成者。

廖行之《省齋集》十卷

行之，字天民。延平人，徙衡州。淳熙進士，授寧鄉主簿。

黄幹《勉齋集》十四卷

幹，字直卿，號勉齋，閩縣人。寧宗朝補將仕郎，歷官安慶府，以主管亳州明道宫致仕，謚文肅。事迹具《宋史·道學傳》。

臣等謹案：是集卷目與《宋藝文志》相合，蓋猶原本也。

魏了翁《鶴山集》一百九卷

了翁，見經類。

臣等謹案：了翁文章極富，本各自爲集，後人爲之合編。其板淹廢，今本乃明嘉靖間高翀等刻於邛州，凡百十卷，缺《拾遺》一卷。

袁甫《蒙齋集》十八卷

甫，字廣微，鄞縣人。禮部侍郎燮之子。嘉泰進士，累官兵部尚書。贈少傅，謚正肅。

吴泳《鶴林集》四十卷

泳，字叔永，潼川人。嘉定進士，累官權刑部尚書、寶章閣學士，知泉州。

許應龍《東澗集》十四卷

應龍，字恭甫，閩縣人。嘉定進士，累官端明殿學士，簽書樞密院事。

劉學箕《方是間居士小稿》二卷

學箕，字習之，崇安人。隱居不仕，自號種春子。家有堂曰「方是間」，故又號方是間居士。

杜範《清獻集》二十卷

範，字成己，黄巖人。嘉定進士，累官右丞相，謚清獻。

臣等謹案：史載範所著古律詩五卷、雜文六卷、奏稿十卷、外制三卷，進故事五卷、經筵講義三卷，共三十二卷。今本祇二十卷，蓋後人重輯，非其舊矣。

戴栩《浣川集》十卷

栩，字文子，永嘉人。嘉定進士，累官湖南安撫司參議。

陳元晉《漁墅類稿》八卷

元晉，字明父，崇仁人。嘉定進士，累官邕管安撫使。

程公許《滄洲塵缶編》十四卷

公許，字季與，一字希潁，宣化人。嘉定進士，累官權刑部尚書、寶章閣學士，知隆興府。

李劉《四六標準》四十卷

劉，字公甫，崇仁人。嘉定進士，歷官寶章閣待制。

臣等謹案：劉所著《四六有類稿》《續類稿》《梅亭四六》，皆未見，今本乃其門人羅逢吉所編。

欽定續文獻通考・經籍考卷五十

集 別集二

宋

陳耆卿《篔窗集》十卷

耆卿，字壽老，臨海人。嘉定進士，官至國子司業。

汪莘《方壺存稿》八卷

莘，字叔耕，休寧人。嘉定間，以布衣上封事，不用，自號方壺居士。

方大琮《鐵菴集》三十七卷　《壺山四六》一卷

大琮，字德潤，號壺山，莆田人。開禧省試第三人，除右正言，累官集英殿修撰。知廣州，調知隆興。謚忠惠。

臣等謹案：《壺山四六》原本不著撰人名氏，考南宋號壺山者有四：一爲宋自遜，一爲徐師仁，一爲黄士毅，一爲方大琮。四人之中，惟大琮曾任閩漕，見周密《齊東野語》。是編首篇即《除福建漕謝啓》,與大琮仕履相符,當爲大琮所作。

吴潛《履齋遺集》四卷

潛,字毅夫,寧國人。嘉定十年進士第一,累官參知政事、右丞相兼樞密使,進左丞相,封許國公。

游九言《默齋遺稿》二卷

九言,字誠之,建陽人。官荆鄂宣武軍參謀。端平中,贈直龍圖閣,謚文靖。

王邁《臞軒集》十六卷　《臞軒四六》二卷

邁,字貫之,仙遊人。嘉定進士,累官知邵武軍,贈司農少卿。

徐鹿卿《清正存稿》六卷　附録一卷

鹿卿,字德夫,號泉谷,豐城人。嘉定進士,累官禮部侍郎,謚清正。

包恢《敝帚稿略》八卷

恢,字宏父,建昌人。嘉定進士,歷官刑部尚書,簽書樞密院事,封南城縣侯,以資政殿學士致仕。贈少保,謚文肅。

詹初《寒松閣集》五卷[一]

初，字以元，休寧人。始爲縣尉，以薦入太學，爲學録。

臣等謹案：是集始名《流塘集》，《宋藝文志》及諸家書目俱不載。其子陽跋稱舊有二十一卷，燬於火，後向族人處乞得殘本藏之。明嘉靖戊午間，其十六世孫景鳳等始行刊板，改名曰《寒松閣集》。

劉克莊《後村集》六十卷

克莊，字潛夫，莆田人。以蔭入仕，官至龍圖閣直學士，謚文定。

臣等謹案：《後村集》坊本所刻詩十六卷，詩話、詩餘各一卷。毛晉《津逮秘書》又刻其題跋二卷，而他作並闕。今本前有淳祐九年林希逸《序》，較坊刻多文集三十卷，詩話亦較多後集二卷、續集四卷、新集六卷。又按黄虞稷《千頃堂書目》載劉克莊《後村居士詩文集》五十卷，又《文集》六十卷，《大全集》一百九十六卷，又《詩集》十五卷。祇以《大全集》論，所存僅三之一，其遺佚多矣。

[一] 五　文淵閣本、《總目》卷一六三作「三」。

許棐《梅屋集》五卷　《獻醜集》一卷

棐，見子類。

孫夢觀《雪窗集》二卷　附録一卷

夢觀，字守叔，號雪窗，慈谿人。寶慶進士，官吏部侍郎，以集英殿修撰，知建寧府。

徐經孫《矩山存稿》五卷

經孫，字仲立，豐城人。寶慶進士，歷官翰林學士、知制誥，謚文惠。

李昴英《文溪存稿》二十卷

昴英，字俊明，番禺人。寶慶進士，累官龍圖閣待制、吏部侍郎，謚忠簡。

辛元龍《松垣集》十一卷

元龍，字震父，高安人。理宗時，官朝奉郎、郢州通判。

趙汝騰《庸齋集》六卷

汝騰，字茂實，號庸齋，太宗七世孫。居福州。寶慶進士，歷官端明殿學士兼翰林學士承旨。

趙孟堅《彝齋文編》四卷

孟堅，字子固，號彝齋，太祖十一世孫。居嘉興。寶慶進士，官提轄左帑。

方岳《秋崖集》四十卷

岳，字巨山，號秋崖，歙縣人。紹定進士，歷官知南康軍，又知袁州。

臣等謹案：岳集世有二本：一爲《秋崖新稿》，凡三十一卷，乃從宋寶祐間刻本影鈔；一爲《秋崖小稿》，凡文四十五卷、詩三十八卷，乃明嘉靖中其裔孫謙所刻。又有別行本題曰《秋崖小簡》，較之本集多書札六首。今本删其重複，併成一集。

張侃《拙軒集》六卷

侃，字直夫。其先大梁人，後居吳興，知樞密院巖之子。監奔牛鎮酒稅，遷上虞丞。

唐士耻《靈巖集》十卷〔一〕

士耻，金華人，堯封孫。歷任江右丞倅問刑等官。

臣等謹案：士耻爵里始末諸書不載，今從其集中詩文考得其大略如此。靈巖，山在金華，山有靈巖寺，爲梁劉孝標故宅，見《金華志》。集以靈巖爲名，則士耻當爲金華人也。

〔一〕巖　底本作「崖」，據文淵閣本、《總目》卷一六四改。

徐元杰《楳野集》十二卷

元杰，字仁伯，上饒人。紹定進士，累官國子祭酒，遷工部侍郎，謚忠愍。

高斯得《耻堂存稿》八卷

斯得，字不妄，蒲江人。紹定進士，累官端明殿學士，簽書樞密院事兼參知政事。

林希逸《鬳齋續集》三十卷

希逸，見經類。

臣等謹案：《宋藝文志》載希逸《鬳齋前集》六十卷，久佚不傳，惟存續集《竹溪十一稿》，即此三十卷。

王應麟《四明文獻集》五卷

應麟，見經類。

臣等謹案：應麟所著《深寧集》一百卷，《宋史・藝文志》及焦竑《經籍志》俱不載，蓋散佚已久。今本乃明鄞縣鄭真采輯、陳朝輔增益之，捃拾殘賸，非其全本。

歐陽守道《巽齋文集》二十七卷

守道，字公權，初名巽，字迂父，吉州人。淳祐進士，累官崇政殿說書，遷都官郎中，終著作郎。

陽枋《字溪集》十一卷　附録一卷

枋，初名昌朝，字宗驥，號字溪，巴川人。淳祐進士，仕紹慶學官。

劉黻《蒙川遺稿》四卷

黻，字聲伯，號質翁，樂清人。淳祐中，由學官擢御史，累官吏部尚書。國亡，從二王入廣。卒謚忠肅。

臣等謹案：黻所著有《諫坡奏牘》《薇垣制稿》《經帷納獻》諸書，航海時攜以自隨，遂散落不存，此爲其弟應奎裒輯詩文殘稿。

方逢辰《蛟峰文集》八卷　《外集》四卷

逢辰，字君錫，淳安人。淳祐十年進士第一，官至吏部侍郎，德祐初徵爲禮部尚書，未赴。宋亡，終於家。

臣等謹案：逢辰《宋史》無傳，惟元《黄溍集》中有所作《逢辰墓表》，略見其始末。是集乃其五世從孫淵所輯，《正集》八卷，前七卷逢辰詩文，末一卷附其弟逢振作。逢振，字君玉，景定進士，官太府寺簿，宋亡不仕。《外集》四卷，其七世孫中續輯，凡逢辰歷官誥敕及酬贈詩文皆在焉。

李曾伯《可齋雜稿》三十四卷　《續稿》八卷　《續後稿》十二卷

曾伯，字長儒，覃懷人，丞相邦彦之孫。南渡後流寓嘉興，由著作郎累官觀文殿學士。

臣等謹案：曾伯《雜稿》編於淳祐壬子，《續稿》編於寶祐甲寅，《續後稿》不著年月，皆有曾伯《自序》，其子杓嘗彙三稿刻之荆州。咸淳間書肆又有小板刊行，其序即杓所作。至元《嘉禾志》稱爲《可齋類稿》，殊非宋刻之舊。

馬廷鸞《碧梧玩芳集》二十四卷

廷鸞，字翔仲，樂平人。淳祐進士，官右丞相兼樞密使。

臣等謹案：廷鸞集爲其子端臨所編，《宋史》不載卷數，已不可考。今據《四庫全書》著録，凡三十二卷[一]。又廷鸞嘗彷《大事記》作《讀史旬編》，以十年爲一旬，起帝堯元載甲辰，迄周顯德七年庚申，爲三十八帙。今全書雖佚，而緒論尚散見於《永樂大典》中，併裒爲一卷附後。

衛宗武《秋聲集》六卷

宗武，字淇父，華亭人。淳祐間，歷官尚書郎，出知常州。入元不仕。

[一] 三十二　文淵閣本作「二十三」。

姚勉《雪坡文集》五十卷

勉，字述之，高安人。寶祐元年廷試第一〔一〕，除校書郎兼太子舍人。

臣等謹案：勉《宋史》無傳，其集《藝文志》不載。是本爲其從子龍起所編，訛缺特甚。今以《永樂大典》所載，各爲校補，其不載者，則仍其舊云。

文天祥《文山集》二十一卷

天祥，字履善，又字宋瑞，廬陵人。寶祐進士第一，官至少保、右丞相兼樞密使，封信國公。督兵潮州，被執，死柴市。

臣等謹案：天祥生平有《文山隨筆》數十大册，常以自隨，遭難後盡失之。元元貞、大德間，其鄉人搜訪遺集，編爲《前集》三十二卷，《後集》七卷，刊之世，稱「道體堂刊本」。明初其本散佚，尹鳳岐重加編次，爲詩文十七卷，江西副使陳价、廬陵處士張祥先後爲之刊行。附《指南録》一卷、《後録》二卷，則天祥於德祐丙子奉使入元營，間道浮海，誓師閩粤，羈留燕邸，患難中手自編定者。又《紀年録》一卷，亦天祥在獄時所述，後人復集衆説以益之。

〔一〕元　原作「八」，據文淵閣本改。

王柏《魯齋集》二十卷

柏,見經類。

謝枋得《疊山集》五卷

枋得,見經類。

臣等謹案:枋得所著詩文原本六十四卷,歲久散佚。明嘉靖中林光祖以黄溥所輯《疊山集》刊行,僅分上、下二卷。今本爲譚瑄重訂,釐爲五卷。

陳著《本堂集》九十四卷

著,字子微,號本堂,鄞縣人。寶祐進士,官臨安通判。

舒岳祥《閬風集》十二卷

岳祥,字舜侯,寧海人。寶祐進士,官奉化尉,終承直郎。

劉辰翁《須溪集》十卷　《須溪記鈔》八卷

辰翁,見史類。

危昭德《巽齋四六》一卷

昭德,字子恭。寶祐進士,官至權工部侍郎。

何夢桂《潛齋文集》十一卷附《鐵牛翁遺稿》一卷

夢桂，字巖叟，號潛齋，淳安人。咸淳進士，累官大理寺卿。

臣等謹案：是集明成化中夢桂八世孫淳訪舊本刊行，後其遠孫之論等又重刻之，末附《鐵牛翁稿》。鐵牛翁，名景福，字介之，夢桂族孫。

何希之《雞肋集》一卷

希之，樂安人。咸淳進士，官零陵教授。宋亡，遁迹以終。

胡次焱《梅巖文集》十卷

次焱，字濟鼎，號梅巖，婺源人。咸淳進士，官貴池尉。宋亡，教授鄉里以終。

黄仲元《四如集》五卷

仲元，見經類。

臣等謹案：宋濂有《仲元集》序，稱其門人詹清子類次《六經四書講義》，爲六卷，其子梓又分記序、墓銘、字訓爲五卷，其曾孫至又裒其遺文爲十卷，請濂序之。是仲元原集實合講義、雜文共二十一卷，今講義單行，而詩文卷數不合，蓋散佚之餘重爲掇輯者也。

林景熙《霽山集》五卷

景熙,一作景曦,字德陽,平陽人。咸淳中,官禮部架閣。宋亡不仕。

熊禾《勿軒集》八卷

禾初名鉌,字去非,號勿軒,建陽人。咸淳進士,授寧武州司户參軍。宋亡不仕。

陳仁子《牧萊脞語》十二卷　《二稿》八卷

仁子,字同甫,號古迂,茶陵人。咸淳中漕試第一,宋亡不仕。

謝翱《晞髮集》十卷　《晞髮遺集》二卷　《遺集補》一卷　《天地間集》一卷　《西臺慟哭記注》一卷　《冬青引注》一卷

翱,字臯羽,一字臯父,長溪人。試進士不第,文天祥署爲咨議參軍,天祥兵敗,避地浙東,終老於杭。

臣等謹案:方鳳作翱行狀,稱翱遺集凡詩六卷,雜文五卷,《唐補傳》一卷,《南史贊》一卷,《楚詞芳草圖譜》一卷,宋鐃歌、鼓吹曲、騎吹曲各一卷,《睦州山水人物古迹記》一卷,《浦陽先民傳》一卷,《東坡夜雨句圖》一卷,世遠久佚。今本爲平湖陸大業所刻,云從舊刻録出,末附《天地間集》一卷,皆翱所録故臣遺老之詩。考宋濂作翱傳,稱《天地間集》五卷,此非完帙。

鄭震《菊山清雋集》一卷　附《鄭思肖題畫詩》一卷　《錦錢集》一卷　《雜文》一卷

震，字叔起，連江人。淳祐間，爲和靖書院山長。思肖，震子，字所南，以太學生應博學宏詞科，宋亡隱居以終。

《心史》七卷

舊本題鄭思肖撰。

臣等謹案：此書明季始出。凡《咸淳集》一卷，《大義集》一卷，《中興集》二卷，皆各體詩。《久久書》一卷，《雜文》一卷，《略敘》一卷，皆記宋亡時雜事。後附《自序》《自跋》。世稱其書出自井中，乃明末好異之徒僞作以欺世者。

家鉉翁《則堂集》六卷

鉉翁，見經類。

趙必瑑《覆瓿集》六卷

必瑑，字玉淵，號秋曉。太宗十世孫，居東莞。咸淳進士，任南康丞，文天祥辟攝惠州軍事判官。入元不仕。

牟巘《牟氏陵陽集》二十四卷

巘，字獻之，湖州人。子才子。舉進士，官至大理寺少卿，入元不仕。

臣等謹案：是集凡詩六卷、雜文十八卷，前有至順二年程端學《序》。牟氏本蜀井研人，世居陵山之陽，故以陵陽名，而冠以牟氏，别於韓駒詩名耳。

俞德鄰《佩韋齋文集》十六卷

德鄰，見子類。

鄧牧《伯牙琴》一卷

牧，見史類。

臣等謹案：是集爲牧自編，前後皆自作序跋，謂知音難遇，故以《伯牙琴》爲名。又牧所著《洞霄圖志》《大滌洞天記》皆作於元成宗大德間，故史類著録列於元人之内，謹識於此。

趙偕《寶峰集》二卷

偕，字子永，慈谿人。自以宋宗室，入元不仕，隱居大寶山東麓。

方鳳《存雅堂遺稿》五卷

鳳，見子類。

王炎午《吾汶稿》十卷

炎午，初名應梅，字鼎翁，安成人。宋太學生，文天祥辟置幕府。

金履祥《仁山集》四卷

履祥，見經類。

黄公紹《在軒集》一卷

公紹，字直翁，昭武人。咸淳進士，入元不仕。

葛長庚《瓊琯集》十二卷

長庚，見子類。

楊至質《勿齋集》二卷

至質，字休文，號勿齋，閤皁山道士。

釋契嵩《鐔津集》二十二卷

契嵩，姓李氏，字仲靈，鐔津人。居杭州靈隱寺。皇祐間，入京師，兩作萬言書上之，賜號明教大師。尋還山而卒。

臣等謹案：是編爲明弘治間嘉興僧如卺刊，凡文十九卷、詩二卷，附他人所作序、贊、詩、題疏一卷。首有陳舜俞所撰《行業記》，稱契嵩所著凡百餘卷，蓋兼語録言之，而詩文止此數也。

釋居簡《北磵集》十卷

居簡，字敬叟。潼川王氏子。嘉熙中，敕住净慈光孝寺。

釋道璨《柳塘外集》四卷

道璨，字無文，姓陶氏，南昌人。咸淳間，嘗主饒州薦福寺。

臣等謹案：是集宋以來書目皆不著録，今本乃釋大雷訪得舊本，釋元宏爲之校正刊行。

金

王寂《拙軒集》六卷

寂，字元老，玉田人。天德進士，歷官中都路轉運使，謚文肅。

趙秉文《滏水集》二十卷

秉文，字周臣，自號閒閒道人，滏陽人。大定進士，歷官禮部尚書。

臣等謹案：元好問《中州集》稱秉文著《易叢説》十卷，《中庸説》一卷，《揚子發微》一卷，《太玄贊》六卷，《文中子類説》一卷，《南華略釋》一卷，《列子補注》一卷，删集《論語》《孟子説》各十卷，《資暇録》十五卷，今皆未見。史稱所著詩文三十卷，此本乃二十卷，與史異然。劉祁《歸潛志》云秉文爲佛、老二家所作，另爲一編，號《閒閒外集》，凡十卷。則史傳合而計之，故云三十卷也。

王若虛《滹南遺老集》四十五卷

若虛，字從之，號慵夫，藁城人。承安經義進士，累官至翰林直學士。金亡不仕。事迹具《金史·文藝傳》。

臣等謹案：史稱若虛有《慵夫集》《滹南遺老集》。今《慵夫集》已佚，惟此集尚存。

李俊民《莊靖集》十卷

俊民，字用章，澤州人。承安經義進士第一，應奉翰林文字。後隱於嵩山，自稱鶴鳴道人，元世祖召見，乞還山。卒，賜謚莊靖先生。

元好問《遺山集》四十卷　附録一卷

好問，見子類。

元

耶律楚材《湛然居士集》十四卷

楚材，字晉卿，遼東丹王八世孫。從太祖平定四方，太宗時官至中書令。追封廣寧王，謚文正。

郝經《陵川集》三十九卷　附録一卷

經,見史類。

張養浩《歸田類稿》二十四卷

養浩,見史類。

臣等謹案:養浩嘗自序其集爲四十卷,名曰《歸田類稿》。焦竑《經籍志》作《文忠集》十八卷,吴師道序稱《雲莊集》四十卷,皆已佚散。今本乃掇拾而成者。

王義山《稼村類稿》三十卷

義山,字元高,豐城人。宋景定進士,知新喻縣,歷永州户曹。入元,提舉江西學事。〔一〕

方回《桐江續集》三十七卷

回,見子類。

臣等謹案:回所著有《虚谷集》,今未見。是編皆元時罷官後作。黄虞稷《千頃堂書目》作五十卷,今本僅存十之七矣。

〔一〕「提」上　文淵閣本有「官」字。

戴表元《剡源集》三十卷

表元，字帥初，一字曾伯，奉化人。宋咸淳進士乙科。入元，以薦除信州教授。事迹具《元史·儒學傳》。

張伯淳《養蒙集》十卷

伯淳，字師道，崇德人。宋末舉童子科。元至元間，以薦除杭州路教授，累官翰林侍講學士。

陸文圭《牆東類稿》二十卷

文圭，字子方，江陰人。宋咸淳初，中鄉選。入元，再中鄉舉，以老疾終於家。事迹具《元史·儒學傳》。

趙文《青山集》八卷

文，字儀可，一字惟恭，號青山，廬陵人。宋咸淳鄉貢。入元爲東湖書院山長，選授南雄儒學。

劉詵《桂隱文集》四卷　《詩集》四卷

詵，字桂翁，廬陵人。延祐復科舉後，十年不第，江南行御史臺屢以教官、館職、遺佚薦，皆不報，年八十三，卒。王榮禄爲之請於朝，謚曰文敏。事迹具《元史·儒學傳》。

劉壎《水雲村稿》十五卷

壎，見子類。

臣等謹案：壎文集有二本，一曰《水雲村泯稿》，乃洪武間其孫瑛手編；一即此本，乃其裔孫凝收拾遺佚，較爲賅備。惟原目二十卷，今本所存止十五卷，自十六卷以下有目無書。

鄧文原《巴西文集》一卷

文原，字善之，一字匪石，綿州人。宋末應試中魁選，入元爲杭州路儒學正，官至集賢直學士兼國子監祭酒致仕。謚文肅。

臣等謹案：文原所著有《内制集》《素履齋稿》，皆未見。今本僅録其雜文七十餘首，蓋出於後人摘選者。

王奕《玉斗山人集》三卷

奕，字敬伯，玉山人。宋儒生，入元補玉山教諭。

胡祇遹《紫山大全集》二十六卷

祇遹，字紹聞，磁州人。中統初，以薦授員外郎，累官浙西道提刑按察使。追贈禮部尚書，謚文靖。

任士林《松鄉文集》十卷

士林，字叔實，號松鄉，奉化人。以薦授安定書院山長。

趙孟頫《松雪齋集》十卷　《外集》一卷

孟頫，字子昂，宋宗室，居湖州。宋亡，以薦授兵部郎中，累官翰林學士承旨。追封魏國公，謚文敏。

吴澄《文正集》一百卷

澄，見經類。

白珽《湛淵集》一卷

珽，見子類。

楊宏道《小亨集》六卷

宏道，字叔能，淄川人。生於金末，嘗仕宋，爲襄陽府學教諭，入元不仕。

楊奂《還山遺稿》二卷　附録一卷

奂，字焕然，又名知章，奉天人。以薦授河南路徵收税課長官兼廉訪使。

臣等謹案：奂集中自記所著各種共二百餘卷，稱《還山集》六十卷。元好問作《奂神道碑》稱《還山集》一百二十卷，均不相符。舊本久佚，今本爲明嘉靖間所刊，以掇拾殘賸，名曰《遺稿》。

許衡《魯齋遺書》八卷

衡，見經類。

劉因《静修集》三十卷

因，見經類。

魏初《青崖集》五卷

初，字太初，號青崖，順聖人。以徵辟授國史院編修，累官至南臺御史中丞。

劉將孫《養吾齋集》三十二卷

將孫，字尚友，廬陵人。辰翁子，授延平教官，臨汀書院山長。

許謙《白雲集》四卷

謙，字益之，號白雲，婺源人。事迹具《元史·儒學傳》。

程端禮《畏齋集》六卷

端禮，見子類。

安熙《默菴集》五卷

熙，字敬仲，藁城人。

胡炳文《雲峰集》十卷

炳文，見經類。

王惲《秋澗集》一百卷

惲，見史類。

程鉅夫《雪樓集》三十卷

鉅夫，名文海，以字行，建昌人。元世祖試以筆札，授應奉翰林文字，累官翰林學士承旨，追封楚國公，謚文憲。

臣等謹案：鉅夫所著《玉堂類稿》《奏議存稿》及詩文雜著本各自爲部，其子大本合輯爲四十五卷。今本併作三十卷，乃至正癸卯其曾孫濳所編。

徐明善《芳谷集》二卷

明善，字志友，號芳谷，德興人。歷官江西儒學提舉。

陳孚《觀光稿》一卷　《交州稿》一卷　《玉堂稿》一卷　附録一卷

孚，字剛中，臨海人。歷官台州路總管府治中。

王旭《蘭軒集》十六卷

旭，字景初，東平人。

袁桷《清容居士集》五十卷

桷,見史類。

劉岳申《申齋集》十五卷

岳申,字高仲,吉水人。以薦授泰和州判。

張之翰《西巖集》二十卷

之翰,字周卿,邯鄲人。官翰林侍講學士,知松江府事。

洪希文《續軒渠集》十卷　附録一卷

希文,字汝質,號去華,莆田人。官訓導。

臣等謹案:希文之父巖虎,詩名《軒渠集》,故希文集以續名。巖虎,字德章,號吾圃,宋末嘗爲教諭。《軒渠集》斷爛不存,故摭遺詩附於卷末。

陳櫟《定宇集》十六卷　《别集》一卷

櫟,見經類。

劉敏中《中菴集》二十卷

敏中,見史類。

王結《文忠集》六卷

結，字儀伯，定興人。以薦充宿衛，累官至中書左丞，謚文忠。

劉鶚《惟實集》四卷《外集》一卷

鶚，字楚奇，永豐人。以薦授揚州學録，累官江州總管、江西行省參政，守韶州。贛寇圍城，被執，不屈死。

蕭𣱵《勤齋集》八卷

𣱵，字維斗，奉元人。歷官集賢學士，謚貞敏。事迹具《元史·儒學傳》。

馬祖常《石田集》十五卷

祖常，字伯庸，世爲農古部人〔一〕。居靖州天山，入元家於汴。延祐進士，累官御史中丞，轉樞密副使，謚文貞。

同恕《榘菴集》十五卷

恕，字寬甫。太原人，徙奉元。舉鄉魁，歷官集賢侍讀學士。贈翰林直學士，封京兆郡侯，謚文貞。事迹具《元史·儒學傳》。

〔一〕農　《總目》卷一六七作「雍」。

虞集《道園學古録》五十卷　《道園遺稿》十六卷

集,見史類。

揭傒斯《文安集》十四卷

傒斯,字曼碩,富川人。延祐初,以薦授國史院編修,累官翰林侍講學士。追封豫章郡公,謚文安。

周聞孫《鼇溪文集》二卷

聞孫,字以立,廬陵人。舉進士乙科,爲鼇溪書院山長,改袁州教授。

臣等謹案:聞孫所著凡二十卷,日久散失。明正統間,其曾孫翰林侍讀敘搜輯詩文,爲是編。

王沂《伊濱集》二十四卷

沂,字思魯。先世雲中人[一],徙於真定。延祐進士,累官禮部尚書。

吴萊《淵穎集》十二卷　附録一卷

萊,字立夫,浦陽人。延祐鄉貢,以薦署饒州路長薌書院山長,門人金華宋濂等私謚

[一] 世　底本作「是」,據文淵閣本改。

爲淵穎先生。

黄溍《文獻集》十卷

溍，見子類。

臣等謹案：宋濂序稱溍《日損齋稿》二十五卷，又有危素所編本二十三卷，皆未見。今本止十卷，嘉靖間張儉删定，卷首又題張維樞重選、王廷曾補訂，是二人竄易，又非儉本之舊。

歐陽玄《圭齋集》十五卷　附録一卷

玄，見史類。

臣等謹案：宋濂序稱原集一百餘册，皆燬於兵，惟存辛卯至丁酉七年之作二十四卷，其孫祐持編録之。今本詩文十五卷，附録一卷，題「宗孫銘鏞編集」，又非祐持之舊。

柳貫《待制集》二十卷　附録一卷

貫，字道傳，浦江人。以薦爲江山教諭，累官翰林待制兼國史院編修。

臣等謹案：宋濂作貫行狀，載有《西雝稿》《容臺稿》《鍾陵稿》《静儉齋稿》《西游稿》《蜀山稿》。至正十年，余闕得稿于貫子卣，屬濂及戴良編次，勒爲二十卷。闕及危素、蘇天爵各爲之序，濂爲之後記。天爵《序》又稱有別集二十卷，今未之見。

蒲道源《閒居叢稿》二十六卷

道源，字得之，號順齋，興元人。皇慶中，以遺逸徵官國子博士。

許有壬《至正集》八十一卷　《圭塘小稿》十三卷　《別集》二卷　《續集》一卷　附録一卷

有壬，字可用，湯陰人。延祐進士，歷官集賢大學士、中書左丞兼太子諭德，謚文忠。

臣等謹案：史稱有壬所著《至正集》凡一百卷，有壬没即淪佚無傳。今本明弘治間出於楊士奇家，尚闕十九卷。《圭塘小稿》乃有壬自輯，皆於《至正集》中選録者，其弟有孚復編《別集》《續集》，附録刊行。

吴師道《禮部集》二十卷

師道，見史類。

程端學《積齋集》五卷

端學，見經類。

朱德潤《存復齋集》十卷

德潤，字澤民，睢陽人。延祐末，以薦授翰林應奉文字兼國史院編修官，尋授鎮東行省儒學提舉。

宋褧《燕石集》十五卷

褧，字顯夫，大都人。泰定進士，歷官翰林直學士兼經筵講官，謚文清。

陳旅《安雅堂集》十三卷

旅，字衆仲，莆田人。以薦爲閩海儒學，累官應奉翰林文字，遷國子監丞。事迹具《元史·儒學傳》。

傅若金《詩文集》二十卷

若金，初字汝礪，改字與礪，新喻人。以異材薦佐使安南，除廣州教授。

臣等謹案：若金所著詩集，至正間鋟板名曰《清江集》〔一〕。明洪武中，又刻其文集十一卷、附録一卷，此則其合編也。

朱晞顔《瓢泉吟稿》五卷

晞顔，字景淵，長興人。以習國書爲平陽州蒙古掾，歷仕長林丞司煮鹽賦，又爲江西瑞州監税。

〔一〕鋟　原作「録」，據文淵閣本改。

臣等謹案：元有兩朱晞顔，其一吴人，字名世；一即著此稿者。

唐元《筠軒集》十三卷

元，字長儒，歙縣人。泰定中，以文學授平江路學録，歷仕徽州教授。

臣等謹案：朱文選所作《元行狀》載有《敬堂雜著》《思樂雜著》《吴門雜著》《汾陽雜著》《金陵雜著》《老學叢稿》幾七千篇，分爲五十卷，乃其子桂芳輯。今本爲程敏政編入《唐氏三先生集》者，僅詩八卷、文五卷。

李存《俟菴集》三十卷

存，字明遠，更字仲公，安仁人。傳陸九淵之學。

蘇天爵《滋溪文稿》三十卷

天爵，見史類。

臣等謹案：天爵所著詩稿七卷、文稿三十卷。今所存者文稿，其詩稿自顧嗣立《元詩選》外，未見傳本。

余闕《青陽集》四卷

闕，字廷心，一字天心，色目人。世居武威，徙合肥。元統進士，累官淮南行省左丞。分守安慶，陳友諒陷城，自剄死。贈行省平章，謚忠宣。

李祁《雲陽集》十卷

祁，字一初，號希蘧，茶陵人。元統進士，官江浙儒學副提舉，入明不仕。

李士瞻《經濟文集》六卷

士瞻，字彦聞。先世新野人，徙居荆門。至正進士，累官翰林學士承旨，封楚國公。

胡助《純白齋類稿》二十卷　附録二卷

助，字履信，一字古愚，東陽人。舉茂才，爲建康路學録，以薦充翰林國史院編修，官授承信郎、太常博士。

盧琦《圭峰集》二卷

琦，字希韓，號立齋，惠安人。至正進士，歷官漕司提舉，除平陽州。事迹具《元史·良吏傳》。

臣等謹案：徐𤊹稱《圭峰集》歲久弗傳。今本爲元陳誠中所編，明萬曆間邑人朱一龍序而刻之，然多竄入他作。

李孝光《五峰集》六卷

孝光，字季和，樂清人。至正間，詔徵隱士，授秘書監著作郎，遷秘書監丞。

邵亨貞《野處集》四卷

亨貞，字復孺，淳安人。至正間，爲松江訓導，占籍華亭。

貢師泰《玩齋集》十卷　《拾遺》一卷

師泰，字泰甫，宣城人。中江浙鄉試，以薦充應奉翰林文字，累官户部尚書。命督海運，召爲秘書卿。

臣等謹案：師泰所著有《友迂齋集》《玩齋集》《東軒集》《閩南集》，其門人謝肅、劉欽類爲一編，總名曰《玩齋集》，今未之見。此本爲明天順間寧國守沈性重輯，凡十卷，又《補遺》《年譜》一卷附之。

劉仁本《羽庭集》六卷

仁本，字德元，天台人。以進士乙科歷官温州路總管、浙江行省左右司郎中。

鄭元祐《僑吴集》十二卷

元祐，見子類。

鄭玉《師山文集》八卷　《遺文》五卷　附録一卷

玉，見經類。

吴海《聞過齋集》八卷

海，字朝宗，閩縣人。元亡不仕。

舒頔《貞素齋集》八卷　附録一卷　《北莊遺稿》一卷

頔，字道源，績溪人。官貴池教諭，調台州路儒學正。

李繼本《一山文集》九卷

繼本，名延興，以字行。東安人，占籍北平。至正進士，授太常奉禮兼翰林檢討。

謝應芳《龜巢集》十七卷

應芳，見史類。

甘復《山窗餘稿》一卷

復，字克敬，餘干人。元亡，遁迹以終。

吴皐《吾吾類稿》三卷

皐，字舜舉，臨川人。宋丞相潛之孫。官臨江路儒學教授。元亡，遁迹以終。

戴良《九靈山房集》三十卷　《九靈山房遺稿》五卷

良，字叔能，浦江人，自號九靈山人。至正中，官江北行中書省儒學提舉。入明，徵召至京，辭不受職，卒於京。

魯貞《桐山老農文集》四卷

貞,字起元,號桐山老農,開化人。

楊翮《佩玉齋類稿》十卷

翮,字文舉,上元人。初爲江浙行省掾,歷江浙儒學提舉,遷太常博士。

吳會《書山遺集》二十卷

會,字慶伯,金谿人。至正中舉鄉薦第一,入明不仕。

倪瓚《清閟閣集》十二卷

瓚,字元鎮,號雲林,無錫人,隱居不仕。

臣等謹案:瓚畫居逸品,詩文不屑屑苦吟。明天順間,宜興蹇朝陽曾爲刊集。萬曆中,其八世孫珵等復爲彙刊,凡十五卷。歲久漫漶,惟毛晉所刊本行世。上海曹培廉重爲編定校刊,多所增補。

王禮《麟原文集》二十四卷

禮,字子尚,更字子讓,廬陵人。元末爲廣南元帥府照磨,入明不仕。

汪克寬《環谷集》八卷

克寬,見經類。

沈夢麟《花溪集》三卷

夢麟，字昭原，吴興人。舉鄉薦授婺源州學正，遷武康令。明初，以賢良徵，辭不起，應聘入浙闈校文者三，會試同考者再，終不仕。

胡行簡《樗隱集》六卷

行簡，字居敬，新喻人。至正進士，授國子監助教，歷翰林院修撰，除江南道御史，遷江西廉訪司經歷。入明不仕。

沈貞《茶山老人遺集》二卷

貞，字元吉，自號茶山老人，長興人。入明不仕。

趙汸《東山存稿》七卷　附録一卷

汸，見經類。

臣等謹案：汸集爲其門人汪蔭、范準編輯，汪仲魯爲之序，不詳卷數。明嘉靖間鮑志定《序》稱「先世與汸爲莫逆交，故諸所撰述留其家最多，其父總彙成集繡梓」云云，則此本乃志定之父所編，非蔭、準之舊也。

楊維楨《東維子集》三十卷　附録一卷　《麗則遺音》四卷

維楨，見經類。

陳基《夷白齋稿》三十五卷　《外集》一卷

基，字敬初，臨海人。至正中，以薦授經筵檢討。明初，召修《元史》。

宋禧《庸菴集》十四卷

禧，初名元禧，後改名禧，字无逸，號庸菴，餘姚人。中鄉試，補繁昌教諭。明洪武初，召修《元史》，不受職而還。

程從龍《梅軒集》四卷

從龍，字登雲，號漢章，嘉魚人。隱居教授，入明不仕。

呂不用《得月稿》四卷

不用，字則耕，上虞人。明洪武初，舉教諭，以疾辭。

王禎《農務集》三卷

禎，見子類。

臣等謹案：此集凡賦五首、詩一百九十四首、贊銘七首，皆禎《農書》所已載〔一〕，蓋後人從《農書》中抄，立此名也。

〔一〕書　底本作「務」，據文淵閣本改。

梁寅《石門集》七卷

寅，見經類。

趙天麟《太平金鏡策》八卷

天麟，自稱東平布衣。始末無考。

歐陽起鳴《論範》二卷

起鳴，里貫無考。

臣等謹案：是編皆取經、史、諸子語爲題，各繫以論，而史事爲多。

釋圓至《牧潛集》七卷

圓至，字牧潛，號天隱，高安人。

臣等謹案：僧明河書後云：「初得抄本於武林，前有方回《序》，後有洪喬祖《跋》，又有姚廣孝《序》，後得刻本多詩數首，因校付毛晉刊之。」此即毛晉刊本也。僅有喬祖跋及明河文，無方、姚二序，殆失之矣。

釋大訢《蒲室集》十五卷

大訢，字笑隱，南昌陳氏子。居杭之鳳山，遷中天竺，又主建康集慶寺。

臣等謹案：是集前有虞集《序》，考文宗入繼大統，改建康潛邸爲集慶寺，特起大訢居之,授大中大夫,頗諳朝廷典故。若所著《王可毅尚書歷任記》,證以《文宗本紀》,皆相符合。又《杭州路金剛顯教院記》《金陵天禧講寺佛光大師德公塔銘》並題曰「代趙魏公作」,則孟頫亦嘗假手於大訢,知非俗僧矣。

欽定續文獻通考·經籍考卷五十一

集 別集三

明

《太祖文集》二十卷

臣等謹案：焦竑《經籍志》載《太祖》文集二十卷，又三十卷。今所存者，與竑所列前一本合，其三十卷者，未見傳本。

《宣宗詩文》一卷

臣等謹案：藝文志載《宣宗文集》四十四卷，今本僅存記一首、賦一首、詩歌詞曲三十九首，編爲一卷。

宋濂《學士全集》三十六卷　《未刻集》二卷

濂，見經類。

臣等謹案：濂集三十六卷，重刻於嘉靖中，其《未刻集》共文三十八篇，乃國朝順治乙未,濂裔孫實穎得文徵明家所藏舊稿,擇其全集未載者,編爲此集。

劉基《誠意伯文集》二十卷

基,見史類。

陶安《學士集》二十卷

安,字主静,當塗人。元至正中,中浙江鄉試。入明,官江西行省參知政事。

宋訥《西隱集》十卷

訥,字仲敏,滑縣人。元至正進士。入明,爲國子助教,累官大學士,遷國子監祭酒。追謚文恪。

朱升《楓林集》十卷

升,見經類。

王褘《忠文集》二十四卷

褘,見史類。

張以寧《翠屏集》四卷

以寧,見史類。

危素《説學齋稿》四卷　《雲林集》二卷

素，見史類。

臣等謹案：黄虞稷《千頃堂書目》載素文集五十一卷，明代已佚。此本乃嘉靖中歸有光從吴氏傳抄，其文不分卷帙，於紙尾記所作年歲，皆在元時。有光《跋》稱共一百三十六篇，缺三篇。又王懋竑《白田雜著》有是集《跋》，稱賦三、贊二、銘二、頌三、記五十有一，序七十有六，共一百三十八首，以有光跋爲傳寫之誤。然據懋竑所列，實止一百三十七首，數亦不符也。

唐桂芳《白雲集》七卷

桂芳，一名仲，字仲實，號白雲，歙縣人。元至正中，任南雄路學正。入明，攝紫陽書院山長。

劉崧《槎翁文集》八卷　《詩集》八卷

崧，字子高，泰和人。洪武初[一]，以薦累官至吏部尚書。

[一] 初　文淵閣本作「中」。

林弼《登州集》二十三卷

弼,字元凱,龍谿人。元至正進士。入明,官登州府知府。

王鈍《野莊集》六卷

鈍,字士魯,太康人。元至正進士。入明,累官户部尚書,後以布政使致仕。

劉駟《愛禮集》十卷

駟,字宗道,龍谿人。洪武初,以秀才入試第一,授都御史。尋坐事徙滇,卒。門人私謚愛禮先生。

劉三吾《坦齋文集》二卷

三吾,字如孫,號坦坦翁,茶陵人。洪武中,官翰林學士。

朱善《一齋集》十六卷

善,見經類。

朱同《覆瓿集》七卷　附録一卷

同,字大同,休寧人。翰林學士升之子。洪武中,以人材舉爲東宫官,尋進禮部侍郎。

朱右《白雲稿》五卷

右,字伯賢,臨海人。洪武初,召修《元史》,除翰林院編修,遷晉府右長史。《明史·

文苑傳》附見《趙壎傳》中。

臣等謹案：史稱《白雲稿》本十卷，今世所傳僅存五卷，雜文之後有《琴操》而無詩。

張適《甘白集》六卷

適，字子宣，蘇州人。明初，以儒士徵授工部郎中，旋放歸。

黎貞《秫坡稿》七卷　附録一卷

貞，字彦晦，號秫坡，新會人。洪武中，舉邑訓導不就，坐事戍遼東，尋放歸。《明史·文苑傳》附見《孫蕡傳》中。

謝肅《密庵集》八卷

肅，字原功，上虞人。洪武中，官福建按察司僉事。

貝瓊《清江詩集》十卷　《文集》三十一卷

瓊，字廷琚，一名闕，字廷臣，崇德人。元末，領鄉薦。明初，徵修《元史》，除國子監助教。

臣等謹案：徐象梅《兩浙名賢録》載瓊集二十卷，萬曆中刻本止三卷，今本凡《詩集》十卷，《文集》分《海昌集》一卷，《雲間集》七卷，《兩峰集》三卷，《金陵集》十卷[一]，《中都稿》九卷，《歸田稿》一卷，桐鄉金壇所刊。

蘇伯衡《平仲集》十六卷

伯衡，見子類。

胡翰《仲子集》十卷

翰，字仲子，金華人。洪武初，以薦爲衢州府教授。事迹具《明史·文苑傳》。

徐一夔《始豐稿》十四卷

一夔，見史類。

王彝《常宗集》四卷　《補遺》一卷　《續補遺》一卷

彝，字常宗。其先蜀人，後遷嘉定。本姓陳氏。洪武初，以布衣召修《元史》，尋遷入翰林。《明史·文苑傳》附見《趙壎傳》中。

張孟兼《白石山房逸稿》二卷

孟兼，名丁，以字行，浦江人。洪武初，徵爲國子監學録，與修《元史》，累遷山東按察

[一] 陵　底本作「林」，據文淵閣本改。

司副使。《明史·文苑傳》附見《趙壎傳》中。

孫作《滄螺集》六卷

作，字大雅，以字行，一字次知，江陰人。洪武初，召修《日曆》，除翰林院編修，尋遷國子監司業。《明史·文苑傳》附見《陶宗儀傳》中。

錢宰《臨安集》六卷

宰，字子予，號伯均，會稽人。元至正中，中甲科。明初，徵修《禮樂書》，授國子助教。

童冀《尚絅齋集》五卷

冀，字中州，金華人。洪武初，徵入書館，授湖州府教授。

趙撝謙《考古文集》二卷

撝謙，見經類。

劉炳《彦昺集》九卷

炳，字彦昺，以字行，鄱陽人。洪武初，獻書言事，授中書典籤，後除東阿縣知縣。《明史·文苑傳》附見《王冕傳》中。

高啓《大全集》十八卷　《鳧藻集》五卷

啓，字季迪，長洲人。元末避亂，居松江之青丘，自號青丘子。洪武初，召修《元史》，授翰林院國史編修，官至户部侍郎。事迹具《明史·文苑傳》。

臣等謹案：《明史》載啓所著有《吹臺集》《江館集》《鳳臺集》《婁江吟稿》《姑蘇雜咏》，凡二千餘首，自選定爲《缶鳴集》十二卷，凡九百餘首。永樂元年，其姪立鏤板行之。景泰初，徐庸掇拾遺佚，合爲一編，題曰《大全集》，劉昌爲之序。《鳧藻集》乃古文，正統九年，監察御史鄭士昂命教授張素校刊之。啓天才高逸，實出明一代詩人之上，而古文則不甚著名。然去宋未遠，猶有前輩軌度。

王行《半軒集》十四卷

行，字止仲，長洲人。洪武初，有司延爲學校師，後坐藍玉黨伏誅。事迹具《明史·文苑傳》。

孫蕡《西菴集》九卷

蕡，字仲衍，廣東順德人。洪武進士，歷任虹縣、平原主簿，召入爲翰林典籍，坐藍玉黨伏誅。事迹具《明史·文苑傳》。

烏斯道《春草齋集》十卷　附録一卷

斯道，字繼善，慈谿人。洪武初，官石龍縣知縣，調永新，坐事謫戍定遠，尋放還。《明史·文苑傳》附見《趙壎傳》中。

殷奎《强齋集》十卷

奎，字孝章，號强齋，崑山人。洪武初，以薦除咸陽教諭。

陳謨《海桑集》十卷

謨，字一德，泰和人。洪武初，屢聘爲江浙考官。事迹具《明史·儒林傳》。

王冕《竹齋集》三卷　《續集》一卷　附録一卷

冕，字仲章，諸暨人。明太祖下婺州，得之，授諮議參軍。事迹具《明史·文苑傳》。

吴伯宗《榮進集》四卷

伯宗，名佑，以字行，金谿人。洪武辛未進士第一，官至大學士，後降檢討終。

龔斆《鵝湖集》六卷

斆，鉛山人。洪武中，徵入爲四輔官，遷國子監祭酒[一]。

臣等謹案：《明史》不爲斆立傳，惟《太祖本紀》載洪武十三年置四輔官，以儒士王本、杜佑、龔斆、趙民望、吴源爲春夏官。又《宋訥傳》稱訥爲祭酒，與訥定學規者，司業王嘉會、龔斆云。

[一] 祭酒　文淵閣本作「司業」。

鄭本忠《安分齋集》十卷

本忠，自號安分先生，鄞縣人。洪武中，以薦授昌國訓導，尋陞秦府教授。

朱吉《三畏齋集》四卷

吉，字季寧，吴縣人。洪武初，官中書舍人。

陳誠《竹山文集》四卷

誠，見史類。

鄭真《滎陽外史集》七十卷

真，字千之，鄞縣人。洪武中鄉試第一，授臨淮縣教諭，陞廣信府教授。

王紳《繼志齋集》十二卷　附録一卷

紳，字仲縉，義烏人，待制褘之仲子。建文時，官國子博士。

練子寧《中丞集》二卷

子寧，名安，以字行，號松月居士，新淦人。洪武進士，建文時，官左副都御史，殉節死。

方孝孺《遜志齋集》二十四卷

孝孺，見子類。

臣等謹案：原本凡三十卷，拾遺十卷，乃黄孔昭、謝鐸所編。此本併爲二十四卷，則正德中顧璘守台州時所重刊也。史稱孝孺殉節後，文禁甚嚴，其門人王稌藏其遺稿。宣德後，始稍傳播，故其中闕文脱簡頗多。

程通《貞白遺稿》十卷　附《顯忠録》二卷

通，字彦亨，貞白其齋名也，績谿人。洪武中，舉應天鄉試，廷對第一，授遼府紀善，進左長史。建文時，上書論戰守大計。永樂中，械詣京師，與二子俱論死。

王叔英《静學文集》一卷

叔英，名原采，以字行，黄巖人。洪武中，以薦官漢陽知縣。建文時，召爲翰林修撰。燕兵至，書絶命詞，自經死，妻金氏及二女并殉。

臣等謹案：叔英於乾隆四十一年賜謚忠節。

周是修《芻蕘集》六卷

是修，見子類。

程本立《巽隱集》四卷

本立，字原道，號巽隱，桐鄉人。洪武中，以明經擢秦王府引禮舍人。建文時，累官右僉都御史。燕王立，自經死。

劉璟《易齋集》二卷

璟，字仲璟，青田人，誠意伯基之次子。洪武中，授谷王府長史，燕王立，召之不至，逮下獄，自經死。

臣等謹案：璟於乾隆四十一年賜謚忠節。

龔詡《野古集》三卷

詡，字大章，崑山人。洪武中，父詧以言事遣戍，詡遂隸軍籍，後調守金川門。永樂初，變姓名遁歸。正統間，巡撫周忱屢薦爲學官，不就。

張紞《家宰文集》一卷

紞，見史類。

王達《天游集》十卷

達，見子類。

黄福《忠宣集》八卷

福，字如錫，號後樂翁，昌邑人。洪武舉人，官至南京户部尚書，兼掌兵部參贊留都[一]。

[一] 參贊留都　文淵閣本作「機務」。

梁本之《坦菴文集》八卷

本之，名混，以字行，號坦菴，泰和人。洪武中，爲溧陽教諭，改魯王府紀善。

林右《公輔集》三卷

右，字公輔，臨海人。洪武中，官中書舍人，進春坊大學士，輔導皇太孫，以事謫中都教授。

解縉《文毅集》十六卷

縉，見子類。

姚廣孝《逃虚子集》十一卷　《類稿補遺》八卷

廣孝，長洲人，初爲僧，名道衍，字斯道。洪武中，選侍燕邸，燕王謀逆，資其策力居多。永樂初，乃使復姓，賜今名，爵至資善大夫、太子少師，封榮國公。

梁潛《泊菴集》十六卷

潛，字用之，泰和人。洪武時舉人，官知縣。永樂初，累遷右春坊、右贊善，陞侍讀。

王洪《毅齋詩文集》八卷　附録一卷

洪，字希範，錢塘人。洪武進士，授行人，以薦入翰林，由檢討歷官修撰、侍讀。《明史·文苑傳》附見《林鴻傳》中。

王賓《光菴集》二卷

賓,字仲光,長洲人。隱居奉母,以孝行稱。

胡儼《頤菴文選》二卷

儼,字若思,南昌人。洪武舉人,授華亭教諭。永樂初,擢翰林檢討,遷國子祭酒。洪熙元年,加太子賓客,致仕。

臣等謹案:《明藝文志》載《頤菴集》三十卷,今本詩、文各一卷,乃後人選本。

胡廣《文穆集》二十卷

廣,見子類。

高得暘《節菴集》八卷　《續編》一卷

得暘,字節菴,錢塘人。洪武中,以薦爲校官。永樂初,擢爲宗人府經歷。

黃淮《介菴集》十一卷　《省愆集》二卷

淮,見史類。

趙友同《存軒集》

友同,字彦如,浦江人,徙居長洲。洪武末,官華亭訓導。永樂初,用薦授御醫,與修《永樂大典》《五經大全》諸書。

黄鉞《給諫遺稿》一卷

鉞，字叔揚，常熟人。建文進士，官刑科給事中。永樂初被召，投水死。

陳敬宗《澹然集》五卷

敬宗，字光世，號澹然居士，慈谿人。永樂進士，累官國子監祭酒。贈禮部侍郎，謚文定。

羅肅《寅菴集》三卷 《外集》四卷 附録一卷

肅，字汝敬，以字行，號寅菴，廬陵人。永樂進士，官至陝西巡撫。

羅亨信《覺非集》十卷

亨信，字用實，號樂素，東莞人。永樂進士，官至左副都御史。

曾棨《西墅集》十卷

棨，字子棨，永豐人。永樂甲申進士第一，官至少詹事。

章敞《質菴文集》無卷數

敞，字尚文，會稽人。永樂進士，由庶吉士授刑部主事，官至禮部侍郎。

魏驥《南齋摘稿》十卷

驥，字仲房，號南齋，蕭山人。永樂間舉人，官至南京吏部尚書，謚文靖。

楊士奇《東里全集》九十七卷　《別集》四卷

士奇，見史類。

臣等謹案：別本《東里文集》二十五卷，不及是集之半。李東陽《懷麓堂詩話》云：「楊文貞《東里集》手自選擇，刻之廣東。」疑別本即士奇所自定者。

楊榮《文敏集》二十五卷

榮，見史類。

柯暹《東岡集》十卷

暹，字啓暉，建德人。永樂中領鄉薦，與修《永樂大典》，選入翰林，累遷雲南按察使。

劉髦《石潭存稿》三卷

髦，見經類。

彭百鍊《若金集》二卷

百鍊，字若金，泰和人。永樂進士，官至監察御史。

金幼孜《文靖集》十卷

幼孜，見子類[一]。

孫瑀《歲寒集》二卷

瑀，字原貞，以字行，德興人。永樂進士，官至兵部尚書。

夏原吉《忠靖集》六卷　附録一卷

原吉，字維喆，湘陰人。以鄉薦游太學，授户部主事。永樂中，官至户部尚書，謚忠靖。

王直《抑菴集》十三卷　《後集》三十七卷

直，字行儉，泰和人。永樂進士，正統間官吏部尚書，謚文端。

李時勉《古廉集》十一卷　附録一卷

時勉，本名懋，以字行，安福人。永樂進士，官至國子監祭酒，謚文敬，改謚忠文。

陳循《芳洲集》十卷　《東行百咏集句》九卷附《芳洲年譜》一卷

循，字德遵，泰和人。永樂乙未進士第一，累官至大學士。

[一] 子　文淵閣本作「史」。

蕭儀《襪線集》十五卷

儀,字德容,樂安人。永樂進士,官吏部主事。

陳衡《半隱集》十卷

衡,字克平,淳安人。永樂時舉人,官亳州學正。

周敘《石溪文集》七卷　附録一卷

敘,字功敘,吉水人。永樂進士,官至南京翰林侍講學士。

習經《尋樂文集》二十卷

經,字嘉言,號寅清居士,晚號尋樂翁,新喻人。永樂進士,官至詹事府詹事。

曾鶴齡《松臞集》二十八卷

鶴齡,字延年,一字延之,泰和人。永樂辛丑進士第一,官至侍講學士。

唐文鳳《梧岡集》八卷

文鳳,字子儀,號夢鶴,歙縣人。永樂中,以薦授興國縣知縣,改趙府紀善。

鄭棠《道山集》六卷

棠,字叔美,浦陽人。永樂中,官翰林檢討。

熊直《西澗文集》十六卷

直，字敬方，吉水人。永樂時舉人，以子概貴，贈右都御史。

鄭楷《鳳鳴後集》十卷

楷，字叔度，浦陽人。官蜀府長左史。

曹端《月川集》一卷

端，見子類。

臣等謹案：明初，理學以端與薛瑄最醇。瑄詩文集、讀書録等皆傳於世，而端之遺書散佚幾盡，其集亦不復存。此本爲張伯行裒輯，殊失編次體例，而吉光片羽，掇拾於散佚之餘，亦足幸也。

陳益《敝帚集》二卷

益，字啓行，號行素，高安人。永樂間，以六經教授其鄉。

薛瑄《文清集》二十四卷

瑄，見子類。

劉球《兩溪文集》二十四卷

球，字求樂，更字廷振，安福人。永樂進士，授禮部主事，以薦入侍經筵，改侍講。後忤王振，下獄死，贈翰林學士，謚忠愍。

于謙《忠肅集》十三卷

謙，字廷益，錢塘人。永樂進士，授御史，歷官兵部尚書。英宗復辟，爲徐有貞、石亨等誣陷棄市。成弘間，追贈特進光禄大夫、上柱國太傅，謚肅愍[一]。萬曆中，改謚忠肅。

馬愉《澹軒集》七卷

愉，字性和，臨朐人。宣德丁未進士第一，官至禮部侍郎。

臣等謹案：愉詩文没後散失，今本乃成化間邢居正等裒集遺篇，編次無序。又别本《澹軒集》八卷，則其鄉人遲翔鳳補輯刻之，故題曰「續刻」。

蕭鎡《尚約居士集》無卷數

鎡，字孟勤，泰和人。宣德進士，官至大學士。

廖莊《恭敏佚稿》一卷　附録一卷

莊，字安正，號東山，吉水人。宣德進士，官至刑部左侍郎，謚恭敏。

臣等謹案：莊所著舊名《東山居士集》，後其稿散佚。同邑李日東及其裔孫仲蔚

[一] 肅　文淵閣本作「忠」。

搜輯是編，僅存什一，别以諭、祭文、誥、敕、行狀、碑銘附之。黄虞稷《千頃堂書目》載莊《漁梁集》二卷，其名又與此不符云。

李賢《古穰集》三十卷

賢，見史類。

林文《淡軒稿》十二卷　《補遺》一卷

文，字恒簡，莆田人。宣德進士，官至太常寺少卿，兼翰林院學士，謚襄敏。

徐有貞《武功集》五卷

有貞，初名珵，字元玉，吴縣人。宣德進士，官至大學士，封武功伯。

吴節《竹坡文集》五卷　《詩集》二十八卷

節，字與儉，别號竹坡，安城人。宣德進士，官至太常寺卿，兼侍讀學士。

鍾復《雲川文集》六卷附鍾同《恭愍遺文》一卷

復，字彦彰，號雲川，永豐人。宣德進士，官至翰林侍講。子同，字世京，景泰進士，官監察御史，以抗疏拷斃於獄。

姜洪《松岡集》十一卷

洪，字啓洪，號松岡，樂安人。宣德進士，官翰林院修撰。

倪謙《文僖集》三十二卷

謙,見史類。

臣等謹案:李東陽《序》稱謙所著有《玉堂稿》一百卷,《上谷稿》八卷,《歸田稿》四十二卷,《南宫稿》二十卷,又有奉使朝鮮之作,爲《遼海編》,别行於世,皆未之見。今本凡三十二卷,蓋謙所自編,于平生著作僅汰存六之一也。

韓雍《襄毅文集》十五卷

雍,字永熙,吴縣人。正統進士,官至右僉都御史,總督兩廣,謚襄毅。

陳獻章《白沙集》九卷

獻章,字公甫,新會人。正統間舉人,以薦授翰林檢討,追謚文恭。事迹具《明史·儒林傳》。

岳正《類博稿》十卷　附録二卷

正,見子類。

周旋《畏菴集》十卷

旋,字中規,號畏菴,永嘉人。正統丙辰進士第一,官至左春坊左庶子。

劉定之《呆齋集》四十五卷

定之，見經類。

劉儼《文介公集》三十卷

儼，字宣化，吉水人。正統壬戌進士第一，累官太常寺少卿、春坊大學士，掌院事，謚文介。

姚夔《文敏集》八卷

夔，字大章，桐廬人。正統間進士，官至吏部尚書，謚文敏。

沈彬《蘭軒集》四卷

彬，字原質，武康人。正統進士，官刑部郎中。

陳宜《静軒集》十三卷

宜，字公宜，號静軒，泰和人。正統進士，官至兵部侍郎。

商輅《文毅公集》十卷一名《素菴集》。

輅，見史類。

葉盛《菉竹堂稿》八卷

盛，見史類。

鄭文康《平橋稿》十八卷

文康,字時乂,號介菴,崑山人。正統進士,絶意仕進。平橋,其所居也。

彭時《文憲集》四卷

時,見子類。

劉玥《古直集》十六卷

玥,字叔温,號古直,壽光人。正統進士,官至大學士,謚文和。

柯潛《竹巖詩集》一卷　《文集》一卷　《補遺》一卷

潛,字孟時,號竹巖,莆田人。景泰辛未進士第一,官至詹事府少詹事。

王恕《端毅文集》九卷

恕,見經類。

王偀《文肅集》十二卷

偀,見史類。

王越《太傅集》二卷　《襄敏集》二卷　《續集》一卷

越,字世昌,濬縣人。景泰進士,官至兵部尚書,以功封威寧伯。贈太傅,謚襄敏。

彭韶《惠安集》十卷　附録一卷

韶，見史類。

臣等謹案：韶所著詩文，初名《從吾滯稿》，散佚，後嘉靖中重刻，改題此名。又別本《惠安公文集》七卷，乃陳時周重編，多所刊削。其附録一卷，則陳獻章等贈言及府志傳論也。

吴宣《野菴文集》十卷

宣，字師尼，號野菴，崇仁人。景泰間舉人，授左軍都督府經歷，後陞鎮遠府知府。

張寧《方洲集》二十六卷　附《讀史録》四卷

寧，見子類。

臣等謹案：是集首有夏時正《序》，稱《方洲集》四十卷。又有謝丕《續集序》，稱時復拾林下之作，爲四卷。今本止二十六卷，合以所附《讀史録》，共三十卷。又別本《奉使録》二卷，乃出使朝鮮所作，已見《方洲集》中。

彭華《文思集》六卷

華，字彦實，安福人。景泰進士，官至吏部侍郎，入内閣，謚文思。

徐溥《謙齋文録》四卷

溥，字時用，宜興人。景泰進士，官至大學士，謚文靖。

丘濬《重編瓊臺會稿》二十四卷

濬，見經類。

臣等謹案：濬門人蔣冕刻濬詩曰《吟稿》，又裒記、序、表、奏曰《類稿》。嘉靖中，鄭廷鵠合二稿，益以所得寫本，名曰《會稿》。其裔孫爾穀重編此本[一]。

沈周《耕石齋石田集》九卷

周，見子類。

陳煒《耻菴集》十卷

煒，字文曜，號耻菴，閩縣人。天順進士，官至浙江布政使。

左贊《桂坡集》十五卷

贊，字時翊，南城人。天順進士，官至廣東布政使。

[一] 按：此條文淵閣本差異較大，全録如下：「臣等謹案：濬集不一本，其門人蔣冕等刻其詩曰《吟稿》，續又裒其記、序、表、奏曰《類稿》。嘉靖中，鄭廷鵠合二稿所載，益以所得寫本，爲十二卷，名曰《會稿》。天啓初，其裔孫爾穀遴《類稿》十之二，增《會稿》十之三，併《吟稿》合刻，曰《重編會稿》，即此本也。」

徐貫《餘力稿》十二卷

貫，字元一，淳安人。天順進士，官至工部尚書，謚康懿。

鄭環《栗菴遺稿》二卷

環，字瑶夫，號栗菴，仁和人。天順進士，官至太常寺少卿。

張元禎《東白集》二十四卷

元禎，字廷祥，南昌人。天順進士，官至吏部左侍郎兼翰林院學士，掌詹事府。天啓初，追謚文裕。

何喬新《椒丘文集》四十四卷

喬新，見經類。

張悦《定菴集》五卷

悦，字時敏，松江華亭人。天順進士，官至南京兵部尚書，謚莊簡。

祁順《巽川集》十六卷　附録二卷

順，字致和，號巽川，東莞人。天順進士，官至江西左布政使。

鄭紀《東園文集》十三卷　《續編》一卷　《東園詩集續編》八卷

紀，字廷綱，號東園，仙遊人。天順進士，官至南京户部尚書。

李東陽《懷麓堂集》一百卷

東陽,見史類。

彭教《東瀧遺稿》四卷

教,字敷五,號東瀧,吉水人。天順甲申進士第一,官翰林院侍講。

謝鐸《桃溪净稿》八十四卷

鐸,見經類。

張泰《滄洲集》十卷　《續集》二卷

泰,字亨父,太倉人。天順進士,官至翰林院修撰。事迹具《明史·文苑傳》。

倪岳《清谿漫稿》二十四卷

岳,字舜咨,錢塘人,徙居上元,南京禮部尚書謙之子。天順進士,官至吏部尚書,謚文毅。

吴與弼《康齋文集》十二卷

與弼,字子傅,臨川人。天順中,以薦授左春坊左諭德,辭不就。事迹具《明史·儒林傳》。

謝復《西山類稿》五卷

復,字一陽,祁門人。吴與弼門弟子。

陳真晟《剩夫集》四卷

真晟，字晦德，改字剩夫。本泉州人，以父戍籍，遂居漳州。事迹具《明史·儒林傳》。

祝淇《履坦幽懷集》二卷

淇，字汝淵，號夢窗，海寧人。以子萃貴，封刑部主事。

朱存理《樓居雜著》一卷　《野航詩稿》一卷　《野航文稿》一卷　附録一卷

存理，見子類。

桑悦《思元集》十六卷

悦，見子類。

文洪《淶水集》二卷

洪，字功大，號希素，長洲人。成化間舉人，官淶水縣教諭。

羅倫《一峰集》十卷

倫，字彝正，號一峰，永豐人。成化丙戌進士第一，官翰林院修撰。

陸簡《龍皐文稿》十九卷

簡，字廉伯，號治齋，又號龍皐，武進人。成化進士，官至詹事府少詹事。

張弼《東海文集》五卷

弼，字汝弼，華亭人。成化進士，官南安府知府。事迹具《明史·文苑傳》。

程敏政《篁墩集》九十三卷

敏政，見史類。

臣等謹案：是集爲敏政所自訂，據黄虞稷《千頃堂書目》，尚有《外集》十二卷，《别集》二卷，《行素稿》一卷，《拾遺》一卷，《雜著》一卷，今皆不在此編。

陸淵之《東臯文集》十三卷　附録一卷

淵之，字克深，上虞人。成化進士，官至湖南布政使。

張昇《文僖公文集》十四卷　《詩集》二十二卷

昇，字啓昭，南城人。成化己丑進士第一，官至禮部尚書。

臣等謹案：邵寶《序》云：「此書本名《柏厓集》，刻成，而賜謚之命適至，遂以名之。」然本傳不言有謚，或偶漏歟？

屠勛《太和堂集》六卷

勛，字元勛，平湖人。成化進士，官至刑部尚書，謚康僖。

吴文度《交石類稿》三卷

文度，字憲之，應天人。成化進士，官至南京户部尚書。

章懋《楓山集》四卷　附録一卷

懋，見子類。

文林《温州集》十二卷

林，見子類。

孫需《清簡公集》二卷

需，字孚吉，號冰蘗翁，德興人。成化進士，官至南京吏部尚書，謚清簡。

張旭《梅巖小稿》三十卷

旭，字廷曙，休寧人。成化間舉人，歷官孝豐、伊陽、高明知縣。

馬中錫《東田集》十五卷　《東田漫稿》六卷

中錫，字天禄，號東田，故城人。成化進士，官至左都御史。

蘇章《滇南行稿》四卷　附録一卷

章，字文簡，號雲崖，餘干人。成化進士，官延平府知府。

劉鴻《七星詩文存》十二卷

鴻，字雲表，泰和人，居七星坳，因以自號。成化間舉人，放游不仕。

黄仲昭《未軒文集》十二卷

仲昭，見史類。

楊守阯《碧川文選》四卷

守阯，字維立，號碧川，鄞縣人。成化進士，官至南京吏部左侍郎，加尚書銜。

趙寬《半江集》十五卷

寬，字栗夫，號半江，吴江人。成化進士，官至廣東按察使。

賀欽《醫閭集》九卷

欽，字克恭。其先浙之定海人，以戍籍隸遼東義州衛。成化進士，授户科給事中。事迹具《明史·儒林傳》。

周瑛《翠渠摘稿》七卷　《補遺》一卷

瑛，見經類。

儲巏《柴墟齋集》十五卷

巏，字静夫，號柴墟，泰州人。成化進士，官至南京吏部侍郎，謚文懿。事迹具《明史·文苑傳》。

祝萃《虚齋先生遺集》十卷

萃，字維真，海寧人。成化進士，官至廣東布政司參政。

蔡清《虚齋集》五卷　《文莊集》八卷

清，見經類。

臣等謹案：清《虚齋集》五卷，見《明藝文志》。蓋正德間葛志貞所輯，林俊爲之序。其後清族孫廷魁重刊，益以補遺、附録，釐爲八卷，名《文莊集》，然冗濫，不若原本之精擇矣。

黄瓚《雪洲文集》十四卷

瓚，字公獻，儀真人。成化進士，官至南京兵部侍郎。

吴寬《家藏集》七十七卷

寬，見史類。

謝遷《歸田稿》八卷

遷，字于喬，餘姚人。成化乙未進士第一，官至大學士，謚文正。

臣等謹案：遷文集前稿，嘉靖中倭亂被燬，此集乃其致仕以後，及再召時所作，自題曰《歸田稿》,以授其子侄者也。

周東《雨村集》四卷

東,字伯震,號雨村,阜城人。成化進士,官至大理寺少卿。

楊循吉《松籌堂集》十二卷　《燈窗末藝》一卷　《攢眉集》一卷

循吉,見史類。

莊㫤《定山集》十卷

㫤,字孔暘,江浦人。成化進士,官至南京禮部侍郎[一]。

張詡《東所文集》十三卷

詡,見子類。

李承箕《大厓集》二十卷　附録一卷

承箕,字世卿,嘉魚人,讀書大厓山,因以自號。成化時舉人,隱居不仕。《明史·儒林傳》附見《陳獻章傳》中。

[一] 侍郎　文淵閣本作「郎中」。

王鏊《震澤集》三十卷

鏊，見史類。

梁儲《鬱洲遺稿》十卷

儲，字叔厚，號厚齋，晚號鬱洲，廣東順德人。成化進士，官至大學士，謚文康。

費宏《文憲集選要》七卷

宏，字子充，鉛山人。成化丁未進士第一，官至大學士，謚文憲。

臣等謹案：宏所著《鵝湖摘稿》本二十卷，此編乃徐階、劉同升所選録本也。

蔣冕《湘皋集》三十三卷

冕，字敬所，全州人。成化進士，官至大學士，謚文定。

林俊《見素文集》二十八卷　《奏疏》七卷　《續集》十二卷

俊，字待用，號見素，莆田人。成化進士，官至刑部尚書，謚貞肅。

臣等謹案：張詡《序》謂俊手編成集者五十餘卷，此本共四十七卷，數與詡《序》不符，蓋後人裒輯，非俊自編原本。又別本《西征集》，無卷數，已見全集内。

張吉《古城集》六卷　《補遺》一卷

吉，字克修，號翼齋，又曰默菴，曰怡窩，晚乃自稱曰古城餘干人。成化進士，官至貴州左布政使。

邵寶《容春堂前集》二十卷　《後集》十四卷　《續集》十八卷　《别集》九卷

寶,見經類。

李堂《堇山集》十五卷

堂,字時升,鄞縣人。成化進士,官至工部左侍郎〔一〕,總理漕河。

臣等謹案:鄞有赤堇山,即《越絶書》所謂「赤堇之溪,涸而出銅」者,堂居其側,故以名集。

丁養浩《西軒效唐集録》十二卷

養浩,字師孟,號西軒,仁和人。成化進士,官至雲南布政使。

羅玘《圭峰文集》三十卷

玘,字景鳴,南城人。成化進士,官至南京吏部右侍郎,謚文肅。事迹具《明史·文苑傳》。

〔一〕左　文淵閣本作「右」。

吴儼《文肅公摘稿》四卷

儼，字克温，宜興人。成化進士，官至南京禮部尚書，謚文肅。

毛紀《鰲峰類稿》二十六卷

紀，見史類。

夏鍭《赤城集》二十三卷

鍭，字德樹，天台人。成化進士，官南京大理寺左評事。

吴廷舉《西巡類稿》八卷

廷舉，字獻臣，梧州人。成化進士，官至南京工部尚書，謚清惠。

石珤《熊峰集》十卷

珤，字邦彦，藁城人。成化進士，官至大學士，謚文隱，改謚文介。

臣等謹案：朱彝尊《明詩綜》稱珤所著名《恒陽集》，皇甫汸删定爲四卷。今本《熊峰集》乃餘姚孫光曷爲藁城知縣，得别集遺稿於其家，又聞梁清標家有全稿，乃購得續刊，共爲十卷，校舊本頗爲賅備。又别本四卷，題作《熊峰先生集》，其名又不同，亦非汸所選也。

楊廉《月湖集》四十八卷

廉，字方震，豐城人。成化進士，官至南京禮部尚書，謚文恪。事迹具《明史·儒林傳》。

程楷《念齋集》十五卷

楷，字念齋，饒州人。成化進士，改庶吉士。

鄒智《立齋遺文》五卷

智，字汝愚，合州人。成化進士，改庶吉士，以直言謫廣東石城千户所吏目。

史鑑《西村集》八卷　附録一卷

鑑，字明古，號西村，吴江人，隱居不仕。

臣等謹案：成弘時有兩史鑑：其一長洲人，弘治己未進士，見《太學題名碑》；其一即明古也。

欽定續文獻通考·經籍考卷五十二

集 別集四

明

李承芳《東嶠集》十五卷

承芳，字茂卿，嘉魚人。弘治進士，官大理寺評事。《明史·儒林傳》附見《陳獻章傳》中。

靳貴《戒菴文集》二十卷

貴，字充遂，號戒菴，丹徒人。弘治進士，官至大學士，謚文僖。

胡居仁《文敬公集》三卷

居仁，見經類。

朱誠泳《小鳴稿》十卷〔一〕

誠泳，號賓竹道人，太祖五世孫。弘治初，以鎮安王襲封秦王，謚曰簡。

黄傅《白露山人遺稿》二卷

傅，字夢弼，蘭谿人。弘治進士，官至監察御史。

錢福《鶴灘集》六卷

福，字與謙，松江華亭人。弘治庚戌進士第一，官翰林院修撰。

方良永《簡肅文集》十卷

良永，字壽卿，莆田人。弘治進士，官至右副都御史，撫治鄖陽，除南京兵部尚書，謚簡肅。

鄭滿《勉齋遺稿》三卷

滿，字守謙，慈谿人。弘治間舉人，官山東濮州知州。

毛澄《文簡集》二卷

澄，號三江，太倉人。弘治癸丑進士第一，官至禮部尚書。

〔一〕稿　原作「集」，據文淵閣本、《總目》卷一七一改。

祝允明《懷星堂集》三十卷

允明，見史類。

臣等謹案：《明史·藝文志》載《祝氏集略》三十卷，《懷星堂集》三十卷，《小集》七卷，本傳稱其詩文集六十卷。朱彝尊《静志居詩話》載《祝氏集略》外，又有《金縷》《醉紅》《窺簾》《暢哉》《擲果》《拂絃》《玉期》等集。今行于世者，惟《祝氏集略》及此集。

吴一鵬《文端集》四十卷

一鵬，字南夫，號白樓，長洲人。弘治進士，官至南京吏部尚書，謚文端。

羅欽順《整菴存稿》二十卷

欽順，見子類。

顧清《東江家藏集》四十二卷

清，見史類。

臣等謹案：是集凡《山中稿》四卷，乃未仕時作，《北游稿》二十九卷，乃既仕後作，《歸來集》九卷，乃致仕後作，皆清晚年手定，故體例頗精當。又《留都稿》四卷，《存稿》十卷，爲其子孫所輯，今不傳。

姚鏌《東泉文集》八卷

鏌，字東泉，慈谿人。弘治進士，官至右都御史，總督兩廣。

李夢陽《空同集》六十六卷

夢陽，見子類。

鄭岳《山齋集》二十四卷

岳，見史類。

汪循《仁峰文集》二十四卷　《外集》一卷

循，字進之，休寧人。弘治進士，官順天通判。

王九思《渼陂集》十六卷　《續集》三卷

九思，字敬夫，鄠縣人。弘治進士，官吏部郎中。《明史·文苑傳》附見《李夢陽傳》中。

陶諧《南川稿》十二卷　又《陶莊敏集》八卷　附《蘭渚遺稿》一卷

諧，字世和，號南川，會稽人。弘治進士，官至兵部侍郎，總督兩廣，謚莊敏。

臣等謹案：《南川稿》是其初刻，後人重編爲《莊敏集》。《蘭渚遺稿》乃其孫尚寶司丞允淳所撰。

顧濳《静觀堂集》十四卷

濳，字孔昭，崑山人。弘治進士，官至直隸提學御史。

顧璘《浮湘集》四卷　《山中集》四卷　《憑几集》五卷　《續集》二卷　《息園存稿》詩十四卷文九卷　《緩慟集》一卷

璘，見史類。

邊貢《華泉集》十四卷

貢，字廷實，號華泉，歷城人。弘治進士，官至南京户部尚書。事迹具《明史·文苑傳》。

劉麟《清惠集》十二卷

麟，字元瑞，一字子振，安仁人，後遷長興。弘治進士，官至工部尚書。

周璽《垂光集》二卷

璽，字天章，號荆山，合肥人。弘治進士，官禮科給事中。

張羽《東田遺稿》二卷

羽，字鳳舉，泰興人。弘治進士，官河南左布政使。

臣等謹案：明初有張羽，爲吴中四傑之一。此張羽姓名相同，亦復工詩。是集詩文各一卷，爲其季子楨所編。

孫緒《沙溪集》二十三卷

緒，字誠甫，號沙溪，故城人。弘治進士，官至太僕寺卿。

王守仁《文成全書》三十八卷

守仁，見史類。

臣等謹案：守仁是集，爲隆慶間謝廷傑裒合諸集刊板以傳，倣《朱子全書》之例名之。外多選輯别本，如宋儀望《陽明文粹》十一卷，王畿《陽明文選》八卷，葉紹顒《陽明要書》八卷、附録五卷。其裔孫貽樂刊《王陽明集》十六卷，張問達編《陽明文抄》二十卷，俞嶙編《陽明全集》二十卷、《傳習録》一卷、《語録》一卷，皆缺略，不及是編之詳備。

張鳳翔《伎陵集》七卷

鳳翔，字光世，號伎陵子，洵陽人。弘治進士，官户部主事。

朱應登《凌谿集》十八卷

應登，字升之，寶應人。弘治進士，官至雲南布政司參政。《明史·文苑傳》附見《顧璘傳》中。

康海《對山集》十卷

海，見史類。

臣等謹案：海詩文集别本凡十九卷，爲張太微所編。此本爲孫景烈删定，去取謹嚴，于詩汰之尤力，較爲精善。

張琦《白齋竹里集》七卷

琦，字君玉，鄞縣人。弘治進士，官興化府知府，加布政司參政。

游潛《夢蕉存稿》四卷

潛，見子類。

王廷相《家藏集》六十八卷一名《浚川集》。**《内臺集》七卷**

廷相，見子類。

魯鐸《文恪存集》十卷

鐸，字振之，號蓮北，景陵人。弘治進士，官至南京國子監祭酒。贈禮部侍郎，謚文恪。

何瑭《柏齋集》十一卷

瑭，見子類。

徐問《山堂萃稿》十六卷

問,見子類。

林魁《白石野稿》十七卷

魁,自號白石山人,龍溪人。弘治進士,官至雲南兵備副使。

潘希曾《竹澗集》八卷　《竹澗奏議》四卷

希曾,字仲魯,金華人。弘治進士,官至兵部左侍郎。

陳霆《水南稿》十九卷

霆,見史類。

何景明《大復集》三十八卷

景明,見史類。

周用《恭肅集》十六卷

用,字行之,吴江人。弘治進士,官吏部尚書,謚恭肅。

秦鏜《檮林摘稿》三卷　附録一卷

鏜,字國和,號樂易,又號類檮子,無錫人。弘治時舉人,親没不試。嘉靖中,授南京都察院都事銜。

顧鼎臣《未齋集》二十二卷

鼎臣，字九和，崑山人。弘治乙丑進士第一，官至大學士，謚文康。

嚴嵩《鈐山堂集》三十五卷

嵩，字惟中，分宜人。弘治進士，官至大學士。事迹具《明史·姦臣傳》。

臣等謹案：嵩詩在流輩之中，雖爲迥出，然迹其所爲，佞寵擅權，非他文士有才無行可以節取者比。今《四庫全書》僅存其目，以昭彰癉之義也。

崔銑《洹詞》十二卷

銑，見經類。

臣等謹案：集題《洹詞》，以銑家安陽境洹水故也。此本十二卷，編年排次，而不分體。又别本十七卷、附録四卷，分體類次，而文則無所增損也。

湛若水《甘泉集》三十二卷

若水，見經類。

殷雲霄《石川集》四卷　附録一卷

雲霄，字近夫，壽張人。弘治進士，官至南京工科給事中。《明史·文苑傳》附見《鄭善夫傳》中。

孟洋《有涯集》十七卷

洋,字望之,號有涯,信陽人。弘治進士,官至南京大理寺卿。

劉節《梅國集》四十一卷　《寶制堂私録》二卷

節,見經類。

周廣《玉巖集》九卷　附録一卷

廣,見史類。

倪宗正《小野集》二十二卷

宗正,字本端,餘姚人。弘治進士,官兵部員外郎。以言事廷杖,後官南雄府知府。嘉靖中賜祭葬,贈學士,謚文忠。

魏校《莊渠遺書》十二卷

校,見經類。

萬鏜《治齋集》十七卷

鏜,字仕鳴,進賢人。弘治進士,官至吏部尚書。

王韋《南原集》七卷

韋,字欽佩,上元人。弘治進士,官至太僕寺少卿。《明史・文苑傳》附見《顧璘傳》中。

方獻夫《西樵遺稿》八卷

獻夫，見經類。

陸深《儼山集》一百卷　《續集》十卷

深，見史類。

臣等謹案：深《續集》有唐錦《序》、陸師道《跋》，並稱尚有《外集》四十卷，通此二集爲一百五十卷。然《外集》皆其筆記、雜著，本自別行也。又《四庫全書存目》有《行遠集》《行遠外集》，並無卷數，蓋深集散佚之後，其曾孫起龍所編，皆收舊刻散佚，非續獲於正、續二集之外。

涂幾《類稿》十卷

幾，字守約，又字孟規，宜黄人。以隱居著述稱。

徐禎卿《迪功集》六卷　附《談藝録》一卷

禎卿，字昌穀，一字昌國，吴縣人。弘治進士，除大理寺左寺副，改國子監博士。

黄雲《丹巖集》十卷

雲,字應龍,[一]崑山人。弘治中,以歲貢授瑞州訓導。

蔣纛《東壁遺稿》二卷

纛,字仰仁,長洲人。郡學生。

王烈《尋樂堂集》十一卷

烈,字正邦,號尋樂,樂安人。弘治中諸生。

韓邦奇《苑洛集》二十二卷

邦奇,見經類。

劉養微《康谷子集》六卷

養微,字敬伯,廣濟人。

臣等謹案:是集五卷以下,附其弟養吉詩文及其遠祖天行、文煥等傳,又劉秉鈔、醇駿、鵾化等遺稿[二]。

[一]「龍」下　文淵閣本有「號丹巖」三字。

[二]劉秉鈔醇駿鵾化等遺稿　文淵閣本作「劉秉鈔《石浪詩鈔》、劉醇駿《盟鷗集》、劉鵾化《味閒軒遺稿》數種,蓋劉氏一家之書也」。

夏良勝《東洲初稿》十四卷

良勝，見子類。

張含《禺山文集》一卷　《詩集》四卷

含，字愈光，永昌衛人。正德間舉人。

楊慎《升庵集》八十一卷

慎，見經類。

臣等謹案：是集爲萬曆中張士佩所訂，蓋取慎《丹鉛録》《談苑醍醐》諸書，删除重複，分類編次，附其詩文之後，而所分諸目頗有條理。

吕柟《涇野集》三十六卷

柟，見經類。

方鵬《矯亭存稿》十八卷　《續稿》八卷

鵬，見史類。

戴冠《邃谷集》十二卷

冠，字仲鶡，信陽人。正德進士，官至山東提學副使。

臣等謹案：明有兩戴冠：其一長洲人，有《禮記集説辨疑》，已見經類；此又其一也。

毛伯温《襄愍集》十八卷　《東塘詩集》十卷

伯温,見史類。

歐陽鐸《恭簡集》二十二卷

鐸,字崇道,泰和人。正德進士,官至吏部侍郎,謚恭簡。

胡纘宗《鳥鼠山人集》二十九卷

纘宗,見史類。

錢琦《東畬集》十四卷

琦,見子類。

孫璽《峰溪集》五卷　《外集》一卷

璽,字朝信,平湖人。正德進士,官至山西按察司僉事。

方豪《棠陵集》八卷

豪,見史類。

鍾芳《筠溪家藏集》三十卷

芳,見史類。

丁奉《吏部文選》八卷

奉，字獻之，常熟人。正德進士，官至南京吏部郎中。

寇天敘《塗水集》八卷

天敘，字子惇，榆次人。正德進士，官至兵部侍郎。

鄒守益《東廓集》十二卷

守益，字謙之，安福人。正德進士，官至南京國子監祭酒，謚文莊。事迹具《明史·儒林傳》。

張璧《陽峰家藏集》三十五卷

璧，字崇象，石首人。正德進士，官至大學士，謚文簡。

柴奇《黼菴遺稿》十卷

奇，字德美，崑山人。正德進士，官至應天府尹。

尹襄《巽峰集》十二卷　附録一卷

襄，字舜弼，號巽峰，永新人。正德進士，官司經局洗馬。

費寀《文通集選要》六卷

寀，見史類。

夏尚璞《東巖集》六卷　《東巖詩集》八卷

尚璞，字敦夫，號東巖，永豐人。正德進士，官至南京太僕寺少卿。《明史·儒林傳》附見《婁諒傳》中。

毛憲《古菴文集》十卷

憲，見史類。

齊之鸞《蓉川集》七卷

之鸞，字瑞卿，桐城人。正德進士，官至河南按察使。

王以旂《襄敏集》四卷

以旂，見史類。

陳寰《琴溪集》八卷

寰，字原大，常熟人。正德進士，官至南京國子監祭酒。

孫承恩《瀼溪草堂稿》五十八卷

承恩，字貞父，松江華亭人。正德進士，官至禮部尚書兼翰林院學士，謚文簡。

周廷用《八厓集》十三卷

廷用，字子賢，華容人。正德進士，官至江西按察使。

郭維藩《杏東集》十卷

維藩，字价夫，儀封人。正德進士，官太常寺少卿兼翰林院侍讀學士，掌院事。

顧磐《海厓集》十卷

磐，字子安，南通州人。正德間舉人。

林文俊《方齋詩文集》十卷

文俊，字汝英，號方齋，莆田人。正德進士，官至南京吏部右侍郎，謚文修。

桂華《古山集》四卷

華，字子樸，安仁人。正德間舉人，大學士萼之兄。

霍韜《渭厓文集》十卷

韜，見史類。

薛蕙《考功集》十卷　《西原遺書》二卷

蕙，見子類。

馬理《谿田文集》十一卷　《補遺》一卷

理，見經類。

吴仕《頤山私稿》十卷

仕,字克學,號頤山,宜興人。正德進士,官至四川布政司參政。

李濂《嵩渚集》一百卷　《觀政集》一卷

濂,見史類。

李中《谷平文集》五卷

中,字子庸,吉水人。正德進士,官至總督南京糧儲、都察院副都御史,謚莊介。

陳九川《明水文集》十四卷

九川,字惟濬,號竹亭,臨川人。正德進士,官禮部郎中。

戴欽《鹿原存稿》九卷

欽,字時亮,馬平人。正德進士,官刑部郎中。

黄宏綱《洛村集》二卷

宏綱,字正之,雩都人。正德間舉人,官刑部主事。

聶豹《雙江文集》十四卷

豹,見子類。

崔桐《東洲集》二十卷　《續集》十卷

桐，字來鳳，海門人。正德進士，官至禮部右侍郎。

汪佃《東麓稿》十卷

佃，字友之，弋陽人。正德進士，官翰林院編修。

汪應軫《青湖文集》十四卷

應軫，字子宿，山陰人。正德進士，官江西提學僉事。

許相卿《雲村文集》十四卷

相卿，見史類。

陳琛《紫峰集》十三卷

琛，見經類。

王漸逵《青蘿文集》二十卷

漸逵，字用儀，號青蘿子，番禺人。正德進士，官刑部主事。

戴鱀《中丞遺集》八卷

鱀，字時重，號東石，鄞縣人。正德進士，官至四川巡撫。

王鳳靈《筆峰存稿》五卷

鳳靈,字應時,號筆峰,莆田人。正德進士,官至廣西布政司參政。

夏言《桂洲集》十八卷

言,見史類。

朱豹《福州集》六卷

豹,字子文,上海人。正德進士,官福州府知府。

吴鼎《過庭私録》七卷　《外集》一卷

鼎,字維新,號泉亭,又號支離子,錢塘人。正德進士,官至廣西布政司參議。

鄭洛書《思齋文集》一卷

洛書,字啓範,號思齋,莆田人。正德進士,官監察御史提督、南直隸學政。

林希元《次崖集》十八卷

希元,見經類。

唐龍《漁石集》四卷

龍,見經類。

常倫《評事集》一卷

倫，字明卿，號樓居子，沁水人。正德進士，官大理寺評事。

張岳《小山類稿》二十卷

岳，字維喬，惠安人。正德進士，官至刑部侍郎，掌都察院事，總督湖廣、四川、貴州，謚襄惠。

陸釴《少石集》十三卷

釴，見史類。

曾梧《楝峰遺稿》二卷

梧，字于易，江西廣昌人。正德進士，官至常德府知府。

張治《龍湖文集》十五卷

治，字文邦，茶陵人。正德進士，官至大學士，謚文隱，改文毅，復改文肅。

張袞《水南集》十一卷

袞，字補之，江陰人。正德進士，官至南京光禄寺卿。

黄佐《泰泉集》十卷

佐，見經類。

張孚敬《文忠集》十九卷

孚敬，見史類。

邵經邦《弘藝録》三十二卷

經邦，字仲德，仁和人。正德進士，官刑部員外郎。

臣等謹案：經邦以講學自任，嘗采古今論學語，發明其旨，爲《弘道録》，又删掇諸史，爲《弘簡録》，所著詩文則别爲此録。考其自作小傳，稱榷税荆州時，裒所著爲《弘藝録》，故卷首《自序》題「嘉靖四年乙酉」，而集中所載併及暮年絶筆，則又後人續編，非其手定之本矣。

李默《群玉樓集》八卷

默，見史類。

田頊《秬山稿》一卷

頊，字太素，龍溪人。正德進士，官至貴州提學副使。

朱紈《甓餘集》十二卷

紈，見史類。

李兆先《徵伯存稿》十三卷

兆先，字徵伯，茶陵人。大學士東陽子，以蔭爲國子生。

董澐《從吾稿》一卷

澐，字復宗，一字子壽，號蘿石[一]，海鹽人。《明史·儒林傳》附見《錢德洪傳》中。

王廷陳《夢澤集》二十三卷

廷陳，字稚欽，黄岡人。正德進士，選庶吉士，以言事廷杖，出知裕州。事迹具《明史·文苑傳》。

薛章憲《鴻泥堂小稿》八卷　《續稿》十卷

章憲，字堯卿，自號浮休居士，江陰人。

萬表《玩鹿亭稿》八卷　附録一卷

表，見子類。

詹泮《少華集》四卷

泮，字少華，玉山人。正德進士，官至禮科給事中。

〔一〕蘿石　文淵閣本作「石蘿」。

王相《介塘文略》一卷

相,號介塘,鄞縣人。正德進士,官翰林院編修。

文徵明《甫田集》三十五卷　附録一卷

徵明,初名璧,以字行,更字徵仲,號衡山,長洲人。以歲貢薦,授翰林院待詔。事迹具《明史·文苑傳》。

王寵《雅宜集》十卷

寵,字履吉,自號雅宜山人,長洲人。終于諸生。《明史·文苑傳》附見《文徵明傳》中。

譚寶焕《樵海集》六卷附《幽谷集》一卷　《霜巖集》一卷

寶焕,號樵海,樂安人。

徐階《世經堂集》二十六卷　《少湖文集》七卷

階,見史類。

歐陽德《南野集》三十卷　《南野文選》四卷

德,字崇一,泰和人。嘉靖進士,官至禮部尚書,謚文莊。事迹具《明史·儒林傳》。

李舜臣《愚谷集》十卷

舜臣，字茂欽，號愚谷，又號未村居士，樂安人。嘉靖進士，官至太僕寺卿。

朱潓《天馬山房遺稿》八卷

潓，字必東，號損巖，莆田人。嘉靖進士，官湖廣道監察御史。

潘恩《笠江集》十二卷

恩，字子仁，上海人。嘉靖進士，官至左都御史，謚恭定。

章袞《介菴集》十一卷

袞，字汝明，臨川人。嘉靖進士，官至陝西按察副使。

張時徹《芝園定集》五十一卷　《別集》十一卷

時徹，見史類。

高叔嗣《蘇門集》八卷

叔嗣，字子業，號蘇門山人，祥符人。嘉靖進士，官至湖廣按察使。事迹具《明史·文苑傳》。

顧夢圭《疣贅録》九卷[一]　**《續録》二卷**

夢圭，字武祥，號雍里，崑山人。嘉靖進士，官至江西右布政使。

藍田《北泉集》無卷數

田，字玉甫，號北泉，即墨人。嘉靖進士，官河南道監察御史。

石英中《比部集》八卷

英中，字子珍，上海人。嘉靖進士，官刑部主事。

吴鵬《飛鴻亭集》二十卷

鵬，字萬里，秀水人。嘉靖進士，官至吏部尚書。

葉良佩《海峰文》一卷[二]

良佩，見經類。

朱廷立《兩崖集》八卷

廷立，見史類。

[一] 疣贅　原互乙，據文淵閣本改。

[二] 「文」下　文淵閣本有「集」字。

華鑰《水西居士集》八卷

鑰，字德啓，號水西，無錫人。嘉靖進士，官兵部郎中。

魏良弼《水洲文集》四卷

良弼，字師説，别號水洲，新建人。嘉靖進士，官至禮科都給事中，追謚忠簡。

王從善《鳳林文集》四卷　《詩集》三卷

從善，字承吉，號鳳林，襄陽人。嘉靖進士，官吏部考功司主事。

王教《中川遺稿》三十三卷

教，字庸之，祥符人。嘉靖進士，官至南京兵部右侍郎。

黄禎《北海野人稿》一卷

禎，字德兆，號北海野人，安丘人。嘉靖進士，官吏部文選司郎中。

李新芳《漳野文集》八卷

新芳，字元德，號漳野，潞州人。嘉靖進士，官至監察御史。

鄭曉《端簡文集》十二卷

曉，見經類。

婁樞《子敬文集》六卷

樞,字子敬,河内人。嘉靖時舉人,官廣宗縣知縣。

陳鶴《梅樵先生集》二十一卷

鶴,字明野,山陰人。嘉靖時舉人。

徐獻忠《長谷集》十五卷

獻忠,見史類。

袁袠《胥臺集》二十卷

袠,見子類。

趙時春《浚谷集》十六卷　別本《浚谷集》十七卷

時春,見史類。

龔用卿《雲崗選稿》二十卷

用卿,字鳴治,懷安人。嘉靖丙戌進士第一,官至南京國子監祭酒。

陸垹《簀齋集》十卷　《外集》二卷

垹,見子類。

田汝成《叔禾集》十二卷

汝成，見史類。

王慎中《遵巖集》二十五卷　《玩芳堂摘稿》四卷

慎中，字道思，晉江人。嘉靖進士，官至河南布政司參政。事迹具《明史·文苑傳》。

江以達《午坡集》四卷

以達，字于順，號午坡，貴溪人。嘉靖進士，官至湖廣提學副使。《明史·文苑傳》附見《王慎中傳》中。

馮恩《芻蕘録》二十卷

恩，字子仁，華亭人。嘉靖進士，官南京監察御史。

王格《少泉集》三十三卷

格，字汝化，京山人。嘉靖進士，官至按察使僉事。《明史·文苑傳》附見《王廷陳傳》中。

蘇祐《穀原文草》四卷　《穀原集》十卷

祐，見子類。

岳倫《雲石集》五卷

倫,字雲石,懷安衛人。嘉靖進士,官工部郎中,贈太常少卿。

陸燦《陸子餘集》八卷

燦,見經類。

羅洪先《念菴集》二十二卷

洪先,見子類。

臣等謹案:是集初刻於撫州,再刻於應天,最後諸門人編爲此本,其六世孫繼洪重刊。又别本十三卷,乃嘉靖癸亥胡松所編,較之後刻,僅得其半。

趙完璧《海壑吟稿》十一卷

完璧,字全卿,號雲壑,晚號海壑,膠州人。由歲貢生官鞏昌府通判。

臣等謹案:是集詩五卷、文五卷,其第一卷爲目録,入之卷數,蓋唐以前例也。

程文德《松谿集》十卷　《文恭遺稿》三十二卷

文德,字舜敷,永康人。嘉靖進士,官至吏部左侍郎,贈禮部尚書,謚文恭。事迹具《明史·儒林傳》。

周顯宗《漢中集》四卷

顯宗，字子考，濮州人。嘉靖進士，官漢中府知府。

楊爵《忠介集》十三卷　附録三卷

爵，見經類。

唐順之《荆川集》十二卷　《南北奉使集》二卷

順之，見史類。

陳束《后崗詩集》一卷　《文集》一卷

束，字約之，鄞縣人。嘉靖進士，官至河南提學副使。事迹具《明史·文苑傳》。

孫應奎《燕詒録》十三卷

應奎，字文卿，號蒙泉，餘姚人。嘉靖進士，官至右副都御史，總理河道，後遷山東布政使。

臣等謹案：應奎，《明史》附見《建陽孫應奎傳》，而以餘姚别之，蓋與《胡松傳》附載績溪胡松，均以同姓名合傳也。

胡松《莊肅集》六卷　别本《莊肅集》八卷

松，見史類。

臣等謹案：別本《莊肅集》八卷，與六卷之本稍有增删，而大致相同。

蔡雲程《鶴田草堂集》十卷

雲程，字亨之，臨海人。嘉靖進士，官至刑部尚書。

熊過《南沙文集》八卷

過，見經類。

沈愷《環溪集》六卷

愷，見子類。

李開先《閒居集》十二卷

開先，見子類。

蔡克廉《可泉集》十五卷

克廉，字道卿，晉江人。嘉靖進士，官至户部尚書。

葛守禮《端肅公集》十卷

守禮，字與立，德平人。嘉靖進士，官至左都御史，謚端肅。

翁溥《知白堂稿》十四卷

溥，字德宏，諸暨人。嘉靖進士，官至南京刑部尚書，謚榮靖。

張選《静思文集》十卷　附録二卷

選，字舜舉，無錫人。嘉靖進士，官至通政司參議。

蔡靉《洨濱集》十卷　附録二卷

靉，見子類。

崔涯《筆山文集》十卷

涯，號筆山，太平人。嘉靖進士，官監察御史。

羅虞臣《司勛文集》八卷

虞臣，字熙載，廣東順德人。嘉靖進士，官吏部稽勛司主事。

黄省曾《五嶽山人集》三十八卷

省曾，見史類。

董燧《蓉山集》十六卷

燧，字兆時，號蓉山，臨川人。嘉靖時舉人，官南京刑部郎中。

孔天允《文谷詩集》十四卷　《文谷文集》十六卷　《續集》四卷　别本《詩集》二十四卷　《霞海篇》一卷

天允，字汝錫，號文谷，又號管涔山人，汾州人。嘉靖進士，官陝西提學僉事，遷浙江布政司參政。

皇甫涍《少元集》二十六卷　《外集》十卷

涍,字子安,長洲人。嘉靖進士,官浙江按察使僉事。事迹具《明史·文苑傳》。

皇甫汸《司勳集》六十卷

汸,見子類。

馮汝弼《祐山文集》十卷　《詩集》四卷

汝弼,見子類。

謝少南《粤臺稿》二卷

少南,字與槐,上元人。嘉靖進士,官至河南布政司參政。

來汝賢《菲泉存稿》八卷

汝賢,字子禹,蕭山人。嘉靖進士,官禮部主事。

白悦《洛原遺稿》八卷

悦,字貞夫,武進人。嘉靖進士,官至河南按察使僉事。

蔣信《道林文粹》九卷

信,見子類。

呂懷《巾石遺編》一卷

懷，見經類。

陳如綸《冰玉堂綴逸稿》二卷　《蘭舟漫稿》一卷附《二餘詞》一卷

如綸，字德宣，號午江，太倉人。嘉靖進士，官至福建布政司參議。

包節《侍御集》六卷

節，見史類。

錢薇《承啓堂稿》二十九卷

薇，字懋垣，海鹽人。嘉靖進士，官至禮科給事中，贈太常寺少卿。

蔡汝楠《自知堂集》二十四卷

汝楠，見經類。

周復俊《涇林集》八卷

復俊，見史類。

王畿《龍谿全集》二十卷　別本《龍谿語録》八卷

畿，字汝中，號龍谿，山陰人。嘉靖進士，官兵部郎中。

臣等謹案：畿全集爲其子應斌等所編，凡語録八卷，雜文九卷，詩一卷，祭文、志、狀、表、傳二卷。又别本《龍谿語録》，爲李贄所定，雖名語録，實文集也。

蘇志皐《寒村集》四卷

志皐，字德明，號寒村，固安人。嘉靖進士，官至副都御史。

吕本《期齋集》十四卷

本，字汝立，號南渠，又號期齋，餘姚人。嘉靖進士，官至大學士，謚文安。

馬汝彰《璞岡集》三卷

汝彰，字存美，號璞岡，汲縣人。嘉靖進士，官至雲南右布政使。

許應元《水部稿》三卷

應元，字子春，錢塘人。嘉靖進士，官至廣西布政使。

王尚文《藎心堂集》二卷

尚文，字寶江，真定人。嘉靖武進士，累官福建總兵官。

丘雲霄《南行集》四卷　《東游集》二卷　《北觀集》四卷　《山中集》十卷

雲霄，字凌漢，號止山，崇安人。官柳城縣知縣。

高應冕《白雲山房集》二卷

應冕，字文中，仁和人。嘉靖時舉人，官光州知州。

陳瀚《求志齋言草》三十卷

瀚，字龍嶽，秀水人。嘉靖時舉人，官廉州府知府。

孫陞《文恪集》二十卷　附録一卷

陞，字志高，餘姚人，燧子。嘉靖進士，官至南京禮部尚書。

臣等謹案：陞集後附録一卷，乃其繼室楊文儷作。文儷，仁和人，工部員外郎應獬女。諸子成進士者四人，鑨、鋌、鑛皆至尚書，鋐至太僕寺卿，皆文儷教之也。

李璣《西野遺稿》十四卷

璣，字邦在，號西野，豐城人。嘉靖進士，官至南京禮部尚書。

趙貞吉《文肅集》二十三卷

貞吉，字孟静，内江人。嘉靖進士，官至大學士，謚文肅。

尹臺《洞麓堂集》十卷

臺，字崇基，號舊山，永新人。嘉靖進士，官至南京禮部尚書。

駱文盛《兩溪集》十四卷　附録一卷

文盛，字質甫，武康人。嘉靖進士，官翰林院編修。

張瀚《奚囊蠹餘》二卷

瀚,見史類。

陳堯《梧岡集》九卷

堯,字敬甫,號梧岡,南通州人。嘉靖進士,官至南京刑部左侍郎。

趙統《驪山集》十四卷

統,字伯一,臨潼人。嘉靖進士,官户部郎中。

張永明《莊僖文集》五卷

永明,字鍾誠,烏程人。嘉靖進士,官至刑部尚書,改左都御史,謚莊僖。

王立道《具茨集》五卷　《補遺》一卷　《文集》八卷　《補遺》一卷　附録一卷　《遺稿》一卷

立道,字懋中,無錫人。嘉靖進士,官翰林院編修。

欽定續文獻通考·經籍考卷五十三

集 别集五

明

薛應旂《方山文録》二十二卷

應旂，見經類。

靳學顔《兩城集》二十卷

學顔，字子愚，濟寧人。嘉靖進士，官至吏部左侍郎。

劉繪《嵩陽集》無卷數

繪，字子素，一字少質，光州人。嘉靖進士，官重慶府知府。

王維楨《王氏存笥稿》二十卷

維楨，字允寧，華州人。嘉靖進士，官至南京國子監祭酒。

何維柏《天山草堂存稿》八卷

維柏,字喬仲,南海人。嘉靖進士,官至南京禮部尚書,謚端恪。

宋諾《金齋集》四卷

諾,字子重,號金齋,故城人。嘉靖進士,官兖州府知府。

陳棐《文岡集》二十卷

棐,字文岡,鄢陵人。嘉靖進士,官至甘肅巡撫。

許穀《省中稿》二卷　《二臺稿》二卷　《歸田稿》十卷

穀,字仲貽,上元人。嘉靖進士,官至尚寶司卿。

徐燦《陽溪集》六卷

燦,字文華,一字本充,號陽溪,奉新人。嘉靖時舉人。

茅瓚《見滄文集》十五卷

瓚,字見滄,錢塘人。嘉靖戊戌進士第一,官至吏部左侍郎。

陳昌積《兩湖集》三十四卷　《松風軒藏稿》八卷

昌積,號兩湖,泰和人。嘉靖進士,官至尚寶司少卿,兼翰林院學士。

錢芹《永州集》八卷

芹，字懋文，號泮泉，海鹽人，琦之次子。嘉靖進士，官永州府知府。

章焕《陽華漫稿》十四卷

焕，見史類。

茅坤《白華樓藏稿》十一卷　《續稿》十五卷　《吟稿》八卷　《玉芝山房稿》二十二卷

《耄年録》七卷

坤，見史類。

楊載鳴《大拙堂集》九卷

載鳴，字虚卿，泰和人。嘉靖進士，官至通政使。

陳紹儒《大司空遺稿》十卷

紹儒，字師孔，南海人。嘉靖進士，官至南京工部尚書。

游震得《讓溪甲集》四卷　《乙集》十卷

震得，字汝潛，婺源人。嘉靖進士，官至左副都御史[一]，巡撫福建。以興化失守罷歸，

[一] 左　文淵閣本作「右」。

再起,督轄南京糧儲。

劉乾《雞土集》六卷

乾,字仲坤,號易庵,保定人。嘉靖進士,官國子監丞。

臣等謹按:是集詩、詞一卷,賦、記、雜文四卷,其以「雞土」名集者,《自序》謂夢入太極宫,見玉雞,以爲文章之兆。其説頗荒誕不經。

汪柏《青峰存集》十二卷

柏,字廷節,號青峰,浮梁人。嘉靖進士,官至光禄寺卿。

劉熠《同春堂遺稿》四卷

熠,字元麗,海鹽人。嘉靖時舉人,官至監察御史。

董份《泌園集》三十七卷

份,字用均,號泌園,烏程人。嘉靖進士,官至禮部尚書兼翰林學士。

嚴訥《文靖公集》十二卷

訥,見經類。

高拱《文襄公集》四十四卷　《玉堂公草》十卷　《外制集》一卷　《政府書答》四卷

拱,見經類。

萬衣《萬子迂談》八卷

衣，字章甫，潯陽人。嘉靖進士，官至河南左布政使。

萬士和《履庵集》十二卷

士和，字思節，宜興人。嘉靖進士，官至禮部尚書，謚文恭。

瞿景淳《文懿制敕稿》一卷　《制科集》四卷　《詩文集》十六卷

景淳，字師道，號昆湖，常熟人。嘉靖進士，官至南京吏部右侍郎。

朱曰藩《山帶閣集》三十三卷

曰藩，字子价，號射陂，寶應人。嘉靖進士，官至九江府知府。

魏文焲《石室秘鈔》五卷

文焲，字德章，侯官人。嘉靖進士，官至廣西按察使。

沈鍊《青霞集》十一卷　《年譜》一卷

鍊，字純甫，會稽人。嘉靖進士，除溧陽縣知縣，遷錦衣衛經歷。疏劾嚴嵩，爲所構陷，棄市。追贈光禄寺少卿，謚忠愍。

徐良傅《愛吾廬集》八卷

良傅，字子弼，東鄉人。嘉靖進士，官至吏科給事中。

莫如忠《崇蘭館集》二十卷

如忠,字子良,松江華亭人。嘉靖進士,官至浙江布政使。《明史·文苑傳》附見《董其昌傳》中。

盧宁《五鵲别集》二卷

宁,字獻子,號冠巖,南海人。嘉靖進士,官登州府知府。

李萬實《崇質堂集》二十卷

萬實,字少虚,南豐人。嘉靖進士,官至浙江按察副使。

李攀龍《滄溟集》三十卷　附録卷　《白雲樓詩集》十卷

攀龍,見子類。

任環《山海漫談》三卷

環,字應乾,號復庵,長治人。嘉靖進士,官至山東右參政。

馮覲《小海存稿》八卷

覲,字晉叔,號小海,海寧人。嘉靖進士,官至廣東按察副使。

趙釴《無聞堂稿》十七卷

釴,見子類。

郭文周《東山文集》七卷　《詩集》二卷

文周，字景復，號東山，福安人。嘉靖進士，官至監察御史，巡按廣東。

孫樓《百川集》十二卷

樓，字子虛，常熟人。嘉靖時舉人，官湖州府推官。

李春芳《貽安堂集》十卷

春芳，字子實，號石麓，福建興化人。嘉靖丁未進士第一，官至大學士，謚文定。

王宗沐《敬所文集》三十卷

宗沐，見史類。

吴桂芳《師暇裒言》十二卷

桂芳，字子實，新建人。嘉靖進士，官至工部尚書。

楊繼盛《忠愍集》三卷　附録一卷

繼盛，字仲芳，號椒山，容城人。嘉靖進士，官兵部員外郎。以疏劾嚴嵩，爲所構陷，棄市。贈太常寺卿，謚忠愍。

臣等謹案：繼盛本以經濟氣節自許，不屑屑於文字，後人重其人品，掇拾成篇，仰蒙世祖章皇帝御製序文，表其忠藎，雖蠹朽陳編，彌深寶惜云。

王世貞《弇州山人四部稿》一百七十四卷　《續稿》二百七卷　《讀書後》八卷

世貞，見史類。

臣等謹案：四部者，賦部、詩部、文部、説部也。《續稿》止賦、詩、文三部。自古文集之富，莫有過於世貞者。《讀書後》原本四卷，吴江許恭復采讀佛、老二家之作，併爲八卷。至黄美中編《鳳洲筆記》二十四卷、《續集》四卷、《後集》四卷，沈一貫有《弇洲稿選》十六卷，雖意主别裁，而棄取未能皆當。

張居正《太岳集》四十六卷

居正，見經類。

陳嘉謨《念初堂稿》四卷　《續集》二卷

嘉謨，廬陵人。嘉靖進士，官至四川按察副使。

汪鏜《餘清堂稿》三十二卷

鏜，字遠峰，鄞縣人。嘉靖進士，官至禮部尚書，掌詹事府，兼翰林院學士。

王時槐《友慶堂合稿》七卷

時槐，見子類。

周思兼《叔夜集》十一卷

思兼，見子類。

林𤏲《文恪集》二十二卷

𤏲，字貞恒，閩縣人。嘉靖進士，官至南京禮部尚書，謚文恪。

殷士儋《金輿山房稿》十四卷

士儋，字正夫，號棠川，歷城人。嘉靖進士，官至大學士，謚文莊。

章适《道峰集》六卷

适，字景南，號道峰，蘭谿人。嘉靖進士，官禮科給事中。

王樵《方麓集》十六卷

樵，見經類。

臣等謹案：是集凡有二本，一爲文九卷，《老子解》一卷，詩一卷；一即此本，凡詩文十四卷，又《戊申筆記》一卷，《紫薇堂劄記》一卷，較初本頗爲完備。

宋儀望《華陽館文集》十七卷　《續集》二卷　《華陽文集》十二卷

儀望，字望之，永豐人。嘉靖進士，官至大理寺卿。

臣等謹案：儀望所著其文，本名《華陽館集》，其詩別名《河東集》，此本合爲一編,總題曰《華陽館文集》,蓋後人所併。又黄虞稷《千頃堂書目》載《華陽館文集》十二卷,《詩集》十四卷。今《文集》十二卷尚存,而《詩集》未見,考總集内僅詩五卷,則十四卷之本已久佚矣。

汪道昆《太函集》一百二十卷　《副墨》五卷

道昆,見子類。

汪道貫《次公集》十二卷

道貫,字仲淹,休寧人,道昆弟。

邵圭潔《北虞先生遺文》八卷

圭潔,字伯如,一字茂齋,號北虞,常熟人。嘉靖時舉人。

何濤《平山文集》八卷　《詩集》八卷

濤,字仲平,廣昌人。嘉靖時舉人。

海瑞《備忘集》十卷

瑞,見史類。

劉鳳《子威集》三十二卷

鳳,見史類。

方宏静《素園存稿》十八卷

宏静，字定之，歙縣人。嘉靖進士，官至南京户部侍郎〔一〕。

臣等謹案：是集目録祇十六卷，而書實十八卷，目次亦與書内不合。

魏裳《雲山堂集》六卷

裳，字順甫，蒲圻人。嘉靖進士，官濟南府知府。

張佳允《居來山房集》六十五卷

佳允，字肖甫，銅梁人。嘉靖進士，官至兵部尚書，總督薊遼。

徐中行《天目山堂集》二十卷　附録一卷　《青蘿館詩》六卷

中行，字子與，長興人。嘉靖進士，官至江西左布政使。《明史·文苑傳》附《李攀龍傳》中。

馮臯謨《豐陽集》十二卷

臯謨，字明卿，海鹽人。嘉靖進士，官至福建布政司參政。

〔一〕「侍」上　文淵閣本、《總目》卷一七八有「右」字。

吴國倫《甔甀洞稿》五十四卷　《續稿》二十七卷

國倫,見史類。

陳柏《蘇山集》二十卷　《蘇山選集》七卷

柏,字子堅,一字憲卿,沔陽人。嘉靖進士,官至井陘兵備副使。

臣等謹案:《蘇山選集》爲莆田黄謙所定。

唐汝楫《小漁遺稿》十二卷

汝楫,字思濟,蘭谿人,吏部尚書龍之子。嘉靖庚戌進士第一,官至左春坊左諭德。

徐學謨《春明稿》十四卷　《徐氏海隅集》四十卷　《歸有園稿》二十九卷

學謨,見經類。

潘季馴《留餘堂集》四卷

季馴,見史類。

李贄《温陵集》二十卷

贄,見經類。

臣等謹案:贄非聖無法,以妖言逮治,懼而自剄,而焦竑等盛相推重,大爲風俗人心之害。今存其目,以正其爲名教罪人,使無識之人不至怵於虚名,受其誣惑也。

周大章《禹川集》五卷

大章，字章之，號禹川，吴江人。嘉靖中舉人，官瑞安縣知縣。

葉春及《石洞集》十八卷

春及，字化甫，歸善人。嘉靖中舉人，官户部郎中。

張鳴鳳《羽王先生集略》無卷數

鳴鳳，見史類。

宗臣《子相集》十五卷　《子相文選》五卷

臣，字子相，揚州興化人。嘉靖進士，官至福建參議，遷提學副使。

郭汝霖《石泉山房集》十卷

汝霖，字時望，號一厓，永豐人。嘉靖進士，官至南京太常寺卿。

馬攀龍《愧非集》十四卷

攀龍，字沖霄，號愧非子，陽信人。嘉靖時舉人，官禮部主事。

史桂芳《惺堂文集》十四卷

桂芳，字景實，號惺堂，鄱陽人。嘉靖進士，官至兩浙鹽運使。

曹大章《含齋集》十六卷

大章，字一呈，號含齋，金壇人。嘉靖進士，官翰林院編修。

胡直《衡廬精舍藏稿》三十卷　《續稿》十一卷

直，見史類。

姜寶《鳳阿文集》三十八卷

寶，見經類。

劉堯誨《虛籟集》十四卷

堯誨，號凝齋，臨武人。嘉靖進士，官至南京兵部尚書。

孫應鼇《學孔精言舍彙稿》十二卷

應鼇，見經類。

龐尚鵬《百可亭摘稿》九卷

尚鵬，字少南，南海人。嘉靖進士，官至副都御史，巡撫福建，追謚惠敏。

李蓘《子田文集》四卷

蓘，見子類。

羅汝芳《近溪子文集》五卷

汝芳，見經類。

鄧元錫《潛學稿》十二卷

元錫，見經類。

耿定向《天臺文集》二十卷

定向，見史類。

吴文華《濟美堂集》八卷

文華，見史類。

姚汝循《屏居集》八卷 《浪游集》六卷 《耕餘集》八卷

汝循，字敘卿，江寧人。嘉靖進士，官大名府知府。

陳瓚《濟美堂集》六卷

瓚，字廷裸，常熟人。嘉靖進士，官至刑部左侍郎，謚莊靖。

臣等謹案：明有兩陳瓚：其一獻縣人，嘉靖丁未進士，官至南京吏部尚書，即嘗爲楊繼盛奏請䘏典者；此又其一也。

屠應埈《蘭暉堂集》四卷

應埈，字文升，刑部尚書勛之子。嘉靖進士，官左春坊左諭德。《明史・文苑傳》附見《王慎中傳》中。

蔡國珍《怡雲堂集》十卷

國珍，字汝聘，奉新人。嘉靖進士，官至吏部尚書，謚恭靖。

佘翔《薜荔園集》四卷

翔，字宗漢，號鳳臺，莆田人。嘉靖時舉人，官全椒縣知縣。

何源《心泉集》二十五卷

源，字仲深，號心泉，廣昌人。嘉靖進士，官至刑部郎，謚靖惠。

張鹵《滸東集》十四卷

鹵，見史類。

張祥鳶《華陽洞稿》二十二卷

祥鳶，字道卿，號虛齋，金壇人。嘉靖進士，官雲南府知府。

王世懋《奉常集》六十九卷　《闗洛記游稿》二卷

世懋，見史類。

申時行《賜閒堂集》四十卷

時行，見經類。

王錫爵《文肅集》五十二卷　附録二卷

錫爵，見史類。

李材《觀我堂摘稿》十二卷

材，見子類。

沈鯉《亦玉堂稿》十卷

鯉，見子類。

許孚遠《致和堂集》八卷

孚遠，字孟中，德清人。嘉靖進士，官至兵部左侍郎。事迹具《明史·儒林傳》。

周世選《衛陽集》十四卷

世選，字文賢，故城人。嘉靖進士，官至南京兵部尚書。

鄭普《海亭集》四卷

普，字汝德，號海亭，南安人。嘉靖進士，官雲南府知府。

林熤《覆瓿草》六卷

熤，字貞耀，閩縣人。嘉靖進士，官至南京工部尚書。

穆文熙《逍遥園集》二十卷

文熙，見史類。

張鳳翼《處實堂集》八卷

鳳翼，見子類。

張獻翼《文起堂集》十卷　《紈綺集》一卷

獻翼，見經類。

臣等謹案：《紈綺集》乃其早歲所作，於《文起堂集》外别行者。

吴崇節《狎鷗子摘稿》一卷

崇節，見史類。

王弘誨《天池草》二十六卷

弘誨，字紹傳，瓊州安定人。嘉靖進士，官至南京禮部尚書。

陳吾德《謝山存稿》十卷

吾德，字有齋，新會人。嘉靖進士，官至浙江按察司僉事。

温純《恭毅公集》三十卷

純，字希文，三原人[一]。嘉靖進士，官至左都御史，謚恭毅。

歸有光《震川文集》三十卷　《别集》十卷　《震川文集初本》三十二卷

有光，見經類。

臣等謹案：《震川集》舊本有二：一爲其族弟道傳所刻，凡二十卷，爲常熟本；一爲其子子祜、子寧所刻，凡三十二卷，爲崑山本，去取多不相同。是編爲其孫莊所訂，正集凡二十四體，别集凡十有一體，蓋以家藏鈔本互相校勘，又補入未刻之文，彙爲全集。前有王崇簡、徐乾學二序，莊自作凡例，極言舊本之譌。然汪琬與莊二書反覆論其改竄之非，至著爲《歸文辨誣》以攻之。是莊所輯，亦未盡善，特有光之文差爲完備耳。

陳文燭《二酉園詩集》十二卷　《文集》十四卷　《續集》二十三卷

文燭，字玉叔，沔陽人。嘉靖進士，官至南京大理寺卿。

[一]人　底本無，據文淵閣本補。

楊時喬《端潔集》無卷數

時喬,見經類。

王圻《洪洲類稿》四卷

圻,見史類。

盧柟《蠛蠓集》五卷

柟,字少楩,濬縣人。國子監生。《明史·文苑傳》附見《謝榛傳》中。

許炯《吾野漫筆》十三卷

炯,字吾野,新會人。嘉靖時舉人。

嚴果《天隱子遺稿》十七卷

果,字毅之,震澤人。嘉靖間布衣。

汪少廉《山人集》十八卷

少廉,字古矜,休寧人。嘉靖間布衣。

吴子玉《大鄣山人集》五十三卷

子玉,字瑞穀,休寧人。嘉靖間貢生。

何良俊《翰林集》二十二卷

良俊，見子類。

茅翁積《芸暉館稿》十四卷

翁積，字穉延，歸安人，副使坤子。

華善述《被褐先生稿》十七卷

善述，字仲達，無錫人。

王叔承《吴越游草》八卷

叔承，初名光允，以字行，更字承父，晚更字子幻，號崑崙山人，吴江人。《明史·文苑傳》附見《王穉登傳》中。

俞安期《翏翏集》四十卷

安期，見子類。

江瓘《山人集》七卷

瓘，見子類。

鄭若庸《蛣蜣集》八卷　《北游漫稿》二卷

若庸，見子類。

徐渭《文長集》三十卷　《文長逸稿》二十四卷

渭,見子類。

朱察卿《邦憲集》十五卷

察卿,字邦憲,上海人。福州府知府豹子,國子監生。

戚繼光《止止堂集》五卷

繼光,見子類。

徐珊《卯洞集》四卷

珊,字三溪,餘姚人。官辰州府同知。

張重華《滄漚集》八卷

重華,字虞侯,華亭人。

金瑶《栗齋文集》十一卷

瑶,見經類。

汪禔《檗庵集》二卷

禔,字介夫,號檗庵,祁門人。

孫堪《孝子文集》二十卷

堪，見史類。

田藝衡《子藝集》二十一卷

藝衡，見子類。

汪子祐《石西集》八卷　附《崇禮堂詩》一卷

子祐，字受天，號石西，石門人〔一〕。

臣等謹案：《崇禮堂詩》一卷，乃宗豫父伯薦所作。伯薦，字士倩，崇禎時貢生。

汪坦《石盂集》十七卷

坦，字仲安，號識環，鄞縣人。

王襞《東崖遺集》三卷〔二〕

襞，字宗順，自號天南逸叟〔三〕，泰州人。

〔一〕石　文淵閣本作「祁」。
〔二〕三　文淵閣本作「二」。
〔三〕叟　文淵閣本作「人」。

孫鏊《松菊堂集》二十四卷

鏊，字端峰，餘姚人。江西巡撫燧孫，工部尚書陞子，官上林苑丞。

鄭心材《京兆集》十二卷　《外集》二卷

心材，字敬仲，號思泉，海鹽人。刑部尚書曉孫，光禄寺少卿履淳子，以蔭官應天府治中。

朱理堦《滄海披沙集》十三卷

理堦，號玉源。潘簡王模七世孫，昭定王恬烄子，襲封泌水王，謚康僖。

葉朝榮《芝堂遺草》七卷

朝榮，見經類。

朱孟震《秉器集》八卷

孟震，見子類。

胡應麟《少室山房類稿》一百二十卷　《續稿》十五卷

應麟，見子類。

于慎行《穀城山館文集》四十二卷　《詩集》二十卷

慎行，見史類。

于慎思《龐眉生集》十六卷

慎思，字無妄，號航隱，東阿人。慎行之弟。

程大約《幼博集》六卷

大約，字幼博，休寧人。

韓世能《雲東拾草》十四卷　附録一卷

世能，字存録，長洲人。隆慶進士，官至南京禮部侍郎，召入，兼翰林學士。

林景暘《玉恩堂集》九卷　附録一卷

景暘，字紹熙，華亭人。隆慶進士，官至南京太僕寺卿。

盧維禎《醒後集》五卷　《續集》一卷　附《京省次》五卷

維禎，字瑞峰，號水竹居士，漳浦人。隆慶進士，官至户部侍郎。

臣等謹案：是集爲維禎致仕後所自刊。末附《京省次》一册，中分地望次、府州縣次、財賦次、會狀次、甲科卿輔次，類兔園册，以備紀事，刊入文集，則濫矣。

朱賡《文懿文集》十二卷

賡，字少欽，山陰人。隆慶進士，官至大學士。

王家屏《文端集》十四卷

家屏,見史類。

臣等謹案:《明藝文志》載《家屏文集》二十卷,黄虞稷《千頃堂書目》作《復宿山房集》四十卷,與今本卷數皆不合。

沈思孝《溪山堂草》四卷

思孝,見史類。

徐顯卿《天遠樓集》二十七卷

顯卿,字高望,號檢庵,長洲人。隆慶進士,官至吏部侍郎。

華叔陽《禮部集》八卷

叔陽,字起龍,無錫人。隆慶進士,官禮部主事。

張位《閒雲館集鈔》六卷

位,見經類。

江以東《岷嶽文集》四卷

以東,字貞伯,全椒人。隆慶進士,官至江西提學副使。

田一儁《鐘台集》十二卷

一儁，字德萬，大田人。隆慶進士，官至禮部侍郎。

李維楨《大泌山房集》一百三十四卷

維楨，見史類。

欽定續文獻通考・經籍考卷五十四

集 別集六

明

劉元卿《聘君全集》十二卷

元卿，見經類。

張元忭《不二齋文選》七卷

元忭，見史類。

郭子章《粵草》十卷　《蜀草》七卷　《晉草》九卷　《楚草》十二卷　《家草》七卷　《黔草》二十一卷

子章，見經類。

李淶《中丞文集》二卷

淶，字源甫，號養愚，雩都人。隆慶進士，官至右僉都御史，巡撫應天。

鄧以讚《文潔集》四卷

以讚，字定宇，新建人。隆慶進士，官至吏部侍郎，謚文潔。事迹具《明史·儒林傳》。

方楊《初菴集》十六卷

揚，字思善，號初菴，歙縣人。隆慶進士，官杭州府知府。

陳大科《如岡文集》二卷

大科，字思進，號如岡，南通州人。隆慶進士，官至右都御史兼兵部侍郎，總督兩廣。

吴中行《賜餘堂集》十四卷

中行，字子道，號復菴，武進人。隆慶進士，官至侍講學士，掌南京翰林院事。

鄒德涵《聚所文集》六卷 《外集》一卷

德涵，字汝海，安福人。隆慶進士，官至河南按察使僉事。《明史·儒林傳》附見其祖《守益傳》末。

萬道光《交翠館集》十卷

道光，字日章，臨川人。

卓明卿《光禄集》三卷

明卿，見子類。

臣等謹案：明卿著《卓澄甫詩集》《續集》《北游稿文集》《三山游稿》諸編，曹子念裒合删定，名《光禄集》。

鄒迪光《鬱儀樓集》五十四卷　《石語齋集》二十六卷　《調象庵稿》四十卷

迪光，字彦吉，無錫人。萬曆進士，官至湖廣提學副使。

臣等謹案：《江南通志》載《迪光集》凡三百餘卷。朱彝尊《明詩綜》載迪光所著有《鬱儀樓集》《調象庵稿》《始青閣集》。今所傳本有《石語齋集》，而《始青閣集》未見，蓋明人刻本叢雜，故著録互異。

李堯民《快獨集》十八卷

堯民，字耕堯，濟寧人。萬曆進士，官至工部右侍郎。

孫繼皐《宗伯集》十卷

繼皐，字以德，無錫人。萬曆甲戌進士第一，官至吏部侍郎，贈禮部尚書。

陳與郊《隅園集》十八卷　《蘋川集》八卷

與郊，見經類。

臣等謹案：與郊集總名《奉常佚稿》，凡分四種：首爲《隅園集》，次爲《黄門集》，次爲《蘋川集》，次爲《聆癡符》。今《黄門集》入章奏類，《聆癡符》有録無書，故以此二編著録。

呂坤《去僞齋文集》十卷

坤，見經類。

邢侗《來禽館集》二十九卷

侗，字子愿，臨邑人。萬曆進士，官至太僕寺卿。《明史·文苑傳》附見《董其昌傳》中。

楊寅秋《臨皐文集》四卷

寅秋，字義叔，號臨皐，廬陵人。萬曆進士，官至廣西按察副使、左江兵備道。

支大綸《支子餘集》五十二卷

大綸，見史類。

范守己《御龍子集》七十七卷　《郢臯集》十二卷

守己，字介儒，洧川人。萬曆進士，官至山西提學僉事。

沈懋學《郊居遺稿》十卷

懋學，字君典，宣城人。萬曆丁丑進士第一，官翰林院修撰，追謚文節。

馮夢禎《快雪堂集》六十四卷

夢禎，見史類。

周汝登《海門先生集》十二卷　《東越證學録》十六卷

汝登，見史類。

張棟《可菴書牘》十卷

棟，字可菴，崑山人。萬曆進士，官至兵科都給事中。

詹事講《養貞集》三卷

事講，字明甫，號養貞，樂安人。萬曆進士，官至北直隸提學御史。

臣等謹案：是集初刻凡文三卷、詩四卷，後詩集散佚，僅存文集，其元孫道行重刊。

陳邦科《片玉集》四卷

邦科，字俊卿，號警亭，高安人。萬曆進士，官至河間府知府。

臣等謹案：敖文貞作《邦科墓誌》，稱所著尚有《循良模範》《辨問録》二書，今皆未見。

莊履豐《梅谷集》十八卷

履豐，字中熙，晉江人。萬曆進士，改庶吉士。

江東之《瑞陽阿集》十卷

東之，字長信，歙縣人。萬曆進士，官至右僉都御史，巡按貴州〔一〕。

楊起元《文懿集》十二卷

起元，見子類。

王庭譔《松門稿》八卷

庭譔，字敬卿，華州人。萬曆進士，官至翰林院修撰。

唐文獻《占星堂集》十五卷

文獻，字元徵，華亭人。萬曆進士，官至禮部右侍郎、翰林學士，謚文恪。

余繼登《淡然軒集》八卷

繼登，見子類。

〔一〕「州」下　文淵閣本有「臣等謹案：明別有冼馬江朝宗，字東之，或混爲一人，非也。東之嘗築室瑞金山中，故以『瑞陽阿』名集。」

孟化鯉《雲浦集》八卷　《年譜》一卷　附録一卷

化鯉,字叔龍,號雲浦,新安人。萬曆進士,官吏部文選司郎中。

沈一中《梅園集》二十卷

一中,字長孺,鄞縣人。萬曆進士,官至左布政使。

章嘉禎《姑熟集》二卷

嘉禎,字元禮,德清人。萬曆進士,官大理寺丞。

臣等謹案:是集詩文雜編,殊無體例,蓋未定之稿。其集名「姑熟」,以嘉禎嘗爲當塗知縣故也。

鍾羽正《崇雅堂集》十五卷

羽正,字叔濂,益都人。萬曆進士,官至工部尚書。

臧懋循《負苞堂稿》九卷

懋循,字晉叔,長興人。萬曆進士,官國子監博士。

余寅《農丈人文集》二十卷　《詩集》八卷

寅,見史類。

鄒觀光《孚如集》無卷數

觀光，字孚如，雲夢人。萬曆進士，官南京兵部郎中，擢太僕寺少卿。

曾維倫《來復堂集》二十五卷

維倫，字惇吾，樂安人。萬曆進士，官嘉興府同知。

蕭良有《玉堂遺稿》無卷數

良有，字以占，號漢沖，漢陽人。萬曆進士，官至國子監祭酒。

顧憲成《涇皐藏稿》二十二卷

憲成，見子類。

方應選《衆甫集》十四卷

應選，字衆甫，號明齋，松江華亭人。萬曆進士，官至盧龍兵備副使。

史孟麟《亦爲堂集》四卷

孟麟，字際明[一]，號玉池，宜興人。萬曆進士，官至太僕寺卿，追贈禮部右侍郎。

[一] 際　文淵閣本作「濟」。

葛曦《太史集》五卷

曦,字仲明,號鳳池,德平人。萬曆進士,官翰林院檢討。

曹璜《大雲集》無卷數

璜,字伯玉,號元素,益都人。萬曆進士,官至通政使右參議。

丁元薦《尊拙堂文集》十二卷

元薦,見子類。

李日茂《永思齋文集》六卷

日茂,字文華,號培吾,青縣人。萬曆進士,官至山東按察副使。

顧允成《小辨齋偶存》八卷　附《事定録》三卷

允成,字季時,無錫人,憲成弟。萬曆進士,官禮部主事。

張文柱《溟池集》十六卷

文柱,字仲立,崑山人。萬曆時舉人,官臨清縣知縣。

高攀龍《高子遺書》十二卷　附録一卷

攀龍,見經類。

臣等謹案:攀龍自輯其語録、文章爲《就正録》。是編爲其門人嘉善陳龍正所編，凡分十二類，附録誌狀、年譜一卷。

董其昌《容臺文集》九卷　《詩集》四卷　《别集》四卷

其昌，見史類。

馮從吾《少墟集》二十二卷

從吾，見子類。

陳所藴《竹素堂藏稿》十四卷

所藴，字子有，上海人。萬曆進士，官至南京太僕寺少卿。

周如砥《青藜館集》四卷

如砥，字季平，號礪齋，即墨人。萬曆進士，官至國子監祭酒。

郝敬《小山草》十卷

敬，見經類。

姜志禮《同節集》八卷

志禮，字立之，丹陽人。萬曆進士，官至尚寶司卿，致仕後加太常寺少卿。

劉文卿《直洲集》十卷

文卿，字徯如，廣昌人。萬曆進士，官兵部員外郎。

吴仁度《繼疏集》十二卷

仁度,字君重,金谿人。萬曆進士,官至工部侍郎。

葉永盛《玉成全集》四卷　附録二卷

永盛,字子沐,涇縣人。萬曆進士,官至太僕寺少卿。

畢自嚴《石隱園藏稿》八卷

自嚴,字景曾,淄川人。萬曆進士,官至户部尚書。

李騰芳《湘洲集》十卷　《補遺》一卷

騰芳,字子實,湘潭人。萬曆進士,官至禮部尚書。

余懋衡《關中集》四卷

懋衡,字持國,婺源人。萬曆進士,官至南京吏部尚書。

吴士奇《緑滋館稿》九卷

士奇,見史類。

曹于汴《仰節堂集》十四卷

于汴,見子類。

湯兆京《靈蘐閣集》八卷

兆京，字伯閎，宜興人。萬曆進士，官至監察御史。

董復亨《繁露園集》二十二卷

復亨，字元仲，元城人。萬曆進士，官吏部郎中，遷布政司參政。

鄧原岳《西樓集》十八卷

原岳，字士高，閩縣人，萬曆進士，官至湖廣按察副使〔一〕。

袁宏道《中郎集》四十卷

宏道，見子類。

楊一葵《芙蓉館集》二卷

一葵，字翹卿，漳浦人。萬曆進士，官至雲南布政使。

臣等謹案：蔣孟育《序》稱，一葵先有《豫章集》及《畫脂編》行世，今二書未見傳本，其《自序》二篇在此集中。

〔一〕「使」下　文淵閣本有「臣等謹案：是集凡文十七卷、詩五卷，乃復亨殁後，其同里張銓序而刻之」。

金忠士《旭山集》十六卷

忠士,字元卿,宿松人。萬曆進士,官至右僉都御史、巡撫延綏。

陳薦夫《水明樓集》十四卷

薦夫,名藻,以字行,更字幼儒,閩縣人。萬曆時舉人。

謝廷諒《清暉館集》二卷　《薄游草》十五卷

廷諒,見史類。

婁堅《學古緒言》二十五卷

堅,字子柔,長洲人。萬曆間貢生。

來儼然《自愉堂集》十卷

儼然,字望之,三原人。萬曆進士,官兵部主事。

駱日升《台晉文集》八卷

日升,字台晉,泉州人。萬曆進士,官至四川布政司參政,殉奢崇明之難,贈光禄寺卿。

林秉漢《尚友堂集》二卷　《忠諫遺稿》一卷

秉漢，字伯昭，一字聚五〔二〕，長泰人。萬曆進士，官至浙江道監察御史，巡按廣東，贈太僕寺卿，謚文端。

李春熙《元居集》九卷　附《哀榮録》一卷

春熙，字皡如，號泰階，建寧人。萬曆進士，官南京户部郎中。

顧起元《蟄菴日録》四卷

起元，見史類。

王畿《樗全集》七卷　附録一卷

畿，字翼邑，號慕蓼，晉江人。萬曆進士，官至浙江布政使。

臣等謹案：此與講學之王畿同名，非一人也。畿視學浙江時，拔施邦曜第一。邦曜貧不能婚，畿爲備聘，拜雁於官署。邦曜即於是秋登第，後殉節，爲完人，其識見爲世所推服。

〔二〕五　文淵閣本作「立」。

鄧渼《大旭山房集》一卷

渼,字遠游,自號簫曲山人,建昌人。萬曆進士,官至僉都御史,巡撫順天。

王衡《緱山集》二十七卷

衡,見子類。

陳第《一齋詩集》十三卷

第,見經類。

臣等謹案:是集凡《粤草》一卷,《寄心集》六卷,《五岳游草》六卷。據原序尚有《塞曲》一集,此本不載,蓋佚之矣。

許獬《鍾斗集》五卷

獬,見經類。

鄒元標《願學集》八卷

元標,見子類。

臣等謹案:元標是集所載,皆其講學之語,其鄉人龍遇奇爲之校刊。

劉永澄《練江集》七卷附録一卷

永澄,字静之,寶應人。萬曆進士,官國子監學正。

陳勳《元凱集》五卷

勳，字元凱，閩縣人。萬曆進士，官户部郎中。

祝世禄《尺牘》三卷

世禄，見子類。

屠隆《白榆集》二十卷　《由拳集》二十三卷

隆，見經類。

湯顯祖《玉茗堂集》二十九卷

顯祖，見經類。

薛三省《文介公文集》四卷

三省，字魯叔，定海人。萬曆進士，官至南京禮部尚書，謚文介。

陳玉輝《適適齋鑑鬚集》七卷

玉輝，字達卿，號荆碧，惠安人。萬曆進士，官至南京監察御史。

劉士驥《蟋蟀軒草》無卷數

士驥，字允良，禹城人。萬曆進士，官翰林院編修。

劉宗周《蕺山集》十七卷

宗周，見經類。

黃體元《四然齋集》十卷

體元，字長卿，穀城人。萬曆進士，官至山東按察副使。

魏純粹《隆德堂詩文稿》二卷

純粹，字仲乾，柏鄉人。萬曆進士，官至監察御史。

余懋孳《蕢言》六卷

懋孳，字舜仲，婺源人。萬曆進士，官至給事中。

李流芳《檀園集》十二卷

流芳，字長蘅，嘉定人。萬曆時舉人。

鄒維璉《達觀樓集》二十四卷

維璉，字德輝，號匪石，新昌人。萬曆進士，官吏部郎中。

劉錫元《掃餘之餘》四卷　附《歸涂閒紀》一卷

錫元，字玉受，長洲人。萬曆進士，官至貴州提學僉事。

程正己《湛園集》十卷

正己，字道先，號澄源，長治人。萬曆進士，官至僉都御史，巡撫保定。

高弘圖《太古堂集》二卷

弘圖，字子猶，號硜齋，膠州人。萬曆進士，官至南京户部尚書。福王時，爲大學士，南京破，殉節死。

張慎言《泊水齋文鈔》三卷

慎言，字金銘，陽城人。萬曆進士，官至南京吏部尚書。

馬之駿《妙遠堂集》四十卷

之駿，字仲良，新野人。萬曆進士，官户部主事。

文翔鳳《東極篇》無卷數　《太青文集》二卷

翔鳳，見子類。

莊起元《漆園卮言》二十四卷

起元，字仲孺，武進人。萬曆進士，官至太僕寺少卿。

楊德周《銅馬編》二卷

德周，見子類。

葉燦《讀書堂稿》十二卷

燦，字以沖，桐城人。萬曆進士，官至南京禮部尚書，謚文莊。

周順昌《忠介燼餘集》三卷

順昌，字景文，號蓼洲，吴縣人。萬曆進士，官吏部文選司郎中，以忤魏忠賢下獄死。崇禎初，追謚忠介。

吕維祺《明德堂文集》二十六卷

維祺，見子類。

李國檣《文敏遺集》三卷〔一〕

國檣，字元治，號續溪，高陽人。萬曆進士，官至大學士，謚文敏。

吴兆璧《豐麓集》七卷

兆璧，字文煥，一字子穀，號豐麓，金谿人。萬曆時副榜，官連州學正。

范景文《文忠集》十二卷

景文，見史類。

〔一〕文　原無，據文淵閣本補。

曹履吉《博望山人稿》二十卷

履吉，字元甫，當塗人。萬曆進士，官至河南提學僉事。

陳山毓《靖質集》六卷

山毓，字賁聞，嘉善人。萬曆時舉人。

顧簡《蘧園集》十卷

簡，字默孫，自號蘧園居士，歸安人。萬曆時舉人。

孫傳庭《白谷集》六卷 《白谷詩鈔》二卷

傳庭，見史類。

黄姬水《白下集》十一卷 《高素齋集》二十九卷 《淳父集》二十四卷

姬水，見史類。

葛昕《集玉山房稿》十卷

昕，字幼明，號龍池，德平人。以蔭官尚寶司卿。

瞿汝稷《冏卿集》十四卷

汝稷，字元立，常熟人。禮部侍郎景淳子，以蔭官主事，仕至太僕寺少卿。

方承訓《復初集》三十六卷

承訓,字郊邺,徽州人。

姚翼《玩畫齋雜著編》八卷

翼,字翔卿,歸安人。由歲貢生官廣濟縣知縣。

汪廷訥《環翠堂坐隱集選》四卷

廷訥,字無如,休寧人。

吴文奎《蓀堂集》十卷

文奎,字茂文,歙縣人。

宋登春《布衣集》三卷

登春,字應元,新河人。工詩畫,晚自號鵝池生。

臣等謹案:登春年三十餘,即棄家遠游,足踪幾遍天下。徐學謨爲荆州守,深敬禮之。後游錢塘,躍入江水以死。其詩本名《鵝池集》,文名《燕石集》,學謨刻之荆州。今本乃王培益併爲一集刊之。

黄奂《元龍詩集》八卷　附《尺牘》二卷

奂,見子類。

程可中《仲權詩集》十卷　《文集》十二卷

可中，字仲權，休寧人。

單思恭《甜雪齋集》二十卷

思恭，字惠仍，揚州人。

謝兆申《耳伯詩集》八卷　《文集》十六卷

兆申，字伯元，號耳伯，邵武人。萬曆間貢生。

趙宧光《牒草》四卷

宧光，見經類。

王寰洽《嬾園漫稿》五卷

寰洽，字仁子，亳州人。天啓間貢生。

盧象昇《忠肅集》三卷

象昇，字建斗，宜興人。天啓進士，官至兵部尚書，督師鉅鹿，歿於陣。

臣等謹案：象昇於乾隆四十一年賜謚忠肅。是集乃其子天馭、孫聲諧所編，後其曾孫安節搜羅遺墨補輯。此本末卷所附年譜，其四世孫師儉所作。舊題曰《忠烈集》，蓋用福王時舊謚。今蒙特典褒榮，謹改題忠肅，以昭表章之至意。

胡敬辰《檀雪齋集》四十卷

敬辰,字直卿,餘姚人。天啓進士,官至江西驛傳道,終光禄寺録事。

黃文焕《赭留集》一卷

文焕,見經類。

臣等謹案:是集詩文共一卷,乃其與黃道周同下詔獄時所作,故名「赭留」,詞多感慨,而不甚工。

譚元春《友夏合集》二十三卷　《嶽歸堂集》十卷　《譚子詩歸》十卷

元春,字友夏,天門人。天啓時舉人。

倪元璐《文貞集》十七卷　《續編》三卷　《奏疏》十二卷　《講編》四卷　《詩集》二卷

元璐,見經類。

羅萬藻《此觀堂集》六卷

萬藻,見子類。

唐汝詢《編篷集》十卷　《後集》十五卷

汝詢,字仲言,華亭人。

凌濛初《國門集》一卷　《國門乙集》一卷
濛初，見經類。
殷仲春《棲老堂集》一卷
仲春，字方叔，號東皋，秀水人。
秦㷆《上生集》八卷
㷆，字日上，號上生，無錫人。
孫奎《曲澗遺稿》十五卷
奎，字啓文，南城人。
凌義渠《忠介集》六卷
義渠，見子類。
魏學洢《茅簷集》八卷
學洢，字子敬，嘉善人。給事中大中子。
陳泰交《齎志齋集》十卷
泰交，見經類。

顔廷榘《叢桂堂全集》四卷　《詩集》四卷

廷榘，字範卿，永春人。官岷府右長史。

王與允《隴首集》一卷

與允，字百斯，山東新城人。崇禎進士，官監察御史。後與妻子同殉節〔一〕。

黄端伯《瑶光閣集》十三卷

端伯，見經類。

涂伯昌《涂子一杯水》五卷

伯昌，字子期，南豐人。崇禎時舉人。

臣等謹案：是集名一杯水者，《自序》云取澹然無味之義，集中多雜釋老之説。

章正宸《格菴遺書》五卷

正宸，字羽侯，號格菴，會稽人。崇禎進士，官吏部給事中。

閔仲侗《鶴和篇》三卷

仲侗，字仲覺〔二〕，永昌人。

〔一〕節　文淵閣本作「國難」。
〔二〕仲　文淵閣本作「士」。

文德翼《雅似堂文集》十卷　《詩集》三卷

德翼，見史類。

王永積《心遠堂集》二十卷

永積，字穉實，無錫人。崇禎進士，官兵部員外郎。

黄淳耀《陶菴全集》二十二卷

淳耀，見史類。

余祚徵《文齋文集》十一卷

祚徵，字符之，號文齋，永豐人。崇禎時副榜，官鳳陽府推官。

程士鯤《雲樵文集》八卷

士鯤，字天修，號雲山樵叟，永豐人。崇禎時副榜，官樂平府推官。

施璜《誠齋文集》二卷　《西銘問答》一卷

璜，字虹玉，休寧人。

楊思本《榴館初函集選》十二卷

思本，見子類。

沈謙《東江雜鈔》九卷　《別集》一卷

謙,字去矜,仁和人。

王業《冠九文集》無卷數

業,字蔚上,號冠九。里貫無考。

陶琰《仁節遺稿》無卷數

琰,字圭稚,號别峰,崑山人。崇禎末諸生,殉節死。

祝淵《祝子遺書》四卷附録一卷

淵,字開美,海寧人。崇禎舉人,殉節死。

臣等謹案:淵於乾隆四十年賜謚忠節。淵事迹附見《明史・劉宗周傳》,柴紹炳《省堂集》載其始末甚詳。是集爲其友陳確、吴蕃所編。附録一卷,則劉宗周疏及所作《别淵序》《贈淵詩》,而以談遷等所作小傳綴末。

陳文濤《徵古堂類稿》十八卷

文濤,字濤生,廣濟人。

周益祥《采芝堂集》十六卷

益祥,字履吉,侯官人。崇禎末貢生。

張宇初《峴泉集》四卷

宇初，字子璿，貴溪人。張道陵四十三世孫。洪武初，襲掌道教。

釋妙聲《東皐録》三卷

妙聲，字九皐，吴縣人。洪武時，與釋萬金同被召，莅天下釋教。

釋宗泐《全室外集》九卷　《續集》一卷

宗泐，字季潭，臨安人。洪武初，命住天界寺，尋往西域求遺經，還授左善世。

釋方澤《冬溪集》二卷

方澤，字雲望，號冬谿，嘉善人。嘉靖中，住秀水精嚴寺。

釋洪恩《雪浪集》二卷

洪恩，字三懷，上元人。萬曆中，住長干寺，嘗説法雪浪山中。

釋如愚《空華集》二卷　《飲河集》二卷　《止啼集》一卷　《石頭菴集》五卷

如愚，字蘊璞，江夏人。萬曆中，住金陵碧峰寺。

鄒賽貞《士齋集》三卷

賽貞，當塗人，贈監察御史謙之女，翰林院編修濮韶之母。

徐敬德《花潭集》二卷

敬德，嘉靖中朝鮮生員。

臣等謹案：敬德貧居講學，其國提學金安國以遺逸薦，授奉參，力辭不就。居於花潭，因以爲號。是集詩文共二卷，其學一以宋儒爲宗，而尤究心於周子《太極圖説》、邵子《皇極經世》，集中雜著，皆發揮二書之旨。

欽定續文獻通考·經籍考卷五十五

集 詩集上

臣等謹案：馬端臨《通考》以無文而獨有詩，及有文而詩仍獨行者，别爲詩集一類，今所采録，悉仍其例。

《宋史·藝文志》不立詩集類。

《遼》《金》《元》三史不立藝文志，散見各紀傳中。

《明史·藝文志》不立詩集類。

宋

陶弼《邕州小集》一卷

弼，字商翁，祁陽人。慶曆中，以征猺功歷官至東上閤門使、康州團練使。

臣等謹案：黄庭堅作《弼墓誌》稱，所著詩文書奏十有八卷，全集久佚，僅詩七十三首尚存。

陳洎《副使詩》一卷

洎，字亞之，彭城人，師道之祖也。皇祐中，官至三司鹽鐵副使。

臣等謹案：洎之遺文在宋時久佚，此本僅詩十二首，從厲鶚《宋詩紀事》增補二篇，合爲十四篇。舊有顏復序，張徽、司馬光、蘇軾、任希夷、李埴五跋，仍並録之。

彭汝礪《鄱陽集》十三卷

汝礪，字器資，鄱陽人。治平二年進士第一。歷官權吏部尚書，出知江州。

臣等謹案：王稱《東都事略》載，汝礪所著經議、奏疏、詩、文共五十卷。《宋史·藝文志》作四十卷。此本止詩集十三卷。

李彭《日涉園集》十卷

彭，字商老，建昌人。

洪朋《龜父集》二卷

朋，字龜父，南昌人。舉進士不第，卒。與弟羽、芻、炎號「四洪」，皆黄庭堅之甥。

郭印《雲溪集》十二卷

印，成都人，自號亦樂居士。雲溪，其别墅也。政和進士，歷官銅梁、仁壽知縣。

李處權《崧菴集》六卷

處權，字巽伯，溧陽人，淑之曾孫。

吴可《藏海居士集》二卷

可，里貫未詳。

臣等謹案：可集中年月，當是宣和時人。又有「一官老京師，及挂冠養拙」之句，知其嘗官於汴京。又有「往時家分寧，比年客臨汝」及「避寇湘江外，依劉汝水旁」句，知其嘗居洪州。建炎以後，轉徙楚、豫之間，所與酬答者如王安中、趙令畤、米友仁諸人，皆南、北宋間文士也。

阮閲《郴江百詠》一卷

閲，字閎休，舒城人。建炎初，以中奉大夫知袁州。

鄧深《紳伯集》二卷

深，字紳伯，湘陰人。紹興進士，知衡州，擢潼川州。

黄公度《知稼翁集》二卷

公度，字師憲，莆田人。紹興八年進士第一，官考功員外郎。

吴芾《湖山集》十卷

芾，字明可，號湖山居士，仙居人。紹興進士，官至龍圖閣直學士。

喻良能《香山集》十六卷

良能，字叔奇，義烏人。紹興進士，官工部郎中，除太常寺丞，出知處州。

陳棣《蒙隱集》二卷

棣，字鄂父。里貫未詳。紹興中，以父蔭，官潭州通判。

王阮《義豐集》一卷

阮，字南卿，德安人。隆興進士，仕至撫州守。

許及之《涉齋集》十八卷

及之，字深甫，永嘉人。隆興進士，官至知樞密院事。

趙蕃《乾道稿》一卷　《淳熙稿》二十卷　《章泉稿》五卷

蕃，字昌父，號章泉，信州人。以恩蔭補官，終於直秘閣。

曾極《金陵百詠》一卷

極，字景建，臨川人。以《江湖集》事得罪，謫道州卒。

劉應時《頤庵居士集》二卷

應時，字良佐，四明人。

張鎡《南湖集》十卷

鎡，見子類。

戴復古《石屏集》六卷

復古，見子類。

臣等謹案：復古幼孤，勉承家學，嘗搜訪其父敏詩十首，以冠己集。

裘萬頃《竹齋詩集》四卷

萬頃，字元量，新建人。淳熙進士，官大理寺司直。

許尚《華亭百詠》一卷

尚，自號和光老人，華亭人。

高翥《菊磵集》一卷　附《林湖遺稿》一卷　《江村遺稿》一卷　《疏寮小集》一卷

翥，字九萬，號菊磵，餘姚人。

臣等謹案：翥所著《菊磵集》二十卷，久佚。今本乃其裔孫士奇搜采，共得詩一百八十九首刻之。後附《林湖遺稿》，爲翥姪鵬飛撰，《江村遺稿》則翥父選叔邁之詩。

末附高似孫《疏寮小集》,已見馬《考》,作三卷,今僅存一卷。

薛師石《瓜廬詩》一卷

師石,字景石,永嘉人。隱居不仕,築屋會昌湖西,題石「瓜廬」。

劉過《龍洲集》十四卷　附録二卷

過,字改之,廬陵人。以詩游謁江湖,韓侂胄嘗欲官之,以輕率不果。

周文璞《方泉集》四卷

文璞,字晉仙,號方泉,又號野齋,陽穀人。

葛紹體《東山詩選》二卷

紹體,字元承,天台人。

趙汝燧《野谷詩稿》六卷

汝燧,字明翁,太宗八世孫,居袁州。嘉泰進士,官分司鎮江管榷。

汪晫《康範詩集》一卷　附録三卷

晫,見子類。

華岳《翠微南征録》十一卷

岳,字子西,貴池人。登嘉定武科第一,爲殿前司官。

鄭清之《安晚堂詩集》七卷

清之，初名燮，字文叔，後改今名，字德源，號安晚，鄞縣人。嘉定進士，累官太傅、左丞相，謚忠定。

臣等謹案：清之《安晚集》本十六卷，今存第六卷至十二卷，有詩無文。王士楨《安晚集跋語》亦同，蓋全集之佚久矣。

史彌寧《友林乙稿》一卷

彌寧，字安卿，鄞縣人，丞相浩之從子。官閤門宣贊舍人，知邵陽。

戴昺《東野農歌集》五卷

昺，字景明，號東野，天台人，石屏居士復古之從孫。嘉定進士，授贛州法曹參軍。

臣等謹案：是集有二本：一本祇一卷，附復古詩後以行者；一本分五卷，編次稍有條理，而詩較少數篇。因以五卷本著録。

嚴羽《滄浪集》二卷

羽，字儀卿，一字丹丘，邵武人，自號滄浪逋客。

蘇泂《泠然齋集》八卷[一]

泂,字召叟,山陰人。右僕射頌四世孫。

韓淲《澗泉集》二十卷

淲,見子類。

岳珂《玉楮集》八卷　《棠湖詩稿》一卷

珂,見經類。

臣等謹案:珂《玉楮集》編年,起嘉熙戊戌,迄於庚子,蓋坐謗閒居復召以後詩也。《棠湖詩》乃《汴京宫詞》一百首,前人書目並不載,其詩亦與《玉楮集》不類,疑後人傢名之作。

施樞《芸隱横舟稿》一卷　《芸隱倦游稿》一卷

樞,字知言,號芸隱,丹徒人。嘉熙時,嘗爲越州府僚。

樂雷發《雪磯叢稿》五卷

雷發,字聲遠,寧遠人。理宗召對,賜特科第一,終不仕。自號雪磯先生。

[一] 泠　原作「冷」,據文淵閣本、《總目》卷一六三改。

宋伯仁《西塍集》一卷

伯仁，字器之，湖州人。嘉熙中，爲鹽運司屬官。

臣等謹案：是編卷首題曰《雪巖吟草》，下注《西塍集》。是「雪巖」乃全集總名，《西塍》特其一種耳。

林同《孝詩》一卷

同，字子真，號空齋，福清人。元兵至福州，殉節死。

臣等謹案：《宋史·忠義傳》稱：「林空齋失其名，以空齋爲同之子，舉進士，歷官知縣。」今考是書劉克莊《序》，知同未嘗舉進士爲知縣。又劉麟瑞《昭忠逸詠》稱「處士林同」，且有「血書矮壁存吾節，氣貫長虹任汝烹」句，與史「嚙指血書壁自誓語」合，則史誤分一人爲二。又曹溶《學海類編》載《孝詩》一卷，題「長樂林同季野著」，名同而地與字俱異，不知何據。編中皆摭拾古今孝事，每一事爲五言絶句一首，亦間有兩事合咏一首者。

文天祥《集杜詩》四卷

天祥，見別集類。

臣等謹案：天祥被執赴燕獄中，所作詩凡二百篇，專集杜句而成。每篇之首，悉有標目，次第題下序次時事，於國家淪喪之由、生平閲歷之境及忠臣義士之周旋患難者，一一詳誌其顛末，時稱爲「文山詩史」。

周弼《汶陽端平詩雋》四卷

弼，字伯弜[一]，汶陽人。

臣等謹案：弼《端平集》十二卷，是編爲同里李龏選，陳起刊行，僅存四卷。

李龏《翦綃集》二卷

龏，字和父，號雪林，菏澤人。

臣等謹案：是編集唐人之句。上卷凡二十八首，皆古體，惟五律一首；下卷凡九十首，皆七言絶句。

劉辰翁《須溪四景詩集》四卷

辰翁，見史類。

胡仲弓《葦航漫游稿》四卷

仲弓，字希聖，清源人。舉進士，官知縣。

[一] 弜　文淵閣本作「臣」。

吴錫疇《蘭皋集》三卷〔一〕

錫疇，字元倫，休寧人。廣南西路安撫儆之從孫，處士垕之子。

臣等謹案：錫疇在咸淳間，南康守葉閶聘主白鹿洞書院，辭不肯赴，蓋篤實潛修之士。惟喜藝蘭，自號曰「蘭皋子」，因以名集。所存詩不多，然皆晚年手自删定，簡汰頗嚴。

薛嵎《雲泉詩》一卷

嵎，字仲止，一字賓日，永嘉人。寶祐進士，官簿長溪簿〔二〕。

張堯同《嘉禾百咏》一卷

堯同，秀水人。仕履無考。

汪夢斗《北游集》一卷

夢斗，號杏山，績溪人。晫三世孫。景定間，以明經發解，授江東制置司幹官〔三〕，入元不仕。

〔一〕三 文淵閣本作「二」。

〔二〕前「簿」 文淵閣本無。

〔三〕制置 底本互乙，據文淵閣本改。

柴望《秋堂集》三卷

望,見子類。

汪元量《湖山類稿》五卷　《水雲集》一卷

元量,字大有,號水雲,錢塘人。度宗時,以善琴供奉掖庭。宋亡隨入燕,久之,爲黄冠南歸。

潘音《待清遺稿》二卷

音,字聲甫,天台人。隱居不仕,題所居曰「待清軒」。入元後,肥遯以終。

吴龍翰《古梅吟稿》六卷

龍翰,字式賢,歙縣人。咸淳中貢士,官編校國史實録院文字,入元不仕。

董嗣杲《廬山集》五卷　《英溪集》一卷　《西湖百詠》二卷

嗣杲,杭州人。度宗時,嘗爲武康令,入元隱於黄冠。

臣等謹案:嗣杲所著三種,以詩中自誌歲月考之,《廬山集》乃其於理宗景定間榷茶九江、富池時所作;《英溪集》則爲武康令時所作,中有《甲戌大水詩》,蓋度宗咸淳十年也。其集諸家書目未載,焦竑《經籍志》有嗣杲《廬山集》,不載卷數,今據《四庫全書》著録。其《西湖百詠》乃入道孤山四聖觀時作,附明陳贄《和韻詩》,天順間始以二家合刻。其詩皆七言律，每題之下，各注其始末甚悉，頗有宋末軼聞爲諸書所未載者。贄，字維成，餘姚人。

方夔《富山遺稿》十卷

夔，一名一夔，字時佐，淳安人。宋亡隱居以終。

臣等謹案：夔嘗著《漢論》十卷、《富山懶稿》三十卷，歲久散佚，其裔孫世德復裒輯其詩爲是編。

《真山民集》一卷

舊本題真山民撰，山民始末未詳。

臣等謹案：山民于宋末竄迹隱淪，以所至好題咏自呼爲山民，世因以稱之。或云李生喬嘗歎其不媿乃祖文忠西山。考真德秀號西山，謚文忠，以是疑其姓真。或云本名桂芳，括蒼人，宋末嘗登進士，則無可考矣。其集《宋史·藝文志》及焦竑《經籍志》未載，《江湖小集》收之，亦多未備，此本較爲完善。

連文鳳《百正集》三卷

文鳳，字百正，號應山，三山人。仕履無考。

陳巖《九華詩集》一卷

巖,字清隱,青陽人。咸淳末累舉進士不第,宋亡,隱居不仕。

陳深寧《極齋稿》一卷　附《慎獨叟遺稿》一卷

深,見經類。

臣等謹案:深詩僅存此本,即顧嗣立《元百家詩選》所據。後附詩一卷,乃深子植所作。嗣立《元詩選》題曰「慎獨叟陳植」,今仍之。

陳杰《自堂存稿》四卷

杰,字壽夫,分寧人。淳祐進士,制置司屬官,宋亡不仕。

于石《紫巖詩選》三卷

石,字介翁,蘭谿人。宋亡不仕。因所居自號紫巖,晚徙城中,更號兩溪。

臣等謹案:石是編皆其中年以後之詩,每卷題「門人吴師道選」,僅古今體詩二百首。

蒲壽宬《心泉學詩稿》六卷

壽宬,泉州人。咸淳中,嘗知梅州。

王鎡《月洞吟》一卷

鎡，字介翁，括蒼人。嘗官縣尉，宋亡不仕。

黄希旦《支離子集》一卷

希旦，一名晞，字姬仲，邵武人，自號支離子。熙寧中，典太乙宫事。

釋重顯《祖英集》二卷

重顯，字隱之，遂州李氏子，住明州雪竇寺。

釋少嵩《漁父詞集句》二卷

少嵩，字亞愚。嘉定中，嘗往來鄱陽、巴河間。

釋永頤《雲栖詩集》一卷

永頤，字山老，仁和唐棲寺僧。

臣等謹案：集中所與唱和者，韓淲、周靖、趙師秀、周弼等，皆寧宗、理宗間人，則永頤當在南宋時也。

釋文珦《潛山集》十二卷

文珦，於潛人。

臣等謹案：文珦行迹游歷浙東西及閩，大抵居杭州爲多。《臨安志》載，咸淳三年賈似道顯慶寺題名，文珦與焉。《杭州薦福寺記》有文珦至元乙酉《遣興詩》，稱「七十七歲潛山翁」，可證。

朱淑真《斷腸集》二卷

淑真，錢塘女子，自號幽棲居士。

金

元好問《遺山詩集》二十卷

好問，見子類。

臣等謹案：是編乃毛晉從《全集》中録出，刊于《十元人集》中者。好問雖入元，而未嘗仕元，晉以爲元人，殊誤。顧嗣立《元百家詩選初集》，以好問詩爲冠，又沿晉之失也。

元

劉秉忠《藏春集》六卷

秉忠，見子類。

張弘範《淮陽集》一卷　附録《詩餘》一卷

弘範，字仲疇，定興人，汝南忠武王柔第九子。官至鎮國上將軍，累贈太師、淮陽王，謚憲武。

楊公遠《野趣有聲畫》二卷

公遠，字叔明，歙縣人。

黄庚《月屋漫稿》一卷

庚，字星甫，天台人。生於宋末，入元不仕。

臣等謹案：厲鶚《宋詩紀事》以庚爲宋遺民，今觀其集首《自序》乃泰定丁卯所作，時元統已五十七年，不得仍繫之宋，故從《浙江通志·文苑傳》題作元人。

艾性夫《剩語》二卷

性夫，字天謂，撫州人。官江浙道提舉。

臣等謹案：《江西通志》載，性夫著有《孤山詩集》，無傳本。今據《四庫全書》著録。

張觀光《屏巖小稿》一卷

觀光，字直夫，東陽人。

臣等謹案：觀光始末無考，惟集中《贈談命姚月壺詩》有「試把五行推測看，廣文官冷幾時春」句，蓋必曾爲學官。有《和仇山村九日吟》，當是元初人。

吾丘衍《竹素山房詩集》三卷

衍,見史類。

仇遠《金淵集》六卷　《山村遺集》一卷

遠,字仁近,一字仁父,錢塘人。因居餘杭溪上之仇山,自號曰山村民,嘗官溧陽教授。

趙雍《仲穆遺稿》一卷

雍,字仲穆,孟頫子,官至集賢待制,同知湖州,總管府事。

龔璛《存悔齋稿》一卷　《補遺》一卷

璛,字之敬,平江人。以薦累官江浙儒學副提舉。

耶律鑄《雙溪醉隱集》八卷

鑄,字成仲,遼東丹王九世孫,中書令楚材子。累官中書左丞相,贈懿寧王,謚文忠。

杜本《清江碧嶂集》一卷

本,字伯原,清江人。隱居武夷山。事迹具《元史·隱逸傳》。

滕安上《東菴集》四卷

安上,字仲禮,定州人。以薦除中山府教授,累官國子監司業。

曹伯啓《文貞公詩集》十卷　《後録》一卷

伯啓，字士開，碭山人。至元中，以薦除冀州教授，累官陝西行臺御史中丞，謚文貞。

陳孚《安南即事詩》一卷

孚，見別集類。

臣等謹案：孚集已著録，此本自集中抄出別行者。

元淮《水鏡集》一卷

淮，字國泉[一]，號水鏡，臨川人。至元初，以軍功官溧陽路總管。

《陳秋巖詩集》二卷

秋巖，爵里無考。

臣等謹案：焦竑《經籍志》有陳宜甫《秋巖集》，當即其人。考集中《接劉介臣書詩》，則當爲閩人。《庚辰再隨駕北行詩》，庚辰爲至元十七年，則世祖時嘗爲侍從。又有《讀元貞改元詔詩》《丙申十月扈從晉王領降兵入京朝覲詩》，則成宗時又爲晉王僚屬。原集焦竑《志》作一卷。

[一] 國　《總目》卷一七四同，文淵閣本作「囷」。

尹廷高《玉井樵唱》三卷

廷高，字仲明，號六峰，遂昌人。嘗掌教永嘉。

周權《此山集》四卷

權，字衡之，號此山，處州人，嘗薦爲館職，報罷。

黄玠《弁山小隱吟録》二卷

玠，字伯成，慈谿人，宋黄震之曾孫。樂吴興山水，因卜居弁山，高隱不仕。

臣等謹案：《湖州府志》載玠有《卞山集》《知非稿》《唐詩選纂韻録》等書，獨不載此集之目。

侯克中《艮齋詩集》十四卷

克中，字正卿，真定人。幼喪明，聆群兒誦書，輒能悉記。年至九十餘卒。

何中《知非堂稿》六卷

中，見史類。

臣等謹案：中《自序》所著有《易類象》三卷，《書傳補遺》十卷，《吴才老叶韻補遺》一卷，《六書綱領》一卷，《補六書故》三十二卷，《蘇丘述游録》一卷，《揞頤録》十卷，今皆未見。惟《通鑑綱目測海》三卷，《通書問》一卷及此集存。然序中稱《知非堂稿》十七卷、《外稿》十六卷，是編止六卷，僅存十之二矣。

貢奎《雲林集》十卷附録一卷[一]

奎，字仲章，宣城人。官集賢學士[二]，追封廣陵郡侯，謚文靖。

臣等謹案：奎所著有《雲林小稿》《聽雪齋記》《青山漫吟》《倦游集》《豫章稿》《上元新録》《南州紀行》，凡百二十卷，並佚不傳，惟宋濂所序《雲林小稿》尚存。明弘治間，其裔孫元禮復采輯遺詩附益之，是爲今本。

郭豫亨《梅花字字香前集》一卷　《後集》一卷

豫亨，自號梅巖野人。爵里無考。

臣等謹案：是編《前》《後》二集，《詠梅》七律至二百首，皆集句而成者。

袁易《静春堂詩集》四卷

易，字通甫，長洲人。以薦署徽州路石洞書院山長。

王士熙《魯公詩鈔》一卷

士熙，字繼學，東平人，翰林學士構子。歷官中書省參知政事。

[一] 十卷附録一卷　文淵閣本作「六卷」。
[二] 「學」上　文淵閣本、《總目》卷一六六有「直」字。

楊載《仲宏集》八卷

載，字仲宏，浦城人。初以布衣薦授翰林國史院編修官，後登延祐進士，授饒州路同知浮梁州事，終寧國路總管府推官。事迹具《元史·儒學傳》。

范梈《德機詩》七卷

梈，字亨父，一字德機，清江人。以薦授左衛教授，歷官湖南嶺北廉訪使經歷。

臣等謹案：梈所著有《燕然稿》《東方稿》《豫章稿》《侯官稿》《江夏稿》《百丈稿》，凡十二卷。此本乃後人所併。

宋無《翠寒集》一卷　《啽囈集》一卷

無，字子虛，蘇州人。嘗舉茂才，不就。

臣等謹案：《翠寒集》以無《自序》考之，蓋爲晚年手定，馮子振序而刻之。《啽囈集》乃其咏史之作，每事爲七言絶句一章，凡一百一首，各有始末敘於詩後。

丁復《檜亭集》九卷

復，字仲容，天台人。延祐間，被薦不就。

臣等謹案：復詩稿多散佚，其婿饒介之及其門人李謹之各搜輯成帙，介所編稱集，謹所編稱續集，皆未見。今本乃至正間御史張維遠合二集編爲九卷。

陳泰《所安遺集》一卷

泰，字志同，號所安，茶陵人。延祐進士，官龍泉簿。

黄鎮成《秋聲集》四卷

鎮成，見經類。

袁士元《書林外集》七卷

士元，字彦章，鄞縣人，珙之父。以薦授縣學教諭，尋擢翰林院檢閲官，不赴。

薩都拉《雁門集》三卷　《集外詩》一卷

薩都拉，字天錫，蒙古人。祖父以世勛鎮雲、代，居於雁門，故稱「雁門」。泰定進士，官閩海廉訪知事，進河北廉訪經歷。案，薩都拉原作薩都剌，今改正。

洪焱祖《杏亭摘稿》一卷

焱祖，字潛夫，歙縣人。官遂昌主簿。

臣等謹案：焱祖嘗作《羅願爾雅翼音釋》，附願書以行。又有《續新安志》十卷，今未見，謹附誌于此。

方瀾《叔淵遺稿》一卷

瀾，字叔淵，莆田人。至元間，僑寓吴中。

華幼武《黄楊集》三卷　《補遺》一卷

幼武,字彦清,無錫人。隱居不仕。

朱晞顔《鯨背吟》一卷

晞顔,字名世,吴人。

臣等謹案:晞顔《自序》稱,至元辛卯泛海至燕京,舟中成七言絶句三十餘首,詩尾各以古句足之。其末章云:「早知鯨背推敲險,悔不來時只跨牛。」因名《鯨背吟》。

周伯琦《近光集》三卷　《扈從詩》一卷

伯琦,見經類。

張翥《蜕菴集》五卷

翥,字仲舉,晉寧人。以隱逸薦,累官翰林學士承旨,加河南行省平章政事。

臣等謹案:金明昌、承安間,亦有張翥,字曰仲揚,劉祁《歸潛志》記其詩句,諸書援引或誤爲一人,非也。今本爲朱彝尊所藏明初釋大杼鈔本,有來復、宗泐二人序跋。

納新《金臺集》二卷

納新,見子類。案,納新,原作「迺賢」,今改正。

張仲深《子淵詩集》六卷

仲深，字子淵，慶元路人。

臣等謹案：子淵詩散見《永樂大典》中，但題曰元人。明《文淵閣書目》載之，不著撰人姓名。考納新《金臺集》有《懷明州張子淵詩》，又有《依韻奉答子淵詩》，今唱和詩俱載集中，則子淵爲張姓，慶元路人也。又《鐵釜中蓮詩》題下自注，敘同時並賦諸人，有「暨仲深」，又有《懷兄子益在横浦》詩，則其名當爲仲深，而子淵其字也。

陳鎰《午溪集》十卷

鎰，字伯銖，麗水人。官松陽教授。

吴景奎《藥房樵唱》二卷　附録一卷〔二〕

景奎，字文可，蘭溪人。以薦署興化縣學録。

岑安卿《栲栳山人集》二卷

安卿，字静能，餘姚人。所居近栲栳峰，故以自號。

〔二〕二　文淵閣本作「三」。

韓奕《山人集》無卷數

奕,見子類。

吴鎮《梅花道人遺墨》二卷

鎮,字仲圭,自號梅花道人,嘉興人。

臣等謹案:鎮詩向無專集,今本題曰「遺墨」,乃其鄉人錢棻捃拾題畫之作,薈萃成編,失於决擇,僞作頗多。又《嘉興志》稱其卒於明洪武中,考墓碣,乃卒於至正十四年甲午,未嘗入明,則志誤也。

陳高《不繫舟漁集》十六卷〔一〕

高,字子上,温州平陽人。至正進士,授慶元路録事,未幾免去。自號不繫舟漁者。

成廷珪《居竹軒集》四卷

廷珪,字原常。一字元章,又字禮執,揚州人。隱居不仕。

謝宗可《詠物詩》一卷

宗可,金陵人。仕履無考。

〔一〕十六　文淵閣本作「九」。

陳樵《鹿皮子集》四卷

樵，字居采，東陽人。隱居圁谷，每衣鹿皮，自號鹿皮子。

郭翼《林外野言》二卷

翼，字熙仲，崑山人。嘗官訓導。

胡天游《傲軒吟稿》一卷

天游，名乘龍，以字行，號松竹主人，又號傲軒，岳州平江人。隱居不仕。

王翰《友石山人遺稿》一卷

翰，字用文，其先西夏人，元初，授領兵千户，鎮廬州，因家焉。累官江西、福建行省郎中。元亡，殉節死。

吴當《學言詩稿》六卷

當，字伯尚，崇仁人。澄之孫。以蔭累官江西行省參知政事，入明抗節不仕。

許恕《北郭集》六卷 《補遺》一卷

恕，字如心，江陰人。至正中，薦授澄江書院山長，棄去，遁迹海上。

張憲《玉笥集》十卷

憲，字思廉，山陰人。家玉笥山，因以爲號。爲張士誠參謀。元亡，遁迹以終。

金涓《青村遺稿》一卷

涓，字德原，義烏人。元季，虞集、柳貫交薦於朝，皆辭不赴。明初，辟召不起，教授鄉里以終。

臣等謹案：涓所著有《湖西》《青村》二集，共四十卷，久佚不存。明嘉靖中，其裔孫魁搜輯編爲此本。

《丁鶴年集》十七卷〔一〕

鶴年，以名爲字，色目人。遭亂不仕。元亡，隱武昌山中。

錢惟善《江月松風集》十二卷

惟善，字思復，號曲江居士，又號心白道人，錢塘人。領至正鄉薦，官儒學副提舉。

周霆震《石初集》十卷

霆震，字亨遠，安成人。以先世居石門田西，自號石田子初，省其文則曰石初。隱居不仕。

〔一〕十七　文淵閣本、《總目》卷一六八作「一」。

王逢《梧溪集》七卷

逢，字原吉，自稱席帽山人，江陰人。元末被薦，不就。明洪武初徵召，以老疾辭。

葉顒《樵雲獨唱》六卷

顒，字景南，號雲顒天民，金華人。元末，隱居不仕。

郭鈺《静思集》十卷

鈺，字彦章，吉水人。元末，隱居不仕。明初，以茂才徵，辭疾不就。

楊允孚《灤京雜詠》一卷

允孚，字和吉，吉水人。

董養性《高閒雲集》六卷

養性，見經類。

臣等謹案：養性入明不仕，作《高閒雲賦》以自況，因以名集。前有王翌《序》，盛推其文及詩。此本僅詩五卷、賦一卷，文則已佚。

貢性之《南湖集》二卷〔一〕

性之，字友初，宣城人。元季，以胄子補閩省理刑官。明初，避居山陰，躬畊以終。

倪瓚《雲林詩集》六卷

瓚，見别集類。

臣等謹案：瓚有《清閟閣集》，已著録。此本爲明潘瓚校刊，凡六卷，專録其詩。

顧瑛《玉山璞稿》一卷

瑛，一名阿瑛，又名德輝，字仲瑛，崑山人。舉茂才，署會稽教諭，辟行省屬官，皆不就。

吕誠《來鶴亭詩》九卷　《補遺》一卷

誠，字敬夫，崑山人。元末，隱居不仕。

朱希晦《雲松巢集》三卷

希晦，樂清人。元末，隱居瑶川，與四明吴主一、簫臺趙彦銘游詠雁山，稱「雁山三老」。

〔一〕二　文淵閣本作「七」。

周巽《性情集》六卷

巽，字巽泉，吉安人。嘗官永明簿。

曹志《拱和詩集》一卷

志，字伯康，自號拱和居士，金華人。明初，以遺逸薦，不起，終於家。

楊維楨《鐵崖古樂府》十卷　《樂府補》六卷　《復古詩集》六卷

維楨，見經類。

臣等謹案：維楨以樂府擅名，此集其門人吴復所編。又《復古詩集》，其門人章琬所編。

張昱《可閒老人集》四卷〔一〕

昱，字光弼，自號一笑居士，廬陵人。元末，官左右司員外郎，旋去不仕。明太祖召見，憫其老曰：「可閒矣。」更號可閒老人，年八十三卒。

鄧雅《玉笥集》九卷〔二〕

雅，字伯言。爵里無考。

〔一〕四　文淵閣本作「九」。
〔二〕九　文淵閣本作「十」。

馬臻《霞外詩集》十卷

臻，字至道，號虚中，錢塘道士。

臣等謹案：臻是集爲毛晉所刊，跋稱伯雨之後，復有虚中令。考諸家之序皆作於仁宗、大德初，則臻實在伯雨前，晉偶失檢。

張雨《句曲外史集》三卷　《補遺》三卷　《集外詩》一卷

雨，見子類。

釋英《白雲集》三卷

英，字存實，錢塘人。唐詩人厲元之後，號白雲。

釋善住《谷響集》一卷

善住，字無住，號雲屋。嘗居吴郡報恩寺，往來吴淞江上，與仇遠、白珽、虞集、宋無諸人相唱酬。

釋德净《山林清氣集》一卷　《續集》一卷

德净，字如鏡，錢塘人。

釋大圭《夢觀集》五卷

大圭，字恒白，姓廖氏，晉江人。至正間，居泉州之紫雲寺。

鄭允端《肅雝集》一卷

允端，字正淑，平江人。宋丞相清之五世女孫，歸同郡施伯仁。至正間，張士誠入平江，家爲兵所破，悒悒而卒。

張玉孃《蘭雪集》一卷

玉孃，松陽女子，字若瓊。少字沈佺，未歸而佺夭，玉孃誓不更適，尋卒。

欽定續文獻通考·經籍考卷五十六

集 詩集下

明

《御製回文詩》一卷

臣等謹案:是集載朱當㴐《國朝典故》中,惟題曰「御製」,《明藝文志》亦未著録,不知何帝作也。

朱橚《元宮詞》一卷

橚,見子類。

汪廣洋《鳳池吟稿》十卷

廣洋,字朝宗,高郵人。元末舉進士,太祖渡江,召爲元帥府令史。官至右丞相,封忠勤伯。

陶宗儀《南村詩集》四卷　《滄浪櫂歌》一卷

宗儀，見經類。

藍仁《藍山集》六卷　藍智《藍澗集》六卷

仁，字静之，崇安人。仕履無考。智，字性之，仁弟。明初，授廣西按察司僉事。《明史·文苑傳》俱附見《陶宗儀傳》中〔二〕。

凌雲翰《柘軒集》四卷

雲翰，字彦翀，錢唐人。元末領鄉薦。洪武初，授四川成都教授。

楊基《眉菴集》十二卷

基，字孟載，其先嘉州人。祖官吴中，因家焉。洪武中，歷官山西按察使。

張羽《静居集》四卷

羽，字來儀，後以字行，本潯陽人，徙居吴中。元末，領鄉薦。洪武初，徵授太常寺丞。

徐賁《北郭集》六卷

賁，字幼文，其先蜀人，徙居平江。洪武初，以薦授給事中，歷官河南左布政使。

〔二〕文淵閣本藍氏二書作兩條，各有提要：「藍仁《藍山集》六卷，仁字静之，崇安人。仕履無考。《明史·文苑傳》附見《陶宗儀傳》中。藍智《藍澗集》六卷，智字性之，仁弟。明初以薦授廣西按察使僉事，《明史·文苑傳》附見《陶宗儀傳》中。」

林鴻《鳴盛集》四卷

鴻,字子羽,福清人。洪武初,以薦授將樂縣訓導,歷官禮部精膳司員外郎。

王恭《白雲樵唱集》二卷　《草澤狂歌》五卷

恭,字安中,閩縣人,自稱皆山樵者。永樂初,以薦修《永樂大典》,授翰林院典籍。《明史·文苑傳》附見《林鴻傳》中。

王珙《竹居集》一卷

珙,字廷珪,常熟人。

郭奎《望雲集》五卷

奎,字子章,巢縣人。嘗爲朱文正參贊軍事,後文正得罪,奎亦坐誅。《明史·文苑傳》附見《王冕傳》中。

管時敏《蚓竅集》十卷

時敏,初名訥,以字行,華亭人。洪武初,徵爲楚王府紀善。

董紀《西郊笑端集》一卷

紀,字良史,以字行,更字述夫,上海人。洪武中,舉賢良方正,授江西按察使僉事。

李煜《草閣集》六卷　《拾遺》一卷　附《筠谷詩》一卷

煜，字宗表，號草閣，錢塘人。洪武中，官國子監助教。

臣等謹案：煜館於東陽胡氏，是集爲胡伯宏所輯。《拾遺》一卷，其門人唐光祖輯。末附《筠谷詩》一卷，不著名氏，考宋濂作《煜詩序》稱：「其子轅，字公載，爲詩能繼其學。」黄虞稷《千頃堂書目》亦載有李轅《筠谷集》，注爲李煜之子，官宜綸縣丞。蓋編録者以卷帙無多，附其父集之後。

鄭潛《樗菴類稿》二卷

潛，字彦昭，歙縣人。元末官泉州路總管，入明爲寶應縣主簿，遷潞州同知。

袁華《耕學齋詩集》十二卷〔一〕　**《可傳集》一卷**

華，字子英，崑山人。洪武初，官蘇州府訓導。

梁蘭《畦樂詩集》一卷

蘭，字廷秀，一字不移，泰和人。贊善梁潛之父。田居不仕，以「畦樂」自號。

〔一〕二　文淵閣本作「一」。

史謹《獨醉亭集》三卷

謹，字公謹，崑山人。洪武初，以事謫居雲南，後以薦爲應天府推官，降補湘陰縣丞。

袁凱《海叟集》四卷　《集外詩》一卷

凱，字景文，華亭人。洪武中，由舉人薦授監察御史，以病免歸。

王翰《梁園寓稿》九卷

翰，字時舉，禹州人。元季隱居中條山，明初出爲周王橚長史，後官翰林院編修，謫連州教授。夷獠亂，城陷抗節死。

鄧林《退菴遺稿》七卷

林初名彝，又名觀喜，字士齊，成祖改今名，新會人。洪武時舉人，官吏部主事。

劉璉《自怡集》一卷

璉，字孟藻，青田人，誠意伯基長子。官至江西布政司參政，爲胡維庸所脅，墮井死。

胡奎《斗南老人集》六卷

奎，字虚白，海寧人。明初，以儒學徵官寧王府教授。

虞堪《希澹園詩》三卷

堪，字克用，一字勝伯，長洲人。元末，隱居不仕。洪武中，爲雲南府學教授。

尹昌隆《訥菴遺稿》八卷　附録二卷

昌隆，字彦謙，泰和人。洪武進士，官左春坊左中允，改禮部主事。

唐之淳《愚士詩》二卷　附《會稽懷古詩》一卷

之淳，字愚士，以字行，山陰人，肅之子。建文初，以薦授翰林院侍讀。

王偁《虛舟集》五卷

偁，字孟揚，永福人，元潮州總管翰子。洪武中，領鄉薦，成祖徵至京授國史院檢討，充《永樂大典》副總裁。

王紱《舍人詩集》五卷

紱，字孟端，無錫人。别號友石生，又號九龍山人。洪武中，徵至京師，尋坐累戍朔州。永樂初，以薦除中書舍人。

王燧《青城山人集》八卷

燧，字汝玉，長洲人。洪武時舉人，官左春坊左贊善。

周述《東墅詩集》六卷

述，字崇述，號東墅，吉水人。永樂進士，官左春坊左庶子。

李昌祺《運甓漫稿》七卷

昌祺，名禎，以字行，廬陵人。永樂進士，歷官廣西、河南左布政使。

高棅《嘯臺集》二十卷　《木天清氣集》十四卷

棅，一名廷禮，字彦恢，號漫士，長樂人。永樂間，以布衣徵爲翰林待詔，陞典籍。《明史·文苑傳》附見《林鴻傳》中。

謝晉《蘭庭集》二卷

晉，字孔昭，吴縣人。嘗以布衣被徵。

韓經《恒軒集》六卷

經，字本常，山陰人。以行誼稱于鄉里，屢薦不出，家居教授以終。

沈行《貫珠編貝集》五卷

行，字履德，錢塘人。

劉溥《草窗集》一卷

溥，字原博，號草窗，長洲人。宣德間，官太醫院吏目，事迹具《明史·文苑傳》。

王偉《桐山詩集》十卷

偉，字士英，攸縣人。正統進士，官至兵部侍郎。

劉珏《完菴詩集》一卷

珏，字連美，長洲人。正統間舉人，官至山西按察使僉事。

卞榮《郎中詩集》七卷

榮，字華伯，江陰人。正統進士，官户部郎中。

趙迪《鳴秋集》二卷

迪，字景哲，懷安人，自號白湖小隱。

孔承慶《禮庭吟》二卷

承慶，字永祚，曲阜人。至聖六十代孫，未襲封而卒。

童軒《清風亭稿》七卷

軒，見子類。

閔珪《莊懿集》八卷

珪，字朝瑛，烏程人。天順進士，官至南京刑部尚書、左都御史。

沈周《石田詩選》十卷

周，見子類。

董越《使東日録》一卷

越,見史類。

臣等謹案:是集乃弘治元年,越爲朝鮮頒詔使途中紀行之詩。

楊一清《石淙稿》十九卷

一清,見史類。

鄧庠《東溪稿》十卷

庠,字宗周,宜章人。成化進士,官至南京户部尚書。

楊循吉《都下贈僧詩》一卷　《菊花百詠》一卷　《齋中拙咏》一卷

循吉,見史類。

張詡《南海雜詠》十卷

詡,見子類。

杭淮《雙溪集》八卷

淮,字東鄉,宜興人。弘治進士,官至南京總督糧儲、右副都御史。

童琥《集古梅花詩》四卷

琥,字連瑞,蘭谿人。弘治進士,官工部郎中。

何孟春《燕泉詩》四卷

孟春，見史類。

陳洪謨《静芳亭摘稿》八卷

洪謨，見子類。

黄衷《矩洲集》十卷　附《樗亭集》一卷

衷，見史類〔一〕。

周倫《貞翁净稿》十二卷

倫，字伯明，號貞翁，崑山人。弘治進士，官至南京刑部尚書，謚康僖。

湛若水《白沙詩教解》十卷　《詩教外傳》五卷

若水，見經類。

臣等謹案：陳獻章《白沙詩教》皆闡發性理之作，《詩教外傳》皆語録之類，與詩相發明者，若水爲注釋〔二〕。

〔一〕史類　底本闕文，據文淵閣本補。

〔二〕臣等謹案……若水爲注釋　文淵閣本作：「臣等謹案：若水師陳獻章，號白沙。著《詩教》一百六十六篇，皆闡發性理之作。《詩教外傳》則皆語録之類，足與詩相發明者。獻章于詩爲别調，若水務遵師説，以爲風雅正宗，分類注釋，以行於世。」

鄭善夫《少谷集》二十五卷

善夫，見子類。

孫一元《太白山人漫稿》八卷

一元，字太初，自稱秦人，或傳爲安化王孫。嘗棲太白之巔，故稱太白山人。

吴爰《雪窗詩》六卷

爰，字翼夫，上海人。本姓陸，以父贅于吴，遂冒其姓。

程誥《霞城集》二十四卷

誥，字自邑，歙縣人。

朱凱《句曲紀游詩》一卷

凱，字堯民，長州人。

朱彌鉗《謙光堂詩集》八卷

彌鉗，號秋江翁，唐莊王芝阯次子。初封文城王，後以子宇温嗣祖爵，彌鉗亦追封唐王，謚曰恭。

劉魁《省愆稿》五卷

魁，字焕吾，泰和人。正德間舉人，官工部員外郎。

韓邦靖《五泉詩集》四卷附録二卷

邦靖，見史類。

胡纘宗《擬涯翁擬古樂府》二卷　《擬漢樂府》八卷

纘宗，見史類。

曾璵《少岷拾存稿》四卷　附《司徒大事記》一卷

璵，字東玉，瀘州人。正德進士，官建昌府知府。

管楫《平田詩集》二卷

楫，字汝濟，號平田，又號竹木山人，咸寧人。正德進士，官至右副都御史、巡撫山東。

汪文盛《節愛府君詩集》二卷

文盛，字希周，崇陽人。正德進士，官至僉都御史、巡撫雲南，進大理寺卿。

陳憲《後齋遺稿》二卷

憲，字伯度，號後齋，餘干人。正德進士，官至貴州布政司參議。

陸倖《桃谷遺稿》一卷

倖，字天爵，吴縣人。正德進士，官至寶慶府知府。

趙漢《漸齋詩草》二卷

漢,字鴻逵,平湖人。正德進士,官至山西布政司參政。

頓鋭《鷗汀長古集》二卷 《前集》二卷 《别集》二卷 《續集》一卷 《漁嘯集》二卷 《頓詩》一卷

鋭,字叔養,涿州人。正德進士,官代府右長史。

張綖《南湖詩集》四卷

綖,字世文,高郵人。正德間舉人,官光州知州。

蔣山卿《南泠集》十二卷〔一〕

山卿,字子雲,儀真人。正德進士,官至廣西布政司參政。

劉天民《函山集》十卷

天民,字希尹,號函山,歷城人。正德進士,官至按察司副使。

顧可久《洞陽詩集》二十卷

可久,字與新,無錫人。正德進士,官至廣東按察司副使。

〔一〕二 文淵閣本作「一」。

林春澤《人瑞翁集》一卷

春澤，字德敷，侯官人。正德進士，官至平番府知府。年百有四歲，有司爲建「人瑞坊」，故以「人瑞翁」名。

陳器《石居漫興稿》二卷

器，字德器，臨海人。正德進士，官刑部郎中。

馬汝驥《西元集》八卷

汝驥，字仲房，綏德人。正德進士，官至禮部右侍郎，謚文簡。

張經《半洲稿》四卷

經，字廷彝，侯官人。正德進士，累官南京兵部尚書、總督軍務，改都察院左都御史，爲嚴嵩構陷，棄市，後追謚襄愍。

臣等謹案：是集《卷首》題曰「蔡經」，蓋其未復姓時，已板行於世。

朱朴《西村詩集》二卷　《補遺》一卷

朴，字元素，海鹽人。

李璋《嗜泉詩存》二卷附録一卷

璋，字政虹，海鹽人。

譚寶煥《性理吟》二卷

寶煥，見別集類。

臣等謹案：是編以《四書》及《性理》中字句爲題，前列朱子之説，而以一詩括其意。

杜瓊《東原集》七卷

瓊，見子類。

佘世亨《山人詩集》四卷

世亨，廣州人，卜居粤秀山下。嘉靖進士，嘉詔之父也。

朱顯槐《少鶴詩集》八卷

顯槐，楚端王榮滅第三子，愍王顯榕之弟。嘉靖十七年封武岡王。榮滅嘗自稱黄鶴道人，故顯槐自號少鶴。

王周《雁湖釣叟自在吟》九卷附録一卷

周，字質齋，嘉興人，自號雁湖釣叟。

王寅《十岳山人詩集》四卷

寅，字仲房，一字亮卿，歙縣人。

邊習《仲子詩》一卷

習，字仲學，濟南人，户部尚書貢之次子。

狄沖《春谿詩集》四卷

沖，字仲虛，溧陽人。嘉靖進士，官南京工部郎中。

黄金《東游集》一卷

金，號莘溪，莆田人。嘉靖進士，官山東新城縣知縣。

吕希周《東匯詩集》十卷

希周，字師旦，崇德人。嘉靖進士，官至通政使。

章恩《金陵覽勝詩》一卷

恩，字元之，山陰人。

趙伊《序芳園稿》二卷

伊，字子衡，平湖人。嘉靖進士，官至廣西按察司副使。

閔如霖《午塘詩集》七卷

如霖，字師望，號午塘，烏程人。嘉靖進士，官至南京禮部尚書。

王瑛《侍御集》七卷

瑛，字汝玉，無錫人。嘉靖進士，官監察御史。

林應亮《少峰草堂詩集》一卷

應亮，字熙載，侯官人。嘉靖進士，官至户部右侍郎、總督倉場。

顧存仁《東白草堂集》四卷

存仁，見史類。

李徵《元光漫稿》五卷

徵，字誠之，湖廣桃源人。嘉靖進士，官至布政司參議。

黎民表《瑶石山人稿》十六卷

民表，字維敬，從化人。嘉靖時舉人，授翰林院孔目，後官至參議。《明史·文苑傳》附見《黄佐傳》中。

施峻《璉川詩集》八卷

峻，字平叔，歸安人。嘉靖進士，官青州府知府。

沈良才《鳳岡集》四卷

良才，字鳳岡，泰州人。嘉靖進士，官至兵部右侍郎。

袁煒《文榮詩略》二卷

煒，字懋中，慈谿人。嘉靖進士，官至大學士，謚文榮。

陳鎏《己寬堂集》四卷

鎏，字子兼，號雨泉，吴縣人。嘉靖進士，官四川提學副使。

吴維嶽《天目山齋歲編》二十四卷

維嶽，字峻伯，孝豐人。嘉靖進士，官至右都御史、巡撫貴州。《明史·文苑傳》附見《王世貞傳》中。

徐學詩《石龍菴詩草》四卷附刻二卷

學詩，字以言，號龍川，上虞人。嘉靖進士，官刑部郎中，以劾嚴嵩罷職。隆慶初，起南京通政司參議，未赴卒，贈大理寺少卿。

沈淮《三洲詩膾》八卷

淮，字澄伯，仁和人。嘉靖進士。

彭輅《比部集》八卷

輅，字子殷，海鹽人。嘉靖進士，官南京刑部主事。

楊巍《存家詩稿》八卷

巍,字伯謙,號夢山,海豐人。嘉靖進士,累官吏部尚書,贈少保。

祝世禄《環碧齋詩集》三卷

世禄,見子類。

張元凱《伐檀集》十二卷

元凱,字左虞,吴縣人。以世職爲蘇州衛指揮。

李先芳《江右詩稿》二卷　《李氏山房詩選》六卷

先芳,見經類。

臣等謹案:邢侗作《先芳行狀》稱,所著《東岱山房稿》三十卷。此集總題爲《東岱山房詩録》,而子目則作《江右詩稿》,蓋其集中之一種。其《山房詩選》乃皇甫汸所定,間有評語,亦非全集。

郭諫臣《鯤溟集》四卷

諫臣,字子忠,長洲人。嘉靖進士,官至江西布政司參政,罷歸。後起鄖陽巡撫,未上而卒。

謝榛《四溟集》十卷

榛，字茂秦，臨清人。以詩名，終於布衣。事迹具《明史·文苑傳》。

王叔承《壯游編》三卷

叔承，見别集類。

況叔祺《大雅堂摘稿》無卷數

叔祺，見子類。

余曰德《德甫集》十四卷

曰德，初名應舉，字德甫，南昌人。嘉靖進士，官至福建按察副使。

董傳策《采薇集》四卷　《幽貞集》二卷　《邕歈集》六卷

傳策，見史類。

王好問《春煦軒集》十二卷

好問，字裕卿，號西塘，樂亭人。嘉靖進士，官至南京户部尚書。

何東序《九愚山房詩集》十三卷

東序，字崇教，號肖山，猗氏人。嘉靖進士，官至右僉都御史，巡撫延綏。

張九一《緑波樓詩集》十四卷

九一，字助甫，號周田，新蔡人。嘉靖進士，官至右僉都御史、巡撫寧夏。《明史·文苑傳》附見《王世貞傳》中。

張鍊《太乙詩集》五卷

鍊，見子類。

朱慎鍾《寶善堂稿》二卷

慎鍾，號宗川。晉王棡第四子，慶成王濟炫之後，襲封榮懿王。

王養端《震堂集》六卷

養端，字茂成，遂昌人。嘉靖時舉人。

袁尊尼《魯望集》十二卷

尊尼，字魯望，吴縣人。嘉靖進士，官至山東提學副使。

栗應宏《山居集》八卷

應宏，字道甫，長子人。嘉靖時舉人，屢試不第，耕讀太行山下。

臣等謹案：應宏是集，黄虞稷《千頃堂書目》作六卷，又載有《太行集》十六卷〔一〕，今未之見。

俞允文《仲蔚集》二十四卷

允文，初名允執，字仲蔚，崑山人。嘉靖間諸生。

曹乾學《兔園草》六卷

乾學，字叔驥，太倉人。

黄惟楫《説仲詩草》十八卷

惟楫，字説仲，天台人。

童佩《子鳴集》六卷

佩，字子鳴，龍游人。

王伯稠《世周集》二十卷

伯稠，字世周，崑山人。

〔一〕十　底本闕，據文淵閣本、《總目》卷一七八補。

孫七政《松韻堂集》十二卷

七政,字齊之,常熟人。

潘之恒《涉江詩選》七卷

之恒,見史類。

臣等謹案:之恒集本二十卷,袁宏道删定爲此本,故名《詩選》。

姚究《尚元草》八卷　《咏物詩》二卷

究,字叔信,號元岳,秀水人。

項元淇《少嶽集》四卷

元淇,字子瞻,秀水人。官光禄寺署正。

沈明臣《豐對樓詩選》四十三卷　《越草》一卷

明臣,見史類。

陳淳《白陽集》無卷數

淳,字道復,以字行,號復甫,别號白陽山人,長洲人。以諸生援例入監。

彭年《隆池山樵集》二卷

年,字孔嘉,長洲人,號隆池山樵。《明史·文苑傳》附見《文徵明傳》中。

顧起綸《句漏集》四卷《赤城集》三卷

起綸，字更生，號元名，無錫人。官鬱林州判。

傅汝舟《山人集》三卷

汝舟，本名舟，字虚木，號丁戊山人，侯官人。

包大中《參軍集》六卷

大中，字庸之，號三川，寧波人。官建陽縣丞，以嘗預征倭之役，故稱曰「參軍」。

陳汝瑒《湛然堂詩稿》無卷數

汝瑒，字席珍，南安人。官廣昌縣知縣。

董緒《龜川詩集》四卷

緒，字禹方，樂安人，刑部尚書裕之父。

臣等謹案：緒集乃其裔孫以初刻板漶，爲之重刊，然字多殘缺。據其目録，尚附有誌狀，亦佚之矣。

方于魯《建元詩集》十二卷 《續集》一卷

于魯，見子類。

高瀫《石門詩集》一卷

瀫,字宗吕,號石門,又號髯仙,侯官人。

趙志皋《四游稿》六卷

志皋,見史類。

方旴《研山山人漫集》一卷

旴,字文明,改名大年,蘇州人。

方問孝《蒼耳齋詩集》十七卷

問孝,字胥成,歙縣人。

汪淮《禹乂詩集》八卷

淮,字禹乂,休寧人。

吴宗儒《巢雲軒詩集》六卷　《續集》五卷　《詩餘》一卷

宗儒,字次魯,號黄麓,晚號止耕,休寧人。

朱翊鈱《廣讌堂集》二十四卷

翊鈱,字匡鼎,自號隱真子。荆王瞻堈六世孫,襲封樊山王。

朱敬鐳《梅雪軒詩稿》四卷

敬鐳，字進父，秦愍王樉八世孫。萬曆中，爲奉國中尉。

姚舜牧《樂陶吟草》三卷

舜牧，見經類。

林章《初文詩選》一卷

章，字初文，福清人。萬曆時舉人。

王邦俊《征南草》一卷

邦俊，字虞卿，鄜州人。萬曆進士，官至貴州兵備參政。

林兆珂《伯子詩草》一卷

兆珂，見經類。

李化龍《場居集》二卷　《田居稿》一卷　《河上稿》一卷

化龍，見史類。

顧紹芳《寶菴集》八卷

紹芳，字寶甫，太倉人。萬曆進士，官至左春坊左贊善。

龍膺《九芝集選》十二卷

膺,字君御,武陵人。萬曆進士,官至南京太常寺卿。

楊于庭《道行集》十七卷

于庭,見經類。

董嗣成《青棠詩集》八卷

嗣成,字伯念,烏程人。萬曆進士,官禮部郎中。

李沂《中秘草》三卷

沂,字景魯,嘉魚人。萬曆進士,官吏科給事中,贈光禄寺少卿。

石九奏《伯成詩稿》四卷

九奏,字伯成,冀州人。萬曆進士,官至兵備副使,進右參政。

華善繼《折腰漫草》八卷

善繼,字孟達,無錫人。官永昌府通判。

朱之蕃《奉使稿》無卷數

之蕃,字元介,茌平人。萬曆乙未進士第一,官至吏部右侍郎。

鄧雲霄《百花洲集》二卷　《解弢集》一卷

雲霄，字元度，東莞人。萬曆進士，官至廣西布政使參政。

葉秉敬《葉子詩言志》十二卷

秉敬，見經類。

臣等謹案：秉敬《自序》稱：「《虞書》『《詩》言志』、《論語》『志於學』二語，爲作詩要領，故以此名集。」

吴大經《叢桂軒集》二卷

大經，字元常，常熟人。萬曆間布衣。

樊良樞《致虛詩集》四卷

良樞，字尚植，號致虛，進賢人。萬曆進士，官至浙江提學副使。

臣等謹案：良樞集中，並其叔儁，弟尚燝、良楹，子重鵬等次和之作，皆附存焉。

魏濬《峽雲閣存草》七卷　《後存草》七卷

濬，見經類。

陳完《皆春園集》四卷

完，字名甫，號海沙，南通州人。萬曆時舉人。

陳翼飛《慧閣詩》八卷

翼飛，字元明，平和人[一]。萬曆進士，官宜興縣知縣。

臣等謹案：翼飛所著有《慧閣》《長梧》二集，己未、庚申、辛酉、壬戌行卷，此其一種，餘並散佚。

許光祚《靈長集》無卷數

光祚，字靈長，陝西人。

鹿善繼《無欲齋詩鈔》一卷

善繼，見經類。

耿志煒《逸園新詩》一卷　《詠懷詩》一卷

志煒，字明夫，號逸園，武功人。萬曆進士，官至提督四譯館少卿。

吴稼竳《元蓋副草》二十卷

稼竳，字翁晉，孝豐人。官南京光禄寺典簿，遷雲南通判。

臣等謹案：集名《元蓋副草》者，《自序》謂：「元蓋，天目山别名，其藏書有在，姑

[一] 和　底本作「湖」，據文淵閣本改。

謂之副。」蓋夸大之詞，非實另有正本流傳也。

徐熥《幔亭詩集》十五卷

熥，字惟和，閩縣人。萬曆時舉人。

萬達甫《皆非集》二卷附《一枝軒吟草》二卷〔一〕

達甫，字仲章，號純初，鄞縣人。都督僉事表子，少〔二〕襲世職，官至廣東參將。

臣等謹案：達甫集後《一枝軒吟草》，乃其子邦孚所作。邦孚亦以世廕，累官福建總兵官、左軍都督府僉事。

周履靖《梅顛稿選》二十卷

履靖，見子類。

高濂《雅尚齋詩草二集》二卷

濂，字深甫，號瑞南，仁和人。

臣等謹案：是編題曰「二集」，當有「初集」，今未之見。

〔一〕後「二」字　文淵閣本作「一」。

〔二〕人都督僉事表子少　底本無，據文淵閣本補。

呂時《甬東山人稿》七卷

時，一名時臣，字仲父，鄞縣人。

謝肇淛《游燕集》二卷　《小草齋稿》一卷〔一〕

肇淛，見史類。

李生寅《山人詩》二卷

生寅，字賓父，鄞縣人。

朱師孔《性靈稿》二卷

師孔，字時行，徽州人，家于武昌。萬曆間歲貢生。

莫是龍《石秀齋集》十卷

是龍，見子類。

段黼《黃甫詩稿》無卷數

黼，字黃甫，號景山樵客，曹州人。萬曆間諸生。

〔一〕一　文淵閣本作「二」。

汪逸《遺民詩》一卷

逸，字遺民，歙縣人。

金建中《笑拙墅稿》一卷

建中，字仲立，海陽人。萬曆間監生。

臣等謹案：笑拙墅乃建中別業，其詩多詠園中景物，後附其子麟祥《跋》並《志感詩》。

朱多熲《古雪齋近稿》一卷

多熲，字以昭，號斗齋，南昌人，寧藩之裔。

劉師朱《江皐吟》一卷

師朱，字仲文，號嵩潭，大名人。萬曆間，由貢生官至廬州府同知。

潘緯《象安詩集》四卷

緯，字仲文，號象安，歙縣人，萬曆間，官武英殿中書舍人。

陳昂《白雲集》七卷

昂，字爾瞻，號雲仲，莆田人，別號白雲先生。

張汝元《太初集》八卷

汝元，字太初，江寧人。萬曆間諸生。

黄克晦《吾野詩集》五卷

克晦,字孔昭,號吾野,惠安人。

臣等謹案:克晦是集,乃其裔孫象潛掇拾家藏遺帙成編,其全稿已佚不傳。

胡鎮《夢草堂稿》十二卷[一]

鎮,字子重,歙縣人。萬曆間賈人。

豐越人《正元集》四卷

越人,字正元,鄞縣人。坊之孫,自號天放野人。

梅鼎祚《禹金集》二十卷

鼎祚,見子類。

翁任春《益齋存稿》一卷

任春,初名允璿[二],字克生,金華人。

李嵩《白雪堂詩》一卷

嵩,見史類。

[一] 二　文淵閣本作「一」。

[二] 璿　文淵閣本作「璠」。

汪膺《寸碧堂稿》二卷

膺，字元御，號玉淙，長洲人。天啓間舉人。

項穆《貞元子詩草》無卷數

穆，見子類。

汪汝謙《綺咏》一卷　《綺咏續集》一卷

汝謙，字然明，歙縣人。

黄應徵《自娱齋詩集》二卷

應徵，字君求，江都人。天啓間諸生。

陳悰《天啓宫中詞》一卷

悰，字次杜，常熟人。

臣等謹案：朱彝尊《詩話》述徐昂發之言，以爲本秦徵蘭撰，悰攘而有之。徵蘭，字楚芳，亦常熟人。

柴惟道《玩梅亭集詩》二卷

惟道，字允中，號白巖山人，嚴州人。

吴兆《非熊集》八卷

兆,字非熊,休寧人[一]。

葛徵奇《蕪園詩集》六卷

徵奇,字無奇,海寧人。崇禎進士,官至光禄寺少卿。

高名衡《更生吟》無卷數

名衡,字平仲,號鷺磯,沂州人。崇禎進士,官監察御史,以守城功晉兵部左侍郎。壬午,靖節死。

臣等謹案:名衡於乾隆四十一年賜謚忠節。是編乃其巡按河南時,李自成攻開封,在圍城中作。

紀坤《花王閣賸稿》一卷

坤,字厚齋,獻縣人。崇禎間諸生。

姜埰《敬亭集》十卷《補遺》一卷附録一卷

埰,字如農,萊陽人。崇禎進士,官禮科給事中,以建言謫宣州衛。國亡,流寓蘇州以殁。

[一]「人」下文淵閣本有:「臣等謹案:王士禎刻《新安二布衣詩》,兆居其一,僅存其詩四卷。此則其原集也。」

申佳允《忠愍詩集》六卷

佳允，字孔嘉，永年人。崇禎進士，官至太僕寺丞。

臣等謹案：佳允於明亡殉難，世祖章皇帝賜謚忠愍。

朱芾煌《文嘻堂詩集》三卷

芾煌，字子衷，號玉瑠，別號濡須江漁。無爲州人。崇禎進士，官兵部武選司郎中。

歐陽鉉《野獲園集》二卷

鉉，字子玉，江西龍泉人。崇禎進士，官休寧縣知縣。

董養河《羅溪閣韻語》無卷數

養河，字叔會，閩縣人。

李永昌《畫嚮》無卷數

永昌，字周生，徽州人。

馬宏道《采菊雜咏》一卷

宏道，字人伯，號退山，蘇州人。

吴夢暘《射堂詩鈔》十四卷

夢暘，字允兆，歸安人。

陳邦儀《彈劍草》無卷數

邦儀,字開甫,高安人。崇禎間諸生。

周道仁《樂府》一卷

道仁,字以修,烏程人。

臣等謹案:是編擬漢魏樂府,凡一百三章,原附於所刊孫一元《太白山人稿》後者。

董應揚《爨中草》一卷　《蜀中草》一卷

應揚,字于庭,武進人。官翰林待詔。

顧德基《七十二候詩》一卷

德基,字用晦,常熟人。

釋克新《元釋集》一卷

克新,姓余氏,字仲銘,自號江左外史,又稱爲雪廬和尚,鄱陽人。元末住嘉興水西寺。

釋德祥《桐嶼集》四卷

德祥,字麟洲,號止庵,錢塘人。洪武中,住持徑山。

釋睿略《松月集》一卷

睿略,字道權,號簡菴,蘇州人。洪武時人。

釋宗賢《僦寮集》一卷

宗賢，字月堂，杭州人。

釋斯學《幻華集》二卷

斯學，字悦支，號瘦山[一]。萬曆間，海鹽慈會寺僧。

釋大善《西溪百詠》二卷

大善，號虛聞道人。崇禎時人。

石屋禪師《山居詩》一卷

石屋禪師，不著其名。

陳氏《繡佛齋草》一卷

陳氏，天台人。崇禎間，布衣馮元鼎妻。年二十餘，夫死守節。

臣等謹案：馬端臨《通考》詩集之後有歌詞一門，今從《四庫全書》之例改爲詞曲，列於集類之末。又章奏一門，已於史類著録，故不復載。

[一] 瘦 《總目》卷一八〇同，文淵閣本作「庾」。

欽定續文獻通考·經籍考卷五十七

集　總集上

《宋史·藝文志》總集類四百三十五部一萬六百五十七卷。

《遼》《金》《元》三史不立藝文志，散見各紀傳中。

《明史·藝文志》總集類一百六十二部九千八百一十卷。

宋

常挺《諸儒性理文錦》八卷

挺，字方叔，連江人。嘉祐進士，累官吏部尚書、參知政事。

鄧忠臣《同文館唱和詩》十卷

忠臣，字慎思，湘陰人。熙寧進士，官考功郎。

臣等謹案：同文館本以待高麗使人，元祐間忠臣等同考校，即其地爲試院。因録同舍唱和之作，彙爲一編。其相爲酬答者，忠臣而外，爲張耒、晁補之、蔡肇、余幹、耿南仲、商倚、曹輔、柳子文、李公麟、孔武仲等十一人。又有曰益、曰向不著姓者二人，已不可考。

《二程文集》十三卷　附録二卷

不著編輯者名氏。

臣等謹案：此明道程子、伊川程子合集也，出自胡安國家，劉珙、張栻嘗刻之長沙，于原文頗有改削，朱子深以爲不可。元至治間，譚善心重刊，悉從朱子更正，並朱子論胡本錯誤諸書，别爲二卷附後。

《宋文選》三十二卷

不著編輯者名氏。

臣等謹案：張邦基《墨莊漫録》稱，崔伯易《金華神記》編入《聖宋文選後集》中。則是書乃其前集，在南渡以前矣。所選皆北宋文，自歐陽修以下十四人。

邵浩《坡門酬唱集》二十三卷

浩，字叔義，金華人。

臣等謹案：是集録蘇軾與弟轍及門下諸人屬和之詩，始名曰《蘇門酬唱》，後更名《坡門酬唱》。

蒲積中《古今歲時雜詠》四十六卷

積中，里貫無考。

臣等謹案：宋綬有《歲時雜咏》二十卷，積中因其原本，續爲此書。所增惟宋人之詩，而目類一仍其舊。自一卷至四十二卷，爲《元日》至《除夕》二十八目，後四卷則凡祇題月令而無節序之詩，皆附焉。

董棻《嚴陵集》九卷

棻，東平人，逌之子。紹興間，知嚴州。

朱子《南嶽唱酬集》一卷附録一卷

朱子，見史類。

臣等謹案：朱子與張栻、林用中同游南嶽，倡和成編。用中，字擇之，號東屏，古田人，嘗從朱子游。是集作於乾道二年。

孫紹遠《聲畫集》八卷

紹遠，字稽仲，自署曰谷橋。爵里無考。

臣等謹案：錢曾《讀書敏求記》謂其書不著編者名氏，今本卷首有淳熙丁未十月紹遠《自序》，謂擇前賢之爲畫而作者編爲一集，名之曰《聲畫》，則爲紹遠編集，確有明證。

桑世昌《回文類聚》四卷　《補遺》一卷

世昌，淮海人，世居天台。

魏齊賢、葉芬《五百家播芳大全文粹》一百十卷

齊賢，字仲賢，自署鉅鹿人。棻，字子實，自署南陽人。

臣等謹案：是編皆録宋代之文，題曰「五百家」，而卷首所列姓氏實五百二十家。朱彝尊嘗跋此書，惜無人爲之删繁舉要，蓋病其冗雜也。

袁説友《成都文類》五十卷

説友，字起巖，建安人。隆興進士，官至同知樞密院、參知政事。

彭叔夏《文苑英華辨證》十卷

叔夏，廬陵人。紹熙中鄉貢進士。

臣等謹案：叔夏是編，因周必大所校《文苑英華》而作。《自序》稱：「必大命以校讐，用功甚多，散在本文，覽者難徧，因薈萃其説。」大旨分承訛當改，别有依據，不可妄改，義可兩全，不必遽改三例，用意謹嚴，考核精密。其不輕易點竄古書，亦于此可見。

林表民《天台續集别編》六卷　《赤城集》十八卷

表民,字逢吉,臨海人。仕履無考。

臣等謹案:表民父師蔵增修李庚原本爲《天台前集》,表民則輯補《前集》爲《别編》,師蔵又增補李庚原本爲《續集》,馬《考》並已著録。此《續集别編》又表民所輯,以補其闕。《赤城集》亦表民所編,據吴子良《序》稱,分門會粹,並詩爲一,今本有文無詩。

湯漢《妙絶古今》四卷

漢,見别集類。

臣等謹案:是編甄輯古文,起《春秋左氏傳》,訖眉山蘇氏,凡二十一家。

李龏《唐僧宏秀集》十卷

龏,見詩集類。

臣等謹案:是編乃選唐代釋子之詩,凡五百首。前有寶祐六年龏《自序》,自皎然以下,凡五十二人。

趙師秀《衆妙集》一卷

師秀,見别集類。

臣等謹案：是集録唐代五七言律，自沈佺期訖王貞白，凡七十六人。

陳起《江湖小集》九十五卷　《江湖後集》二十四卷

起，字宗之，錢塘人。開書肆於睦親坊，亦號陳道人。

臣等謹案：《江湖小集》所録，自洪邁迄林同，凡六十二家。内惟姚鏞、周文璞、吴淵、許棐四家有賦及雜文，餘皆詩也。起以刻《江湖集》得名。《永樂大典》所載有《江湖集》《江湖前集》《江湖後集》《江湖續集》《中興江湖集》諸名，大抵皆同時之人隨得隨刻，往往一人之詩，散見數集之内。今從《永樂大典》裒輯，合爲一編，統名之曰《江湖後集》二十四卷，以補世傳《江湖集》本之缺云。

章樵《注古文苑》二十一卷〔一〕

樵，字升道，臨安人。嘉定進士，歷官知漣海軍，授朝散郎，知處州。

劉元高《三劉家集》一卷

元高，咸淳中官御史，里貫未詳。

臣等謹案：元高是編，乃輯其先世劉涣、劉恕、劉羲仲詩文。涣，字凝之，天聖進

〔一〕一　文淵閣本作「二」。

士,以太子中允致仕。恕,字道元,渙之子,舉進士,官和川、翁源二縣。羲仲,恕之子。三世並剛直有史才,而恕最優,司馬光嘗稱其博聞强記,細大之事皆有稽考云。

周弼《三體唐詩》六卷

弼,見別集類。

《柴氏四隱集》三卷

柴望及其從弟隨亨、元亨、元彪詩文合集。望,見子類。隨亨,字瞻岵,登文天祥榜進士,歷知建昌軍事。元亨,字吉甫,與隨亨同舉進士,官朝散大夫、荊湖參制。元彪,字炳中,號澤曜居士,嘗官察推。宋亡,俱遁迹不仕,時稱「柴氏四隱」。

《論學繩尺》十卷

魏天應編,林子長注。天應,號梅墅,自稱鄉貢進士。子長,號筆峰,官京學教諭。皆閩人。

鄭虎臣《吴都文粹》九卷

虎臣,字景兆,吴縣人。官會稽尉。

《古文集成前集》七十八卷

舊本題「盧陵王霆震亨福編」。

臣等謹案：是編蓋南宋書肆本也。所録自春秋以逮南宋，計文五百餘首，而宋文居十之八。

羅黄裳《發蒙宏綱》三卷

黄裳，池州人。咸淳中，官番禺守。

謝枋得《文章軌範》七卷

枋得，見別集類。

吴渭《月泉吟社詩》一卷

渭，字清翁，號潛齋，浦江人。官義烏令，入元退居吴溪。

陳仁子《文選補遺》四十卷

仁子，見別集類。

《蘇門六君子文粹》七十卷

不著編輯者名氏。

臣等謹案：舊本傳爲陳亮所輯，今無可考。史稱黄庭堅、張耒、晁補之、秦觀爲「蘇門四學士」。此稱「六君子」者，益以陳師道、李廌二人也。

《三國志文類》六十卷

不著編輯者名氏[一]。

《增注唐策》十卷

不著編輯者名氏。

《詩家鼎臠》二卷

不著編輯者名氏。

臣等謹案：是集卷首題詞署曰「倦叟」，無可考。

《十先生奥論》十卷

不著編輯者名氏。

臣等謹案：是書集程子、張耒、楊時、朱子、張栻、吕祖謙、楊萬里、胡寅、方恬、陳傅良、葉適、劉穆元、戴溪、張震、陳武、鄭湜十六人之論，分類編之，題曰「十先生」，所未詳也。且據其原目，凡前、後、續集各十五卷，此本止四十卷，佚去尚多，其作者不知凡幾，謹識俟考。

[一]「氏」下　文淵閣本有：「臣等謹案：是編今流傳有宋刊本。考《宋藝文志》載此書，註云集者不知名，則當時已無可考矣。」

《兩宋名賢小集》三百八十卷

舊本題「宋陳思編，元陳世隆補」。思、世隆，俱見子類。

臣等謹案：是編所録宋人詩集，始于楊億，終于潘音，共一百五十七家。有紹定三年魏了翁《序》，即《寶刻叢編序》，更易書名，其爲僞託無疑。

何無適、倪希程《詩準》三卷附録一卷　《詩翼》四卷

無適、希程，爵里俱未詳。

《群公四六續集》十卷

不著編輯者名氏。

《大全賦會》五十卷

不著編輯者名氏。

《啓劄錦繡》一卷

不著編輯者名氏。

《宋遺民録》一卷

不著編輯者名氏。

金

元好問《中州集》十卷附《中州樂府》一卷　《唐詩鼓吹》十卷

好問,見子類。

臣等謹案:好問《中州集》録金一代之詩,在宋末江湖諸派之上。考集中小傳,皆兼評其樂府,是二編本合而爲一,今仍之,不别入詞曲類焉。《唐詩鼓吹》皆唐人七言律詩,凡九十六家,其門人中書左丞郝天挺注。

段克己、成己《二妙集》八卷

克己,字復之,號遯庵,稷山人,嘗舉進士。成己,字誠之,號菊軒,正大進士,授宜陽主簿。並入元不仕。

元

方回《瀛奎律髓》四十九卷

回,見子類。

杜本《谷音》二卷

本,見别集類。

馮子振、釋明本《梅花百詠》一卷

子振，字海粟，攸州人。官承事郎集賢待制。明本，姓孫氏，號中峰，錢塘人，居吴山聖水寺。

臣等謹案：是編乃子振與明本倡和之作，有七言絶句一百首，後附春字韻七律一百首，僅有明本和章，而子振原唱已佚。

房祺《河汾諸老詩集》八卷

祺，平陽人。官大同路儒學教授，自稱横汾隱者。

金履祥《濂洛風雅》六卷

履祥，見經類。

周南瑞《天下同文集》四十四卷〔一〕

南瑞，里貫無考。

祝堯《古賦辨體》八卷　《外集》二卷

堯，上饒人。延祐進士，官無錫州同知。

〔一〕四十四卷　文淵閣本作「五十卷」。

《元朝野詩集》無卷數

不著編輯者名氏。

臣等謹案：是集所録，大抵仁宗以後、順帝以前之詩，一名《元風雅考》。當時别有《元風雅》二十四卷，乃傅習、孫存吾所輯，視此較爲完備。顧嗣立《元詩選序》載有蔣易《元風雅》一書，或即其殘本歟？

吴宏道《中州啓劄》二卷

宏道，字仁卿，金臺人。江西省檢校掾史。

《圭唐欸乃集》二卷

許有壬及其弟有孚、子楨倡和之詩。有壬，見别集類。有孚、楨，始末俱未詳。

陳桱《尺牘筌蹄》三卷

桱，見史類。

趙景良《忠義集》七卷

景良，字秉善，南豐人。

臣等謹案：南豐劉壎作《補史十忠詩》一卷，其子麟瑞撰《昭忠逸詠》凡四卷。景良合二集爲一編，又采宋末遺老諸作，續爲二卷，總名之曰《忠義集》。

汪澤民、張師愚《宛陵群英集》十二卷

澤民，字叔志，婺源人。延祐進士，累官禮部尚書。至正中，賊陷寧國，被執不屈死，贈江浙行中書省左丞，追封譙國郡公，謚文節。師愚，字仲愚，寧國人，兩領鄉薦。

蘇天爵《元文類》七十卷　《目録》三卷

天爵，見史類。

傅習、孫存吾《元風雅》二十四卷

習，字説卿，清江人。仕履無考。存吾，字如山，廬陵人，嘗爲儒學正。

臣等謹案：是編《前集》十二卷，習所采輯；《後集》十二卷，存吾所采輯。

楊士宏《唐音》十四卷

士宏，字伯謙，襄城人。

左克明《古樂府》十卷

克明，豫章人。《自序》題「至正丙戌」，則順帝時人也。

《武夷山詩集》二卷〔一〕

不著編輯者名氏。

繆思恭等《庚辛唱和詩》一卷

思恭,里貫未詳。

臣等謹案:至正庚子、辛丑間,思恭等游嘉興景德寺,分韻唱和之作,共二十六人。

顧瑛《玉山名勝集》十二卷〔二〕　**《草堂雅集》十三卷**　**《玉山紀游》一卷**

瑛,見詩集類。

賴良《大雅集》八卷

良,字善卿,天台人。

臣等謹案:是編良所裒輯,楊維楨删定,去取頗稱精密。蓋維楨工于詩,故鑒別終不苟焉。又每人之下,略注字號、里貫。元末詩人無集行世者,亦頗賴以考見。

《元音遺響》十卷

不著編輯者名氏。

〔一〕二　文淵閣本作「一」。
〔二〕十二卷　文淵閣本作「無卷數」。

臣等謹案：是集前八卷爲胡布詩，又名《崆峒樵音》。後二卷則張達、劉紹詩也。三人皆元遺民，而他書罕見，故其出處莫詳。布，字子申；達，字季充，皆盱江人。紹，字子憲，黎川人。

劉履《風雅翼》十四卷

履，字坦之，上虞人。入明不仕，號草澤閒民。

臣等謹案：是編首爲《選詩補注》八卷，取《文選》各詩，删補訓釋，而各斷以己意；次爲《選詩補遺》二卷，取古歌謡詞以補《文選》之缺；次爲《選詩續編》四卷，取唐宋諸家詩詞之近古者，以爲《文選》嗣音。其去取大旨，本于真德秀《文章正宗》。其訓釋體例，則悉以朱子《詩集傳》爲準。

譚金孫《殘本諸儒奥論策學統宗》二十卷〔一〕

金孫，字叔金，號存理。里貫未詳。

周砥、馬治《荆南倡和集》一卷

砥，字履道，無錫人，從張士誠，死于兵。治，字孝常，宜興人，入明官建昌知府。附見

〔一〕二　文淵閣本作「三」。

《明史·文苑傳·陶宗儀傳》中。

臣等謹案：周砥、馬治詩同一集，人隔兩朝，遂無時代可歸。今以治雖入明而詩作於元，砥死于兵未嘗入明，故以砥爲主，而附于元人之末。

《贈言小集》一卷

不著編輯者名氏。

釋圓至《唐詩説》二十一卷

圓至，見别集類。

釋壽寧《静安八咏詩集》一卷

壽寧，字無爲，號一菴，上海人，居于邑西之静安寺。

明

世宗《宸章集録》一卷　《輔臣贊和詩集》一卷　《翊學詩》一卷

臣等謹案：以上三編係嘉靖五年、六年、七年，賜大學士費宏、楊一清等御製詩，諸臣依韻和進，隨時編録者。

偶桓《乾坤清氣集》十四卷

桓，字武孟，號清翁，因眇一目，又自號瞎牛，太倉人。洪武中，官荆門州吏目。

孫原理《元音》十二卷

原理，寧波人。仕履無考。

鄭太和《麟溪集》二十二卷〔一〕 **《别編》二卷**

太和，字順卿，浦江人。世稱義門鄭氏。

葉翼《餘姚海隄集》一卷

翼，寧波人。始末未詳。

臣等謹案：翼祖恒，字敬常。元天曆間，爲餘姚判官，築堤捍海，民賴其利。至正末，詔封仁功侯，立廟祠之，當時名人多有序紀詩文，翼共編爲一集。

沈易《五倫詩》五卷

易，字翼之，華亭人。

臣等謹案：是集前有錢惟善《序》，其原目稱《内集》五卷，《外集》七卷，今外集缺。

孔克學《江陵百詠詩》一卷

克學，字習之，曲阜人。嘗爲荆州府學官。

〔一〕二十二　文淵閣本作「十二」。

朱升《風林類選小詩》一卷

升，見經類[一]。

徐達左《金蘭集》三卷附録一卷

達左，見子類。

劉仔肩《雅頌正音》五卷

仔肩，字汝弼，鄱陽人。

高棅《唐詩品彙》九十卷　《拾遺》十卷

棅，見詩集類。

《廣州四先生詩》四卷

不著編輯者名氏。

臣等謹案：是集乃明初廣州黄哲、李德、王佐、趙介四人詩也。哲，字庸之，以薦授翰林待制，歷官東平通判，有《雪篷集》。德，字仲修，官義寧知縣，有《易菴集》。佐，字彦舉，本河東人，元末侍父官南雄，遂占籍南海，洪武中以薦授給事中，有《聽雨

[一]「類」下　文淵閣本有：「臣等謹案：是集所録，始于漢魏，終于晚唐，分三十八體，皆五言絶句也。」

軒》《瀛洲》二集。介，字伯貞，不求仕進，洪武中屢薦，皆辭免，後以其子純官監察御史，贈如其官。有《臨清集》。

周希孟、周希夔《姑蘇雜詠》二卷

希孟、希夔，里貫俱無考。

臣等謹案：是集乃希孟、希夔同編。上卷爲高啓原唱，下卷爲其祖南老續作。南老，字正道，號拙逸子，明初人。

《文章類選》四十卷

不著編輯者名氏。

臣等謹案：是集前有洪武三十一年凝真子《序》并慶府圖章，以史考之，蓋慶王㮵也，太祖第十六子，好學有文，就藩寧夏。《序》稱暇日與諸儒將昔人所集《文選》《文粹》《文鑑》《翰墨全書》《事文類聚》諸書所載之文，類而選之，分五十八體。

《錢氏三華集》十八卷

不著編輯者名氏。

臣等謹案：是集爲明初無錫錢子正及弟子義、姪仲益合刻詩也。子正《緑苔軒集》六卷，子義《種菊菴集》四卷，仲益《錦樹集》八卷，初各自爲書，後仲益族子公善合刻。子正、子義出處無考。仲益以元末進士,知華亭縣,後爲翰林院修撰,見于魏驥《序》中。朱彝尊載「仲益,永樂初以翰林編修,轉周王府長史」,與驥《序》互有異同。

王賓《虎丘詩集》一卷

賓,見別集類。

袁表、馬熒《閩中十子詩》三十卷

表,字景從;熒,字用昭,皆福州人。

臣等謹案:閩中十子爲福清林鴻,長樂陳亮、高廷禮,閩縣王恭、唐泰、鄭定、王褒、周元,永福王偁,侯官黄元,皆明初人也。

宋緒《元詩體要》十四卷

緒,字公傳,以字行,餘姚人。預修《永樂大典》,授官不就,辭歸。

鄒緝等《燕山八景圖詩》一卷

緝,吉水人。永樂中,官左春坊左中允。

臣等謹案:是編乃緝等唱和之作,凡詩百二十首,皆緝首唱,胡廣等十二人和之。

吴訥《文章辨體》五十卷　《外集》五卷

訥,見史類。

懷悦《士林詩選》一卷

悦，字用和，嘉興人。永樂中，以納粟官通判。

瞿遲《興觀集》一卷　附《山村遺詩雜著》一卷

遲，錢塘人。仕履無考。

金庠《橋門聽雨詩》一卷

庠，蘇州人。永樂進士，官監察御史。

朱紹、朱積《鼓吹續編》九卷

紹，字善繼；積，字善慶，皆江陰人。

臣等謹案：是編蓋續《唐詩鼓吹》而作，皆宋、元、明人七言律詩。

杜桓《柳黄同聲集》三卷〔二〕

桓，字宗表，徽州人。仕履無考。

周泰《周氏存存稿》十卷　周宷《續稿》三卷

泰、宷，里貫始末俱無考。

〔二〕三　文淵閣本作「二」。

臣等謹案：泰、宷所編，皆其先世遺集。

《滄海遺珠》四卷

不著編輯者名氏。

臣等謹案：是集前有正統元年楊士奇《序》，稱都督沐公所選，又稱其字曰景顒，黔寧王之仲子。考《明史》，沐英次子晟，字景茂，《序》蓋誤稱。所録凡二十人之作，皆明初流寓、遷謫于雲南者，以其爲劉仔肩、王偁諸家詩選所不及，故名曰「遺珠」。二十人皆無專集，今實賴此以傳。

徐墺《雙桂集》六卷

墺，無錫人，始末未詳。

臣等謹案：墺是集蓋録其祖環、父允之詩。環，字伯樞，洪武中官臨桂縣丞，著有《臨桂集》。允，字邦孝，著有《水南集》。

張鳳翼《文選纂注》十二卷

鳳翼，見子類。

林兆珂《選詩約注》十二卷

兆珂，見經類。

劉昌《中州名賢文表》三十卷

昌，字欽謨，吴縣人。正統進士，官至廣東參政。

臣等謹案：是編所録，凡許衡、姚燧、馬祖常、許有壬、富珠哩沖原作孛术魯翀。六人之集〔一〕。《姚燧集》本五十卷，《富珠哩沖集》本六十餘卷，俱佚不傳，賴此僅存。

黄溥《詩學權輿》二十二卷

溥，字澄濟，自號石崖居士，弋陽人。正統進士，官至廣東按察使。

臣等謹案：明有兩黄溥，其一鄞縣人，有《簡籍遺聞》，已著録；其一即此黄溥也。

胡纘宗《雍音》四卷

纘宗，見史類。

王恕《石鐘山志》八卷

恕，字尚忠，湖口人。景泰進士，官至廣東布政司參議。

臣等謹案：是編輯古今題咏、賦傳、記跋等文〔二〕，雖以「志」名，實總集也。又其

〔一〕哩　文淵閣本作「理」，下同。
〔二〕是編　文淵閣本作「湖口有上下石鐘山即蘇軾所記者恕以其爲邑名勝因」。「文」下　文淵閣本有「都爲一編」。

時有兩王恕,其一三原人[一]。

湯光烈、湯濩《二麓正議》三卷

光烈,號西麓,新建人。官海豐教喻。濩,光烈子,號小麓。

沈周等《江南春詞》一卷

周,見子類。

臣等謹案:周等追和元倪瓚作,自周以下共五十人[二]。

金德玹、蘇大《新安文粹》十五卷

德玹,字仁本;大,字景元,皆休寧人。

李東陽《聯句録》五卷

東陽,見子類。

臣等謹案:此集乃東陽官翰林時,與同年進士及士大夫聯句之作,凡六十有九人。

[一]「人」下 文淵閣本有「其一即此王恕也」。
[二]「十」下 文淵閣本有「三」。

康麟《雅音會編》十二卷

麟，字文瑞，廣東順德人。天順中，官福建按察司僉事〔一〕。

鄭宣《古栝遺芳》四卷

宣，里貫未詳。

臣等謹案：是編所録，皆處州之文，止于英宗天順，則宣乃天順以後之人也。

程敏政《明文衡》九十八卷　《新安文獻志》一百卷　《詠史集解》七卷　《唐氏三先生集》二十八卷附録三卷

敏政，見史類。

臣等謹案：《明文衡》皆明初人之文，搜采頗富。《新安文獻志》録南北朝以後文章事迹之有關于徽郡者，彙爲一編。《詠史集解》輯古人詠史之作，僅七言絶句一體。《唐氏三先生集》即唐元筠、桂芳、文鳳三人詩，敏政爲之合編，綴以傳記、銘誌爲附録。

〔一〕司　《總目》卷一九一同，文淵閣本作「使」。

楊守阯《浙元三會録》無卷數

守阯，見别集類。

王鏊《春秋詞命》三卷

鏊，見史類。

毛紀《聯句私鈔》四卷

紀，見史類。

盧濬《古黄遺迹集》一卷

濬，天台人。成化進士，官黄州知府。

李伯璵、馮原《文翰類選大成》一百六十三卷

伯璵，上海人，官淮王府長史。原，慈谿人，官淮王府紀善。

《群公小簡》六卷

不著編輯者名氏。

戴豪、戴顒《二戴小簡》二卷

豪，字師文，太平人。成化進士，官至廣東布政司參政。顒，字師觀，豪之弟。正德進士，官兵科給事中。

蔡錬《太白樓集》十卷

錬，字懋成，餘姚人。弘治進士，官工部主事。

趙諫《東甌詩集》七卷〔一〕**《補遺》一卷　《續集》八卷**

諫，字士忠，温州人。

趙鶴《金華正學編》十二卷　《金華文統》十三卷

鶴，字叔明，江都人。弘治進士，官至山東提學副使。

吴宗周《來蘇吴氏原泉詩集》八卷

宗周，字子旦，號石岡，宣城人。弘治進士，官臨江府知府。

賀泰《唐文鑑》二十一卷

泰，字志同，吴縣人。弘治進士，官監察御史，巡按福建。

胥文相《洞庭君山集》三卷

文相，巴陵人。弘治進士，官至柳州府知府。

〔一〕甌　底本作「顒」，據浙江書局本、《總目》卷一九二改。

劉節《廣文選》六十卷

節,見經類。

崔銑《文苑春秋》四卷

銑,見經類。

陸之箕、之裘《二陸集》三卷

之箕,字肖孫,一字汝瞻,别號復泉,弘治中貢生。之裘,字象孫,官景寧縣教諭。俱太倉人。

方豪《蓉溪書屋集》四卷　高第《續集》五卷

豪,見史類。第,見經類。

臣等謹案:是編輯劉春等綿州金爵别業賦詠[一]。

陳鎬《振鷺集》一卷

鎬,見史類。

[一] 是編輯劉春等綿州金爵别業賦詠　文淵閣本作:「蓉溪書屋爲綿州金爵别業,水通涪江,擅林壑之勝,劉春、喬宇等首爲賦咏,和者甚多,因裒集成編。」

楊慎《金石古文》十四卷　《古雋》八卷　《風雅逸篇》十卷　《翰苑瓊琚》八卷　《三蘇文範》十八卷

慎，見經類。

戚雄《婺賢文軌》四卷　《拾遺》一卷

雄，字世英，金華人。正德進士，官至監察御使。

黃魯曾《南華合璧集》五卷

魯曾，字得之，吴縣人。正德時舉人。

王諤《明珠玉》八卷

諤，字秉忠，江陰人。仕履無考。

蕭鳴鳳《海釣遺風集》四卷

鳴鳳，字子雝，山陰人。正德進士，官至廣東提學副使。

黃佐《六藝流别》二十卷

佐，見經類。

劉濂《九代樂章》二十三卷

濂，見經類。

郭鈇《石洞遺芳》二卷

鈇，金華人。

董遵《滕王閣集》十卷

遵，里貫無考。

丘吉《吴興絶倡集》四卷　《續集》二卷

吉，字大祐，湖州人。

唐臯、史道《皇華集》二卷　《續集》一卷

臯，官翰林修撰。道，官兵科給事中。里貫未詳。

臣等謹案：武宗正德十六年，臯等奉使朝鮮頒世宗即位詔，國王李懌命書局編其唱和之作爲此集。

《皇華集》十三卷

不著編輯者名氏。

臣等謹案：是集爲朝鮮國所刊使臣唱酬之作〔一〕。

〔一〕「作」下，文淵閣本有「係天順元年、二年、三年、四年、八年，成化十二年，弘治元年、五年，正德十六年，嘉靖十六年詩也」。

趙廷瑞《南滁會景編》十二卷

廷瑞，開州人。正德進士，官至兵部尚書。

浦南金《詩學正宗》十六卷

南金，見子類。

石存禮等《海岱會集》十二卷

石存禮、藍田、馮裕、劉澄甫、陳經、黄卿、劉淵甫、楊應奎八人唱和之詩。存禮，字敬夫，號來山，益都人，弘治進士，官知府。田，見别集類。裕，字伯順，號閭山，臨朐人，正德進士，官至按察副使。澄甫，字子静，號山泉，壽光人，正德進士，官至布政使參議。經，字伯常，號東渚，益都人，正德進士，官至兵部尚書。卿，字時庸，號海亭，益都人，正德進士，官至布政使參政。淵甫，字子深，號范泉，澄甫之弟，正德時舉人。應奎，字文涣，號澠谷，益都人，官知府。

《經義模範》一卷

不著編輯者名氏。

臣等謹案：是編所録乃宋張才叔、姚孝寧、吴師孟、張孝四人經義，共十六篇。

唐順之《文編》六十四卷

順之,見史類。

馮惟訥《古詩紀》一百五十六卷

惟訥,字汝言,臨朐人。嘉靖進士,官至江西布政使,加光禄寺卿。

宋宏之、戴鯨《四明風雅》四卷

宏之,仕履無考。鯨,字時霖〔一〕,號南蒼,鄞縣人。嘉靖進士,官至福建布政司參議。

張時徹《明文範》六十六卷

時徹,見史類。

徐獻忠《樂府原》十五卷　《金石文》七卷　《六朝聲偶》七卷

獻忠,見史類。

《五十家唐詩》無卷數

不著編輯者名氏。

臣等謹案:是集自唐太宗、玄宗至儲光羲,凡五十家。

〔一〕時　文淵閣本作「仕」。

陳克昌《麻姑集》十二卷

克昌，仁和人。嘉靖進士，官建昌府同知。

田汝成、蔡汝楠《武夷游詠》一卷

汝成，見史類。汝楠，見經類。

楊儀《驪珠隨録》五卷　《古虞文録》二卷　《文章表録》一卷

儀，見子類。

黄焯《浯溪詩文集》二卷

焯，自號龍津子，爵里無考。

陳斗訂補《浯溪集》二卷

斗，字民仰，祁陽人。官永寧簿。

楊名《三賢集》三卷

名，字實卿，遂寧人。嘉靖進士，官翰林院編修。

《秉忠定議集》二卷

不著編輯者名氏。

臣等謹案：是集乃嘉靖十年，巡撫四川宋滄平真州盜周天星等，凡一時凱旋露布等篇,都爲一集,其名「秉忠定議」,取世廟璽書語也。

陳塏《名家表選》八卷

塏,餘姚人。嘉靖進士,官至廣東提學副使。

黎民表《清泉精舍小志》一卷

民表,見别集類。

朱澤《平吴凱旋録》四卷

澤,字東漁,定海人。

王心《郴州文志》七卷

心,自號後隅子,天長人。嘉靖進士,官郴州同知。

温新、温秀《二温詩集》四卷

新,字伯明,洛陽人。嘉靖進士,官户部主事。秀,字仲實,新之弟,由舉人官襄陽府同知。

周復俊《全蜀藝文志》六十四卷　《玉峰詩纂》六卷

復俊,見史類。

臣等謹案:《志》中所載,如宋羅泌《姓氏譜》、元費著《古器譜》,今多不傳。又李商隱《重陽亭銘》爲《文苑英華》及本集所不載。是集搜羅賅備，足資考核。《玉峰詩纂》采自西晉，迄于明代，皆崑山之詩也。

俞憲《盛明百家詩》三百卷

憲，字汝成，無錫人。嘉靖進士，官至湖廣按察使。

陳鶴《越望亭詩集》二卷

鶴，見別集類。

王材《黎川文緒》四卷

材，字子難，江西新城人。嘉靖進士，官至太常寺卿，掌國子監祭酒事。

曾佩《名筆私抄》六卷

佩，字元山，臨川人。嘉靖進士，官監察御史。

殷綺《游峨集》一卷

綺，里貫無考。

潘滋《蓬萊觀海亭集》十卷

滋，婺源人。仕履無考。

劉祐《文章正論》十五卷　《緒論》五卷

祐,萊州人。嘉靖進士,官至大同巡撫。

徐師曾《文體明辨》八十四卷

師曾,見經類。

《六李集》三十二卷

内鄉李氏二世六人之詩:李宗木《杏山集》八卷,李蓘《太史集》六卷,李蔭《比部集》九卷,李雲鵠《侍御集》四卷,李雲雁《白羽集》二卷,李雲鴻《秋羽集》五卷。中惟李蓘最知名。

李時漸《三台文獻録》二十三卷

時漸,字伯鴻,號磐石,壽光人。嘉靖進士,官至按察司副使。

臣等謹案:是編乃時漸守台州時,采訪一郡往哲遺文,分類甄録。

俞允文《崑山雜咏》二十八卷　《荆溪唱和詩》一卷

允文,見别集類。

《西湖八社詩帖》無卷數

不著編輯者名氏。

臣等謹案:明嘉靖壬戌,閩人祝時泰游杭州,與其友結詩社于西湖,凡會吟者八：曰紫陽社，曰湖心社，曰玉岑社，曰飛來社，曰月巖社，曰南屏社，曰紫雲社，曰洞霄社。時泰與仁和高應冕、劉子伯、沈仕，錢塘方九敘、童漢臣，徽州王寅分主之，此其唱和之作。

馮子京《桃花源集》三卷

子京，字南台，錢塘人。嘉靖進士，官至湖廣按察使。

劉思温《少林古今録》二卷

思温，渾源人。嘉靖中，官登封知縣。

徐楚、李高《青溪詩集》七卷

楚，號清溪，淳安人。官至四川布政司參政。高，字抑中，雲南人。官嚴州府通判。

臣等謹案：青溪在浙之淳安，即新安江也。是集爲徐楚編，李高續輯。

萬士和《二妙集》八卷

士和，見別集類。

袁稽《泰山搜玉》二卷

稽，字玉田，懷遠人。官泰安州知州。

勞堪《詞海遺珠》四卷

堪,字道亭,德化人。嘉靖進士,官至副都御史。

臣等謹案:堪是編采録金石文字及詩詞雜文,不分體,不敘時代,又多删節原文,殊多紕繆。

陳有守、汪淮、李敏《徽郡詩》八卷

有守,字達甫;淮,字禹乂〔一〕;敏,字功甫,皆休寧人。

鄭履淳《衡門集》十五卷

履淳,見史類。

陳暹《廣中五先生詩選》二卷

暹,爵里無考。

熊逵《清江二家詩》四卷

逵,清江人。仕履無考。

〔一〕乂　文淵閣本作「人」。

張之象《唐詩類苑》二百卷　《古詩類苑》一百二十卷　《唐雅》二十六卷　《彤管新編》八卷

之象，見史類。

臣等謹案：《唐詩類苑》因宋趙孟堅《分類唐詩》闕佚不完，復爲輯録古詩。《類苑》以馮惟訥《詩紀》爲稿本，漢以後箴、銘、頌、贊，采録增入。《唐雅》皆唐君臣唱酬之作，自唐武德訖于開元，以天寶後風格漸卑，故不録。《彤管新編》以世所傳《彤管集》篇帙未備，更爲輯補，自周迄元，凡詩、歌、銘、頌、辭、賦、贊、誄皆列焉。

趙志皋《靈洞山房集》二卷

志皋，見史類。

梅淳《岳陽紀勝彙編》四卷

淳，當塗人。隆慶進士。

李攀龍《古今詩删》三十四卷　《唐詩選》七卷

攀龍，見子類。

王世貞《尺牘清裁》六十卷　《補遺》一卷

世貞，見史類。

胡松《唐宋元名表》四卷

松,見史類。

《文氏五家詩》十四卷

長洲文氏四世五人之詩。文洪,字功大。成化時舉人,官淶水教諭,著《括囊稿詩文》二卷。其孫徵明,著《甫田集詩》四卷。徵明長子彭,字壽承。官南京國子監博士,著《博士詩》一卷。次子嘉,字休承。官和州學正,著《和州詩集》一卷。彭之子肇祉,字基聖。官上林苑録事,亦著詩一卷。

李衮《宋藝圃集》二十二卷　《元藝圃集》四卷

衮,見子類。

凌迪知《名公翰藻》五十卷

迪知,見史類。

錢筠、錢篩《吴越錢氏傳芳集》二卷

筠,字飛卿;篩,字章卿,皆紹興人。

臣等謹案:筠等是集,皆録錢氏一家之詩。

王化醇《百花鼓吹》五卷　《梅花鼓吹》二卷

化醇，字和甫，號應峰，無錫人。嘉靖中監生。

沈一貫《經世宏辭》十五卷

一貫，見經類。

沈明臣、沈一貫、余寅《吴越游稿》一卷

明臣，見史類。一貫，見經類。寅，見史類。

賈三近《滑耀編》無卷數

三近，字德修，嶧縣人。隆慶進士，官至兵部侍郎。

田藝蘅《詩女史》十四卷　《拾遺》二卷

藝蘅，見子類。

吴琯《唐詩紀》一百七十卷

琯，漳浦人。隆慶進士。

顧起綸《國雅》二十卷　《續國雅》四十卷

起綸，見别集類。

姚淛《市隱園詩文》無卷數

淛,江寧人。

孫鑛《今文選》十二卷

鑛,見經類。

鄒迪光《文府滑稽》十二卷

迪光,見別集類。

陳文煥《釣臺集》六卷

文煥,字静菴,臨川人。官嚴州府知府。

劉一相《詩宿》二十八卷

一相,字惟衡,長山人。萬曆進士,官至陝西布政使。

郭惟賢《三忠集》十四卷

惟賢,晉江人。萬曆進士,官至户部右侍郎。

臣等謹案:是編《序》稱屈原秭歸人〔一〕,孔明南陽人,岳忠武封鄂王〔二〕,苗裔在武

〔一〕「序」上 文淵閣本有「乃惟賢巡撫湖廣時所輯自」。

〔二〕「封」上 文淵閣本有「雖起家湯陰而」。

黄間〔一〕，均以楚稱，合爲一編。

周屢靖《梅塢貽瓊》四卷

屢靖，見子類。

屠隆《翰墨選注》十二卷　《鉅文》十二卷

隆，見經類。

臣等謹案：此二書乃坊賈託名之作，非隆真本也。

臧懋循《古詩所》五十六卷　《唐詩所》四十七卷

懋循，見别集類。

郭正域《韓文杜律》二卷

正域，見經類。

陳與郊《文選章句》二十八卷

與郊，見經類。

〔一〕「在」上　文淵閣本有「迄今」。

鄒思明《文選尤》十四卷

思明,字見吾,歸安人。

王明嶅《四六叢珠彙選》十卷

明嶅,字懋良,晉江人。萬曆間舉人,官寧波府通判。

李天麟《詞致録》十六卷

天麟,大興人。萬曆進士,官監察御史,巡按浙江。

周應治《廣廣文選》二十三卷

應治,見子類〔一〕。

李元弼《江皋小築集》三卷

元弼,字靖吾,廣東人。

程文潞《順則集》八卷

文潞,字希古,歙縣人。

臣等謹案:是編輯程氏先世遺詩,自後唐程炳迄明程百教,凡百有四人。

〔一〕「類」下文淵閣本有:「臣等謹案:是書因嘉靖中劉節編《廣文選》,此又拾節之遺,故曰《廣廣文選》。」

虞淳熙、虞淳貞《埧篪音》二卷

淳熙，見經類。淳貞，字僧孺，淳熙之弟。

劉兑《頻陽四先生集》四卷

兑，官富平知縣。里貫無考。

臣等謹案：兑是書録張紞、李宗樞、楊爵、孫丕揚四人詩文，以其皆富平人也。富平，古頻陽地，故稱「頻陽四先生」。

何喬遠《明文徵》七十三卷

喬遠，見史類。

袁黄《評注八代文宗》八卷

黄，見史類。

楊束《釣臺集》二卷

束，建安人。官桐廬縣知縣。

鄭太原《嵩少集》四卷

太原，潞安人。官登封縣知縣。

馮從吾《古文輯選》六卷

從吾,見史類。

焦竑《中原文獻》二十四卷

竑,見經類。

吳達可《三忠文選》三卷

達可,見史類。

臣等謹案:三忠者,嘉靖時諫臣周怡、楊爵、劉魁也。

李日華《四六類編》十六卷

日華,見史類。

欽定續文獻通考・經籍考卷五十八

集 總集下 詩文評 詞曲

明

茅坤《唐宋八大家文鈔》一百六十四卷

坤，見史類。

孫梗《世玉集選》二卷

梗，字汝良，豐城人。

臣等謹案：梗是編次其先世詩文，自明初國子監博士楨，訖嘉靖中泰州知州樾，凡二十有四人。

陳恪《小孤山詩集》一卷

恪，字克謹，鄞縣人。萬曆進士，官宿松縣知縣。

朱之蕃《明百家詩選》三十四卷

之蕃,見别集類。

米萬鍾《湛園雜咏》一卷

萬鍾,字友石,一字仲詔,宛平人。萬曆進士,官至太僕寺少卿。

王思任《百家論鈔》十二卷

思任,見子類。

駱駸曾《謫仙樓集》三卷

駸曾,字象先,武康人。萬曆進士,官至監察御史。

錢穀《吴都文粹續集》五十六卷《補遺》一卷

穀,字叔寶,長洲人。

曹學佺《石倉歷代詩選》五百六卷《鳳山鄭氏詩選》二卷

學佺,見經類。

胡震亨《唐音戊籤》二百一卷《閏餘》六十四卷

震亨,見史類。

臣等謹案:震亨撰《唐音統籤》凡一千二十七卷,以十干爲紀,卷帙浩繁,均未録板。其曾孫頎始以戊籤刊行，凡二百一卷，皆晚唐人詩。《閏餘》六十四卷，皆南唐、吴越、閩國之詩。

何炯《清源文獻》十二卷

炯，晉江人。官靖江縣教諭。

張邦翼《嶺南文獻》三十二卷

邦翼，蘄州人。萬曆進士，官至廣東提學副使。

華國才《文瑑清娱》四十八卷

國才，號鶴叟，長洲人。萬曆間舉人。

湯紹祖《續文選》三十二卷

紹祖，字公孟，海鹽人。東甌王湯和之裔。

趙彦復《梁國風雅》二十七卷

彦復，字微生，杞縣人。萬曆進士，官至湖廣按察司副使。

傅振商《緝玉録》五卷　《蜀藻幽勝集》四卷　《四家詩選》四卷　《古論元箸》八卷

振商，字君雨，汝陽人。萬曆進士，官至南京兵部尚書。

陳臣忠《尺牘雋言》十二卷

臣忠，字景周，莆田人。萬曆進士，官南京刑部郎中。

楊瞿崍《嶺南文獻補遺》六卷

瞿崍，見經類。

蔣如苹《豳風概》一卷

如苹，見史類。

王志堅《古文續編》二十三卷 《四六法海》十二卷

志堅，見史類。

陳翼飛《文儷》十四卷

翼飛，見別集類。

陶珽《四大家文選》八卷

珽，見子類。

鍾惺、譚元春《詩歸》五十一卷 《明詩歸》十卷 《補遺》一卷

惺，見經類。元春，見別集類。

鍾惺《周文歸》二十卷　《宋文歸》二十卷　《名媛詩歸》三十六卷

惺，見經類。

臣等謹案：《周文歸》删節《三禮》《爾雅》《家語》《楚詞》《逸周書》，共爲一編，刊削聖經，其妄已甚。宋文多樸實，而惺以佻薄語評之，其去取之不當，更無論矣。又《名媛詩歸》，舊本題「鍾惺編」，王士禛云坊間僞託之本，然亦足見竟陵流弊。

凌濛初《合評選詩》七卷　《陶韋合集》十八卷

濛初，見經類。

臣等謹案：《合評選詩》乃全録《文選》詩，《陶韋合集》乃陶淵明、韋應物二家詩也。

李賓《八代文鈔》無卷數

賓，字烟客，梁山人。

徐熥《晉安風雅》十二卷

熥，見詩集類。

徐㶿《閩南唐雅》十二卷

㶿，見史類。

潘基慶《古逸書》三十卷

基慶,字良耜,松江人。萬曆間貢生。

顧錫疇《秦漢鴻文》二十五卷

錫疇,見史類。

邵一儒删補《六朝聲偶》七卷

一儒,字仲魯,海陽人。

蔡鵾《蔡氏九賢全書》九卷

鵾,仕履無考,元定十五世孫。

臣等謹案:是編自元定之父發及元定之子淵、孫模等,凡九人,各載其遺詩而略紀其生平梗概。惟蔡發一卷,皆形家言,不應列之詩集。

蕭自開《奕世文集》十六卷

自開,萬安人。由廕生官詹事府主簿。

臣等謹案:自開是編乃輯其先世蕭纘、蕭乾元、蕭暘、蕭廩、蕭中行五人之作。

汪士賢《漢魏名家》無卷數

士賢,徽州人。

臣等謹案：是編所録，自漢董仲舒訖周庾信，凡二十二集。

張文炎《玉屑齋百家論鈔》十二卷　《經濟文鈔》十一卷

文炎，字維謙，杭州人。

臣等謹案：《百家論鈔》取明一代之文泛論經史疑義者合爲一編，《經濟文鈔》爲場屋對策而設。

《尚元齋三世詩》十二卷

姚悦及其子兖、孫舜聰之詩。悦，字汝闇，秀水人。兖，字叔信，號元岳山人。均以布衣終。舜聰，字伯達，官休寧縣訓導。

吴勉學《唐樂府》十八卷

勉學，見子類。

屠本畯《情采編》三十六卷

本畯，見子類。

汪廷訥《文壇列俎》十卷

廷訥，字昌期，號無我，新都人。

趙宧光《寒山蔓草》十卷

宧光,見經類。

俞安期《啓雋類函》一百九卷

安期,見子類。

陳繼儒《古文品外録》十二卷　《秦漢文膾》五卷　《古論大觀》四十卷

繼儒,見史類。

周珽《唐詩選脈會通評林》六十卷

珽,字無瑕,海寧人。

馮有翼《秦漢文鈔》十二卷

有翼,字君卿,杭州人。

黄道周、葉廷秀、董養河《西曹秋思》一卷

道周,見經類。廷秀,字謙齋,濮州人。天啓進士,官至兵部右侍郎。養河,見詩集類。

陳仁錫《古文奇賞》二十二卷　《續奇賞》三十四卷　《三續奇賞》二十六卷　《明文奇賞》四十卷　《古文彙編》二百三十六卷

仁錫,見經類。

倪元璐《秦漢文尤》十二卷

元璐，見經類。

李國祥《古今濡削選章》四十卷

國祥，字休徵，南昌人。天啓中，官開封府同知。

方岳貢《國瑋集》六十一卷

岳貢，字禹修，穀城人。天啓進士，官至大學士。

陳其愫《經濟文輯》二十三卷

其愫，字素心，餘杭人。

唐汝詢《唐詩解》五十卷

汝詢，見別集類。

臣等謹案：汝詢五歲失明，乃口授耳治，博通群籍且能著書，亦古所罕見者。

唐汝諤《古詩解》二十四卷

汝諤，見經類。

李嗣京《滕王閣續集》十九卷

嗣京，興化人。崇禎進士，官南昌府推官。

阮元聲《金華詩粹》十二卷

元聲,見史類。

葛鼐《古文正集二編》無卷數

鼐,字端調,吴縣人,崇禎間舉人。

梅鼎祚《皇霸文紀》十三卷　《西漢文紀》二十四卷　《東漢文紀》三十二卷　《西晉文紀》二十卷　《宋文紀》十八卷　《南齊文紀》十卷　《梁文紀》十四卷　《陳文紀》八卷　《北齊文紀》三卷　《後周文紀》八卷　《隋文紀》八卷　《古樂苑》五十二卷　《漢魏詩乘》二十卷　《宛雅》十卷　《釋文紀》四十五卷　《書記洞詮》一百十六卷

鼎祚,見子類。

葛徵奇《南園五先生集》二卷

徵奇,字見詩集類。

臣等謹案:陳暹合刻孫蕡、王佐、黄哲、李德、趙介五人之詩,爲《廣中五先生集》。徵奇巡撫廣東時,又爲之訂正重刊是編。

張一卿《古表選》十二卷

一卿,字次公,自號求如居士。涇縣人。

《翰墨鼎彝》十卷

不著編輯者名氏。

《賦苑》八卷

不著編輯者名氏。

劉士鏻《文致》無卷數

士鏻，杭州人。崇禎進士。

童養正《史漢文統》十五卷

養正，字聖功，會稽人。

胡接輝《三忠文選》十六卷

接輝，字篤父，廬陵人。官監察御史。

臣等謹案：是編選録宋胡銓、周必大、文天祥之文。曰「三忠」者，以銓謚忠簡，必大謚文忠，天祥謚忠烈也。

錢孺穀、鍾祖述《小瀛洲社詩》六卷

孺穀、祖述，皆海鹽人。

《成氏詩集》五卷

大名成氏四世五人之詩。成宰有《適和堂初集》，宰之子蓮有《適和堂繼集》，蓮仲子仲龍有《東壁園詩集》，蓮季子少龍有《鵜鶘園集》，仲龍子象珽有《永言集》。

賀復徵《文章辨體彙選》七百八十卷

復徵，字仲來，丹陽人。

江元禧《玉臺文苑》八卷　江元祚《續玉臺文苑》四卷

元禧、元祚，皆錢塘人。

臣等謹案：二書皆録女子之文，間多采取小説傳奇，失之猥雜。

陸時雍《古詩鏡》三十六卷　《唐詩鏡》五十四卷

時雍，字仲昭，桐鄉人。崇禎間貢生。

閔齊華《文選瀹注》三十卷

齊華，烏程人。崇禎中以歲貢官沙河縣知縣。

張溥《漢魏六朝一百三家集》一百八十卷

溥，見經類。

張運泰、余元熹《漢魏名文乘》無卷數

運泰、元熹，皆閩書賈。

毛晉《三家宫詞》三卷　《二家宫詞》二卷　《元四家詩》二十六卷

晉，見經類。

董斯張、閔元衢、韓千秋《吴興藝文補》四十八卷

斯張，見史類。元衢，見子類。千秋，字聖開，烏程人。

陸雲龍《十六名家小品》三十二卷

雲龍，字雨侯，錢塘人。

臣等謹案：是編十六家，乃屠隆、徐渭、李維楨、董其昌、湯顯祖、虞淳熙、黄汝亨、王思任、袁宏道、文翔鳳、曹學佺、陳繼儒、袁中道、陳仁錫、鍾惺、張鼐也。

施端教《唐詩韻匯》無卷數

端教，見史類。

朱文治《文字會寶》無卷數

文治，字簡叔，錢塘人。

顧祖武《集古文英》八卷

祖武，字爾繩，號罏塘，無錫人。

許鳴遠《天台詩選》五卷

鳴遠，字有望，天台人。

施重光《唐詩近體集韻》三十卷

重光，字慶徵。里貫無考。

凌宏憲《唐詩廣選》七卷

宏憲，里貫無考。

汪茂槐《西園遺稿》無卷數

茂槐，字廷植，績溪人。以歲貢授宜陽主簿。

張應遴《海虞文苑》二十四卷

應遴，字選卿，常熟人。

沈敕《荆溪外紀》二十五卷

敕，字克寅，宜興人。

鄭文昂《名媛彙詩》二十卷

文昂，爵里無考。

董說《漢鐃歌發》一卷

說，見經類。

《吟堂博笑集》五卷

不著編輯者名氏。

臣等謹案：是集以死節、勸戒、奇遇、題詠、寄情分爲五類，皆隋唐以來閨閫之作。

《二十六家唐詩》無卷數

不著編輯者名氏。

臣等謹案：是集詩甚寥寥，前後無序跋，惟目録後題曰「姑蘇吴時用書」，蓋明末書賈所集也。

《三蘇文粹》七十卷

不著編輯者名氏。

臣等謹案：是集凡蘇洵文十一卷，軾文三十二卷，轍文二十七卷。

《諸儒文要》八卷

不著編輯者名氏。

臣等謹案：是輯所録周子、二程子、張子、朱子及陸九淵、張栻、楊簡、陳獻章、王守仁十家之文。

釋祖浩《齊山詩集》七卷

祖浩與其徒道璢同編，二人皆弘治中齊山寺僧。

臣等謹案：齊山在池州貴池縣，自唐杜牧齊山登高有詩，後之游者題咏遂多，祖浩彙輯成編。

釋道恂《獅子林紀勝》二卷

臣等謹按：元至正間，天如禪師居寺中，倪瓚爲之叠石成山，勝流來往，題詠至多，道恂裒輯以成集。

《三僧詩》三卷

臣等謹案：是編曰《二楞詩稿》《高松詩稿》《中峰詩稿》[一]。《千頃堂書目》有智

[一] 是編曰二楞詩稿高松詩稿中峰詩稿　文淵閣本此句作：「三僧均不著其名：一曰《二楞詩稿》，一曰《高松詩稿》，一曰《中峰詩稿》。」

觀《中峰草》，注曰「字止先，號蔚然，江都僧雪浪弟子，居吴興雙髻峰。」其二僧無考。

釋無相《天籟集》二卷

無相，始末無考。

釋正勉、普文、性通《古今禪藻集》二十八卷

正勉，字通可。普文，字理庵，并嘉興人。性通，字藴輝，應天人。

右總集

臣等謹案：諸文之説，《典論》爲首，繼之者則劉勰、鍾嶸也。自唐以來，評論之書日夥，故《唐書》于集部之末，別立文史一門，馬端臨《通考》因之。今輯詩文評彙爲一編，其有前人之集而後人爲之評注者，即以評注家時代爲次。如陶詩、杜詩及韓柳集之類，並從此例，蓋原集已見馬《考》，今續補以評注人爲主，既不得入之別集，而所評注者又係一人專集，不可入總集之内，且《通考》文史一門即收入《杜詩刊誤》《韓文辨證》等書，今倣是例，而改其名爲「詩文評」云。

《宋史·藝文志》文史類九十八部六百卷。按《宋史》不立詩文評類，原有文史一門，此條仍從其舊。

《遼》《金》《元》三史不立藝文志，散見各紀傳中。

《明史·藝文志》文史類四十八部二百六十卷。按《明史》亦有文史一門,併仍其舊。

宋

魏泰《臨漢隱居詩話》一卷

泰,字道輔,襄陽人。

陳亮《歐陽文粹》二十卷

亮,見史類。

臣等謹案:馬《考》載歐陽修《六一居士集》一百五十三卷[一],附録四卷,《年譜》一卷,今具存。亮是編所選,字句頗有異同,可資參訂,以《通考》未載,今著録于此。

吴幵《優古堂詩話》一卷

幵,字正仲,滁州人。中紹聖宏詞科,靖康中官翰林承旨。

阮閱《詩話總龜前集》四十八卷《後集》五十卷

閱,見詩集類。

[一] 三　文淵閣本作「二」。

呂本中《紫薇詩話》一卷

本中，見子類。

張表臣《珊瑚鉤詩話》三卷

表臣，字正民，里貫無考。官右承議郎、通判常州軍州事，紹興中司農丞。

洪邁《容齋詩話》六卷　《容齋四六叢談》一卷

邁，字景盧，鄱陽人，皓季子。紹興中博學宏詞科，累官焕章閣學士，知紹興府致仕。卒贈光禄大夫，謚文敏。

臣等謹案：是編諸家皆不載，惟《文淵閣書目》有之。今核其文，蓋于《容齋五筆》内掇其論詩、論四六之語，裒輯而成。

林越《少陵詩格》一卷

越，括蒼人。

臣等謹案：越有《漢雋》十卷，馬《考》已著録。又陳振孫《書録解題》稱「括蒼林越」，《處州府志》亦作「林鉞」，此書則作「林越」，未詳孰是。

蔡傳《歷代吟譜》五卷

傳，莆田人，襄之子。

唐庚《子西文録》一卷

庚,見史類。

臣等謹案:舊本題宋强行父撰,凡三十五條,皆述所聞唐庚論文之語。然考行父《序》稱「宣和元年,罷官京師,眉山唐先生同寓于城東景德僧舍」云云,計是時庚没九年矣,安得同寓京師?其《序》不足據也。

吴可《藏海詩話》一卷

可,見別集類。

朱弁《風月堂詩話》二卷

弁,字少章。婺源人。建炎初,授修武郎,借吉州團練副王倫使金通問。

臣等謹案:弁《自序》題「庚申閏月」,考庚申爲紹興十年,當金熙宗天眷三年。弁以建炎元年使金,羈留十九年乃還,則在金時作也。末有咸淳壬申月觀道人跋,稱得于永城朱伯玉家。蓋北方所傳之本,故晁、陳二家皆不著録。

張戒《歲寒堂詩話》二卷

戒,正平人。紹興中,以薦授國子監丞,仕至司農少卿。

《吟窗雜録》五十卷

臣等謹案：是書舊題狀元陳應行編。蓋依託之書，鄙俗殊甚。

尤袤《全唐詩話》十卷

袤，見別集類。

臣等謹案：周密《齊東野語》載：「賈似道所著諸書，此居其一。」蓋似道假手廖瑩中，而瑩中又剽竊塞責。後人惡似道之姦，改題袤名，遂致僞書之中又增一僞撰人也。

陳巖肖《庚溪詩話》二卷

巖肖，字子象，金華人。官至兵部侍郎。

計有功《唐詩紀事》八十一卷

有功，字敏夫，安仁人。紹興中，提舉兩浙西路常平茶鹽公事。

臣等謹案：是集于唐一代詩人，録至一千一百五十家，詳其世系、爵里。唐人詩集不傳于世者，多藉是以存[一]。

[一] 藉　底本闕文，據浙江書局本作「藉」補，文淵閣本作「賴」。

周紫芝《竹坡詩話》一卷

紫芝，字少隱，宣城人。紹興中登第，歷官樞密院編修官，出知興國軍〔一〕。

臣等謹案：周必大稱《紫芝詩話》百篇，今本惟存八十條，缺佚尚多。

陳騤《文則》二卷

騤，字叔進，台州臨海人。紹興二十四年進士第一，慶元初官至樞密院使兼參知政事。忤韓侂胄，提舉洞霄宫。謚文簡。

周必大《二老堂詩話》一卷

必大，見史類。

臣等謹案：是編論詩之語，凡四十六條，原載《平園集》中，後人摘出別行者也。

楊萬里《誠齋詩話》一卷

萬里，見楚辭類。

王正德《餘師録》四卷

正德，爵里無考。

〔一〕官出　文淵閣本作「右司」。按：周紫芝曾任右司員外郎。

臣等謹案：是書輯前代論文之語，自北齊迄宋而止。《自序》稱「紹熙四年」，蓋光宗時人。

嚴羽《滄浪詩話》一卷

羽，見詩集類。

方嶽《深雪偶談》一卷

嶽，字元善，寧海人。

魏慶之《詩人玉屑》二十卷

慶之，字醇甫，號菊莊，建安人。

臣等謹案：是編前有淳祐甲辰黄昇《序》稱：「慶之有才，而不屑科第，惟種菊千叢，日與騷人逸士觴咏于其間。」蓋亦宋末江湖一派也。

《集千家注杜詩》二十卷

不著編輯者名氏。

黄希《補注杜詩》三十六卷

希，字夢得，宜黄人。登進士第，官永新令。

臣等謹案：希注杜詩未竟而没，其子鶴續成之。書首原題《補千家集注杜工部詩史》，蓋坊行原有千家注本，鶴特因而廣之，故以補注爲名。考鶴是書成于嘉定丙子，故附于此。

楊齊賢《分類補注李太白集》三十卷

齊賢，字子見，春陵人。

臣等謹案：是編蓋齊賢集注，而元蕭士贇所删補者。士贇，字粹可，寧都人，宋辰州通判立等之子。所著有《詩評》二十餘篇及《冰厓集》，俱已久佚，謹附誌于此。

史容《山谷外集注》七卷　史季温《山谷別集注》二卷

容，字公儀，青衣人。仕至大中大夫。季温，字子威，容之孫。舉進士，寶祐中官秘書少監。

臣等謹案：任淵《山谷内集注》二十卷，馬《考》已著録。此《外集》爲容所著，《別集》爲季温所補。

趙與虤《娱書堂詩話》一卷

與虤，字威伯，太祖十世孫。

劉克莊《後村詩話前集》二卷　《後集》二卷　《續集》四卷　《新集》六卷

克莊，見別集類。

吴子良《荆溪林下偶談》四卷

子良，字明輔，臨海人。寶慶進士，官至太府少卿。

臣等謹案：此書皆其論詩評文之語，所見頗多精確。舊本八卷，今止四卷，殆姚士粦所合併。又曹溶《學海類編》中摘其論詩之語爲《吴氏詩話》二卷，題曰「宋吴氏撰」，名字未詳，今核其文，即此書也。

范晞文《對牀夜語》五卷

晞文，字景文，號葯莊，錢塘人。咸淳中太學生。

陳日華《詩話》一卷

日華，見子類。

蔡夢弼《草堂詩話》二卷

夢弼，建安人。仕履無考。

臣等謹按：夢弼嘗著《杜甫草堂詩箋》及此書，今《詩箋》久佚，惟此書存。皆論説杜甫之詩，采自宋人詩話、語録、文集、説部而成者〔一〕。

〔一〕説　底本作「諸」，據文淵閣本改。

《文章精義》一卷

舊題李耆卿撰。耆卿,里貫無考。

臣等謹案:焦竑《經籍志》有李塗《文章精義》二卷,書名及撰人之姓均與此本合。耆卿,疑即塗之字云。

《竹莊詩話》二十四卷

不著撰人名氏。

臣等謹案:《宋藝文志》有何谿汶《竹莊詩話》二十七卷,蓋即此書,特卷數少異爾。

周密《浩然齋雅談》三卷

密,見史類。

《竹窗詩文辨正叢説》四卷

臣等謹案:舊題囂囂子編。以書中所稱引觀之,蓋南宋人。

蔡正孫《詩林廣記前集》十卷　《後集》十卷

正孫,字粹然,自號蒙齋野逸,入元不仕。

羅椅、劉辰翁《放翁詩選前集》十卷　《後集》八卷　附《別集》一卷

椅,字子遠,號澗谷,廬陵人。寶祐進士,知信豐縣,遷授轄榷。劉辰翁,見史類。

吴正子、劉辰翁《箋注李長吉歌詩》四卷　《外集》一卷

正子，里貫未詳。辰翁，見史類。

方頤孫《太學黼藻文章百段錦》一卷

頤孫，福州人。理宗時，爲太學篤信齋長。

《答策秘訣》一卷

臣等謹案：舊本首題「建安劉錦文叔簡編」，末有跋語稱「相傳以爲貢士曾堅子白之作」〔一〕。

魏仲舉《五百家注音辨昌黎先生文集》四十卷　《五百家注音辨柳先生文集》二十一卷〔二〕《外集》一卷　《新編家外集》一卷　《龍城録》二卷　附録八卷

仲舉，見史類。

《增廣注釋音辨柳集》四十三卷

臣等謹案：是編舊題「宋童宗説注釋，張敦頤音辨，潘緯音義」。考宗説等本各自爲書。敦頤《音辨》，馬《考》已著録。宗説，南城人，始末未詳。緯，字仲寶，雲間

〔一〕「作」下　文淵閣本有「則又非錦文所輯矣」。
〔二〕一　《總目》卷一五〇同，文淵閣本作「二」。

人，據乾道三年吴郡陸九淵《序》稱爲乙丑甲科，官廣文。蓋三人之書，坊賈合爲一編，遂題是名，故以附之宋末。

釋文瑩《玉壺詩話》一卷

文瑩，字道温。錢塘僧，住荆州金鑾寺。

臣等謹案：文瑩《玉壺詩話》十卷，馬《考》已著録，今其書猶存。此本爲曹溶《學海類編》所載，蓋書賈摘其有涉于詩者，另爲一卷也。

元

方回《文選顔鮑謝詩評》四卷

回，見子類。

楊載《詩法家數》一卷

載，見别集類。

范德機《木天禁語》一卷　《詩學禁臠》一卷

德機，見詩集類。

陳繹曾《文説》一卷　《文筌》八卷　附《詩小譜》二卷

繹曾，字伯敷，處州人，寓居吴興。至順中，官國子監助教。

臣等謹案：《文説》因延祐復行科舉，爲程試之式而作。考《經籍志》繹曾《古今文矜式》二卷，蓋即此編。今本據《四庫全書》著録。《文筌》體例繁碎，殊無精理。《詩小譜》據繹曾《自序》稱「亡友石桓彦威所撰」。石桓，里貫無考。

徐駿《詩文軌範》二卷

駿，常熟人。仕履無考。

方深道《老杜詩評》五卷

深道，晉江人。官奉議郎，知泉州。

王構《修辭鑑衡》二卷

構，字肯堂，東平人。官至翰林學士承旨，謚文肅。

趙仁舉、吴師道、許謙《絳守居園池記注》一卷

仁舉，里貫未詳。師道，見史類。謙，見别集類。

臣等謹案：《絳守居園池記》乃唐樊宗師所著，文辭僻澀，不可盡解。此仁舉等先後所注，而師道重加刊定者。

潘昂霄《金石例》十卷

昂霄，見史類。

臣等謹案：昂霄是書，述銘志之始，又舉韓愈所撰碑誌，以爲括例，且亦雜論文體以及史院凡例之類。雖以《金石例》爲名，實不止于碑誌也。

倪士毅《作義要訣》一卷

士毅，見經類。

陳秀民《東坡文談録》一卷　《東坡詩話》三卷

秀民，字庶子，四明人。初官常熟，後爲張士誠參軍，歷浙江行中書省、參知政事、翰林學士。

臣等謹案：《文談録》引田汝成《西湖游覽志》[一]，蓋僞書。

《南溪詩話》二卷

不著人名氏。

張性《杜律注》二卷

性，字伯成，金谿人。

臣等謹案：是書舊題虞集撰。今《四庫全書》據曹安《讕言長語》、李東陽《懷麓

[一] 文談録引田汝成西湖游覽志　文淵閣本此句作「《文談録》皆雜采諸家論蘇文之語，《詩話》皆雜采諸家之論蘇詩者。內有徵引田汝成《西湖游覽志》一條，秀民元人，何由見明著作」。

堂詩話》定爲元進士張性，字伯成所著。性，時代無考，故以附元人之末。

明

單復《讀杜愚得》十八卷〔一〕

復，字陽元，會稽人。

臣等謹案：黄虞稷《千頃堂書目》作嵊縣人。洪武中，爲漢陽河泊官。又云一名復亨，舉懷才抱德科，授漢陽知縣。

瞿佑《歸田詩話》三卷

佑，見子類。

蔣冕《瓊臺詩話》二卷

冕，見别集類。

楊成玉《詩話》十卷

成玉，爵里無考。

〔一〕得　底本作「詩」，據文淵閣本改。

王行《墓銘舉例》四卷

行，見別集類。

李東陽《懷麓堂詩話》一卷

東陽，見史類。

安磐《頤山詩話》二卷

磐，字公石，號頤山，嘉定州人。弘治進士，官兵科給事中。

何孟春《餘冬詩話》三卷

孟春，見史類。

楊慎《詩話補遺》三卷

慎，見經類。

都穆《南濠居士詩話》一卷

穆，見史類。

單宇《菊坡叢話》二十六卷

宇，字時泰，號菊坡，臨川人。正統進士，官侯官縣知縣。

臣等謹案：是書采古今論文之語，大旨欲配胡仔之書，故仍以「叢話」爲名，然采輯不及其博。又仔書多論文，此書多記事，仔書多考證，此書但抄撮舊文，例亦小異。

游潛《夢蕉詩話》二卷

潛，見子類。

陳霆《渚山堂詩話》三卷

霆，見史類。

徐泰《詩談》一卷

泰，字子元，海鹽人。弘治間舉人，官光澤縣知縣。

朱承爵《存餘堂詩話》一卷

承爵，見子類。

王世貞《全唐詩說》一卷　《詩評》一卷

世貞，見史類。

謝榛《詩家直說》二卷

榛，見詩集類。

李攀龍《詩文原始》一卷

攀龍，見子類。

王世懋《藝圃擷餘》一卷

世懋，見史類。

張綖《杜詩通》十六卷　《本義》四卷

綖，見詩集類。

林兆珂《李詩鈔述注》十六卷　《杜詩鈔述注》十六卷

兆珂，見經類。

顏廷榘《杜律意箋》二卷

廷榘，字範卿，永春人。官九江府通判，終岷府左長史。

趙統《杜律意注》二卷

統，字伯一，臨潼人。嘉靖進士，官户部郎中。

傅振商《杜詩分類》五卷

振商，見總集類。

顧起經《類箋王右丞集》十卷　附《文集》四卷

起經，字長濟，無錫人。嘉靖中，以國子監生官廣東鹽課副使。

王文禄《文脈》三卷〔一〕

文禄，見子類。

郭雲鵬《歐陽遺粹》十卷

雲鵬，爵里未詳。

臣等謹案：雲鵬《自序》以陳亮《歐陽文粹》所收太隘，乃爲補録，然不及亮本之精。

劉世偉《過庭詩話》二卷

世偉，見子類。

皇甫汸《解頤新語》八卷

汸，見子類。

梁橋《冰川詩式》十卷

橋，字公濟，號冰川子，真定人。由貢生授四川布政司經歷。

〔一〕三　文淵閣本作「二」。

郭子章《豫章詩話》六卷

子章,見經類。

朱孟震《玉笥詩談》四卷

孟震,見子類。

黄洪憲《玉堂日鈔》二卷

洪憲,見史類。

康萬民《璿璣圖詩讀法》一卷

萬民,字無沴,武功人,海之孫。

朱宣墡《詩心珠會》八卷

宣墡,字白厚,自號味一道人。蜀獻王椿八世孫,襲封華陽王。

鄧雲霄《冷邸小言》一卷

雲霄,見詩集類。

陳仁錫《蘇文奇賞》五十卷

仁錫,見經類。

周子文《藝藪談宗》六卷

子文，字岐陽，無錫人。萬曆進士。

張之象《楚範》六卷

之象，見史類。

李日華《恬志堂詩話》三卷[一]

日華，見史類。

胡應麟《詩藪》十八卷

應麟，見子類。

唐元竑《杜詩攟》四卷

元竑，字遠生，烏程人。萬曆間舉人，明亡不食死。

楊德周《杜詩解》八卷

德周，見子類。

[一] 三 《總目》卷一九七同，文淵閣本作「二」。

陳與郊《杜律注評》二卷

與郊,見經類。

顧元慶《夷白齋詩話》一卷

元慶,見史類。

葉廷秀《詩譚》十卷〔一〕

廷秀,見別集類。

黃文煥《陶詩析義》二卷

文煥,見經類。

陳繼儒《佘山詩話》三卷

繼儒,見史類。

陳懋仁《藕花居士詩話》二卷

懋仁,見史類。

〔一〕譚 原作「談」,據文淵閣本、《總目》卷一九七改。

茅元儀《藝活甲編》五卷〔一〕

元儀，見史類。

朱荃宰《文通》三十一卷

荃宰，字咸一，黄岡人。

臣等謹案：是書取古今文章流别及詩文格律，一一爲之條析，蓋欲倣劉勰《文心雕龍》而作。其末《詮夢》一篇，酷摹勰之《自序》。

王昌會《詩話類編》三十二卷

昌會，字嘉侯，上海人，參議圻之孫。

蔣一葵《堯山堂偶雋》七卷

一葵，見子類。

胡震亨《唐音癸籤》三十三卷〔二〕

震亨，見史類。

臣等謹按：是編乃震亨所撰《唐音統籤》之第十集也。九集皆録唐詩，是編專録

〔一〕活　《總目》卷一九七同，文淵閣本作「圃」。

〔二〕後「三」　《總目》卷一九六同，文淵閣本作「二」。

詩話，采擷頗富。又曹溶《學海類編》載胡震亨《唐詩談叢》一卷，蓋即摘是編之談叢之一門，別立名目耳。

陳雲式《詩膾》八卷

雲式，字定之，錢塘人。

《緑天耕舍燕鈔》四卷

不著撰人名式。

臣等謹案：是編署曰雪疇子輯，無可考。

費經虞《雅倫》二十六卷

經虞，字仲若，新繁人。

《艷雪齋詩評》二卷　附《詞曲評》一卷

不著撰人名氏。

臣等謹案：是編自署曰石公，無可考。

《明人文斷》無卷數

不著撰人名氏。

右詩文評

臣等謹案：馬端臨《通考》歌詞一門，所收皆詞集也。至王圻《續通考》，則《西廂記》《琵琶記》之類，並入其中，殊失體裁，不知詞降而曲，特爲樂府之餘音，祇可采擇數種，以備一格，其他院本、傳奇，不容濫及。今酌取往例，采列詞曲二體，特以種數寥寥，不復區類，統按時代編次，而曲附詞後，仍稍分界畫焉。又如《詞話》《詞譜》《詞韻》以及《顧曲雜言》《中原音韻》等書，統歸文史，既失限制，另立一門，又嫌繁瑣，爰從《四庫全書》例，即入詞曲類，庶相爲比附云。

《宋史·藝文志》不立詞曲類。

《遼》《金》《元》三史不立藝文志，散見各紀傳中。

《明史·藝文志》不立詞曲類。

宋

方千里《和清真詞》一卷

千里，信安人。官舒州簽判。

臣等謹案：周邦彦有《清真詞》，此集皆和邦彦所作。據毛晉《跋》云：「樂安楊澤民亦有《和清真詞》，或合爲《三英集》。」今澤民和詞未見。

李彌遜《筠谿樂府》一卷

彌遜，見別集類。

陳亮《龍川詞》一卷　《補遺》一卷

亮，見史類。

王灼《碧雞漫志》一卷

灼，字晦叔，遂寧人。

臣等謹按：是編詳述詞調源流〔二〕，自古初至唐宋聲歌正變之由，于此可見大概。

洪咨夔《平齋詞》一卷

咨夔，見別集類。

臣等謹案：咨夔父名鉞，號谷隱，有詩名。咨夔在蜀時，得書數千卷，父子考論諷誦。詞注内所稱老人，即其父也。其子勛、焘、熹，亦皆能紹其家學。

李昴英《文溪詞》一卷

昴英，見別集類。

〔二〕詞　文淵閣本作「曲」。

汪莘《方壺詞》三卷

莘，見別集類。

汪元量《水雲詞》一卷

元量，見別集類。

洪瑹《空同詞》一卷

瑹，字叔瑱，自號空同詞客。

沈義父《樂府指迷》一卷

義父，字伯時。爵里無考，理宗時人。

臣等謹案：是編祇二十八條，寥寥不成卷帙。然其論詞以周邦彦爲宗，評解頗多中理[一]，元明人之論詞者，往往祖其説焉。

程珌《洺水詞》一卷

珌，見別集類。

〔一〕解　底本無，據文淵閣本補。

劉克莊《後村别調》一卷

克莊,見别集類。

張榘《芸窗詞》一卷

榘,字方叔,南徐人。

吴文英《夢窗稿》四卷 《補遺》一卷

文英,字君特,號夢窗,慶元人。

趙長卿《惜香樂府》十卷

長卿,自號仙源居士,南豐人,宋宗室子。

黄機《竹齋詩餘》一卷

機,字幾仲,一字幾叔,東陽人。仕履無考。

戴復古《石屏詞》一卷

復古,見子類。

黄昇《散花菴詞》一卷 《花菴詞選》二十卷

昇,字叔暘,號玉林,又號花菴詞客。

臣等謹案:朱彝尊《詞綜》于昇未詳其里籍,考胡德方《詞選序》稱昇與魏菊莊相友善，並爲閩帥所重。按：菊莊，名慶之，建安人。又昇以詩受知於游九功。九功，建陽人。是昇爲閩人無疑。

張炎《山中白雲詞》八卷　《樂府指迷》一卷

炎，字叔夏，號玉田，又號樂笑翁。循王五世孫，家于臨安，宋亡不仕。

宋伯仁《煙波漁隱詞》二卷

伯仁，見別集類。

蔣捷《竹山詞》一卷

捷，字勝欲，自號竹山，宜興人。德祐進士，宋亡不仕。

《尊前集》二卷

不著編輯者名氏。

臣等謹案：朱彝尊得明吴寬手抄是集，定爲宋人編輯之本。

黄大輿《梅苑》十卷

大輿，字載萬。爵里無考。

臣等謹案：是集所録皆咏梅之詞，起於唐代，止於南北宋。集中兼采臘梅，蓋二花異種同時，可以附見。至兼及楊梅，則務博之失矣。

林正大《風雅遺音》二卷

正大,字敬之,號隨菴。開禧中爲嚴州學官,里貫無考。

周密《絶妙好詞箋》七卷〔一〕

密,見史類。

臣等謹案:是集取南宋歌詞,始於張孝祥,終於仇遠,凡一百三十二家。去取精審,在曾慥《樂府雅詞》、黄昇《花菴詞選》之上。

《樂府補題》一卷

不著編輯者名氏。

臣等謹案:是集皆宋末遺民倡和之作。

朱淑真《斷腸詞》一卷

淑真,見别集類。

臣等謹案:陳振孫《書録解題》載有是編,世久不傳。今本爲毛晉所刊,其《生查子》一闋有「月上柳稍頭,人約黄昏後」句,晉《跋》遂指爲白璧微瑕。然此闋見歐陽修

〔一〕詞箋　文淵閣本作「辭」。

《廬陵集》中，不知何以竄入，晉不考正，亦誣甚矣。

金

白樸《天籟集》二卷

樸，字仁甫，一字太素，號蘭谷，真定人。金亡，被薦不出。

元

張翥《蜕巖詞》二卷

翥，見別集類。

陸輔之《詞旨》一卷

輔之，見子類。

《蕉窗蒕隱詞》一卷

不著撰人名氏。

臣等謹案：舊本題元吴琯撰。琯，里貫無考。核其詞皆明劉基之作，蓋書賈託名售僞者。

張可久《小山小令》二卷

可久，字仲遠，號小山，慶元人。

楊朝英《朝野新聲》《太平樂府》八卷

朝英，自稱青城人，仕履無考。

臣等謹案：是集前五卷爲小令，後三卷爲大套，凡當時士大夫所撰及院本之佳者，皆選録之。

《詞品》一卷

不著撰人名氏。

臣等謹案：是編舊題「元涵虚子撰」，皆評論有元一代北曲人，各擬以品目。

周德清《中原音韻》二卷

德清，字挺齋，高安人。

臣等謹案：德清是編前爲韻書，後爲附論。其音韻之例，以平聲分爲陰陽，以入聲配隸三聲，分爲十九部，蓋全爲北曲而作。北音舒長遲重，不能作收藏短促之聲，其風土使然，所以作北曲者，沿用至今不改也。

明

瞿佑《樂府遺音》五卷

佑，見史類。

吴子孝《玉霄仙明珠集》二卷

子孝，字純叔，長洲人。嘉靖進士，官至湖廣布政司參議。

陳耀文《花草粹編》十二卷

耀文，見經類。

臣等謹案：耀文《自序》稱是集因唐《花間集》、宋《草堂詩餘》而作，故以《花草粹編》爲名。

王九思《碧山樂府》五卷

九思，見别集類。

臣等謹案：此九思所作雜曲小令也，于填曲之四聲，頗爲合法。

施紹莘《花影集》五卷

紹莘，字子野，華亭人。自號峰泖浪仙。

楊慎《詞林萬選》四卷

慎，見經類。

臣等謹案：慎是編，評、注俱極疏漏，所選亦雅俗雜陳。毛晉《跋》稱：「嘗慕此集，不得一見，乃得于金沙于季鸞。」疑慎原本已佚，今本爲後來僞託者。

陳霆《渚山堂詞話》三卷

霆，見史類。

董逢元《唐詞紀》十六卷

逢元，字善長，常州人。

臣等謹案：是編不以人序，不以調分，所列十六門，割裂無緒，至以郭茂倩爲元人，則他可概見。

王象晉《秦張詩餘合璧》二卷

象晉，見子類。

臣等謹案：是書以宋秦觀《淮海詞》、明張綖《南湖詞》合爲一編，以二人皆産于高郵也。

毛晉《宋名家詞》六卷

晉，見經類。

臣等謹案：是編自晏殊《珠玉詞》至盧炳《哄堂詞》，共六十一家，每家之後，各附跋語，考訂釐定，亦復不少。

張綖《詩餘圖譜》三卷　附録二卷

綖，見詩集類。

程明《善嘯餘譜》十卷

明善，字若水，歙縣人。天啓中監生。

臣等謹案：明善是書總載詞曲之式，以歌之源出於嘯，故名曰「嘯餘」。其著論殊多臆見。

《雍熙樂府》十三卷

臣等謹案：舊本題「海西廣氏編」，不著姓名。其《凡例》謂「聲音各應宫律」，原分一十七調，今闕其五，惟存十二調。其商角般涉二調，有目無詞，亦脱佚也。

朱權《瓊林雅韻》無卷數

權，見史類。

彭致中《鳴鶴餘音》八卷

致中，里貫無考。

臣等謹案：是編采輯唐以來羽流所著詩餘，至元而止。舊本題「仙遊道士彭致中編」，考朱存理《野航存稿》有此書跋，以爲明初人也。

沈德符《顧曲雜言》一卷

德符,見史類。

沈寵綏《度曲須知》二卷 《絃索辨訛》三卷

寵綏,字君徵,吴江人。

右詞曲

續文獻通考·經籍考（二種）
書名索引

0

0010_4 童

0010_8 立

0011_1 痙

0011_4 痓

0011_4 瘞

0011_7 瘟

0011_8 痘

0012_7 病

0016_0 痴

0018_2 痎

0019_6 療

0020_1 亭

0021_1 龐

0021_2 鹿

0021_4 塵

0021_4 離

0021_4 靡

0021_7 廬

0022_2 廖

0022_2 序

0022_2 彦

0022_3 齎

0022_3 齊

0022_3 齋

0022_7 帝

0040_1 辛

0040_6 章

0040_8 交

0043_0 奕

0044_1 辨

0060_1 言

0060_3 畜

0062_7 謫

0063_2 讓

0071_4 亳

0121₁ 龍

0128₆ 顔

0162₀ 訂

0164₆ 譚

0164₉ 評

0166₁ 語

0212₇ 端

0242₂ 彰

0260₀ 訓

0261₈ 證

0264₀ 詆

0266₂ 諧

0280₀ 刻

0292₁ 新

0466_0 諸

1010_1 正

1010_3 璽

1010_3 玉

1010_4 王

1010_4 至

1011_3 疏

1016_4 露

1017_7 雪

1020_0 丁

1021_0 兀

1021_1 元

1021_4 霍

1022_3 霽

1022_7 丙

1022_7 爾

1022_7 兩

1060_0 石

1060_0 西

1060_1 晉

1060_1 吾

1060_3 雷

1060_9 否

1062_0 可

1064_8 醉

1071_7 瓦

1073_1 雲

2060_4 舌

2060_9 番

2060_9 香

2071_4 毛

2090_4 采

2090_4 集

2090_7 秉

2091_4 維

2093_2 絃

2108_6 順

2110_0 上

2110_0 止

2110_3 衍

2191_7 秬

2196_1 縉

2199_1 縹

2202_7 片

2210_4 坔

2210_8 豐

2211_0 此

2220_0 倒

2220_0 制

2221_4 崔

2221_4 催

2221_4 任

2222_7 僑

2222_7 嵩

2223_0 觚

2277_0 幽

2277_2 出

2290_0 剩

2290_1 崇

2290_3 紫

2290_4 柴

2290_4 巢

2290_4 梨

2290_4 欒

2290_4 樂

2520_6 使

2520_6 仲

2520_7 律

2522_7 佛

2524_3 傳

2590_0 朱

2590_6 紳

2590_6 种

2591_7 純

2591_7 紈

2592_7 繡

2598_6 積

3411$_1$ 洗

3411$_2$ 池

3411$_2$ 沈

3411$_8$ 湛

3412$_7$ 渤

3413$_1$ 法

3413$_2$ 漆

3413$_4$ 漢

3414$_0$ 汝

3414$_7$ 凌

3416$_0$ 渚

3416$_1$ 浩

3418$_1$ 滇

3418$_1$ 洪

3810_4 塗

3811_9 滏

3812_7 汾

3813_2 淞

3813_2 滋

3813_4 渼

3813_7 泠

3813_7 冷

3814_0 澉

3814_0 滸

3814_0 激

3814_7 游

3815_7 海

3816_7 滄

4001_1 左

4001_7 九

4003_0 大

4003_0 太

4003$_{8}$ 夾

4004$_{7}$ 友

4010$_{0}$ 士

4010$_{4}$ 圭

4010$_{4}$ 奎

4010$_{4}$ 臺

4010$_{7}$ 壺

4010$_{7}$ 直

4012$_{7}$ 坊

4013$_{6}$ 鼀

4016$_{1}$ 培

4020$_{0}$ 才

4060$_0$ 右

4060$_1$ 吉

4060$_1$ 喜

4060$_9$ 杏

4062$_1$ 奇

4064$_1$ 壽

4071$_0$ 七

4772_0 切

4772_0 却

4780_1 起

4780_6 超

4782_0 期

4791_0 楓

4791_4 極

4792_0 柳

4792_0 桐

4792_7 郴

4792_7 橘

4793_2 椽

4794_0 椒

4794_7 穀

4796_2 榴

4796_4 格

4814_0 救

4816_6 增

5000_6 中

5000_7 事

5001_4 推

5001_7 丸

5002_7 摛

5003_2 夷

5003_7 摭

5004_4 接

5004_7 掖

5010_6 畫

5010_6 晝

5010_7 盡

5012_7 螭

5013_2 泰

5013_6 蟲

5013_6 蠢

5014_8 蛟

5022_7 青

5022_7 肅

5023_0 本

5060_3 春

5090$_6$ 東

6022₇ 易

6022_7 禺

6033_0 恩

6033_0 思

7722_0 月

7722_0 周

續文獻通考 經籍考（二種）

上

〔明〕王圻 等撰

王培峰 石風 整理

上海古籍出版社

圖書在版編目(CIP)數據

續文獻通考 ：經籍考 ：二種 / （明）王圻等撰 ；王培峰，石風整理. -- 上海 ：上海古籍出版社，2025.5. -- ISBN 978-7-5732-1473-7

Ⅰ. D691.5

中國國家版本館 CIP 數據核字第 2025AV2242 號

續文獻通考·經籍考(二種)

（全三册）

［明］王　圻　等撰

王培峰　石　風　整理

上海古籍出版社出版發行

（上海市閔行區號景路 159 弄 1-5 號 A 座 5F　郵政編碼 201101）

（1）網址：www.guji.com.cn

（2）E-mail：guji1@guji.com.cn

（3）易文網網址：www.ewen.co

商務印書館上海印刷有限公司印刷

開本 850×1168　1/32　印張 53.75　插頁 9　字數 955,000

2025 年 5 月第 1 版　2025 年 5 月第 1 次印刷

印數：1—1,100

ISBN 978-7-5732-1473-7

K·3783　定價：298.00 元

如有質量問題，請與承印公司聯繫

本書爲

全國高等院校古籍整理研究工作委員會直接資助項目

總目録

上册

欽定續文獻通考・經籍考

中册

下册

整理前言

一

本書是明代王圻《續文獻通考·經籍考》與清代《欽定續文獻通考·經籍考》的合編整理本。

王圻《續文獻通考》與清《欽定續文獻通考》都是對馬端臨《文獻通考》的續編，在分類與體例上對馬書多有因襲。《文獻通考·經籍考》共七十六卷，據馬氏《自序》，其書「先以四代史志列其目，其存於近世而可考者，則采諸家書目所評，並旁搜史傳、文集、雜説、詩話，凡議論所及，可以紀其著作之本末，考其流傳之真僞，訂其文理之純駁者，則具載焉」。其中，「四代史志」是指《漢書·藝文志》《隋書·經籍志》《新唐書·藝文志》《宋史·藝文志》，而「諸家書目」則主要指宋代官私書目，如《崇文總目》《國史藝文志》《郡齋讀書志》《直齋書録解題》等。由於所可憑依的資料較爲豐富，故采用輯録體編纂。王圻《續文獻通考》編纂於明末，當時可資參考的資料較少，故其書《經籍考》提要部分以王圻自撰爲主，不以博采見長，却有創始之功；而清《欽定續文獻通考》編成於乾隆末年，部分著作亦采用輯録體，徵引較廣，而按語部分則參考了《四庫全書總目》。

明清兩種《續文獻通考・經籍考》雖然在體例上存在一些差異，分類情況、所收書籍也不盡相同，但從時間上來説，兩書的著録範圍都是以宋末至明末爲主，且都是續馬端臨《文獻通考・經籍考》而作，而且這一時段圖書的著録，在目録學史上一直是個薄弱環節。所以，本書將二者合編整理，附以索引，對讀者瞭解宋末至明末的典籍，是具有較大的參考價值的。

二

王圻(一五三〇—一六一五)，字元翰，號洪洲，祖籍松江府上海縣(今屬上海市嘉定區)。嘉靖四十四年(一五六五)進士，授清江知縣，調萬安，擢御史。因忤時相，出爲福建按察僉事。萬曆十三年(一五八五)，遷陝西布政參議，因父年老，辭官還鄉，以著書爲事。著作有《洪洲類稿》《兩浙鹽志》《海防志》《續文獻通考》《謚法通考》《稗史彙編》等二十餘部。

王圻所纂《續文獻通考》二百五十四卷，成書於萬曆二十四年。作爲馬端臨《文獻通考》的續作，該書所述上接南宋寧宗嘉定年間（一二〇八—一二二四），下訖明神宗萬曆初年。今有萬曆三十一年松江府曹時聘、許維新刻本。該書卷一七二至卷一八八爲《經籍考》，共十七卷，凡十餘萬字，著録著作四千餘部。此志雖未全部標注四部（史書類偶有標注），然其排列順序，實與常用的四部小類相近，其中内府書、易、書、詩、春秋、禮、論語學庸孟子、小學、孝經、經解總、樂律、小學、儀注，爲經部；正史、編年、史評、史抄、故事、傳記、職守、刑法、律令、地理、譜牒，爲史部；儒家、雜家、農家、天文、曆家、五行、占筮、兵書、醫家、道家、佛家、藝術，爲子部；集、章表、類書、詩集，爲集部。每書除書名、卷數、作者之外，多有簡略提要，内容以介紹作者名號、籍貫、功名、仕履爲主，亦涉及學問淵源、思想品格及著作情況等。部分條目還效法《文獻通考·經籍考》，輯録序文或他人品評，多爲節録。

王圻《續文獻通考·經籍考》的學術價值，很早就得到了學術界的認可。古文獻學家黄永年先生認爲，其書「所收資料豐富，明代的尤可珍貴，如《經籍考》能著録《琵琶記》《水滸傳》，即非墨守成規者所能及」。雖然目録書中收録小説、戲曲是明代目録學的一代風氣，如高儒《百川書志》、晁瑮《晁氏寶文堂書目》、徐𤊹《紅雨樓書目》等同時代的私藏目録，亦以著録小説、戲曲著稱，但是這些目録書大多没有提要，在學術價值上無法與《續文獻通考・經籍考》相比。以黄先生所舉二書爲例，以上諸目，皆無著録，而《續文獻通考・經籍考》則不但予以著録，而且撰有簡明扼要的提要：

《琵琶記典》，瑞安高明著。因友人有棄妻而婚於貴家者，作此記以感動之。思苦詞工，夜深時燭焰爲之相交，至今猶爲詞曲之祖。其餘傳記，俱涉淫詞，不載。

《水滸傳》，羅貫著。貫字本中，杭州人。編撰小説數十種，而《水滸傳》敘宋江事，奸盗脱騙機械甚詳。然變詐百端，壞人心術。説者謂子孫三代皆啞，天道好還之報如此。

《琵琶記典》提要不但交代了此書的創造動機，而且稱之爲「詞曲之祖」，至今爲學術界所接受。而《水滸傳》提要則是關於該書的最早著録，對我們瞭解《水滸傳》的作者及當時對其書的評價，具有很高的參考價值。

元明兩代的目録編纂都不算興盛，成書于這一時期的《遼史》《金史》《元史》都没有藝文志，《宋史》雖有藝文志，但被認爲是諸史藝文志中最爲叢脞者。所以在清代盧文弨《宋史藝文志補》《補遼金元藝文志》、錢大昕《元史藝文志》、吴騫《四朝經籍志補》等書問世之前，此書是最早完整著録宋末到明末時期文獻的目録著作。清初黄虞稷編纂《千頃堂書目》以收録明人著作爲主，《四庫全書總目》稱其書「每類之末，各附以宋金元人之書」，高路明《古籍目録與中國古代學術研究》認爲它是「自宋末至明末就有了比較完整的一部典籍的著録」。其實，早在近百年前，王圻《續文獻通考》已經較爲完整地著録了宋末至明末時期的典籍，雖然在收書數量上少於《千頃堂書目》，但篳路藍縷之功，終不可廢。而且，《續文獻通考·經籍考》中的大量書籍提要，也是《千頃堂書目》所没有的。

三

清代是官纂圖書最多的朝代，清高宗對明王圻《續文獻通考》不滿意，下令重新纂修，并于乾隆十二年纂成，共二百五十二卷。後來纂修《四庫全書》，又經紀昀等校定爲《欽定續文獻通考》二百五十卷，抄入各閣《四庫全書》之中。而王圻《續文獻通考》則被斥于《四庫全書總目》的子部類書類存目。

《欽定續文獻通考》卷一四一至卷一九八爲《經籍考》，共五十八卷，收書五千部左右。按四部分類，其中經部十四小類：易、書、詩、禮、春秋、論語、孟子、孝經、經解、四書、樂、儀注、讖緯、小學；史部十五小類：正史、編年、詔令奏議、雜史、傳記、載記、史評、史鈔、故事、職官、刑法、地理、時令、譜牒、目録;子部十八小類:儒家、道家、法家、雜家(雜學、雜考、雜説、雜品、雜纂、雜編)、小説家、農家、譜録、天文、推算、五行、占筮、形法、兵家、醫家、神仙家、釋家、類書、雜藝術;集部五小類:楚辭、别集、總集、詩文評、詞曲。分類雖然有沿襲《文獻通考・經籍考》之處,但顯然受《四庫全書》的影響也很大,如集部五小類,子部雜家六屬,都受《四庫全書》影響。而纂修《欽定續文獻通考》者並不避諱《經籍考》部分受《四庫全書》影響的事實,《欽定續文獻通考凡例八則》稱:「我朝右文稽古,皇上敕儒臣采輯《永樂大典》並訪求遺佚,彙爲《四庫全書》,瓊笈琅函,無美不備。以遼金元而論,則正史外,如《契丹國志》《金國志》《元典章》諸書,均資采録,明則集《禮會典》而外一代之實録,具存禮樂刑政詔諭疏奏,無不可按歲而稽簡,編之完富,亘古未有。今以《四庫總目》校覈端臨《經籍考》,宋代之書其未及著録者尚多,既爲一一補輯,而敘述四朝以來,或删併舊目,或更易新名,有稍變馬氏原例者,一以《四庫全書》爲準,其散亡者則不録。」根據整理者的核對,《四庫全書總目》所收這一時段的書籍目録,皆被《欽定文獻通考・經籍考》收録。與王圻《續文獻通考・經籍考》不同的是,清《欽定文獻通考・經籍考》采用的是輯録體,輯録自序、跋語、評論等内容,如有未盡之處,還會加以按語,按語中援引《四庫全書總目》諸書提要之處亦非常多。

值得注意的是，《欽定續文獻通考》於乾隆十二年奉敕纂修，但一直未能成書，據文淵閣《四庫全書》本書前提要，其書的校上時間爲乾隆五十四年正月，故此書的成書時間應與此相近。而《四庫全書總目》於乾隆五十四年最終定稿，由武英殿雕版印行。所以説，《欽定續文獻通考·經籍考》是在《四庫全書總目》影響下編纂的最早的目録著作之一（與此書同時校上的還有清《皇朝文獻通考》，其書的《經籍考》體例與《欽定續文獻通考·經籍考》相同）。而《欽定續文獻通考》的武英殿本，書内避清仁宗顒琰的名諱，故當刊成於清仁宗嘉慶皇帝被立爲太子（乾隆六十年九月）之後。根據我們的校勘，武英殿本刊刻時，《欽定續文獻通考·經籍考》又做了部分修改，其中《四庫全書總目》是其最主要的參考。

四

由於各種原因，學術界對明王圻《續文獻通考·經籍考》和清代《欽定續文獻通考·經籍考》一直較爲忽視，相關研究成果很少，也一直没有整理本問世。而明王圻《續文獻通考》和清代《欽定續文獻通考》卷帙浩繁，檢閲不易，學者利用起來非常不方便。所以，我們决定將二書的《經籍考》抽出整理，並編製書名索引，附於正文之後，爲研究者提供便利。

其中，明王圻《續文獻通考》有明萬曆三十一年刊本。國家圖書館藏有這一版本的兩個印本，根據我們的對校，這兩個印本皆是明萬曆三十一年刻本，但文字略有差異，應有前印、後印之別，而後印本文字略有删改之處。本書的整理，即以國家圖書館藏前印本爲底本（善本書號一五九四二），並通校了後印本（善本書號〇八八六九）。底本卷一七六第九頁、卷一八〇第九頁殘缺，則據後印本録文。此外，國家圖書館還藏有明王圻《續文獻通考》清抄本，點校者也做了通校，結論是此抄本内容殘缺錯訛極多，在文字上没有參考價值。清代《欽定續文獻通考·經籍考》點校本以天津圖書館藏武英殿本作底本，以文淵閣《四庫全書》本爲對校本，以浙江書局刻《九通》爲參校本。由於此書的編纂受《四庫全書總目》影響較大，故對書名、著者、卷數等異文，亦查證《四庫全書總目》，作爲參考。

本次整理，凡改正底本之處，皆出校，並在校記中簡要説明改正的依據。對底本中的疑誤之處或校本中有價值的異文，不改底本，但在校記中予以説明。對底本中較爲生僻的異體字、俗體字等，一般統一爲通用字，但涉及人名、書名、地名的特殊用字則不改。對底本中的避諱字，本次整理皆改回原字，僅在首次出現時出校説明。

本書是二〇一七年度全國高校古委會直接資助項目（批准編號一七四八）的最終成果，由山東師範大學王培峰、石風負責點校整理。在選題和整理的過程中，我們曾先後得到復旦大學吴格教授、上海師範大學張劍光教授、中央民族大學彭勇教授、故宫博物院劉甲良研究員、淮北師範大學牛繼清教授、揚州大學孔祥軍教授、南陽師範學院孫富磊博士、山東大學杜澤遜教授和王承略教授等衆多師友的指導與幫助，山東師範大學二〇二四級中國古代文學專業研究生全部參與了本書的校對工作，在此一併致以誠摯的感謝！

續文獻通考·經籍考

[明] 王圻 撰

續文獻通考·經籍考卷一

内府書

宋

理宗淳祐十一年六月，秘書省言：「乞辟校勘檢閲等官，仍行下諸路漕司，所部州縣應有印本書籍，解赴册府，以補四庫之闕。及故家巨族，必有遺書；山林名儒，豈無著述？許令投進，照格推賞。」從之。時翰林學士、知制誥兼侍讀真德秀，乞進讀文公朱熹《大學》《中庸章句》《論語》《孟子集注》。從之。

遼

聖宗開泰元年八月，那沙國乞賜儒書，詔賜《易》《詩》《書》《禮記》《春秋》各一部。

興宗重熙二十三年十月，新建秘書監。

道宗清寧元年十二月，詔設學，頒五經傳疏。八年十月，禁民間私刊印文字。十一月，詔求乾文閣所缺經籍，命儒臣校讎。咸雍十年十月，詔有司頒行《史記》《漢書》。大安二年，詔權翰林學士趙孝嚴、知制誥王師儒等講五經大義。四年四月，召樞密直學士耶律儼講《尚書・洪範》。五月，命燕國王延禧寫《尚書・五子之歌》。

金

世宗二十三年八月，以女直字《孝經》千部付提點司〔一〕，分賜護衛親軍。大定二十四年九月，譯經所進所譯《易》《書》《論語》《孟子》《楊子》《文中子》《列子》及《新唐書》。上謂宰臣曰：「朕所以令譯五經者，正欲令女直人知仁義道德所在耳。」命頒行之。二十六年三月，命親軍完顏奴曰：「制猛安謀克皆先讀女直字經史，然後承襲。」因曰：「但令稍通古今，則不敢爲非。前一親軍麤人乃能言此，審其有益，何憚不從？」二十九年五月，章宗已即位。詔學士院自今誥詞，並用四六。

章宗明昌六年八月，以溫敦伯英言，命禮部令學官講經。太和元年十月，命有司購遺書，宜高其價以廣搜。詔藏書之家，有珍惜不願送官者，官爲謄寫畢，復還之，仍量給其直之半。四年十月，詔親軍三十五以下，令習《孝經》《論語》。

〔一〕直　《遼史》《金史》俱作「直」。遼金時避遼興宗耶律宗真諱改字，後人襲用，下同。

元

太宗八年夏六月，耶律楚材請立經籍所於平陽，編集經史。召儒士梁陟充長官，以王萬慶、趙著副之。

世祖至元元年二月，敕選儒士譯寫經書，起館舍給俸以贍之。至元四年二月，改經籍所爲弘文院，以馬天昭知院事。五年冬十月，敕從臣秃忽思等録《毛詩》《孟子》《論語》。六年九月，徙平陽經籍所於京師。十二年九月，以玉昔帖木兒爲御史大夫，括江西諸郡書板及臨安秘書省《乾坤寶典》等書。十五年三月，以許衡言，遣使至杭州等處，取在官書籍板刻至京師。十六年，遣使訪求書皇極數於鄱陽祝泌子孫，其甥傅立持泌書來上。二十五年正月，凡宋宫殿郊廟等，悉毁爲寺，復欲取宋高宗所書九經石刻爲浮屠臺，杭州推官申屠致遠力拒，止之。二十七年正月，立興文署，掌經籍板及江南學田糧穀。二十九年初，劉因爲經學，究訓詁疏釋，嘆曰：「聖人精義，殆不止此。」及得周、程、張、邵、朱、吕之書，一見曰：「我固謂當有是也。」評其學之所長，曰：「邵至大也，周至精也，程至正也，朱子極其大，盡其精，而貫之以正也。」

武宗至大元年，中書右丞孛羅帖木兒以國字釋《孝經》以進。帝曰：「此乃孔子之微言，自王公達于庶民，皆當由是以行其命。」中書省刻板模印，諸王以下皆賜之。

仁宗即位,遣使四方旁求經籍,識以玉刻印章,命近侍掌之。時有進《大學衍義》者,命詹事王約等節而釋之。帝曰:「治天下,此書足矣。」因命與《圖像孝經》《列女傳》並刊行,賜臣下。皇慶元年,帝覽《貞觀政要》,諭翰林侍講阿林鐵木兒曰:「此書有益於國家,其譯以國語刊行,俾蒙古、色目人誦習之。」二年秋七月,江浙行省以新安儒士程復心所著《四書集注章圖纂》來上,詔擢用之。復心辭不受。延祐五年,集賢大學士曲出言:「陸淳所著《春秋纂例》《辨疑》《微旨》三書〔三〕,有益後學,請令江西行省鋟梓,以廣其傳。」從之。

順帝至正中,著作佐郎永嘉李孝光進畫《孝經圖》一卷,入秘府。帝詔翰林學士承旨臨川危素逐章再書經文。

皇明

太祖洪武丙午夏五月,召侍臣詹同等謂之曰:「三皇五帝之書,不盡傳于世,故後世鮮知其行事。漢武帝購求遺書,而六經始出,唐虞三代之治,始得而見。武帝雄才大略,後世罕及,至表章六經,開闢聖賢之學,有功于後世。」又曰:「吾每于宫中無事,輒取孔子之言觀之,如『節用而愛人,使民以時』,真治國之良規,萬世之師法也。」同等頓首曰:「聖

〔三〕三 底本作「二」,據《元史》卷二六改。

言良是。」上遂命有司訪求古今書籍，藏之秘府，以資覽閲。二年己酉春二月，詔修《元史》。先是，上謂廷臣曰：「元雖亡，國事當紀載，況史紀成敗，示懲勸，不可廢也。」遂以所得十三朝實録，命中書左丞相、宣國公李善長爲監修，前起居注宋濂、漳州通判王褘爲總裁，徵山林遺逸之士汪克寬等十六人同纂修，開局天界寺，取元《經世大典》諸書，以資參考。將成，詔先成者進，闕者俟續采補。是年七月，遣儒士歐陽佑等往北平等處，采訪故元元統及至正事迹。三年春二月，詔續修《元史》。時佑等還朝，上仍命濂等總裁，以儒士趙勛等十四人同纂修。是年七月，續修《元史》成，計五十有三卷，紀十，志五，表二，列傳二十六，通共二百一十二卷，濂等率諸儒以進。詔刊行之，授諸儒士張宣等官。趙勛、朱世濂乞還里，許之。二年庚戌冬十二月辛酉，《大明志》成。先是，命儒士魏俊民、黄篪、劉儼、丁鳳、鄭思先、鄭權六人，編輯天下州郡地里形勢降附始末爲書，凡天下行省十二、府一百二十、州一百八、縣八百八十七、安撫司三、長官司一，東至于海，南至瓊崖，西至臨洮，北至北平。至是成，命送秘書監鋟梓頒行，俊民等皆授以官。四年辛亥秋七月辛亥，《存心録》成。上覽之，謂諸儒臣曰：「朕觀歷代賢君事神之道，罔不祇肅，故百靈效祉，休徵類應。及乎衰世之君，罔知攸敬，違天慢神，非惟感召災譴，且禍亂亦由是而發。朕爲是懼，每臨祭必敬，惟恐未至。故命卿等編此書，欲示以鑒戒。夫水可鑒形，古可以鑒今，是編所爲善惡，豈以行之于今，將俾子孫永爲法。」六年癸丑春，《祖訓録》成。目凡十有三，曰《箴戒》，曰《持守》，曰《嚴祭祀》，曰《謹出入》，曰《慎國政》，曰《禮儀》，曰《法律》，曰《内令》，曰《内官》，曰《職制》，曰《兵衛》，曰《營繕》，曰《供用》。上親爲之序，因謂侍臣曰：「朕著《祖訓録》，所以垂訓子孫。朕更歷世故，創業艱難，嘗慮子孫不知所守，故爲此書，日夜以思具悉，知慮細詳，六年始克成編，後世子孫守之，則永保天録矣。」遂頒賜諸王，具録于謹身殿東廡及乾清宫東壁，仍令諸王書于王宫正殿、内宫東壁，以時觀省參閲。御製序云：「朕觀自古國家建立法制，皆在始受命之君。當時法已定，人已守，是以恩威加于四海，民用平康。蓋其創業之初，備嘗艱苦，閲人既多，歷事亦熟。比之生長深宫之主，未諳世故，及僻處山林之士，自矜己長者，甚相遠矣。朕幼而孤貧，長值兵亂，年二十四，委身行伍，爲人調用者三年。繼而收攬英俊，習練兵之方，謀與群雄並驅。勞心焦思、慮患防微近二十載，乃能剪除强敵，統一海宇。人之情僞，亦頗知之。故以所行與群臣定爲國法，革胡元姑息之政，治舊習污染之民。且群雄之强盛詭詐，至難服也，而朕以服之；民經世亂，欲度兵荒，務習奸猾，至難齊也，而朕以齊之。蓋自平武昌以來，即定擬著律令，損益更改，不計遍數。經今十年，始得成就。頒而行之，民漸知禁。至於開導後人，復爲《祖訓録》一編，立爲定法。大書揭於西廡，朝夕觀覽，以求至當。首尾六年，凡七謄稿，至是方成，豈非難哉？蓋俗儒多是古非今，奸吏嘗舞文弄法，自非博采衆長，即與果斷，則被其眩惑，莫能有所成也。今命禮部刊印成書，以傳永久。凡我子孫，欽承朕命，無作聰明，亂我已成之法，一字不可改易。非但不負朕垂法之意，天地、祖宗亦將佑于無窮矣。嗚呼，其敬戒之哉！」是年春三月，《昭監録》成。先是，命禮部尚書陶凱、主事張籌等，采摭漢唐以來藩王善惡可爲勸戒者爲書。會凱出參行省，編緝未成。乃復召秦王傅文原吉、翰林編修王撰、國子博士李叔允、助教朱復、秦府録事蔣子杰等續修。至是書成，繕寫爲一卷，太子贊善大夫宋濂爲之序以進，賜名《昭鑒録》，遂頒諸王。上謂原吉等曰：「朕于諸子，嘗切諭之，一舉動戒其輕，一言笑斥其妄，一飲食教之儉。恐其不知民之饑寒也，嘗使之少念饑寒；恐其不知民之勤勞也，嘗使之少服勤勞。但人情易至於縱恣，故令卿等編緝此書，不時將進説，知所警戒。然趙伯魯之失簡，漢淮南之招客，過猶不及，皆非朕之所望也。」七年夏五月朔，纂修《大明日曆》成。先是，翰林學士承旨詹同奏言：「陛下起兵渡江以來，征討平定之績，禮樂治道之詳，雖已紀載，尚未成書。乞編《日曆》，藏之金匱，傳於後世。」從之。即令同與侍讀學士宋訥爲總裁，官修之。自上起兵臨濠，至六年癸丑冬十二月止，凡征伐次第、禮樂沿革、刑政施設、群臣功過、四夷朝貢之類，無不具載。至是書成，共一百卷。命藏之金匱，副在秘書監，命宋濂爲序。久之，同等又請于上曰：

「《日曆》藏之天府，人欲見之，又不可得。臣請如唐太宗《貞觀政要》，分類更輯爲書，以傳天下後世。」從之。於是自「敬天」以至「蠻夷」，分四十類，凡爲五卷，總四萬五千五百餘言，賜名《皇明寶訓》。自後凡有聖政，史官日紀，隨類增入。是年冬十一月，《孝慈録》成。時孫貴妃薨，詔廷臣議禮。太祖以父服三年，父在爲母則期年，低昂太甚，於是議於子爲父母，庶子爲其母，皆斬衰三年。嫡子、庶子爲庶母，皆齊衰杖期，遂著爲制。十二年己未秋八月，編《春秋本末》成。先是，上以《春秋》本諸魯史，而列國之事，錯見間出，欲究其始終，則難于考索，乃命東宮文學傅藻等纂録，分列國而類聚之，附以《左氏傳》。首周王之世，以尊正統；次魯公之年，以仍舊文；列國則先齊、晉而後楚、吴，所以内中國而外夷狄也。事之始終，秩然有序，至是成，遂賜今名。十三年庚申，《寰宇通衢》書成。先是，上以輿地之廣不可無書以紀之，乃命翰林儒臣以天下道里之類，分方隅之目爲八，總類爲書。至是成，遂賜今名。十六年癸亥春二月，東閣大學士吴沉等進《精誠録》。先是，太祖將享太廟，致齋于武英殿，召沉等諭之曰：「朕閲古聖賢書，其垂訓立教，大要有三，曰敬天，曰忠君，曰孝親。臣能忠君，子能孝親，則人道立矣。然其言散在經傳，未易會其要領，爾等其以聖賢所言之事，依類編輯，庶便觀覽。」至是成，進之。上覽之悦，仍命沉撰序。書凡三卷：《敬天》一卷，取《易》十章，《書》七十二章，《禮記》三十七章，《孝經》《論語》各一章；《忠君》一卷，取《易》《大學》《中庸》各一章，《書》四十六章，《詩》十章，《禮記》十四章，《左傳》六章，《國語》一章，《論語》十四章，《孟子》十二章；《孝親》一卷，取《易》二章，《書》三章，《詩》九章，《禮記》四十八章，《論語》十一章，《孝經》十九章，《大學》二章，《中庸》三章，《孟子》十章。十九年丙寅春，《省躬録》成。先是，上命翰林儒臣編輯歷代帝王祭祀、祥異感應可爲鑒戒者爲書，名《存心録》，朝夕觀覽。至是，命贊善劉三吾編類漢唐以來災異之應于臣下者，别爲一書，名《省躬録》。至是成，詔刊行之。是年冬十二月，《大誥》三篇成，詔頒示天下。初，上以中外臣民染習元俗，往往觸犯憲章，欲效成湯《大誥》之制，以訓化之，乃取當世事之善可爲法、惡可爲戒者，著爲條目，首「君臣同游」，至頒行《大誥》，凡七十四條。上親爲之序。先是，律成，有犯者抵罪，至是，上曰：「朕出是誥，昭示禍福，一切官民諸色人等，户户有此一本，若犯笞杖徒流，罪名每減一等。」遂爲令，以故議罪得于本罪上有《大誥》減等。已而又慮條誥所載未盡，乃續爲一編，以申其意，首「申明五常」，至頒行《續誥》，凡八十七條，使民觀感，知所勸懲。自是，民之作非者鮮，從化者多，故又作三篇《大誥》，首「臣民倚法爲奸」，至頒行《三誥》，凡四十三條。是冬書成，遂頒行之。仍著訓曰：「朕出斯命，一曰《大誥》，一曰《續編》，斯上下之本，臣民之至寶，頒布天下，務必户户有之，敢有不敬與不收者，非我治化之民，遷居化外，永不令歸。」二十年丁卯春二月,《御注尚書洪範》成。先是,命儒臣書《洪範》,揭于御座之右,朝夕觀覽,乃自爲注。至是成,諭贊善劉三吾曰:「朕觀《洪範》一篇,帝王爲治之要道也,所以敍彝倫,立皇極,保萬世,敘四時,成百穀,本于天道而驗于人事,箕子爲武王陳之,武王猶自謙曰:『五帝之道,我未能焉。』朕每爲惕然,遂疏其旨爲注,朝夕省覽。」三吾對曰:「陛下留心是書,上明聖道,下福生民,則萬世開太平者也。」仍命三吾序其後云。是年冬十月,《禮儀定式》成。初,上諭群臣曰:「近者,臣僚尊卑多未得宜,你等宜著禮儀以爲定式。」於是禮部尚書李原名等取新舊增損條例,爲款一十有四,分條三十有七,共爲一卷,遂命頒行天下。時學士劉三吾、董倫皆有序。

二十五年壬申秋八月,頒《醒貪簡要録》于内外諸司。先是,上諭廷臣曰:「四民之中,士最爲貴,農最爲勞。士之最貴者何?讀聖賢之書,明聖賢之道,出爲君用,坐享天禄。農之最勞者何?當春之時,雞鳴而起,驅牛秉耒而耕,及苗既種,又須耘耨,炎天赤日,形體憔悴,及至秋成,輸官之外,所餘能幾?或水旱蟲蝗,則舉家遑遑,無所望矣。今居官者不知吾民之艱,至有刻剥而虐害之,無人心甚矣。」於是命户部備録文武大小官品歲給俸米之數,以計其田畝出穀之數與日用多寡,而爲之書。至是編成,賜名曰《醒貪簡要録》,遂頒示中外,俾食禄者知所以恤民。按皇祖之訓,真可爲貪者醒也。後來内外官禄之數，名在而實亡，實支者十已去其七矣，而三分實支且又折絹布。若位卑禄薄者，將何以責其廉乎？是年冬十一月，《永鑑録》成。是書也，輯歷代宗室諸王爲惡悖逆者，以類編之，直敘往事，頒賜諸王。又輯歷代爲臣善惡可勸懲者，别爲書，名曰《世臣總録》，以頒示中外人臣。二十六年癸酉春三月，《諸司職掌》成。先是，上以諸司職有崇卑，故政有大小，無方册以著成法，恐後之涖官者，罔知職任政事施設之詳，乃命吏部同翰林儒臣倣六典之制，自五府、六部、都察院以下諸司，凡其設官分職之務，類編爲書。至是成，乃賜今名。遂敕刊行，頒布中外。是月，又頒《稽制録》于功臣。初，上即位以來，封賞功臣皆稽前代典禮，凡封爵、食禄、禮儀等差，悉倣唐宋之制，其間因時損益，皆適其宜。然諸功臣多武夫，不知書，往往恃功驕恣，踰越禮分，甚或肆情廢法，奢侈不度。及藍玉反，因籍其家，見其服舍器用，僭侈踰制。上召翰林院稽考漢唐功臣封爵、人民、邑里多寡，及名號虛實等第，編輯爲書，名曰《稽制録》。上親爲之序，以頒功臣，使之朝夕省覽，以遏其奢云。二十七年秋九月，《書傳會選》成。先是，上以蔡氏「七政左旋」及「陰騭下民」一節注問廷臣，時答録與權仍以朱熹新説對。上曰：「朕自起兵迄今，未嘗少置涉覽，然循儒生腐談，因欲訂證之。」於是以兵部尚書唐鐸薦，遂遣行人乘傳徵致仕博士錢寧、編修張美和、助教靳權至京以試，禮部右侍郎張智及學士劉三吾爲總裁，開局翰林院，凡蔡氏得者存之，失者正之,又集諸家之説,足其未備。及書成,賜今名。命禮部尚書任亨泰梓行之,然世竟鮮行。蓋永樂中刊《五經四書大全》,《書經》一依蔡傳,士子業以應舉,此外遂不復有所考故也。二十九年丙子冬十一月,《稽古定制》成。先是,上以大臣多不遵定制,特命翰林斟酌唐宋制度,遂定列墳塋碑碣丈尺、房屋間架及食禄之家興敗禁例爲書,至是成,共爲一卷,命刊布之。

成祖永樂元年秋九月,《古今列女傳》成,凡三卷。先是,孝慈高皇后每聽女史,讀書至《列女傳》,謂宜加討論删定爲書,請于皇祖,命臣考證,未就。至是,上命儒臣重加編次古今后妃、諸侯大夫士庶人妻之事,分爲三卷。成,遂命頒之六宫,行之天下。二年甲申夏,《文華寶鑑録》成。是書也,輯自古以來嘉言善行有益于太子者。三年春正月十五日,仁孝皇后《内訓》成。是書七十八本,首《德性》,次《修身》,次《慎言》,次《謹行》,次《勤勵》,次《警戒》,次《節儉》,次《崇聖訓》,次《謹賢範》,次《事父母》,次《事君》,次《事舅姑》,次《奉祭祀》,次《母儀》,次《睦親》,次《慈幼》,次《逮下》,凡二十篇。十一年丁亥十一月,《永樂大典》成。先是,令解縉於天下百家,凡天文、地志、陰陽、醫卜、僧道、技藝爲一書,賜名《文獻大成》。已而上覽之,謂其多有未備者,乃復命太子少師姚廣孝、刑部侍郎劉季篪及解縉督其事,學士王景、王逵,祭酒胡儼,洗馬楊溥,儒士陳濟爲總裁,侍講鄒輯等二十人副之，簡中外官及四方宿儒有文學者充纂修，繕寫幾三千人，凡四歷寒暑而成，計二萬二千九百卷，一萬一千一百本，更賜名《永樂大典》，上親製序文。此書後竟以卷帙太繁，不及刊布。至嘉靖中，復加繕寫，凡四五閱載，工費亦稱浩大云。十三年乙丑秋九月，輯《五經》《四書》及《性理大全》等書成，上親爲之序。先是，上謂侍臣曰：「《五經》、《四書》皆聖賢精義妙道，其傳注之外，諸儒議論有發明餘藴者，爾等采其切當之言，增附其下。其周、程、張、朱諸君子性理之言，如《太極》《通書》《西銘》《正蒙》之類，皆六經之羽翼。然各自爲書，未有統會，爾等亦編類成一書，務極精備，庶幾以垂後世云。」夏五月，開館于東華門，以胡廣等董其事，命朝臣及在外教官有文學者同纂修，光禄寺給饌。至是成，上謂吏部臣曰：「此書學者之根本，而聖賢精義悉具矣。自書成，朕旦夕宫中披閲不倦，所益多矣。古人有志於學，苦難得書籍；今之學者，得此書而不勉力，是自棄也。爾禮部其以朕意曉諭天下學者，令盡心講明，無徒視爲虚文。至十五年丁酉春三月，遂頒布兩京六部、國子監及天下郡縣學。十四年丙申冬十二月，輯《歷代名臣奏議》成。先是，命楊士奇等采歷代奏疏有俾治道者，輯爲書，至是成，以進。上諭士奇曰：「致治之道，千古一律，君能納善，臣能盡忠，天下未有不治。朕觀是書，見當時人君之量，人臣之直，爲君者以前日之事爲今事，爲臣者以古人之心爲己心，天下國家之福也。」遂命刊賜皇太子、太孫。十五年丁酉,《周易直指》成。先是,仁宗在東宫,卜筮專用揲蓍,而斷以《周易》,凡世俗卜法皆不用。因命楊士奇纂六十四卦三百八十四爻、朱氏《本義》要旨爲一編。既進,遂賜今名。已而士奇進曰:「《周易》固爲卜筮作,然文王、周、孔《彖》《象》十翼之辭,凡修齊治平、爲君爲臣之道悉具,請編輯以進,用備覽閲。」從之。踰年以進,仁宗賜名《周易大義》。是時,徐好古作《尚書直指》,金幼孜作《春秋直指》,皆以進,仁宗俱命各置一本于齋閣、便殿、寢室,以備覽。十七年庚午三月,《爲善陰陽書》成。是書一百八十本,采輯百六十五人,今存者百五十六人。十八年辛丑夏五月,《孝順事實書》成。是書一百五十本,歷求史傳孝行可録者,得二百七人,今存者一百三十四人。

宣宗宣德三年春三月,《御製帝訓》成,自「君德」至于「藥餌」,凡二十五類,共爲一卷。七年壬子夏六月,《御製官箴書》成,自「都督府」至於「儒學箴」,凡三十五篇,共爲一卷。英宗正統十三年夏五月,《五倫書》成。先是,宣宗嘗親采輯經傳百家嘉言善行之有關于君臣、父子、夫婦、兄弟、朋友之道者,類分爲六十二卷,命曰《五倫書》。至是,上追承皇考之志,命鋟梓以廣其傳,上親撰序。天順五年辛巳夏四月,《大明一統志》成,凡九十卷。先是,成祖遣使徧采天下郡邑圖籍,特命儒臣大加修纂。未及成書,上又命吏部尚書兼翰林院學士李賢、太常寺少卿兼翰林院學士彭時、翰林院學士吕原等重修,凡三閲寒署。至是成，賢等撰表以進，上命名《大明一統志》，親爲序之，遂刊布天下。

按葉文莊云：「景泰中，初修《寰宇通志》，采事實凡例一準祝穆《方輿勝覽》。予竊以爲祝氏此書，趙宋偏安之物，未可爲法。況此書初爲四六設，今欲成盛代混一之書，要須有資軍國，有益勸戒，如地圖、道里、户口之類，皆未可闕，必如永樂中志書凡例而充益之可也，主議者其或未之思乎？近嘗以請于翰林友人，則曰當時亦有以户口爲言者，泰和陳先生執議不從，曰此非造黄册子，何用户口耶？後聞此書竟以屢題狀元之名可厭，而改爲之矣。夫狀元及第，不問賢否，固已不泯，顧其人何如耳？此非科舉録，何爲而詳列進士之名？又何爲而一書狀元？豈惟無識，其亦類乎愚也已。」

大學士李賢慮前代聖賢之君，事迹浩漫，難于偏覽，特録堯舜以下二十三君，每君摘取所行最善者數事，集爲一帙，名之曰《鑑古録》。又於每段之後，略爲解説數句，遂以奏上，且曰：「臣觀陛下所行之事，已有超越古者，若又以此二十三君之善兼而有之，則功德之隆，直前同於堯舜而光祖宗矣。」

王氏鏊曰：「前代修史，左史記言，右史記動，宫中有起居注。如晉董狐、齊南史，皆以是守職；司馬遷、班固，皆世史官，欲通知典故，親見在廷君臣言動而書之。後世讀之，如親見當時之事。我明朝翰林皆史官，立班雖近螭頭，亦遠在殿下。成化以來，人君不復與臣下接，朝事亦無可記。凡修史，則取諸司前後奏牘，分爲吏、户、禮、兵、刑、工爲六館，事繁者爲二館，分派諸人以年月編次，雜合成之，副總裁删削之，内閣大臣總裁潤色。其三品以上，乃得立傳，亦多紀出身、官階、遷擢而已，間有褒貶，亦未必盡公，後世將焉所取信乎？」

世宗嘉靖四年，御書十二言以賜輔臣，曰：「法祖安民，奉天行道，福善禍淫。」五年，《獻皇帝實録》成，凡五十卷，《寶訓》十卷，進費宏等官秩有差。是年冬，頒賜《獻皇恩紀含春堂詩》并帝所製詩序于群臣。六年正月，張璁上《大禮要略》。上命付史館纂述。七年，御製《十六字箴》以賜輔臣，曰：「卓爾之見，一貫之唯。學聖君子，勗哉力爲。」丙戌冬，詔纂修《大禮全書》。先是，上欲推尊二親，廷議紛紛不決。至是禮成，遂詔纂修。時詹事府詹事兼翰林院學士桂萼上疏云：「臣初起復，兄華尚存，謂臣曰：『皇上嗣統，遵祖訓也。兹者遽背初詔，以閭里立嗣禮處之，此執政之心，非大愚即大奸也。』比入京，而進士張璁主事，霍韜已言之。臣按張璁奏疏二篇，《或問》一卷，簡暢詳明，已無餘藴，特以楊廷和從中主之，大小臣工，噤不敢語。已而道路之議論，京邸之諠譁，璁獨當之，則事之始末，莫有詳於璁者。今《大禮全書》，奉命纂修，臣竊以爲此禮之成，皆折衷於皇上，顧編纂雖藉於數人，而體裁宜歸於一手。如楊一清者，特令相與參訂之，於事之本末，臣見張璁逐一所録要略，皆紀實也，仍乞下之史館，復取各衙門事關大禮卷宗而采擇之，就璁逐日所録者，因而致詳之，以成一家之言。庶一代君臣行事之迹，覈而不誣；皇上折衷取舍之功，詳而不略矣。」書成，次第録册以進。世宗覽之，謂輔臣張璁等曰：「朕思斯禮不但行於今日，實係乎萬世法，欲使明人倫、正紀綱，所關匪輕，若以《大禮全書》目之，似爲未善，遂更名《明倫大典》」云。按：《大禮要略》上下二册，張璁所撰也。六年正月，璁以是書進。有旨：「這所奏《要略》，送付史館，以備纂述。」已而璁及桂萼又增刊《大禮要略》以進。上曰：「仍送史館。」

七年戊子夏五月，《明倫大典》成。先是，上御文華殿，召大學士費宏、楊一清、石瑶、賈詠等，諭之曰：「《大禮書》未備，特命卿等纂修，傳之萬世。卿等其欽承之。」及是書成，上悦，遂命刊布天下。時宏等率諸臣進賀表云：「聖人在天子之位，作禮樂以化民；惟皇建民極之衷，本綱常以爲治。蓋道莫大乎崇本，而政必始於正名。自有天地以來，父父子子；凡爲日月所照，尊尊親親。况夫曆數在躬之君，非大夫以下之比。大人世及而不易，君子會通而能行。自夏歷殷歷周，統緒正而彝倫明；由漢至唐至宋，議論多而道德隱。魏詔起于偏安之際，濮議鼓于聚訟之餘，事拂經常，言非定論，究其流弊之滋蔓，皆緣析禮之弗精。人可違，天不可違；理既順，勢亦自順。不圖今日之盛，獲睹大道爲公。兹蓋伏遇皇帝陛下，晉明出地，離照當天。商湯肇修人紀，以至于有萬邦；虞舜察于人倫，而爲法于天下。操三重以撫世，議禮、制度、考文；秉一德以宅尊，敬天、勤民、法祖。當六龍時乘之運，正五星聚奎之期。恭握乾符，光臨璿極，遵太祖兄終弟及之訓，承憲廟子燕孫貽之謀。天與之，人歸之，四方丕應而傒志；遠有望，近無厭，萬姓蹈舞以謳歌。念嚴慈垂罔極之恩，詔臣下議尊崇之典，慨群臣之迷復，執爲後之迷文。一傳衆咻，牢不可破，以非爲是，紛然同辭。賴天理之未亡，幸忠言之屢入，人紀將墮而復振，廟謨獨斷而告成。詔定於三頒，直洗末世之陋習；禮求夫一定，聿崇昭代之嘉猷。本諸身，徵諸庶民而皆從；考於前，俟諸後世而無憾。紹武宗十有六年之紀，而兄弟之義盡；復獻帝十有五年之嗣，而父子之恩完。人倫於是乎大明，民德翕然其歸厚。都官有奕，太廟與世廟相輝；祀事孔明，大禮與大樂並作。既而聖心中啓，睿思遠圖，以人道之大經，雖明于今日；而人心之迷惑，恐誤夫後來。爰修大禮之全書，昭示明倫之大典。綸音兩降，編摩用言禮之臣；御札時頒，筆削求至當之論。蓋事必稽其實，而文必稱其情，日繫月，月繫年，綱有條而不紊；史載經，經載道，理無微而不宣。五典惇敘出于天，本天道以明人事；衆言淆亂折諸聖，執聖經以破群疑。約文敷義而旨趣自明，據事直書而邪正莫掩。凡係綱常之要領，隨加論斷以判評。一展卷而數百人之得失昭然，不逾年而千百載之典章具矣。仰籍神謨之廣運，兼承睿藻以發輝，有血氣莫不尊親，懷仁義以利君父。昔唐禮創于房玄齡之輩，秖名曰《開元》；暨宋禮成于劉温叟之儔，亦惟曰《開寶》。率沿綿蕞之舊，未免豕亥之訛，豈若揭大典以敘大倫，用以伸正氣而明正道。屬致中致和之應，彰大順大化之符。天地山川發祥，諸福畢至；歲月日時無易，百穀用成。臣等謬以職業之關，濫叨纂述之任，粤自丁亥春王之月，訖于戊子夏正之辰，才華有愧於三長，意見粗勤於一得，仰徹重瞳之覽，俯垂率土之觀。伏願皇上弘包含偏覆之仁，取其善，不録其過；擴藏垢匿瑕之量，舍其舊，俾圖其新。老老長長而恤孤，推絜矩以平天下；親親仁民而愛物，廣至德以綏萬邦。日重華，月重輪，並耀前星之慶；嶽重輝，海重潤，丕承上帝之休。」十三年甲午夏六月，命燬儒士安都所撰《十九史節定》，凡百七十卷，共成七帙。仍着法司從重擬罪。都，河南開封府大康縣人，頗涉諸史，因憤中間書法失正，輒加改釐，至是書成以進。因上表云：「於《史記》則進聖賢忠厚之名，退奸雄幸逆之列；於西漢則立隱逸節義之類，抑黨惡篡弑之儔；於《三國志》則帝蜀漢，黜曹瞞，正統猶存；於兩晉則置充昭爲弑逆，天理復明；南北朝篡君得國，惟存本號；隋楊堅挾主有位，遂削尊稱；分注武后之奸，抑本傳録於國史之末；詳記朱温之逆，其尊號致大殺君之議；削藝祖以國稱，名分爲之復正；附遼金於《宋史》，正朔因之有歸。」奏入，上怒，批旨云：「歷代史書，已有正定，安都這廝掇拾妄議,禮部參看了來說。」時尚書夏言駁奏云:「退處士而進奸雄,崇勢利而羞貧賤,此固之譏遷,已有成說。若乃紀信附高帝之紀,四皓列王貢之首,蓋事迹雖寡,名行可稱,則一傳兼收,包括已盡,並能傳之不朽,垂美無窮,豈必摽名立傳,然後其播遺烈也?諱揚雄爲危行言遜,稱荀彧爲殺身成仁,此班、范之曲筆。然《綱目》係雄于莽,而不與其卒;或之自殺,特書於曹操。至自濡須之下,則褒貶已明。寒浞已王,不聞有夏之統;昭烈猶存,遽滅炎漢之嗣,此則陳壽之《志》,怨《綱目》之所更正者也。武后不爲周紀,庸戒牝雞之晨;中宗紀在房州,書用乾侯之法,此則伊川之正論,而范祖禹之所特書者也。成濟用刃,猶嚴首惡之誅;司馬殺君,特從趙盾之例。斯並有美刺,善惡自見。杞用夷禮,貶同子爵;吴楚僭王,仍以侯稱。是蓋統有所存,名難輕假。至如江右中原,南北混淆,華壤邊民,虜漢相雜,而欲擯抑史傳,模擬聖經,謬妄滋甚。《綱目》大書甲子,分注年號,名無輕重,不相主客,其得折中之宜乎?楊堅雖挾主受禪,已成一統;朱温本篡君得國,甘比群奸。必欲昭示勸戒,莫若據事直書,篡則書名,統則稱帝。《綱目》之法,蓋猶有《春秋》之遺焉。藝祖受命,躬爲帝王,文軌大同,正朔一統,而欲削其尊號,等彼醜類,求之人情,孰云其當?遼金附紀,《通鑑》已然,猶餙煩言,祇增疣贅。過不自量,徼名當世,相應懲治,用警將來。」從之,遂獲是譴。十五年丙申,御史徐九皋疏,欲將歷代藝文志書目,參對今貯經籍，凡有不備者，行令中外士民之家，借本送官謄寫，原本給還，量優賞賚。其有志所不載及近代中外文寮山林碩學記著撰述，有裨治理者，並令搜采，解送禮部，發史館看詳校正，藏諸中秘。下禮部議，時尚書夏言奏：「仰惟皇上尊祖敬宗，右文重道，邇者恭建皇史宬，尊藏累朝寶訓、寶録，并列聖御製文集、《四書》《五經》《性理》等書，及修輯歷代全史，誠帝王希世之曠典，萬世不刊之事業也。今本官具奏，前因具見，仰贊聖謨、廣敷文治之意，合候命下移文翰林院，查秘閣所貯經籍有無缺遺不備之書，備開書目。行本部通行兩京及天下撫按衙門轉行提學官員，用心搜訪，凡藝文志所戴歷代遺書及本朝名臣碩儒所著述文集，凡有補于世教，足成一家之言者，一體收采藏貯。及奏稱欲乞陛下于便殿省閱章奏、處分政事之暇時，賜召見講讀侍從諸臣，從容諏訪，辨析經旨，亦是仰承皇上緝熙聖學，延見講官，以備顧問之意。」上曰：「書籍充棟，學者不用心，亦徒示虛名耳。苟能以經書躬行實踐，爲治有餘裕矣。此心不養以正，召見亦虛應也。」都罷。

十八年閏七月，南京禮部尚書霍韜、考功郎中鄒守益各獻圖，曰「東宫聖學」。上曰：「此册語多回隱，中含訕謗，無人臣禮，姑不罪。」

四十五年丙寅秋九月，《興都承天府志》成。先是，《承天大志》名《興都志》，癸亥春，禮科給事中丘岳疏請重修，世宗大悦，遂命翰林張居正等，搜故實于守臣，考遺文于信史，編摩付之史館,義例斷自聖心。又承天府先名安陸州,凡事迹散見于《一統志》内,至是遂命儒臣將《一統志》内摘取安陸州,采事迹,撮大要,編纂增入。書成奏上,特賜名《興都承天府志》,蓋倣兩京之制也。時禮部尚書高儀等,請以《承天大志》一部,差官獻顯陵,以昭皇上顯揚至意。從之。遂命禮部精膳司主事徐廷祼往顯陵,奉《承天大志》尊嚴寢室。仍給兩京文武百官及南北直隸府州縣並十三布政司各一部,以宣二聖功德。岳以是擢禮部侍郎。隆慶元年,以考察去。乙丑春二月十三日,《宗藩條例》成。詳《宗封》。

穆宗隆慶元年四月,重寫《永樂大典》。六年,大學士張居正進《帝鑒圖說》。是年,上以沖年初即位,居正等欲廣上問學,乃自三代漢唐迄於宋,摘其行事可法戒者若干條,各繪以像,仍爲注説以進。上嘉納之,批答云:「覽奏具見忠愛懇至,朕方法古圖治,深用嘉納,圖册留覽,還宣付史館,以昭我君臣交修之義。」按:《圖説大綱》凡二,一曰《聖哲芳規》,其目凡八十一:曰任賢圖治,曰諫鼓謗木,曰孝德升聞,曰揭器求言,曰下車泣罪,曰戒酒防微,曰解網施仁,曰桑林禱雨,曰德滅祥桑,曰夢賚良弼,曰澤及枯骨,曰丹書受戒,曰感諫勤政,曰入關約法,曰任用三傑,曰過魯祀聖,曰却千里馬,曰止輦受言,曰納諫賜金,曰不用利口,曰露臺惜財,曰遣倖謝相,曰屈尊勞相,曰蒲輪徵賢,曰明辯詐書,曰褒獎守令,曰詔儒講經,曰葺檻旌直,曰賓禮故人,曰拒關賜布,曰夜分講經,曰賞强項令,曰臨雍拜老，曰愛惜郎官，曰君臣魚水，曰焚裘示儉，曰留衲戒奢，曰弘文開館，曰上書粘壁，曰納箴賜帛，曰縱鵲毁巢，曰敬賢懷鷂，曰覽圖禁杖，曰主明臣直，曰縱囚歸獄，曰望陵毁觀，曰撤殿營居，曰面斥佞臣，曰剪鬚和藥，曰遇物教儲，曰遣歸方士，曰焚錦銷金，曰委任賢相，曰兄弟友愛，曰召試賢令，曰聽諫散鳥，曰啖梨惜福，曰燒藜聯句，曰不愛貢獻，曰遣使賑恤，曰延英忘倦，曰淮蔡成功，曰論字知諫，曰屏書政要，曰焚香讀疏，曰敬受母教，曰解裘賜將，曰碎七寶器，曰受言書屏，曰戒主衣翠，曰竟日觀書，曰引衣容直，曰改容聽講，曰受無逸圖，曰不喜珠飾，曰納諫遣女，曰天章召見，曰夜止燒羊，曰後苑觀麥，曰軫念流民，曰燭送詞臣。蓋善爲陽爲吉，故用九九，從陽數也。一曰《狂愚覆轍》，其目凡三十六：曰游畋失位，曰脯林酒池，曰革囊射天，曰妲己害正，曰八駿巡游，曰戲舉烽火，曰遣使求仙，曰坑儒焚書，曰大營宫室，曰女巫出入，曰五侯擅權，曰市里微行〔二〕，曰寵昵飛燕，曰嬖佞戮賢，曰十侍亂政，曰西邸鬻爵，曰列肆後宫，曰芳林營建，曰羊車游宴，曰笑祖儉德，曰金蓮播地，曰舍身佛寺，曰縱酒妄殺，曰華林縱逸，曰玉樹新聲，曰剪綵爲花，曰游幸江都，曰斜封除官，曰觀燈市里，曰寵幸番將，曰斂財侈費，曰便殿擊毬，曰寵信伶人，曰上清道會，

〔二〕里　底本作「果」。按：「市里微行」，漢成帝典。

曰應奉花石,曰任用六賊。蓋惡爲陰爲凶,故用六六,從陰數也。二年六月,鄖陽撫臣孫應鰲言:「及今纂修實録,宜敕六部將嘉靖四十五年聞見行事例,詳加采輯,送史館編彙,以續《大明會典》之後。」禮部覆言:「《會典》已經續修至嘉靖二十八年,以後事例,彙輯成書,以垂一代之典。」上是之。五年四月,刑科王之垣輯《承天大誌基命紀中事實》三卷,曰敬天,曰法祖,曰正心,曰修德,曰講學,曰勤政,曰任大臣,曰選庶職,曰求賢才,曰嘉直言,曰辨忠邪,曰明賞罰,曰崇節儉,曰戒玩好,曰審幾微,曰恤民隱,曰重民命,曰弭災異,曰嚴武備,總一十九目七十一條,題《基命紀録》。疏上報,留覽。九月,廣東東莞人陳建私輯《皇明資治通紀》,具載國初至正德間事,梓行四方,内多傳聞失真者。工科李貴和言:「我朝列聖實録,皆經儒臣奏請纂修,藏在秘府。建以草莽之臣,越職僭擬,已犯自用自專之罪矣。況時更二百年,地隔萬餘里,乃欲以一人聞見,臧否時賢,熒惑衆聽,若不早加禁絶,恐將來訛以傳訛,爲國是之累,非淺淺也。」疏下禮部,覆議:「請焚燬原板,仍諭史館毋得采用。」從之。

今上萬曆二十年七月,行人高攀龍奏:「四川僉事張世則奏朱程所著《大學》,專務尚博,乞行斥正。」奉旨:「程朱正學,崇尚已久,豈可輕議?近來士論玄虚,何俾實用?高攀龍所言有關世教,張士則剿襲浮言來奏,姑不究。」禮部知道。二十三年八月,禮部覆兵科給事中王士昌奏：「《春秋》一書，聖人傳心要典，匪《左氏》無以志其顛末，非胡氏無以闡其幽微。明經之士，葢兩重之顧。事實雖兼左氏，而意義則專宗胡氏者，何也？以尊王賤霸，内夏外夷，抑揚褒貶之權，寓于片言隻字之内，彼有獨契其深者在也。我國家表章六經，頒布學官，而《春秋》以胡傳爲宗。如《易》之朱傳，《書》之蔡注，有不得人異其學而師異其教。奈何邇來業經之士，穿鑿彌深，而主司之命題，支離尤甚。忠公入彀，奚啻多岐，剪毛埋頭，真同射覆。葢聖人心法大爲背馳，而胡氏之意并失之矣。士昌憤激于衷，反復辯論。欲行詞局諸臣詳校勘，擬請旨頒行遵守，誠于經學有裨。」及翰林覆議，亦痛懲穿鑿之弊，欲議禁傳合題目而于近世之隱僻杜撰者，嚴加裁革，良爲有見，相應依其所擬。今後士子習學與主司命題，以聖經爲主，而以胡傳爲宗。博古之士，熟讀《左傳》，以闡發題旨，期不失聖代表章至意。如科臣原議，如禮樂之類必《左傳》，明有知禮樂之稱；汲引朋黨之類必胡傳，明有君子、小人之辯。其他傳序、凡例牽合附會之説，如翰林所稱，指摘影響配合，或二股四股分搭者，一切概行删革。以後士子作文，敢有别生意見、吊詭鉤奇者，不得命中。而鄉會科場考試及提學官出題，有不遵奉者，仍聽本部該科參究。惟是試題不可預擬，恐士子得以揣摩查得。《四書》《易經》俱有《蒙引》等書，係本朝名儒撰述，闡發意義，羽翼聖經，而補傳注之所未備，後學誦法，有所依歸。獨《春秋》向無定主，故人號孤經,而于習學爲尤難,仍乞專敕翰林院詞局諸臣,參酌義例,不妨廣搜精采,會習諸家之大成,務求合于聖經賢傳之意,著爲《春秋正義》,刊刻成書,頒布中外。令窮經之士,知所程守,則各家之説,不禁自息矣。」奉旨:「《春秋》命題依議行,著書頒布罷。」二十四年十一月,湖廣蘄州生員李建元奏,遵奉明例訪書,進獻《本草綱目》五十卷。上命留賞。

續文獻通考·經籍考卷二

易

《易傳》 王巖叟著。巖叟，大名清平人。年十八，舉明經進士，爲文理省詞該。後張志道、于房、王涞皆有《易傳》。

《易説》十四卷 泰和蕭肅著。宰相馬廷鸞、江萬里好其書，上之。又李犍，昭信人，累官國子博士，嘗著《易説》行於世。楊炳，晉江人，淳熙中進士，所著有《易説》。又倪元、王度、羅適、趙汝談、趙彦肅、胡説、鄭思皆有《易説》。

《易解》十卷 張臣著。臣，武進人。嘉祐中舉明經。少從胡瑗游，薦爲國子監直講。王安石新法行，臣即引去，時論高之。有《易解》十卷及《文集》四十卷。又林希逸亦有《易解》。

《補注周易》 宋咸著。咸，建陽人，爲廣西曹司。歐陽修喜其文。嘗補注《周易》及揚子《法言》行世。又饒子儀，臨川人。九歲能詩，力學不倦。崇寧中，以明經行修錫命于朝。所著有《周易》《論語解》及詩文甚多。又王日體、劉牧、徐雄、曹粹中、龔原、吴淵皆有《易解》。董楷有《程朱易解》。

《易義》十卷　黄晞著。晞，建安人。少通經，聚書數千卷，學者多從之游。自號聱隅子。石介在太學，以禮聘之，晞匿不出。韓琦薦爲太學助教。

《周易發微》　吴沆著。沆，崇仁人。幼孤，事母孝。政和間，獻書于朝，不用，隱環溪。又著《論語發微》及《老子解》[一]。又徐琦有《周易發微》。

《易筌》　阮逸著。逸，建陽人。仕爲鎮東軍節度推官。

《周易通神》五卷　吴秘著。秘，字君謨，歐寧人。景祐初，中甲科。嘗嘆《春秋》三傳同異，欲作集解，因乞閒郡，除守同安。

《周易解義》三十卷　蘇伯材著。伯材，字延構，晉江人。紹聖中進士，知朝陽縣。

李椿年《易傳》十卷　椿年，浮梁人。政和進士。又《文集》十卷。

《易問》五卷　《易傳》十卷　林震著。震，字時夷，興化人。崇寧進士。攻蔡京、蔡卞，謫秘書監。

[一] 子　底本作「人」，據《四庫全書總目》卷一九五《環溪詩話》提要改。

《易傳説》 游酢著。酢，字定夫，建陽人。與兄醇俱以文行，稱爲程門高第。以進士官御史，歷知漢陽軍、和舒濠三州。

《易解義》十卷 張弼著。弼，字舜元，仙遊人。紹聖初，大臣薦，賜號葆光。又同安丘葵亦有《易解義》。

《易傳内外篇》 李綱著。綱，邵武人。少有大志。政和初，舉進士。歷仕徽、欽、高，官至宰相，以身用舍爲社稷生民安危。

《易義》 喻樗著。樗，祥符人。登建炎進士。少從龜山先生游，獨得其奥。所著又有《玉泉講解》《性理窟》。

《周易通義》《繫辭要旨》 俱洪興祖著。興祖，丹陽人。登政和上舍第〔一〕，累官直敷文閣。好古博學，至老未嘗一日去書。

《易三傳編》 陳天麟著。天麟，宣城人。天資豪爽，慷慨重義。紹興中進士，累官至翰林修撰。

《易象寶鑒》 王鎡著。鎡，池州人。爲中書舍人兼侍講。未仕時，旁郡從肄業者，常

〔一〕政　底本作「正」，據《總目》卷一四八改。

數百人。

《易老通言》《易原雍録》 程大昌著。大昌,休寧人。十歲能屬文,紹興中進士,篤學,於古今事,靡不考究。

《易學啓蒙通釋》《易餘閒記》《外翼》四卷 俱胡方平著。方平,婺源人。初,饒州德興沈貴寶、董夢程受朱文公之《易》於黄幹,而方平嘗從貴寶、夢程學,得文公源委之正。

《周易本義附録纂》 胡一桂著。一桂,方平子。穎悟好讀書,受父《易》。景定中,年十八,由鄉薦試禮部,不第,退而講學。

《周易習解》 掌禹錫著。禹錫,郾成人[一]。舉進士,試身言書判第一。以尚書工部侍郎致仕,博學多記。

《讀易管見》 邵囦著。囦,蘭谿人。淳熙間登第。教授潭州時,朱文公爲守,薦其學行。

《周易啓蔽》 楊簡著。簡,慈溪人。師事陸九淵,自爲一家學。乾道中進士,授秘書郎,累遷寶謨閣學士。學者稱爲慈湖先生。

[一] 成 應作「城」。

《周易約説》八卷　《周易或問》四卷　《周易續問》八卷　《周易指要》四卷　《學易補過》六卷　趙善湘著。善湘，字清臣，濮安懿王五世孫。慶元初進士，累官資政殿大學士。

《周易會粹》　楊明復著。明復，臨海人。操履純正，博通經籍。號浦城先生。

《易傳發微》　陳德一著。德一，字長明，舜申子。知宜州而卒。

《周易精蘊》　繆主一著。主一，永嘉人。爲大學生，嘗上書攻賈似道。宋亡，隱居教授。朱綬亦有《周易精蘊》。

《周易見一》　胡仲雲著。仲雲，高安人。幼通經史百家，入太學。寶祐初，登進士第。歷官樞密院編修。

《易玩辭》　項安世著。安世，江陵人。淳熙初進士，爲秘書正字，累官至直龍圖閣。書多行世。

《易學舉隅》　易袚著。袚，寧鄉人。淳熙中，釋褐爲翰林學士，累官禮部尚書。退閒三十年，號山齋居士，著書自娛。

《周易旨要》　代淵著。淵，導江人。性簡潔，事親孝。年四十，舉進士甲科，還家教授，累薦不起。自號虚一子。

《周易本傳》三十篇　李舜臣著。舜臣，隆州井研人。八歲善屬文，乾道初舉進士，學邃於《易》。

《學易編》五卷　李心傳著。心傳，字微之，舜臣之子。因薦賜進士出身，爲著作佐郎兼四川制置使參議官。端平元年，召爲工部侍郎。有史才，通故實，然其志常重川蜀而薄東南。所著述甚多，《學易編》其一也。

《易書乾坤別辯》　史通著。通，青州人。少與兄珣以文字知名，歷官通州尉、盤石令。有古循吏風。

《易玄神契》　葉子儀著。

《大衍詳説》　蔡西山著。

《周易訓解》　蔡淵著。淵，字伯静，元定子，號節齋。嘗謂周子「無極而太極」之説，得于「《易》有太極」之一語，《易》者變易，無體即無極之義。識者謂其發先儒所未發。

《易集注》五卷　義太初著。

《易繫集傳》　柴中行著。中行，字與之，餘干人。紹熙元年進士。

《易鑑》　陳舜申著。舜申，字宋謨，連江人。以學問淑後進，以行義率鄉里，以節操立朝廷，以義方教子孫。

《經進易解》十卷　劉翺著。翺字圖南，浦城人。爲福建教授，謂教官實風化所係，要當上不負天子，次不負州郡，下不負弟子。洪邁爲之序。

《讀易記》 仙遊陳沂著。沂，光祖之子。篤志紫陽之學。

《易學蠡測》 宋潛室曰：「故宋迪功郎、慶元府學教授魏新之著。又見先儒列卦畫爲方圓圖，乃以己意成三隅圖，曲盡妙理。門人王德先演而傳之。」

《易傳解義辨異》 袁樞著。樞，字機仲，建安人。以寶謨閣待制致仕。立朝啓沃忠諫，克盡乃職。

《易總説》 朱震著。震，字子發，邵武人。

《易雜説》 魯子良著。子良，金谿人。又著《學庸語孟解》等書。

黄宗傳《易傳》 宗傳，字景孟，寧德人。淳熙中進士。

《易疑問答》 趙善佐著。善佐，字佐卿。以宋宗室居邵武，試有司連中，授將樂丞。嘗受學於張敬夫。

《龜律易傳》 何兖著。兖，字太和，邵武人。政和進士，從程氏學，而忤於秦檜，貶竄不伸。時稱龜律先生。

《易傳參同契》 李都著。都，光澤人。名借《參同》，發明《易》道。

《易春秋》二十卷 郭緒著。緒，字天錫，浦城人。留意邵雍象數之學，兼取揚雄所著

《列山易》，以章會紀元推之，久而成書，名《易春秋》。按圖布卦，計二十萬言，釐爲二十卷，總之以圖。隆興紀元以其書上，方議推恩而卒。

《易三傳編》　宣城陳天麟著。

劉彌邵《易稿》　彌邵，字壽翁，莆田人，夙之子。學者稱習静先生。

《易傳宗》　豐城陳焕著。

《大易發微》　練來著。來，字彦本，建安人。以著書自娱。

《易象占》　周敬孫著。敬孫，臨海人。宋末爲太學生，學於金華王柏，得性理之旨。

《周易輯解》十卷　丘富國著。富國，字行可，建安人。嘗受學於朱子門人，淳祐中登第，宋亡遂不仕。

《易傳庸言》《太極三圖》　饒魯著。魯，餘干人。從黄幹游，號雙峰門人。私謚文元。

《學易蹊徑》　田疇著。疇，華亭人。嘉定間，常設講席於國學，六館之士皆北面焉。

《易管見》　衛謙著。謙，華亭人。嘗立義莊贍貧，義塾教學者。

《讀易管見》　沙縣蕭山著。

《周易説義》《周易體裁》　都潔著。

《易學説約》五篇　建安丘國著。所以發明朱氏宗旨。

《易學理窟》 艾謙著。

《周易講義》 熊禾著。禾，建陽人。宋武州司户參軍，入元不仕。學問至老不倦。

《易索書》 盧陵張汝明著。

《易圖説詳解》 鄭儀孫著。建安人，號翠屏。咸淳中，應賢良舉。明年，少帝北行，退而著書。

《衍極圖説》《易字旨要》 史彌大著。彌大，字方叔，鄞人。登鄭僑榜進士，官禮部侍郎。

《周易義説》 光澤李吕著。吕深於《易》，嘗言《易》在識時，權之以義。苟非真知義之所在，而善言變，反害於《易》矣。

《玩易手抄》 毛友誠著。

《朱子繫辭發揮》《大傳發揮》《易通發揮》《易啓蒙發揮》 何基著。基，金華人。其《自序》言：「始讀大傳《説卦》諸篇，見其淵微浩博，苦無津涯，而説者類皆汗漫不精，涣散無統。及得朱子《本義》之書，沉潛反復，恍然有會於心，洙泗微旨乃可得而尋繹。然其詞尚簡嚴，未能盡達，因徧閲《文集》《語録》諸書，凡講辨及此者，隨章條附於《本義》之後，首尾畢備，毫析縷解，疑義罔不冰釋。

《讀易記》《函古圖書》《太極衍義》《研幾圖》　金華王柏著。柏學於何基，得朱子正傳。

《周易外傳》　方逢辰著。淳安人。舉進士第一，累官國史修撰。嘗力詆鄭清之、賈似道之非，遂不復出，授徒講學，所著述甚多。學者稱蛟峰先生。

《易大傳義》　鮑恂著。恂，崇德人。嘗受《易》于臨川吴澄，學者稱西溪先生。我洪武初，嘗召至京，除文華殿大學士，輔導東宫，固辭而歸。

《易象鉤隱》　劉牧著。

《易集注》　陳允士著。

《讀易老人解説》　李光泰著。

《易經集説》　衞富益集。富益，崇德人。

《易象數解》　李直方著。

《易釋》二十卷　**《易繫詞釋》三卷**　舒津著。津，字通叟，奉化人。登景定三年進士。

《易集義》　蔣宗簡著。

《周易窺餘》　鄭剛中著。剛中，金華人。爲四川宣撫副使，秦檜怒其所行專擅，謫桂陽軍居住。檜死，復其官。謚忠懿。

《周易釋傳》 錢時著。時，淳安人。書經目輒成誦，仕爲史館檢閱。輪當面奏，敷陳剴切，後致仕。學者稱爲融堂先生。

《周易大義》《周易卦贊》 時少章著。

《易説舉要》 朱質著。

《易經講義》 張文選著。

《易演義》《象數發揮》 史公珽著。公珽，字撍叟，鄞人。堂試，公珽方弱冠，屢占前列。自號蓬蘆居士。

《易林》 胡謙著。謙，字牧之，奉化人。與弟誼師事袁燮，傳陸象山學。著《易説》《易林》若干卷。

《易象數新説》 陳樵著。

《太極易通説》 田君右著。

《易通發明》《卦贊》《重正卦氣》 鄭伉著。

《易衍》 淳安何夢桂著。夢桂，咸淳中進士，歷監察御史。宋亡不仕。

《周易啓蒙》 龍游余端禮著。端禮少讀書，過目即成誦。累官左丞相，封鄂國公。

《大易天人合旨》 姚綬著。

《讀易目録》　高煒著。

《易經指圖》十卷　**《觀頤悟言》**　王宗道著。宗道,字文貫,奉化人。嘉定元年進士,爲江西提刑幹官。

《易叢説》十卷　**《象數雜説》**　金趙秉文著。秉文,字周臣,滏陽人。幼穎悟,讀書若夙習。登大定二十五年進士。累官禮部尚書、翰林學士兼益政殿説書。

《易集説》　金張特立著。特立,字文舉,東明人。泰和中進士。

《易外傳》　元郝經著。字伯常,陵川人。

《讀易私言》　許衡著。衡,字平仲,號魯齋,河内人。嘗從姚樞于蘇門,得程朱書,慨然以道爲己任。官至中書左丞。追封魏國公,謚文正,從祀孔子廟庭。

《易圖説》二十卷　倪淵著。淵,烏程人。從學於敖繼公,動必以禮,爲湖學教授。

《易説》　陳尚德著。尚德,寧德人,自號懼齋。元時隱居不仕,其學以五經、四書爲本,學者稱石塘先生。王結,易州定興人。累官翰林學士、中書左丞。非聖賢之書不讀,非仁義之言不談,所著亦有《易説》。袁桷,慶元人,號清容居士,所著亦有《易説》。又福清黄舜祖亦有《易説》。

《周易述解》　潘迪著。迪,元城人。博學能文,歷官國子司業、集賢學士。所著又有

《六經發明》《格物類編》傳於世。

《易象鉤玄》數十卷　惠希孟著。希孟，江陰人。學博守嚴。

《周易本義通釋》　胡炳文著。炳文，婺源人。元初，爲信州書院山長。篤志諸子之學，諸子百家醫卜等書，靡不推究。

《易雜説》　吴師道著。師道，蘭谿人。幼學于金履祥。延祐間，授國子博士，以禮部郎中致仕。

《大易法象通贊》《周易記玩》　鄭滁孫著。滁孫，處州人。宋景定間進士，知樂清縣。至元末，以薦召見，累官集賢學士致仕。

《六十四卦圖説》　邵整著。整，字宋舉，福州人，清之子。

《周易通義》　黄超然著。超然，黄巖人。師事王柏，精於易學。

《周易集傳》十八卷　龍仁夫著。仁夫，永新人。博究經史，以道自任。仕元爲湖廣儒學提舉，其文詞尤奇逸流麗。學者稱爲麟洲先生。

《易傳集疏》　南昌熊凱著。凱精義理之學，以明經開塾四十餘年，時稱遥溪先生。

《易經解》　資州黄澤著。澤登進士第，生有異質，以明經學道爲志。大德中，歷兩書院山長，嘗宗程朱作《易經解》。

循吏。

《易精解》 李學遜著。學遜,邵武人,綱九世孫。博學洽聞,善天文,尤邃於《易》。

《易解説》 何逢原著。逢原,宋時嘗知嘉州,有善政,與孫松壽、宋誨、何耕稱四

《易學源流》 安福彭復,精於《易範》,嘗本朱、邵説,著爲此書。

《易義矜式》 宜黄涂溍生著。

《類易象》二卷 何中著。中,字太虚,撫之樂安人。宋末舉進士。家有藏書萬卷,手自校讐。其學弘深該博,程鉅夫、元明善、吴澄等皆推服之。爲龍興郡學師。

《大易演義》 無錫州同知上饒祝堯著。

《程朱易傳》《本義折衷》 鄱陽吴存著。

《周易備忘》十卷 藁城張延著。

《易經著録》 吴澄著。澄,崇仁人。自幼知用力聖賢之學,著述甚多。其《易經著録序》略曰:「昔在皇羲,始畫八卦,因而重之,爲六十四。當是時,《易》有圖而無書也。後聖因之作《連山》,作《歸藏》,作《周易》,雖一本諸伏羲之圖,而其取用蓋各不同焉。三《易》既亡其二,而《周易》猶存,世儒誦習,知有《周易》而已。伏羲之圖鮮或傳授,而淪落於方伎家。雖其説具見於夫子之《繫辭》《説卦》,而讀者莫之察也。至宋,邵子始得而發

揮之，於是人乃知有伏羲之《易》，而學《易》者不斷，自文王、周公始也。今於《易》之一經，首揭此圖，冠於經端，以爲伏羲之《易》，而後以三《易》繼之。蓋欲學者知《易》之本原，不至尋流逐末，而昧其所自云爾。」

《周易集説》四十卷　《纂圖》二卷　《古占法》一卷　林屋山人俞氏述其爲説，大抵祖程、邵而宗朱，古今諸儒所言之善，有弗遺也，而己意亦以附見焉。其是非取舍不合於聖人者，寡矣。

《補周易集議》　吴夢炎，歙人。至元中，爲紫陽書院山長。《補周易集議》典括蒼教，定鄉飲禮儀。

《易編》　陳櫟著。櫟，休寧人。三歲口授《孝經》《論語》，輒成誦。五歲涉獵經史，十五遂致力聖賢學，貫穿古今，著述甚富。

《大易會要》　俞琰，字玉吾，吴縣人。宋亡，隱居著書，以義理之學淑諸人，於書無不讀，尤精於《易》。述諸家《易》説百餘卷，名曰《大易會要》。

《周易直解》　胡特著。

《大易輯説》　邛峽王申子，號秋山。元季隱居岳州之慈利，著《大易輯説》。

《周易本義》　安福劉霖著。霖元季不仕。

《重正卦氣》 吾衍著。衍,字子行,仁和人。大父爲宋太學諸生,因家錢塘。衍高不仕之節,求室委巷,教小學,常數十人。通聲音律吕,工篆書。

《周易通義》十卷 黄鎮成著。鎮成,字元鎮,邵武人。甫冠,厭棄榮利事,慨然以聖賢踐履之學自勵。

《易問辯》三十卷 盧陵歐陽貞著。歷考諸家之異同,質正先儒之論議,初名《易疑》,後改曰《問辯》。歐陽圭齋爲序。

《周易直旨》 永樂十五年,仁宗在東宫時,命楊士奇纂。書成以進,賜名《周易大義》。

《周易考次》《大易按辭》 已上俱建文時臨海方希古著。

《周易參疑》 山西布政王廉頤陽著,蘇州知府況鐘刻。

《讀易》一卷 李文達著。

《讀易私記》四卷 胡端敏著。

《易經參議》 國初新喻梁州著。

《易經選注》 侍讀學士王達著。達,無錫人。

《大易傳義》 文華殿大學士鮑恂著。恂,德州人。

《易經發明》何英著。英，鄱陽人。

《易傳撮要》劉髦著。髦，永新人。永樂戊子鄉試《易》魁。

《易學會通》教諭胡璉著。璉，高安人。

《易學淵源》給事中胡易著。易，寧都人。

《易問大旨》參政汪必東著。必東，崇陽人。

《易經折衷訓蒙》太僕寺少卿劉穩著。穩，鄠縣人。

《古易訓測》尚書湛若水著。若水，增城人。

《味易餘吟》禮部郎中鄭閎著。閎，嘉定人。

《誠齋易傳》楊萬里著。

《周易參議》梁演著。

《周易解義》姜寶著。

《周易解義》二卷　徐畸著。畸，字南夫，蘭谿人。

書

《尚書小傳》邵武上官愔著。愔，政和進士。

《書辯學數》十卷　王居正,揚州人。少嗜學,游太學,司業王齊見其文曰:「王佐才也。」其學根據六經,楊時器之。

《尚書演義》　錢時著。出處見《周易釋傳》下。

《尚書解注》　進士陳文蔚著。理宗以其有益治道,詔補迪功郎。

《禹貢論》　程大昌著。大昌,休寧人。十歲能屬文。紹興中進士,以龍圖閣直學士致仕。所著又有《考古編》。

《書説》　建陽熊禾著。

《書傳通》　豐城陳焕著。

《尚書解》　王十朋著。十朋,樂清人。紹興中,廷對第一,以龍圖閣學士致仕,卒謚忠文。奉化舒津、舒涣亦有《尚書解》。

《尚書講義》二十二卷　史浩著。浩,字長卿,慶元人。孝宗時爲相。

《書説》　趙汝談著。汝談,餘杭人。淳熙中進士,佐汝愚定大策,官至刑部尚書。王宗道亦有《書説》。

《書注》　輔廣著。廣,字漢卿,崇德人。朱子高弟,學者稱傳貽先生。

《書解》　黄預著。預,字幾光,龍溪人。以直忤蔡京,貶卒。又唐仲友著。仲友,金華人。登進士第，復中宏詞科，仕至江西提刑。博物洽聞，講析經史。

《書傳》《書卓躍》 陳大猶著〔一〕。

《尚書説》 馬之純著。繆主一亦有《書説》。

《書經箋注名粗通》 趙嗣誠著。

《無逸解》 張栻著。栻，字敬夫，號南軒，魏公浚之子也。與朱文公、吕成公爲友。謚曰宣。

《禹貢辯》《洪範解》 陳埴著。

《書家説》 季守鏞著。

《書解》五十卷 福安陳經著。經，慶元中進士。嗜書成癖，啓益後學爲多。

《尚書補遺》 周敬孫著。出處見前。

《尚書釋傳》 方逢辰著。出處見前《周易外傳》下。

《尚書約義》 應鏞著。鏞，蘭谿人。登博學宏詞科，仕知開州。

《書義解》 晉江韓淳著。

〔一〕「著」下 後印本有「猶，恐是『猷』」。

《尚書暢旨》 楊明復著。出處見前。

《洪範考訂》 胡希是著。希是八歲悉通諸經，爲文有西漢風。元革命，家居著述。爲人方嚴有守，一介不苟取予。

《書經金簡》 林之奇著。之奇，侯官人。累官宗正丞。後以辭祿家居，呂祖謙嘗師之。

《渾灝發旨》 陳舜申著。

《書經洪範皇極内外篇》 蔡沈師事朱熹，熹晚欲注《書》，遂以屬沈。又元定獨得《洪範》之數，隱居九峰，未及論著，曰：「成吾書者，沈也。」沈反覆數十年，遂成《書傳》及此書。

《書説標題》 熊禾著。出處見前。

《書籍義》 徐存著。

《尚書大義》 時少章著。

《皇極説》 何基著。

《禹貢辯》 戴蒙著。

《尚書具事》 丘仲孚著。

《禹貢洪範手抄》 陳剛著。

《尚書類數》二十卷 卞大亨著。大亨，字嘉甫，其先秦州人。靖康中，調懷寧簿，隱居象山。

《尚書釋疑》十卷 胡誼著。誼，字正之，謙弟也，號觀省佚翁。

《讀書手抄》 黄宜著。

《定正武成錯簡》 牟楷著。

《尚書直音》 徐善述著。

《禹貢解》 李方子著。方子，光澤人。朱熹高弟，天資近道，自號果齋。嘉定中進士第三，累官國子録、通判辰州。

《禹貢考》 龍溪余嘉著。

《洪範統論》一卷 趙善湘著。

《洪範九圖九説》 陳伯達著。伯達，紹興中進士。學深經術。

《洪範會元》 漳浦蔡元鼎著。

《書説》三十餘卷 李相祖編。相祖，光澤人。從朱熹學，用心精切。

《書集傳》 柴中行著。

《尚書要略》　金哀宗正大間萬壽節,同知集賢院呂造進。

《尚書節文》　元明善,字復初,大名清河人。早以詩文自豪,後以太子文學事仁宗於東宮,陞翰林直學士。譯《尚書節文》以進,每奏一篇,必稱善,遂爲學士。卒謚文敏,封清河公。

《尚書表注》　金履祥著。履祥,字吉甫,號仁山。金華處士,謚文安。

《讀書傳叢説六經》　許謙著。謙,字益之,號白雲。金華處士。

《書傳纂疏》　陳櫟著。出處見前。

《書辯疑》　韓性著。性,紹興人,宋相琦八世孫。天資警敏,讀書日記萬言。及長,博綜群籍,爲文自成一家,隱居不仕。所著又有《禮記説》及《詩音釋》行世。門人私謚莊節先生。

《書傳補》十卷　何中著。出處見前。

《書傳補遺》　寧德陳尚德著。

《尚書通考》十卷　邵武黄鎮成著。

《書經講義》五百餘篇　韓信同著。信同,寧德人,别號古遺。受學於陳尚德,隱居不仕。

《書經序録》 吴澄著。

《書經通旨》 何逢原著。

《書經體要》 徐蘭著。

《洪範傳》 陳樵著。

《書傳》 于房著。

《書直解》 同安丘葵著。又晉江吕椿著。

《尚書釋疑》 胡誼[一]。

《洪範定正》 會稽胡一中著。一中深有得於王、何、吴三先生《洪範》説，摭其所長而訂正之，分經别傳，以傳附經，然後義理明白，脈絡貫通，神禹敘疇之義，燦然如指諸掌。

《尚書要略》 吾衍著。出處見《重正卦氣》下。

《尚書著》 翰林學士承旨謚文敏封魏國公湖州趙孟頫著。

《尚書標説》六卷 浦江吴萊著。本朝宋濂評其文「無愧兩司馬、劉向、王褒諸人」。萊，字立夫，號深裊山道人。

[一]「誼」下　後印本有「著」字。

《書經管見》 吉水王充耘著。

《書經一覽》 吉水周聞孫著。又有《五經纂要》《學詩舟楫》《河圖洛書序説》。

《御注尚書洪範》 洪武二十年春，太祖命儒臣講《洪範》，自爲注。

《書傳會選》 洪武二十七年，太祖以蔡氏「七政左旋」等説未當，命禮部侍郎張智及學士劉三吾等開局纂修。

《御書洪範篇及序》 宣德九年，示楊士奇等。

《尚書直旨》 永樂時徐好古作。

《武王戒書》 方希古著。

《書傳補》 右贊善陳濟著。

《書傳補正輯注》 學士朱升著。升，休寧人。

《洪範考疑》 僉都御史吴世忠著。世忠，金谿人。

《書經會通》 陳謨著。謨，泰和人。

《書經節傳》 國子司業張業著。安福人。

《書經纂義》 梁寅著。

《洪範纂要》 楊文恪著。

《禹貢詳節》 夏寅著。華亭人。

詩

《毛詩正紀外義》 宋咸著。

《詩解》二十卷 吴駿著。駿，字希遠，浦城人。元豐中登第，官至饒州通判。

《詩傳》 王巖叟著。

《家塾讀詩記》 吕祖謙著。

《詩説》 黄度著。度，新昌人。隆興進士，除監察御史。寧宗時，累官焕章閣學士。所著又有《周禮説》。曹粹中亦有《詩説》。

《讀詩臆説》十卷 王宗道著。

《詩辨學》數十卷 王居正著。

《周詩義》二十卷 茅知微著。知微，仙遊人。景祐中，龐籍以德行薦補州學教授。

《詩學發微》 楊明復著。

《詩衍義》諸書 湯建著。建，樂清人。於天文地理、古今制度，考覆精詳。

《嚴氏詩輯》 嚴粲輯。粲，字明卿，邵武人。精毛氏《詩》。

《毛詩説》 許奕著。奕,簡川人。慶元五年擢進士第一,授東川節度判官,論諫甚多,帝稱骨鯁。天資孝友,通籀隸書。

《詩膚説》 高斯得著。斯得,稼之子。紹定初進士,稼死王事於沔,無意仕進。李心傳領史事,辟爲史館檢閲。後累遷翰林學士。

《朱子詩傳附録纂》 胡一桂著。出處見前。

《詩集解傳》三十卷 高頤著。頤,寧德人,舉進士。

《詩經講義》 福安陳經著。經,慶元進士。

《詩經講解》 舒璘著。璘,四明人。乾道中,爲徽州教授。徽《詩》《禮》久不頌習,璘作《詩禮講解》,家傳人誦。

《東宫詩解》 劉爚著。爚,建陽人。與弟炳皆朱子高弟,仕至工部尚書。謚文簡。

《毛詩傳》二十卷 譚世選著。世選,茶陵人。初以尚書獻策補官,凡五薦漕臺,三爲舉首。所著又有《史評羽翼》《漢儒議論》。

《詩講議》 餘干柴中行著。

《詩考》《詩地理考》《詩辨説》《詩草木鳥獸譜》 鄞縣王應麟著。王柏亦有《詩考》。

《岷隱續讀詩記》 永嘉戴溪著。

《白石詩傳詩訓詁》 錢文子著。

《詩注》 趙汝談著。出處見前。

《詩解》 陳鵬飛著。

《誦詩訓》五卷 李心傳著。

《詩學管見》 浙錢時著。

《毛詩章句疏義》 魯世達著。

《詩講義》 喬執中著。

《詩說》 曹粹中著。

《朱公詩解》 戴亨著。

《毛詩解》 瑞安陳傅良著。傅良，瑞安人。乾道中進士，爲中書舍人，引裾諫光宗朝重華宫。官至寶謨閣待制，學者稱止齋先生。

《詩記》 方道叡著。

《毛詩説略》 余端禮著。出處見前。

《詩大義》《詩贅説》 時少章著。

《詩經訓注》 安成劉應登著。

《詩傳微》 豐城陳煥著。

《詩義解》 韓惇著。

《詩直解》 吕椿著。

《詩傳注疏》 謝枋得著。枋得，弋陽人。平生無書不讀，爲文章高邁奇絶，汪洋演迤，自成一家，學者師尊之。

《詩名物抄》十卷《詩集傳》 元金華處士許謙著。

《朱子詩傳疏義》二十卷 朱公遷著。公遷，字克升，鄱陽人。其父梧崗翁聞同郡準軒吴中行得聞朱子門人黄幹之學於廣信饒魯，往準軒學焉，於是大肆力於學，經傳、子史、百家之書，禮樂、律曆、制度、名物之數，無不貫通，而悉究之。初以遺逸，徵至京師，授翰林直學士，力辭不許。章七上，乃出爲金華郡學正。勤於著述，剖析經傳，極其精緻。

《詩國風小雅説》 福清黄舜祖著。

《詩傳通釋》 劉瑾著。瑾，安福人。博通經史，隱不仕。

《詩雜説》 吴師道著。

《讀詩傳》 沙縣蕭山著。

《詩集》三卷 王都中著。都中，福寧人，積翁子。歷仕四十餘年，清白之操得於家傳，治郡之績，雖古循吏無以尚之。

《詩經序録》 吴澄著。

《詩記》 休寧陳櫟著。

《詩經講説》 顔達著。達，江陵人。家貧力學，行義自持，不苟合於人。

《詩口義》 同安丘葵著。

《詩經發揮》 吉水楊舟授《詩經》於謝南窗作。

《詩義指南》十七卷 分寧雷光廷著。光廷家居授徒，學士程鉅夫、詹天遊皆其徒也。至元間，遣使徵拜，未幾卒。學者稱龍光先生。

《風雅遺音》 南昌熊凱著。

《詩經解頤》 豐城朱善著。字修萬，洪武中文淵閣大學士。

《選注風雅源流》 楊文恪著。

《詩經指要》《風雅逸編》 楊用修著。

《詩經演義》 梁寅著。

《詩經詳釋》 何英著。英，鄱陽人。

《詩經演疏》 陳謨著。謨，泰和人。

《詩傳通證》　贊善陳濟著。濟，武進人。

《詩經輯説》　潘文定著。

春秋

《春秋傳》二十卷　耿秉著。秉，江陰人。仕爲兵部郎中，終焕章閣待制。

《春秋傳》　王巖叟著。

《春秋新義》　家勤國著。勤國，眉山人。與蘇軾兄弟爲同門友。王安石久廢《春秋》學，勤國憤之，著爲此書。

《春秋機括》　陸佃著。

《春秋門例通解》　王鎡著。出處見前。

《左傳國語要略》十卷　《考異》三卷　沈虚中著。虚中，廣德人。舉進士，歷官吏部尚書。

《春秋經解》三十卷　《辯疑》一卷　《語》《孟説》各一卷　江琦著。琦，字全叔，建陽人。宣和中進士。

《春秋世論》　江休復著。休復，陳留人。爲人外簡曠，内行甚飭。其文章醇雅，尤長於詩，善隸書。與人交，久而彌篤。所著有文集若干卷。

《標注國語類編》 張九成著。

《春秋論》 趙瞻，盩厔人。舉進士，調孟州司户參軍，累遷同知樞密院事。所著有《春秋論》。

《左氏説》 李孟傳著。孟傳，上虞人，累官大府丞，終直寶謨閣。所著又有《雜志》九十餘卷。

《春秋正宗》 趙敦臨著。出處見前。

《春秋解》 王十朋著。楊簡、鄒補之俱有。

《春秋三傳通議》 鄞縣趙善湘著。出處見前。

《春秋集解》《左氏綱目》《左氏國語類編》 吕祖謙著。

《春秋解》三卷 蘇權著。權，字元中。淳熙進士，學於張南軒。

《春秋解》 陳謙著。謙，永嘉人。乾道中進士，累官寶謨閣待制。所著又有《永寧編》諸書。

《春秋博議》十卷 莆田鄭可學子上著。

《春秋三傳抄》 陳宓著。宓，字思復，號復齋，興化陳俊卿之子。官至龍圖閣。少從其兄同游朱文公門。

《春秋雜説》 狄斐著。斐,長沙人。舉進士甲科,累官太常少卿。篤志好爲古文,所著又有《文集》十二卷。

《春秋講義》 黄裳著。裳,劍州晉城人。幼能屬文。乾道中進士,累遷禮部尚書兼侍讀。端純孝友,每講隨事納忠。

《春秋通解》 熊禾著。

《春秋本旨》 何涉著。涉,南充人。讀書晝夜刻苦,自六經、百家及山經、地志、醫卜之術,無不精究。舉進士。長厚有操行,未嘗談人過惡。

《春秋通義》 王剛中著。剛中,樂平人。紹興間進士,孝宗朝累遷同知樞密院,卒謚恭簡。

《春秋解》 陳震著。震,字省仲,晉江人。淳熙進士。王日休亦有《春秋解》。

《春秋通解》十五卷 泉州余克濟著。王鎡亦有《春秋解》。

《春秋元經》 福州邵整著。

《息齋春秋集著》 鄞縣高閎注。

《春秋集注》 奉化舒津著。

《春秋講義》陸震發著。

《春秋通訓》《五經例宗》張大亨著。

《左傳約說百篇》黄仲炎著。

《春秋摭實》《要論》《紀要》《指南》翁夢得著。

《春秋傳解》陳琰著。

《春秋三傳要義》蔣宗簡著。

《左氏紀傳》沈括著。括，湖州人。嘉祐中進士，累官龍圖閣學士，後以光祥少卿分司潤州，卒。

《春秋講義》戴溪著。溪，永嘉人。

《春秋大旨》余端蒙著。錢時亦著。

《春秋傳顯微例目》程迥著。

《春秋捷徑》徐文鳳著。

《春秋指迷》鄭時中著。

《春秋說》洪咨夔著。

《春秋傳》許翰著。又有林希逸著。

《春秋發微》趙彦秬著。

《春秋傳紀》王綽著。

《春秋解》呂本中著。

《春秋論》徐尊生著。

《春秋三傳評》永新龍淼著。

《春秋會要》順昌廖德明著。

《春秋王伯世紀》李珙著。珙,字孟開,連江人。官國子祭酒。

《春秋集注》《春秋集傳》張文憲洽所著。

《春秋左氏事類》漳州黄穎著。

《左氏國紀》二十卷　徐得之著。

《春秋地例增釋紀年雜編》龍溪佘嘉著。

《春秋三傳會同》龍溪陳思謙著。思謙學問該博,教授後學,嘗魁鄉薦,朱文公喜之,因語門人李唐咨以女妻焉。

《春秋習説》趙涯著。涯,嘉定中進士。

《春秋尊經辯》《春秋本末説》范士衡著。士衡,豐城人。謂《春秋》説蔓衍,皆傳注害之，故作。師事朱熹，熹稱以老友。

《春秋集傳》 豐城陳友沅著。

《春秋考》十三卷 李心傳著。

《三傳會考》 慶元王應麟著。

《春秋集釋》十卷 方道叡著。道叡，浙江人。

《左傳紀事編年》 馮之純著。

《春秋注》 輔廣著。

《春秋類例》 周敬孫著。

《春秋類事始末》 章沖著。

《春秋指掌圖》 沈炎著。

《讀春秋紀》《讀國语》 王柏著。

《春秋經解指要》 薛季宣著。

《春秋精義》 吕椿著。

《春秋外傳》五十卷 **《三傳序論》《列國序論》一卷** 按：郝經《序》有曰：「河南荀宗道，嘗受學於予。時以書狀官從行，於是五年之間，講肄不輟。甲子春，宗道請傳《春秋》

又**《春秋經傳考》** 戴良著。良，金華人。少從黄溍游，英偉秀發，以文章擅名。所著又有《和陶詩》《九靈山房文集》。

《春秋按斷》 魯貞著。貞，開化人。元末隱居不仕。

《春秋本義》三十卷　《三傳辯疑》二十卷　《或問》十卷 程端學著。端學，鄞人。通《春秋》，至治中進士，仕爲國子助教，動有師法。

《春秋經旨》 黄清志著。

《春秋纂例》 李應龍著。應龍，字玉林，光澤人，郁之後。至元中，薦爲白鹿洞書院山長及漳州路教授，俱不赴。

《春秋會通》 李廉著。廉，安福人。元末以鄉魁登進士。

《春秋通義》 同安丘葵著。

《春秋諸國統記》 齊履謙著。按吴徵《序》曰：「魏郡齊履謙伯恒甫之説《春秋》，則不承陋襲，故皆苦思深究而自得，内魯尊周之外，徑書其君之卒十八國，乃分彙諸國之統記，凡二十。己所持見，各傳於經，縷數旁通，務合書法，餘事闕而不録。其義視李則明決多，其詞視吕則簡澤勝。予之所可，靡或不同，間有不同，亦求之太過，非苟言也。」

《春秋説》 戴栩著。袁桷亦有《春秋説》。

《春秋管見》 田君右著。

《春秋義宗》一百五十卷 高元之著。元之，字端叔，鄞人。集《春秋説》三百餘家，號義宗，悉本經旨。

《春秋旨要》十二卷 王惟賢著。惟賢，字思齊，鄞人。嗜學博覽，與弟惟義皆以儒名。

《春秋大義》《左氏君子議》《春秋透天關》 楊惟禎著。

《春秋比事》 劉希賢著。

《三傳歸一義》三十卷 張樞著。樞，浙之東陽人。

《補春秋繁露》 章樵著。

《春秋中的》 張復著。

《春秋建正辯》 牟楷著。

《春秋世變圖》二卷 《春秋傳授譜》一卷 浦江吴淶著。出處見前。

《春秋類傳》 邛峽王申子著。

《春秋編類》十二卷 宋景濂曰："「宣城梅致和著，辯其世變，要其指歸，蓋得之於研精者。惜與《耕稿》十卷俱毁於兵。」

《春秋本末》 洪武十二年，太祖命傅藻等纂録。首周，次齊魯諸國，後吴楚，附以《左氏傳》，列國始終秩然有序。

《春秋集解》《春秋大義》 馮翼翁著。翼翁，永新人。舉進士試《蝌蚪賦》有名，官至撫州守。

《春秋直旨》《春秋要旨》 俱新淦金幼孜著。由進士至武英殿大學士，謚文靖。

《左氏補注》《春秋屬詞》《春秋集傳》《左氏師説》 俱洪武初休寧趙汸著。

《春秋辯疑》 夏尚著。慈谿人。

《春秋志疑》十八卷 胡端敏著。

《春秋考義》 梁寅著。

《春秋提要》 知廉州府饒秉鑑著。秉鑑，廣昌人。

《左傳擷英》 何喬新著。

《春秋正傳》 湛若水著。

《春秋考》《胡傳辯疑》 翰林侍講張以寧著。以寧，古田人。

《春秋左傳注解辯訣》《春秋國華》 嚴訥著。訥，常熟人。

續文獻通考·經籍考卷三

禮

《儀禮議》《夏正士禮儀略舉要》各十卷　陸佃著。佃，山陰人。所著又有《禮記解述》《禮新説》《大裘議》。

《類注儀礼》　黄士毅著。士毅，字子洪，莆田人。朱文公命日觀一書，夜叩所見，告以静坐勿雜，唤醒勿昏。居數月，授以《大學章句》，終其身從事於斯。

《儀禮解》　葉味道著。味道，温州人。嘉定中進士，理宗訪問朱熹門人，使者以味道對，授大學博士兼崇政殿説書。

《儀禮合抄損增》　高斯得著。出處見前。

《儀禮集説》　敖繼公著。

《儀禮逸經》八篇　吴澄纂次。《序》曰：「漢興，高堂生得《儀禮》十七篇。後魯共王壞孔子宅，得古文《禮經》於孔氏壁中，凡五十六篇。河間獻王得而上之，其十七篇與《儀禮》正同，餘三十九篇藏在秘府，謂之《逸禮》。哀帝初，劉歆欲以列之學官，而諸博士不肯置對，竟不得立。孔、鄭所引《逸禮·中霤禮》《禘於太廟禮》《王居明堂禮》，皆其篇也。唐初猶存，諸儒不以爲意，遂至於亡，惜哉！今所纂八篇，其二取之《小戴記》，其三取之《大戴記》，其四取之鄭氏注《奔喪》也，《中霤》也，《禘於太廟》也，《王居明堂》也。固得《儀禮》三十九篇之四，而《投壺》之類，未有考焉。疑古禮逸者甚多，不止於三十九也。《投壺》《奔喪》篇首與《儀禮》諸篇之體如一，《公冠》等三篇雖已不存此例，蓋作記者删取其要以入記，非復正經全篇矣。《投壺》大、小戴不同，《奔喪》與《逸禮》亦異，則知此二篇，亦經刊削，但未如《公冠》等篇之甚耳。五篇之經文，殆皆不完，然實爲《禮經》之正編，則不可以其不完而擯之於記也。故特纂爲《逸經》，以續十七篇之末。至若《中霤》以下三篇，其經亡矣，而篇題僅僅見於注家，片言隻字之未泯者，猶必收拾而不敢遺，亦我愛其禮之意也。」

《儀禮傳》十篇　吴澄纂次。《序》曰：「按《儀禮》有《士冠禮》《士昏禮》，《戴記》則有《冠禮》《昏禮》；《儀禮》則有《鄉飲酒禮》《鄉射禮》《大射禮》，《戴記》則有《鄉飲酒義》《射義》，以至於《燕》《聘》，皆然。蓋周末漢初之人作以釋《儀禮》，而戴氏抄以入記者也。今以此諸篇，正爲《儀禮》之傳，故不以入記，依《儀禮》編次，粹爲一篇，文有不次者，頗爲更定。《射義》一篇，迭陳天子、諸侯、卿大夫、士之射，雜然無倫，釐之爲《鄉射義》《大射義》二篇。《士相見義》《公食大夫義》則用清江劉氏原父所補，並因朱子而加考詳焉。於是《儀禮》之經，自一至九，經各有其傳矣，惟《覲義》闕然。《大戴·朝事》一篇，實釋諸侯朝覲天子及相朝之禮，故以備覲禮之義，而共爲傳十篇云。」

《周官講義》十四卷 史浩著。

《周禮總説》 喬行簡著。行簡，東陽人。紹熙進士，端平間累官左右丞相。

《補正古周禮》 胡一桂撰。

《校古禮釋文》一卷 **《釋誤》三卷** 張淳著。

《周禮説》 馬之純著。

《周禮通解》 聞人宏著。

《周官辯略》 徐焕著。

《禮經會元》 葉時著。時，仁和人。與朱文公相友善。累官至龍圖閣學士。謚文康。所著又有《竹野詩集》。

《禮經纂要》 周昌著。

《周禮總義》《周禮釋疑》 易祓著。

陳戒叔《周禮解》 漳州陳兢著。兢,字戒叔,紹興進士。龍溪余嘉亦有《周禮解》。

《周禮辯學》 王居正著。

《周禮解義》 漳州黄穎著。

《周官辯疑》 德興董濬著。

《周禮集解》 興化黄鍾器之著。

《周禮辯》一篇 金楊雲翼著。雲翼,字之美,樂平人。初學語,即畫地作字,日誦數千言。登明昌五年進士第一,累官翰林學士。

《周官考正》 吴澄纂次。其《序》曰:「《周官》六篇,其《冬官》一篇闕。《漢·藝文志》序列於禮家後,名曰《周禮》。文帝嘗召至魏文候時老樂工,因得《春官》大司樂之章。景帝子河間獻王好古學,購得《周官》五篇,武帝求遺書,得之,藏於秘府,禮家諸儒皆莫之見。哀帝時,劉歆校理秘書,始著於《録》《略》,以《考工記》補《冬官》之闕。歆門人河南杜子春能通其學,鄭衆、賈逵受業於杜,漢末馬融傳之鄭玄,所注今行於世。宋張子、程子甚尊信之,王文公又爲《新義》,朱子謂此經周公所作,但當時行之恐未能盡,後聖雖復損益可也。至若肆爲誹詆訾毁之言,則愚陋無知之人耳。《冬官》雖闕,今仍存其目,而《考工記》别爲一卷,附之經後云。」

《周禮纂言》 吴當著。當，澄之孫。通經史百家，官翰林學士。

《周禮補亡》 丘葵著。葵，同安人。刻志爲學，不求人知，自號釣磯翁。取五官中錯簡成書，因名「補亡」。

《周官考》三卷 臧夢解著。夢解，鄞人。宋末進士，仕元，至廣東廉訪使。博學洽聞，爲時名儒，嘗著座右四銘以自儆。士大夫稱之曰魯山先生。

《倣周禮書》一卷 諸暨王冕著。倣《周禮》而爲之，秘不使人觀。嘗撫卷曰：「吾未即死，持此遇明主，伊、吕事業不難期也。」

東陽二何君《周禮義》一卷 内舍生何夢申與弟參知政事夢然所作。各一首，皆近道之言。五世孫觀光裝褫成卷，宋潛溪題而藏之。

《王制井田圖》 阮逸著。

《禮記》《公羊》《穀梁》等疏 舒雅編纂。雅，旌德人。好學，善屬文，所纂又有《文苑英華》。

《禮記解》二十卷 何述著。述，字明道，浦城人。登元豐進士第，以徽猷閣待制知永興軍。

《禮記纂義》 蘭溪應鏞著。

《禮記解》 龍溪黄樵仲著。又有晉江吕椿著。

《禮經類説》 余復著。復,寧德人。光宗初,策士大庭,覽復所對,曰「余復直而不訐」,擢第一。後入史館,兼實録檢討。

《集解小戴記》 岳珂著。珂,飛之孫也。

《月令解》十二篇 張虙著。虙,慈溪人。仕于理宗朝,嘗謂《月令》雖出於吕不韋,而王者後天以奉天時,此書不可缺,乃爲《月令解》十二篇以進。

《考工記解》[一] 林希逸著。

《禮記注》 何炎著。

《王制章句》 陳埴著。

《禮辯》二十三卷 井研李心傳著。

《禮義解》 韓惇著。

《禮問》三十卷 興化林震著。

《三禮發微》 趙敦臨著。敦臨,奉化人。紹興進士,爲承議郎。

[一] 考工記解 底本無,據後印本補。

禄寺丞致仕。

《禮論》一篇　章望之著。望之，得象子。志氣宏放，長於議論。初爲校書郎，後以光

寧宗時，朱熹《乞修三禮劄子》曰：「臣聞六經之道同歸，而禮樂之用爲急。遭秦滅學，禮樂崩壞。漢晉以來，諸儒補輯，竟無全書，其頗存者，三禮而已。《周官》一書，固爲禮之綱領；至其儀法度數，則《儀禮》乃其本經；而《禮記·郊特牲》《冠義》等篇，乃其義疏耳。前此猶有三禮、通禮、學究諸科。禮雖不行，而士猶得以誦習而知其說。熙寧以來，王安石變亂舊制，廢罷禮儀，而獨存《禮記》之科，棄經任傳，遺本宗末，其失已甚。而博士諸生又誦虛文以供應舉，其間亦有因儀法度數之實而立文者，則咸幽冥而莫知其源。一有大議，率用耳學臆斷而已。若乃樂之爲教，則又絶無師授，律尺短長，聲音清濁，學士大夫莫有知其説者，而不知其爲闕也。故臣頃在山林，嘗與一二學者考訂其說，欲以《儀禮》爲經，而取《禮記》及諸經史雜書所載有及於禮者，皆以附於本經之下，具列注疏，諸儒之説，略有端緒。而私家無書檢閱，無人抄寫，久之未成。會蒙除用，學徒分散，遂不能就。而鍾律之制，則士友間亦有得其遺意者，竊欲更加參考，別爲一書，以補六藝之闕，而亦未能具也。欲望聖明特詔有司，許臣就秘書省大常寺閲借禮樂諸書，自招舊日學徒十數人，假空閒官屋數間，與之居處，令其編類。雖官人亦不繫銜請俸，但乞逐月量支錢米，以給飲食、紙札、油燈之費。其抄寫人，即乞下臨安府差撥貼司一二十餘名，候結局日，

量支犒賞，别無推恩。則於公家甚無費用，而可以興起廢墜，垂之永久，使士知實學，異日可爲聖朝制作之助，則斯文幸甚，天下幸甚。」

《二禮祭祀述略》 資州黄澤著。

《伊洛禮書補亡》 永嘉陳傅良著。

《祭禮》十四卷 **《家禮雜説附注》二卷** 楊復著。復，字志仁，信安人。受業朱文公之門。

《集解踐祚篇》 四明王應麟著。

《禮記解》 顔棫著。棫，字叔堅，永春人。淳熙中，以上舍釋褐，累官至吏部尚書。

邵囦、范鍾、方慤、劉爚、楊炳皆有《解》。

《周禮禮記注》 餘杭趙汝談著。

《禮記義》 戚衮著。

《戴記心法》 徐畸著。畸，蘭谿人，號南夫。

《禮記通考》 繆主一著。

《禮記正義》一卷 鄭樸翁著。温州人。

《禮講解》 奉化舒璘著。

《禮記集説》 陳澔著。澔，都昌人，號雲莊。潛心禮學。

《禮學舉要》《禮學從宜》 仙遊鄭鼎新著。鼎新，嘉定中登第，從黄幹、楊復游。

《明堂訓解》 姚舜仁著。

《喪禮》 黄宜著。

《冠昏記》 錢時著。

《禮典》三卷 遼重熙十五年，詔翰林都林牙蕭韓家奴曰：「古之治天下者，明禮義，正法度。我朝世有明德，雖中外嚮化，然禮書未作，無以示世卿。可與庶成酌古準今，制爲禮典。事或有疑，與南北院同議。」家奴乃博考經籍，自天子達庶人，情文制度可行於世，不謬於古者，撰成三卷，進之。

《纂修儀禮雜録》四百餘卷 金世宗時，命禮部尚書張暐等，參校唐宋故典沿革，開詳定所以議禮，設詳校所以審樂，統以宰相精學術者。至明昌初，書成，凡事物名數，支分派别，珠貫棋布，井然有條，炳然如丹。後衛紹王大安中楊雲翼等重校，名《大金儀禮》。

《禮例纂》一百二十卷 **《諸禮記録》若干卷** 金張行簡著。行簡，字敬甫，日照縣人，暐之子也。大定十九年進士第一，仕至銀青榮禄大夫。

《太常集禮》 元李好文著。好文，東明人。至治間，爲翰林國史院編修。上言祖宗建國以來，每遇大禮，皆臨時綿蕞，因出架閣文牘，以成此書。

《雜禮纂要》數十卷　惠希孟著。希孟，江陰人。學問該博。

《雜書纂述》　胡炳文著。炳文，婺源人。元初爲信州山長，篤志朱子之學。

《三禮説》　蕭𣂏著。𣂏，奉元人。博極群書，及門受業者甚衆，稱爲醇儒。

《三禮旁注》　韓信同著。出處見前。

《三禮敘録》　吴澄纂次。其《序》曰：「《儀禮》十七篇，漢興，高堂生得之，以授瑕丘蕭奮，奮授東海孟卿，卿授后蒼，蒼授戴德、戴聖。大戴、小戴及劉氏《别録》所傳十七篇，次第各不同，尊卑吉凶，先後倫序，惟《别録》爲優，故鄭氏用之，今行於世。《禮經》殘缺之餘，猶有此十七篇爲完書，以唐韓文公尚苦難讀，況其下者乎？自宋王文公行新法，經義廢黜，此經學者益罕傳習。朱子考定《易》《書》《詩》《春秋》四經，而謂三禮體大，未能緒正，晚年欲成其書，於此至惓惓也。《經傳通解》乃其編類草稿，將俟《喪》《祭禮》畢而筆削焉，無禄弗逮，遂爲萬世之闕典。澄每伏讀，而爲之惋惜。竊謂《樂經》既亡，經僅存五，《易·彖傳》本與《繫辭》《文言》《説卦》《序卦》《雜卦》諸傳共爲十翼，居《上》《下經》二篇之後者也，而後人以入卦爻之中。《詩》《書》之序，本自爲十篇，居國風雅頌、典謨誓誥之後者也，而後人以冠各篇之首。《春秋》三經三傳，初皆列行。《公》《穀》配經，其來已久，最後注《左氏》者，又分傳以附經之年。何居夫傳文、序文與大經混淆，不惟非所以尊經，且於文義多所梗礙，歷千數百年而莫之或非也，莫之或正也。至東萊吕氏，於《易》始因晁氏本定爲經二篇，傳十篇；朱子於《詩》《書》各除篇端《小序》，合而爲一，以寘經後。《春秋》一經，雖未暇詳校，而亦别出左氏經文，併以刊之臨漳。於是《易》《書》《詩》《春秋》悉復夫子之舊。五經之中，其未爲諸儒所亂者，惟二《禮經》，然三百三千不存，蓋失之久矣。朱子補其遺闕，則編類之。初不得不以《儀禮》爲綱，而各疏其下，脱稿之後，必將有所科别決，不但如今稿本而已。若執稿本爲定，則經之章也，而以後記、補記、補傳分隷於其左也，與《彖》《象傳》之附《易經》者，有以異乎？否也。經之篇也，而以傳篇、記篇、補篇錯處于其間也，與《左氏傳》之附《春秋經》者，有以異乎？否也。夫以《易》《書》《詩》《春秋》之四經，既幸而正，而《儀禮》之一經，又不幸而亂，是豈朱子之所以相遺經者哉？徒知尊信草創之書，而不能探索未盡之意，亦豈朱子之所以望後學者哉？嗚呼！由朱子而來，至於今將百年，然而無有乎爾。澄之至愚不肖，猶幸得以私淑于其書，是以忘其僭妄，輒因朱子所分禮章，重加倫紀，其經後之記，依經章次秩敘其文，不敢割裂，一仍其舊，附於篇終。其十七篇次第，並如鄭氏本，更不間以他篇，庶十七篇正經，不至雜揉二戴之記中。有經篇者，離之爲逸經。禮各有義，則經之傳也。以戴氏所存兼劉氏所補，合之而爲傳。正經居首,逸經次之,傳終焉,皆別爲卷,而不相紊。此外悉以歸諸戴氏之記,朱子所輯,及黄氏《喪禮》,楊氏《祭禮》,亦參伍以去其重複,名曰「朱氏記」,而與二戴爲三。凡周公之典,其未墜于地者,蓋略包舉而無遺,造化之運不息,則天下之所秩,未必終古而廢壞。有議禮制度考文者出,所損所益,百世可知也。」

《校正小戴記》三十六篇　吴澄序次。《序》曰:「漢興,得先儒所記《禮書》三百餘篇,大戴氏删合爲八十五,小戴氏又損益爲四十三,《曲禮》《檀弓》《雜記》分上下,馬氏增以《月令》《明堂位》《樂記》,鄭氏從而爲之注,總四十九篇。精粗雜記,靡所不有,秦火之餘,區區掇拾,所謂存十一於千百,雖不能醇然,先王之遺制,聖賢之格言,往往賴之而存。第其諸篇出于先儒著作之全書者無幾,多是記者旁搜博采,勦取殘編斷簡,會粹成篇,無復詮次,讀者每病其雜亂而無章。唐魏鄭公爲是作《類禮》二十篇,不知其書果何如也,而不可得見。朱子嘗與東萊先生吕氏商訂三禮篇次,欲取《戴記》中有關于《儀禮》者,附之經,其不係於《儀禮》者,仍别爲記。吕氏既不及答,而朱子亦不及爲,幸其大綱存於文集,猶可考也。晚年編校《儀禮經傳》,則其條例與前所商訂,又不同矣。其間所附《戴記》數篇,或削本篇之文,補以他篇之文,今則不敢,故止就本篇之中,科分節别,以類相從,俾其上下章文義聯屬,章之大指,標識於左,庶讀者開卷瞭然。若其篇第,則《大學》《中庸》,程子、朱子既表章之，以與《論語》《孟子》並而爲四書，固不容復廁之禮篇。而《投壺》《奔喪》，實爲禮之正經，亦不可以雜之於記。其《冠義》《婚義》《鄉飲酒義》《射義》《燕義》《聘義》六篇，正釋《儀禮》，别輯爲傳，以附經後矣。此外，猶有三十六篇，曰通禮者九：《曲禮》《内則》《少儀》《玉藻》通記大小儀文，而《深衣》附焉，《月令》《王制》專記國家制度，而《文王世子》《明堂位》附焉。曰喪禮者十有一：《喪大記》《雜記》《喪服小記》《服問》《檀弓》《曾子問》六篇記喪，而《大傳》《問傳》《問喪》《三年問》《喪服四制》五篇則喪之義也。曰祭禮者四：《祭法》一篇記祭，而《郊特牲》《祭義》《祭統》三篇則祭之義也。曰通禮者十有二：《禮運》《禮器》《經解》一類，《哀公問》《仲尼燕居》《孔子閒居》一類，《坊記》《表記》《緇衣》一類，《儒行》自爲一類，《學記》《樂記》其文雅馴，非諸篇比，則以爲是書之終。嗚呼！由漢以來，此書千有餘歲矣，而其顛倒糾紛，至朱子始欲爲之是正，而未及竟，豈無望于後之人歟？用敢竊取其義，修而成之，篇章文句秩然有倫，先後始終頗爲精審。將來學禮之君子，於此考信，其有取乎？非但爲戴氏忠臣而已也。」

《校正大戴記》三十四篇 吴澄序次。《序》曰：「按《隋志》，《大戴記》八十五篇，今其書闕前三十八篇，始三十九篇，終八十一，當爲四十三篇，中間第四十三、第四十四、第四十五、第六十一四篇復闕，第七十三有二，總四十篇。據云八十五篇，則末又闕其四，或云止八十一,皆不可考。竊意大戴類萃此記,多爲小戴所取,後人合其餘篇,仍爲《大戴記》,已入《小戴記》者,不復録,而闕其篇。是以其書冗泛,不及小戴書甚,蓋彼其膏華,而此其查滓爾。然尚或間存精語,不可棄遺。其或小戴重者,《投壺》《哀公問》也。《投壺》《公冠》《諸侯遷廟》《釁廟》四篇,既入《儀禮》逸經。《朝事》一篇,又入《儀禮》傳。《哀公問》,小戴已取之,則於彼宜存,于此宜去。此外猶三十四篇,《夏小正》猶《月令》也,《明堂》猶《明堂位》也,《本命》以下,雜録事辭,多與《家語》《荀子》《賈傳》等書相出入,非專爲記禮設,《禮運》以下諸篇之比也。小戴文多綴補,而此皆成篇,故其篇中章句,罕所更定,惟其文字錯誤,參互考校,未能盡正,尚以俟好古博學之君子云。」

《禮記纂言》 吴澄著。

《禮記集義》 陳櫟著。櫟,休寧人。致力聖賢之學,涵濡玩索,貫串古今。

《禮記説》 韓性著。又黄舜祖著。

《禮記集説》四十九卷 彭絲著。絲,安福人。父應龍,弟齊叔,父子兄弟自相師友,俱以著述爲業。

《喪禮服制考》 豫章周成大著。

《禮經約》 楊維禎著。維禎,諸暨人,舉進士,爲江西提舉,元亡不仕。

《大禮記》數卷 張宏圖著。宏圖，字巨濟，福清人。以宋朝記禮者多訛舛，因著此書。

《三禮考注》 康宗武著。康孫當足成。

《周禮考次》 方希古著。

《儀禮戴記附著》《考定深衣古制》 黄潤玉著。

《深衣考》 夏言著。

《周禮集注》 何椒丘著。

《檀弓叢訓》 楊用修著。

《禮記節疏》 司業張業著。業，安福人。

《禮記正訓》 鎮江知府劉績著。績，江夏人。

《周禮定本》 修撰舒芬著。芬，進賢人。

《周禮注解》 刑部尚書何喬新著。喬新，南城人。

《三禮訂疑》 尚書湛若水著。若水，增城人。

《儀禮逸經》十八篇 劉有年著。于永樂中上之。

《禮記類禮》《周禮考注》 梁寅著。

《周禮集説》 浦陽宋濂著。

續文獻通考·經籍考卷四

論語學庸孟子　孝經五經總解

《論語義》十卷　湯起巖著。起巖，貴池人，允恭族姪。知營道縣，有清名。秩滿歸，擇居寶峰，治小圃爲樂。所著又有詩五十卷。

《論語發微》　吴沆著。沆，崇仁人。幼孤，事母孝。政和間獻書，不用，歸隱環溪。

《論語孟子略解》　邵武上官愔著。

《論語解説》十卷　邵武李綱著。

《論語會議》　胡憲著。憲，字厚仲，安國從子，號藉溪先生。卒謚靖廉。

《論語詳説》　胡寅著。寅，安國子，登進士。靖康初，召爲校書郎。又從楊時學，累遷起居郎。

《論語童蒙説》　柴中行著。

《編次論語》　陳琰編。

《論語解》 饒子儀著。喻樗、徐存、王十朋、高元之、湯建皆有。

《論語集義》 朱文公集。

《論語注義問答》 陳宓著。

《論語傳》 楊簡著。

《論語注》《孟子注》 趙汝談著。

《論語大意》十卷 《大學解》十卷 《中庸約説》一卷 《孟子解》十四卷 趙善湘著。

《論語口義》二十卷 史浩著。

《論語紀蒙》《孔子家語集》《孟子紀蒙》 陳耆卿著。

《論語本旨》 姜得平著。

《論語衍義》《論語通旨》《孟子通旨》 王柏著。

《論語説》 馬之純著。

《論語大義》《論語贅説》 時少章著。

《論語纂》 葉由庚著。

《論語約説》《大學説》 薛季宣著。

《晦菴論語語類》 潘墀著。

《論語訓蒙》俞傑著。

《論語外書》戴良輯

《石鼓論語問答》《麗澤論語集》戴溪著。

《論語傳贊》《中庸集傳》錢文子著。

《論語指要》任士林著。士林,字叔實,自蜀綿竹徙奉化。至大中,爲安定書院山長。

《論語問答略》吴英著。英,字茂實,邵武人。紹興進士,從學朱熹。

《論語類觀》黄鍰著。

《論語講義》吕本中撰。

《論語意源》鄭汝諧著。汝諧,青田人。累官知信州,孝宗以威而能惠褒之。

《論語講義》林子奇著。出處見前。

《論孟解》黄宙著。宙,晉江人。第進士,居鄉講授,門人多登科,石起宗其一也。

《東淵論孟講義》龍溪王遇著。

《家塾編次論語》李舜臣著。出處見前。

《論孟俗解》李興宗著。興宗,臨江人。舉進士,早有雋聲。仕至國子博士,以清節著。號謙齋。

《論語解》 許翰著。

《論語講説》 沙縣蕭山著。

《論語十説》 吴棫著。棫，字才老，建安人，時號通儒。所著又有《考異》《語解》。

《論語集説》 孔元龍著。

《論孟會編》《洙泗遺編》 樂平丞相馬廷鸞著。

《論孟記聞》《學庸纂述》《學庸十一圖》 餘干饒魯著。元吴澄跋其書曰：「先生於學究夫天人，於教動則以善，可謂有功名教者。」

《論孟遺稿》 光澤李郁著。

《論語孟子解》各十卷　《中庸説》一卷 金趙秉文删集。

《論語孟子考證》 金華儒士金履祥著。門人東陽許謙《序》之曰：「聖賢之心，盡在《四書》，而《四書》之義備于朱子。顧其立言，辭約意廣，讀者惟得其粗，而不能究其義。或以一偏之致，自異而不知，未離其範圍，世之詆訾貿亂、務爲新奇者，其弊正坐此耳。此金先生考證之所由作也。」

陳沂《大學論語説》 沂，字伯溓，光祖之子。

《論語人物志》 莆田黄季全纂。

《孔子集》 薛搜編。

《論語集義》一卷 王鶚著。鶚,曹州東明人。幼聰悟,日誦千言。金哀宗時狀元,世祖即位,首授翰林學士承旨,知制誥,典章制度皆所裁定。所著又有《應物集》《汝南遺事》。

《論語本意》《中庸大學章旨》 鄭奕夫著。奕夫,字景允,鄞人。清之曾孫,嘗爲浮梁州教授。

《大學中庸論語解》 喻樗著。樗,建德人。少慕伊洛之學,受業於楊時,建炎中登進士,累官工部員外郎。

《大學中庸注釋》 方逢辰著。出處見前。

《大學説》《中庸致用書》 何夢桂著。出處見前。

《大學中庸輯略》 石敦著。敦,新昌人。與朱熹爲友,號克齋。

《中庸大學解》 陳孔碩著。孔碩,字膚仲,侯官人,韡之父也。居官有循吏風。

《中庸解》三卷 熊節著。節,字端操,建陽人。十歲讀《易》,日誦一二卦。即知問難,至通曉而後止。累官通直郎,致仕。

《中庸解》 徐存著。曾貞亦著。

《大學中庸發揮》 何基著。

《中庸講義》 鄭霖著。

《大學集傳》 樂平馬端臨著。

《大學稽疑》 何希是著。又有《太極圖説》《史傳集論》，詳見前。

《大學中庸章句箋注》 建安鄭儀孫著。

《大學講義》 吴季子著。季子，字節卿，邵武人。酷學能文。寶祐四年進士，官至國子監丞，號裕軒。

《中庸大學講稿》 晉江黄必昌著。

《大學衍義》 真德秀著。德秀，浦城人。四歲受書，過目成誦。慶元中登進士，學以朱文公爲宗，慨然以斯文自任。

《大學廣義》《四書標題》 元熊禾著。

《大學直説》 許衡著。

《中庸章旨》二卷 黄鎮成著。

《大學章句疏義》 金履祥著。

《學庸通旨》　黄潤著。

《大學審明》《中庸提綱》　陳華著。

《大學補略》　傅淳著。

《孟子解義》　尤溪周諝著。諝，熙寧進士。不行王安石新法而歸，時稱爲周夫子。

《孟子指要》　朱文公著。

《孟子解》　袁甫著。甫，燮子。學於楊簡，以斯道自任。

《孟子指義》　傅子雲著。子雲，金谿人。學以明善知本爲先，言行動中規矩。

《孟子大義》《孟子贅説》　俱時少章著。

《孟子通義》　葉夢得著。夢得，湖州人。建炎中，以尚書左丞遷崇慶軍節度。

《刺刺孟》　金劉章著。

《孟子權衡遺説》五卷　東平李昶著。

《四書管見》　錢時著。出處見前。

《四書大學講義》《四書説》　葉味道著。出處見前。

《四書管窺》　胡仲雲著。仲雲，高安人。通經史百家，寶祐中進士。又著《六經蠡測》《歷代遺論》《宋朝政論文集》三十卷。

《四書講義》　吴昌裔著。昌裔得程頤、朱熹諸書，研繹不倦。舉嘉定進士，歷官寶章閣待制，致仕。

《薛公四書講義》　薛大猷著。大猷，湯陰人。蚤中甲科，隱居教授，學者多宗之。邵大椿、李應龍亦有《四書講義》。

《四書纂釋》　安福劉霖著。

《四書箋義》　南昌趙德著。

《四書新説》　李序著。

《四書家説》　季守鏞著。

《四書輔注》　宋綬著。

《四書易編》　牟子才著。

《四書考義》　趙欽成著。

《四書訓解》　張文選著。

《四書指要》二十卷　鄭樸翁著。

《四書約説》　趙新著。

《四書纂疏》　趙順孫著。

《四書詳説》王廉著。

《四書問答》崇德輔廣著。

《四書考證》崇德衛富益著。

《四書衍義》丘潮著。

《四書集解》陳舜申著。

《四書集成》童伯羽著。伯羽,字蜚卿,甌寧人。朱文公扁其樓曰「醉經」,堂曰「敬義」。鄉人稱敬義先生。

《四書説約》華亭田疇著。

《四書集注附録》祝洙著。洙,穆之子也。

《四書口義》陳淳著。淳,字安卿,龍溪人。得朱文公《近思録》,遂棄舉子業而學焉。融貫義理,洞見條緒。學者稱北溪先生。

《四書遺説》莆田黄績著。

《四書講稿》莆田黄仲元著。

《四書精要》三十卷　劉因著。因,保定容城人。天資絶人,日記千百言,過目即成誦。隱居教授,師道尊嚴,弟子造其門者,隨材教之,皆有成就。所居扁曰「静修」,學者稱爲静修先生。

《四書辯疑》 孟夢恂著。

《四書集解》 寧德陳尚德著。

《四書解説》 何逢原著。

《四書管窺》又《管窺外編》 史伯璿著。伯璿，平陽人。精究《四書》，得朱子之旨。

《四書述義》 朱謐著。

《四書備遺》 天台陶宗儀著。

《四書提綱》 胡一桂著。

《四書纂類》 蔣允汶著。

《四書疑義篇》 牟楷著。

《四書通辯》 陳綱著。

《四書圖》 吴成著。

《續四書叢説》二十卷 許謙著。出處見前。

《四書約説》四篇《四書通旨》六卷 金華朱公遷著。出處見前。

《四書日講》 同安丘葵著。

《四書闡疑》　真定詹思著。

《四書圖解》　林起宗著。

《四書表義》　杜本著。本，清江人。沉静寡欲，於天文地理、律吕度數，無不通究，尤工篆隸。所著又有《六書通編》《十原》等書。屢召不起，爲世所尚，學者稱爲清碧先生。

《志學指南》《心學淵源》二圖　俱林起宗著。起宗，内丘人。自幼力學，嘗從劉因游，深得道學之旨。既而教授於鄉，後學多宗之。嘗著《大學》《論語》《孟子》《中庸》諸圖解及《志學指南》《心學淵源》二圖，發明《魯菴家説》等書。

《四書辯疑》《大學指掌圖》　俱胡炳文著。出處見前。

《四書章圖總要》　婺源程復心著。會輔氏、黄氏之説而折衷之，章爲之圖，圖爲之説，故以名書。

《四書發明》　陳櫟著。出處見前。

《四書輯釋》　倪士毅著。出處見前。

《四書一貫》數十卷　黄清老著。清老，邵武人。天資穎悟，五歲日記數千言。泰定中，舉進士，署官翰林編修。

《四書拾遺》　南樂張淳著。

《四書箋惑》《大學章句纂要》《四書述義通》 俱蔣玄著。宋景濂曰：「玄饒於貲産，脱去華靡，聚書萬卷，致力其中。」

《四書講稿》 晉江傅定保著。

《語孟旁通》 桂瑛著。瑛，字文玉，霸州信安人。金將亡，避地河南緱氏山中。世祖時召見，欲大用，辭疾歸。天曆中，贈資德大夫、翰林學士、上護軍，追封魏國公，謚文獻。

《大學中庸雙説》 上猶黄文傑著。倣許魯齋《直講》，補完之者。又有《文獻稿》《郡學志》。

《古本大學注》 王文成公守仁著。

《四書詳説》 蒲、霍二州學正曹端著。

《四書心法》 無錫侍讀學士王逵著。

《四書解義》 常熟修撰張洪著。

《學庸心法》 郟縣左春坊贊善李希顔著。

《四書因問》 高陵禮部侍郎吕柟著。

《學庸問答》 新建興國司訓郭昇著。

《四書釋要》 鄱陽何英著。

《學庸通旨》　金谿僉都御史吴世宗著。

《皇王大學通旨》　宜春劉迪簡著。

《四書蒙引》　提學副使蔡清著。清，晉江人。

《四書詳説》　山西布政王廉熙陽著。

《小學辯惑》　僉事陳祚著。祚，吴縣人。

《小學集解》　常熟副都御使吴訥著。

《小學旁注》　休寧學士朱升著。

孝經

《古文孝經序贊》　洪興祖著。出處詳前。

《孝經注》《六經講義》　俱胡子實著。

《孝經解》　何初著。方逢時亦著。

《孝經傳贊》　胡一桂著。

《孝經義疏》《畫孝經圖》一卷　俱李孝光著。孝光，樂清人。少博學篤志，隱居教授。

至正中，徵受秘書監，以文章負名。所著又有《孝經義疏》〔一〕。

《孝經衍孝編》 陳少愚著。少愚，青陽人。少好學，博通群書。

《孝經章句》 吴澄著。都昌馮椅亦著。

《孝經圖解》 林起宗著。

《孝經注》 許衡著。

《孝經集注》 光澤李應龍著。

《志孝六篇》 晉江錢褒著。

《孝説》 袁甫著。詳見前。

《孝經旁訓》 華亭沈易著。

《孝經新説》 浦陽宋濂著。

經解總

《七經中義》百七十卷 劉彝著。彝，懷安人。幼從胡瑗學，善治水。第進士，爲朐山

〔一〕所著又有孝經義疏 後印本無此八字。

令，凡所以惠民者，無不至。邑人紀其事，目爲治範。

《周易洪範中庸解》　俱鄭耕老著。耕老，字穀叔，興化人。紹興中進士，以「道理最大」一言講述於孝宗前，親擢國子監主簿。

《經辯》四十九篇　泰和蕭楚著。楚紹聖時游太學，胡銓其門人也。

《諸經講義集解》　危稹著。字逢吉，臨川人。淳熙十四年進士，官著作郎，知漳州。

《諸經講義》若干卷　寧都胡野著。

《五經講義》　餘干饒魯著。

《雜著經説》　姜少虞作。

《嘉定講經稿》　錢時著。

《諸經補蒙》　季嶅著。

《五經問難》　陳剛著。

《經傳雜志》　陳宗儒著。

《五經論》　車卿著。

《六經圖》　葉仲經著。

《諸經釋疑》　王士奇著。士奇，字永叔，福安人。嘗書其門曰：「立行孰先惟孝弟，傳家有後是《詩》《書》。」

《六經問答》 唐懷德著。

《魯經章句》 王柏著。

《五經疏義》 孔維著。維，雍丘人。乾德中，以九經及第，爲國子博士，累遷國子祭酒。

《詩書禮易直解》 晉江陳研著。研，乾德中進士也。

《講義》五卷 沙縣羅畸著。從彦從兄弟也。

《經説》三十篇 楊汝南著。汝南，字彦侯，龍溪人。擢紹興進士，爲廣州教授，摭《詩》《禮》《中庸》《春秋》四旨，以授學者，仍表進於朝。

《六經解》 唐仲友著。仲友，金華人。登第中宏詞科，博聞洽識，講析經史。

《六經集傳》 樂平馬廷鸞著。

《易周禮説》 永春黄以翼著。

《九經輯義》五十卷 分寧雷光霆著。

《六經辯疑》 晉江梁南一著。

《五經解疑》 鄭君老著。君老，字邦壽，長溪人。咸淳四年進士，家居孝友，學者宗師之。卒,私謚曰靖節先生。

《九經解》 黄補著。補,字季全,莆田人。滔之後,官高要縣尉。

《書春秋周禮説》 林之奇著。之奇,字少穎,侯官人。力攻王安石之學,由宗正丞提舉閩舶參帥議致仕。號拙齋。

《尚書詩禮春秋闕言》 黄君俞著。君俞,字廷僉,莆田人。宋初,以大臣論薦召試舍人院,除國子監直講。

《詩解》《中庸語孟解》 龍溪黄櫄著。樵仲弟也。

《五經講義》 徐存著。

《易詩書論語輯説》 都昌馮椅著。

《易書通解》《五經日記》 德興王葵著。

《易詩書雜説》 吴師道著。師道,浙江人。

《春秋語孟注》 鄒補之著。補之,浙江人。

《易書詩解》《中庸發題》共五十卷 長溪孫龍坡著。

《群經滯穗百篇》 宋藻著。藻,字去華,興化人。紹興中擢第。孝宗時召對,凡四敷陳,移時,以勁直褒之。後奉祠歸,講學里社。

《兼山語解》 黄永存著。永存，字堅叟，邵武人，中美第四子。紹興中登第。其孫大昌隱德不仕。

《經書訓義》 薛季宣著。

《詩解》《春秋解》《語孟師説》《中庸説》 沙縣羅仲素著。

宋叔履《易禮記詩解》 宋叔禮，字叔履，龍溪人。泰嘉中，知潮州海陽縣。

《五經辯疑》 南昌趙德著。德，宋宗室也。隱居浙之東湖。

《詩易春秋解》 林萬頃著。萬頃，字叔度，福清人。同縣人夏良規有《六經語孟解》。

《易詩論語後漢曆志解》各一卷 高元之著。

《六經考》 金馬定國著，又嘗著《石鼓辯》萬餘言，大要謂以字書考之，是宇文周時所作，出入傳記，引據甚明。

《大學尚書口義》三十卷 元熊禾著。

《易書論語説》 仁壽虞剛簡著。

毛方山《六經解》 毛璞著。璞，瀘州人，號方山子。

《五經思問》 真定詹思著。思，少穎異，博極群書。泰定初，以遺逸徵召，尋辭歸。後官至江東廉訪使。

《易春秋學而述解》《六經發明》　元城潘迪著。

《陳氏經解》　陳樵著。

《七經補注》　陸正著。正，浙人。

《五經鈐鍵》　楊維禎著。

《詩經演義》　王廉熙陽著。

《群經類要》　洪武六年，命孔克堅、劉基、林温等注釋。

《五經》《四書》及《性理大全》　永樂十三年，命胡廣等于傳注之外，諸儒議論有相發明者，增附其下，至是成，頒中外。

《經集格言》　王恕著。恕，字宗實，三原人。正統戊辰進士，官吏部尚書、太子太保。卒贈左柱國、太師，謚端毅。

《五經疑辯録》　成化中禮部右侍郎周洪謨著。奏進，憲宗以紛更舊録，不準。

《經書補注》　黄潤玉著。

《易象》《春秋傳説》　崔文敏著。

《升菴經説》《經書指要》《經義模範》　楊用脩著。

《五經集録》　薛惠著。

《五經説》 禮部侍郎吕柟著。柟，高陵人。

《五經通旨》 國子祭酒王敕著。敕，歷城人。

《五經解義》 修撰張洪著。洪，常熟人。

《五經心義》 王崇慶著。

黄預《書解》 預，字機先，龍溪人。以直忤蔡京，貶卒。

《春秋精義》《詩書直解》《禮記解》 俱晉江吕椿著。

《易解》《春秋傳》《考工記解》 林希逸著。希逸，字樸翁，福清人。官終中書舍人，號獻齋。

《學易編》《誦詩訓》《春秋考》《禮辯》 俱井研李心傳著。

《孝經圖解》《四書圖解》 内丘林起宗著。

《易春秋二經解》 九江黄澤著。澤以明經學道爲志，嘗爲景星書院山長。

續文獻通考·經籍考卷五

樂律

《太平雅頌》十篇　葛宫著。宫，江陰人。善屬文。舉進士，授中正軍掌書記。上《太平雅頌》十篇，真宗嘉之。

《樂論》十二篇　《鍾律制議并圖》三卷　倶阮逸著。逸，建陽人。仕爲鎮東軍節度推官。景祐初，與胡瑗倶召赴闕，命同校鐘律，分造鐘磬各一簴。皇祐中，更鑄太常鍾磬，又召瑗、逸與近臣、太常官議於秘閣，遂典作樂事。

《柳耆卿樂府》　柳永著。永，崇安人。景祐中，第進士。工詞章，尤善樂府。范鎮嘆曰：「仁宗四十年太平，鎮在翰苑，不能出一語詠歌，乃于耆卿見之。」

《古樂府》　潘昉著。昉，閩縣人。端平初進士，對制策，語最直，時論韙之。

《樂論樂器圖》《樂律》　沈括著。出處見前。

《紹興樂府》十二章　宋翔著。翔，字子飛，崇安人，爲張浚十客之一。韋太后既歸，獻《紹興樂府》十二章。

《黄鍾律説》八篇 彭絲著。

《胡氏律論》 按熊朋來《序》曰："上古造律，其次聽律，其後算律。《虞書》《周禮》有聽律之官，無算律之法。六觚一掘，自秦柱下史得此書，以行於漢，至今惟班、馬猶可徵。其餘言上下，生意同，甄漢中以禮運旋宫，著在《算術》，因除如法，而不免承《後漢志》之誤。《後志》誤於京氏準法，《禮記疏》亦與《吕氏春秋》《淮南子》同一説，是上下生且不定，何以算律哉？律吕各自爲法，則乾坤六體之序定矣；同位娶妻，隔八生子之象著矣；倍因四因，一損一益之算均矣。若曰自子至午，上生者七；自未至亥，下生者五。既非子午中分，使丑牛連并上生，而三吕用倍之意荒矣。《後志》十二律之實，雜以算法，而算家輒因仍用之。以蕤賓、夷則、無射四因二除，爲大吕、夾鐘，中吕之算，非律生吕算例矣。甄氏能辯其終於南吕之非，而不自知襲用《後志》之誤也。或謂大吕爲六吕之首，從《後志》則大吕得算爲多，是不然。陽得當位，陰得對衝，律生吕，自林鍾始，非先林鍾也，乃所以先大吕也。十二宫終於中吕，非中吕之窮也，當應鍾之次也。是故天統以黄鍾，人統以太簇，地統宜以大吕，而以林鍾。抗林鍾於大吕之位，所以配黄鍾而毋太簇，則大吕、夾鍾、中吕在未酉亥之次，皆從下生之。算入吕則加倍，有律之半，所以必有吕之倍也，知此則上下生之誤不足辯。用倍者其本法，不用倍者，算家取疾約法，其實一也。若四清二變，昔者固亦疑之。李照、范景仁不能争，況陳暘以下，託之空言乎？樂器惟瑟有十二清，而四清在其中，不能通行於他器也。吾觀中吕黄鍾之交，知聲音有出於度數之外者，無射之商，夷則之角，夾鍾之羽，中吕之徵，若彈絲吹竹，擊拊金石，聲音至此流轉自若也。算家以中吕求黄鍾，殫其術而不能合乎十七萬七千一百四十七之算，有以倍數四因之者，則三分之不盡，二算而虧數已多；有以正數四因之者，則亦一算不行而虧數且過半矣。三分不行之算，既未有以處之，紀其餘力不盡之處，持未定之算而謂之黄鍾變律，又推以爲林鍾、太簇、南吕之變，甚者託名執始，不自信其爲黄鍾。縱使人得以窺算術之涯涘，而黄鍾流行諸律，本無間斷也。算法之起，殆因律管有長短，此算家因律以命術，非律命於算也。猶之方田焉，田生五穀，豈知我爲圭箕弧環？律以和聲，豈知我爲正變倍半？皆算家命之耳。故曰：古之爲鍾律者，以耳齊其聲，後人不能，始假數以正其度，雅樂之不可興，聲音之學不傳也。古者，自小學已教之六樂九數，今耄且罔知，豈惟算律哉？若字音之學，於儒者事最近，而喉脣二音，宫羽異説，羽有喻母，而或以從角音；徵有知母，而或以從商音；矧曰其有能協于皇極之律吕哉？昔西山蔡氏固疑《吕氏春秋》《淮南子》非本法，本法則三吕用倍矣。此書謂黍命於律，律不命於黍，吾於《算法》亦云。又謂空圍九分，乃算家内周，非空中空九分也。律有半，吕有倍，使用半、用倍、用正、用變，各有倫理，凡以羽翼蔡氏之書，非求異也。當與《本原》《辯證》並傳，無所事雅樂則已，倘有志於制作，將於是乎證焉。先生深於卦象、聲韻，非止算律也，姑以是傳世，亦賢於漢中太守矣。」

《樂律考》 陸正著。

《九歌譜》《十二月樂辭譜》 吾衍著。宋濂氏曰：「衍，杭人也。意氣簡傲，不爲公侯屈色，通聲音律吕之學。善倣李賀詩，工隸書，尤精於小篆。所著書有《道書授神契》《説文續解》《石鼓注》《楚文音釋》《閒中編》《竹素山房詩》，世多傳之。

《樂府補題》 仇遠、唐珏等，俱有此書。

《擬古樂府》《麗則遺音》 俱楊維禎著。

《宋鐃歌鼓吹曲》 謝翱著。

《李東陽樂府》 東陽，長沙人。大學士。

《樂府類編》《楚漢正聲》 浦陽吴萊著。

《西溪樂府》 姚寬著。

《雍熙樂府》 楚府刻。

《草堂詩餘》 集古名人詞調。

《明農軒樂府》　殷士儋著。

《和稼軒詞》　寧德陳汝玉著。

《琵琶記典》　瑞安高明著。因友人有棄妻而婚於貴家者，作此記以感動之。思苦詞工，夜深時燭焰爲之相交，至今猶爲詞曲之祖。其餘傳記，俱涉淫詞，不載。

小學

《論語童蒙説》　餘干柴中行著。

《韻補》一部　吴棫患《字學》訛誤，作此。朱文公據其説，以協三百篇之音。

《女學》《字義詳講》　陳淳著。門人陳沂等嘗録其語，號《筠谷所聞》《瀨山所聞》《金山所聞》，皆淳書也。

《北溪字義辯正》　戴亨著。

《淳化法帖刊誤》二卷　邵武黄伯思校。

《史學蒙求箋注》　建安鄭儀孫著。

《蒙訓》《小學紺珠》《小學諷詠》《補注急救章》　王應麟著。

《告蒙》　虞復著。

《童子習》 朱逢吉著。

《事偶語韻》 凌緯著。

《學訓》 王洪具著。

《小學題辭》 林起宗著。

《六書内外篇》 季守鏞著。

《書學指南》 唐懷德著。

《説文俗解》 吾衍著。

《書義矜式》 王充耘著。充耘，吉水人。舉進士，同知永新軍。

《書學纂要》 袁德年著。

《墨林考》《爾雅六義》《正始之音》《闔學》 俱王柏著。

《九書辯》 牟楷著。

《增注禮部監韻》 毛晃著。晃，江山人。宋時閉門著書，留意字學，《增注禮部監韻》傳世。

《韻類》 周弁著。

《小學詳斷》 蔣捷著。捷，武進人。入元不仕。平生多所著述，一以義理爲主。《小學詳斷》發明旨趣爲多。

《訓兒録》 曹淇著。

《韻會》 黄公紹著。公紹，字直翁，號在軒，邵武人。大昌之子。

《韻海》 鄭介夫著。介夫，開化人，號鐵柱。性剛直敢言。至大間，嘗獻策于朝，頗行其言。仕終金谿縣丞。

《華夏同音》 杜本，字伯原。所編《五聲韻》自大小篆、分隸、真、草及外番書、蒙古新字，靡不收録。所著又有《六書通編》。

《小學闕疑》 韓準，字公衡，沛縣人。登進士第。

《六書統》《六書析源》《書學正韻》 俱楊恒著。恒，兖州人。成宗時，官至秘書少監。又奉敕撰《儀表録曆日序》。

《字綜》二卷 浦江柳貫著。貫善楷法，工篆籀。京兆杜公本謂其妙處不減李陽冰。所著又有《文集》若干卷，金石竹帛遺文若干卷。

《竹山上人集韻》 括蒼劉氏曰：「余初來杭時，識竹山上人於祥符戒壇寺。因語及聲音之學，而出其所爲書，則集凡天下之音聲，比其開發收閉之類，而各使相從。凡有聲而無字者，咸切而注之。審音以知字，因母以識子，如指其掌也。上人爲歌詩，清越有理。」

《韻原》六十卷 東陽貞節處士蔣玄著。

《讀書工程》 慶元程端禮著。國子監頒示，郡邑校刊，爲學者式。

《纂韻録》 黄玠著。玠，字伯成，定海人，震之曾孫。卜築嘉興弁山，號弁山小隱，與趙文敏、黄文獻相友善。

《書史會要》七卷 宋景濂曰：「天台陶九成宗儀，自清年精究六書之法，備知字文相生之意，乃辯析古文、篆籀、分隸、行書諸家異同，并載其人而附見焉。先之以帝王，次之以名臣，又次之以材士大夫。起自三皇，迄於國朝，凡名一善者，悉具録之，其事核，其論確而有徵，皆徧采史傳及前修所著書，不復以其議參乎其間也。史以記事，此書記歷代之善書者，故名書史。」

《小學口義》 龍溪黄樵仲著。預子也。

《小學入門》 南昌熊凱著。

《小學標題駁論》 蕭𣂏著。所著又有《三禮説》《九州志》《勤齋文集》。

《小學日記切要故事》 虞詔纂集。

《韻會定正》 前太常博士孫吾與著。洪武二十三年刊。

《洪武正韻》 洪武八年，命學士樂韶鳳等校正。

《古今書苑》 王世貞著。世貞，太倉人。

《直音篇》 正統間，嘉定章道常本《正韻》編習。又著《韻學集成》。

《六書精藴》 魏校著。校，崑山人。

《轉注音略》《古音叢目》《古音獵要》《古音復字》《古音駢字》《古音附録》《墨池瑣録》《書品》《詞品》《六書索隱》《六書練證》《古文韻語》《古韻詩略》《説文先訓》《韻藻》 楊用修著。

《篆書考正辯僞》 寧海王方塘仲芳著。

《韻府群玉》 陰幼遇集。

《韻府群玉掇遺》 華亭錢全袞著。

《字系》 浦陽柳貫著。

儀注

《四時祭享禮》 山陰杜衍著。

《士冠士婚饋食圖》 趙彦肅著。

《高士送終禮》 瑞安陳傅良著。

《冠婚喪祭圖》楊明復著。臨海人，號浦城先生。

《明堂定制圖》姚舜臣著。

《内外服制》車經臣著。

《太常志》夏正著。

《墨莊祭儀》臨江劉清之著。

《儀禮圖》十四帙　信安楊復著。

《冠服奠享儀注》黄學著。學，字上文，惠安人。嘉定戊辰進士，教授全州時著。

《大明集禮》本朝洪武三年成，凡五十三卷。

《禮制集要》洪武二十八年成。

《憲綱》洪武四年，命御史臺擬，凡四十條。

《禮儀定式》洪武二十年，太祖命禮部尚書李原名等著。詳前「内府書」。

《祭酒禮儀注》侍郎謝鐸著。

《家禮儀節》瓊山丘濬著。

《禮廷合藁》景泰中，衍聖公孔承慶著。

《士儀禮略舉要》十卷　夏言著。

《明倫大典》　嘉靖丙戌年,命儒臣費宏、楊一清、桂萼纂修,凡二十四卷,初名《大禮全書》。

《議禮成典》　嘉靖十五年,廖道南言:「臣纂修《議禮成典》,自天地、日月、神祇、帝王、社稷、禘祫、先師、先農諸禮,分類成書。首冠祀壇圖址、宸翰詩歌,中禮儀樂、器樂、舞樂,章末諸王表箋、群臣疏頌,咸自聖裁。今九廟肇成,謹撰《禋頌》九章上獻。」上以其書畀史館。

史　正史

《五代會史》二十卷　耿秉著。出處見前。

《唐志》二十一卷　王沿著。沿,館陶人。舉進士,累官龍圖閣直學士。好建明當世事。所著又有《文集》二十卷。

《唐史記》七十五卷　孫甫著。甫,陽翟人。少好書,日誦數千言。舉進士,累官右正言。時事多所建明,官至天章閣待制。所著又有文集七卷。

《續唐書》若干卷　永新龍焱著。理宗謂其扶持正統,得邵雍《皇極經世》之學。

《南北史》三十卷　金蔡珪著。珪,字正甫,真定人。中進士,仕至濰州刺史。合沈約、蕭子顯、魏收《宋》《齊》《北魏志》成此書。

《續後漢書》九十卷 郝經《自序》曰：「晉平陽侯相陳壽，故漢吏也，漢亡仕晉，作《三國志》，以曹氏繼漢，而不與昭烈，稱之曰蜀，鄙爲偏霸僭僞，於是統體不正，大義不明，紊其綱維，故稱號議論，皆失其正。哀帝時，滎陽太守習鑿齒著《漢晉春秋》，謂三國蜀以宗室爲正，魏雖受漢禪，尚爲簒，晉平蜀而漢始亡。上疏請越魏繼漢，以正統體，不用。宋元嘉中，文帝詔中書侍郎裴松之采《三國》異同，凡數十家，以注壽書，補其缺漏，辯其舛錯，績力雖勤，而亦不能更正統體。歷南北、隋唐、五季，百有餘歲，列諸三史之後，不復議爲也。宋丞相司馬光作《通鑑》，始更蜀曰漢，仍以魏紀事，而昭烈爲僭僞。至晦菴先生朱熹爲《通鑑》作《綱目》，黜魏而以昭烈、章武之元繼漢，統體始正矣。然而本史正文，猶用壽書。經嘗聞縉紳先生餘論，謂壽書必當改作，竊有志焉。中統元年，詔經持節使宋，告登寶位，通好弭兵。宋人館留儀真，不令進退，乃破稿發凡，起漢終晉，以更壽書，作表紀傳，録諸序議贊。十二年夏五月，借書於兩淮制使殷應雷，得二《漢》《三國》《晉書》，遂作正史，以裴注之異同，《通鑑》之去取，《綱目》之義例，參校刊定，歸於詳實，以昭烈纂承正統，魏、吴爲僭僞。十三年十月，書成，年表一卷，帝紀二卷，列傳七十九卷，録八卷，共九十卷，號曰《續後漢書》。奮昭烈之幽光，揭孔明之盛心，祛操、丕之鬼蜮，破懿、昭之城府，千載之蔽，一旦廓然矣。」

《遼史》本記三十卷志三十一卷表八卷列傳四十六卷　《金史》本記一十九卷志三十九卷表四卷列傳七十三卷　《宋史》本記四十七卷志一百六十二卷表三十二卷列傳世家二百五十五卷　至正二年，中書右丞相脱脱等同史臣纂修。楊維禎《宋遼金正統辯略》曰：「自我世祖皇帝立國史院，嘗命承旨百一王公修《遼》《金》二史矣。宋亡，又命詞臣通修三史矣。延祐、天曆間，屢勤詔旨，而三史卒無成書者，豈不以三史正統之議未決乎？其議未決者，豈不以宋渡于南之後，拘於遼金之抗于北乎？吾嘗究契丹之有國矣，自灰牛氏之部落始廣。其初枯骨化形，戴豬服豕，荒唐怪誕，中國之人所不道也。八部之雄，至於阿保機披其黨而自尊，迨耶律光而其勢寖盛。契丹之號立于梁真明之初，大遼之號後改於漢天福之日。自阿保機訖于天祚，凡七主，歷二百一十有五年。夫遼固唐之邊夷也，乘唐之衰，草竊而起，石晉氏通之，且割幽燕以與之，遂得窺釁中夏，而石晉氏不得不亡矣。議者以遼承晉統，吾不知其何統也？再考金之有國矣，始於完顔氏，實又臣屬于契丹者也。至阿骨打苟逃性命於道宗之世，遂敢萌人臣之將而簒有其國，僭稱國號於宋重和之元，相傳九主，凡歷一百一十有七年。而議者又以金之平遼克宋，帝有中原，而謂接遼宋之統，吾又不知其何統也？議者又謂完顔氏世爲君長，保有肅慎，至太祖時，南北爲敵國，素非君臣。遼祖神册之際，宋祖未生，遼祖比宋前興五十餘年，而宋嘗遣使卑辭以告和，約爲兄弟，晚年且遼爲翁、宋爲孫矣。此又其説之曲而陋也。天之曆數自有歸，代之正閏不可紊，千載曆數之統，不必以承先朝、續亡主爲正，則宋興不必以膺周之禪，接漢周之閏爲統也。朱子《綱目》於五代之年，皆細注於歲之下，其餘意固有待於宋矣。有待於宋，則直以宋接唐統之正矣，而又何計其受周與禪否也？中遭陽九之厄，而天又不滅其社稷，瓜瓞之系，在江之南，子孫享國，又凡百五十有五年。金泰和之議，以靖康爲游魂餘魄，比之昭烈在蜀，則泰和之議，固知宋有遺統在江之左矣，而金欲承其絶爲得統，可乎？好黨君子遂斥紹興爲僞宋，吁，吾不忍道矣！張邦昌《迎康邸之書》曰：『由康邸之舊藩，嗣宋朝之大統，漢家之厄十世而光武中興，獻公之子九人而重耳尚在，兹惟天意，夫豈人謀？』是書也，邦昌肯以靖康之後爲游魂餘魄而代有其國乎？邦昌不得革宋，則金不得以承宋，是後宋之與前宋，則東漢、前漢之比耳，而又可以僞斥之乎？此不得以南渡爲南史也明矣。且世祖平宋之時，有『過唐不及漢，宋統當絶，我統當續』之喻，是世祖以曆數之正統歸之於宋，而以今日接宋統之正者自屬也。故私著其説，爲宋、遼、金正統辯，以俟千載《綱目》之君子云。」

初，世祖立國史院，首命王鶚修《遼》《金》二史。宋亡，又命史臣通修三史。延祐、天曆之間,屢詔修之,以義例未定,竟不能成。至正三年,命脱脱爲都總裁,鐵木兒塔識、張起巖、歐陽玄、吕思誠、揭傒斯爲總裁官修之。或欲如《晉書》例,以宋爲世記,而遼、金爲載記;或又謂遼立國先於宋五十年,宋南渡後常稱臣於金,以爲不可。待制王理者,祖謝端之説,著《三史正統論》,欲以遼、金爲北史,太祖至靖康爲宋史,建炎以後爲南宋史。一時士論,非不知宋爲正統,然終以元承金、金承遼之故疑之,各持論不決。詔遼、金、宋各爲史,凡再閲歲,書成上之,凡舉例、論贊、表奏,多玄屬筆云。

按謝端《辯宋遼金正統》有曰:「正閏之論,端雖不敏,請以本末言之。夫耶律氏,自唐以來,世爲名族。延及唐末,朱温篡唐,四方幅裂,遼太祖阿保機乘時而起,服高麗諸國,并燕雲以北數千里,與朱梁同年即位,是歲丁卯至丙子,建元神册,在位二十年。其子德光嗣位,是歲丁亥,唐明宗天成二年也,德光後號太宗。當天顯十一年,河東節度使石敬塘爲清泰帝來伐,遣使求救于遼,奉表稱臣,仍以父禮事之。太宗赴援,因以滅唐,石氏稱晉,遂以燕雲十六州獻於遼,仍歲貢帛三十萬疋。天福七年,晉高祖殂,出帝嗣位,大臣議奉表稱臣,告哀于遼。景延廣請致書稱孫而不稱臣,與遼抗衡。太宗舉兵南下會同,九年入汴,以出帝爲負義侯,遷黄龍府,石晉遂滅。大同元年,太宗北還,仍以蕭幹留撫河南,劉知遠在河東,乘間而發,由太原入汴,自尊爲帝。及乎宋受周禪,有中原一百六十餘年。遼爲北朝，世數如之，雖遼之封域偏于宋，較其兵力，而澶淵之戰，宋幾不守，因而割地連和，歲貢銀絹二十萬兩疋，約爲兄弟，仍以世序昭穆。降及晚年，遼爲翁，宋爲孫。及至天祚，金太祖舉兵平遼克宋，奄有中原三分之二，子孫帝王，坐受四方朝貢百有餘年。今以劉、石等比之，愚故不可不辯也。夫劉淵、石勒皆晉之臣庶，叛亂國家，以臣伐君，縱能盜據一隅，僭至姚泓，終爲晉將劉裕所虜，斬建康市，兹作載記，理當然也。完顏氏世爲君長，保有肅慎，至太祖時，南北皆爲敵國，素非君臣。若如或所言，金爲載記，未審《遼史》復如何爾？方遼太祖神册之際，宋太祖未生，遼祖比宋前興五十餘年已即帝位，固難降就五十年之後，包於《宋史》爲載記，其世數相懸，名分顛倒，斷無此法。既遼之世際，宋不可前，則金有中原，尤難别議。以公論處之，據五代相因，除莊宗入汴復讐伐罪，理勢可觀外，朱梁篡逆，甚於王莽；石晉因遼有國，終爲遼所虜；劉漢自立，父子四年；郭周廢湘陰公而立，以五代之君通作《南史》，内朱梁名分，猶恐未應。遼自唐末保有北方，又非篡奪，復承晉統，加之世數名位，遠兼五季，與前宋相次而終，當爲《北史》。宋受周禪，平江南，收西蜀，白溝迤南，悉臣於宋，傳至靖康，當爲《宋史》。金太祖破遼克宋，帝有中原百餘年，當爲《北史》。自建炎之後，中國非宋所有，宜爲《南宋史》。」端，遂寧人。

《續後漢書》七十三卷　《刊定三國志》六十五卷　張樞著。樞，金華人。聰慧爽朗，於書無所不讀，嘗譏宋高宗忘親事仇，而不爲定復兩宫之計。宋室遺老存者，無不慨歎。所著二書，是非予奪，悉有論著，名曰《訓志》，藏於宣文閣。

史

《資治通鑑舉要補遺》一百卷　胡安國著。

《宋朝長編綱目》　太學生陳均編類。理宗以其有益治道，詔補迪功郎。

《徽宗長編》　高斯得著。

《帝王經譜》　熊克著。克，建陽人。紹興中進士。博學强記，著述外無他事。

《通鑒外紀》《十國紀年》　高安劉恕著。

《帝王曆數》　王柏著。

《續大事記》　孫德之著。

《通鑑前紀》　金華戴良著。

《歷代帝纂要譜括》　孫應符著。

《皇朝大事記》《治迹要略》　吕中著。中，字時中，晉江人。淳祐中進士，嘗言「人能正心，則事不足爲；人主能正心，則天下不足治」。晚徙汀州，卒。

《帝正紀年通録》 南安李沂集。

《左氏國語史記年紀》 徐夢莘著。莘，清江人。百家過目成誦。紹興中，舉進士。安貧樂分，官至通直郎致仕。所著又有《柳江志》。

《歷代史年表》二十卷 張紱著。紱，清江人。强記博覽，爲文敏而純粹。紹興中舉進士。

《續通鑒長編》 張沿著。沿，清江人。從朱熹學。嘉定初，舉進士，累遷著作佐郎、直秘閣。平生用力於敬，聞一君子進用，則喜見顔色。

《宋編年備要》 鄭性之著。性之，閩清人。嘉定四年，舉進士第一，終參知政事、觀文殿學士。

《編年通載》十卷 章衡著。衡，浦城人。嘉祐初進士第一。

《元統》二十卷 林陶著。陶，閩縣人。景德中，中捷詞科。

《唐直鑑》 江休復著。休復，陳留人。仕爲刑部郎中，修起居注。爲人外簡曠而内行甚飭，其文章醇雅，尤善于詩。所著又有《春秋世論》及《文集》若干卷。

《歷代統紀》 陳著撰。著，字子徵，德剛子也，别號本堂。登文天祥榜進士。咸淳中，通判臨安，後隱居四川之奉川，撰是書以淑子弟。

《續資治通鑑》　金衛紹王大安中詔儒臣楊雲翼等纂續。

《歷年紀事記》　張特立著。特立爲元偃师主簿，遷洛陽令。

《通鑑前編》　蘭溪處士金履祥著。嘗以劉恕《外紀》記司馬氏《通鑑》以前事，不本於經，舛繆不可信，乃斷自《尚書》，旁采子史損益之。

《歷代編年》　胡一桂著。

《通鑑續編》　奉化陳桱著。桱自束髮受父書，思弘先人之業，乃著《筆記》二百卷。又上論盤古，逮于高辛，會于有宋，比事較義，尊正統以定大分。其紀年師司馬光《補遺》，其書法師朱文公《綱目》，名曰《通鑑續編》。

《宋孝宗實録》　高斯得著。

《江少明外制》十卷　江常著。常，字少明，惠安人。崇寧進士，居官有平寇功。又有《文集》二十卷。

《中書制集》《翰林制集》　盛度編。

《劉氏制誥集》　劉安上編。

《元豐聖制》三卷　舒亶著。

《中書制稿》五卷　陳從易著。從易，字簡夫，晋江人。性激直，與王欽若、丁謂不絶，而亦不阿其意。

《霍少師内制》三十卷 霍端友著。端友，武進人。崇寧二年狀元。累官吏部侍郎，以通議大夫致仕，贈少師。

《兩漢詔令》 洪咨夔編。

《掖垣制草》 俞列著。黄宜亦著。

《周子承宣集》 周諤著。

《牟子才内外制》 牟子才輯。

《李端州外制》 李彌遜著。彌遜，由連江徙吴縣。弱冠登第。紹興初，遷起居郎，與秦檜不合，致仕。號筠溪真隱。

《尤學士内外制》三十卷 無錫尤袤著。袤，紹興進士，爲秘書丞。孝宗稱其才識近世罕有。累官直學士院。

《徐學士内制》十卷 徐鳳著。

《顔氏内外制》 顔棫著。

《遼統和實録》二十卷 室昉著。昉，字夢奇，南京人。統和中，進此書，手詔褒之。

《遼先朝事迹》二十卷 蕭韓家奴著。家奴，字休堅，涅剌部人。重熙十三年，詔與耶律庶成録遥輦司汗至重熙以來事迹，集爲二十卷，進之。

《遼皇朝實録》七十卷　耶律儼修。儼，字若思，析津人。壽隆間，授樞密直學士。太安元年十一月，史臣進太祖以下七帝實録，疑即儼所進也。

《金先朝實録》三卷　完顔勗修，皇統元年進。

《金太祖實録》　宗弼修，皇統八年進。

《金太宗實録》　紇石烈良弼修，天德七年進。

《金睿宗實録》　大定十一年，尚書左丞紇石烈良弼所進。

《金世宗實録》　明昌四年七月，國史院所進。

《金章宗實録》　興定四年九月，國史院所進，王若虚修。

《金宣宗實録》　正大五年十一月，國史院所進，王若虚修。

《元世祖實録》　姚燧修。

《元成宗實録》　雍德純修。《河南志》謂暢師文修，蓋共成之也。

《元武宗實録》〔一〕　至順元年蘇天爵修。

〔一〕武　原作「成」，據後印本改。

《歷朝詔令》四卷 **《制誥》五卷** 虞廷碩著。廷碩，字君輔，元建安人。

《開皇記》三十卷 鄭向著。向，陳留人，舉進士甲科。累遷龍圖閣直學士。五代亂亡，史册多漏失。向著《開皇記》摭拾庶事，頗有補焉。

《咸平聖政録》 錢惟演著。

《宋朝類院》等書 江少愚著。少愚，常山人。政和中進士。歷建、饒、吉三州守，治狀皆第一。

《史通》 黄度著。度，新昌人。隆興進士，累官焕章閣學士。

《東都事略》 戴栩著。栩，溪族子，爲學士。

《九國世家列傳》 路振著。振，祁陽人。幼穎悟，淳化初舉進士。采五代史九國君臣事，作《世家列傳》。

《四朝史稿》 牟子才著。

《補史》 泰和劉子澄著。澄有史才。

《蜀漢本末》 趙居信著。

《東晉書》二卷 藁城張延著。

《九華外史》 楊少愚著。少愚，青陽人。少好學，博通群書。

《蜀漢書》 翁甫著。甫，字景山，崇安人。孝宗時，登進士第。立朝論事切直，出知隆興府。

《高宗紀事本末》 建陽熊克著。

《宋高聖政編要》 四明史彌遠著。

《漢武外傳》《吴越記》 謝沉著。

《史編雜著》 陳震著。

《蒙史》 新淦曾三英著。

《四朝聞見録》 葉紹翁著。

《唐史贅龐》 陳宓著。宓，字師復，俊卿之子。少嘗登朱文公門。寶慶二年，直秘閣，主管崇禧。

《楚史檮杌》《晉文春秋》 吾衍著。

《漢本紀》《魏吴戴記》《續後漢書》七十三卷《宋季逸事》 俱東陽張樞著。

《大明日曆》 洪武七年，命宋訥、樂韶鳳等修。

《皇明實訓》 洪武七年，命宋濂等輯。自「敬天」至「蠻夷」，分四十類，凡五卷。

《洪武聖政記》 洪武八年，宋濂等編。

《元史》 太祖先命李善長、宋濂、王禕等修，後命宋濂等編修。

《續資治通鑒綱目》 成化十二年成。

《歷代通鑑纂要》 弘治中，命儒臣李東陽等纂輯，九十二卷。

《元史本末》 謝鐸著。

《續編宋元通鑑綱目》《世史正綱》 瓊山丘璿著。

《續東萊大事記》七十九卷 義烏王禕著。禕，字子充，國初翰林待制承旨。

《皇明政要》 弘治十六年，南京兵部郎中婁性編。

《玉雪齋稿》 金壇虞謙著。

《元史續編》 張九韶著。韶，臨江人。

《皇明聖政記》《皇明本記》《國初事迹》《奉天靖難記》 劉宸著。宸，金華人。

《皇明翊運録》 青田劉基著。

《平吴録》 太和楊士奇著。

《建文遺迹》 清江張芹著。

《革除遺事》 太和黄佐著。

《吾學編》《徵吾録》《今言》 海鹽鄭曉著。

《皇明憲章録》 武進薛應旂編。

《國朝典故輯遺》 夏邑梅純著。

《孤樹裒談》 建安李默著。

《傳信録》 順德梁億著。

《天順日録》三卷 南陽李賢著。

《元史舉要》《通綱集覽正誤》 俱右贊善陳濟著。

《歷代一覽》 盧文政著。文政，江夏人。

《釋統》三篇 臨海方希古著。

《諸史會編》《左編》《史例》 俱劉子玄著。

《道學傳》《列國世家史補》《宋季三朝政要》

史評

《前後漢記》 舒雅編纂。雅，旌德人。舉進士，爲秘閣校理。

《兩漢索隱》 浮梁程瑀著。瑀，政和間進士。所著又有《周禮議》《尚書説》。

《五代史集注》 徐無黨著。無黨，永康人。皇祐間進士，仕至郡博士。歐陽公常稱其文。

《通鑑解題通釋》 吕祖謙著。

《史記集解》 姚寬撰。

《十七史綱目》 奉化舒津著。

《唐史音義》六十卷 同安吕科著。

《漢官唐書傳注補注音訓》總三百卷 徐次鐸著。鐸，東陽人。紹熙中進士，通判衢州。

《補注唐書》二百卷 李繒著。繒，邛州人。舉八行，不赴，以文史自娱。

《諸史精考》 丁黼著。黼，石埭人。真德秀嘗薦於朝，除秘閣。

《史記牴牾論》 趙瞻著。瞻，盩厔人。舉進士，調孟州司户參軍，累遷同知樞密院事。

《資治通鑑綱目發明》五十九卷 尹起莘著。起莘，遂昌人。隱居不仕，學問該洽。

《通鑑筆議》 戴溪著。又著《史鑑論斷》諸書。

《史傳集論》 胡希是著。

《史論百篇》 林概著。概，福清人。舉進士，知長興縣，官至太常博士。又有《辨國語》四十篇。

《兩漢博議》 王遇著。遇,龍溪人。師事朱熹,登進士甲科。歷國子博士。

《通鑑筆議》 華亭葉汝舟著。汝舟,登□□進士[一]。所著詩文藏於家。

《史記注》一百卷 金蕭貢著。貢,字真卿,咸陽人。好學讀書,至老不倦。官至户部尚書。

《音注資治通鑑》 胡三省注。

《正統八例》 楊奂著。奂,奉元人,學者稱紫陽先生。以耶律楚材薦,拜河南廉訪使。其八例曰得,曰傳,曰衰,曰復,曰與,曰陷,曰絶,曰歸。

《通鑑總論》 潘榮著。

《唐史篤論》 黄鉞著。

《西漢精義》《唐史精義》 俱唐仲友著。

《史論百篇》 徐綱著。

《通鑑集義》 輔廣著。

《通鑑綱目集覽》五十九卷 王幼學著。幼學,望江人。苦朱子《綱目》援引幽邃,句

[一] □□ 此處缺二字。

讀疑難，乃博采經傳，著爲此書，以便學者。

《通鑑綱目附釋》 宋太史曰：「孔君克表歷考義例異同，凡朱子微意，先儒所未發及發之而未當者，備疏其綱之在目中音義、事證及名物度數之屬，仍取史炤、胡三省、王幼學三家，會萃群書而折衷之，通成若干卷。」

《續史考》十二卷 井研李心傳著。

《讀史補遺》 沈津著。

《漢史評》 徐雄著。

《唐書糾繆》 徐次鐸著。

《春秋漢唐史志解》 晉江楊景陸著。

《史論》三卷 朱金發著。金發，字冕仲，福清人。嘗作《天人相與交際論》，見稱於陳傅良。

《通鑑綱目朱墨》 林文之著。文之，字子彬，福清人。爲文平易高古，學者皆宗師之。

《史評》八卷 譚世選著。

《史統史旨》 邵武上官愔著。

《宋鑑提綱》 陸以道著。以道，無錫人。明《易經》，遡程朱之源，得象外旨趣。至正中，官翰林侍制。

《綱目考異》 汪克寬著。克寬，祁門人。少穎悟力學，隱居教授，號環谷先生。

《綱目測海》 何中著。中，樂安人。以古學自任，弘深該博。

《通鑑綱目書法》五十九卷 永新劉友益著。積勤三十年，寸較銖評，微詞隱義，啓發千載，中有無窮之憂。揭傒斯稱之曰：「百世之下，先生此心。先生不作，山高水深。」

《通鑑論斷》 吉水周淼著。

《史評》 趙居信著。

《坦齋史説》 黄學行著。

《通鑑表微》 莆田方澄孫著。

《通鑑書法》 郝經著。

《歷代史議》 黄舜祖著，出處見前。

《史評》一卷 德安戴羽著，虞集爲序。

《史評講義雜著》三十卷 廬陵蕭志仁著，藏于家。

《史論》 杜幼節著。

《通鑑新義》 梅時舉撰。

《覽古史斷》 何侑撰。

《讀史》 李孟傳著。

《史述》《漢史砭》《三史纂》 舒岳祥著。

《歷代史鉞》 楊維禎著。

《觀史治忽幾微》 東陽處士許謙著。

《史論》三十卷 王約著。約，字之先，汴人，徙真定。風格不凡，博覽經史，工文詞。至元中，官國院編修，官監察御史。

《辨史》十六則 黄文獻著。詳見本集。

《讀史衍義》 熊本著。

《史辯》三十卷 分寧雷光霆著。

《史學統記》一卷 宋濳室曰：「軍器監簿曾天麟著。未及成而没，其子順補完之。」

《西漢奇語》 光澤劉剛中集。

《左史節定》 嘉靖三年太康儒士安都撰奏，世宗怒燬其書。

《史斷》 吴縣徐有功著。

《宋史要言》 臨海方希古著。

《宋元臆見》　何椒丘著。

《簡端學史》二録　邵文莊著。

《宋史臆見》　廣昌何喬新著。

《史説》　安陸萬鵬著。

《讀綱目管見》　晉江蔡清著。

《史輯》　豐城朱善著。

《史略類訓》《宋元史略》　新喻梁寅著。

《史記要記》　常熟張洪著。

史抄

《歷代記要》五十卷　劉希古著[一]。希古，寧人。博通經史，旁究陰陽、象緯等書。

《涉史隨筆》　葛洪著。洪，東陽人。從吕祖謙學，登淳熙進士，歷官至觀文殿大學士。高風勁節，追媲古人。

[一] 希　應爲「熙」。

《讀史隨筆》五卷　奉化舒津著。

《兩漢筆記》　淳化錢時著。

《諸史節略》　福安王士奇著。

《通鑑隨筆》　陳塏著。

《通鑑手抄》　何淡著。淡，東陽人。嘉泰間，以上舍釋褐，歷官國子丞秘書郎。恬静好學，所著又有《賢關漫録》。

《編年史要》　饒子儀著。子儀，臨川人。九歲能詩，力學不倦。

《漢史意抄》《書史續抄》　劉元高著。元高，高安人。幼有異質，一目十行，與姚勉、胡仲雲號「高安三俊」。後登淳祐進士。

《東都事略》一百三十卷　王稱撰。稱，賞之子。學問該博。初除直秘閣，後爲吏部郎中。

《西漢南北史左氏綴節》　宣城陳天麟著。天麟，紹興中進士，累官翰林修撰。

《考異》三卷　《左傳國語要略》十卷　廣德沈虚中著。

《三朝北盟舉要》一卷　莆田鄭可學著。

《十七史詳節》《家塾通鑑節要》　吕祖謙著。

《十三代史略》　夏鴻著。鴻，池州人。與弟鵬同撰，士多宗之。

《十七史纂》 胡一桂著。

《五代史略》 胡旦著。旦，濱州渤海人。博學能文，善讀書。既喪明，猶使人誦經史，隱几聽之。

《資治通鑑節要》 江贄著。贄，崇安人。隱居不仕，因太史奏少微星見，詔舉遺逸，三聘不起，賜號少微先生。

《通鑑要覽》 崔敦詩著。又有《文集》《制稿》《奏議》《制海》《韻鑑》等書。

《通鑑小録》《正統五德類編》 永新馮翼翁著。

史　故事

《唐三宗傳》三百餘卷 胡旦著。

《南唐近事》二卷 寧化鄭文寶著。

《君臣龜鑑》六十卷 詹祥著。祥，字周文，崇安人。祥符中進士。

《南宮事迹》三卷 王延德著。延德，開封東明人。好撰集舊事。所著又有《司膳録》《版築記》，凡若干卷。

《備史遺事》 錢儼輯。

《宋朝綱集》三十六卷 江默著。默，字德恭，崇安人。乾道中進士。嗜好《詩》《書》，爲朱文公所稱。此書考本朝典章爲之。又有《易訓解》《四書訓詁》六卷。

《宇宙略記》 車若水著。若水，黄巖人。師事金華王柏，講明性理。博學，工古文，自號玉峰山民。又有《玉峰冗稿》。

《歷代褒封先聖事實》 黄學行著。學行，字上文，惠安人。登嘉定戊辰進士第，教授全州時疏之以上。

《漢唐龜鑑》 奉訓胡价著。

《往事龜鑑》五十卷 鄧至著。至，雙流人。通六經，學者從之甚衆，每出市邑，人皆拱立。

《朝制要覽》 宋咸著。

《皇王大訓》 徐宗度，蒲城人。善議論，通經史。所著《皇王大訓》曰：「古今帝王之道，與其爲治之具，盡在是矣。」

《皇鑑前後録》 寧德林駉著。駉，少穎悟，清修苦學，博極群書。德祐丙子，以《易》魁鄉薦。著述甚富。

《講堂故事》 劉爚著。爚，建陽人。受學朱熹、吕祖謙。乾道中進士，累官工部尚書兼左諭德，表章朱熹《四書》，以備勸講。

《中興要覽》 嘉興聞人宏著。

《諸經義方》 林洪範著。洪範，閩縣人。累舉不第，教弟子。

《高宗政範》 龍溪余嘉著。

《崇志世範書》 洪邦直著。皆其政教所寓也。

《乾道會要》 高曇修。曇，長溪人。紹興末進士，爲孝宗所眷注。所著又有《易説》并詩文數十卷。

《郡國手鑑》 掌禹錫著。

《家訓集鑑》 南安蔡霆發著。

《水心鏡》一百六十七卷 韓彦直著。彦直，世宗子。摭宋朝事，類分爲目。

《孝宗寶訓》《紹興求賢手詔》 史彌遠著。

《藝祖憲鑑》《仁皇從諫録》《乾寧會稽録》 黄度輯。

《南宫故事》 丘仲孚輯。

《中興龜鑑》 林保著。

《朐山治範》 劉彝著。彝，福州人。知朐山縣，治簿書，恤孤寡，作陂池，教種藝，平賦役，抑奸猾，所以惠民者，無不至。此書乃邑人所以紀其事者也。

《牟氏故事》 牟子才輯。

《緊抄》 洪咨夔輯。

《唐山遺事》 凌緯輯。

《虜使問答》《錢塘遺事》 趙彦秬輯。

《帝王總要》 婁機輯。

《勸戒元龜》 鄭鄂著。鄂，字剛中，鄞人。紹興三十年進士，仕至屯田郎，寧宗在英邸，兼小學教授，因進此書。

《刊正杜佑通典》 高斯得著。

《續言行録》 姚希得著。希得，字逢原，潼川人。嘉定十六年進士，官至贈少保。

《坤鑑》 趙汝讜、汝談集歷代皇后事，號曰《坤鑑》。進寧宗楊皇后，后頗尚之。

《萬年龜鏡録》 金靖海師安石所著。

《瑶山往鑑》 金楊伯雄著。伯雄，藁城人。舉進士，爲右補闕。顯宗在東宫時，伯雄爲少詹事，集古太子賢不肖爲書。

《四朝聖訓》 金章宗承安五年，右補闕楊廷秀請類編太祖、太宗、世宗三朝聖訓，以時觀覽，因詔增熙宗爲四朝。

《龜鏡》《君臣政要》　金哀宗正大元年,詔趙秉文、楊雲翼纂。

《大定遺訓》　金哀宗正大四年萬年節,同知集賢院史公奕進。

《興亡金鏡録》一百卷　金傅慎微纂。慎微,字幾先。沙溪人。

《胥訓誥文》三卷　黄邦俊知英州時,集古今廉吏事,以厲其僚友郡吏。

《金閨彝訓》八卷　丁儼編。

《帝王心法》　真定詹思著。

《讀史纂要》　崇德衛富益著。

《漢唐會要》　黄巖孟夢恂著。

《唐事類編》　李大同著。

《諸史類考》　田君祐著。

《西漢通記》　吕思誠著。

《集史類纂》　寧德韓信同著。

《史纂》　王廉著。

《經史大典》八百八十卷　《目録》十二卷　《公牘》一卷　《纂修通議》一卷　天曆二年冬,命趙世延、虞集等修撰。其書悉取諸有司之掌故,而修飾潤色之,通國語於爾稚,去吏牘之煩辭，上進者無不備書，遺亡者不敢擅補。於是定其篇目，凡十篇，曰君事四，臣事六。君臨天下，名號最重，作《帝號》第一；祖宗勛業具在史册，心之精微，用言以宣，詢諸故老，求諸紀載，得其一二於千萬，作《帝訓》第二；風動天下，莫大於制誥，作《帝制》第三；大宗其本也，藩服其文也，作《帝系》第四，皆君事也。蒙古局治之設官用人，共理天下，治其事者，宜録其成，故作《治典》第五；疆理廣袤，古昔未有，人民貢賦，國用係焉，作《賦典》第六；安上治民，莫重於禮，朝廷郊廟，損益可知，作《禮典》第七；肇基建業，至於混一，告成有績，垂遠有規，作《政典》第八；政刑之設，以輔禮樂，仁厚爲本，明慎有要，作《憲典》第九；六官之職，工居一焉，國財民力，不可不慎，作《工典》第十，皆臣事也。

《元朝名臣事略》十五卷 蘇天爵著。爵，字伯修，趙郡人。弱冠時，即有志著書。初爲胄子時，講誦有餘暇，筆札又富。乃博取中朝鉅公文集而日録之，凡有元臣世卿墓表、家傳，往往見諸篇帙中。及夫閒居紀録師友講説，于元初以來文獻有足徵者，彙而萃之，始疏其人若干，屬以其事。

《國朝名臣事略》 謝鐸著[一]。

[一]「謝」上　底本原有「俱」字，據後印本删。

續文獻通考·經籍考卷六

傳記　職守　法律

《御製四十八箴》　宋理宗紹定六年製，列爲十二軸，揭于緝熙殿，朝夕觀省。左一曰「敬天命，法祖宗，事親，齊家」，右一曰「親碩學，精六藝，崇節儉，惜名器」，左二曰「謹言語，戒喜怒，惡旨酒，遠聲色」，右二曰：「伸剛斷，肅紀綱，核名實，明賞罰」，左三曰「廣視聽，守信義，懼滿盈，究遠圖」，右三曰「開公道，塞倖門，待耆老，獎忠直」，左四曰「儲人才，訪屠釣，尚儒術，保勇將」，右四曰「恤勤勞，抑貪競，進廉退，斥諂佞」，左五曰「鑒迎合，絶朋比，察讒間，禁包苴」，右五曰「杜請託，罷釋老，謹刑獄，哀鰥寡」，左六曰「傷暴露，嚴罪已，專爲民，撫軍卒，善使過」，右六曰「寬民力，飭邊備，旌死事，懲偷生，陳公益」等。撰述箴辭，附於各條之下。

《爲君難七箴》　秘書郎蔣重珍所進。一曰明心，二曰反身，三曰齊家，四曰遇大臣，五曰處戚屬，六曰防私謁，七曰正百官。

《左史傳》 唐閲撰。

《奉使二浙雜記》 沈立著。

《敘貢奉録》《金陵遺事》 錢惟演著。

《湖山遺老傳》 吴芾著。

《宋名臣傳》 張塘英著。塘英，新津人，商英之兄。登進士第，累官殿中侍御史。

《古今人物志》 楊休之輯。

《三蘇言行編》 鄞縣魏杞輯。

《會稽先賢祠傳贊》 史浩著。

《中興小傳》《紹興正論小傳》 婁昉著。

《齊諧記》 元凝著。

《癸辛雜志》 周密著。

《紀善記》《異録雜志》 李孟傳著。

《田墨記》四十卷 同安吴衍著。

《水滸傳》 羅貫著。貫，字本中，杭州人。編撰小説數十種，而《水滸傳》敘宋江事，奸盜脱騙，機械甚詳。然變詐百端，壞人心術。説者謂子孫三代皆啞，天道好還之報如此。

《西湖古今事實》 傅牧著。

《石湖日録》 范成大著。

《政和雜志》《縣令小録》 淳熙間袁采知政和縣著。

《平園日記》 周必大著。

《行都記》 方勻著。

《清波雜志》 周昭禮著。

《隆山雜記》 牟應龍著。

《敬卿前後録》 吴師道著。

《浦陽先民傳》《唐書補傳》《南史補》《帝紀贊》 謝翱著。

《廣孝傳》五十卷 知黄州樂廣目著。

《至孝通神集》三十卷 豐城顧昱考古人勉於孝者，類成三十卷。

《武侯通傳》三卷 德安劉羽著。

《道山記聞》 林之奇著。

《樂平廣記》 樂平李士會著。士會，穎悟博學，貫子史百家説，而歸宿於六經，爲文軋先秦兩漢。

《貴華録》 高安劉元高著。

《類編漢唐君臣圖》 晉江陳權編。

《汝南遺事》二卷 王鶚著。

《孔門弟子傳》 都昌馮椅著。

《孔門弟子列傳》 眉山蘇過編。過，乃軾之幼子也。

《孟子弟子列傳》二卷 浦江吴萊著。

《遼三臣行事》 耶律孟簡著。孟簡，屋質五世孫。太康中，詣闕上表云：「自本朝之興，凡二百年，宜有國史，以垂後世。」乃編《三臣行事》以進。

《清臺記》《皇華記》《戒嚴記》《爲善記》《自公記》 金張行簡著。

《元勛傳》 金韓玉著。玉，漁陽人。以經義、詞賦兩科進士入翰林，爲應奉應制，一日百篇，文不加點，作《元勛傳》，章宗嘆曰：「勛臣何幸得此？」

《至大諸臣列傳》 詹思著。

《錢塘遺事》 劉一清著。

《端本堂經訓要義》《大寶録》《大寶龜鑑》 李好文著。集歷代帝王故事，凡百有六篇，分爲四目：一曰聖慧，如漢昭、明二帝幼敏之類；二曰孝友，如舜、文、唐玄宗友愛之類；三曰恭儉，如漢文却千里馬、罷露臺之類；四曰聖學，如殷宗緝熙、陳隋諸君不善學之類。其《大寶録》，取古史迄金宋國祚久速、治亂興廢爲書。其《大寶龜鑑》，則取前代帝王善惡當法戒者爲書。

《人倫事鑑》 胡一桂著。

《寶範》 吉水馬佐順著。元英宗所賜名。

《考古臆説》 李廷傑著。取史事以言時務，志在祛時蠹，起民瘼，剴直無諱，明白可行。

《至元新格》 何榮祖以公規治民、禦盜、理財等十事，輯爲此書。

《鄭氏家範》三卷 金華戴良訂正。

《旌義編》三卷 宋景濂曰：「此浦江鄭義門持守之規。前録五十八則，六世孫大和所建；後録七十則，續録九十二則，七世孫欽與鉉所補，皆已勒石鋟板。當時公卿、大夫、士所遺詩文，亦類爲《麟溪集》二十二卷，刊示後昆。今八世孫太常博士濤，復以爲三規，閱世頗久，其中當有隨時變通者，乃更加損益而合於一。其聞諸父之訓曾行而未登載者，因增入之，總爲二百六十八則。文辭之屬，選有係於事實者則録之，釐爲三卷，通名曰《旌義編》。」

《至正近記》 吴源著。

《東和善政録》 真寶著。寶，字朝用，蒙古人，爲政和達魯花赤。凡閩中諸郡疑獄難決者，行省必以屬於真寶，經其訊讞，無弗允者。政和之民，相與集録其政迹爲書。

《真陽共理集》二卷 黄邦俊著。邦俊，永福人。延祐中進士，知英州。此書載其郡事與同僚倡和詩。

《至正河防記》一卷 歐陽玄既爲河平之碑，又自以爲司馬、班固記河渠、溝洫，僅載治水之道，不言其詳，使任斯事者無考，乃從賈魯訪問方略，及詢故老，質吏牘，作是記，欲使來世罹河患者，按而求之。

《忠義録》 張翥集至正兵興以來死節、死事之人，爲此書。

皇明

《三朝聖諭録》 太和楊士奇著。

《皇明開國忠臣録》 定遠黄金輯。

《遜國忠臣録》 太和黄佐著。

《皇明名臣録贊》 莆陽彭韶著。

《皇明名臣言行録》 豐城楊廉輯。

《皇明名臣言行全録》 常熟沈應奎輯。

《皇明近代名臣録》 海鹽徐咸輯。

《革朝遺忠録》《九朝野記》《枝山前聞》 姑蘇祝允明著。

《正統臨戎録》 楊銘著。

《龍飛録》 夏邑梅純著。

《壬午賞功録》 姑蘇都穆著。

《殿閣詞林續記》 黄佐同廖道南著。

《内閣行實》《碩輔寶鑑》 豐城雷禮著。

《燕對録》 長沙李東陽著。

《密勿稿》 東萊毛記著。

《菽園雜記》 崑山陸容著。

《水東日記》 崑山葉盛著。

《草木子》 龍泉葉子奇著。

《病逸漫記》 太原王瓊著。

《琅玕漫抄》 姑蘇文林著。

《懸笥瑣綴》 姑蘇劉昌著。

《否泰録》 永新劉定之著。又有《出使録》。

《可齋日記》 安福彭時著。

《靈澤長語》 姑蘇王鏊著。

《北征録》 新淦金幼孜著。

《青溪暇筆》 金陵姚福著。

《古今識鑒》 鄞袁忠徹著。

《北狩事迹》 金臺楊銘著。

《海涵萬象録》 黄潤玉著。

《復齊日記》 諸浩著。

《蓬軒類紀》 姑蘇王禕著。

《雙溪雜記》《郊外農談》《日詢手鏡》《瑣綴録》 俱太和尹直著。

《立齋閒録》 莆田宋端儀著。

《庚巳編》 姑蘇陸粲著。

《畜德録》 四明陳沂著。
《閒中今古録》 四明黄溥著。
《蘇談》 吴郡楊循吉著。
《駒陰冗記》 古番閻莊著。
《中洲野記》 鄱陽程文獻著。
《西樵野記》 吴郡侯甸著。
《莘野纂記》 吴郡伍余福著。
《馬端肅三記》 馬文升著。
《吴中往哲記》《明興雜記》 俱古鄣陳敬則著。
《忠烈編》《雙槐歲抄》 俱南海黄瑜著。
《平交録》 瓊山丘濬著。
《平番始末》 靈寶許進著。
《名賢彙語》《雲中紀變》《治世餘聞》《褒忠録》 俱李東陽著。
《辯姦録》 宋濂撰。
《深慮十首》《遜國臣記》 俱方希古著。

《續東萊大事記》七十九卷 王華川著。

《赤城論諫録》 黄孔昭輯。

《異魚圖贊》 楊慎著。

《王氏家則》一卷 宋景濂曰：「浦江王子覺取《鄭氏家範》，參定而損益之。凡馭家之禮，質文之兼，至應物之務，内外之齊飭，鄉人莫不感動而豔慕之。」

《皇明名臣琬琰録》 王世貞著。

《善治指南》 蜀郡何槐著。

職守

《新舊官制通考通釋》 曾三異著。三異，新淦人。少有詩名，除大社令，力求去。時號雲巢先生。

《七司條例書》 葉顒，字子昂，仙遊人。任吏部侍郎時，編爲此書，以便遵守。

《官吏須用》十六卷 **《唐律審要》六卷** 梁琮著。琮，安陽人。父卒廬墓，以孝行稱。累官福建轉運副使。

《皇朝職制》 龍溪余嘉著。

《憲度權衡》　劉敏士著。

《漢志考》　王應麟著。

《麟臺故事》　孫逢吉著。

《宋朝職略》　鄒補之著。

《宅揆成鑒》　薛據著。

《漢官王師職源》　徐次鐸著。

《歷代官制説》　陳剛著。

《吏部格例》一百八十卷　高謙著。謙，磁州人。幼翹俊，業兼儒吏，釋褐將仕佐郎，歷轉河間等路都轉運鹽使，後加吏部尚書。

《鐵榜》　洪武五年作，以戒勳貴。成祖靖難後，頒賜武臣。

《諸司職掌》　洪武二十六年，命吏部同儒臣倣古六典，類編爲書。

《稽制録》　洪武二十六年，命儒臣稽考歷代官封、爵里、名號虛實，成書，以賜功臣，用遏奢傲。

《官箴》　宣德七年宣宗製，自「都督」至「儒學」，凡三十五篇。

《宰輔沿革》　謝鐸著。

《職方集》　洪武中吏部尚書劉崧著。

《太常志》十卷　夏言著。

《政訓》一卷　《天曹日録》《秋臺録》　俱彭惠安著。

《涖政戒銘》四十二篇　殷近仁著。

《牧民心鑑》　大理寺丞朱逢吉著。

法律

《欽恤編》　陳光祖作，以戒僚屬。光祖，字世德，奉化人。

《讞獄集》　元絳著。

《棠陰比事》　桂萬榮著。萬榮，慈谿人。慶元初進士，歷典州縣，有聲，仕終直秘閣。

《大元通制》　樞密副使完顔納丹、侍御史曹伯啓等纂集。凡二千五百三十九條，内斷例七百一十七，條格千一百五十一，詔赦九十四，令類五百七十七。孛朮魯翀序。

《洗冤録》　宋慈著。慈，建陽人。嘉定中進士，居官所在有聲。

《至正條格》　至元四年二月修，至正五年成。制詔百有五十，條格千有七百，斷例千五十有九。

南安錢熙著。

《措刑論》

《審聽要訣》　儋思著。

《大明律令》　洪武元年,命中書省御史臺諸臣詳定。

《大誥三編》　洪武十九年作,見前。

《問刑條例》　嘉靖二十九年定。

《讀律瑣言》　豐城雷夢麟著。

《宗藩條例》　嘉靖乙丑年編。

《外戚事覽》　宣德元年御製。

《洗冤集覽》　上海王圻著。

《律條疏議》　四明張楷著。

《金科玉律》

《讀律管見》　祥符陸柬著。

《律解辯疑》　餘姚楊簡著。

續文獻通考·經籍考卷七

地理

《江表志》三卷　寧化鄭文寶著。

《地理總括》《新羅國記》　翁夢得著。

《名山水記》三百卷　沈立著。立，歷陽人。以進士累官右諫議大夫，判都水監。嘗著《河防通議》，治河者守爲法。

《地理新書》　掌禹錫著。禹錫，郾城人。舉進士，博學多記，嘗預修《皇祐方域國志》及《郡國手鑑》。

《水利書》　范仲淹著。

《會稽三賦》　王十朋著。

《山川地理圖》　程大昌著。

《水利圖經》　程師孟嘗灑渠築堰，淤良田萬八千頃，州縣裒其事爲《水利圖經》。

《天台圖經》 宋之瑞輯。

《訂正三輔黄圖》 王應鳳著。應鳳,字仲儀,應麟弟。登文天祥榜進士。所著又有《默齋稿》。

《皇圖》 丘仲孚輯。

《錢塘勝迹》 僧懷顯著。

《臨海水工異物志》 沈瑩修。

《陽明洞天圖經》 陳謙著。

《西湖古迹事實》 杜光庭著。又有傅牧撰者,載前《考》中,以楊蟠《西湖百詠》增廣,共爲一百八十三目。

《武昌土俗編》 薛季宣輯。

《莆陽志》十五卷 趙彦勵集。

《清源志》 戴溪修。

《建安志》二十卷 林光撰。光,乾道初登第。又嘗著《時務論》《兵論》《迂論》數十篇。

《石洞遺芳集》 郭德誼著。

《三山志》四十卷　梁克家纂輯。

《仙溪志》十五卷　黄巖孫氏景傳，温陵人。寶祐間，爲仙遊尉，纂集此書。

《鈐岡續志》　趙尚之修。分宜有縣，起宋雍熙至嘉定間，謝令謀作縣志，不果。淳祐間，黄尉始成之。元興六十有七載，浚儀趙尚之爲尹，百廢具興，乃作《鈐岡新志》，以續前編。

《處州圖經》　盧憲著。憲，字子章，天台人。宋時爲教授。

《嘉定龍泉志》《紹定青田志》《嘉太括蒼志略》《咸淳縉雲志》　俱陳百朋修。

《越州新志》　陳公亮修。

《衢州圖經》　張元成輯。

《東陽記》　鄭緝之著。

《浦江縣經》《咸淳東陽志》　宋之槐修。

《嚴州圖經》　董彝著。

《方輿勝覽》　祝穆著。

《歷代郡縣地理沿革表》　張洽著。

《西漢地理疏》六卷　**《山經》三十卷**　徐天麟著。

《饒州志》二卷 四明史定之著。

《地理考》 王應麟著。

《宇内辨疆域志》 吴澥著。澥，崇仁人。隆興初進士，以朝臣薦。召對，孝宗壯之，除太學録。

《聖域記》 龍溪余嘉著。

《襄陽形勝賦》 魏泰著。泰，襄陽人。

《玉峰志》 項公澤宰崑山修。

《睦州山水人物記》 謝翺著。

《齊乘》 青州于欽著。

《補正水經》五篇《晉陽志》十二卷 金真定蔡珪著。

《處州路志》 皇慶修。

《義烏志》七卷 黄溍修。溍，義烏人。官翰林侍講學士，天資介特，文辭謹嚴而精。

《曲江志》 晉江蘇思孝修。

《九州志》 蕭𣂏著。𣂏，奉元人。博極群書，讀書南山三十年。

《延安志》 朱霽修。霽，仕衢州路總管，有惠政。

《富春人物志》 楊維禎修。

《雁山十記》 李光孝著。

《震澤記》 朱伯賢著。

《大元一統志》 卜蘭禧、岳鉉等進。

《南詔紀行》 郭松年著。

《雲南志略》四卷 大德五年，李京奉命宣慰南蠻，始悟前人紀載之失，悉其見聞爲《志略》，虞集序。

《紀古滇説原集》一卷 張道宗著。其書始自唐虞，迄於咸淳，滇之方域、年運、謡俗、服叛，記載事一一詳具。

《古職方録》八卷 **《松陽志略》** 浦江吴萊著。

《浙江賦》 沈幹著。

《吴興賦》 趙子昂著。

《水利書》十卷 任仁發著。

《高麗志》四卷 王約著。

《春秋地理源委》 杜英著。

《玉融志》《容安十稿》　黄諤著。諤,字忠甫,福清人。讀書精博,不交世事。同縣陳革亦博學工文,所著有《中隱集》。

《崇陽志》　嚴士真著。

《水利通編》　韓準著。

皇明

《洪武誌書》　洪武二十八年成。

《大明志》　洪武庚戌命儒士魏俊民、黄篪、劉儼、丁鳳、鄭思先、鄭權等編類。

《寰宇通志》　洪武十三年,太祖命儒臣類集天下道里方隅,總爲八目,以便覽閲。景泰七年始成。

《大明一統志》　天順五年成。初,成祖命儒臣纂修,未就。至是,命李賢、吕原等重修,凡九十卷。

《承天大志》　嘉靖癸亥年,世宗命儒臣張居正等纂修以進,賜名《興都承天府志》。

《赤城新志》　禮部侍郎謝鐸著。浙江太平人。

《新安文獻志》一百卷　程敏政著。

《漕河通志》　吏部尚書王恕著。恕,三原人。

《遼海編》　上元倪岳著。

《大明輿地圖》　嘉靖中吏部員外郎李默著。

《寧波簡要志》　黄潤玉著。

《北岳代録》《莆陽志》十卷　俱彭惠安著。

《漕政舉要》　邵文莊著。

《洞天玄記》《滇載記》　俱楊慎用修著。

《星槎勝覽》　永樂中，遣太監鄭和等領兵曉諭諸番，太倉費信采其風俗土産之詳，作是書以獻。

《九邊圖考》《蜀東撫夷録》《皇明拱衛録》　俱僉事魏焕著。焕，長沙衛人。

《湖廣通志》　副使魏裳著。裳，蒲圻人。

《雍大記》　信陽州何景明著。

《冀越通》　烏程唐樞著。

《使交集》　洪武中，金谿吴伯宗著。

《使琉球録》　給事中陳侃以嘉靖十四年使琉球，圖其山川、風俗、人物、夷語、夷事，爲録以進。

譜牒

《姓氏源流》 徐均著。

《朱氏傳授支派圖》 同安王力行,文公門人也,著此傳世。

《女直郡望姓氏譜》 金完顔勖,字勉道,穆宗第五子。好學問,國人稱爲秀才,撰此譜。

《帝王經譜》 熊克著。

《孔氏譜》 揭傒斯曰:「《孔氏世家》一卷,其派之在江西而顯者,是爲臨江三孔。三孔之子孫曰克己者,是爲先聖五十五世孫,由江西不遠三千里拜曲阜林廟,且因以考訂其譜牒,而收其所未續者。遂之京師,以示諸學孔子者。傒斯得與觀焉。」

《國統離合表》 姚燧著。

《闕里譜系》 孔子五十四世孫文昇修。其自序《世家》略曰:「文昇之十二世祖檜,唐同光中避亂,自闕里來居温之平陽。檜生奕,奕生源,源生實,實生麗水縣丞會,會生平,平生達,達生公志,公志生處州司户參軍師古,師古生炳,炳生貴敬,貴敬生潼孫,是爲文昇皇考,始家於杭。宋德祐末,職教建康,以道梗不能歸南,因又家焉。既又娶于溧陽,携諸姑就外氏以居，又爲溧陽人。」趙孟頫有《序》。

《龜山年譜》 黄去病著。去病，邵武人。咸淳間宰相。取《龜山年記》訂正之，號曰《龜山年譜》。

《分宜彭氏族譜》 歐陽圭齋曰：「予讀《彭氏家傳》，安定王玗雄據一方，士馬精鋭，馬楚爲之請於後唐，錫爵崇貴。迹其才智英毅，豈下五季諸雄哉？惟能自處沖抑，不竊位號，故其子孫衆多，美譽不墮，殆鬼神之福謙者歟？傳又言王享年九十有八，好學不衰，子弟從受二戴《禮》及《春秋》者千餘人，非有絶人之資，不至是也。」

《白石周氏族譜》 歐陽圭齋曰：「周氏府君羨，仕唐至僕射，迄今冠蓋不絶，屢遷而不替。」

《章氏家乘》 宋濂氏曰：「龍泉章溢懼世遠族殷，漸至不可考。乃稽厥系緒，作《譜圖篇》第一；先世遺行，可仰可師，摭其都凡，區别以陳，作《景行篇》第二；竹素所載，琬琰所刻，文章昭爛，不愆其實，作《傳至篇》第三；事涉考質，難以類分，大小弗爽，集以示後，作《叢載篇》第四。四篇之外，復著《本房圖》，以爲别録。通名曰《章氏家乘》。章氏本姜姓，神農氏裔，子孫封於鄣，遂氏焉。後鄣爲齊所滅，遂去邑爲章姓。」

《番禺蒙氏譜》 金華宋景濂曰：「蒙之先，齊人也。秦時，恬、毅皆死扶蘇之難。番禺之蒙姓，於宋諱甄者，自北方來，知廉州，遂家番禺。其八世孫安，懼不能承其緒，考次八葉字名支裔爲譜，使後人知所自焉。」

《嚴陵汪氏家譜》　宋景濂曰：「汪氏出於魯成公之次子汪，後遂以汪爲氏。子孫自汪以下，咸述其字名、官位、壽年、墳墓所在。他若墓中之銘、朝廷之命，爲汪氏出者，咸無所遺。歷秦漢至元季，有孫曰中者，七十有餘世矣，燦如目見而耳受焉。」

《符氏世譜》　宋景濂曰：「符出自姬姓，魯頃公之孫足仕秦，爲符璽令，因以爲氏。譜爲文昌所修，凡諱某字，某娶某氏，幾子，葬某處，壽若干，咸備著於後。」

《張真人世家》一卷　漢張道陵乃張良之裔，擇居廣信府龍虎山，世爲天師。唐名其居曰真仙館。宋大中祥符間，改上清觀；政和間，賜名上清正一宫，神宗賞賜玉印。元大德間，賜名正一萬壽宫。

《西甌黄氏家牒》　黄仁修。仁祖義夫早歿，仁父服滿隨母改適同姓黄清。後黄清自有子，因还家奉祀。仁懼正系無考，故修之，使后世有所稽云。按宋景濂曰：「黄陸終之後受封於黄，後世因以爲氏。」

《泰和劉氏先德録》　宋濳溪曰：「録首譜其宗支，次表其世科，次輯其遺文，而名公卿之爲劉氏作者，亦類附焉，通名曰《先德録》，十六世孫諤所爲也。諤三子麓、松、野後旁搜曲采，倘可入編中者，悉謄附焉。」

《戴亭張氏譜圖》 張允達修。尤致謹於先代遺文，裝裱成卷而珍襲之。

《世宗世系記》 甄璧著。

《續金石遺文跋尾》十卷 金蔡珪著。

《程氏統宗譜》四十卷 明新安程敏政著。

《尚古類氏》 汾陽王文翰集。

《張曲江年譜》 東陽張樞著。樞，字子長。

儒家

《太極圖西銘輯説》 都昌馮椅著。

《太極圖解》 安福劉霖著。

《二程龜山語録》 沙縣羅仲素著。

《儒志編》 王開祖著。

《程門問答録》 鮑若輯。

《類次文中子》 陳同父輯。

《讀書記》《書疑》《東萊日程》《東萊博議》　吕祖謙著。

《近思録發揮》《伊洛精義》　何基著。

《伊洛指南》　王柏著。

《晦庵語録》　胡常次。

《性理叢説》　傅淳著。

《近思録補注》　戴亨著。

《格物入門書》　方逢辰著。

《玉泉講學録》　程迥著。

《綱齋問答》十卷　光澤李閎祖著。閎祖，吕之子也。自號綱齋，黄幹、李燔、張洽、陳淳皆敬重之。

《日新録》《師訓編》　輔廣著。

《性理本旨》　孟夢恂著。

《禮義林》　汪自明著。

《正蒙解》　朱謐著。

《曾子遺書》《七十子説》《中説辨妄》　戴良輯。

《**集曾子**》 章樵編。

《**道統録**》 車若水著。

《**正性論**》《**江右淵源録**》 李直方著。

《**太玄經注**》 王涯撰。葉杰亦有此書。

《**近思録廣輯**》 柳貫著。貫，浦陽人。

《**近思録義類**》 莆田黄績著。

《**書説**》**三十餘卷** 李相祖，字時可，閎祖之弟，在朱門，辨質詳明，用心精切，以熹命編此書。

《**傳道精語**》 光澤李方子著。方子，字公晦，吕之孫。嘉定中廷試第三，後學於朱文公、真德秀。袁甫嘗進其《禹貢解》，授朝奉郎，致仕。

《**師友問答集**》 光澤劉剛中著。剛中從朱文公學。

《**伊周素蘊**》 臨川鄧考甫著。

《**首陽續注**》 興化黄中器之著。器之，宋末人。

《**儒術通要**》《**經濟格言**》 劉顔，彭城人。好古學，不專章句。舉進士，知龍興縣。免官家居，以著書自適，學者嘗數十百人。所著《格言》，石介見之，歎曰：「恨不在弟子之列。」

《玉泉語録》《性理窟》　喻樗著。出處見前。

《延平問答語録》　李侗著。侗，劍浦人，從學羅從彦。結茅中山，謝絶世故，餘四十年，食飲或不充，而怡然自得。朱熹師事焉，世號延平先生。

《則書》十卷　龍游薛紱著。紱舉進士，爲成都教授，與魏了翁游，講明易學，因著此書。

《群經感發》四十餘卷　俞宗亨著。宗亨，山陰人，知漳州，罷溪港津渡之榷，減去經總制錢苛取者。

《困學記聞》　王應麟著。

《儒志》一編　王景山著。景山，永嘉人。少敏悟，書過目成誦。慶曆初進士，當伊洛諸儒未作，景山獨能發明經藴，學者宗之。

《水心進卷》　葉適著。適，永嘉人，淳熙中進士。雄文奥學，推重當世，雅以經濟自負。

《修和管見》　章節夫著。節夫，臨川人，少從陸九淵學，因取象山、晦菴辭異旨同處疏之，曰《修和管見》。

《聖學淵源》五卷 謝諤，新喻人。幼敏慧，日記千言，爲文操筆立就。紹興末，舉進士。光宗登極，獻十箴。累遷御史中丞，尋以焕章閣學士知泉州。

《月石先生至言》 弋陽余吴行著。

《斥蠹正言》二書 張庠著。庠，永新人。博通經史，著二書以排佛老，號白雲先生。

《追記語録》一卷 孫自修，字敬父，宣城人。偕其弟自新、自任從朱子游，朱子嘗貽書商確傳訓，殁，自修追記《語録》一卷，附《朱子語録》中。

《家訓》 張雄飛著。

《存齋語録》 安福陳經著。經，慶元進士。

《學論》 錢公輔著。

《經世明道集》 徐宗度著。宗度以聖賢之道載之言，觀其言足以知其所用。嘗辟教官。

《師説》十卷 莆田鄭可學著。

《皇極經世》《太玄潛虚指要》 蔡西山著。

《張氏祝氏皇極觀物外篇編》 馬廷鸞著。

《經史明辨》《經史管見》《人物論》 陳宗禮著。宗禮，字立之，南豐人。淳祐四年進士,官至參知政事,著述甚多。

《師友淵源辯》 吕本中著。

《柯山講義》《魯樵哀稿》 孔元龍著。

《忘筌書》五卷《觀象玄契二圖》 章才邵著。才邵,字師古,崇安人。悟新學之非,著此書。又《理性書》九篇。號浩然子。劉勉之、劉子翬、胡憲皆喜其書。前考稱潘楨撰,止二卷,置於雜家。

《春陵小雅》 臨川曾極著。朱子得其書,大異之。

《濂洛論語》十卷 温州劉𢿋取濂洛諸書,摘其精要語,輯而成書。

《文公語録》 順昌廖德明集。又有晉江楊至著,凡二卷。

《朱子語略》 楊奂著。

《朱子語類》 葉味道著。

《朱子語録》 葉賀孫編。順昌余大雅亦有《朱子語録》一卷。

《張英甫尊經篇》 英甫,臨川人。受學陸九淵,有《易》《書》《詩》《語》《孟》《中庸口義》五十餘篇,名曰《尊經》。又有《要言渾象原意》《雜詩》。

《文公語類》一百三十八卷《文公書説》十卷 莆田黄士毅因《文公語録》分門序次

成書。

《文公要語》 熊禾，字去非，號勿軒，建陽人。取文公諸書，擇其至精且要者爲此書，而以邵、馬、張、吕及朱氏門人之説爲附録。

《雲莊外稿》 建陽劉爚著。

《誨録》三十卷 葉廷珪著。廷珪，字嗣忠，甌寧人。篤學醇雅，葉顒、陳俊卿、黄舜祖、鄭丙皆出其門。

《傳心直指》十卷 寧德高汝諧集關洛諸公語爲之。所著又有《一得録》《愚齋類稿》。

《性理小學直解》 熊剛大著。

《會心録》 趙希循著。

《銘心偶録》 樓大年著。大年，浙人。

《心書》六卷 奉化舒津著。

《續近思録》 蔡模著。模，字元覺，元定之孫。輯文公之書爲之。學者稱覺軒先生。

《性理遺書》十四卷 張復著。復，字伯陽，建安人，爲建寧路知事，師事鄭儀孫學《易》，得丘氏之傳。此書輯諸儒遺論爲之。

《集説》 金張特立著。特立，字文舉，東明人。泰和中，舉進士。

《中國心學》 金李純甫著。純甫,字之純,襄陰人。承安二年經義進士,以諸葛孔明、王景略自期。

《揚子發微》一卷　《太玄箋贊》一卷　《文中子類説》一卷 俱金趙秉文著。

《性理字訓》 建安鄭儀孫著。

《經史要旨》 建安葉蔓鱻著。

《經世補遺》三卷 丘富國著。

《經世書聲音既濟圖》 同安丘葵著。

《道統録》 浙人車若水著。

《諸書日記》 莆田劉彌邵著。

《太極圖西銘學庸解》 仙遊趙升賢著。刻於濂泉書院。

《學易記》《觀物外篇》 永年何榮祖著。榮祖任參政,至元、大德間,朝廷晏然,皆賴其力。

《格物類編》 元城潘迪著。

《救性》七篇　《明統》三篇　《禮論》一篇 章望之,字表民,浦城人。仁宗時,以光禄丞致仕。學宗《孟子》,言性善,排荀、楊、韓、李之説,著《救性》七篇。又以歐陽修魏、梁正統之論爲非，著《明統》三篇。以李覯論仁、義、智、信、樂、刑、政皆出於禮，著《禮論》一篇，以訂其説。其議論多有過人者。

《宗範》五卷 惠希孟著。希孟，江陰人。學問該博，持守嚴重。兄老無子，希孟奉侍如父。

《性理發蒙》四卷 黄鎮成著。

《性理本旨》 孟夢恂著。

《學基學統私録》 吴澄著。澄自幼知用力聖賢之學，著此書及《友言集》。仕至翰林學士，學者稱爲草廬先生。

《諸子成書》 黄瑞節著。瑞節，安福人。元季不仕，嘗輯濂、洛、關、閩、諸儒之言爲書，并加注釋。

《道園學古録》 虞集著。集弘才博學，累遷奎章閣學士。日取經史中切於心德治道者，陳進經筵。其論薦人才，必先器識。平生爲文萬篇。

《性理群書》 永新馮翼翁著。

《餘力稿》 樂平朱公遷著。

《管窺外編》 平陽史伯璿著。

《正學編》 浙人陸正著。

《先儒法言粹言》 浮梁吴仲遷著。

《續皇極經世書》 藁城安熙著。

《經説》《理學正宗》 俱趙居信著。

《學則》二十卷 東陽蔣玄著。

《經世説》《正蒙書説》《禮説》《易説》 豐城朱隱老著。其曰:「先天之學,心學也。邵子以命世人豪,乃探是圖,著爲《皇極經世書》,性命物理之説,重明于世。學者往往厭其難,棄而弗講,予于是有《經世説》。張子《正蒙書》實與《太極圖》《通書》《西銘》並傳,而未有爲之注釋者,予於是有《正蒙書説》。《禮經》殘缺已久,朱子雖定爲《儀禮經傳》,而其輯録多出於門人勉齋黄氏與信齋楊氏,其中予奪,多有未定,余於是有《禮説》。《易》之爲書,廣大悉備,伊洛大儒雖嘗論著,而其義皆愈索而愈無窮,予於是有《易説》。然書多未脱稿,芟煩補闕,先生責之子善。」

《春谷讀書記》二百卷 元婺州路儒學教授季仁壽著。仁壽歷覽群書,所節抄者。惜兵火之餘,皆鮮有存。

《讀書記》二十五卷　**《經問》四十卷**　**《吴山録》二十卷** 熊本著。本嘗從吴文正公澄學，所謂吴山，即記吴門問辦之所得者〔一〕。

《太極圖解》《通書解》《聖賢大意》《性理大明》《答客問》《石室新語》《淳熙糾繆》《鹿皮子飛小稿》合數百卷 東陽陳樵著。樵於書無所不讀，讀無不解，形於辯論，見於文辭，懇懇然爲入道之文，於狀物寫情尤精，然亦自出機軸，不蹈古今遺轍。又嘗入太霞洞著書，其書縱横辯博，孟軻氏而下，皆未免於議論。

《希賢録》 蔡用之著。用之，新昌人。天禧初進士，嘗獻萬言書，真宗覽之驚喜，出其文以示諸學士。所著又有《貫道集》《友議雜書》。

《師説》 李籲著。籲，字伯端，洛陽人。才識穎悟。舉進士，元祐中爲秘書省校書。此編皆記二程先生語。

《纂次伊川語録》 吴興唐杖著。嘗從程頤學，頤教之以先《大學》，次《論》《孟》，杖自是有所得，遺書相問答甚多，因纂次百餘條，門人記録爲詳。

《至性書》三卷 仙遊茅知微著。

《讀書記》 真德秀既歸浦城著。語門人曰：「此人君爲治之門，如有用我者，執此而

〔一〕辦 應作「辯」。

往可也。」袁桷亦有《讀書記》。

《博約考》一卷　南城梁文海著。自歷代制度、古今政治、人物賢否，靡不具載。

皇明

《聖學心法》　永樂七年御製。

《朱子學的》　瓊山丘濬著。

《程朱正學纂要》　天順中漳州陳布衣先生真晟詣闕上此書。

《康齋語録》　天順中宗仁吴與弼著。弼，號康齋，字子傅。

《體驗録》　李賢著。

《續西山讀書記》《伊洛淵源續録》　俱謝方石著。

《定性書説》　邵文莊寶著。

《先後天圖學考證》《西銘旁通》《象山語類》《太極圖纂要》《新增河洛淵源録》《皇極經世啓鑰》《劄記》三卷《程氏遺書》《二程年表》　俱楊文恪濂著。

《皇明理學名臣録》　楊廉輯。

《太極圖説》《河圖洛書説》《啓蒙圖解》　俱提學副使蔡清著。清，晉江人。

《太極圖解》　蒲、霍二州學正曹端著。

《朱子實記》 戴銑著。

《老子集解》《約言》 俱薛惠著。

《道德陰符經注》 黄潤玉著。

《朱子晚年定論》 王文成公守仁著。又有《傳習録》。

《揚子折衷》 彰德崔銑著。

《附注真文忠公新經》三卷 程敏政著。又有《道一編》。

《薛文清讀書録》 河東薛瑄輯。

續文獻通考·經籍考卷八

雜家至藝術

雜家

《賓朋宴語》 丘旭,宣城人。弱冠始讀書,學爲文詞。凡九舉不第,而自勵彌篤,及再試,遂第一。吕蒙正聞其名,薦授京秩。嘗纂自古賢俊遺言爲《賓朋宴語》。

《尺牘筌蹄》 奉化陳桱著。

《注釋武成王廟贊》五卷 和峴著。

《釋問》 朱長文著。長文,元祐中爲太學博士。

《張子巵言》 廬陵張汝明著。汝明,元祐中進士,劾蔡京,知岳州卒。

《叢語》 姚寬注。

《談苑》十五卷 黄鑑著。鑑,字唐卿,浦城人。舉進士,爲楊億所稱。

《雞窗叢覽》一百卷 高頤著。頤，寧德人。紹興中進士，以從岳飛謫象山，剛直之氣，始終不渝。

《廣學雜辯》 趙彦逾著。

《評古一删》 龍溪黄學臯著。學臯崇尚伊川學，制舉爲有司所斥。

《江東十論》 許叔度著。叔度，字端夫，寧德人。淳熙七年鄉舉。

《項氏家説》 項安世著。

《雜録》二卷 **《聞見因筆》二卷** 王宗道著。

《南部新書》 錢希白著。

《鶴林玉露》 羅大經著。

《齊東野語》 周密著。

《芻言永鑒》 陳仁玉著。

《中隱對》 劉觀德著。

《玉潤雜書》《避暑雜話》《巖下放言》《石林燕語》 俱葉夢得著。

《釋騷》 林至著。至，華亭人。歷官秘書省，登朱文公之門。

《廣訓》 程俱著。

《準齋雜説》　吴如愚著。

《忘懷録》《清夜録》　沈括著。

《筆録》十卷　盧奎著。奎，邵武人。政和初進士，仕至江西運判。其學多得於楊龜山，晚寓黔中著此書。

《觀物餘論》　鄭伉著。

《楊臺雜著》《臺省因話録》　石公弼著。

《筆志》　汪自明著。

《盤珠纂論》　翁夢得著。

《經史管窺》　陳模著。模，字中行，永春人。慶元中登第，開禧初召試館職，後知梅、汀二州。

《霏屑録》　劉孟熙著。孟熙，浙人。

《舊訓聞説》十五卷　李心傳著。

《山居新语》　楊瑀著。瑀，浙人。

《語纂》《閉户録》《俚語》　俱崇仁李釗著。釗爲人熟於典，故以駢儷著稱。

《策府》五十卷　孫調著。調，字和卿，長溪人。其學得朱文公之傳，以排擯佛老，推明聖經爲本。學者稱龍坡先生。

《傳言鑑事》三十篇 劉度著。

《時習編》 王萬著。

《梅隱筆談》 喻南强著。南强，浙人。

《觀過録》三十四章 張翰著。翰，字雲卿，號坎翁，寧德人。乾道中進士，居官蒞政，所至有聲。

《群著新録》 唐仲友著。

《緯略》《騷略》 高似孫著。似孫，鄞人，文虎子。官禮部尚書。

《世範》 袁采著。

《書林外稿》 袁士元著。士元，鄞人，鏞之孫。薦爲翰林國史檢閱官，不就。

《日記》 時少章著。

《復仇對》 戴溪著。

《鏡菴叢説》 史彌大著。

《琴書人覺》一十卷 晉江黄沚著。

《續古雜著》二卷 浙人鄭樸翁著。

《侯鯖録》　浙人趙令時著。

《資暇録》一十五卷　金趙秉文著。

《藂談》十卷　金王庭筠著。庭筠，字子瑞，河東人。未期視書，識十七字。登大定十六年進士，官終翰林修撰。

《玉峰冗稿》　浙中車若水著。

《白獺髓》　浙中張仲文著。按白獺髓可療箭瘡，而書以之名，蓋救時之論也。

《韓子概言》　楊奂著。

《翼騷》一卷　邵武黄伯思撰。

《變離騷》九篇　高元之著。九篇者，曰《恖畸志》，曰《臣薄才》，曰《惜來日》，曰《力暾》，曰《危衷》，曰《悲嬋娟》，曰《古誦》，曰《繹恩》。人共傳之，謂宋儒擬騷弗能及也。

《雲峰筆記》　胡炳文著。炳文，稱雲峰先生。

《策府樞要》　魯淵著。

《多識録》　樂平馬端臨著。

《筆記》一卷　黄溍著。

《談叢》《談傳》《談肆》《談殘》《昔游録》　舒嶽著。

《管仲子糾辯》 牟楷著。

《草木子》 葉子奇著。

《莊子補劓》《千金毬》《齊瑟》 崇仁胡以遜讀《莊子》，惡其駁雜，乃采諸家之説，而爲《補劓》。下二書，亦以遜著。

《夏二子傳》一卷 吴元美，字仲實，永福人。嘗作《夏二子傳》，蓋指蚊蠅也。其鄉人鄭煒上於秦檜，誣其指斥國家、譏毁大臣，坐謫容州，再謫南雄州卒。

《繩子》三卷 蔡蒙叟，閩縣人。博通古今，養高不仕，號貞白子。著《繩子》三卷，凡五十七篇。

《姚氏戰國策》 姚寛著。

《鮑氏戰國策》 鮑恢著。

《戰國策校注》 吴師道著。

《策樞通覽》二百卷 **《弓冶録》若干卷** 婺州路教授季仁壽著。

《戰國策注》 鮑彪著。

《雲山夜話》 新建龔碧梧著。以釋五經未發之義。

《緯文瑣語》 李郛著。郛，宜黄人。文學浩博，號爲書廚。

《石塘間語》　劉公遇著。公遇，字養正，福州人。所著又有《心録》數卷。

《鐘幢嘉話》　余元泰著。元泰，羅源人。景定中進士，采邑之先賢事實可裨名數者，類編以成。

《脞談》《脞稿》各若干卷　宋邵著。邵，桂子，登咸淳進士，爲斯文領袖。

《日行辯》《明德辯》　劉濟著。濟，字應徐，崇安人。有詩名。

《燕樂原辨》　西山蔡元定著。

《斕窠類稿》　晉江林外著。

《玉融新對》　許拱辰著。辰，字元弼，永福人。以經學詞章聞於鄉。

《説郛》《輟耕録》　俱天台陶宗儀著。宗儀倣曾慥《類説》而作《説郛》，曾所編者，則略去之，君子謂其尤精博云。《輟耕録》則隨其所見聞筆之，朝野之事俱備，足稱小史。

農家

《農桑輯要》《農桑圖説》　俱苗好謙撰。好謙，城武人。勤於織務，因著此書行於世。又暢師文，字純甫，南陽人，所著亦有《農桑輯要》。

《玉燭寶典》　杜臺卿著。

《酒經》 大隱翁著。

《耕織圖》 韓彦直著。

《菌譜》 陳仁玉著。

《耕譜》 愼温其著。

《菊譜》 劉蒙撰。又史正志、范至能皆有《菊譜》。

《便民録》 同安許伯詡著。

《山居四要》 汪汝懋著。汝懋，淳安人。

《樵歌八事》 徐綗著。

《茶録》 熊蕃著。熊蕃，字叔茂，建安人。宗王安石之學，號獨善先生。所著《茶録》，釐别其品第高下，最爲精當。又有《製茶十韻》，今傳於世。

《竹譜》 李衎著。衎，薊州人，號息齋道人。官至浙江行省平章政事，善畫竹石枯木。

皇明雜家

《雜誡》二十八章 方希古著。又有《釋統》三篇。

《國初禮賢録》劉基著。
《石渠意見》王恕著。
《緑雲亭雜記》清江敖英著。又有《寓圃雜記》。
《楓山語録》蘭溪章懋著。
《百可漫志》閩中陳鼒著。
《客座新聞》長洲沈周著。
《仰山脞録》江右閔文著。
《近峰聞録》吴郡皇甫録著。
《蓉塘詩話》《四友齋叢説》俱東海何良俊著。
《藝苑卮言》瑯琊王世貞著。
《梓吴》古鄣陳敬則著。
《楊文敏公年譜》李東陽著。
《西湖塵談録》莆田宋端儀著。
《呆齋録》劉定之著。
《王文恪公筆記》王守仁著。

《困知記》　太和羅欽順著。

《玉堂雜著》二卷　王華川著。

《修玩志》六十三卷　大學士夏言著。

《論諫録》　謝方石著。

《家規》一卷　楊文恪濂著。

《宋逸民録》十五卷　《程氏貽範録》四十卷　俱程敏政著。

《桃源建昌征案》《東昌撫案》共十卷　《撫屬雜稿》一卷　《自述年譜》十六卷　俱端敏何公著。

《升菴詩話補遺》《笠筱新詠》《墐户録》《滇侯記》《揚子卮言聞集》《敝帚病榻手吹晞籛釟》《藝林伐山》《赤牘清裁》《赤牘拾遺》《敘管子録》《群公四十六節文》《古今風謡》《填語選格》《百琲明珠》《古今詞英》《填詞玉屑》《古諺》《古雋》《寰中秀句》《逸古編》　已上二十項，俱楊慎用修著。

《策要論林》　梁寅著。

《雜録》三卷　李文達著。

《物類稿》　順慶知府解延年著。

《百中歌》 遼王白著。冀州人,明天文。

《庚午元曆》 耶律楚材撰。楚材,遼東丹王之後,元太祖時爲相,以金《大明曆》不應,乃制《庚午元曆》。

《授時曆》 世祖至元十七年,郭守敬等以爲金雖改曆,止因劉宋之曆,微加增益,未嘗測驗於天況。冬至者,曆之本,而求曆本者在驗氣。汴宋舊儀,今多不協,乃與南北日官陳鼎臣等創造儀象圭表,爲器凡十有三。復遣監候官十四人,分道測驗,凡二十七。所偏參曆法,酌取中數,成新曆上之。言自漢以後,曆法經七改,創法者十三家,今所考正者凡七事,所創法者五事,其法視古加密,而又悉去諸曆積年月日法之傅會者,一本天道自然之數,可以施之永久而無弊。

《算經圖釋》九卷 彭絲著。

《石塘算書》 寧德陳尚德著。

《麻答把曆》 回鶻曆名也。耶律楚材嘗言西域曆五星密於中國,因作此曆。

《曆髓》 宋濂氏曰:「盱江廖應淮學海所著。好研磨運世推移及方技諸家學,嘗遇蜀道士杜可大,得邵堯夫先天學,能逆知未來事,其書間傳於世。」

五行

《遁甲奇書》 鄭淵著。

《六甲奇書》一卷 周鍔著。

《五行秘記》 姚寬著。

《五行新書》 德興董濬著。濬於建炎間嘗進所撰《興治綱領圖》《中興四議》等書。

《元經圖》 張庠著。以推五行六度之驗。

《星略算學》 楊文恪著。

占筮

《周易卜筮》 靈武韓道沖著。

《復古蓍傳》 豐城孫義伯著。

《卜世大寶龜》 鄧考甫著。考甫，臨川人。嘉祐中舉進士。元符末，應詔上書，言新法必亂天下，坐貶高安。

《晝前妙用》 盱江廖應淮學海著。

《櫝著記》 至元十年春二月劉因作。

《校正郭樸葬書》 崇仁吴澄著。

《葬書新注》 景濂宋氏曰："《葬書》號爲郭景純所作，後世葬巫競起而蕪穢之，至於二十篇之多。蔡季通删去十二而存其八，吴伯清又病蔡氏未盡蘊奥，擇至純者爲内篇，精粗純駁相半者爲外篇，粗駁當去而姑存者爲雜篇。新喻劉則章親受之，吴氏爲之注釋，頗有發明。"

兵書

《將帥要略》 胡旦著。

《禦戎七論》 宋祁著。祁，庠弟。與兄同時舉進士，歷官太常博士，進翰林學士、禮部侍郎，累加龍圖閣學士。與歐陽修同修《唐書》。

《慶曆兵録》《贍邊録》《武經總要》《備邊十策》 丁度著。度，字公權，祥符人。真宗時，登服勤詞學科，官翰林學士。

《中興兵房事類》 徐次鐸撰。次鐸，東陽人。負才尚氣。登紹熙間進士。

《兵書解》 鄒補之著。

《南北邊籌》十八篇　曾三英著。考究三國六朝攻守事迹著此書。

《漢兵本末》　徐天麟著。天麟，開禧初進士，累官武學博士，通判惠、潭二州，所至興學明教，有惠政。

《漢南北軍制》　易祓著。

《備邊三策》　牟子才著。

《邊宜十策》　王定國著。定國，長樂人，少有大志。紹興末，上此策。後知高郵軍，政迹甚著。

《司馬法講義》三卷　《三略講義》三卷　浦城何去非著。

《八陣圖説》　蔡元定著。

《漢兵制備邊十策》　陳傅良著。

《歷代將鑑博議》《會稽兵家術》　戴溪著。

《兵略》　李光著。

《歷代邊防屯田便宜》　黄度著。

《邊方兵政十六事》　徐綱著。

《兵書訂解》　陳舜申著。

《兵書應籌策科》　許洞著。

《兵書》二卷　胡閎休著。

《校正八陣圖》　吴澄著。

《續百將傳》　何叔丘著。

《紀效新書》　戚繼光著。

《武學經傳句解》　王圻輯。

醫家

《傳信方》一百卷　卞大亨著。大亨，字嘉甫，其先秦州人。靖康中，調懷寧簿，隱居象山，自號松隱居士。

《陸氏續集驗方》　陸游集。

《傷寒論脉訣》　楊介，盱眙人。善醫，著此書及《脉訣》行於世。

《四時養頤録》　趙自化，平原人。父和嘗集經方名藥之術，以授自化，自化遂以醫鳴。診治有奇效，累遷至正使。

《集醫録》　徐夢莘著。

《直魯古脉訣針灸書》 遼直魯古，吐谷渾人。太祖破吐谷渾，一騎士棄橐，反射不中而去。追兵開橐視之，得一小兒，即直魯古也。因所俘，問其故，乃知嬰父世善醫，雖馬上視疾，亦知標本，不欲子爲人所得，故欲射殺之耳。由是進于太祖，欽哀皇后養之。長亦能醫，專事針灸。

《原病式》一卷 《宣明論》五卷 《運氣要旨論》一卷 金河間劉守真，名完素。早遇陳希夷，服仙酒醉，覺，得悟《素問玄機》，著此三書。

《儒門事親》十四卷 金張從正，字子和，考城人。精於醫，貫穿《難》《素》之學。其法宗劉守真，用藥多寒涼，然起疾救死多取效。興定中，召補太醫。居無何，辭去，與麻知幾輩日游㶏水之上，講明奥義，辨析玄理。遂以平日聞見及嘗試效者，著爲此書。又有《六門二法》。

《傷寒纂類》四卷 《活人書》二卷 《傷寒類》三卷 《針經》一卷 金李慶嗣著。慶嗣，洛陽人。少舉進士不第，退而學醫，讀《素問》諸書，洞曉其義。大德間，歲大疫，廣平尤甚，貧者往往闔門臥病。慶嗣攜藥與米分遺之，全活者衆。

《難經集注》五卷 金紀天錫著。天錫，字齊卿，泰安人。

《至元增修本草》 世祖至元二十一年，命翰林承旨撒里蠻，翰林集賢大學士許國禎集諸路醫學教授增修。

《東垣十書》　李杲著。杲，鎮州人。世以貲雄鄉里。幼好醫，捐千金從易州張元素學，不數年，盡傳其業。學於傷寒癰疽，眼目病尤長，療而愈者甚衆，當時以神醫目之。

《活人總括》《醫學真經》　楊士瀛著。士瀛，字登父，懷安人。精通醫學，所著又有《直指方》行於世。

《傷寒大易覽一編》　葉如菴，黄岡人。以儒爲醫，所撰《傷寒大易覽一編》，爲時所宗。

《原機啓微集》　吴郡名世之醫倪維德，病眼科雜出方論，竟無全書，故著此。又以李杲《試效方》若干卷，鋟梓傳世。

《丹溪纂要》《丹溪心法》《格致餘論》《傷寒發揮》《丹溪醫按》《滑澀經絡發揮》　朱震亨著。

《太素脉訣》　劉開嘗游廬山，遇異人，授以《太素脉訣》，預知生死。診脉上以手指三點之，即知其症，世號劉三點。

《醫學管見》　如皋何塘著。

《醫學舉要名醫録》二十餘種　楊文恪著。

《勿藥諸集》 邵文莊著。

《古簡方》《集諸方》四十餘卷 蘭谿吴奂德著。

道家

《老子疏》 陳廷玉著。

《道德經注》 吴宣著。

《老子解》 葉夢得著。又趙善湘著《老子解》十卷。

《象罔白馬證》 張游著。

《莊子注》《荀子注》 趙汝談著。

《陰符經注》 陸佃著。又元時定州趙材卿亦著。

《太上感應篇注》 李昌齡著。

《注老子道德經》 晉江陳權著。

《讀莊筆記》 馬廷鸞著。

《南華真經解》 晉江黄沚著。

《老莊列口義》 林希逸著。

《陰符經解》 吴縣俞琰著。

《南華略釋》一卷　《列子補注》一卷 金趙秉文著。

《道德經解》 湯建著。

《丹經十二方》 宋潛溪曰：「劉真人思敬吉之，青原人。少好長年術，及長從靈寶陳君受丹砂訣，行混元法，又依訣鍊鉛汞爲丹砂，服之者疾遂愈。后傳弟子章希平等。」

《總仙記》一百四十卷 知黄州樂黄目集。

《集仙録》 徐夢莘著。

《獨指商》 荆南仙女撰。父王保義爲荆南高從誨行軍司馬，生女不食肉，五歲通《黄庭》等經。及長，夢渡水登山，見金銀宫闕，云是方丈，仙女十人，中一人曰「麻姑相結姊妹」，授以琵琶數曲。自是，數夜一遇，歲餘得百餘曲，其尤者有《獨指商》，以一指彈一曲。復夢麻姑曰：「即當相邀明日庭中。」有雲鶴音樂，女奄然而卒。

《詆仙賦》 宋祁著。其《自序》曰：「予守壽春，覽郡圖，得八公山。故老争言上有車轍馬迹，是淮南王上賓之遺。耕者往往得金馬，丹砂所化，可以療病。因取班固《書》、葛洪《神仙》二傳，合而質之。嗟乎，人之好名而不責實也，而洪又非愚無知者，猶憑浮證僞，況鄙人委巷語耶？作《詆仙賦》。」

《洞霄録》十卷 沙縣羅畸著。

《元道歌》 趙自然撰。

《翠虚妙悟全集》 陳楠，字南木，號翠虚。得《太乙刀圭金丹法訣》於毘陵禪師，得《景霄大雷琅書》於黎姥山神人。每人求符水，翠虚捻土付之，病多愈，故又呼爲陳泥丸人。嘗於翠虚覓詩，但自口縷縷而出，皆成文理，第不肯親書。有《翠虚妙悟全集》行世，及作《羅浮翠虚吟》。

《悟真篇》 張用誠，越人。一名端，字平叔。嘗入城都遇真人，得金丹術歸。以所得作秘訣八十一首，號《悟真篇》，已而仙去。淳熙中，嘗至其家。

《内丹書》 遼聖宗統和八年，于闐國張文寶所進。

《洞霄志》 鄧牧著。牧，錢塘人。通《莊》《列》諸書。嘗居餘杭洞霄宫之超然館，經月不出，四方名勝以文字請者交至。大德間，無疾而逝。

《茅山誌》 張伯雨著。伯雨，杭州人。宋崇國文思公九成裔，從方外學，風裁凝峻，工書，善詩歌，與吴興趙孟頫、浦城楊載、蜀郡虞集爲文字交。嘗居茅山，因自號句曲外史。

《玉笥仙祖記寶録》 謝修道著。

《道書按神契》 吴衍著。

《參同契辯》 田君祐著。

《神仙傳》 李光著。

《中和集》七卷 至元時李道純著。道純，字元素，號清庵，又號瑩蟾子，都梁人。其集有《玄門宗旨》《畫前密意》《金丹秘訣問答語録》《全真活法》及《論説詩歌》《教外隱語》《道德會元》共七卷，門人蔡志頤編。

《丹經新注》 王以道著。以道，自號三槐隱士。嘗一日獨游洞庭之君山，遇異人，長髮碧瞳，如古仙人，授以《龍虎金丹碧經》。君受而行之，氣志益沖邕，因注此經行世。

《神仙傳》 永樂十七年，命侍臣輯。

《道餘録》 長洲姚廣孝著。

佛家

《吴越金書法華經》二帙 未詳何人撰。

《釋氏私記》 僧灌頂著。

《釋氏詞旨》 天台僧智者著。

《錢塘西湖净社録法華言句》 僧省常著。

《青州百問》一卷 元辯和尚，青州人，世稱青州辯和尚。禪教盛行北方二百餘年，燕、齊、秦、趙之間，入是宗者，皆其後學。此書皆其與覺和尚及林泉老人問答頌偈也。

《池陽百問》 永嘉陳氏子懷義得法於雪竇，住景德禪寺，有百問行於世，謂之《池陽百問》。

《王觀集》 僧遵式著。

《宋高僧傳》三十卷 **《三教聖賢事迹》一百卷** **《鷲嶺聖賢録内典集》一百五十二卷**

《外學集》四十九卷 贊寧著。寧，德清人，生於金鵝山。嘗受《詩訣》於前進士龔林。太平興國三年，太宗聞其名，召對資福殿，賜紫衣，改號通惠。

《閒居編》五十一卷 智圓，字無外，錢塘徐氏。八歲出家，自號中庸子。居孤峰瑪瑙寺。與林逋爲友，以詩文自娱。嘗作《十疏通經》，又雜著五十一卷，題曰《閒居編》。

《天目中峰和尚廣録》三十卷 釋明本著。《信心銘闢義解》一卷，《楞嚴經徵心辨見或問》一卷，《金剛般若義》一卷，《别傳覺心》一卷，《寒山詩》一百首，《幻住家訓》一篇，《山房夜話》二卷，《續集》一卷，《語録》十卷，《别録》十卷，總爲三十卷。

《正法眼藏經》三卷 奚宗杲著。師少居寧國，入山東惠雲寺，爲苾蒭，與吕左丞、張魏公、張横浦談辯,出入儒釋,排闔不窮。孝宗賜號大慧禪師。

《瑜伽文》《羅漢文》《彌陀文》　永素著。永素,祁門人。居柏山院,日誦《華嚴經》。紹興間,住嚴州烏龍山。歲久回柏山,撰《瑜伽文》。一日,沐浴升堂,説法作偈曰:「看不上面,笑不出脣。淡軒之上,獨對松雲。呵呵,有人若問西來意,山僧元是大朝人。」言訖而逝。

《御製華嚴經贊》　遼道宗製,咸雍四年二月頒行。

《金佛梵覺經》　遼回紇僧所撰。

《高麗佛經》　遼太康十年,高麗進,命僧善智校讐頒行。

《西方父教》　金李純甫晚年喜佛,力探其奥義,自類其文,凡論性理及關佛老二家者,號《内稿》,其餘應物文字爲《外稿》,又解《楞嚴》《金剛經》數十萬言,號《西方父教》。

《注金剛般若經》　金張珣,字仲仁。以律學進,尤善内典,自注此經。

《精語》　王當陽,元初遇異人,能幻化之術,後游武當,歸郡南平頂山,建昇平道院,修煉其中。撰《精語》,後端坐而化。

《天柱稿録》　宋景濂曰:「佛心慈濟妙辨太師大同著并注。」

《妙玄文句正觀三大部》《增治助文法華涅槃二經講義》《荆溪章安法智三祖禮文詩

偈》二編　宋景濂曰：「佛鑑圓照論師必才所著述，並行於世，詩偈別傳。」

《法華問答》若干篇　《法華隨品讚》三十篇　《辯正教門關鍵録》若干卷　宋景濂曰：「僧善學所見著述，咸有可觀。嘗與同學原澄以一乘同別之義，更質疊難爲《法華問答》，復因主修《法華》期懺，撰《法華隨品讚》，并有詩文並行於世。師號古庭，善學其諱也。」

《二會語》四卷　宋景濂曰：「佛智弘辨禪師傑峰愚公著，已刊行叢林中。」

《四教儀紀》《正天岸外集》　宋景濂曰：「普福法師弘濟，字天岸，所著刊行於世。又嘗覽諸家所著《楞嚴經》煩簡失當，方將折衷其説，爲之疏解，疾作而止。」

《内外録》　僧孤峰德公著。大司徒楚國文公歐陽玄爲《序》。

《經山悦堂禪師四會語》　悦堂禪師顔公著。

《禪林清規四會語録》《蒲堂集》　僧大訢著。

《獨庵外集》　浮屠獨菴禪師著。

《注解金剛經》　僧無聰，字汝水。至元初，資福寺無礙請注。注時有紫雲覆寺，座下産靈芝。

《楞嚴經纂要注》十卷　《金剛方語集解》　《華嚴心鏡》二卷　《玄談輔翼》八卷　《外

集》三卷　妙觀和尚著。諱定，字如觀。

《永寧四會语》　永寧和尚著。

《禪林類聚》　維揚雍熙寺主僧來峰泰編，釋永寧曰：「此古人糟粕耳，點檢何爲？」

《重刻傳法正宗記》十二卷　宋景濂曰：「宋明教大師契嵩博采《三藏記》，洎諸家紀載釋迦爲表，三十三祖爲傳，持法一千三百四人爲分家略傳，而旁出宗證繼焉，名曰《傳法正宗記》。復畫佛祖相承之像，明其世系，名曰《定祖圖》。申述禪經及西域諸師爲證，以闢學者之妄，名曰《正宗論》。其衛道之嚴，凛凛乎不可犯也。甬東祖杲禪師以誠篤契道，恐法輪不運，合衆緣重刻以傳。」

《重刊夾注輔教編》　宋景濂曰：「宋大士曰鐔津嵩禪師，以二氏末流之弊，或不相能，取諸書會而同之，曰原教，曰廣原教，曰勸書，曰孝論。而《壇經》贊輔焉。復恐人不悉其意，自注釋之，名爲《輔教編》。若禪師者，可謂攝萬理於一心矣。後虚白杲公重刻，是編有功學者甚大。」

《重刻寂照四會語》　宋景濂曰：「寂照和尚元叟端公既示寂，蜀郡虞文靖公爲序其《四會語》矣。兹其入室弟子清泰、子梗、金山、惠明、天寧、祖闡，復以舊所録先師語不幸燬於兵，竊懼不傳，故命印生重雕，而屬予序之。」

《重刻護法論》 衢州天寧住持端文曰："論凡一萬二千三百二十五言，相傳宋觀文殿大學士太保張天覺所撰。兵火之餘，板久不存，復令印生刻之。"

《千巖禪師語録》 宋景濂曰："禪師在時，其弟子嗣詔嘗采其語，鍥梓以傳，後經兵火，皆爲灰燼。兹一菴鄰上人以舊本重刻，其敷宣大法，如雲雷迭興，而九龍噴雨，如太醫製藥，隨症而愈疾，如摩醯三眼，光明洞照而無不至。"

《西岳集》二十卷 蘭谿僧黄休著。

《神僧傳》 永樂間，命侍臣輯。

《資持記》《濟緣記》《行宗記》《應法記》《報恩記》《删定尼戒本》《金剛疏》 錢塘僧元照著。

《金室集》 臨海僧宗泐著。

《心經注》《金剛經注》《楞伽經注》 俱宗泐奉詔注。

《蒲菴集》 豐城僧來復著。

《語録》 長安僧順詳師著。

《血書五大部經》一百十三卷 **《華嚴合論》** 太原僧昌海校正。

《五臺清涼傳》《本宗二百問》 僧昌海著。

義金僧《注經文》《勝嚴集》《水六儀文》六卷　俱太原僧義金著。

《天台四教儀》　天台智者作，王世貞序。

《禪藻集》《禪林鉤玄》　楊慎著。

《逃虛子》《石城霞外集》　少師姚廣孝著。廣孝，長洲人。

藝術

《琴譜》　石孝隆著。

《琴史》　朱長文著。

《琴箋》　崔遵度著。遵度，江陵人。與物無競，淳淡清素，於勢泊如也。善於鼓琴，嘗著《琴箋》行世。

《硯纂》　楊奐集。

《通玄集》《清遠集》《幽玄集》《機深集》《增廣通遠集》《玄玄集》　已上俱係棋譜，未詳所撰。

《聽玄集》《造玄集》　吾衍著。衍，太末人。通聲音律吕之學。衍又集古印文二卷。

《宣和譜》四卷　未詳所撰。

《爛柯集》 毛友誠著。

《勾股機要》 金楊雲翼著。

《復齋印譜》 元王厚之集。

《古印譜》一卷 顔叔夜集。

《集古印譜》一卷 姜夔集。

《印史》二卷 趙孟頫著。又著《琴原》《樂原》，得律吕不傳之妙。

《圖書譜》一卷 楊克一著，又名《集古印格》。

《畫鑒》一卷 東楚湯垕著。論歷代名畫，悉有依據。

《集古印譜》 濮陽吴孟思著。

《補奕譜》 廬陵嚴德甫善奕，初集奕法爲書。晏文可又以家藏諸譜增益之。

《九歌圖》一卷 李伯時所作。吴澄《序》云：「伯時妙絶一世，而或傳此畫若有神助，蓋其尤得意者。」

《四皓圖》一卷 宋景濂曰：「所謂四皓者，昉見《史記》，則東園公、綺里季、夏黄公、用里先生是也。初不知其姓名。按《陳留志》：『東園公，姓唐，名秉，字宣明，居園中，因以爲號。夏黄公，姓崔，名廣，字少通，齊人，隱居夏里修道。用里，姓周，名術，字元道，河内軹人。』《孔父秘記》又作『禄里』。綺里季，或曰《姓氏書》云『綺里，姓；季，其字也』。畢士安則謂，綺里季夏爲一人，黄公别是一人，其説尤異。據漢惠帝時所刻四皓神座，一曰園公，二曰綺里季，三曰夏黄公，四曰甪里先生。惠帝去四皓不遠，足以證士安之謬矣。偶題此圖，遂牽連而書之，畫之工拙，未暇論也。」

續文獻通考·經籍考卷九

集上

宋

《東觀集》十卷　羅處約著。處約，益州華陽人。太宗時舉進士，初知吴縣，後召直史館。

《郭贄集》三十卷　郭贄，字仲儀，襄邑人。屬文敏速。乾德中，舉進士，仕終禮部尚書。卒贈左僕射，謚文懿。

《廖執象文集》五十卷　執象，順昌人。陳摶謂曰：「子謫仙人也，恐塵世不能久留。」果早卒。

《奉常集》五卷　**《秘閣集》五十卷**　和峴著。

《雲溪集》十卷　順昌廖嶢著。

《瑯琊集》　王言徹著。言徹，字子昭，晉江人。端拱中進士，所至州縣，人皆立生祠。

《愚谷集》《銀臺集》　盛度著。度，餘杭人。端拱初進士，歷官翰林學士、參知政事、知樞密院事。卒謚文肅。

《鄭文寶集》三十卷　文寶，字伯玉，寧化人。太平興國中進士，官至工部侍郎。

《陳絳文集》十二卷　絳，蒲田人。咸平中進士甲科，再試賢良第一，除右正言，歷司諫，初居舍人，凡十年。以工部郎中知福州，左還藤州通判。

《金龜子文集》十五卷　陳漸著。漸，堯叟從子，少以文學知名。太宗時，嘗與父堯封同廷試，中第，辭不就，願擢其父，從之。後累官耀州節度推官，自號金龜子，因以名集。

《雉山集》二十卷　方仲謀著。仲謀，青溪人。嘉祐中進士，累官殿中丞。工于詩。

《張師德文集》十卷　師德，去華之子。真宗時，父子皆中狀元。其父集，岳珂爲校正。

《瀛海殘編》十卷　權邦彦著。邦彦，河間人。崇寧中，上舍登第，累官簽書樞密院事。嘗獻《十議》，以圖中興，尋兼權參知政事。

《章安集》　楊蟠著。蟠，臨海人。舉進士，歐陽修稱其詩。蘇軾知杭州，蟠通判州事，與軾倡和居多。

《楊煥文集》三十卷　**《宦游集》十卷**　楊煥，字元暉，浦城人。崇寧中進士，仕終知蘄州。

《烏山三賢集》 鄭伯玉，字寶臣，莆田人。登第爲大理司直，韓琦薦充殿中侍御史。郡人以其《錦囊集》與陳其方《孝寧詩》類聚爲一，號《烏山三賢集》。

《明善集》《居陽集》各三十卷 劉彝著。彝，淮安人。幼從胡瑗學。善治水，第進士，官至都水丞。

《河南邵氏集》 邵伯温著。

《草堂集》一百卷 李炳著。炳，濟州任城人。崇寧中進士，累官翰林學士。

《葵亭集》 吕正獻公倅潁日作亭後圃，曰葵亭，因以名集。

《瑞麟集》 彭大益著。大益，攸縣人。登元祐三年鄉薦，爲太學博士，以議論不合致仕。居司空山，翛然有物外意。

《雲林子文集》五十卷 黄伯思著。伯思，字履孫，邵武人。元符中進士，爲秘書郎。縱觀册府藏書，至忘寢食，自六經至子史百家，無不精詣。頗好道，自號雲林子，遂以名。

《雙溪漫叟集》二十卷 **《松窗摭遺》十二卷** 張豸著。豸，字正仲，浦城人。大觀中進士。

《葉常文集》五十卷 葉常著。常，字權之，浦城人。紹聖中進士，知河中府。常喜作詩。

《壁水集》十五卷　周固著。固，字無可，浦城人。崇寧中釋褐。

《何通判文集》二十卷《備論》四卷　何去非著。去非，字正通，浦城人。元豐中，對策論用兵之要，擢高等，除武學教諭，仕終廬州通判。

《李之儀文集》二十卷　之儀，趙州人。工于尺牘，蘇軾以爲得發遣三昧，自號古溪老農。

《荀里退居編》　蘇州范正平著。

《白雲集》八卷　將樂廖正一著。正一，元豐進士，入元祐黨，自號竹林居士。

《畢集》十卷　姚易著。易，字夢錫，浦城人。元豐中進士。

《葉氏文集》　葉清臣著。

《孫公文集》　孫沔著。

《舒信道集》百卷　舒亶著。亶，字信道，鄞人。爲龍圖閣待制。

《滕康文集》二十卷　康，應天府宋城人。崇寧中進士。

《范忠宣公文集》五十卷　蘇州范純仁著。

《李師正文集》十卷　李規，字師正，松溪人。元豐中進士，居官有幹才，仕終朝議大夫。

《周彦廉文集》二十卷　《承宣集》一卷　《明天集》一卷　周鍔著。鍔，字彦廉，鄞人。元豐二年進士，調桐城尉，辭不赴。

《清溪集》二十卷　汴人李璆著。璆，政和中進士，累官四川安撫制置使，有惠政可紀。

《錢公文集》　錢易著。

《林特進文集》二十卷　林保著。保，字庇民，鄞人。登政和二年上舍第。紹興中，以敷文閣待制奉祠。

《道山集》三十卷　沙縣羅畸著。

《西征隨筆集》　趙彦秬著。

《丁氏文集》　丁注著。

《正齋集》　洪咨夔著。

《還庵集》　陳炳著。

《教忠堂集》　劉寧止著。

《滄浪集》　嚴羽著。羽，字丹丘，邵武人，有才名。所著《詩辯》，議論深到，自號滄浪逋客，因以名。

《新豐集》 徐九思著。九思，字公謹，崇安人。登進士第，與王安石不合，坐廢。

《杭州集》二十卷 李深著。深，字叔平，光澤人。熙寧進士，入元祐黨籍。

《清虛先生文集》 洛縣王鞏著。鞏，字定國，素之子，旦之孫。

《劉顯文集》數十卷 顯，吉水人。舉進士，爲廣禄主簿，顯于曾布爲甥婿，而布當國時，未嘗私見。

《羅仲素文集》十八卷 沙縣曾道振編次。

《梅谷文集》 宋翔著。

《桐山文集》 王之道著。之道，無爲人。宣和間舉進士，與兄之義、之深同科，名其堂曰三桂。

《臨漢隱居集》二十卷 **《東軒筆録》十五卷** 魏泰著。泰，襄陽人。善文章。崇觀間，章惇欲官之，竟拂袖還家。

《東漢集》 淳浦高登著。登宣和中爲太學生，與陳東乞誅六賊，後觸怒秦檜，編管容州。

《雲海敝帚》五十卷 宋之才著。之才，永嘉人。從楊龜山學，得程氏正脉，性恬静，操潔白，自號雲海居士。

《無相居士文集》 陳㮚著。㮚，平陽人。政和初進士，累官太常少卿，權禮部侍郎。寬洪藴籍，以誠接物，而恬于榮利，自號無相居士。

《硯岡居士集》 唐稷著。稷，雩都人。政和間進士，授樞密院編修官。自號硯岡居士，因以名集。

《歸愚集》 順昌吴致堯著。致堯，政和進士，除安化令，以事忤當路去官。

《勤王忠義集》 胡閎休著。閎休，開封人。嘗著《兵書》二卷。靖康中，應知兵科，中優等，補承信郎。後從岳飛討賊湖湘，進成忠郎。

《玉峰集》二十卷 楊公度著。公度，字元宏，建寧人。政和中登第，趙鼎嘗薦其才，而不肯見秦檜，竟中止。

《翁彦約文集》十卷 彦約，字行簡，崇安人。初以免解進士，應詔進《格言》二十篇。政和中，第進士，知高郵軍。

《環溪稿》 吴沆著。沆，崇仁人。政和間，獻書于朝，不用，歸隱環溪，以此名集。

《許尹文集》數十卷 尹，樂平人。政和進士，歷高、孝，皆盡忠款，以敷文閣待制致仕。

《向伯奮時論》十卷　《奏稿》二卷　《詩》十卷　伯奮，樂平人。孝宗時户部侍郎。

《翁五峰詩文集》二十卷　翁挺，字士挺，崇安人，號五峰居士。李綱稱其文雄深雅健，淵源浩博，詩凌厲奮發，絶去筆墨畦徑。

《籟鳴集》十卷　《奏議》十卷　沙縣曹輔著。輔子論，度支郎中，以詩名，有《約菴集》行世。

《栟櫚集》二十五卷　鄧肅著。肅，字志宏，沙縣人。嘗疏留李綱不宜罷相。後在諫垣，不三月，凡二十疏，皆切直。

《焦桐集》　鄧祚著。祚，字成材，沙縣人。建炎進士，安撫江西盜賊勦蕩，尋以疾請祠。

《聘游集》　朱弁著。弁，婺源人。弱冠入太學。建炎初，議遣使問安兩宫，弁奮身自獻。至雲中，見粘罕，言用兵講和，利害甚悉，而守節不屈。後和議成，得歸，轉奉議郎。集名「聘游」，皆其往來時所撰也。

《無旁集》一編　歐陽凱士著。字彦成，建陽人。建炎中，一舉不第，上書論事，宰相以爲狂，編管洪州，後得還。徜徉山水，預知將死之期。

廖天覺《魚山集》十卷　天覺，順昌人。紹聖進士，有惠政在餘姚縣，無愧古循吏，後以朝請大夫致仕。

鄧甯《七峰集》十卷 甯，字仲吉，沙縣人。熙寧進士，工詩文。

《龍溪文集》 汪藻著。藻，婺源人。崇寧初進士，紹興初爲翰林學士。晚年好詩文，自號龍溪，因以名集。

《玉泉集》 儲惇敘著。惇敘，字彦倫，晉江人。崇寧中進士。歷官三十年，屋不增椽，田不增畝。

《龍山文集》 余良弼著。良弼，字巖起，順昌人。建炎中登第，晚直秘閣致仕。聚書萬卷，自爲序，以教子孫。

《臨淮集》十卷 李植著。植，泗州臨淮人。幼明敏篤學。靖康初，補迪功郎，累官户部員外，以寶文閣學士致仕。

《龍雲集》三十卷 劉弇著。弇，安福人。兒時警敏，日誦萬餘言。元豐初進士，爲文剗剔瑕纇，卓絶不凡。

《松隱集》二十卷 卞大亨著。大亨，字嘉甫，其先泰州人。靖康中，調懷寧簿，隱居象山，自號松隱居士，取其號名集。

《吴門集》二十卷 蔣堂著。堂，宜興人。舉進士，爲監察御史，累遷禮部侍郎致仕。

《薛舜俞文集》三百餘卷　舜俞，字欽甫，同安人。紹興中登第。晚年學問益淹貫，里居教授，門人多通顯者。

《冰壺集》　李長庚著。長庚，寧遠人。紹興進士第，歷仕五十年，廉潔有守，號其讀書之所曰冰壺，遂名其集。

《退庵文集》　吴淵著。淵，柔勝子。苦志力學，嘉定中進士，累官端明殿學士。所著又有《易解》《奏議》。

《藍溪集》　陳若沖著。若沖，字德用，永福人。以經學、詞章爲趙鼎輩所知。

《紫微集》　王鎡著。鎡，池州人，爲中書舍人兼侍講。

《知非集》《精金訓鑒》《童蒙記》共八十卷　葉楠著。楠，貴池人。調鄱陽尉，後爲績溪令。

《涎溪集》　丁黼著。

《於山集》　高安胡希是著。爲文有西漢風。

《柘岡文集》　新昌羅大酉著。

《菱溪集野議》十篇　惠安謝文龍著。曾獻趙鼎，鼎厚遇之。

《耘廬集》　安成劉應登著。

《省齋文藁》 晉江蘇思恭著。

《青丘集》二十卷 練定著。定，字公權，浦城人。第進士，忤時相，終廣東提刑。

《趙青山文集》 盧陵趙文著。

《泉山集》三十卷 陳從易著。

《石亘文集》十卷 亘，出處見前。

《忠嘉集》 豐縣宋汝爲著。汝爲議秦檜和金之非，檜將械汝爲送金，汝爲變姓名爲趙復，徒步入蜀青城山而卒。

《玉淵集》 泰和劉子澄著。

《拙菴文集》四卷 晉江郭咸著。

《德音類稿》三卷 **《集録》十卷** 清江黄祈著。祈博學，以能賦稱。

《雞肋集》 哀長吉著。長吉，字叔巽，崇安人。嘉定中進士，博覽善文。樂安何霖亦有《雞肋集》。

《唐子文集》 唐仲友著。

《馬氏文集》 馬之純著。

《今是堂稿》 邵囦著。

《大中集》《林文集》共二十四卷　葛洪著。

《陳氏集》二十卷　陳黼著。

《飲水文集》　王慶之著。

《石室文集》　林一龍著。

《雲林癡菴集》　林千之著。

《季氏文集》　季陵著。

《沈氏文集》　沈造著。

《艮峰集》　蔣思庸著。

《包公文集》　包文舉著。

《東蒙集》　周景辰著。

《文山集》　王廉著。

《蘭谷集》　葉學韻著。

《平山文集》　陳顯著。

《曹粹中文集》　曹粹中著。

《房山文集》三十卷　魏杞著。杞，鄞人。乾道右僕射，謚文節。

《北山漫游集》十卷　《雜稿》二十卷　劉用行著。用行，字聖與，晉江人。登嘉定戊辰第，遇事有執，詩文典雅。

《西陂集》四十卷　都昌黄灝著。

《章泉集》　玉山趙蕃著。

《陳洽遺稿》數十卷　洽，字澤南，同安人。真德秀薦洽「文章根義理，政事出慈祥」，未召，卒，官終廣州通判。

《鶴心集》　安仁陳夅著。

《寄菴集》　晉江趙鞏之著。

《湯先生文集》六十卷　安仁湯漢著。

《雲麓集》　留元剛著。元剛，字潛茂〔一〕，晉江人。開禧三年，試博學宏詞科。早負盛名，已乃鬱鬱不適，築園北山，號雲麓。

《朱公文集奏議》　浮梁吏部尚書朱貔孫著。

《玉堂稿》　樂平禮部侍郎洪芹著。

〔一〕潛茂　應作「茂潛」。

《唐山存稿》 直寶章閣浮梁李雷奮著。

《適情小稿》《逸民自得》 進賢趙若焕著。

《徐博士雜著》 武學博士徐思立著。藏于家。有《詩議》,刊于臨江郡庠。

《杭山集》 右丞相兼樞密使章鑑著。

《泉谷集》《歷官對越集》 豐城徐鹿卿著。

《皮龍榮文集》三十卷 龍榮,醴陵人。淳祐進士,拜參知政事,嘗對言「一過改一善著,百過改百善融」,理宗深嘉之。

《蘄春集》一卷 聶冠卿著。冠卿,歙州新安人。舉進士,累官翰林學士,嗜學好古,尤工于詩。

《朴菴外集》 史彌大著。有《朴語》二篇、《世家》二篇及《鏡庵叢書》《朴齋外集》若干卷。

《獨善先生集》 史彌鞏著。

《斛峰集》 李伯玉著。伯玉,字純甫,餘干人。端平二年進士第二,官至禮部尚書。

《荊溪集》 吴子良著。

《篆畦稿》《蝶軒稿》《竹梧里稿》 舒岳祥著。岳祥,天台人。以文學師表一代,奉化戴表元嘗受學焉。

《紫巖稿》十餘卷 周潤祖著。浙人。

《陳氏文集》 陳良翰著。

《石子文集》 石子重著。

《湖南先生集》 杜煒著。

《委羽集》 左緯著。

《周子文集》 周弁著。

《王子文集》 王及著。

《篔窗總集》 陳耆卿著。

《清獻集》 杜範著。

《杜氏集》 杜光庭著。

《徐氏遺稿》五十卷 徐霖著。

《鄭氏文集》 鄭升之著。

《叢脞集》 鄒補之著。

《須江集》 劉敏士著。

《劉氏文集》 劉觀德著。

《華陽集》 盧袁著。

《宜拙平心集》 福安王士奇著。

《屏山文集》二十卷 劉子翬集。

《玉堂集》 汪叔達著。叔達,黟人。嗜學,至老不倦。第進士,典湖州學,累官華文閣直學士。

《恕齋集》 汪綱著。綱,勃曾孫,以祖任入官,理宗朝累官户部侍郎致仕。綱學有本原,多聞博記。機神明鋭,遇事立決,尤良于論事。所著又有《左帑志》《漫存録》。

《詹新豐文集》二十卷 詹造著。造,字應之,崇安人。安貧守道,訓迪後進,爲文援筆立就,人以爲腹稿。晚爲新豐尉。

《訥齋集》 程元鳳著。元鳳,歙縣人。紹定中禮部第一,歷監察御史右正言兼侍講。御書「清忠儒碩昭光」六字褒之。

《洛水集》 程珌著。珌,休寧人。紹熙中進士,拜翰林學士,立朝剛正,風裁凜然。

《雲陵集》二十餘卷 倪濤著。濤,廣德人。總角能屬文,博學强記。十五游太學,試第一。太觀初,舉進士。

《補過齋拙稿》劉章著。

《周子文集》周彦質著。

《江公文集》江少虞著。

《金川集》江越著。

《江氏遺稿》江褒著。

《兩山塗稿》徐汝一著。

《周子文集》周穎著。

《清高集》祝常著。

《徐氏文集》徐大受著。

《南明集》吕炳南著。

《霽山集》林景熙著。

《桐川集》十卷沈虛中著。廣德人。舉進士，歷官吏部尚書。

《清閟集》三十卷周承勳著。廣德人。博學能文，舉進士。

《狂簡集》百卷　**《雅書》三卷**　**《志苑》三卷**萬適著。適，陳州宛丘人，自號遺玄子。喜學問，精于《老子》書，不求仕進。

《論思集》十卷　《文集》二十卷　何中立著。中立,長社人。幼警邁,頗以文辭自喜。進士及第,累官樞密直學士。

《遂初小稿》六十卷　尤袤著。前考有《梁溪集》五十卷,恐即《遂初小稿》也,姑兩存之。

《宣城雙溪集》　魯冠著。冠,東陽人。博學强紀。紹興間進士,遷太常博士。

《聊復軒稿》二十餘卷　毛直方著。

《香山集》　喻良能著。良能,義烏人。累官至太常寺。

《玉溪集》　王霆著。霆,東陽人。少有奇氣。嘉定間,中武舉異等,最立戰功。

《肯堂集》　李仲光著。仲光,字景温,崇安人。開熙初進士甲科,以才忌不遇,放情山水,寓意花木。

《孔山文集》　喬行簡著。

《是齋集》　王信著。信,麗水人,紹興末進士,累官給事中,遷焕章閣待制。

《東谷集》　鄭汝諧著。汝諧,青田人。累官至信州刺史,自號東谷居士。

《薛元鼎詩文講義》二十卷　元鼎,字叔雲,興化人。紹興進士。孝宗以直諒多聞褒之。

《觀省雜著》三十卷　奉化胡誼著。觀省，其號也，因名集。

《山林思古録》　俞宗亨著。宗亨，山陰人，知漳州。

《覺是集》　林泉生著。出處見前。

《適齋存稿》　汪大猷著。大猷，鄞人。紹興中進士，爲吏部侍郎兼權尚書。所著又有《備忘訓鑑》等書。

《林朝老遺稿》二十卷　莆田方之太輯。之太，朝老外甥也。

《李微之詩文集》一百卷　井研李心傳著。

《安晚集》六十卷　鄭清之著。鄞人。從樓昉學，嘉定中進士。理宗潛邸教授，四登相位。端平間召用正人，多清之力。

《樂天集》十卷　陳英著。英，字羲叟，號存齋，寧德人。博通經史，以所學淑人。執經北面者，半青紫。

《翠樾集》　張安修著。安修，字孟監，寧德人。嘗領漕舉。以子文虎登第，引年，賜承務郎。

《洞齋集》　莆田方澄孫著。

《方巖集》　王居安著，居安，黄巖人。幼有異質。淳熙中，舉進士，爲右司諫。宅心空明,待物不二。

《梅塢集》 林學蒙著。學蒙,字正卿,永福人。從朱文公學,鄉人皆尊師之。

《西溪文集》八十卷 卓立著。立,字志道,福清人。

《龍門集》《紀夢集》 陳寬著。寬,福清人。嘗寓龍門,有《龍門集》,後入蜀,有《紀夢集》。

《龍山集》 福清黄鋭著。

《克齋董正翁集》 董楷著。楷,臨海人。爲績溪簿,遷知洪洲,有惠政,官至吏部郎中。

《若存文集》 林文之著。

《愛梅集》 余發林著。發林,字希董,古田人。舉進士,授崇安縣尉,爲文操筆立就。及卒,門人集其文,號《愛梅集》。

《虚齋文集》 鄧林著。林,字楚材,福清人。年十五以《詩》義冠鄉校,朱熹、吕祖謙皆與之游。

《觀堂集》 合江劉望之著。望之,紹興間進士,官秘書省正字,宰相沈該以無塵埃氣薦之。

《羅浮集》十卷 陳鵬飛著。鵬飛，永嘉人。紹興中進士，其學不爲章句新説，必本人倫正論。

《澹軒集》十二卷 光澤李呂賓老著。

《易菴文集》 陳謙著。

《東野居士集》四十卷 徐詡著。詡，字元敏，浦城人。紹興中，第進士，歷官有善政。

《霜厓集》 侯畐著。畐，樂清人。三貢于鄉，兩試轉運使，皆第一。以武舉授合浦尉。

《竹溪稿》 林希逸著。出處見前。

《蒙川集》《問梅集》《詩銘集》 劉黼著。黼，樂清人。以太學生上書，言朝廷進退大臣當以禮，忤執政，送南安軍。

《得閒文集》 吴曾著。曾，崇仁人。高宗時獻所著書，累官吏部侍郎奉祠。平生苦學，爲文奇偉。

《梭山文集》 陸九韶著。九韶，金谿人。其學淵粹，晝之言行，夜必書之。自號梭山老圃，集因之名。

《南唐稿》 鄒斌著。斌，臨川人。博記敏識，見陸九淵，問平日何學以求放心，對一語便契合。

《畏齋文集奏議》六十卷　醴陵吴獵著。獵從張栻、朱熹學,謚文定,廟祀于蜀。

《蟾塘文集》　危和著。和,臨川人。淳熙中進士,以詩名。

《巽齋集》　危稹著。稹,字逢吉,和之兄。淳熙中進士,歷屯田郎官,後請祠歸,與鄉老爲真率會。

《潏水集》　李復著。復,字履中,閩人。集中論《孟子》養氣,動必由理,故仰不愧俯不怍,無憂無懼,其氣自充,故曰是集義所生者,舍是則明有人非,幽有鬼責,自歉於中,氣爲之喪矣。故曰:「無是餒也。」朱文公謂此語雖疏,然得其大旨。

《愚谷集》十五卷　**《歷代史年表》二十卷**　張紱著。紱,清江人。紹興末舉進士。

《曾幾集》五十卷　幾,贛州人。開之弟,以秦檜怒開,幾亦罷。爲文純正。

《棩溪居士集》　劉才邵著。才邵,廬陵人,鶚之後。紹興中,累官中書舍人兼權直學士院,高宗稱其文。

《文溪集》六十五卷　陳仲微著。嘉熙進士,自號遂初老人。

《曲轅散木集》《寄懷斐稿》　陳宗理著。宗理,字立之,南豐人。淳祐四年進士,官參知政事。

《盧溪集》 王廷珪著。

《須溪文集》百卷 劉辰翁著。辰翁，廬陵人。少舉進士，宋季亂，遂隱居求道。

《松垣集》 辛元龍著。元龍，高安人。嘉泰初進士，通判鄂州，上書雪濟邸之冤，忤史彌遠，屏棄而卒。

《雪坡集》 姚勉著。勉，高安人。少穎敏。寶祐初，以詞賦擢第，廷對萬言，理宗親擢第一。尋除校書郎兼太子舍人。

《䛒技集》 孟浩著。浩，宜春人。乾道間，知武寧縣有聲，官至直秘閣。

《白雲編》二十卷 **《文集》十卷** 陳炳著。炳，贛縣人。結廬峒山，躬耕求志，與學者琢磨俱成。

《荆臺集》 孫光憲著。光憲，陵州貴平人。少好學，游荆渚。博通經史，聚書數千卷，校讎不倦。自號寶光子。

《漁溪後集》 胡仔著。

《三江集》三卷 鄧至著。至，雙流人。通六經，學者從之甚衆。

《棲雲集》三十卷 趙逵著。資州人，一目數行，好聚古書，考歷代治亂之迹。紹興對策，擢第一。文似蘇軾，稱小東坡。

《後溪集》　劉光祖著。光祖，簡州陽安人。登進士第。光中時[一]，爲殿中侍御史。

《虞忠肅集》數十卷　虞允文著。允文，隆州仁壽人，謚忠肅。出將入相垂二十年，有詩文奏議數十卷。

《桃溪集》百卷　李蘩著。蘩，字崇慶，晉源人。登進士，爲隆州推官，遷太常少卿，講學臨政，皆有源委。

《月林醜鏡集》　曾逢震著。震，字誠叟，閩縣人。與鄭性之俱從朱文公學。洞見道體，耻爲場屋之文。隱居道山，觀書自怡，家事有無不問也。自編録其詩文曰《月林醜鏡集》。

《存齋集》　牟子才著。

《克齋文集》　余偶著。偶，字占之，古田人。從學朱文公，與林用中齊名。

《丹淵集》四十卷　文同著。同，梓潼人。以學名世，操行高潔，善詩文篆隸行草飛白。舉進士，遷太常博士、集賢校理。

《朱景文文集》四十卷　景文，靖江人。乾道間進士。讀書過目不忘，爲文頃刻立就。

[一] 中　後印本作「宗」。

《方山集》四卷　嚴大猷著。閬州蒼溪人。以特奏名，授隆慶府司理參軍。

《盧江集》七十卷　何涉著。涉，南充人。讀書刻苦，自六經百家，無所不學，一過目終身不忘。舉進士，累官知合州。

《緣督集》　曾幼度著。幼度，樂安人。乾道進士，仕至太守，以文章名。

《畠然集》　安丙著。安丙，渠江人。淳熙間進士，知大安軍。吴曦叛，丙設策誅之，進資政殿大學士、四川制置使。

《黄泰之文集》　黄定，字泰之，永福人。乾道中進士第二。

《塵缶文集》　程公许著，字季與，宣化人。嘉定中進士，應詔言事，抗直有聲。官至刑部尚書、寶章閣學士，知隆興府。

《縉雲集》　馮時行著。時行，巴縣人。紹興初召對，以斥和議，除知萬州。秦檜諷使者摭拾其罪，坐廢。

《性善堂文集》　度正著。正，合州人。紹興初進士，早從朱文公，誨以正心誠意之學。官國子監丞，遷禮部侍郎致仕。

《三江集》　王汲著。汲，通州人。嘉祐中，嘗作《天將以夫子爲木鐸賦》，士以爲矜式，因呼爲王木鐸。後舉進士，官至梓州通判，多政聲。

《木鐘集》陳湞著。湞,永嘉人。從學朱文公,稱潛室先生。

《王文貫詩文》五十卷　王宗道著。

《鶴林集》吴泳著。泳,中江人,嘉定進士。歷官著作郎,屢抗疏直言,遷寶章閣學士。

《橘州文集》姚希得著。希得,潼州人。嘉定進士,累官參知政事,忠貞清儉,好引用善類。

《玉臺集》王賞著。賞,當之弟。舉進士,累官禮部侍郎兼直學士,爲文師蘇軾。

《雁湖集》一百卷　**《涓塵録》三卷**　**《援毫録》八十卷**　**《臨汝閒書》五十卷**　李壁著。壁日誦萬餘言,舉進士,爲正字。寧宗時,累官參知政事。文學德望,轟震一時。

《亭山文集》李丑父著。丑父,字艮翁,莆田人。端平初登第,遷諸王宫教授,坐忤丁大全奉祠。

《悦肅集》李埴著。埴舉進士,入爲館職,文聲赫然。

《崇道集》楊棟著。棟,紹定二年進士第一,爲宗正少卿,累官禮部尚書。棟之學本諸周程,負海内重望。

《見山文集》楊文仲著。棟從子,邃于《春秋》。淳祐間入太學,兩試皆第一。寶祐中登進士，官太常丞兼崇政殿説書。

《存著齋文集》 高定子著。定子，蒲江人。博通六經，嘉泰初進士，累官端明殿學士，兼參知政事。又著《北門類稿》。

《耻堂集》 高斯得著。斯得少從季坤臣學，坤臣瞽，斯得左右扶持之。紹定初進士，累官翰林學士。

《蒙谷集》 林夔孫著。夔孫，古田人，朱熹高弟。

《盤澗集》 程若中著。若中，古田人。朱熹門人。

《象山集》 陽從易著。從易，晉江人。第進士，好學强記。

《漫塘集》 劉宰著。宰，金壇人。紹熙進士，理宗以爲籍田令。遷太常丞，知寧國府，皆不就。隱處三十年，于書無所不讀。

《陽巖文集》 洪天錫著。天錫，寶慶末進士。累官端明殿學士，言動有準繩。

《湖山集別集》《當塗小集》 吴芾著。

《香溪文集》 范浚著。

《牟隆山集》 牟應龍著。

《箬溪集》《翠微集》 華質著。

《張君文集》 張光著。

《類稿》《箬溪集》 劉正著。

《遺一文》 劉陶集。

《沈氏文集雜著》 沈該著。

《北征集》 俞烈著。

《行野集》 葉時著。

《山村集》 仇遠著。

《何先生文集》 何基著。

《朝華集》 王柏著。

《善願集》《愚齋雜著》《山堂集》 賈廷佐著。

《弘山集》 喬行簡著。

《黃氏文集》 黃夢炎著。

《西峴類稿》 喬夢符著。

《東溪集》二十卷 黃亢著。亢，浦城人。少奇穎過人，雖侏儒，野率如不能言，然嗜學强記，文詞奇偉。

《東山集》十卷 吴激著。激，甌寧人。舉進士，知蘇州，累官龍圖閣直學士。

《槎溪集》 廖德明著。德明，順昌人。少學釋氏，得楊時書，讀之大悟，遂受學朱熹。乾道中，第進士，遷吏部郎官。

《梅壑集》 長溪鄭君老著。君老十歲能詩，十二能綴文，十六領鄉薦首，十七登進士。

《知稼翁集》 黄公度著。公度，莆田人。紹興八年進士第一，官至考功員外郎，工詩能文。

《壺山集》七十卷 徐師仁著。師仁，字存聖，莆田人。七歲，外祖問霍光何以不學，對曰：「伊尹放太甲而霍光不知，非不學而何？」後登第爲校書郎，終著作郎。

《後村文集》 劉克莊著。克莊，淳熙中進士，生有異質，日誦萬言，爲文援筆立就。爲龍圖閣直學士，真德秀以「學貫古今，文追騷雅」薦之。

《筆峰集》五卷 方醇道著。醇道，字温叟，興化人。

《鶴山文集》 邛州魏了翁著。

《墨莊文集》 張泳著。泳，字潛夫，福安人。慶元初，試天下之言性論，有司讀其文驚喜，以爲壓倒塲屋策問僞學。泳抵排異端，力主朱文公正學之傳，有司賢之。號省齋，學者稱爲墨莊先生。

《曜軒集》二十卷　王邁著。邁,仙遊人。嘉定中進士,爲秘書正字。

《省齋集》　龍溪吴獬著。陳知柔稱其貌古、心古、學古、文古,閉户著書,不在子雲下。

《頤齋遺稿》　劉季裴,字少度,福安人。紹興中進士,所著文有《論》《孟》《周易解》等書。

《城山集》　陳元老著。元老,福安人。學者稱城山先生。

《李南昌文集》三十卷　李誼著。誼,南昌人。嘗極論秦檜講和之非。累官工部尚書、資政殿大學士。

《鳳山集》　姚瀛著。瀛,字子山,福安人。隆興進士。

《臺溪集》　何稿著。稿,兑之子。邵武人。

《鳴和集》　寧德李鑑汝明著。鑑,嘉定中進士。從黄幹、楊復游,得聞敬義之旨。

《春山文集》　危昭德著。昭德,邵武人。寶祐進士。嘗爲崇政殿説書,以《易》《春秋》之學衍義進講,反覆規正甚多。徐霖,字景説,西安人。年十四存心聖道,淳祐四年禮部第一,官至工部侍郎,所著亦有《春山文集》。

《任山晉溪集》 山，平晉人。有大志，不仕。嘗法《春秋》作《通紀》，擬井田作《中田圖》。

《蔣之奇文集》百餘卷 之奇，宜興人。

《徹齋文集》 陶崇著。崇，全州人。嘉定中進士。理宗在潛邸時，崇爲講讀官。及即位，被召，首陳保業、謹微、慎獨、持久之説，擢知信州。卒贈特進，謚文肅。

《盤隱集》 林湜著。湜，字正甫，長溪人。紹興末進士，官至司農卿，直寶文閣。

《金安節文集》二十卷 安節，休寧人。嘗拒秦檜，孤立無助。

《遠庵集》 方士繇著。士繇，字伯謨，莆田人。其爲詩温潤，嘗勸朱熹少著書，以熹教人讀《集注》爲未然。

《李嘉言文集》二十卷 嘉言，廣德人。隆興初進士。

《草堂文集》 方秉白著。秉白，號草堂，莆田人。孝宗朝，憲臣以孝廉薦，不起。

《胖軒録》 黄時著。時，字景仁，寧德人。開禧初，登進士第，累官知德慶州。文章、政事皆有聲于時，所著詩文名《胖軒》。又嘗掇取言行可鑑者百餘條目，曰《褆身録》。

《文公文集》一百五十卷 莆田黄士殷次撰。

《默齋集》 寧德陳汝玉著。鄞縣王應鳳亦有《默齋稿》。

《及泉書》十卷　莆田黄君俞著。

《浩齋稿》三卷　長溪孫龍坡著。

《澹軒類稿》　艾謙著。

《玉坡集》　邵景之著。景之，字季山，長樂人，清之子也。受業于籍溪胡憲之門，官止莆田令。

《松谿集》　豐城范璿著。

《竹坡集》　豐城黄疇巖著。

《東謀集》　王資深著。又著《周書》及《方言》。

《楊氏文集》二十餘卷　楊傑撰。

《榮遇集》　王彦成撰。

《智仁堂稿》十卷　熊節著。

《幔亭遺稿》十卷　詹師文著。師文，字叔簡，崇安人。慶元甲第進士，居官有理獄平寇之功。

《忠嘉集》　宋汝爲著。

《强紀集》八卷　永福黄邦俊著。

《草堂集》 林用中著。用中，字擇之，古田人。從朱文公學。文公稱其「晦外而明于內，樸外而敏于中」。

《審是集》《高齋文集》 陳舜申著。

《安德裕集》四十卷 安德裕著。

《趙文定集》五十卷 趙安仁著。謚文定。

《横州文集》 陳一德著。

《可齋覆瓿稿》二十卷 陳愷著。愷，字子爽，嘉興人。

《釣月臺耕雲堂集》 王南美著。南美，新化人。宋開國勛臣王溥之後，隱居伊溪桂巖。博通經史，尤長于《易》。

《宋野遺民集》 練來著。

《天隱集》 繆主一著。

《南記》《錙林》《藏雲山》《相鋤》諸編 張山翁著。山翁，字君壽。景定三年進士。德祐元年，爲荆湖宣撫司幹官，爲元所執，不屈，元人義之，貸不殺。後居黄鵠山，聚徒教授而終。

《山居稿》 高安劉元高著。

《西甌文集》　葉夢鼎著。

《松壑集》　童成大著。成大，字元偉，甌寧人。宋季優游林泉，不求仕進。謝枋得兵敗入閩，成大首往訪之。

《四如文稿》　莆田黄仲元著。仲元，字善甫，始號四如先生。咸淳中登第。陸秀夫薦充益王府撰述官，除武學教諭、太常博士兼閩廣宣撫司機宜，改國子主簿兼福建招捕司參議，皆不就。宋亡，改其名、字，曰淵、天叟，又改其四如之號，而以韻鄉贅翁、彦安爲稱。

《疊山文集》　弋陽謝枋得著。

《文文山文集》　文天祥著。號文山，因以名集。

《正一齋集》　黄淼著。淼，字水心，甌寧人。宋亡，不復仕，自愧不能如夷齊。

《中淵文集》　分宜易克著。

《盧江集》十卷　浦城何述著。

《黄德潤文集奏議》八十五卷　黄洽，字德潤，侯官人。嘗言居家不欺妻，仕不欺君，仰不欺天，俯不欺人，幽不欺鬼神，何用求福報哉？官至資政殿大學士。

《浩堂類稿》　翁甫著。甫，孝宗時人。

《丹山文集》　翁合著。合，崇安人。登進士第，歷官内外有聲，景定中爲侍講。

《趙善湘詩文集》百卷　善湘，宋宗室。

《日湖遺稿》五十卷　鄭昭先著。昭先，字景紹，閩縣人。游朱文公之門，官至樞密院兼參知政事，謚文靖。

《陳德豫文稿》三十卷　德豫，字子順，連江人。淳熙中登進士乙榜，歲旱求言，德豫上封事以諱天變、諱人言爲致旱之由，乞去二諱，以回天變，上嘉納之。官至大理卿。

《敖臞庵集》　敖陶孫著。字器之，福清人。爲文援筆立就。

《徐學士文集》二十卷　浦城徐鳳著。

《俞成熙文集》十卷　成熙[一]，閩縣人。性尚凝簡，操履純潔，鄉邦稱爲長者。

《黄莊定遺文》十五卷　黄舜祖，謚莊定。

《剡源集》　戴表元著。表元，奉化州人。七歲能屬文。咸淳中進士，爲建寧教授。學博而才贍，以文章大家，名重東南。

《本堂集》五十九卷　陳著撰。著，字子微，德剛子，別號本堂。登文天祥榜進士，咸淳中通判臨安，後隱居四明奉川。

[一] 成　底本作「咸」，據上文改。

《湖山汗漫集》　趙孟澗著。孟澗,浙人。

《天慵先生集》三十卷　豫章熊朋來著。

《吾汶稿》　王鼎翁著。鼎翁,字炎午,安福人,號梅邊。爲上舍生,會文天祥舉義兵,杖策謁見,後有《生祭文丞相文》。

《蠟臺稿》　汪灝著。灝,字季夷,奉化黄甘里人。父懋卿與弟森卿,並因宋革不仕,杜門著書。

《茶甘甲乙稿》　高元之著。凡詩三千,雜著五百。

《甲子文集》五十卷　陳天瑞,公輔之後,師事金華王柏,明性理之學。宋末,隱遁林壑,倣淵明詩著此集。

《天地間氣集》　謝翶著。翶,宋忠義士也。墓在嚴陵旁。

續文獻通考·經籍考卷十

集中

遼

《清寧集》 道宗製，耶律良編集。

《閬苑集》 平王隆先著。隆先，字團隱，讓國皇帝子。聰明博學，能詩。

《西亭集》 蕭資忠著。聖宗時使高麗，留不遣，每憶君親，輒有著述，號《西亭集》。

《寶老集》 蕭孝穆著。爲北院樞密使時，稱爲國寶臣，文人因目其集曰「寶老」。

《登瀛集》 楊佶著。佶，字正叔，南京人。幼穎悟，讀書自能成句。仕終吏部尚書兼門下侍郎、同中書門下平章事。

金

《蒙城集》 高士談著。燕人。家富圖籍，與宇文虛中友愛。

《樂善居士文集》 世宗子豫王永成著。

《弘道集》六卷　徒單鎰著。鎰，上京人。大定九年進士及第，官至左丞相。嘗嘆文士委頓，雖巧拙不同，要以仁義道德爲本。乃著《學之急》《道之要》二篇，太學諸生刻于石。

《狂愚集》二十卷　絳州正平李愈著。愈中正隆五年詞賦進士，官知河中府致仕。

《虛舟居士集》　孫鐸著。孫鐸，字振之，滕州人。大定中進士，爲臺諫亢直。貞祐初，遷孟州防禦使，城破投〔一〕，未死。

《天倪集》　李獻甫著。獻甫，字欽用，獻能從弟。興定五年進士，累官鎮南軍節度使，死于蔡州之難。

《東山集》十卷　吴激著。激，字彦高，建州人，宋米芾婿也。宋命至金，以知名，留不遣，爲翰林學士。皇統二年，出知深州，卒。集名東山，因其號也。

《玉峰散人集》　趙可著。可，字獻之，高平人。貞元二年進士，仕至翰林直學士。

《崑崙集》　郭長倩著。長倩，字曼卿，文登人。中皇統經義乙科，官秘書少監兼修起居注。撰《石決明傳》，時輩稱之。

〔一〕投　後印本無此字。

《黄山集》 趙渢著。渢，字文儒，東平人。大定二十二年進士，至禮部郎中。自號黄山。性沖澹，學道有所得。其篆書配党懷英，時人號曰党趙。

《蔡正甫文集》五十五卷 真定蔡珪著。

《楊之美文集》 楊雲翼著。之美，其字也。

《滏水集》三十卷 趙秉文著。爲文長于辯析，極所欲言，不以繩墨拘。七言古詩筆勢縱放，律詩壯麗，小詩精絶，五言古詩沉鬱頓挫。夏人恆問秉文及王庭筠起居狀，爲四方所重如此。

《王翰林文集》四十卷 河東王庭筠著。

《蓬門集》 劉從益著。字雲卿，渾源人。大安中進士，累官監察御史。博文强記，精于經學。文甚工，詩尤長于五言。

《清漳集》 吕宗孚著。字信臣，南宫人。與蒲城張建皆知名。

《卷瀾集》二卷 曹珏著。

《蘭泉老人集》 章建著。建，字吉甫，蒲城人。明昌初，授絳州教官，召爲應奉翰林文字，改授華州同知防禦使。自號蘭泉老人。

《慵夫集》《滹南遺老集》 王若虚著。若虚，字從之，藁城人。承安二年經義進士，累官直學士。

《東巖集》三卷　元德明著。德明,太原秀容人。放浪山水。

《元裕之中州文集》　元好問著。好問,字裕之,德明子。七歲能詩,仕至行尚書省左司員外郎。金亡不仕。

《張叔甫文章》十五卷　張行簡著。行簡,字叔甫,日照人。大定中進士第一,官至銀青榮禄大夫。典貢舉進士。

《復軒集》　閻詠著。

元

《自然機籟》　鄭東起著。起,福清人。家居教授,常百餘人。

《海西先生集》　郭隚著。隚,字德基,長樂人。至元中,授泉山書院山長。文不刻鏧以爲異,詩不琢鏤以爲工。

《江西老圃集》　安福周南瑞著。時好爛腐之文,瑞獨鋭意古學,與吴徵相友善,多所講辨。

《草堂文集》　王選著。

《吴吾齋類稿》　臨川吴臯著。

《槃園集》 蜀任詔著。築圃曰槃園，建堂曰高風，因以名稿。

《元喆文集》十卷 金谿葛元喆著。

《鳴陽集》若干卷 金谿朱夏著。夏游草廬先生門，杜門積學，爲文不及于古不止。

《瓜園集》 臨川黎仲基著。

《雪樓文集》 程鉅夫著。鉅夫，南城人。世祖時，爲翰林學士承旨。卒謚文憲，追封楚國公。雪樓，其號也。

《效古集》 張立道著。立道，其先陳留人。後徙大名，事世祖，累官至雲南參政。所著又有《平蜀總論》等書。

《杜瑛文集》十卷 瑛，字文玉，金末由霸州避地河南緱氏山中。術者言其所居下有藏金，家人欲發視，輒止之。後居者果得黄金百斤，其不苟取如此。徵辟，皆辭不就。

《白雲稿》 南豐趙崇璠著。

《奎光集》 樂安詹從朴著。

《拙齋集》 鄱陽周應極著。

《小孤山人集》 林仝著。仝，字子貞，福州人，公遇之子。與弟合，俱有隱操。

《小溪集》 丁嚴著。嚴，自號小溪，因以名稿。

《潛丘稿》三十卷　真定王鈞著。

《補暇集》　宋軌著。

《悦堂文集》　長溪楊楫著。

《敬齋文集》《壁書叢削》《古今難測》《圓鏡海》《益古衍疑》　欒城李治著。治,金末進士,元世祖召爲學士。

《節齋集》　寧晉李佑著。

《張公文集》十卷　《要言》一卷　藁城張延著。

《劉敏中中菴集》二十五卷　敏中,章丘人。至元中,爲監察御史,累遷翰林學士承旨。

《詹公文集》三十卷　真定詹思著。至元中,爲江東廉訪副使,謚文孝。

《困學齋集》　鮮于樞著。樞,漁陽人。官至太常典簿。能詩文,尤精書翰,虞集嘗云:「大德、延祐間,漁陽、吴興、巴西翰墨擅一代。」謂鮮于樞、趙孟頫、鄧文原也。

《經濟集》　李士瞻著。士瞻,東安人。爲翰林學士承旨,嘗使閩諭海賊出降。

《一山文集》　李守成著。即士瞻之子。官至翰林檢討,河朔學者多師之。

《淡菴集》　華亭高子鳳著。

《鳴琴集》 陳天賜著。天賜，字載之，福寧人。以文學薦，授本州學正，後知福清州。早年致仕，壽八十終。

《劉太保文集》十卷 劉秉忠著。邢臺人。遁迹浮屠，博學多才。元世祖召見，留置左右，官太保。卒贈常山王，謚文正。

《滋溪文集》 真定蘇天爵著。

《東庵類稿》 安喜滕安上著。吴澄《序》曰：「根之以義理，翼之以英華，信乎有學行者之言也。」

《河東文集》五十卷 高鳴著。鳴，真定人。元世祖召爲翰林學士，憫其年老，有大政就問之。

《王結文集》十五卷 結，易州定興人。出處見《易説》下。

《郝陵川文集》 郝經著。

《滹川文集》若干卷 真定楊俊民著。

《默菴文集》十卷 藁城安熙著。

《空谷樵音》 無極何體仁著。

《牧庵集》 柳城姚燧著。

《疏齋集》盧摯著。摯，涿州人。仕至翰林學士，元初稱能詩。

《至治集》宋本著。大都人。至治初進士第一，官集賢學士。

《燕石集》宋褧著。本之弟。泰定初進士，官翰林學士。

《鳩巢集》李京著。京，河間人。爲烏撒烏蒙道宣慰副使，周履雲南。又嘗爲《雲南誌》。

《霜月集》楊剛中著。剛中，上元人。爲文奇奥簡澀，動法古人，元明善極嘆異之。累官翰林待制。

《秋浦集》楊少愚著。

《彝齋文集》商挺著。濟陰人，工詩善隸。又著詩千餘篇。

《果齋文集》李之紹著。東平平陰人。家貧教授，學者咸集。元末以薦授國史編修，遷翰林侍講學士。自號果齋。

《超然集》四十卷曹元用著。元用，汶上人。資禀俊爽，書過目輒成誦。爲禮部主事，陞翰林學士。

《許魯齋文集》許衡著。

《清軒集》五十卷閻復著。復，高唐人。王盤薦爲翰林應奉，累官翰林學士承旨。

《瀛州集》百餘卷　徐世隆著。世隆，西華人。金進士，後召爲翰林進賢學士。以疾辭。

《秋澗集》百餘卷　王惲著。惲，汲縣人。博學有俊才，舉進士，官至翰林學士承旨。

《還山集》　楊奂著。奂，奉元人。元初隱居鄠縣，講道授徒。學者稱爲紫陽先生。

《勤齋文集》　蕭𣂏著。集有前後。

《貢公文集》　貢師泰著。

《大隱集》　楊大雅著。

《陸氏集》　陸滋著。

《毅齋存稿》　王洪著。

《榘庵集》二十卷　童恕著。恕，奉元人。博學能文，學無訕該。

《仁山文集》　金履祥著。

《淵穎集》十卷　吴萊著。又集六十卷。

《瓦缶編類》《樂齋稿》《石塘文集》　胡長孺著。長孺，永康人。爲人光明宏偉，博學多文。海内購其辭章者，如獲拱璧。

《雲槎集》　吴復著。

《餘留稿》 夏正著。

《柳氏雜著書文》一十五卷　《文集》四十卷 柳貫著。

《飛霞觀稿》 陳樵著。

《所性稿》 時少章著。

《吴公文集》二十卷 吴師道著。

《黷庵下筆》三卷　《詩文雜著》總二十卷 黄叔英著。叔英，字彦實，文潔先生孫。登宋文天祥榜進士。入元，爲晉陵、宣城、蕪湖三學教諭，又爲和端、采石兩書院山長。

《日損齋稿》三十三卷　《文獻公集》若干卷 黄溍著。

《元龍遺稿》 朱元龍著。

《傖鳴集》 胡減著。

《存雅堂集》 方鳳著。

《玉溪集》 王霆著。浙人。

《齊城集》 吴暾著。

《五峰文集》二十卷 李孝光著。

《轂城稿》 黄宏著。浙人。

《栗齋文集》 林温著。

《草堂集》 林逢龍著。

《白雲翁集》 管師復著。

《金臺集》《海雲長嘯集》 馬易之著。

《九靈山房文集》 戴良著。

《愫軒集》三十卷 耶律希亮著。希亮，楚材孫。武宗時，官翰林學士承旨兼修國史，以職史官，類次嘉言善行以進。

《居朝稿》《明農稿》 汪文璟著。文璟，常山人。泰定初進士，累官廉訪副使，以國難憂憤不食卒。

《清容居士集》 袁桷著。

《一瓢稿》 翁森著。森，仙居人。隱居教授，從游者八百餘人。

《紫巖稿》十餘卷 周順祖著。順祖，臨海人。精性理之學。

《知非堂集》 何中著。中，字太虚，撫之樂安人。其學宏深該博。元至順初，江西行省聘爲龍興郡學師。

《虞邵庵仁壽録》一百卷 虞集著。集，臨川人。三歲即知讀書，稍長，從吴澄游。歷官翰林學士兼國子祭酒。平生詩文殆萬餘篇,存稿有《道園學古録》「應制」十二卷,「在朝」三十四卷,「歸田」三十六卷,「方外」八卷,門人彙而録之。

《衍桂堂集》若干卷　鄭奕夫著。清之曾孫,號習齋先生。

《水雲集》　武恪著。恪,宣德府人。游學江南,吴澄薦入國學。

《桂隱集》　劉詵著。詵,廬陵人。幼失父,年十二能文章。爲文根柢六經,躪轢諸子百家,融液今古,而不露其踔厲迅發之狀,自號桂隱。

《求齋文集》三十三卷　鄭覺民著。覺民,字以道,號求齋,鄞人芳叔子。有孝行,以遺逸徵署婺、處二州教授。以疾卒。

《遂初集》三十卷　王厚孫著。厚孫,字叔戴,鄞人。八歲能詩,十歲能詞賦,爲文不事雕飾。授象山教諭,調浦江,甫閲月即歸養。自號遂初老人。

《書林外集》　袁士元著。士元,字彦章,鄞人鏞之孫。至正間,以薦授文林郎、翰林國史院檢閲官,引年弗就。

《蓬廬居士集》　鄞縣史公珽著。

《盤溪稿》　井研李孟傳著。

《鐵厓文集》　諸暨楊維楨著。

《自鳴集》《鳴陽稿》 徐蘭著。

《覺非集》 金寔著。

《方氏詩文集》十一卷 方有開著。

《洪氏集》 洪夢炎著。

《静軒集》 胡朝穎著。

《鳳山集》 吴人龍著。

《玉華集》 何逢原著。

《吴公集》 吴均著。

《敖繼翁集》 繼翁，福建人。寓居湖州，趙孟頫嘗師事之。

《新山稿》 曹文海著。

《得静稿》 許嗣著。

《北源先生文集》 海陽李闢著。

《圭齋文集》 歐陽玄著。玄，瀏陽人。八歲即知屬文。舉進士，歷國子祭酒。文章道德，卓然名世。

《龍溪時集》 支渭興著。渭興，長寧人。至順初進士，官奉訓大夫，四川行省參政。

善屬文,别號龍溪。

《起興集》 陳自新著。自新,寧德人。博學通五經,從游甚衆。

《行餘全集》 宜陽令鄭以道著。以道嘗爲廣右憲史,以一檄諭猺人數千出降,後復以一檄諭西江、岑黄獠出降。

《歐陽南翁文集》 南翁,圭齋族兄。圭齋稱其文廉静醇雅。

《中齋文集》 陳信惠著。信惠,字孚中,晉江人。初試有司不利,後以才能應帥府辟,仕終惠安尹。自號退翁。

《安雅堂集》 陳旅著。旅,莆田人。學有淵源,聞見該博。爲文純潔高古,深爲虞集所知。仕終國子監丞。

《征行集》 段信苴福,大理僰人。思平之后,從主興智入覲,獻地圖,條奏治民立賦法。又率僰爨軍二萬,導元將兀良哈台平諸郡,降交趾。集名征行,皆其道里時所作也。

《漢泉漫稿》三卷　《詩文》三卷 曹伯啓著。伯啓,碭山人。弱冠從東平李謙游,篤於問學,累官集賢學士。

《東岡小稿》 許熙載著。熙載,湯陰人。博古通今,事母以孝聞,嘗開義學以教鄉人。

《䮔䮕稿》 朱南强著。

《留皮稿》 豐城黄竑著。竑，疇若曾孫也。

《梧溪集》 王逢著。

《鳳山集》 安溪楊景申著。

《王思廉文集》

《紫山集》 胡特著。

《杜秉彝文集》四十卷 秉彝，安陽人。仕元爲集賢大學士。

《成遵文集》 遵，鄧州穰人。虞集一見，稱曰：「適觀生文，今見生貌，公輔器也。」累官尚書左丞。

《王儀文集》 儀，鄧州人。累官至西臺御史。

《南陽文集》六十卷 孛木魯翀著。魯翀，蒙古人，居鄧州，官至集賢學士、禮部尚書、浙江行省參政。

《經濟集》 李士瞻著。士瞻，字彦文，荆門人。官至榮禄大夫，翰林承旨。

《鷄肋集》 楊丹著。舟，字梓夫，慈利人。居彌勒山讀書，登進士，待制翰林院。

《王彦高文集》 昆明王昇著。

《歸田類稿》 張養浩著。

《蓬窗集》《益齋》《旅齋》二集 歷城張範著。範，起巖之父。

《華峰類稿》《漫稿》《金陵集》 張起巖著。起巖，章丘人。延祐中進士第。

《倉崖類稿》《金石例》 潘昂霄著。昂霄，濟南人，號蒼崖。雄文博學，爲時推重。

《小亭集》 楊弘道著。

《弁山集》《知非稿》 定海黄圻著。

《李泂文集》四十卷 泂，字宗朝，滕州人。文宗時預修《經世大典》，除翰林直學士。

《澹軒文集》數卷 康曄著。

《怡軒文集》 蓬萊王華著。號怡軒，因以名集。

《忍齋稿》《釋奠通禮書》 汴人申屠致遠著。平生聚書萬卷，名曰墨莊。

《應物集》十卷 王鶚著。

《張伯淳文集》 伯淳，浙人。

《王師魯文集》六十八卷 括蒼劉誠意曰：「師魯歷官尚書。生於至元間，仁宗皇帝首開科舉，即以其年登第。其爲文有中和正大之音，無纖巧萎靡之習，春容而紆餘，衍迤而宏肆，不極于理不止，粹乎其爲言也。」

《季山甫文集》若干卷 括蒼劉氏曰：「山甫，同郡人。屢試不偶，所爲詩文、銘記、論贊、序説，體格嚴正，文詞典雅。」

《圭峰集》六本 《續集》二本 盧畸著。畸，惠安人。至正初進士，調寧德尹。

《青陽集》 余闕著。闕，合肥人。天資英邁，博學能文。至順中進士，擢翰林應奉，後死節于安慶。

《傲軒集》 胡天游著。平江人，名乘龍，以字行。七歲能詩，博學高志。遭元季亂，抗志不仕。意有所激，悉于詩文發之。

《三溪集》 龍溪林廣著。廣天性嗜學，以詩禮訓家庭。至正間，郡學辟爲諸生師，部使者薦爲安溪教官，合邑官僚以師事之。

《希蘧集》 茶陵李祁著。祁，元末進士，爲遼陽儒學提舉，國亡不仕。自號危行老人。又有《雲陽集》，疑即此。

《存存子秋聲集》十卷 黄鎮成著。鎮成，邵武人。

《易齋》《黄鶴磯》《碧玉環》《龍川》《勤川》《環中》諸稿 元雷樞著。樞，字子樞，建安人。延祐戊午進士，仕終翰林待制。

《樵水詩文集》 黄清老著。字子肅，邵武人。泰定時，浙江鄉試第一，擢進士第，爲湖廣行省儒學提舉。號樵水先生。

《貞白英華集》 王原傑著。原傑,吴江人。至正中領鄉薦,兵亂不仕。

《至正集》一百卷 許有壬著。有壬,湯陰人。讀書一目五行,延祐中進士,累官中書左丞。

《東游集》 括蒼劉氏曰:「豫章鄭士亨著。」

《觀海集》 括蒼劉氏曰:「桐江章正則著。正則,好學能文。」

《雲濤萃集》 括蒼劉氏曰:「濮陽吴孟思著。自號雲濤散人。少好學,工翰墨,精篆隸。」

《朱葵山文集》 宋景濂曰:「莆田朱文霆著。其言醇而理彰,于理不合,雖强之言,不言也。」

《桂隱遺文》一十二篇　《拾遺》六篇 桂夢炎著。夢炎,字子暘,烏傷人。曾孫翰林學士、文獻公溍追念先澤隳逸,手録成編。

《烏繼善文集》 宋景濂曰:「繼善,名期道,號草堂先生,慈谿人。爲文峻潔如明月珠,起伏如春江濤。」

《白湛淵詩》二十卷　《文》二十卷　《經子類訓》二十卷　《集翠裘》二十卷　《静語》

二十卷　宋景濂曰：「檇李湛淵先生白挺著。挺，字廷玉，自幼至老，無日廢問學，故能長於詩文。不爲雕刻苛碎，不惟極塵外之趣，兼有雲山《韶濩》之音。」

《守齋類稿》三十卷　顧潤著。潤，字德輝，鄞人。幼以神童貢，不果。志在立言，著釋圖一，說約六十三，圖徽二十一，希言二十四，事焬六十二，治要十八，體卦八，解八，辯十二，議二十四，傳七，記、論、序、文、銘各三，雜著十八，賦六，騷十九，雜詩三百二十一，合三十卷，分爲前、後、外三集，通名《守齋類稿》。宋景濂稱其近古之立言者。

《芳州文集》若干卷　元秘書著作佐郎蕭雷龍著。藏于家。

《吴濰州文集》　宋景濂曰：「青田吴復德，幼抱逸才，下筆飄飄有奇氣，長取馬、班二家書玩繹。此編勁硬奇峭，澤媚山輝，蓋善學遷、固者。」

《鄭氏連璧集》一十四卷　鄭思先曰：「伯父杲齋，諱東，字季明。文百篇，古今詩四百八十首。先君曲全諱釆，字季亮。文三百篇，詩百篇。合寫成書，鐫梓以行。」

《春谷文集》若干卷　婺州路儒學教授季仁壽著。

《中鵠》《汲清》二集合　泰和劉鍔著。

《舊雨集》五十卷　宋景濂曰：「熊本著。虞公爲之序，謂其雜著本理而敷暢，典雅而不阿，人以爲實録。」

《唯庭稿》　宋景濂曰:「新塗曾順自號唯庭,因以名其詩文。順爲文不務鉤章棘句,一以理勝。」

《巢深》《燕山》《宛陵》三稿　宋景濂曰:「宛陵王先生澤民著文,不事絺章繪句,而義理自足,詩清婉有魏晉風。」

《昌雩集》　雩都劉君賢著。

《秬山集》十卷　宋道著。道,中統間翰林修撰,遷太子賓客。

《拙庵集》　王士元著。史稱文學、政事皆可師法。

《康莊文集》　王泰亨著。

《鳳山集》　盧陵歐陽弁著。

《容齋文集》　安福劉聞著。

《雪磯集》　孫庚著。庚,字居仁,慈谿人。刻苦磨礪,夜坐達旦。及門若桂彦良、王桓、陳恭,皆名士也。

續文獻通考·經籍考卷十一

集下

皇明

《高皇帝御製文集》 永樂元年，命禮部遣監生三十餘人，分詣天下，采高皇帝詩文書翰録成。

《火警或問》 嘉靖十年御製。

《皇史宬記》 嘉靖十六年御製，賜群臣。

《明堂或問》 嘉靖十七年御製。

《談藝録》《新倩籍》《文集》六卷 俱吴縣徐禎卿著。弘治乙丑進士，官國子博士。

《困志集》 浙江樂清章綸著。官南禮侍郎。

《真西山讀書記》《伊洛淵源續録》《四子擇言》《桃溪集》《緦山集》《論諫録》《惶恍稿》《級綆餘誠》 俱謝鐸著。鐸，字鳴治，號方石，浙江太平人。官禮部右侍郎。

《程篁墩集》《篁墩續稿》《宋逸民録》十五卷　《行素稿》《程氏紀宗譜》《程氏貽範集》《篁墩新稿》《蘇氏檮杌》《真文忠公新經注》三卷　《迎賢奏對録》《道一編》六卷　俱程敏政著。敏政，字以勤，休寧人。官太常卿。先以神童薦，登成化丙戌進士。

《懷麓堂稿》《擬古樂府》　茶陵李東陽著。字賓之，以神童薦，登景泰甲申進士，官柱國少師。

《椒丘稿》　廣昌何喬新著。字廷秀，文淵子。登景泰甲戌進士，刑部尚書。

《瓊臺類稿》《瓊臺集》　瓊山丘濬著。字仲深。登景泰甲戌進士，武英殿學士。

《匏庵集》　長洲吴寬著。字原博。登成化壬辰第一，禮部尚書。

《震澤先生文集》《震澤長語》《震澤編》　吴縣王鏊著。字濟之。登成化乙未進士第一，官大學士。

《上谷稿》《玉堂前後稿》《歸山稿》《南宫稿》　上元倪岳著。岳，字舜咨。登天順甲申庶吉士，吏部尚書。

《見庵集》　福建寧德林聰著。

《青陽文集》　元末余闕著。洪武中刊行。

《沖澹集》安福劉宣著。

《覆瓿集》《寫情集》《梨眉公集》《誠意伯集》《郁離子》青田劉基著。字伯温，國初封誠意伯。

《西隱集》滑縣宋訥著。洪武中祭酒。

《南宫集》《成均稿》《玉堂稿》金谿吴伯宗著。名祐，以字行。洪武辛亥狀元，官司業。

《遜志齋集》四十卷 《雜誡》二十八章 《宗儀》九篇 《侯城集》臨海方希古著。《侯城集》乃王稌所輯正學遺文。

《述虚子集》長洲姚廣孝著。封榮國公。

《大寧齋目録》《西原集》《薛考功集》薛蕙著。亳州人，號西原。仕考功郎，嘉靖中議禮罷歸。

《陽明時習録》《陽明傳習録》《陽明則言》《王文成公全書》正德中王文成公守仁著。餘姚人。

《居業録》《敬齋集》成化中餘干處士吴居仁著。

《雍語》《甘泉文集》《格物通》湛若水著。

《松窗寤言》八十一章　**《崔氏洹詞》**　彰德崔銑著。

《何氏集》十二論　**《何大復集》**　信陽何景明著。弘治壬戌進士，官副使。

《崆峒文集》六十三卷　信陽李夢陽著。弘治癸丑進士，官提學副使。

《紫墟文集》《駟野集》　海寧儲巏著。成化甲辰會元，吏部左侍郎。

《龍峰集》　華容黎淳著。天順丁丑進士，禮部尚書。

《困知記》　泰和羅欽順著。

《假庵稿》　長洲劉鉉著。永樂中以能書徵，官至少詹事。

《武功伯文集》　吴縣徐有功著。宣德甲寅進士，選庶吉士，封武功伯。

《莊山集》〔一〕　永新吴孟勤著。洪熙時爲翰林學士。

《損齋備忘録》　夏邑梅純著。

《宋潛溪集》《龍門凝道記》《芝園集》《蘿山集》《翰苑集》《蒲陽人物記》　浦江宋濂著。濂，翰林學士承旨。

《楊東里集》　泰和楊士奇著。官兵部尚書。

〔一〕 疑即下《匡山集》。

《楊文敏集》《兩京類稿》 建安楊榮著。官少師。

《吴康齋集》 崇仁吴與弼著。

《王抑庵集》《王文端公集》 泰和王直著。官少傅。

《陳白沙集》《白沙文編》《白沙詩教》 新會陳獻章著。翰林檢討。

《劉古直集》 壽光劉珝著。

《彭從吾集》 莆田彭韶著。

《楊文懿集》《桂林稿》 鄞縣楊守陳著。

《石淙稿》《制府小稿》 巴陵楊一清著。

《毛文簡公集》 崑山毛澄著，官禮部尚書。

《靳文僖公集》 丹徒靳貴著。官大學士。

《傅文毅集》 傅珪著。清苑人。官禮部尚書。

《王襄毅公集》 王邦瑞著。宜陽人。官兵部尚書。

《姚東魯集》 慈谿姚鏌著。

《張東白集》 南昌張元禎著。

《林見素集》《見素奏議》 莆田林俊著。

《羅一峰集》永豐羅倫著。官修撰。
《熊峰集》藁城石瑶著。
《圭峰文集》泰和羅玘著。
《楊文恪集》楊濂著。豐城人,官禮部尚書。
《息園集》《顧東橋集》金陵顧璘著。
《容春堂集》錫山邵寶著。
《薛文清集》《讀書録》河東薛瑄著。
《王氏家藏集》河内王廷相著。
《康對山文集》武功康海著。
《嚴文靖公集》嚴訥著。常熟人,官大學士。
《林東城文集》泰州林春著。
《張文定集》四明張邦奇著。
《周恭肅集》松陵周用著。
《王渼陂集》關中王九思著。
《朱凌溪集》寶應朱應登著。

《王夢澤集》楚王廷陳著。官吏科給事中。

《羅念庵集》吉水羅洪先著。

《霍文敏集》南海霍韜著。

《袁永之集》姑蘇袁袠著。

《馬西玄集》關中馬汝驥著。

《遵巖文集》晉江王慎中著。

《五嶽山人集》吴門黄省曾著。

《張龍湖集》茶陵張治著。

《楊忠愍集》保定楊繼盛著。

《皇甫少玄集》皇甫涍著。長洲人。

《鄒東郭集》《東郭遺稿》安福鄒守益著。

《沈青崖集》山陰沈煉著。

《唐荆川集》《續集》《文編》《左編》《右編》武進唐順之著。

《存笥稿》右輔王維禎著。

《蔡洨濱集》寧晉蔡靉著。

《笠江文集》《通玄真經輯略》　上海潘恩著。
《滄溟文集》　歷城李攀龍于鱗父著。
《祝京兆集》　姑蘇祝允明著。
《惜陰集》　吴興顧應祥著。
《鳳笙閣簡抄》　吴興凌約言著。
《吾學編》《今言》《古言》　鄭曉著。
《金虎集》《皇明名臣琬琰録》《弇州山人集》《别集》《戊辰三郡稿》《蘇長公外紀》《外集》　太倉王世貞著。號鳳州。
《師山集》　鄭玉著。歙人。
《華川集》二十五卷　《王待制集》　《玉堂雜著》　義烏王禕著。國初翰林待制承旨。
《定軒集》《赤城録詩集》　黄孔昭著。
《南山録》《南山稿》　黄潤玉著。
《古穰集》　李賢著。
《從吾滯稿》　彭惠安著。
《德安行稿》二卷　《太平寶慶雜稿》二卷　胡端敏著。

《聶大年集》 大年，臨川人。

《楊升庵文集》《寶堂集》《南中集》《南中續集》《引書晶鈺》《七十行戍稿》《蜀藝文志》
新都楊慎著。字用修。

《思賢録》《辯惑編》《龜巢稿》 武進謝應芳著。

《耐軒集》《桂林機要》《天游稿》 無錫王達著。侍讀學士。

《思齋集》 武進陳濟著。右贊善。

《王雪齋集》 金壇大理卿虞謙著。

《缶鳴集》《鳧藻集》《高季迪集》 長洲高啓著。官户部侍郎。啓又著《姑蘇百詠》。

《在野集》 松江袁覬著。覬，字景文，官侍御。

《習庵集》 蘇州僉事楊基著。

《東磵集》 長洲右參議沈德著。

《韓山人集》 韓琦十一世孫韓奕著。

《清溪集》 崑山盧熊著。兖州知府。

《怡庵集》 吴縣檢討陳繼著。

《歸田稿》 常熟修撰張洪著。

《希顔集》　吴縣楊翥著。禮部尚書。

《望雲稿》　巢縣郭奎著。

《缶鳴集》　六安御史潘禎著。

《公餘》《歸田》二集　太康户部侍郎王淪著。

《傖父集》　祥符禮、兵、刑三部尚書趙玒著。

《菊庄集》　祥符長史劉醇著。

《石梁意見》　三原吏部尚書王恕著。

《毅齋集》　仁和翰林侍講王洪著。

《螺城集》　參政孫子良著。海寧人。

《清江集》　國子博士貝瓊著。崇德人。

《滄江集》　桐廬徐舫著。

《繼志齋集》三十卷　國子博士王紳著。褘仲子。義烏人。

《一齋集》《遼海集》　朱善著。豐城人，大學士。

《諾若集》　進賢包希魯著。

《頤庵集》　國子祭酒胡儼著。南昌人。

《知庵集》副都御史羅箎著。南昌人。
《介庵小集》魏默著。新建人，光澤縣尹。
《常濱集》何祉著。進賢人。
《雁里淺稿》僉事方孟縉著。武寧人。
《求正稿》參政萬廷彩著。武寧人。
《世美堂集》丁以忠著。新建人，官兵部侍郎。
《鶯谷山房集》刑部尚書李遷著。新建人。
《歲寒集》孫原貞著。德興人。兵部尚書。
《陶學士集》陶安著。
《清風亭稿》《海岳涓埃》《喻蜀稿》《籌邊録》童軒著。鄱陽人，禮部尚書。
《直庵集》左布政舒清著。德興人。
《知非集》大理評事戴璉著。浮梁人。
《學齋稿》提學僉事姚文灝著。貴溪人。
《南坡集》翰林侍講余鼎著。星子人。
《學海集》博士吴毅著。南城人。

《柏崖集》禮部尚書張昇著。南城人。

《新河集》知清河縣揭軌著。臨川人。

《泉坡文集》禮部尚書王英著。金谿人。

《筆府詳述》修撰姜洪著。樂安人。

《歸田類稿》知瑞安縣黄紹烈著。金谿人。

《石門集》新喻梁寅著。

《觀過稿》新喻右諭德黎恬著。

《東皐集》副使周謨著。新淦人。

《雲田集》清江彭綱著。提學副使。

《鳴春集》知安東縣孫治著。清江人。

《海桑集》泰和陳謨著。

《唐伯虎集》唐寅著。

《王履吉集》王寵著。

《文衡山集》《甫田集》 文徵明注〔一〕。
《邵復孺集》 邵亨貞著。
《皇甫司勳集》 長洲皇甫汸著。
《職方集》 禮部侍郎劉崧著。泰和人。
《匡山集》 楚府教授吴孟勤著。永新人。
《鍾石先生集》 費寀著。
《詞林稿》《梁園稿》 俱長史宋子環著。吉水人。
《雙崖集》 户部尚書周忱著。吉水人。
《寅菴集》 工部侍郎羅汝敬著。吉水人。
《芝山稿》《公餘稿》 俱左都御史熊概著。吉水人。
《松坡集》《臞叟集》 俱侍讀曾鶴齡著。泰和人。
《覆瓿稿》 永新人劉髦著。
《立齋集》 僉都御史左鼎著。永新人。

〔一〕注　應作「著」。

《介庵集》鶴齡子曾廉著。

《文思集》禮部尚書彭華著。安福人。

《澄江集》《别集》《續集》泰和尹直著。兵部尚書。

《瀧江集》翰林侍講彭教著。吉水人。

《冰玉集》祭酒羅璟著。泰和人。

《畏齋集》副都御使周孟中著。廬陵人。

《雙溪集》祭酒劉震著。安福人。

《晉軒集》右諭德劉戩著。安福人。

《尚賓集》宜春人劉迪簡著。

《葵庵集》吏部主事蕭義著。宜春人。

《大崖集》嘉魚人李承箕著。

《蘆泉集》知鎮江府劉績著。江夏人。

《石洲文集》副使王疇著。崇陽人。

《南雋文集》參政汪必東著，崇陽人。

《雲山草堂集》副使魏裳著。蒲圻人。

《三難軒集》《使蜀稿》《海防稿》《宦滁集》《棘署餘聞》　俱兵部尚書戴金著。漢陽人。

《滄浪集》　考功郎中歐陽謙著。沔陽人。

《鴻猷録》《樵論》《楚漢餘談》　景藩長史高岱著。京山人。

《吉陽集》　刑部侍郎何遷著。德安人。

《長谷集》　徐獻忠著。

《聚峰文集》　僉事毛鳳詔著。麻城人。

《閒情集》　户部侍郎程萬里著。華容人。

《素軒文集》　副使謝綱著。巴陵人。

《西山集》　參政嚴永濬著。華容人。

《八厓集》　按察使周廷用著。華容人。

《未齋稿》　郎中徐廷用著。醴陵人。

《山房漫稿》《粵中政紀》《兩粵猺訓》《二南漫稿》　俱太僕少卿劉穩著。酃縣人。

《静芳亭稿》　兵部侍郎陳洪謨著。武陵人。

《白房集》　參政朱衮著。永州衛人。

《武昌集》　興山教諭左經著。眉州人。

《澹軒文集》太常卿林文著。莆田人。

《冰崖集》户部尚書翁世資著。莆田人。

《竹巖文集》祭酒柯潛著。莆田人。

《韋庵集》知潮州府王源著。龍溪人。

《梅庵存稿》《經籍要覽》俱布政陳亹著。

《布衣存稿》鎮海衛人陳真晟著。

《白石野稿》《歸田録》俱參政林魁著。龍溪人。

《琴軒集》禮部侍郎陳璉著。東莞人。

《梓溪集》舒芬著。

《研幾録》行人薛侃著。揭陽人。

《翠屏集》翰林侍講張以寧著。古田人。

《善鳴集》副使唐泰著。候官人。

《虚舟集》翰林檢討王偁著。永福人。

《願學稿》副都御史朱鑑著。晉江人。

《華泉先生集》邊貢著。

《澹庵集》 參政黄仲芳著。甌寧人。

《賁所文集》 副使張合著。江寧人。

《保秀堂文稿》《學稿》《外稿》 通判石雷著。石曼卿十六世孫。

《田叔禾集》 田汝成著。

《漫游稿》《雲芝稿》 俱祭酒王敕著。歷城人。

《蒙庵集》 布政使戴弁著。浮梁人。

《蠢遇録》 金谿吴世忠著。

《東江家藏集》 顧清著。華亭人，禮部尚書。

《黄忠宣集》《忠宣别集》 黄福著。

《袁文榮集》 袁煒著。

《解春雨集》 解縉著。

《東海集》 華亭張弼著。

《胡莊肅文集》 胡柏泉著。

《談資》 秦鳴雷輯。

《馮侍御集》 馮恩著。華亭人。

《何氏語林》《何翰林集》《四友叢説》 華亭何良俊著。

《何禮部集》 何良傅著。

《張西谷集》 華亭張世美著。

《劉槎翁集》 泰和劉子高著。

《孫雪岑集》 孫衍著。

《文裕公全集》 陸深著。

《夢草堂稿》 胡鎮著。

《孫文恪集》 孫陞著。

《蚓竅集》 管時敏著。

《同聲集》 李西涯、謝方石合著。

《正楊集》 汝南徐耀文著。

《大明一統賦》 吴莫旦撰。

《大明兩都賦》 吴桑悦撰。

《冰玉集》 濠梁石州崔鼎著。

《周叔夜集》 周思兼著。華亭人。

《劉端毅集》安福劉玉著。刑部侍郎。
《穀原文草》蘇佑著。
《西隱集》宋訥著。
《玉芝山房稿》茅坤著。
《世經堂集》華亭徐階著。官少師大學士。
《續吴先賢讚》《劉侍郎集》長洲劉鳳著。
《坦齋先生集》劉三吾著。
《歸太僕集》崑山歸有光著。
《方文襄公遺稿》方獻夫著。
《蘭暉堂集》屠應埈漸山著。
《歐陽南野文集》歐陽必達著。
《夏文靖公集》《留飲稿》《東歸稿》夏原吉著。
《李中麓閒居集》李舜臣著。
《白石自知堂稿》蔡汝南著。
《沈鳳峰稿》華亭沈愷著。

《畏庵周先生集》 狀元周旋著。

《太函集》《南明副墨》 汪道昆著。

《雁河釣叟自在吟》 王周著。

《汲古叢語》 華亭陸平泉樹聲著。官禮部尚書。

《莊渠先生遺書》

《王彭衙集》

《黄泰泉集》 黄佐著。

《孫豐山集》

《三元集》

《程松谿集》

《午坡文集》

《玄素子集》

《林二山愧瘖集》

《苑洛集》 長洲韓雍著。官都御史。

《浮溪文粹》

《内方文集》

《翁東涯集》 翁萬達著。

《陽峰家藏集》

《鈐山堂集》 大學士嚴嵩著。

《徐氏海隅集》《老子解》《春明稿》 俱徐學謨太室著。嘉定人。

《竹素堂稿》 陳所藴著。上海人，參政。

《高蘇門集》 高叔嗣著。字子業，號蘇門。

《五嶽游稿》 臨海王士性著。

《崇蘭館集》 華亭莫如忠著。左布政。

《路紀》 嘉興項篤壽著。

《柳貫文集》二十卷 《別集》二十卷 貫，浦陽人。字道傳。

《純白類稿》三十卷 東陽胡助履信著。

《敝帚編》《逸事》載皁官、下吏、士卒、婦女之死節者。**《林下竊議》一卷** 東陽張樞子長著。

《道軒小稿》五卷　義烏馮宗珽惟端著〔一〕。

《華川文派録》《端本要略》《續敬鄉録》　義烏金江孔殷著。

《雙杉亭草》十二卷　義烏李鶴鳴九皋著。

《日損齋稿》五十卷　《筆記》一卷　義烏黄縉晉卿著。

《南稜類稿》二十卷　義烏王炎澤仲威著。

《夢稿》《痴稿》《聽雨留稿》　義烏劉應龜著。

《朱廉文集》十七卷　廉，義烏人，字伯清。

《賓湖稿》五十卷　《榷政記》十五卷　義烏王宗聖汝學著。

《草閣集》七卷　永康李昱宗表著。

《道山集》二十集　浦陽鄭棠叔美著。

《甑甀洞稿》　興國州吴國倫著。

《青蘿館集》　吴興徐中行著。

《宗子相集》　廣陵宗臣著。

〔一〕珽惟　後印本作「廷珪」。

《皆可堂集》 華亭馮時行著。

《謝山人集》 謝榛著。

《孫太初集》 孫一元著。

續文獻通考·經籍考卷十二

章表　類書　詩集

章表

《諫林》百二十卷　虞城趙概上于神宗,以太子太師致仕。

《田京奏議》十卷　滄洲人,徙居洛邑。舉進士,喜議論,尚氣節。通兵戰、曆筭、雜家術。又著《天人統術》《通儒子》十數書。

《西清奏議》三卷　晉江陳從易著。從易性激直,與王欽若、丁謂皆不絶,而亦不阿其意。

《田況奏議》二十卷　冀州信都人。少卓犖有大志,舉進士甲科。至和初,擢樞密副使,以太子少傅致仕。

《陳公輔奏議》十二卷　《文集》二十卷　公輔,臨海人。政和二年上舍及第,官至禮部侍郎。

《金侍講奏議表疏》 金安節著。休寧人。博洽經史。宣和中進士。紹興初，累官至吏部侍郎兼侍讀。所著又有《周易解》及《文集》二十卷。

《黄鍰奏議雜著》 字國和，浦城人。政和中進士，爲高宗所知，卒危於群小。

《掖垣奏議》 俞烈著。

《諫垣集》《諫垣遺稿》 趙彦達著。

《牟氏奏議》 牟子才著。

《東南防守利便》三卷 吕祉著。字安老，建陽人。紹興中，知建康府，作此以上。

《李忠定公奏議》 李綱，字伯紀，延平人。政和中進士。又著諸集百餘卷。

《劉氏奏議》 劉宜著。

《宗忠簡公奏議》 宗澤著。

《王氏奏議》 王萬著。

《傅氏奏議》 傅崧著。

《汪澈奏議》 澈，浮梁人。紹興進士。

《黄通志奏議》十卷 黄中，字通志，邵武人。紹興進士，以忤秦檜斥外。朱文公嘗裁書以見,欲居于門弟子之列。

《李端州奏議》 李彌遜著。彌遜本連江人,後徙吴縣。弱冠登第。紹興初,遷起居郎,與秦檜論事不合,以徽猷閣直學士知端州致仕。號筠溪直隱。

《周氏奏議》 周操著。

《劉氏奏議》 劉玉著。

《陳居仁奏議》 居仁,膏子。紹興中進士,累官國子丞。風度凝遠,臨事毅然。

《周葵奏議》五卷 周葵著。

《本朝名臣奏議》 奉新胡价集。

《漢唐名臣奏議》五十卷 同安石亘輯。

《恢復機密十論》　**《制敵權鑑》四十卷**　**《富彊要策》十卷** 趙粹中著。字叔達,自密州徙鄞。登紹興進士科,孝宗時進論策,喜之,一歲九遷。

《東南銷患書》一卷 高準著。準,字平一,寧德人。乾道間,虞允文當國,準上此書,因請使北虜,伺其虚實。爲録以獻,并言恢復大要。允文已去位,朝廷欲授以官,不就。

《十箴》一卷 徐鳳著。字子儀,浦城人。寧宗、理宗朝,出入翰苑,屢進嘉猷。

《屯田詳議》二十二篇　**《方公奏議》五卷** 方有開著。淳安人。仕爲淮西運判。

《林文中奏議》《外制文集》三十卷 林文中，永康人。紹興末進士。寧宗時，由臺諫歷官僉書樞密院事。

《吴芾表奏》五卷 芾，仙居人。舉進士，累官侍御史，有直聲。遷禮部侍郎，以龍圖閣直學士致仕。爲文豪健峻整，有詩文三十卷。

《皇谷奏議》《皇谷講義》《鹽楮議稿》 豐城徐鹿卿著。

《杜右相奏稿》《外制》《經筵講義》共三十餘卷 杜範著。黄巖人。受學朱熹，嘉定初進士，調金壇尉。累遷監察御史，知無不言。後拜右丞相，連上十二事，盡革舊弊。

《中興奏議》 李璧著。

《兩朝奏議》《經筵講義》 陳宗禮著。

《經筵口奏故事》 葉味道著。

《趙崇嶓奏議》 南豐人。嘉定間爲石城令，官至朝散大夫。

《罪言》三十篇 李郛著。

《姚逢原奏稿》 逢原，名希得。

《顔氏奏議》 顔棫著。

《西掖稿》《諫垣存稿》 晉江楊炳著。

《批鱗十三策》　蔡孝恭著。元道四世孫。博文强記,以賢良薦。上《批鱗十三策》至京師,或謂合謁當路,孝恭曰:「以嫵媚取科第,吾不能也。」遂歸不仕。

《劉甲奏議》十卷　甲,贄之裔,徙居龍遊。淳熙中進士。

《批鱗稿》五十篇　朱景文著。清江人。自少俊邁傑出,讀書過目不忘,爲文頃刻立就,雄瞻豪爽。

《楊通老奏議》　楊楫,字通老,長溪人。師事朱文公,爲高弟,與楊方、楊簡號「三楊」,官湖廣提刑、江西運判,卒祀於學。

《太平策要》　鄧考甫著。凡二百五十餘篇。

《經筵講議》《端平廟議》《翰林詞草》　俱真德秀著。

《西掖制書奏議》數十卷　勾濤著。新繁人。舉進士,累官史館修撰。上書言時事之害政者,高宗嘆其忠。

《劉文簡奏議文稿》　劉爚著。

《儲鑑奏議》　吴昌裔著。裔,舉嘉定進士,歷官監察御史,遇事敢言。

《世要機務》十卷　**《芻蕘策》十卷**　史通著。通,青神人。以文學知名。歷官通州尉、磐石令,有古循吏風。

《端平奏議》 鄭性之著。嘉定四年進士第一。

《西清奏議》《中書制稿》 楊從易著。晉江人。第進士，累官侍御史。激直少容，喜別白是非，多面折人。

《經筵講義》 洪天錫著。

《淡軒代庖集》《骨鯁集》《前後奏議》《資政十論》《古鑑録》 龍漢余嘉著。其《古鑑録》上光宗，力沮和議者也。

《當世急務》《湖北利害》二録 奉新胡价著。

《三諫集録》 林宗放著。

《滕公諫疏》二十餘篇 滕宗諒著。

《奏議叢璧》 孔元龍著。

《趙進士奏議》 嘉定十六年進士南豐趙崇璠著。

《内外制奏議》《奉常議》《掖垣繳奏》《金華講義進故事》 程公許著。

《南京籌邊》十八篇 曾三英著。

《忠告》三卷 元泰定時，張養浩爲御史中丞所奏。一曰廟堂忠告，二曰風憲忠告，三曰牧民忠告。

《奏議塞責稿》 成遵著。遵，字誼叔，穰人。幼敏悟，讀書日記數千言。元統初，舉進士。

《孫良禎奏議》若干卷 烏古孫良禎著。

《危太樸奏議》二卷 金溪危素著。至正中，以文鳴天下，所著俱藏於家。嘗修《后妃功臣傳》；又以和寧爲太祖開基之地，請於朝，作《和寧志》；又順帝知公問學淵深，命注《爾雅》，校《君臣政要》。

《先賢奏議玉府》《先賢奏議藥山》 危稹編。

《皇明奏議輯略》 定遠黄金輯。

《皇明經濟録》

《關中奏議》 楊一清著。

《文恪奏議》四卷 楊濂著。

《何文簡公疏議》 何孟春著。郴州人，吏部侍郎。

《唐漁石奏議》 蘭溪唐龍著。

《鄭淡泉奏議》 鄭曉著。

《從吾奏議》一卷 彭惠安著。

《奏議》十二卷　胡端敏著。

《介菴奏議》　王恕著。

《夢虹奏議》　御史鄧顯麟著，奉新人。

《東曹奏牘》　徐廷用著。

《東洲奏議》　參政龍誥著。攸縣人。

《黄門奏章》　右通政黄驥著。全州人。

《鎮山奏議》　朱衡著。江西人。工部尚書。

《肅愍公奏牘》　兵部尚書于謙著。

《晉溪兵本敷奏》

《浚川奏議》

《南宫奏題稿》《侍祠代對録》　嘉定徐學謨著。

《名奏精英》　新都楊慎輯。

類書

《文海》百餘卷　沙縣羅畸著。

《古今文章》 石公輔集。
《文苑英華》《漢唐文類》 徐鹿卿著。
《學苑精華》 齊廓著。廓，會稽人。舉進士，仕終秘書監。
《古賦準繩》十卷 虞廷碩編輯。
《百段錦》 三山方頤孫集。
《補注古文苑》 章樵著。
《文章復古》《文章續古》《濂洛文統》《周子文章指南》 王柏纂。
《文類》七十卷 真定蘇天爵著。
《金石竹帛遺文》 柳貫著。
《源流至論》 林駉著。駉，寧德人。少穎悟，清修苦學，博極群書。德祐丙子，以《易》魁鄉薦，著述甚富。
《論學軌範》 繆主一著。
《文章軌範》 謝枋得輯。
《復齋金石録》 王原之纂。
《古今文典》 魯真集。

《文選類要》 柴瑾集。

《史學提綱》 上饒祝堯著。

《文選補遺》四十卷 陳計輯。計，博學好古，著述甚當。

《經史事類書》共三十卷 張諒著。諒，字子京。建安人。

《事類要領》十卷 何述著。

《會粹古今事類》二百卷 高仲壎著。仲壎，字汝諧，頤之子。嘗魁漕舉，學問踐履皆醇正。

《垣齋類稿》 黄學行著。

《蘇氏家藏雜帖》一卷 蘇伯循家藏，宋誠夫跋。

《經史辨疑》 莆田黄仲元著。

《經史解題》四十五卷 《群書新語》十卷 莆田方龜年著。龜年，景祐進士。

《名臣書纂》 葉適集。

《讀經史要略類編》 曹理集。

《通典輯要》 詹師文著。

《玉海》 王應麟著。

《紀纂淵海》 賈昉之集。

《金石類考》 葉夢得集。

《黄東發日抄》 黄震集。

《蓬山類苑》 祝常集。

《經史旁開》 聞人宏集。

《續通典》 李維集。

《翰墨大全》 熊禾集。

《事文類聚》 祝穆著。穆,字和甫,朱文公表姪。性温行醇,學博文瞻。

《隨類録》二百卷 **《蘆隱類稿》五十卷** 喻佖著。佖,浙人。

《山堂考索》 章如愚集。如愚,浙人。

《格物類編》 元城潘迪著。

《純白類編》 胡助著。

《復古編》十卷 泰不花,字兼善,伯牙吾台氏。家貧,好讀書,年十七,江浙鄉試第一,廷試賜進士及第,授集賢修撰。善篆隸,温潤遒勁。重類此編,考究訛字,於經史有據云。

《文獻通考》三百四十八卷　樂平馬貴與著。貴與，自以宋相廷鸞子，義不仕元，隱居著書。首田賦，次錢幣、户口、職役、征榷、市糴、土貢、國用、選舉、學校、職官、郊社、宗廟、禮樂、兵刑、經籍、帝系、封建、象緯、物異、輿地，終之以四裔，總爲二十四目。一目中又各有小目，上自唐虞以前，下至宋季，世代綿邈，歷如指掌。雖小有未備，然亦弘博君子矣。

皇明類書

《儲君昭鑑録》　洪武中成。

《爲政要録》　洪武三十年成，凡十三條。

《武士訓戒録》　洪武二十一年，命儒臣編集。

《華夷譯語》　洪武十五年，命侍讀火原潔等類編。

《臣誡録》　洪武十三年，命儒臣纂。

《女誡》　洪武元年，命學士朱升等修。

《資世通訓》　洪武八年御製，凡十四章。

《皇明祖訓》　洪武六年，命中書省官纂。爲目十有三，曰箴戒、持守、祭祀、出入、國政、禮儀、法律、内令、内官、職制、兵衛、營繕、供應，因録于謹身殿東廡、乾清宫東壁，以示子孫。

《孝慈録》洪武七年冬，因議孫貴妃服制，遵著此書。

《精誠録》洪武十六年，太祖享太廟致齋，命吴沉集古今經傳敬天忠君孝親格言，類輯以便觀覽。

《省躬録》洪武十九年，命儒臣劉三吾編輯漢唐以來災異之應于臣下者，著爲是書。

《存心録》洪武十九年，命儒臣劉三吾輯歷代帝王祭祀祥異感應，著爲書，以便觀覽。

《醒貪簡要録》洪武二十五年著，頒内外諸司。

《永鑑録》洪武二十五年，太祖輯歷代帝室諸王爲惡者，類編頒賜諸王。

《世臣總録》洪武二十五年，太祖又輯歷代人臣善惡可勸懲者，著爲書，以頒中外臣子。

《稽古定制》洪武二十九年，太祖以臣踰制越禮，命翰林斟酌唐宋制度，爲書一卷。

《列女傳》永樂元年，成祖以孝慈皇后删定《列女傳》未就，命儒臣重加編次，分爲三卷。

《文華寶鑑録》永樂二年，成祖輯古來嘉言善行有益儲訓者，彙成是書。

《内訓》永樂三年仁孝皇后著。自「德性」以及「慈幼」，爲目凡二十，爲本七十有八。

《永樂大典》 永樂五年，成祖命解縉纂集古今經史子集、百工技藝爲書，名《文獻大成》。至是，以爲未備，復命姚廣孝、劉季篪、解縉等徵四方宿儒，重加增輯，計二萬二千九百卷，一萬一千一百本。

《歷代名臣奏議》 永樂十四年，成祖命楊士奇等輯。

《爲善陰隲》 永樂十七年作。凡一百八十本，共一百六十五人。

《孝順事實》 永樂十八年作，凡一百五十本，共二百七人。

《帝訓》 宣德三年宣宗製，自「君德」至于「藥餌」，共二十五類，爲一卷。

《五倫書》 正統十三年，英宗以宣宗所輯《五倫書》六十二卷，鋟梓以廣其傳。

《歷代臣鑒》 宣德元年御製。

《君鑒録》 景泰五年頒。

《大明會典》 弘治十六年，命儒臣纂成，凡一百八十卷。嘉靖三十八年重修，未刻，萬曆六年復修。

《皇明文衡》一百卷 **《金獻彙言》** 程敏政著。

《文苑群玉》《唐律群玉》《勛賢琬琰集》 俱何喬新著。

《醫閭言行録》八卷 遼東賀欽著。字克恭。登成化丙戌進士，官陝西參議。

《帝王基命録》《文統》　建文時，臨海方希古著。

《鑑古録》　嘉靖中，大學士李賢録堯舜以來二十君之事有可法者，彙爲一帙，略爲解説奏進。

《帝鑑圖説》　江陵大學士張居正編進。

《群書備數》《理學類編》　俱洪武中編修張九韶著。

《餘冬録》　何孟春著。

《皇明文纂》　大梁張士瀹纂。

《皇明文範》　四明張時徹輯。

《皇明文則大成》　吴興慎蒙輯。

《大學衍義補》　户部尚書丘濬著。

《經籍格言》　吏部尚書王恕著。

《皇明理學名臣言行録》《皇明名臣言行録》　楊文恪著。

《國朝列聖詔令敕諭》《天言彙録》　汪世貞編集。

《木鍾堂國琛集》　烏程唐樞著。

《大學衍義補膚見》四卷　胡端敏著。

《文苑春秋》四卷 崔文敏著。

《丹鉛閏録》《丹鉛續録》《丹鉛餘録》《丹鉛總録》《丹鉛別録》《文海釣鰲》 俱楊用修著。

《儒行》十二篇 《百家輯録》 俱大理寺寺丞劉端著。

《艷異編》《兩山墨談》 陳霆著。

詩集

宋

《蓬萊詩》二卷 張伯玉著。建安人。知太平州，遷司封郎官。

《李陶集》 博白李時亮善屬文，尤長於詩，與陶弼賡和，因名其集。

《師陶集》 長沙譚世勣著。師陶者，師淵明也。

《滄浪集》 光化石㵾著。光化詩淡泊，時出偉麗。

《漁舟集》 成都郭震著。震博學能詩，李畋稱其有孟郊風。

《雅正集》十卷 建安李虚己著。虚己精於詩律。

《雙峰詩集》 謝履著。字履道，惠安人。嘉祐中進士。

《林圖南詩》二卷 林摶著。圖南,其字也。出處見《琴譜》。

《臥龍集》 惠安王獻臣著。

《林仲嘉詩》三卷 仲嘉,福清人。以詩名時,與鄭俠、王聖時、林圖南、李天與爲詩友。

《注杜詩》及《文集》二十卷 鮑慎由著。慎由,龍泉人,舉進士。嘗從王安石、蘇軾游,爲文汪洋閎肆,詩尤高妙。

《杜詩集句》一編 寧化李元白著。哲宗時人。

《鄧春卿詩文》三卷 春卿,字榮伯,長汀人。甘貧樂道,崇寧間詔舉,隱逸不就。後舉八行,又不就,卜築南山之阿而老焉。

《沈存中詩話》 沈括著。

《聖壽詩》二十篇 周葵著。宜興人。宣和進士,歷官殿中侍御史,知無不言。孝宗時,爲參知政事。

《龍陽十詠》一卷 趙善齡。知龍州時著。

《蒙谷詩集》 李安期著。字泰伯,建寧人。淹貫經史,援筆成文。岳飛被禍,作《表忠詩》百二十首吊之。

《改注杜詩》三十卷 卞大亨注。象山人。

《刻鵠詩集》 彭止著。字應期，崇安人。嘗謁辛棄疾，值其晝寢，題一絶于齋而去。辭云：「棋子聲乾案接塵，午窗詩夢煖于春。清風不動階前竹，誰道今朝有故人？」棄疾覺，遣人追之，延留累月。所爲詩皆清麗典則。

《楚東唱酬集》《鄞江集》 王十朋著。

《東萊集詩》《新集詩話》 吕祖謙著。

《錢塘詩前後集》 薛傳正著。

《夢昌陵古律二十韻》 《宋史》曰：「理宗改端平，春三月，上齋居恭默，夜夢一真人，峨冠佩玉，略似藝祖，色黧而貌和。延帝殿上，即東席西向坐，以賓禮揖上東向，面命洋洋，俄而夢覺。越三日，宗臣善來，以昌陵御容進，如夢中真人，毫髮無異，因述《古律二十韻》紀實。大臣請送之秘閣，刊之琬琰，從之。」

《古詩考》 王景昌著。

《天台集》 林詠道著。

《拙菴雜咏》一卷 晉江郭咸著。

《梅軒集》 諸葛興詠撰。

《毛氏詩集》 毛滂撰。

《横塘集》 許景衡撰。

《遁思遺稿》 吕皎撰。

《黄清江詩稿》二十卷 清江黄祈著。

《補注東坡詩集》一卷 龍溪黄學畢著。

《容安詩藁》十卷 同安王顯世著。

《東溪集》 崇仁甘泳著，黄大山序。其詩一言而役萬景，片詞而括萬情，全體似李賀，而不涉於怪也。

《朝陽詩集》 晉江陳權撰。

《風雅遺音》 南昌熊凱著。

《盧瞻詩集》 瞻，惠安人。

《楚辭集注辨微》《城南雜咏》《感興二十首》 朱文公著。

《頤庵詩稿》 劉應時著。字良佐，慈谿人。性敏而勤，于書無所不讀，刻意于時，寄興瀟洒，范至能深賞之。

《梅山詩集》 劉褒著。字伯寵，崇安人。十歲能屬文，登淳熙進士。才高見忌，不久仕于朝。

《歌詩雜著》 安溪林德秀著。

《樂軒詩集》 陳藻著。字元藻，福清人。得林光朝經學之傳，遂成通儒，學者稱爲樂軒先生。所著又有《杜詩解》。

《洞庭玉虹日邊盟鷗清江集》 郴雷應春著。以詩擅名，累官監察御史。首疏時相，繼忤權貴，歸隱北湖。

《黄古愚篇金集》 黄館著。長谿人，號古愚。博通經史，尤長於詩。

《百將詩》一卷 林仲虎著。字景瞻，寧德人。慶元中，應武舉第二。使北虜，執禮不撓。

《漢沔詩集》五卷 平原趙自化著。

《雍熙詩》二百首 萬適著。陳州宛丘人，自號遺玄子。所著又有《經籍摘科討論記》四十卷。

《德齋詩集》 龍溪陳經著。經工於詩，名士趙汝讜、敖陶孫、危稹、傅伯成輩，皆推服之。

《杜陵詩評》十卷 興化方醇道著。

《荆南叢録》 興化方畢著。畢，爲潛江簿。詩集鄭樵爲序。

《趙庚夫山中集》 庚夫，字仲白，莆田人。平生志業無所洩，一寓於詩，嘗自删取五百首，劉克莊擇百篇，爲《山中集》，屬趙庚夫序而傳之。

《抱甕集》十五卷 柯夢得著。莆田人。嘉定中，屢上春官不第，以特科入官。一生苦吟，學孟東野。又編選唐絶句爲五卷。

《詩文雜著》二十四卷 葛洪著。

《詩賦雜文》千六百餘篇 周啓明著。龍泉人。舉賢良方正，既而罷歸，教授子弟百餘人，不復仕。

《厚倫詩》一卷 鄭撲翁著。

《倚梅吟稿》 趙必漣著。字仲漣，崇安人。刻苦讀書。開慶間，以父蔭當補官，辭不受。晚植梅數百株，名其居曰「梅花莊」。與弟告楙，日吟咏其中。

《山陰詩話》 陸游著。

《畫餅編》 范師孔著。字學可，崇安人。咸淳中預薦，肄業武夷書院。此編皆其所爲詩若文也。

《耐賢翁詩集》六卷 吴岡著，惠安人。研究經學，第進士。教授邵、峽二州，葺治黌舍，磨厲諸生，始相繼登第。

《顔棫詩文》四十卷 棫詞章雅麗有體，外夷皆敬畏之。

《古今詩話筆苑》五卷 黄萬頃著。同安人。第進士，知雷州。

《朱子詩指》 王柏纂。

《朱子詩解》 戴亨著。

《潘廷堅詩集》《古樂府》 潘牥著。字廷堅，閩縣人。端平二年，對策忤史彌遠，調镇南軍節度推官，累遷潭州通判。

《筠溪直隱詩集》 李彌遜著。

《鰲峰隱人集》三卷 熊知至著。字意誠，建陽人。博學工詩。

《杜俣詩集》 杜俣著。

《和劉克莊梅花百詠》一卷 莆田方澄孫著。

《梅軒集》 陳從龍著。字登雲，嘉魚人。少嗜學，每夜讀書至曙。能詩，環居栽梅，倚樹而歌。

《李琉詩集》 琉，字粹之，建寧人。學行爲鄉閭所推，以八行薦，未受命而卒。

《巽溪集》 陳敬叟著。字炳然，臨武人。中咸淳甲戌進士，授迪功郎。德祐北附，隱居不仕，肆力於詩文，後子章伯又輯其所作爲《巽溪遺稿》。

《二十四孝詩》　尤溪郭居敬撰，以訓童蒙。

《巽溪嗣稿》　陳章伯著。字奎龍，敬叟之子。其稿名，示不敢忘先澤也。

《冰壺詩》十卷　《文集》二十卷　義太初著。字仲遠，甞道人。以詞賦名，登淳熙戊戌進士。自號冰壺。

《江湖吟社集》　曾原一著。博學工詩。

《感興詩注》　蔡汝揆著。

《指南集》《集杜詩百首》《吟嘯集》　吉水文天祥著。天祥作文，未嘗屬草，下筆滔滔不竭。尤長于詩，有古賦比興之旨，流離中感嘆、悲悼，一發于詩。在京口則有《指南集》，在燕獄則有《集杜詩百首》。

《雪坡詩集》　高安姚勉著。

《論語詩》五十卷　《指南集》三卷　《詩文》二卷　林子充著。福清人。長於性學。

《西湖百詠》　楊公濟著。

《淮海詩集》　元肇著，通州人，生而癡愚，號淮海。淳熙間，爲人牧羊，忽吟詩曰：「麥浪清如水浪，梨花白似梅花。不煖不寒天氣，半村半郭人家。」後爲僧，遍游江湖。爲詩清麗，文亦雅健。

《歲寒集》 遼蕭柳著。字徒門，淳欽皇后弟。智勇能文，爲北女直詳穩卒。耶律觀音奴集其所著詩千篇，名曰「歲寒」。

《六義集》十二卷 遼蕭韓家奴著。

《放懷詩》一卷 遼耶律孟簡著。聞皇太子被害，不勝哀痛，作《放懷詩》二十首以傷之。

《慶會集》 遼耶律良著。良讀書醫巫閭山，學既博，又入南山肄業。清寧中，官知制誥。帝命其詩爲《慶會集》，親製序焉。

《雷溪子鼎新詩話》 遼易縣魏道明著。舉進士，累官至國軍節度使。

《如庵小稿》 金完顏璹著。璹，本名壽孫，越王永功子。平生詩文甚多，自删其詩，存三百首，樂府百首，號《如庵小稿》。

《遯齋詩集》 金王元節著。字子元，弘州人。天德三年詞賦進士，仕終密州觀察判官。

《曹户部詩集》三十卷 金曹望之著。字景蕭，宣德人。天會間，以秀民子充女直字學生，年十四歲。學成，除西京教授，累官户部尚書。望之初不學，及貴，稍知讀書，遂刻苦自致。

《東巖詩集》三卷　金元德明著。系出拓跋，太原人。累舉不第，因放浪山水、飲酒賦詩自適。

《杜詩學》一卷　《東坡詩雅》三卷　《錦機》一卷　《詩文自警》十卷　金元好問著。

《澗邊集》二十卷　趙若著。字順之，崇安人。元時薦辟皆不就，吟咏自適。

《彭元亮集》　彭炳著。爲詩專效陶柳。

《杜詩句解》　安成劉應登著。

《大山集》　新喻蕭山則著。善吟咏，碑銘記序得盤誥體。

《本齋詩集》三卷　王都中著。

《小山集》　蕭泰來著。即山則弟。

《樵隱集》　麗水祝大明著。

《栲栳山人詩集》　餘杭岑公之詩。公有志節，人敬憚之。

《燹餘集》　桃峰朱嗣榮著。精于詩，沖淡如漢魏，雄健如盛唐。因遭兵火，故以名集。所著又有《政鑒》若干卷，亦燬于兵。

《瑶林》《滄江》二集　《唐詩通考》　桐廬徐舫著。字方舟，自號滄江散人。少攻舉子業，後棄去，習古歌詩。

《**白雲稿**》　天台林茂濬著。生平酷嗜吟咏，上自漢魏，下逮唐宋諸家，無不漱其芳腴，挹其真醇。積而後發，發必竭盡其興趣。此稿尤爲時所傳誦。

《**東軒集**》　宋景濂曰：「天台方明敏著，其弟明則繕抄成帙。古詩俊逸超群，律詩清麗婉切。」

《**注唐詩鼓吹**》　交城郝天挺著。

《**杜詩舉隅**》　宋景濂曰：「杜子美詩注者數百家，務穿鑿者，謂一字皆有所出，泛引經史，巧爲傅會，諠讓而叢脞；騁新奇者，稱其一飯不忘君，發爲言辭，無非忠愛之意，至率爾咏懷之作，亦必遷就而爲之説。近代廬陵大儒頗患之，通集所用事實，別見篇末，固無繳繞猥雜之病，未免輕加批抹，如醉翁寱語，終不能了了。會稽俞先生季淵，以卓絶之識脱略衆説，獨法序《詩》者之意，各析章句，具舉衆義，于是燦然可觀。晚所著又有《韓文舉隅》，而《孝經》《易》《書》《詩》《禮記》《春秋》《離騷》各有審問，不但箋杜詩而已。」

《**林伯恭詩集**》　永嘉林温著。宋景濂稱：「其沉鬱頓挫，渾厚超越，大雅奏而黄鐘獨鳴，武庫開而五兵森列，洪濤怒張而魚龍出没。」又曰：「永嘉舊傳四靈詩，識趨凡近，音調卑促，近或以爲清新，競模倣之。伯恭一洗陋俗，豪傑之士也。」

《唐詩選》 定海王玠纂。

《劉彥昺詩集》 彥昺，名炳。其詩氣韻沉鬱，言出意表，近謝康樂；蘊籍脱落，不霑塵土，類岑嘉州。渢渢乎仙遊，英英乎霞舉。又善學李供奉，天分既高，人功又深，凡有模擬，彷彿似之。

《王以道詩集》 太和詩韻度閒曠，一如其人。

《杜詩注釋》 興化黄鍾器之著。

《丁亥詩集》五卷 劉因著。天資絶人，日記千百言，隱居教授，隨材皆有成就。學者稱爲静修先生。

《愚前詩稿》十卷 方道叡著。又有《詩文説選》《唐詩元》各一卷。

《和陶詩》 戴良著。

《杜詩類注》 劉霖著。

《冰崖詩集》 贛縣蕭士贇著。尤愛李白詩，反覆吟誦，爲分類補注。

《玲瓏窗吟卷》 清江徐基著。

《節菴詩集》三十卷 黄異著。

《兩山詩集》 南臺御史李思衍著。

《月灣詩集》將仕佐郎鄱陽吴存著。

《小溪寓興》十卷　丁嚴著。

《律詩樂府》三卷　晉寧張翥著。

《虚籟集》秀江縣孫春州著。歐陽圭齋稱其清曠簡遠，擬古精到，有韋柳風。

《環山詩稿》廬陵歐陽齊吾著。

《進修集》安成劉玉振著。

《五言總論》十卷　義烏石一鰲巨卿著。鰲邃于《易》。

《梅南詩集》高安易南友著。歐陽圭齋曰：「南友恬愉清白，富貴利達不動其中，游行江湖，以得句爲樂。故其爲樂府，爲諸體詩，往往出于性情所感觸，咸臻其妙。」

《李宏謨詩集》安成人。詩尚雅興，不事浮靡。

《山中小稿》安成秀才李希説著。開卷第一首《雜賦》有曰：「我欲近自然，物物由天成。」歐陽圭齋曰：「以此求詩，何患無佳句。」

《羅舜美詩集》廬陵人。歐陽圭齋曰：「詩不輕猥不鍥薄，日進于雅且正矣。」

《鳴臯集》安成劉執中著。號後梅，集中樂府精深，諸體詩皆壯麗閒適。

《蕭同可詩集》廬陵人。隱居不仕。

《陶集注》三卷　《詩》一卷　真定王沂著。

《自家意思集》　劉邊著。字近道，建安人。工詩。

《楊載詩集》《集古句詩》二卷　字仲弘，浦城人。後徙杭州。爲文以氣爲主，而詩尤有法。與虞集、范梈、揭傒斯齊名，號虞楊范揭。

《清江碧嶂詩》一卷　杜本著。

《望雲稿》　郭奎著。少游余忠宣門。遭世亂，親亡弟喪，漂零江湖間。遂仗劍從軍，凡大江以西，燕趙、淮楚之壖，奇蹤勝迹，咸涉獵而形諸歌詩。

《曹伯啓詩文》十卷　曹伯啓著。

《鳳髓集》《九華詩集》　青陽陳清隱著。《鳳髓集》則集杜甫詩句爲之者也。

《王泰來詩集》　王泰來著。

《竹齋詩集》　安思承著。

《水雲清嘯詩集》　吴江王原傑著。

《静庵詩集》　華亭胡林卿著。

《水雲集》　江大有，號水雲，因以名集。

《江漢百咏集》　嚴士直著。字正卿，崇陽人。博恰子史，善詩文，尤嗜仙釋。

《倏大中詩集》 公安人，號損齋。金大定初，應詔建醮，授師號。其詩集，學士元善爲之記。

《孫良禎詩文》若干卷 烏古孫良著。

《宋史詩》 寧德陳尚德著。

《楚漢正聲》二卷 浦江吴萊著。又有《詩傳科條》《春秋經説》《胡氏傳考誤》。

《藥房樵唱》 蘭溪吴景奎著。以雄逸之資，濟通明之識，著於篇翰，讀之者如入玄圃而覽明月。

《王氏夢吟詩卷》 宋濂氏曰：「先生自幼至老，不啻六十年，未嘗一日忘詩。一夕宿仙華山下，夢偉丈夫過之，取袖中詩一章，朗然而誦。迨旦，頗憶其首句，因從而補其辭，遂以名卷。」按，宋氏不著其名。

《張景遠詩集》 陶安著。《略》曰：「君舊居河東，徙家毘陵。喜攻詩，遇事紛糾常吟哦，有雅致。歷覽名山巨川，仙墟福境，輒吐英藻，罄其模寫。其或游神沖淡，託意悠深，則又脱氛埃，棄雕琢，故體格屢變，卒歸于治平之音，使造進未已。猶當揚厲風雅，遺芬高視兩京六朝之上也。」

《郭子明詩集》 廣平郭文德著。劉誠意曰：「其詩不尚險澀，不求奇巧，惟心所適，因言成章，而其自得之妙，則有已獨知之者。」

《渤海詩話》 高若虎著。字仲容，永福人。

《吕周臣詩集》 括蒼劉氏曰：「吕君由吏員累月至九品，家居以待選，則杜門而作，有《詠史》一百首，《題咏雜花》三百有餘首，皆意足而語到。」

《唐溪詩話》 陳德固著。

《詩詞雜著》二十五卷 趙善湘著。

《杜詩注》 趙汝談著。

《東坡詩注》 施元之著。

《龍崗楚詞説》 林應辰著。

《杜詩注》 魯峕撰。

《項伯高詩集》 括蒼劉氏稱其「沖淡而和平，逍遥而閒暇」。

《王原章詩集》 括蒼劉氏曰：「會稽王原章善爲詩，士大夫工詩者多能道之。其詩直而不絞，質而不俚，豪而不誕，奇而不怪，博而不濫，有忠君愛民之情、去惡拔邪之志。」

《劉石唱和集》 括蒼劉氏曰：「予至正十六年以承省檄，與元帥石末公謀括寇，因爲詩相往來，遂以名集。」

《金陵百咏》 曾極著。臨川人。志氣豪放，聲名四達，朱子大異之。

《思剡集》 陳子翬著。字象賢，奉化人。嘗爲慶路教諭，因國事日蹙，隱居田里。每風晨月夕，載酒溪山之上，賡唱迭和，以發舒懷抱。

《黔南道士詩集》 歐陽賓實著。圭齋稱其詩「清緻有體，幽閒之容，沖抑之氣，可因詩而知其人」。

《月樓上人詩》 圭齋稱：「其五言長律思緻清醇，氣格深妥，唐之九僧不得專美于前。」

《平山詩集》 僧有貞著。福清人。骨相清奇，作頌説法，皆造其極。

《昭玄上人詩集》 上人詩雄俊俏拔，近世能詩者莫之先。

《雙清詩》一卷 東山壽聖寺物外上人作，同聲氣者和之。

《綠窗遺稿》 孫氏，諱淑，字蕙蘭。新喻傅若金妻。父周卿先生以《孝經》《論語》及《女誡》教之，未嘗學詩。因其弟受《唐詩家法》于庭，取而讀之，得其音格，輒能爲近體五七言。既卒，因出其稿，得五言七首，七言十一首，五七言未成章者廿六句，其夫特爲編集成帙。

《朱淑真詩集》 淑真，歸安人。文章幽態，才色清嚴。因匹偶之非，勿遂素志。嘗賦

《斷腸哀怨詩》自解。没後,臨安王唐佐爲傳,以述其始末。吴中士大夫拾其詩二百餘篇梓之,宛陵魏仲恭爲之序。

《詩林萬選》　何新之著。新之,西安人。仕至樞密院編修,采唐宋詩爲此書。

《朝野詩集》五百餘卷　熊本編。

《類集詩史》三十卷　興化方醇道輯。

《詩話總龜》二十卷　青州褚仁傑集。

《詩學大成》　毛直方編。直方,字静可,建安人。咸淳中預薦,入元授徒講學。

《風雅類編》　廬陵袁懋昭集。以世代次序,得《詩譜》遺法,起四言至樂府,止五言、七言絶句。論見精詳,去取簡當。

《寶林編》　僧大同類集古今人所作詩。

《唐律删要》　吴萊著。

皇明詩集

《醉學士歌》　宋濂嘗侍太祖宴,三觴輒醉,行不成步,上親製《楚詞》一章,命侍臣各賦歌,曰:「俾後世知朕君臣同樂如此。」

《良馬歌》　洪武九年賜宋濂,親爲製歌。

《平胡詩》洪武二十一年，太祖賦二章，命群臣和。

《高皇帝嘉禾詩》永樂四年勒石，仍賜諸王及各官。

《喜雪詩》宣德三年十月，太祖因作詩示群臣，以志豐年之兆。

《鰣魚詩》宣德四年，以鰣魚醇酒賜大學士楊士奇、楊榮、金幼孜，示以御製詩，士奇等賡和。

《招隱歌》宣德六年，賜蹇義等《招隱歌》，且曰：「古有招隱歌者，欲與俱遯，朕欲招而用之，恐山林之士未悉此意，再賦七言《招隱歌》以示卿等。」

《祖德詩》宣德六年御製，凡九章。

《豳風圖詩》宣德七年御製，因閱元趙孟頫《豳風圖》作。

《御製傳集》成化十四年，命儒臣輯，凡四卷五百八十九首。

《敬一箴》嘉靖五年御製，命頒行天下。

《平臺詩》嘉靖五年，上御平臺，以陳寵等恭和御詩，楊一清提督軍務，勞費宏、潘潤，御製詩章，各作一詩賜之，以酬勸復，皆賜酒饌。

《除夕詩》嘉靖七年賜少師楊一清，致輔道交修之意。

《欽天記頌》嘉靖十年御製，頒賜群臣，凡三百言，頌數十韻。

《和輿地圖詩》嘉靖十三年,上和宣宗《閱輿地圖詩》,因賜群臣。

《念農詩》嘉靖中,幸省耕亭,御製詩,賜群臣。

《和祖德詩》嘉靖中,上以宣宗有賦淳祖至仁宗祖德詩四章,恭和之,廣其未備者。宣宗至武宗,凡九章。

《歸夷雜詠》謝鐸著。

《二十八箴》方希古著。

《蘿山詩集》宋景濂著。

《梅花百詠》夏元吉著。

《和陶詩》二卷李賢著。

《選注風雅源流》《唐詩詠史絶句》《白沙定山詩》俱楊文恪著。

《皇明詩抄》《詩林振秀》《陶情樂府》《續陶情樂府》《選詩外篇》《月節詞》《瀑布泉行》《詞林萬選》《交游詩録》《風雅逸編》《五言律祖》《唐絶精選》《絶句辯體》《唐音百絶》《群詩麗句》《李詩選》《宛陵六一詩選》《杜詩選》《宋詩選》《元詩選》《五言三韻詩選》《五言選》《升庵長短句》《升庵詩集》《蘇黄詩髓》以上新都人楊慎用修著。

《國雅》錫山顧起綸選。

《懷古詩集》 南昌劉端著。
《群英雜言》 鄱陽王鏊著。
《江西詩記》 漢陽戴金著。
《保秀堂詩稿》 金齒司石雷著。
《截山詩集》 瓊山王惠著。
《矜庵詩》 金谿吴世忠著。
《唐詩類編》《詩學梯航》 俱吉水周敘著。
《雲間百詠》 上海劉邦輔著。
《解頤新語》 皇甫汸著。

欽定續文獻通考·經籍考

清乾隆十二年奉敕撰

欽定續文獻通考・經籍考卷一

臣等謹案：馬端臨以經史子集分部彙目爲《經籍考》，其所采録，悉本歷代史志以及王堯臣《崇文總目》，而評論則以晁公武《讀書志》、陳振孫《書録解題》爲宗，又復旁參衆説，折以己見。凡著作之本末，流傳之真贋，文理之純駁，約略皆有考焉。若王圻《續通考》，不論書之存佚，一切捃摭，泛濫無徵，則大失端臨矜慎之初指矣。今臣等奉命續纂《通考・經籍》一門，謹從端臨之例，經史子集，各就見存，以類編次。伏惟我皇上右文稽古，近敕儒臣采輯并訪求遺佚[一]，編爲《四庫全書》。凡《總目》所載宋代遺編，多有端臨未及著録者，今皆一一補入。而遼、金、元、明四代之書，亦悉據《四庫全書》，按次編録。至端臨於每類之前[二]，各載史志部卷總數，蓋以館閣書之存佚不可知[三]，姑録之以備考也。

〔一〕「輯」下　文淵閣本有「永樂大典」四字。
〔二〕類　底本作「數」，據文淵閣本改。
〔三〕「書」下　文淵閣本有「目之舊其書」五字。

今亦依宋、明史志總數列前，其遼、金、元三史不立藝文志，散見各紀傳中，亦即於卷首標識焉。又每類之中，或删其目，或易其名，皆參諸《四庫全書》，而於馬稍爲變通，以歸允當。其間議論，自宋元明諸儒外，近世則采自顧炎武、王士禛[一]、朱彝尊諸人爲多，其他論説之有當者，亦俱載之。至若書之見解或有異同，人之出處不無譌舛，謹加案語，辨證於後。凡歷代儲藏采訪之規與其編纂繕録之事[二]，宋則斷自理宗以後，與遼、金、元、明四代，列爲「總敘」一篇，以冠卷首，亦如端臨之例云。

總敘

宋

理宗淳祐元年八月，詔求遺書。

淳祐十一年六月，詔求遺書，并山林之士有著述者，並許上進。

秘書省上言：「乞辟校勘、檢閲等官，仍行下諸路漕司，所部州縣應有印本書籍，解赴册府，以補四庫之闕。及故家巨族，必有遺書；山林名儒，豈無著述？可令投

[一] 禛　底本作「正」，避清世宗胤禛諱改字。後同，不復出校。
[二] 與其　文淵閣本作「以及」。

進，照格推賞。」從之。

臣等謹案：馬《考》稱：「淳熙四年，秘書少監陳騤等以中興館閣藏書，前後搜訪，部帙漸廣，爰仿《崇文總目》，類次書目，計見在書四萬四千四百八十六卷。」嘉定十三年，詔秘書丞張攀等續修書目，又得一萬四千九百四十三卷。較之《崇文》所載，均有加焉。又稱諸郡諸路刻板而未及獻者，不預此。理宗時，所以汲汲求書不已也。然自是以後，書目亦不復修，其卷帙多寡，不可考矣。

《宋史·藝文志》序曰：「宋舊史，自太祖至寧宗，爲書凡四。志藝文者，前後部帙，有無增損，互有異同。今删其重複，合爲一志，大凡爲書九千八百十九部，十一萬九千九百七十二卷。」

臣等謹案：馬《考》止取嘉定以前書銓而誌之，其時宋之全史未出，搜采不能無遺。今核《宋史·藝文志》所載，併有嘉定以前之書而馬《考》未著録者。其總數雖具於正史，而書已散佚，名目徒存，不皆可考云。

遼

太宗大同元年三月，取晉圖籍曆象石經，悉送上京。

《遼史·文學傳》序曰：「遼起松漠，太宗以兵經略方内〔一〕，禮文之事，多所未備。及入汴，取晉圖書、禮器而北，然後制度漸以修舉。」

聖宗開泰元年八月，那沙國乞賜儒書。詔賜《易》《詩》《書》《春秋》《禮記》各一部。

興宗重熙十三年六月，詔編集《國朝上世以來事迹》等書。

命罕嘉努與耶律庶成録約尼汗至重熙以來事迹，集爲二十卷，進之。十五年，復命罕嘉努曰：「古之爲治者〔二〕，明禮義，正法度。我朝之興，世有明德，雖中外嚮化，然禮書未作，無以示後世。汝可與庶成酌古準今，制爲禮典。」罕嘉努既被詔，博考經籍，自天子達于庶人，情文制度可行于世者，撰成三卷，進之。

臣等謹案：罕嘉努本傳又稱，「詔譯諸書，罕嘉努譯《通曆》《貞觀政要》《五代史》以進」，蓋重熙十五年以後事也。

二十三年十月，幸新建秘書監。

臣等謹案：《遼史》稱，興宗于是年十月幸新建秘書監。王圻《續通考》但云新建秘書監，而不言「幸」，誤也。

〔一〕太宗　文淵閣本同。按，據《遼史》卷一〇三，此處應作「太祖」。

〔二〕爲治　文淵閣本作「治天下」。

道宗清寧元年十二月，詔設學，頒五經傳疏。

六年五月，監修國史耶律白請編次御製詩賦，仍命白爲序。

十年十一月，詔求乾文閣所闕經籍，命諸儒臣校讐。

臣等謹案：王圻《續通考》作「八年十一月」，今據《本紀》改正。

咸雍十年十月，詔有司頒行《史記》《漢書》。

臣等謹案：道宗崇尚經籍，史不一書。《本紀》又稱，大安二年正月，召權翰林學士趙孝嚴、知制誥王師儒等講五經大義。四年四月，西幸，召樞密直學士耶律儼講《尚書·洪範》。五月，命燕國王延禧寫《尚書·五子之歌》。謹附識于此。

金

太祖天輔五年十一月，詔克遼中京，以禮樂儀仗、國書文籍，先次津發赴闕。

太宗天會五年四月，以宋圖書與大軍北還。

世宗大定二十三年八月，以女真字《孝經》千部付點檢司，分賜護衛親軍。

九月，譯經所進所譯《易》《書》《論語》《孟子》《楊子》《文中子》《劉子》及《新唐書》，命頒行之。

帝諭宰臣曰：「朕所以令譯《五經》者，正欲使女真人知仁義道德所在耳。」

臣等謹案：王圻《續通考》作二十四年九月，今據《本紀》改正。

二十六年三月，制明安穆昆皆先讀女真字經史，然後承襲。

從親軍完顏奇納言也。因曰：「但令稍通古今，則不敢爲非爾。」

章宗明昌二年四月，學士院進唐杜甫、韓愈、劉禹錫、杜牧、賈島、王建，宋王禹偁、歐陽修、王安石、蘇軾、張耒、秦觀等集二十六部。

五年正月，詔求遺書。

凡《崇文總目》内所闕書籍，悉購之。尋又置宏文院，譯寫經書。

泰和元年十月，敕有司購遺書。

敕曰：「宜償其價，以廣搜訪，藏書之家有珍惜不願送官者，官爲謄寫畢，復還之，仍量給其直之半。」是年，又定秘書郎爲二員，掌經籍所書[一]。

四年十月，詔親軍三十五以下，習《孝經》《論語》。

元

太宗八年六月，立編修所於燕京，經籍所于平陽，編集經史。

[一] 所　文淵閣本作「圖」。

從中書令耶律楚材請也。召儒士梁涉充長官，以王萬慶、趙著副之。

世祖至元元年二月，敕選儒士編修國史、譯寫經書，起館舍，給俸以贍之。

四年二月，改經籍所爲宏文院。

五年十月，敕從臣託果斯等録《毛詩》《孟子》《論語》。

六年九月，從平陽經籍所于京師。

十年正月，立秘書監，掌圖書經籍[一]。

十二年九月，以伊實特穆爾爲御史大夫，括江南諸郡書板及臨安秘書省書籍。

秘書監上言：「本監應收經籍、圖書、書畫等物見數，不教失落。」又言：「江南諸郡，多有經史書籍文板，俱令收拾見數，不教失散。」

十三年二月，詔收宋臨安圖籍典故文字。

是時宋初奉表降，詔諭臨安凡秘書省圖籍典故文字，悉仰收拾[二]。又命宣慰使焦友直收拾宋秘書省圖籍。尋以江南運到經史子集、文字書畫等物，俱付秘書監收掌。遇有檢閲，于秘書監關取，用畢還監。

[一] 書　文淵閣本作「史」。
[二] 悉　文淵閣本作「盡」。

十五年四月，以集賢大學士許衡言，遣使取杭州等處凡在官書籍板刻至京師〔一〕。

二十七年正月，復立興文署，掌經籍板。

臣等謹案：王士點等《秘書監志》稱，至元十一年，以興文署隸秘書監，掌雕印文書。又稱十三年，以興文署併入翰林院。《元史》本紀及《百官志》俱未載，惟紀其復立興文署，屬集賢院。而始建、中廢以及改隸年月，均未詳考。今據《秘書監志》輯其大略如此。

成宗大德七年三月，布呼齊、岳鉉等進《一統志》〔二〕。

先是，至元二十二年，命大集萬方圖志而一之，以示皇元疆理無外之大。詔大臣近侍提其綱，立局置屬編纂，凡九年而成書。續得雲南、遼陽等書，又纂修九年，至是繕寫始就，總計六百册一千三百卷。進呈藏之秘府。

臣等謹案：元所修《大一統志》最爲繁博，明焦竑《國史經籍志》惟載其目，今已散佚無存。

十一年八月，時武宗已即位。中書右丞博囉特穆爾以國字譯《孝經》進，命刻板摹印，諸

〔一〕取　文淵閣本作「至」。凡　文淵閣本作「取」。

〔二〕「一」上　文淵閣本有「大」。

王以下，咸賜之。

詔曰：「此乃孔子之微言，自王公逮於庶民，皆當由是而行。」

武宗至大四年六月，時仁宗已即位。刊行《貞觀政要》。

帝覽《貞觀政要》，諭翰林侍讀阿琳特穆爾曰：「此書有益于國家，其譯以國語刊行，俾蒙古、色目人誦習之。」

仁宗延祐四年四月，以《大學衍義》譯國語。

先是，帝爲太子時，有進《大學衍義》者，命詹事王約等節而譯之。帝曰：「治天下，此一書足矣。」因命與《圖象孝經》《列女傳》並刊行，以賜臣下〔一〕。至是，翰林學士承旨和搭拉都里默色、劉賡等譯《大學衍義》以進，帝復令翰林學士阿琳特穆爾譯以國語。五年八月，復以江浙省所印《大學衍義》五十部賜朝臣。

五年十一月，鋟行唐陸淳所著《春秋纂例》等書。

集賢大學士庫春言，唐陸淳著《春秋纂例》《辨疑》《微旨》三書，有益後學，請令江西行省鋟梓，以廣其傳。從之。

〔一〕以　文淵閣本無此字。

文宗天曆二年二月，立奎章閣學士院，命儒臣進經史。

是年，立藝文監，隸奎章閣學士院，專以國語敷譯儒書及儒書之合校讐者，俾兼治之。又立藝林庫，專一收貯書籍，廣成局專一印行祖宗聖訓凡國制等書〔一〕，皆隸藝文監。

臣等謹案：《本紀》但云是年立藝文監及藝林庫、廣成局，其職掌之制未詳。今參以陶宗儀《輟耕録》所載，較爲詳晰。

九月，敕翰林國史院官同奎章閣學士，采輯本朝典故，準《唐》《宋會要》，著爲《經世大典》。

繼又命趙世延、趙世安領纂修《經世大典》事。至至順二年四月，纂修成，凡八百八十卷，目録十二卷。

臣等謹案：元修《經世大典》今已散佚無存。

元《秘書監志》曰：「至正二年五月，準監丞王道關奏：竊謂古之書庫有目，圖畫有題，所以謹儲藏而便披玩也。伏睹本監所藏，多係金宋流傳及四方購納，古書名畫

〔一〕凡　文淵閣本同，《輟耕録》卷二作「及」。

不爲少矣，專以祇備御覽也。然自至元迄今，庫無定數，題目簡帙，寧無紊亂？應預將經史子集及歷代圖畫，隨時分科，品類成號，他時奉旨，庶乎供奉有倫，因得盡其職也。合無行下秘書庫，依上編類成號，置簿繕寫。凡在庫書，經一百二十一部一千二十三册，史七十九部一千七百二十四册，集五十七部一千七百二十四册，道書三百三部四百二册，醫書一十四部一百七十一册，方書八部一百五十二册。先次送庫書十二部四百七十八册，經六部一百一十三册，史四部七十五册，集二部一百九十册。後次發下書一千一百五十四部一萬六百三十四册，經二百四十四部二千一百四十五册，史一百三十二部一千八百四十三册，子一百二十二部七百一十二册，集四百六十三部五千九百三十四册，法帖四十二部二百一十七册。續發下書六百四十二部七千五百一十册。經一百六十六部一千九百四十六册，史四十六部一千二百七十册，子二十六部七十三册，集一百二十部二千五十三册，類書九十六部九百三十一册，小學六十八部二百二十八册，志書三十三部三百三十册，醫書五十一部四百六十一册，陰陽書二十五部一百三十册，農書一十二部三十七册，兵書五部二十一册，釋道書三部二十二册，法帖一部一十册。」

臣等謹案：元代藏書可考者，止《秘書監志書目》一卷，今撮録於此。

陶宗儀《輟耕録》曰：「元至正六年，朝廷開局修宋遼金三史，詔求遺書，有以書獻者，予一官。江南藏書多者，止三家，莊蓼唐其一也。繼命危學士樸特來選取，其家慮恐兵遁圖讖，干犯禁條，悉付祝融氏。及收拾燼餘，存者又無幾矣。」「蓼唐嘗爲宋秘書小史，其家蓄書數萬卷，且多手抄者，經史子集，山經地志，醫卜方技，稗官小説，靡所不具，書目以甲乙分十門。」

陸深《金臺紀聞》曰：「元時州縣皆有學田，所入謂之學租，以供師生廩餼，餘則刻書，工大者合數處爲之，故讎校刻畫，頗有精者。」

明

太祖洪武元年八月，大將軍徐達入元都收圖籍。

十三年七月，以翰林院典籍司藏書。

初，洪武三年，設秘書監丞典司經籍。至是，從吏部之請，罷之，而以其職歸之翰林院典籍。至十五年，又設司經局，屬詹事院，掌經史子集、制典圖書刊輯之事。立正本、副本、貯本，以備進覽。又有古今通集庫，亦以藏書。

十四年三月，頒五經、四書于北方學校。

成祖永樂四年四月，遣使購遺書。

帝御便殿閱書史，問文淵閣文書[一]，解縉對以尚多闕略。帝曰：「士庶家稍有餘貲[二]，尚欲積書，況朝廷乎？」遂命禮部尚書鄭賜遣使訪購，唯其所欲與之，勿較。

[一] 文書　文淵閣本作「藏書」。

[二] 稍　文淵閣本作「少」。

五年十一月，詔編《永樂大典》成。

先是，命解縉纂集類書爲《文獻大成》。已而嫌其未備，乃命姚廣孝等重修。至是告成，凡二萬二千九百三十七卷，賜名《永樂大典》。

臣等謹案：明修是書，最爲浩博。永樂六年，詔令繕寫一部[一]，未完而輟。至嘉靖中，乃續繕成之。今原册尚存，所缺僅什之一。其中誠多世不經見之書，第依韻綴字，踳雜不倫，無當於柱下之藏也。乾隆四十八年，我皇上特命儒臣詳加校勘，完繕者存之，散見者裒之，芟蕪除謬，區别至精。凡書佳者，悉已繕録，彙入四庫，次則標存名目，列於書末，真是編之大幸矣。

十七年三月，遣使取南京文淵閣書，運致北京。

帝在北京，遣侍講陳敬宗至南京，起取文淵閣所貯古今書籍，自一部至百部以上，各取一部北上。皇太子乃遣修撰陳循如數齎送，得一百櫃，督舟十艘，載以赴京。

宣宗宣德四年十月，幸文淵閣，與楊士奇等討論經史，因賜士奇等詩。

時秘閣貯書約二萬餘部，近百萬卷，刻本十三，抄本十七。

[一] 令繕　文淵閣本作「復」。

臣等謹案：焦竑《經籍志》稱，宣德以來，世際昇平，篤意文雅，廣寒、清暑二殿，及東西瓊島，游觀所至，悉置典墳。蓋是時嘗命繕録書籍，分貯各殿，以備觀覽也。

英宗正統六年六月，詔編《文淵閣書目》。

楊士奇等上言：「文淵閣見貯書籍，有祖宗御製文集及古今經史子集之書。自永樂中南京取來，向於左順門外北廊收貯，未有完整書目。近奉旨移貯于文淵閣東閣，臣等逐一點勘，編置字號，輯成《文淵閣書目》，請用『廣運之寶』鈐識，仍藏于文淵閣，永遠備照，庶無遺失。」制曰：「可。」

朱彝尊曰：「宋靖康二年，金人索秘書監文籍，節次解發，見丁特起《孤臣泣血録》。」而洪容齋《隨筆》亦云：「宣和殿太清樓龍圖閣所儲書籍，靖康蕩析之餘，盡歸于燕。」元之平金也，楊中書惟中於軍前收集伊洛諸書，載送燕都。及平宋，王承旨構首請輦宋三館圖籍，宋之實録、正史皆完。當時敕平章政事太原張易兼領秘書〔一〕，有詔許京朝官隨時假觀。由是言之，文淵閣藏書乃合宋金元所儲而匯于

〔一〕「書」下，文淵閣本有「監事」。

一，加以明永樂間南都所運百櫃〔一〕。考正統六年編定目録，凡四萬三千二百餘册。若《永樂大典》一書，多至二萬二千九百三十七卷，皆藏諸皇史宬，不與焉。縹緗之富，古所未有。其後典守不嚴，歲久被竊。萬曆三十三年，内閣制敕房辦事大理寺左寺副孫能傳、中書舍人張萱等，奉閣諭校理纂修書目，則并累朝續添書籍入焉。然大半殘闕，較之正統目録，則十僅存二三爾。崇禎甲申之變，散佚轉多矣。

臣等謹案：《文淵閣書目》蓋本當時内閣中存記册籍，故所載多不著撰人名字〔二〕。又有册數而無卷數，惟略記若干部爲一櫥，若干櫥爲一號，以《千字文》排次〔三〕。自天字至往字，凡得二十號，五十櫥。今以《永樂大典》對勘，其所收之書，世無傳本者，往往見于此目，亦可知其儲庋之富。第士奇等承詔編録，不能考訂撰次，俾觀者漫無考稽，牽率殊甚，獨藉此編之存，略見一代秘書之名數耳〔四〕。至於朱彝尊所論，蓋深惜其典守非人，致多散佚，且以奉詔編目，可以言而不言，爲士奇罪也。又

〔一〕加　文淵閣本作「益」。
〔二〕字　文淵閣本作「氏」。
〔三〕排　文淵閣本作「爲」。
〔四〕「略」上　文淵閣本有「尚得」。

首敘金元開國收集圖書，并具述有明一代藏書始末，均可與正史參證，故備録之。

武宗正德十年十一月，命修補藏書。

大學士梁儲等請檢内閣，并東閣藏書殘闕者，令中書胡頤、典籍劉偉及原管主事李繼先等，次第修補，從之〔一〕。

謝肇淛《五雜組》曰：「内府秘閣所藏書，皆倒摺，四周外向，雖遭蟲鼠嚙而中未損。但文淵閣制既卑狹，而牖復暗黑，抽閲者必秉炬以登，内閣老臣無暇留心及此，徒付管鑰于中翰涓人之手，漸以汨没。良可嘆也。」

王肯堂《鬱岡齋筆麈》曰：「文淵閣藏書皆宋元秘閣所遺，雖不甚精，然無不宋元板者，典籍既不知愛重，閣老亦漫不檢省，往往爲人竊去，今所存僅千百之一矣。」

世宗嘉靖十一年七月，南京國子監刊修《二十一史》成。

初，南京國子監祭酒張邦奇等請校刻史書，欲差官購索民間古本，部議恐滋煩擾，帝命將監中《十七史》舊板考對修補，仍取廣東《宋史》板付監，案：《宋史》爲成化十六年兩廣總督朱英所刻。《遼》《金》二史原無板者，購求善本翻刻，至是以成，祭酒林文俊等

〔一〕「之」下　文淵閣本有「自是書籍亡失多矣」。

表進。

顧炎武曰：「宋時止有《十七史》，明則并《宋》《遼》《金》《元》四史爲《二十一史》。《遼》《金》二史向無刻本，《南》《北》《齊》《梁》《陳》《周書》人間傳者亦罕，故前人引書，多用《南》《北史》及《通鑑》，而不及諸書，亦不復采《遼》《金》者，以行世之本少也。」

臣等謹案：《元史》則洪武三年已有刊本，故是時議詳及之〔一〕。又萬曆中，北監刻《十三經》《二十一史》，其板視南稍工，而較勘未精，訛舛彌甚，且有不知而妄改者。詳見顧炎武《日知録》中。

《明史·藝文志·序》曰：「明御製書文，内府鏤板。而儒臣奉敕修纂之書及象魏布告之訓，卷帙既夥，文藻復優，當時頒行天下。外此名公卿之論撰，騷人墨客一家之言，其工者深醇大雅，卓卓可傳，即有怪奇駁雜出乎其間，亦足以考風氣之正變，辨古學之源流。識大識小，掌故備焉。挹其華實，無讓前徽，可不謂文運之盛與？前史兼録古今載籍，以爲皆其時柱下之所有也。明萬曆中，修撰焦竑修國史，輯《經籍志》，號稱詳博。然延閣廣内之藏，竑亦無從徧覽，而𢈔書錯列，徒滋僞舛。故今第就

〔一〕詳　文淵閣本作「弗」。

二百七十年各家著述，稍爲釐次，勒成一卷。凡卷數莫考，疑信未定者，寧闕而不詳云。」

臣等謹案：焦竑《國史經籍志》書雖詳博，然但據古人著録，未嘗目見本書，多有唐宋所逸，而竑反采録，略無欠缺者，此未足徵信也。至于有明一代藝文著述，則固詳具正史焉。

欽定續文獻通考·經籍考卷二

臣等謹案：馬端臨《通考》經類自《易》至小學，皆據列史藝文志以分門目。今《續通考》準《明史·藝文志》之例，增四書類，其《論語》《孟子》各有專本，仍依馬氏分列二門，而《大學》《中庸》之單行者，亦仍入於《禮記》，以存其舊。至謚法一門，别於史部故事類著録。所纂經部，凡一十有四：曰易，曰書，曰詩，曰禮，曰春秋，曰論語，曰孟子，曰孝經，曰經解，曰四書，曰樂，曰儀注，曰讖緯，曰小學。各依次編輯如左。

經 易

《宋史·藝文志》易類二百一十三部一千七百四十卷。不著録者十九部一百八十六卷。

《遼》《金》《元》三史不立藝文志，散見各紀傳中。

《明史·藝文志》易類二百二十二部一千五百七十卷。

宋

司馬光《温公易説》六卷

光，字君實，夏縣人。寶元進士甲科，官至尚書左僕射兼門下侍郎。贈太師、温國公，謚文正，從祀孔子廟庭。

臣等謹案：是書馬端臨《通考》所載僅一卷，引晁公武之言曰：「雜解《易》義，無銓次，蓋未成書也。」考《朱子語類》云：「嘗得温公《易説》於洛人范仲彪，盡《隨卦》六二，其後缺焉。後數年，好事者於北方互市得版本，喜其復全〔一〕。」是其書在當時所傳，已多寡互異，其後乃并失傳，故朱彝尊《經義考》亦注爲「已佚」。今獨《永樂大典》中有之，幸際聖朝表章典籍，録入《四庫全書》，亦可知名賢著述，其精義所在，有不終泯没於來世者矣。

邵伯温《易學辨惑》一卷

伯温，字子文，邵子之子。南渡後，官至利路轉運副使，事迹具《宋史·儒林傳》。

臣等謹案：朱彝尊《經義考》載此書，注曰「未見」。此本自《永樂大典》録出，蓋

〔一〕按，此條節録自《晦庵集》卷八十一《書張氏所刻潛虚圖後》，此處以爲出自《朱子語類》，誤。

明初猶存。《宋史·藝文志》但題《辨惑》一卷，無「易學」字，《永樂大典》則有之，與《書録解題》相合。馬端臨《通考》於此書引入鄭揚庭《周易傳》下，未列爲書目，今特增入。

耿南仲《周易新講義》十卷

南仲，字希道，開封人。靖康間，以資政殿大學士簽書樞密院，與吴幵沮戰守之説，力主割地。南渡後，遷謫以終。

張浚《紫巖易傳》十卷

浚字德遠，號紫巖居士，綿竹人。舉進士，歷相高宗、孝宗，封魏國公，謚忠獻。

吴沆《易璇璣》三卷

沆，字德遠，臨川人。

沆《進易序》曰：「臣自少學《易》，患其難明，求諸聖人之言，曰：『知者觀其《彖辭》，則思過半矣。』又求諸《明象》之言，曰：『據璇璣以觀大運，則天地之動，未足怪也。』臣自是誦《易》之《彖》，浸曆歲時，涣然冰釋。《彖》也者，《易》之門户，而象之管鑰也。臣學《彖》既有所省，以次求之卦，求之象，求之爻，稍見諸儒缺少，因拾其餘遺，竊爲議論，以爲《易》莫大於《乾》《坤》，而聖人以天爲法，乃作《法天》。

六子之用，初無定體，變而通之，存乎其人，作《通六子》。《乾》《坤》六子皆以中道爲貴，作《貴中》。中也者，二五之位也，而六爻之位，互分陰陽，去其初上，則不足以成章，作《初上定位》。踐其位者，非六即九也，六九之名當定於自然，而先儒以人事加之，於理未安，作《六九定名》。名位既定，則六十四變決非偶然，作《乾坤變卦》。卦變之説，不一而足，先儒考傳，或失其正，論其至當，不過有四，作《論變有四》。泥於辭，不知象之可貴，則不見天地之藴奥，作《有象》。明象之端，莫先於《彖》，作《求彖》。聖人之作《易》，非直爲卜筮而已，所以崇帝王之德業，辨君臣之名位，而定君子、小人之分也，乃作《明位》《明君道》《明君子》。君子之德，足以養人，然後刑可議，刑可議而後伐可致，作《論養》《論刑》《論伐》。蓋養人之旨，不明於天下，則教道不立。教道不立，内外不分，而吉凶無辨也，作《辨聖》《辨内外》《辨吉凶》。《易》之爲道，變動不居，卦無定象，爻無定辭，不可以有執也，乃作《通卦》《通象》《通爻》《通辭》。苟期乎通，而無一定爲證，則失之泛泛無統，作《通證》。事有一定，而未免於疑者，重卦繫辭是也，作《釋卦》《釋辭》。互體之説，雖不可泥，而亦不可廢，作《存互體》。如是而《易》略備矣。凡物既備，則當思其未備者以廣之，作《廣演》而終焉。」

納喇性德曰：「先生幼孤，事母孝。政和間，嘗獻書於朝〔一〕，不報。歸隱環溪，其言《易》自《彖》而求之卦，次求之象，次求之爻，爲論二十七篇。其文簡奥，間以韻語行之，類古繇辭，卓然成一家之言者也。」

臣等謹案：沆于高宗紹興十六年與其弟瀚詣行在獻書，瀚所獻曰《宇内辨》，曰《歷代疆域志》，沆所獻曰《易璇璣》，曰《三墳訓義》。瀚書皆不傳，沆《三墳訓義》爲太學博士王之望所駁，亦不傳，惟此書僅存。

張栻《南軒易説》無卷數〔二〕

栻，字敬夫，丞相浚子。師胡宏，宏一見即以孔門論仁親切之旨告之，栻退思有得。宏稱之曰「聖門有人」，栻益自奮厲，以古聖賢自期。以蔭補官，累遷秘閣修撰，知江陵府，安撫本路，終右文殿修撰。謚曰宣，從祀孔子廟庭。事迹具《宋史·道學傳》。

臣等謹案：曹學佺《蜀中廣記》載是書十一卷，以爲張浚所作。考浚《紫巖易傳》，其本猶存，與此别爲一書，學佺殊誤。此本僅始於《繫辭》「天一地二」一章，卷端題曰「繫辭上」，卷下元胡順父《序》略曰：「魯人東泉王公分司廉訪章貢等路，公餘講

〔一〕嘗　文淵閣本作「常」。
〔二〕無卷數　文淵閣本同，《總目》卷三作「三卷」。

論，嘗誦伊川《易傳》，獨闕《繫辭》，留心訪求，因得南軒解説《易·繫》，繕寫家藏，儻合以並傳，斯爲完書」云。

趙彦肅《復齋易説》六卷

彦肅，字子欽，號復齋。宗室子也。嘗舉進士，掌寧國軍書記，調秀州推官，移華亭縣丞，攝縣事，以内艱歸。朱子薦之趙汝愚，汝愚奏爲海寧節度推官，旋病卒。

喻仲可跋曰：「是書觀象玩爻，無一字外求；研精覃思，無一辭苟發；出自胸臆，無一句蹈襲前人。」

納喇性德曰：「《易説》六卷，朱子嘉其用意精密，而門人喻仲可傳之，其論間與朱子不同。」

楊簡《楊氏易傳》二十卷

簡，字敬仲，慈谿人。乾道進士，官至寶謨閣學士、大中大夫。事迹具《宋史·道學傳》。

臣等謹案：是書爲明劉日升、陳道亨所刊，馬《考》載楊簡《己易》一卷，朱彝尊《經義考》載《慈湖易解》十卷，書名、卷數皆與此本不合。《經義考》所載《自序》一篇，與此本卷首題語相同，而無其前數行，亦爲小異。明人凡刻古書，多以私意竄亂之，萬曆以後尤甚，此或日升等所妄改與？

吴仁傑《易圖説》三卷

仁傑，字斗南，崑山人。

臣等謹案：馬《考》僅載仁傑《古周易》十二卷，而不及《圖説》。《宋·藝文志》則兼載之。《古周易》世罕傳本，惟《永樂大典》尚有全文，此書其《圖説》也，用别存其目焉。

吕祖謙《古周易》一卷　《東萊易説》二卷

祖謙，字伯恭，尚書右丞。好問之孫。初以蔭補官，後舉進士，復中博學宏詞科，官至著作郎兼國史院編修官。卒謚曰成，從祀孔子廟庭。事迹具《宋史·儒林傳》。

《易傳燈》四卷

臣等謹案：是書諸家書目俱不著録。惟《永樂大典》散見於各卦之中，題其官曰「徐總幹」，而不著名字。又載其子字東《序》，謂其父嘗師事吕祖謙、唐仲友。考宋代徐僑嘗受業於祖謙，著《讀易記》《尚書括旨》等書。祖謙門人又有徐侃、徐倬，《序》無明文，不能定其爲誰也。

易祓《周易總義》二十卷

祓，字彦章，潭州寧鄉人。淳熙中，由上舍生釋褐。慶元時，除著作郎，知江州。

王宗傳《易傳》三十二卷[一]

宗傳，字景孟，又字童溪，寧德人。淳熙進士，官韶州教授。

林焞序其書：「宗傳《發題》曰：『夫子曰「生生之謂易」，又曰「易無體」，又曰「其爲道也屢遷」，又曰「危者使平，易者使傾」，其道甚大，百物不廢，懼以終始，其要無咎，此之謂《易》之道也。』夫天下有生生不窮之理，相軋相推，有當有否，而吉凶以生。聖人憫斯人之流轉於吉凶之域，而莫知所趨就也。故告之以『無危不平，無易不傾』，此物理之固然者。人能終始，以致其懼，則無咎矣，然則其大旨可知矣。河南曰『隨時變易，以從道也』，殆謂是歟？」

朱彝尊曰：「按：林焞，寧德人。淳熙八年，與宗傳同舉進士。焞《序》稱，與童溪生同方，學同學，同辛丑及第，則宗傳爲寧德人無疑。鄱陽董氏以爲臨安人，誤矣。」

臣等謹案：王圻《續通考》訛作「黄宗傳」，當由姓音相近之誤。今據《經義考》及是書標題訂正。

[一] 易傳　文淵閣本同，《總目》卷三作《童溪易傳》。另，文淵閣本作「三十卷」。

李過《西谿易説》十二卷

過，字季辨，號西谿，興化人。書成於慶元戊午。

馮椅曰：「其説多所發明，然以毛漸三墳爲信，誤矣。」

張雲章曰：「過晚喪明，棄科舉，授徒，其《易説》多有可采。今抄本失去《自序》。」

趙汝楳《周易輯聞》六卷　《易雅》一卷　《筮宗》一卷

汝楳，濮安懿王之六世孫。父善湘，官浙東安撫使，汝楳官至户部侍郎。

汝楳《周易輯聞·自序》略曰：「《易》道函三極而神萬化，《易》書立三極而萬化神。道主于有，書主乎用，聖人於是立象而悟無形之妙，即變易以求不易之方。自誠意、正心，以至於齊家、治國、平天下，隨用隨效，此體用兼該之學，伏羲畫卦之旨，文王憂世之情，夫子傳《易》之志也。先君子於《易》凡六稿，汝楳得于口授者居多，因輯所聞于篇。」

《易雅·自序》略曰：「《爾雅》，訓詁之書也，目張而彙聚，讀之，事義物理，秩然在前，富哉經之翼乎！厥後《廣雅》《博雅》《埤雅》，雖依傍爲書，大約于道無所益。《易雅》之作，則異于是。《易》，變易也，卦殊其義，爻異其旨，萬變畢陳，衆理叢載，學者如乍入清廟，目眩耳亂，不暇品名，又若泛滄海而罔識嚮往之方，游建章而不知出入之會，汝楳嘗病焉。乃復熟玩畫辭，而爲此書，庶幾緣是指入《易》之迷津，求體《易》之實用。」

《筮宗·自序》略曰：「太極未判，則爲陰爲陽不可測，判則陰陽著矣；蓍未分則爲九六、爲七八未可辨，分則九六、七八定矣。人心未動，則爲吉爲凶未可必，動則吉凶斷矣；方無思無爲，寂然不動之時，吾心猶太極也，猶未分之蓍也。一有感焉，而吉凶禍福已對立于胸中。是知吉凶界限，判于心動之初，君子必恐懼於不睹不聞，而致謹於喜怒哀樂之未發，使此心凝。然湛然若太極之未判，蓍策之未分，則天理全，人欲浄，語默出處，皆純乎道如是。有不動，動必吉；有不筮，筮斯神。此聖人心蓍之妙，是爲筮宗。」

納喇性德曰：「《周易輯聞》《易雅》《筮宗》合名之曰《易敘叢書》。汝楳《自序》謂受《易》于父，蓋六易稿而傳之者，惜乎《叢書》在而善湘之經義無存。汝楳以宗室子爲宰相，史彌遠婿，顧能謙抑自修，研精《易》象。晚歲以理財進，雖能膴仕而失士譽。」

李心傳《丙子學易編》一卷

心傳，字微之，隆州人。舜臣子。初以薦徵爲史館校勘，紹定中特賜進士，累官權工部侍郎兼秘書監。事迹具《宋史·儒林傳》。

心傳《自序》略曰：「心傳讀《易》，首求諸王氏書，多所未喻；次考張子書，乃粗窮其梗概[一]；最後讀程子書，則昭然揭蒙矣。然其言猶若不專爲爻畫而出，於是以先君子本傳暨晦翁先生《本義》參焉，而後聖人畫卦命爻之情，無復餘藴矣。顧諸先生之言，尚有不能盡同者，因復頗爲參釋，間有鄙見可以推明諸先生之説者，亦附著之。」

納喇性德曰：「微之本父書，并采諸家而成。是編大抵以象占爲主，盡掃虚無穿鑿之謬，蓋有功於《易》道者，惜不得其全也。其書成於嘉定九年丙子，故曰《丙子學易編》。元俞琰石澗借全編於書肆，而録其可取者，今所存蓋節本也。」

趙以夫《易通》六卷

以夫，字用甫，號虚舟。宗室子。嘉定進士，歷官資政殿學士。

胡一桂曰：「其書大概論九六七八變與不變。或静吉動凶，則勿用；動吉静凶，則不處；動静皆吉，隨寓皆可；動静皆凶，無所逃於天地間，所以樂天知命不憂也。」

[一] 窮　文淵閣本作「窺」。

蔡淵《周易經傳訓解》二卷　《易象意言》一卷

淵，字伯静，號節齋，建陽人。元定長子。

臣等謹案：朱彝尊《經義考》蔡淵《周易經傳訓解》四卷注曰「存三卷」。此本惟存《上》《下經》二卷，題曰《周易卦爻經傳訓解》，與彝尊所記不符。據董真卿《周易會通》稱：「此書以《大象》置卦詞下，以《彖傳》置《大象》後，以《小象》置各爻詞後，皆低一字，以別卦爻。」與此本體例相合，知非贋託。蓋彝尊所見，已佚其一卷，此本又佚其一卷，傳寫者諱其殘缺，因於書名增入「卦爻」二字，作僞之技不足憑也。今仍以本名著録，存其真焉。又據真卿稱淵《周易經傳訓解》外，又有《卦爻辭指》論六十四卦大義，《易象意言》雜論卦爻、十翼，《象教餘論》雜論《易》大義，〔一〕並成於開禧乙丑。考諸書率已散佚，故朱彝尊《經義考》僅列其書名，而不能舉其卷數。惟《易象意言》載《永樂大典》中，尚首尾完具，猶當時秘府舊本。今並録入《四庫全書》。

〔一〕「辭指」至「大義」　此節文字底本、校本皆脱「辭指」至「卦爻」，「易大義」上衍「易象意言雜論卦爻十翼象數餘論雜論」，文義不通，據《周易啟蒙翼傳》、《總目》蔡書提要改。

魏了翁《周易要義》十卷

了翁，字華父，號鶴山，臨卭人。慶元進士，官至資政殿大學士，參知政事，簽書樞密院事。謚文靖，從祀孔子廟庭。

王禕《雜説》云：「孔穎達作《九經正義》，往往援引緯書之説，歐陽公常欲删而去之，其言不果行。迨鶴山魏氏作《要義》，始加黜削，而其言絶焉。」

朱鑑輯《文公易説》二十三卷

鑑，字子明。朱子嫡長孫。以蔭補迪功郎，官至湖廣總領。

納喇性德曰：「《文公易説》，公適孫子明守富川時所輯，淳祐中鋟板。蓋取門人記録問答之語，薈萃而成，多與《本義》《啓蒙》相發明，大有功於學者。嗣後董正叔、胡廷芳、董季真各有采輯，皆是書爲之權輿也。」

税與權《易學啓蒙小傳》一卷

與權，號巽甫，臨卭人。魏了翁門人。其書成於淳祐戊申，丹稜史子翬爲之跋。

與權《自序》曰：「伏羲先天理數之原，特於《易學啓蒙》而抉其秘，圖象咸本諸邵氏。間與袁機仲談後天《易》，則嘗以卦畫縱横，反覆求之，竟不得文王所以安排之意，是以畏懼，未敢妄爲之説。與權曩從先師鶴山魏文靖公講究邵氏諸書，乃于《觀物篇》得後天《易上下經序卦圖》，反覆觀之，皆成十有八卦。然後知《乾》《坤》《坎》《離》《頤》《中孚》《大過》《小過》不易之八卦，爲上下兩篇之幹，其互易之五十六卦，爲上下兩篇之用。漢揚子雲謂文王重《易》，六爻互用，兩卦十二爻；而唐孔穎達亦謂驗六十四卦，二二相偶，非覆則變。孔子序《上》《下經》名而序其相次之義〔一〕，非邵氏此圖，則後天之旨，千載不明矣。竊嘗因此圖而推之，《上》《下經》皆爲十八卦者，始終不出九數而已。九者，究也，萬物盈牣於天地間者，究之象也。是故《易》以十八變而起卦，元以十八策而生日，大抵《易》六十四卦，不越《乾》《坤》奇偶之畫，而《乾》《坤》奇偶之畫，又重爲二九而窮，窮則變，故《革》在先天當十八二九之究也，在後天當四十九蓍數之極也。四十九而《革》去故，五十而《鼎》取新，開物于寅，帝出乎《震》，而循環無窮矣。蓋天地五十有五之數，河圖、洛書實互用之，先天則河圖之九而分左右，皆疊二九而周乎六十四；後天衍洛書之九而分上下，亦合二九而總乎三十六。邵氏此圖，豈非明羲、文之《易》同中異、異中同也歟？孔子《雜卦》一傳，專以反對而發後天《易》互用兩卦十二爻之深旨也，學者參之。」

〔一〕序　原書序作「就」。

史子翬跋曰：「巽甫謂先天圖皆兩卦相對，合爲二九之數，而後天《上》《下經》皆爲十八卦者，始終不出九數而已。予因悟《乾》《坤》納甲之義，《乾》自甲而壬，《坤》自乙而癸，其數皆九也。巽甫謂後天以《震》《兑》爲用，故孔子謂《歸妹》天地之大義，予因悟《艮》《巽》者，《震》《兑》之反也。《震》東《兑》西，乃天地生成之方，日月出没之位，實備《乾》《坤》《坎》《離》而爲《下經》之用也。故《泰》之六五，亦曰『帝乙歸妹』，亦以互體有《震》《兑》焉爾。然則巽甫有得于邵子者固深，予因巽甫之書而有發焉。雖然，巽甫謂《乾》九能兼《坤》六，《坤》陰不能包《乾》陽，予謂六之中有一三五焉，則九數固藏於六也。《乾》《坤》二卦，陰中包陽，陽中包陰，巽甫以爲何如？」

李杞《用易詳解》十六卷

杞，字子才，號謙齋，眉山人。仕履無考。

杞《自序》曰：「經必以史證，後世岐而爲二，尊經太過，反入於虚無之域，無以見經爲萬世有用之學。故取《文中子》之言，以『用易』名篇。」

臣等謹案：宋有三李杞：其一爲北宋人，官大理寺丞，與蘇軾相倡和，見《烏臺詩案》。一爲朱子門人，字良仲，平江人，即嘗録《甲寅問答》者。與作此書之李杞均非一人，或混而同之者，誤也。

方實孫《淙山讀周易記》二十一卷

實孫,爵里無考。此書《自序》題寶祐戊午,則理宗時人也。

曹溶曰:「實孫書《宋志》八卷,《澹生堂目》作十卷,《聚樂堂目》作十六卷。」

董楷《周易傳義附録》王圻《續通考》作《周易程朱易解》**十四卷**

楷,字正叔,臨海人。寶祐進士,知惠州,有惠政,累官吏部郎中。其學出於陳器之,器之出於朱子。

納喇性德曰:「正叔從潛室陳器之游,得朱子再傳之學者也。依程朱之文而録《本義》於後,凡程之《遺書》,朱之《文集》《語類》有裨於傳義者,咸取而附之。《繫辭》以後,程子無傳,則取程子平日論説補之,而附録如《上》《下經》之例。其後董真卿之《輯録纂注》,與明永樂之《大全》,實權輿於此。」

林光世《水村易鏡》一卷

光世,字逢聖,莆田人。景定進士,累官司農少卿。

光世《自序》略曰:「孔聖作《大象》《小象》,又作《繫辭》,立十二象,令天下後世皆知此象,自仰觀俯察而得也。《大象》《小象》者,釋《易》也。《繫辭》者,又釋《大象》《小象》也。十二象者,又釋《繫辭》也。後世諸儒釋《易》詳矣,獨仰觀俯察之學,則置而不言。臣讀《靈憲圖》，雖知天，未知星與《易》合。歲在丙午，居海上觀星讀《易》，從事心目，不顧寒暑。忽一夕縱觀天、地、山、澤、火、雷、風、水八宫之星，皆自然六十四卦也。遂頓悟聖人畫卦初意，敢先以《繫辭》自《離》至《夬》十三卦，凡十二象，筆之於書，願與通天地人之君子演而申之，亦以補諸儒之所未言焉。」

納喇性德曰：「林氏世多忠節，光世曾祖霆博學深象數，與鄭樵爲金石交。光世淵源家學，偏覽藏書，因《易》十三卦取法《乾》象者，著爲《圖説》，以明聖人仰觀之義，名曰《易鏡》。理宗覽而驚異，以爲先儒所未發，手書『水村』二字賜之，因作亭以彰其寵。」

朱元昇《三易備遺》十卷

元昇，字日華，温州平陽人。官承節郎，差處州、龍泉、遂昌、慶元及建寧、松溪、政和巡檢。其書成於咸淳庚午。家鉉翁提刑兩浙，上之。

納喇性德曰：「《周禮》太卜掌三《易》之法，但有端龜命著吉凶悔吝之兆，原無彖繇所繫之辭。宋東嘉朱日華氏精心象數之學，以爲天下有亡書無亡言，因夏時《坤》《乾》之言，即河洛先後天之圖，推五行生成，以明五十五圖之爲洛書，述《連山》象數圖以備夏《易》之遺；推五行納音，以明四十五數之爲河圖，述《歸藏》象數圖以備商

《易》之遺。因先天、後天之體用，即象數之合，以證羲、文之合，以卦爻《彖》《象》之辭證互體，演反對互體圖例，以備周《易》之遺，而首之以河圖洛書之辨。」

李石《方舟易學》二卷

石，字知幾，資陽人。舉進士，仕至成都轉運判官。陸游《老學庵筆記》載其本名知幾，後感夢兆改名〔二〕，而以知幾爲字。

胡方平《易學啓蒙通釋》二卷

方平，字師魯，號玉齋，婺源人。其學出于董夢程，夢程受朱子之《易》于黄榦，故方平及其子一桂皆篤守朱子之説。

錢曾曰：「《易》有象數，明于象數，而後《易》可讀。《啓蒙》專明象數，蓋爲讀《本義》者作耳。胡方平《通釋》之象本圖書而形于卦畫，數衍蓍策而達於變占，《易》之體用全矣。」

俞琰《周易集説》四十卷　《讀易舉要》四卷

琰，字玉吾，號石澗，又號林屋山人，吴縣人。生宋寶祐初，入元隱居著書，徵授温州

〔二〕「名」下　文淵閣本有「石」。

學録，不赴。至延祐初年卒〔一〕。

琰《周易集説·自序》曰：「夫《易》始作於伏羲，僅有六十四卦之畫，而未有辭。文王作《上》《下經》，乃始有辭。孔子作十翼，其辭乃備。當知辭本於象，象本於畫，有畫斯有象，有象斯有辭。《易》之理盡在於畫，詎可舍象而專論理哉？舍畫而玩辭，舍象而窮理，辭雖明，理雖通，非《易》也。漢去古未遠，諸儒訓解多論象數，蓋亦有所本。至魏王弼以老莊之虛無倡於前，晉韓康伯又和于後，聖人之本旨遂晦。沿至于唐，諸儒皆宗之。太宗詔名儒定《九經正義》，于《易》則取王、韓，而孔穎達輩以當時所尚，雖其説未善，亦必爲之回護。由是二三百年間，皆以虛無爲高。至宋濂洛諸儒一掃虛無之弊，聖人之本旨始明。奈何世之尚占，而宗邵康節者，則以義理爲虛文〔二〕，尚辭而宗程伊川者，則以象數爲末技，而邵、程之學分爲兩家，羲畫周經亦爲兩途，遂使學者莫知適從。逮夫紫陽朱子《本義》之作，發邵、程之未發，辭必本于畫理，不外于象，聖人之本旨於是乎大明焉。琰初承父師面命〔三〕，首讀朱子《本義》，次讀程

〔一〕年　文淵閣本作「始」。
〔二〕文　文淵閣本作「無」。
〔三〕初　文淵閣本作「幼」。

《傳》，長與朋友講明，則又有程、朱二公所未言者，于心蓋不能無疑。乃歷考諸家《易》説，摭其英華，萃爲一書，名曰《大易會要》，凡一百三十卷。不揣固陋，復自至元甲申，集諸説之善而爲之説，凡四十卷，因名之曰《周易集説》云。」

納喇性德曰：「世之言圖書者，類以馬毛之旋、龜文之坼，獨琰之持論，謂《顧命》河圖與天球並列，則河圖亦玉也，玉之有文者耳。崑崙産玉，河源出崑崙，故河亦有玉。洛水至今有白石，洛書蓋白石而有文者，其立説頗異。」

錢曾曰：「俞玉吾讀《易》三十餘年，覃精研思，以致力于此，然後命筆成書，稿凡四更，并取《繫辭傳》《説卦》《序卦》《雜卦》等篇，改竄皆畢，名曰《周易集説》。從來讀《易》之士，無有終身以之若是者也。或疑《上經》卦三十，《下經》卦三十四，多寡不均，玉吾謂卦有對體，有覆體，上下皆約爲十八，無有不均，條析精確，而上下之篇定。又謂文王之辭謂之經，孔子之辭謂之傳，傳辭所以釋經也。經有彖辭，即文王所繫于卦下之辭，孔子釋文王卦下之辭，而傳述其意，故謂之《彖傳》。古者經與傳各爲一書，自費直以傳解經，其後鄭玄以《彖傳》連經文，然猶若今之《乾卦》次序。至王弼乃自《坤卦》始每卦以《彖傳》連綴于彖辭之後，又加以『彖曰』二字，後人遂不謂之《彖傳》，而直謂之《彖》，則文王之彖辭謂之何哉？又按陸德明之《釋文》，梁武帝言《文言》文王所制，玉吾謂梁武之說，必有所據，則彖辭、爻辭皆文王之言，而孔子傳述之，古《易》題曰『文言傳』，良是矣。又云爻傳者，孔子釋文王之爻辭而傳述其意，王弼分附于諸爻之下，更以象辭置爻辭之前，又於象辭并爻辭之首，皆冠以『象曰』二字，於是後人以象辭爲《大象》，爻辭爲《小象》，而爻象則謂之《象傳》，其謬甚矣。世無有一人正之者，何耶？今用古《易》爻象例，不以附經，而自爲一篇，庶幾六爻連屬，而文義不間斷云。談《易》者紛如，玉吾獨能發千古未發之秘決，千古未決之疑。予故服膺其書，而于諸家之《易》說備之，以俟參考焉。」

丁易東《周易象義》十六卷

易東，字漢臣，號石潭，武陵人。仕至朝奉大夫、太府寺簿兼樞密院編修官。入元不仕，教授鄉里以終。

臣等謹案：易東以爲伏羲八卦重爲六十四卦，是八各生八，文王六十四卦是取陰陽老少，而一卦又可變六十三，併其不變之一，而爲六十四。即焦氏所謂四千九十六卦，亦於此而具。《啓蒙》所謂累至二十四畫，成千六百七十七萬七千二百十六變者，亦可推也，于以見《易》道之無窮矣。其《後序》一篇，以爲《易》變易也，六十四卦一乾之變，三百八十四爻一初九之變也，反覆推明此義云。

雷思齊《易圖通變》五卷《易筮通變》三卷

思齊,字齊賢,號空山,臨川人。宋亡之後,棄儒服爲道士,居烏石觀,後終於廣信。事迹具袁桷所撰《墓誌銘》。

欽定續文獻通考·經籍考卷三

經 易

元

鄭滁孫《大易法象通贊》七卷

滁孫，字景歐。處州人。宋景定進士，官禮部郎。至元末[一]，以薦召授集賢直學士。事迹具《元史·儒學傳》。

許衡《讀易私言》一卷

衡，字平仲，號魯齋。河内人。至元中，累官集賢殿大學士兼國子監祭酒。追封魏國公，謚文正，從祀孔子廟庭。事迹具《元史》本傳。

本傳略曰：「衡避難徂徠山中，得王輔嗣説，夜思晝誦，身體而力踐之，言動必揆

[一] 至元末　文淵閣本作「入元」。按：據《元史》本傳，鄭滁孫被召授集賢直學士在元世祖至元三十年。

諸義而後發。後從姚樞學,凡經傳子史、禮樂名物、星律兵刑、食物水利之類,無所不講,慨然以道爲己任。」

胡一桂《周易本義附録纂疏》十五卷　《易啓蒙翼傳》四卷

一桂,字廷芳。方平子。方平嘗作《易學啓蒙通釋》,一桂更推闡而辨明之,故曰《翼傳》。宋景定間,年十八,領鄉薦試禮部,不第。退而講學,遠近師之,號雙湖先生。

臣等謹案:一桂《自序》及黄虞稷《藝文志》謂取《朱子文集》《語録》之及于《易》者,附《本義》之下,謂之「附録」;取諸儒《易》説之發明《本義》者纂之,謂之「纂疏」。其《翼傳》一書,則附録《纂疏》之後,重加增訂而成四篇,以翼《本義》者也。

吴澄《易纂言》十卷　《易纂言外翼》八卷

澄,字幼清,號草廬,崇仁人。至元中,程鉅夫請置澄所著書于國子監。後以董士選薦,累官翰林學士。學者稱草廬先生。追封臨川郡公,謚文正,從祀孔子廟庭。

臣等謹案:澄所著《易纂言》,義例散見各卦中,不相統貫。卷首所陳卦畫,亦粗具梗概,未及詳言。因復作《纂言外翼》,以詳明之。《纂言》有通志堂刻本,久行于世。《外翼》則傳本漸罕,近已散佚無存。朱彝尊《經義考》云見崑山葉氏書目載有四册,而亦未睹其書。今惟《永樂大典》尚分載各韻之下。考澄所作《小序》,原書蓋共十二篇，一曰《卦統》，二曰《卦對》，三曰《卦變》，四曰《卦主》，五曰《變卦》，六曰《互卦》，七曰《象例》，八曰《占例》，九曰《辭例》，十曰《變例》，十一曰《易原》，十二曰《易流》。今缺《卦變》《變卦》《互卦》三篇，《易流》缺半篇，《易原》疑亦不完，餘尚首尾整齊，無所遺失焉。

保巴《易源奥義》一卷　《周易原旨》六卷

保巴，字公孟，號普庵，色目人。居洛陽，官黄州路總管兼管内勸農事。

王申子《大易輯説》十卷

申子，字巽卿，號秋山，邛州人。

納喇性德曰："《輯説》大旨分緯、河圖，以溯伏羲畫卦之由；錯綜河洛，以定文王位卦之次。而義之最精者，則每卦必論成卦之主，以爲聖人觀象設卦，咸自《乾》《坤》而出，《乾》《坤》二體之變，即成卦之主。文王主之以成卦體，周公主之以取爻義，夫子主之以爲彖傳，故聖人所繫之辭，無不因六畫而來，則昔賢所謂假象以設辭者，非矣。吴草廬稱其書平正穩當，蓋謂是乎？"

趙采《周易程朱傳義折衷》三十三卷

采，字德亮，號隆齋，潼川人。

采《自序》略曰:「《易》該象數,未作之先,其體因象數而立;既作之後,其理因象數而顯。邵子無《易》解,其説僅見于《觀物内篇》,故愚是集以程、朱《傳》《義》爲主,而附以鄙見,間亦竊取先儒象數變互,以資發明。雖然,俗士口《易》,賢人體《易》,聖人忘《易》,孟子著書未嘗及《易》,邵子以爲《易》道存焉,且以爲善用《易》。人能用《易》,是爲知《易》。」

胡震《周易衍義》無卷數〔一〕

震自署曰「廬山深溪」,又題「將仕佐郎、南康路儒學致仕教授」。前有《自序》,又有其子光大識語。

震《自序》略曰:「《易》者,崇陽抑陰之書,尊《乾》而卑《坤》。三百八十四爻之義,無非所以存天理,正人心,扶綱常,而垂教于萬世也。」

黄澤《易學濫觴》一卷

澤,字楚望,資州人,家於九江。大德中,嘗爲景星書院山長,又爲東湖書院山長。年逾八十乃終,故趙汸生於元末,猶及師事之。

〔一〕無卷數　文淵閣本同,《總目》卷四作「十六卷」。

胡炳文《周易本義通釋》二卷

炳文，字仲虎，號雲峰，婺源人。嘗爲信州道一書院山長，再調蘭溪州學正，不赴。學者稱雲峰先生。《元史·儒學傳》附載其父一桂傳中。

熊良輔《周易本義集成》十二卷

良輔，字任重，南昌人。延祐中，領鄉薦。其仕履無考。

納喇性德曰：「良輔早師熊凱學《易》，復得《易傳》于龔煥，乃爲是書。所采摭自唐訖元，凡八十四家。」

張理《大易象數鉤深圖》三卷

理，字仲純，清江人。舉茂才異等，爲福建儒學提舉。

臣等謹案：理《自序》最重象數。又貢師泰《序》稱其於朱子九圖之外，推演一十二圖，甚爲精密。黄鎮成《序》亦以爲條理精密云。

李簡《學易記》九卷

簡，里貫無考。《自序》稱「己未歲，承乏倅泰安」，己未爲延祐六年，蓋仁宗時也。

簡《自序》略曰：「予自泰山之萊蕪，挈家遷東平，時張中庸、劉佚庵與王仲徽輩，方聚諸家《易》解節取之，寧失之多〔一〕，以俟後來觀者去取也。」

龍仁夫《周易集傳》八卷

仁夫，字觀復，廬陵人，《吉安府志》作永新人。官湖廣儒學提舉。學者稱麟洲先生。《元史·儒學傳》附載《劉詵傳》中。

臣等謹案：《江西志》稱仁夫立説主《本義》，每卦爻下，各分變象、辭占，謂《雜卦》爲古筮書，《春秋傳》所引「《屯》固《比》入」「《坤》安《震》殺」，皆以一字斷義，此類是也。孔子存之，以爲經羽翼，初非創作。

蕭漢中《讀易考原》一卷

漢中，字景元，泰和人。其書成于泰定間。

朱升《序》略曰：「《周易》卦序之義，自韓康伯、孔穎達以來，往往欲求之孔聖《序卦傳》之外，程、朱諸儒用意尤篤。至於臨川吴先生《卦統》之序述，亦可謂求之至矣。而其中間精密比次之故，則猶有未當于人心者。愚求之半生，晚乃得豫章蕭氏《讀易考原》之書，以爲二篇之卦必先分而後序，閎奥精粹，貫通神聖，誠古今之絶學也。謹

〔一〕「寧」上，文淵閣本有「張、王意在省文，劉務歸一説。僕之所取」。

節縮爲《上》《下經》二圖于右，而録其全文于下，以廣其傳于不朽云。」

解蒙《易精藴大義》十二卷

蒙，字求我，吉水人。《江西通志》作「字來我」，蓋字形相近而誤也。中天曆乙巳江西鄉試，與兄子尚字觀我者，並以善《易》名于時。

曾貫《易學變通》六卷

貫，字傳道，泰和人。天曆辛巳，舉於鄉，官紹興府照磨。元季兵亂，棄官家居，鄉人推率義軍。後禦龍泉寇，戰敗，抗節死。事迹見《江西通志》。

董真卿《周易會通》十四卷　《易傳因革》一卷

真卿，字季真，鄱陽人。嘗受學于胡一桂。

納喇性德曰：「真卿學于雙湖胡一桂，深有淵源。著《會通》一書，題曰《經傳集程朱解附録纂注》，冠以《凡例》十條，《經傳歷代因革》一卷，而以《啓蒙五贊筮儀附録纂注》終焉。金華吴正傳駁之，謂朱子之義，自與程《傳》不同，不當强求其通。而真卿則曰：『程子主義理，朱子主象占，求朱子象占之《易》得其旨，因朱子以求程子義理之《易》，又于諸家之《易》理之所聚，而不可遺理之所行而無所礙者，相與發明之。』其亦善于言《易》者矣。」

錢義方《周易圖説》二卷

義方，字子宜，湖州人。嘗舉進士，仕履無考。

臣等謹案：葉盛《菉竹堂書目》有箬溪錢氏《圖説》，當即是書。

陳應潤《周易爻變易藴》四卷

應潤，字澤雲，天台人。由諸生爲郡曹掾。其書成于至正丙戌。

應潤《自序》略曰：「大傳曰：『《乾》《坤》其《易》之藴耶？』夫《易》之藴，散在諸卦，豈獨《乾》《坤》二卦而已哉？上古羲皇仰觀俯察，首得《乾》《坤》之象，而生六子。苟不以爻變之法，通《乾》《坤》之藴，則《乾》自《乾》，《坤》自《坤》，何以神變化之妙？故《易》之諸爻，皆以變動取義，《乾》之用九，《坤》之用六，爻變之藴也。漢魏以來，諸儒注釋往往皆于本卦取義，而用九、用六之説不明。當時聖人援事比象，發揮爻變之藴，故逐爻觀變，用事比證，庶幾爻變之藴得以發揮。」

梁寅《周易參義》十二卷

寅，字孟敬，新喻人。元末，辟集慶路儒學訓導，以親老辭。明年，兵起，遂隱居教授。洪武初，徵修《禮樂書》，將授以官，復以病辭歸，結廬石門山。學者稱曰梁五經，又稱石門先生。

寅《自序》略曰：「程子論天人以明《易》之理，朱子推象占以究《易》之用，寅參酌二家，采諸説，附己意。」

趙汸《周易文詮》四卷

汸，字子常，休寧人。師事黄澤，受《易》象、《春秋》之學。隱居著述，作東山精舍，以奉母。洪武二年，召修《元史》。不願仕，乞還，未幾卒。學者稱東山先生。事迹具《明史·儒林傳》。

鮑恂《學易舉隅》三卷

恂，字仲季，崇德人。嘗受《易》于吴澄。至元進士，至正中薦授温州路學正。尋召入翰林，不就。明初，以五經召至京師，授文華殿大學士，固辭歸。學者稱西溪先生。

寧王權《序》略曰：「《乾鑿度》云：『垂皇策者，用在六爻之後。』是羲皇已重卦矣。『書契取諸《夬》』，是羲皇之時，已有《夬》卦，其重明矣。羲皇《乾》上《坤》下，立天地之位也。《歸藏》先《坤》後《乾》，尊萬物之母也。《連山》《乾》始于子，《坤》始于午，以明先天之道。《周易》尊《乾》卑《坤》，其體乃定，讀《易》者可得而明矣。然《易》之精者，獨鮑氏得其所傳之妙，黄州程蕃重加訂正，予乃命壽諸梓，以示後學，更其名曰《大易鉤玄》。」

《周易訂疑》十五卷　《序例》一卷　《易學啓蒙訂疑》四卷　《周易本義原本》十二卷

臣等謹案：此三書舊題董養性撰，不著時代。考元末有董養性，字邁公，樂陵人。至正中，嘗官昭化令，攝劍州事。入明不仕，終于家。所著有《高間雲集》。或即其人。

明

《周易大全》二十四卷

胡廣等奉敕撰。考《明成祖實録》，永樂十二年十一月甲寅，命行在翰林院胡廣、侍講楊榮、金幼孜修《五經四書大全》，十三年九月告成。成祖親製序，弁之卷首，而命禮部刊賜天下。同時預纂修者，尚有翰林編修葉時中等三十九人。

朱彝尊曰：「廣等就前儒成編，雜爲抄録，而去其姓名。《易》則取諸天台、鄱陽二董氏，雙湖、雲峰二胡氏，于諸書外，未寓目者至多。」

臣等謹案：彝尊所稱天台董氏者，董楷之《周易傳義附録》；鄱陽董氏者，董真卿之《周易會通》；雙湖胡氏者，胡一桂之《周易本義附録纂疏》；雲峰胡氏者，胡炳文之《周易本義通釋》也。董楷、胡一桂、胡炳文篤守朱子，其説頗謹嚴；董真卿則以程朱爲主，而博采諸家以翼之，其説頗爲賅備。取材于四家之書，而刊除重複，勒爲一編。雖不免守匱抱殘，要其宗旨，則尚可謂不失其正者也。

朱升《周易旁注圖説》二卷

升，字允升，休寧人。元至正乙酉，舉于鄉，除池州學正，秩滿歸里。丁酉，明太祖兵至徽州，以升從軍。洪武中，官至翰林學士。

張雲章曰：「升從陳櫟、黃澤游，學成，江南北多從之問業，號楓林先生。所居梅花初月樓，太祖以御書賜之。諸經皆有旁注，而《易》有前圖。升嘗曰：『旁注之作，知其麤者，以爲小學訓詁之入門；悟其妙者，知爲研精造道之要法。』至萬曆中，錢塘姚文蔚以其書易古文爲今文，易旁行爲直下，目之曰《會通》。」

鄧夢文《八卦餘生》十八卷

夢文，字志文，安成人。

夢文《自序》曰：「著是書時，夢神授以《八卦餘生》之名，覺而不識其所謂，但既有所受之，則不敢不以是名之。」

劉髦《石潭易傳撮要》一卷

髦，字孟恂，永新人。永樂舉人。

劉定之《周易圖釋》十二卷

定之,字主敬,永新人。正統丙辰進士第三,累官禮部侍郎兼翰林院學士,謚文安。

王恕《玩易意見》二卷

恕,字宗貫,三原人。正統進士,累官吏部尚書,謚端毅。

黄宗羲曰:「恕家居,取經書傳注有所疑滯,再三體認,行不去者,以意推之,名曰《石渠意見》,乃意度之見耳。蓋年八十四而著《意見》,八十六爲《拾遺》,八十八爲《補闕》,其耄而好學如此。」

張雲章曰:「恕書意在匡弼程朱,而不免師心立説,讀者詳擇焉可也。」

汪敬《學易象數舉隅》二卷

敬,字思敬,一字益謙,婺源人。宣德進士,官户部主事。所著有《周易傳通釋》及此書。

臣等謹案:是書《明史·藝文志》不著録,朱彝尊《經義考》載此書四卷,《江南通志》所載則無卷數。此本二卷,似尚非完書也。

蔡清《周易蒙引》十二卷

清,字介夫,號虚齋,晉江人。成化甲辰進士,累官南京國子監祭酒。神宗朝,贈禮部侍郎，謚文莊，從祀孔子廟庭。

清子存遠《進周易蒙引疏》略曰：「臣父清，少習《易經》，仕宦所至，專意講解，門徒相授，無慮千數，舉世稱專門也。蓋悼世俗之見，執泥象辭，而支離於形下，因宗程朱之言，究陰陽而得主，觀先天、後天而有悟，洞太極、無極以研幾，積有成編，厥名《蒙引》。向惟藏之篋笥，若有待於明時云。」書進，命發刊學宫。

黄宗羲曰：「清一生之力，盡用之《易》《四書蒙引》，繭絲、牛毛不足喻其細也。蓋從訓詁而窺見大體，其言曰反覆體驗，止是虚而已。《易》説不與《本義》同者，如卜筮不專在龜蓍，取卜象筮占決疑爲徵，又辨七占古法，皆佳論也。」

崔銑《讀易餘言》五卷

銑，字子鍾，安陽人。弘治進士，累官南京禮部侍郎，謚文敏。事迹具《明史·儒林傳》。

銑自述曰：「問：『性即理乎？』曰：『然。』問：『氣即理乎？』曰：『然。愛親敬長發于外，即其具于中者也』。問：『氣有原乎？』曰：『有之。《易》曰「《易》有太極」，《詩》曰「有物有則」，夫極者《易》之翕，則者物之理，故曰純粹精也。舍是而談理氣，支矣。』又曰：『陽有知而陰無知，是故質受神以爲運，魄資魂以爲識，陽有去而陰常居。是故炎火熄而灰存，花色落而朽貯。人生爲陽，志則宰而氣則從，氣爲陽中之陰；人死爲陰，氣則升而魄則止，氣爲陰中之陽。』」

楊時喬曰：「銑恬退力行，方時學興，獨首明程朱。又謂時學假言知，以掩其知之不真，行之不力。著《洹詞》數卷，有功于道。晚著《易》，多精微之旨。」

方獻夫《周易傳義約説》十二卷

獻夫，字叔賢，南海人。弘治進士，官至武英殿大學士，謚文襄。

阮琳《圖書記愚》一卷

琳，字廷佩，號晶山，莆田人。嘗官教諭。

欽定續文獻通考・經籍考卷四

經 易

明

黄芹《易圖識編》無卷數

芹，字德馨，號畏菴，龍巖人。蔡清之弟子也。正德九年，以歲貢生官海陽縣訓導。

吕柟《周易説翼》三卷

柟，字仲木，號涇野，高陵人。正德進士第一，[一]累官南京禮部右侍郎。學者稱涇野先生。事迹具《明史・儒林傳》。

楊時喬曰：「柟宗程朱，當心學盛行，辨之不能勝，乃一著諸經。其於《易》理與象數兼收，乃其辭則於象理、時事相合者論注之，此即《文言》之類，謂爲君子《易》

[一]「進」上　文淵閣本有「戊辰」。

可也[一]。」

黄宗羲曰:「柟之學以格物爲窮理,先知而後行。所謂窮理,只在語默作止處驗之;所謂知者,即從聞見之知,以通德性之知,但事事不放過耳。」

唐龍《易經大旨》四卷

龍,字虞佐,蘭溪人。正德進士,官至吏部尚書,謚文襄。

王崇慶《周易議卦》一卷

崇慶,字德徵,開州人。正德進士,官至南京吏、禮二部尚書。

韓邦奇《易學啓蒙意見》五卷

邦奇,字汝節。朝邑人。正德進士,累官南京兵部尚書,謚恭簡。

黄宗羲曰:「邦奇天禀高明,學問精到,明於數學,胸次灑落,大類堯夫,而論道體乃獨取横渠。少負氣節,既乃不欲爲奇,一味涵養淵深,持守堅定,則又一薛敬軒也。」

洪鼐《讀易索隱》六卷

鼐,字廷器,壽昌人。正德時舉人,官國子監助教。

[一] 君 文淵閣本作「吕」。

臣等謹案：朱彝尊《經義考》載是書之名，注云「未見」。今本紙墨尚新，蓋刻于彝尊後也。其説大抵主良知之學。

馬理《周易贊義》七卷

理，字伯循，三原人。正德進士，累官南京光禄寺卿。事迹具《明史·儒林傳》。

理《自序》略曰：「《易》之爲書，有轉禍爲福之理，有以人勝天之道，非龜卜之書所可班也，故孔子贊之而龜卜書廢，蓋卜之吉凶定於天，而《易》之吉凶係乎人。『天作孽，猶可違。自作孽，不可活。』其理固有在也[一]。」

舒芬《易問箋》一卷

芬，字國裳，進賢人。正德丁丑進士第一，授修撰。以諫謫福建鹽課司副提舉。嘉靖初復職，又以争大禮廷杖。尋遭母憂，卒。萬曆間，追謚文節。

梅鷟曰：「芬博極群書，尤專於《易》，祖程宗朱，有《問箋》之作。」

崔桐曰：「舒子八圖，有與朱子異者。朱子云：『虚五與十者，太極也。奇數二十，偶數二十者，兩儀也。以一二三四爲五六七八者，四象也。析四方之合，以爲

[一] 其理固有在也　文淵閣本作「吉凶消長之理在此而不在彼也」。

《乾》《坤》《離》《坎》，補四隅之空，以爲《兑》《震》《巽》《艮》者，八卦也。』舒子曰：『中五者，太極也。次十者，分兩儀也。次一二三四者，生數分四象也。次六七八九者，成數分八卦也。九數三奇，老陽爲《乾》焉。六數三偶，老陰爲《坤》焉。七數一奇，兩偶少陽，爲《震》《坎》《艮》生焉。八數一偶，兩奇少陰，爲《巽》《離》《兑》生焉。參之生蓍，倚數揲蓍，求爻皆合。』」

季本《易學四同》八卷　《别録》四卷

本，字明德，山陰人。正德進士，官監察御史，以議禮外謫。學者稱明德先生。

臣等謹案：是書名《易學四同》，謂伏羲、文王、周公、孔子之心，無不同也，大旨主慈湖楊簡之説。

林希元《易經存疑》十二卷

希元，字茂貞，同安人。正德進士，官至廣東提學僉事。

洪朝選曰：「『存疑』云者，存諸子之疑，以羽翼程、朱之《傳》《義》也。」

薛侃《圖書質疑》無卷數

侃，字尚謙，號中離，揭陽人。正德進士，官至行人司司正。

臣等謹案：是書爲侃門人所記。前列卦位、河圖、太極、洛書等十三圖，圖各有說。後爲《圖書總解》及《與諸生答問》。

陳琛《易經淺説》八卷

琛，字思獻，晋江人。從蔡清游。正德進士，除吏部考功司主事，乞養歸。嘉靖中，以薦起提學江西僉事，不赴。

劉濂《易象解》四卷

濂，字濬伯，南宫人。正德進士，由杞縣知縣擢監察御史。

《補齋口授易説》無卷數

不著撰人名氏，題門人永豐周佐編次。

梅鷟《古易考原》三卷

鷟，旌德人。正德舉人，官南京國子監助教，終鹽課司提舉。

臣等謹案：是書謂伏羲之《易》已有文字，畫卦在前，河圖後出，伏羲但則之以揲蓍。大衍之數當爲九十有九，以五十爲體，以四十九爲用，無有中五乘十置一不用之理。其持論多創闢。

徐體乾《周易不我解》二卷

體乾，字行健，長淮衛人。嘉靖進士。

體乾《自序》略曰:「漢魏以來,以《易》名者數千百人,皆無當孔子之義。至京口,陳氏授以《青山易》半卷、《希夷易》一卷,攬其辭言,約而旨,深合《易》『天垂象,見吉凶』之義。輒爲書六卷,纖毫不敢以我與,故定斯名。」

黄百家曰:「行健《易》學,用天星配四時,具有神解。」

豐坊《古易世學》十五卷　《易辨》一卷

坊,字存禮,鄞人。嘉靖進士,官南京吏部主事,謫歸。晚歲更名道生。

葉良珮《周易義叢》十六卷

良珮,字敬之,台州太平人。嘉靖進士,官刑部郎中。

良珮《自序》略曰:「於百有餘家内,摘取精要,仍以《本義》冠之篇首。若程《傳》,則備書而不敢删節,釐爲十六卷。」

唐樞《易修墨守》一卷

樞,字惟鎮,歸安人。從湛若水游。嘉靖進士,官刑部主事,建言削籍。隆慶初復官,以年老致仕。

樞自述曰:「《易》不外乎象占,聖人因人事幾之動而象其理,象乃吾心之象,占是吾心之擬議,以成其變化。」

楊爵《周易辨録》四卷

爵，字伯修，富平人。嘉靖進士，官御史。直諫廷杖，先後繫獄七年，釋歸。追謚忠介。

爵自述略曰：「《易》謂險以説困，而不失其所亨，其惟君子乎？久處困難，以此自慰，或有所得，筆之以備遺忘。歲月已久，六十四卦之説略具矣，因名曰《周易辨録》。」

黄宗羲曰：「初，韓恭簡講學，爵乘軒往拜其門。恭簡異其氣岸，欲勿受，已叩其學，詫曰：『宿學老儒莫能及也，吾幾失人矣。』剛大之氣，百折不回，與椒山並稱，人謂『韓門二楊』。」

胡居仁《易象鈔》四卷

居仁，字叔心，號敬齋，餘干人。事迹具《明史·儒林傳》。

雷樂《周易古經》無卷數

樂，建安人。嘉靖間，由貢生官廣州訓導。

薛甲《易象大旨》八卷

甲，字應登，號畏齋，江陰人。嘉靖進士，官江西按察司副使。

熊過《周易象旨決録》七卷

過,字叔仁,號南沙,富順人。嘉靖進士,官禮部郎中。《明史·文苑傳》附載《陳束傳》中。

楊慎曰:「《象旨》一書,多以《易》數爲主,而引伸觸類,繼絶表微,條貫葉分,可謂擇之精而語之詳矣。」

胡經《易演》十八卷

經,字用甫,廬陵人。嘉靖進士,官翰林院侍講。

吕懷《周易卦變圖傳》二卷

懷,字汝愚,號中石,永豐人。嘉靖進士,官至南京太僕寺少卿。

盧翰《易經中説》四十四卷

翰,字子羽,潁川人。嘉靖舉人,官兗州推官。

陳士元《易象鉤解》四卷

士元,字心叔,號歸雲,應城人。嘉靖進士,官灤州知州。

士元《易象鉤解·自序》略曰:「孔子曰:作《易》者,其有憂患乎?觀《泰》《否》《剥》《復》《損》《益》《夬》《姤》之相次也,陰陽消長、治亂存亡之幾微矣。先儒傳注發明，象爻非不顯，而取象之由，則略而不論。夫觀象以闡吉凶，稽象以定趨避。朱晦菴、張南軒善談《易》者，皆以爲互體，五行納甲飛伏之數，俱不可廢。蓋文周彖爻，雖非後世緯數瑣碎，而道則無不冒焉。傳注者惟以虛無之旨，例之有遺論矣。往予爲《彙解》三卷，括其大凡，而舊所謬承，尚闕質問者，兹則述之簡編，題曰《鉤解》云。」

龍子昂《看易凡例圖說》一卷

子昂，泰和人。嘉靖時舉人，官知縣。

王樵《周易私録》無卷數

樵，字明逸，號方麓，金壇人。嘉靖進士，官至刑部侍郎，改南京都察院右都御史，謚恭簡。

李贄《九正易因》無卷數

贄，本名載，晉江人。嘉靖舉人，官至姚安府知府。坐妖言，逮問自殺。

徐師曾《今文周易演義》十二卷

師曾，字伯魯，吴江人。嘉靖進士，官至吏科給事中。

姜寶《周易傳義補疑》十二卷

寶，字廷善，號鳳阿，丹陽人。嘉靖進士，累官南京禮部尚書。

顧曾唯《易解》無卷數

曾唯,字一貫,號魯齋,吴州人。嘉靖進士。

臣等謹案:朱彝尊《經義考》載,顧曾唯《周易詳藴》十三卷,而無《易解》之目。此書解經多失支離[一],大抵出于依託,非彝尊著録之本也。

孫應鼇《淮海易談》四卷

應鼇,字山甫,如皋人。嘉靖進士,累官南京工部尚書,謚文恭。

歸有光《易經淵旨》一卷

有光,字熙甫。嘉靖進士,官至太僕寺丞。事迹具《明史·文苑傳》。

楊時喬《周易古今文全書》二十一卷

時喬,字宜遷,號止庵,上饒人。嘉靖進士,累官吏部侍郎,謚端潔。

張雲章曰:「此書分《論例》二卷,《古文》二卷,《今文》九卷,《易學啓蒙》五卷,《傳易考》二卷,《龜卜考》一卷,卷首各冠以《序文》及《論例》。蓋其學宗程、朱,深闢當時心學之傳,故作《傳易考》,分别宗傳、衍傳、正傳、附傳、異傳、别傳,而系以古今

[一] 失 文淵閣本無此字。

易家之書，具列其源流支派。學者潛玩於此，不惑於異説，則公之功也。」

來知德《周易集注》十六卷

知德，字矣鮮，梁山人。嘉靖舉人。萬曆中，以薦授翰林院待詔，知德以老病辭，詔以所授官致仕。事迹具《明史·儒林傳》。

知德《自序》略曰：「六十四卦，《乾》《坤》《坎》《離》《大過》《頤》《小過》《中孚》八卦相錯，其餘五十六卦皆相綜，而爲二十八卦，并相錯八卦，共三十六卦。如《屯》《蒙》之類，雖《屯》綜乎《離》，《蒙》綜乎《坎》，本是二卦，然一上一下，二陽四陰之卦，乃一卦也。故孔子《雜卦傳》曰：『《屯》見而不失其居，《蒙》雜而著。』是以《上經》止十八卦，《下經》止十八卦。周公立爻辭，雖曰兼三才而兩之故六，亦以陰陽之氣皆極于六，天地間窮上極下，循環無端者，不過此六而已，此立六爻之意也。後儒不知文王、周公立象，皆藏于《序卦》錯綜之中，止以《序卦》爲《上》《下經》之次序，乃將《説卦》執圖求迹。自王弼掃象而後注《易》，諸儒皆以象失其傳，不言象，止言理。《易經大全》雖會諸注成書，然不知象，不知文王《序卦》，不知孔子《雜卦》〔二〕，不知後儒卦變

〔二〕雜　文淵閣本作「序」。

之非。於此四者既不知,則《易》不得其門而入,其注疏之所言者,乃粗淺爾。夫象也者,像也,非真有實事實理也。若以事論,金豈可爲車?玉豈可爲鉉?若以理論,虎尾豈可履?左腹豈可入?《易》與諸經不同,無此事,無此理,惟有此象而已。故不知象,《易》不注可也。又如以某卦自某卦變者,此虞翻之説也,後儒從而信之。《訟卦》剛來得中,乃以爲自《遯卦》來,不知乃綜卦也;《需》《訟》相綜,乃《坎》之陽爻來於内而得中也。孔子贊其爲天下之至變,正在於此。蓋《乾》所屬綜乎《坤》,《坎》所屬綜乎《離》,《艮》所屬綜乎《巽》,《震》所屬綜乎《兑》,乃伏羲之八卦,一順一逆,自然之對待也,非文王之安排也。惟《需》《訟》相綜,故《雜卦》曰:『《需》不進也,《訟》不親也。』若《遯卦》則綜《大壯》,故《雜卦》曰:『《大壯》則止,《遯》則退也。』見孔子《雜卦傳》昭昭若此,而乃曰『《訟》自《遯》來』,失之千里矣。知德沈潛數年,悟伏羲、文王、周公之象,又數年而悟文王《序卦》、孔子《雜卦》,又數年而悟卦變之非,二十九年而始成書。注既成,乃於伏羲、文王圓圖之前,新畫一圖,以見聖人作《易》之原。又畫《八卦變六十四卦圖》,又畫《八卦所屬相錯圖》,又畫《八卦所屬自相綜文王序卦正綜圖》,又畫《八卦四正四隅相綜文王序卦雜卦圖》。又發明八卦方正及《上》《下經》篇義并各字義,又發明六十四卦啓蒙,又考《繫辭》上下傳,又補定《説卦》傳,以廣八卦之象，又改正《集注》分卷，又發明孔子《十翼》。其注先訓，釋象義、字義及錯綜義，後加一圈，方訓釋本卦、本爻正意，象數言於前，義理言於後。諸儒之言，理有不悖於經者，采而集之，名曰《周易集注》云。」

張雲章曰：「其説專取《繫辭》中錯綜，其數論《易》象，而以《雜卦》治之，如《乾》《坤》《坎》《離》《大過》《頤》《小過》《中孚》無反對之卦所謂錯也，餘五十二卦皆綜列圖及説於前[二]。《自序》以爲文王、周公立象，皆藏於《序卦》之錯綜中，不知文王《序卦》、孔子《雜卦》，則《易》不得其門而入。自孔子没，而四聖之《易》如長夜者二千餘年，何其信之過而蔑視諸先儒耶？《雜卦》反對《上》《下經》皆十八卦，先儒言之者多矣，《易》固聖人設卦、觀象之書，要之有理而後有象，謂《易》非有實事可也，謂非有實理可乎？且其説以卦變爲非以一分二，二分四，四分八，以至於六十四卦，爲十直死數，未免有意與先儒違異矣。」

金瑶《六爻原意》一卷

瑶，字德温，號栗齋，休寧人。嘉靖辛卯選貢生，授會稽縣丞，再補廬陵縣丞。遷林中

[二] 二　文淵閣本作「六」。

衛經歷，以母老不赴，教授鄉里。年九十七，乃卒。

陳言《易疑》三卷

言，字獻可，號東涯，海鹽人。嘉靖時舉人。

張獻翼《讀易紀聞》六卷

獻翼，字幼于，崑山人，後更名敉。太學生。《明史·文苑傳》附見《皇甫浮傳》末。

葉山《八白易傳》十六卷

山，號八白。嘉靖時人，里貫無考。

臣等謹案：是書第釋六十四卦爻詞，而於《彖》《象》《文言》十翼，皆不之及。大旨以楊萬里《易傳》爲主，援證史事，瀾翻不窮。蓋意在專論人事，所言亦往往可以昭法戒云。

沈一貫《易學》十二卷

一貫，字肩吾，號蛟門，鄞縣人。隆慶進士，官至中極殿大學士，謚文恭。

臣等謹案：一貫《易學》，皆其在經筵日進呈之講義，而歸田後重加編削者，大抵主理，而不及象占。

賀沚《圖卦億言》四卷

沚，字汝定，廬州人。隆慶舉人，官至蘇州府同知。

劉元卿《大象觀》二卷

元卿，字調父，安福人。隆慶舉人。〔二〕萬曆中，官至禮部主事。《明史·儒林傳》附見《鄧元錫》傳中。

唐鶴徵《周易象義》四卷

鶴徵，號凝菴，武進人。隆慶進士，累官太常寺少卿。

張雲章曰：「鶴徵，荆川子，能世其學。其自述曰：『《易》之爲書，以象證理之書也。必象理合，始有確據。自象與爻，各自爲訓，不惟爻象常相悖，而六爻之中，或本爻以爲君子，他爻目之爲小人，所以先儒謂六爻似累世仇殺，豈《易》義固然耶？鶴徵細求之，則孔子之《彖傳》備矣，正所以合象理彖爻而一之者也。』」

《易象會旨》一卷

舊題延伯生述，不著名氏。

〔二〕「舉」上　文淵閣本有「庚午」。

臣等謹案：是書前有萬曆己酉熊惟學序，稱爲同年臨川文喜吴君，不著其名。考惟學爲隆慶辛未進士，是年榜有臨川吴撝謙，或即其人。

黄正憲《易象管窺》十五卷

正憲，字懋容，秀水人。與其兄少詹事洪憲，皆喜談《易》。

郭子章《蠙衣生易解》十四卷

子章，字相奎，號青螺，又自號曰蠙衣生，泰和人。隆慶進士，官至兵部尚書。

戴廷槐《學易舉隅》六卷

廷槐，長泰人。隆慶中貢生。

姜震陽《易傳闡庸》一百卷

震陽，字復亨。自署東楚，蓋淮泗間人也。

臣等謹案：其書用朱子《本義》爲主，附綴諸説于其下，而經文次第，仍用王弼之本。蓋惟見坊刻《本義》，未見朱子原書也。

鄧伯羔《今易詮》二十四卷

伯羔，字孺孝。常州人。

臣等謹案：朱彝尊《經義考》載伯羔《古易詮》二十九卷、《今易詮》二十四卷，又載史孟麟《序》有「合爲一帙，命曰《易詮》」云云，則自是一書。此本但有《今易詮》，非完帙也。

傅文兆《羲經十一翼》二卷

文兆，金谿人。始末無考。

臣等謹案：是書凡分五篇，《上古易》第一，《觀象篇》第二，《玩辭篇》第三，《觀變篇》第四，《玩占篇》第五。以孔子傳《易》爲十翼，又自以翼孔子，爲十一翼，其名殊未免僭妄。《明史·藝文志》載此書五卷，《經籍考》亦注曰存。此本僅有《上古易》一卷，《觀象篇》一卷，其《玩辭》《觀變》《玩占》三卷並闕，殆近時始佚也。

欽定續文獻通考·經籍考卷五

經 易

明

章潢《周易象義》十卷

潢，字本清，南昌人。萬曆中，以薦授順天府訓導，時年已七十九，不能赴官。詔用陳獻章例，官給月米。後至八十二歲，終於家。《明史·儒林傳》附載《鄧元錫傳》末。

黄宗羲曰：「潢於廬陵會講時，有問學以何爲宗，曰：『學要明善誠身，衹與人爲善是已。』」

朱睦㮮《易學識遺》一卷

睦㮮，字灌甫，號西亭，周定王六世孫。萬曆時舉宗正，領宗學事。

姚舜牧《易經疑問》十二卷

舜牧，字虞佐，烏程人。萬曆舉人，歷知新興、廣昌二縣。

曾朝節《易測》十卷

朝節，號植齋，臨武人。萬曆進士，累官禮部尚書。

張雲章曰：「其爲學出入於薛、胡、陳、王之間，蓋主調停之説者，其治《易》亦然。」

蘇濬《周易冥冥篇》四卷　《易經兒説》四卷

濬，字君禹，晉江人。萬曆進士，官至廣東布政司參政。學者稱紫溪先生。

臣等謹案：濬《冥冥篇》大旨主虚無之説，一切歸諸心學，故以「冥冥」爲名。《兒説》則其爲子姪講授之書，專爲科舉之學而設，故墨守朱子《本義》，尺寸不踰。

涂宗濬《續韋齋易義虚裁》八卷

宗濬，字鏡原，南昌人。萬曆進士，官至兵部尚書，謚恭襄。

鄒德溥《易會》八卷

德溥，字汝光，安福人。萬曆進士，官太子洗馬。《明史·儒林傳》附見其祖《守益傳》末。

錢一本《像象管見》九卷　《象鈔》六卷　《四聖一心録》六卷

一本，字國瑞，武進人。萬曆進士，官御史，以建言罷歸。天啓初，追贈太僕寺卿。

張雲章曰：「一本以建言落職，歸而談道著書，與光禄顧端文分東林講席。初，辛廬陵，即潛心《易》學。積二十餘年，成《像象管見》一書，晚年復著《象鈔》，皆自爲序，鄒忠介元標亦序之。」

黄宗羲曰：「一本之學得之王塘南者居多，懲一時學者喜談本體，故以工夫爲主。人無有不才，才無有不善，但盡其才，始能見得本體，不可以石火電光，便作家當也，深中學者之病。」

潘士藻《洗心齋讀易述》十七卷

士藻，字去華，號雪松，婺源人。萬曆進士，官至尚寶司少卿。

焦竑曰：「諸家之説，大抵主理莫備於房審權，主象莫備於李鼎祚，士藻裒而擇之。」

焦竑《易筌》六卷　《附論》一卷

竑，字弱侯，山東日照人。萬曆己丑進士第一，授翰林院修撰。遷東宫講讀，官謫福寧州州同。學者稱澹園先生。事迹具《明史・文苑傳》。

竑《自序》略曰：「善乎李覯之言：『無思無爲之義晦而心法勝，積善積惡之誡泯而因果生。』是編出，學者知二氏所長，乃《易》之所有，而離類絶倫，不可爲家國者，則

《易》之所無也。」

逯中立《周易劄記》三卷

中立，字與權，號確齋，聊城人。萬曆進士，由行人擢給事中，以建言貶陝西按察司知事。

高攀龍《周易易簡說》三卷

攀龍，字存之，無錫人。萬曆進士，累官都御史。劾閹黨崔呈秀，爲所陷，削籍歸。後聞逮問，赴水死。贈太子少保、兵部尚書，謚忠憲。

攀龍論曰：「伊川說游魂爲變曰：『既是變，則存者亡，堅者腐，更無物也。』此殆不然，只得形質耳[一]，游魂如何滅得也？但其變化不可測識也。聖人即天地也，不可以存亡言，自古忠臣義士，何曾亡滅？避佛氏之說，而謂賢愚善惡同歸於盡，非所以教也。況幽明之事，昭昭於耳目者，終不可掩乎？張子曰：『大《易》不言有無，言有無，諸子之陋也。』」

郝敬《周易正解》二十卷　《易領》四卷

敬，字仲輿，京山人。萬曆進士，累官禮科户科給事中。謫宜興縣丞，終於江陰縣知

[一]「得」上　文淵閣本有「說」。

縣。《明史·文苑傳》附見《李維楨傳》末。

敬《易領·自序》略曰：「八卦以序相循環，君子所居而安者，《易》之序也。後儒疑《序卦傳》爲淺率，廢而不講，則《易》道凌亂，無復條理矣。予解《易》於彖爻前冠以《序卦傳》，略加敷衍，如著衣者挈其領，而前後襜如，命之曰《易領》。」

張納陛《易學飲河》八卷

納陛，字以登，宜興人。萬曆進士，官禮部主事，以建言謫判鄧州。

錢一本《序》曰：「昔有爲飲河之喻者，謂河無盡而飲之者其量有盡。《易》，河源也。予友張以登值並封議起，偕于、薛、顧、陳、賈諸公，抗疏回天，時號『六君子』，奚啻《泰》二用馮河之勇？一入錮籍，遂數十餘年，而心精無一，少滲其飲河所述，蓋用馮河之全力出之。」

姚文蔚《周易旁注會通》十四卷

文蔚，字養谷，錢塘人。萬曆進士，官至南京太僕寺少卿。

李本固《古易彙編》十七卷

本固，字惟寧，臨清人。萬曆進士，官至太僕寺少卿。

朱彝尊曰：「是集大綱有三，曰意辭，曰象數，曰變占。而意辭之目八，曰《古易》，曰《辭會》，曰《明意》，曰《釋名》，曰《詳易》，曰《玩辭》，曰《誤異》，曰《易派》。象數之目八，曰《圖書象》，曰《圖書數》，曰《總論》，曰《畫象》，曰《三易》，曰《廣象》，曰《觀象》，曰《衍數》。變占之目十，曰《蓍變》，曰《之變》，曰《反對》，曰《變例》，曰《小成》，曰《觀變》，曰《不卜》，曰《玩占》，曰《卜筮》，曰《斷法》。」

楊廷筠《玩易微言摘抄》六卷

廷筠，字仲堅，錢塘人。萬曆進士，官順天府丞。

方時化《易引》九卷　《周易頌》二卷　《學易述談》四卷　《易指要繹》三卷　《易疑》四卷　《易通》一卷

時化，字伯雨，歙縣人。萬曆舉人，官至敘州府同知。

耿橘《周易鐵笛子》一卷

橘，字庭懷，獻縣人。萬曆舉人，官至監察御史。

曹學佺《周易可說》七卷　《易經通論》十二卷

學佺，字能始，侯官人。萬曆進士，累官四川按察司〔一〕。後爲朱聿鍵禮部尚書，聿鍵

〔一〕司　文淵閣本作「使」。

敗，學佺自殺。事迹具《明史·文苑傳》。

張汝霖《易經澹窩因指》八卷

汝霖，字明若，山陰人。萬曆進士，官江西布政司參議。

劉宗周《周易古文鈔》二卷

宗周，字起東，號念臺，山陰人。萬曆進士，累官左都御史，南都破後，絶粒而死。

臣等謹案：宗周於乾隆四十年賜謚忠介。

程汝繼《周易宗義》十二卷

汝繼，字志初，婺源人。萬曆進士，官至袁州府知府。

魏濬《易義古象通》八卷

濬，字蒼水，松溪人。萬曆進士，累官右僉都御史、巡撫湖廣。

陸振奇《易芥》八卷

振奇，字庸成，仁和人。萬曆舉人。

楊瞿崍《易林疑説》無卷數

瞿崍，原名載蕚，字稚實，晉江人。萬曆進士，官至江西提學副使。

林欲楫《易經勺解》三卷

欲楫，字平菴，晉江人。萬曆進士，官至禮部尚書兼詹事府詹事。

賈必選《松蔭堂學易》六卷

必選，字直生，上元人。萬曆舉人，官户部主事。以辨倪嘉慶冤謫外〔一〕，旋陞南京工部郎中。

陸夢龍《易略》三卷

夢龍，字君啓，會稽人。萬曆進士，以右參政分守固原，死難，贈太僕寺卿。

錢士升《周易揆》十二卷

士升，字抑之，嘉善人。萬曆進士第一〔二〕，官至文淵閣大學士。

許譽卿曰：士升立朝當否泰之交，則爲包荒；出世丁興亡之會，則爲碩果。所著《易揆》，前設互卦，後設卦氣與理象，莫不兼融而並攝之。

鄭奎《易臆》三卷

奎，字孔肩，錢塘人。

〔一〕嘉　原作「佳」，據文淵閣本改。

〔二〕「進」上　文淵閣本有「丙辰」二字。

郭宗磐《重訂易學説海》八卷

宗磐,號鵬海,晉江人。

陸起龍《周易易簡編》無卷數

起龍,字雲從,上海人。萬曆舉人,官永寧縣知縣。

起龍《自序》略曰:「采漢、唐、宋以來注疏,暨家藏未刻本,多至充棟,筆之成帙。龍病其賾而雜,遂歸根易簡,融會精理,彙而成編。」

卓爾康《易學》十二卷

爾康,字去病,仁和人。萬曆舉人,官至工部屯田司郎中,謫常州府檢校。後終於兩淮運判。

臣等謹案:《明史·藝文志》載爾康《易學》五十卷,此本僅存《圖》一卷、《圖説》六卷及《説卦傳》二卷、《序卦傳》二卷、《雜卦傳》一卷。每卷但有「卷之」二字,而空其數,蓋刊刻未竟之本也。

程玉潤《易窺》無卷數

玉潤,字鉉吉,常熟人。萬曆進士,據《經義考》所引倪長玗語,知其嘗官部郎,始末無考。

臣等謹案：朱彝尊《經義考》但載程玉潤《周易演旨》六十五卷，而無《易窺》之名。又此書僅有十册，亦不分卷數，惟所解止《上》《下經》，與程子《易傳》同。或原名《易窺》，後改演旨。此猶其初稿，故尚未分卷也。

洪啓初《易學管見》無卷數

啓初，字爾還，南安人。萬曆進士，官兵部主事。

吴極《易學》五卷

極，字元無，漢陽人。萬曆進士，官知縣。

方孔炤《周易時論合編》二十二卷

孔炤，字潛夫，桐城人。學漸之孫，大鎮之子也。萬曆進士，官至右僉都御史。

徐世淳《易就》六卷

世淳，字中明，嘉興人。萬曆時舉人，官至隨州知州。張獻忠之亂，城破，巷戰死，贈太僕寺卿。事迹具《明史·忠義傳》。

陳第《伏羲圖贊》二卷

第，字季立，連江人。以諸生從軍，官至薊鎮游擊。

張雲章曰：「第著《圖贊答問》，焦竑見之，謂其反覆數千言，抉剔真詮，解剥衆說，大率規方以爲圓，融異而歸一，拂有以取無。竑嘆服之意，可謂至矣。然其學從禪門證入，率由心得，與諸家異。」

王邦柱、江柟同撰《易經會通》十二卷

邦柱，字砥之，萬曆時舉人。柟，字楚餘。皆休寧人。

朱謀𡊮《周易象通》八卷

謀𡊮，字鬱儀，寧獻王七世孫。萬曆中，以中尉攝石城王府事。

李維楨《序》略曰：「易者，象也。象也者，像也。由周迄漢，治《易》者率先明象。迨晉王弼尚名理，而宋邢恕輩因之，至欲棄卦畫不用。程氏《傳》專言理義，邵氏說盡主象數矣，然而識者多有遺議。李鼎祚謂鄭康成參天象，王輔嗣釋人事；馮當可謂王與人事疏，程與天道遠，天人寧可偏廢耶？陳瑩中舉邵說示劉器之，劉不其然。朱子亦以必見意象，方可說理，而與劉君房、滕珙言《本義》有模印之戒，其定論如此。友人朱鬱儀讀《易》而歎曰：『說《易》者莫如孔子。孔子曰：「八卦成列，象在其中，此象之始也。」書契興而結繩遠，後聖廣爲之象，以開物象有數，故曰：「極其數，遂定天下之象。」象有辭，故曰：「彖者，言乎其象，聖人設卦觀象繫辭焉，以明吉凶。吉凶者，失得之象也；悔吝者，憂虞之象也；變化者，進退之象也；剛柔者，晝夜之象也。

《易》之爲書，安往而非象？書不盡言，言不盡意，立象所以盡意，象之不明，意言何有？」乃爲《易象通》八卷，近取身，遠取物，揆人事以合天道，使讀者、占者，犂然各當於心。而始信夫聖人吉凶與民同患之理，彼訓詁支離與索之窈冥昏默者，皆非孔子指也。《易》無方而象有方，象有定體而無定用。陽一君而二民爲君子，陰二君而一民爲小人，三畫之象，八卦小成之體也，二與四、三與五同功而異位，重爻之象，六位之體也。因而重之，不可勝象矣。八卦之象，既已爲天、地、風、雷、水、火、山、澤矣，而《説卦》更廣之，見天下之賾，而擬諸形容，象其物宜，因而廣象，不可勝用矣。鬱儀之名象曰通，有以也。見乃謂之象，往來不窮，謂之通，化而裁之；存乎變，推而行之；存乎通，變則通，通則久。孔子之指不明，天下始遺象而言《易》；遺象而言《易》，則徇象而言《易》者，階之過也；有徇象而後有遺象，不遺象而後《象通》興焉。」

吴桂森《周易像象述》五卷

桂森，字仲美，無錫人。萬曆中，歲貢生。

嚴繩孫曰：「桂森從顧端文、高忠憲諸公講學，又學《易》於毘陵錢啓新先生，日夜探索，幾忘寢食。天啓中，逆璫毀東林書院。及璫敗，桂森亟謀興復，建麗澤堂，又構小齋曰來復，講《易》於其中。學者稱爲素衣先生。」

張次仲《周易玩辭》《困學記》無卷數

次仲，字元岵，海寧人。天啓舉人。

陳祖念《易用》五卷

祖念，字修甫，連江人。陳第子也。

祖念《自序》略曰：「義理無窮，非言之所能盡。故傳注於漢，疏義於唐，議論於宋，日起而日變。而《易》之用，則隨事隨時可以自察。是以君子居則觀象玩辭，動則觀變玩占。聖人所以言《易》者，如是而已。《傳》曰：『精義入神以致用也，利用安身以崇德也。』朱文公言：『人能取義，一卦若一爻，熟讀而深玩之，推於事而反於身，則吉凶消長之理，進退存亡之道，無所求而不得，亦無處而不當，此則致用、利用之義也。』」

黃道周《象正》十六卷〔一〕

道周，字幼平，漳浦人。天啓進士，累官少詹事。明亡後，爲唐王聿鍵禮部尚書，兵潰被執，不屈死。

〔一〕「象」上　文淵閣本有「易」。

臣等謹案：道周於乾隆四十年賜謚忠端。

黄宗羲曰：「漳浦之學如武庫，無所不備，而尤邃於《易》。歷三乘，《易》卦爲二十六萬二千百四十四，以授時配之，交會閏積贏縮，無不脗合。《詩》與《春秋》，遞爲爻象，《屯》《蒙》而下，《既濟》《未濟》而上，二千一百二十五年之治亂，燎若觀火。」

鄭開極曰：「道周出都門，以《易》傳授豫章楊儀部廷麟。廷麟以絶學當傳，大賢難遇，慨然欲挾册相隨，讀書鶴鳴山下，十年不出。事雖不行，爲士林所誦。其至臨安也，築大滌山房，俟《象正》告成，當簪筆披衣，呈章北斗。及之江楚，扁舟葦岸，昕夕研窮，覃精三十餘年而後成云。」

倪元璐《兒易内儀以》六卷　《兒易外儀》十五卷

元璐，字玉汝，上虞人。天啓進士，累官户部尚書兼翰林院學士。甲申殉節，世祖章皇帝賜謚文貞。

臣等謹案：《内儀以》專以《大象》釋經，每卦列卦爻辭，至《大象》而止，以六十四卦《大象》俱有「以」字，以之爲言用也，故以名書。《外儀》則有《原始》《正言》《能事》《盡利》《曲成》《申命》六目，而又别爲小目以紀之，皆取《繫辭》中字名，篇篇各有圖。

王宣《風姬易溯》五卷

宣,字紀卿,一字虚舟,金溪人。

華兆登《周易古本》一卷

兆登,無錫人。

張鏡心《易經增注》十卷

鏡心,字用晦,磁州人。天啓進士,官至兵部尚書。

陳仁錫《繫辭十篇書》十卷　《易經頌》十二卷

仁錫,字明卿,長洲人。天啓進士,官至南京國子監祭酒。事迹具《明史·文苑傳》。

劉日曦《易思圖解》無卷數

日曦,字仲升,彭澤人。天啓進士。

文安之《易傭》十四卷

安之,字汝止,夷陵人。天啓進士,官國子監祭酒。

張振淵《周易説統》十二卷

振淵,字彦陵,仁和人。

董守諭《卦變考略》一卷

守諭，字次公，鄞縣人。天啓舉人。

何楷《古周易訂詁》十六卷

楷，字元子，晉江人。天啓進士，官至吏科給事中。唐王聿鍵起兵于閩，以爲禮部尚書，尋卒。

楷《自序》略曰：「予別異經傳，以還田何之舊，仍取《彖》《象》二傳，附於經文之下，以爲之注。《易》以《彖傳》《象傳》等字，其《文言》專釋《乾》《坤》，及上下《繫》《說》《序》《雜》等傳，凡有關於彖象者，亦各隨卦附列，以祖費直之意。其中網羅舊聞，裁以管見，爰題爲《古周易訂詁》云。」

林允昌《易史象解》二卷

允昌，字爲盤，號素菴，晉江人。天啓進士，官至吏部郎中。

臣等謹案：朱彝尊《經義考》載允昌《周易耨義》六卷，稱莆田有《金石社允昌集》，弟子月三會，自庚辰四月至十一月，凡二十二會。門人張拱辰、何承都等輯而成編，因允昌以「請學爲圃」名齋，故曰耨義。此書書名、卷數皆不符，當各自一書，彝尊失載也。

朱之俊《周易纂》六卷

之俊，字滄起，汾陽人。天啓進士，官至翰林院侍講。

孫維明《易學統此集》二十卷

維明，字克晟，江寧人。前有天啓四年維明《自序》，此書乃其子越續成者也。

鄭友元《易經小傳》二十卷

友元《自序》自稱其號曰澹山，不著歲月。

臣等謹案：《湖廣通志》：「鄭友元，字元章，京山人。天啓進士[一]，官御史。」當即其人。

黎遂球《周易爻物當名》二卷

遂球，字美周，番禺人。天啓舉人。後守贛州，城破，巷戰死。

遂球《自序》略曰：「山居讀《易》，每以史繫之。至於爻物，必求其名之所當，因先定是編。」

沈瑞鍾《廣易筌》四卷

瑞鍾，字德培。平湖人。

[一]「進」上　文淵閣本有「乙丑」二字。

臣等謹案：瑞鍾《自序》言，先嘗爲《易意筌》，後復爲《廣易筌》，而書中又有稱家先生古筌者，則述其父之説。其間惟《乾卦》分節解之，自《坤》以下，每卦爲一説，《繫辭》以後，每章爲一説。凡《上》《下經》、《繫詞傳》上下，各爲一卷，而《説卦》《雜卦》附諸後。朱彝尊《經義考》作《易廣筌》二卷，與此不符，殆僅見《上》《下經》也。

洪化昭《周易獨坐談》五卷

化昭，自號日北居士，新都人。

李奇玉《雪園易義》四卷　《圖説》一卷

奇玉，字元美，嘉善人。崇禎進士，官汝寧府知府。

曾勛曰：「奇玉觀象玩辭，則一本于《説卦》；觀變玩占，則兼取乎中爻。至於陰陽倚伏，直欲以包荒小人爲量。蓋有慨於黨人之禍，肇自君子云。」

朱天麟《易鼎三然》無卷數

天麟，字震青，吴江人，寄籍崑山。崇禎進士，由兵部主事改授編修。

鄭敷教《周易廣義》四卷

敷教，字汝敬，吴縣人。崇禎舉人。

臣等謹案：朱彝尊《經義考》載《敷教易經圖考》十二卷，而不載是書，殆偶未之見也。

馬權奇《尺木堂學易誌》三卷

權奇,字巽倩,會稽人。崇禎進士,官兵部主事。

吳鍾巒《十願齋易説》一卷　《霞舟易箋》一卷

鍾巒,字巒稚,武進人。崇禎進士,官桂林府推官。魯王監國,以爲禮部尚書,後自焚死。

臣等謹案:鍾巒於乾隆四十年賜謚忠烈。

臣等謹案:朱彝尊《經義考》惟載鍾巒《周易卦説》,不著卷數,注曰未見,而無此書名。《江南通志·儒林傳》所載亦同。殆輾轉傳聞,相沿致誤也。

賀登進《易辰》九卷

登進,號澹餘,鄱陽人。崇禎進士,官御史。

陳際泰《易經説意》七卷　《周易翼簡捷解》十六卷附《群經輔易説》一卷

際泰,字大士,臨川人。崇禎進士,授行人,奉使道卒。《明史·文苑傳》附見《艾南英傳》中。

秦鏞《易序圖説》二卷

鏞,字大音,無錫人。崇禎進士,官清江縣知縣。

鏞《自序》略曰：「六十四卦惟文王能序之，惟孔子能雜之。後之學者，當以《雜卦》對待之義，求《序卦》流行之理，作《序卦圖説》。上篇凡五段，下篇凡四段，合上下凡九段，配《乾》之數。

黄端伯《易疏》五卷

端伯，字元公。新城人。崇禎進士，累官禮部郎中。南京破，死難。

臣等謹案：端伯於乾隆四十年賜謚忠節。

文德翼《序》曰：「《易》者，九流大共之書也。河洛之圖，傳者以爲搜自希夷，考《乾鑿度》太乙九宫四正四維之義，與康成所論大衍十日、十二辰、二十八宿合，則宋之先已有此圖書矣。吾師海岸先生窮四易、六龜、九筮之學，爰契京房，房晞卦氣，動有數世之徵，後人泥其挾刺蹈尾，上累贛傳，然綜其變端，實文王後天之學也。後天序對之圖，《上》《下經》各十八卦，《上經》不變者僅六，《下經》不變者僅二。《屯》《蒙》《咸》《恒》而下，《莊子》所謂相反而不可相無者也，文王固樂示人以變象乎？先生之言，曰八卦三變五變，有不變之世，爻則《易》之元命也。推而究之，卦卦然，一卦亦無不然，如《屯》歸《震》初，《蒙》主《坎》二，《咸》取下女之爻，《恒》用下男之畫。故曰一君二民，寓不變於衆變之中，隱衆變於不變之内，至矣乎。觀其苞絡，豈僅古司怪主卜而已乎?即《五行傳》《六甲書》,皆尋數之主,啓兆之質,古人譬銜燭龍入闇室,不可謂火爲目也。四易之變,不盡於六龜、九筮,而飛伏之化寓焉。先生夢叶靈龜、符文宣,學《易》之年,以此成書,合之諸家,俶詭靈元之策,無不匯爲一元。《易》雖大共之書,稱爲先生大則之書,無不可矣。」

周一敬《苑洛易學疏》四卷

一敬,衢州人。崇禎進士,官御史。

朱彝尊曰:「一敬《自序》云:『韓子以開明初學爲心,故疏從其詳。一敬以遡原明理,竊附前人,故多遺末而尋本。自萬曆甲寅迄崇禎壬午,先後二十九載,而始敢句釋節解焉。』」

臣等謹案:苑洛先生即韓邦奇也。邦奇有《易學啓蒙意見》等書,見前。

朱朝瑛《讀易略記》無卷數

朝瑛,字美之,號康流,海寧人。崇禎進士,官旌德縣知縣。

黄宗羲曰:「朝瑛《略記》不主邵子之説,别爲《先天後天八卦》等圖,以爲諸儒之言《易》者,詳於所變而不詳於所未變。變者,象也;未變者,太極也。時惟適變,道必會通。不察時變,則微彰剛柔拘于墟;不觀會通,則屈伸往來臨于岐。求諸物而格之，返諸身而體之，不越知幾、精義二者而已。」

錢棻《讀易緒言》二卷

棻，字仲芳，嘉善人。崇禎舉人，大學士士升之子。

錢澄之《序》曰：「《莊子》曰：『《易》以道陰陽。』陰陽二氣，迭爲消長。《夬》以五陽決一陰，其詞曰剛決柔也。《剥》以五陰剥一陽，其詞曰柔變剛也。夫決者孚號，變者默奪，雖勝敗各有天焉，要其工拙難易之數，未可同日語矣。以是三《易》聖人於十二辟卦，謂以十二卦爲君，見《京房傳》。陰陽之會，於陽多危辭焉，於陰多戒辭焉，而其意常主於庇陽，以是爲扶抑之義而已。著《周易緒言》，情見乎詞，猶之作《易》者之苦心也。」

舒宏諤《周易去疑》十一卷

宏諤，字士一，旌德人。

沈泓《易憲》四卷

泓，字臨秋，華亭人。崇禎進士，官刑部主事。

喬中和《説易》十二卷

中和，字還一，内丘人。崇禎中，由拔貢生官太原府通判。

臣等謹案：朱彝尊《經義考》載中和《易林補》四卷，又名《大易通變》。今此書名

《說易》，版心又標「躋新堂集」，疑即從文集中析出單行。又不止四卷，則《易林補》又當在此書之外也。

顧懋樊《桂林點易丹》十六卷

懋樊，字霖調，仁和人。崇禎中副榜貢生。

程觀生《四易通義》六卷

觀生，字仲孚，歙縣人，流寓嘉興。崇禎中，知天下將亂，棄去諸生，以相地之術自給。事迹見朱彝尊《静志居詩話》。

臣等謹案：朱彝尊《經義考》惟載其《易内三圖注》三卷，注曰已佚，而不及此編。蓋遺書散失，久乃復出，彝尊未之知也。

董說《易發》八卷

說，字雨若，烏程人。黃道周之弟子。

來集之《讀易隅通》二卷　《易圖親見》一卷　《卦義一得》無卷數

集之，字元成，蕭山人。崇禎進士，官安慶府推官。

章佐聖《周易時義注》無卷數

佐聖，字右臣。歙縣人。

臣等謹案：是書前有佐聖《自序》，謂以明經獲雋，而烽火交訌，行路艱阻，因坐臥小樓，自爲箋注，蓋有託而爲之者也。

錢彭曾《易參》五卷

彭曾，號覺龕，錢塘人。

蔣時雍《易旨一覽》四卷

時雍，字繩武，江都人。

喻國人《周易辨正》一卷　《河洛定議贊》一卷　《全易十有八變成卦定議》一卷　《周易對卦數變合參》一卷　《河洛真傳》一卷　《周易生生真傳》一卷

國人，字春山，郴州人。

李陳玉《三易大傳》七十二卷

陳玉，字籍未詳。

方芬《易經補義》四卷

芬，字舒林，歙縣人。

沈爾嘉《讀易鏡》六卷

爾嘉，字公亨，常熟人。

鄒元芝《易學古經正義》十二卷

元芝，字立人，竟陵人。

《射易淡詠》二卷

不著撰人名氏。

《大易衍説》無卷數

不著撰人名氏。

《原易》二卷

不著撰人名氏。

《易傳義》十二卷

不著編輯者名氏。

《易象與知編》一卷　《圖書合解》一卷

題天山道人撰，不著名氏。

欽定續文獻通考·經籍考卷六

經 書

《宋史·藝文志》書類六十部八百一卷。不著録者十三部一百四十四卷。

《遼》《金》《元》三史不立藝文志，散見各紀傳中。

《明史·藝文志》書類八十八部，四百九十七卷。

宋

鄭伯熊《書説》一卷

伯熊，字景望，永嘉人。紹興進士，累官宗正少卿，以直龍圖閣知寧國府。卒謚文肅。

陳亮《序》略曰：「《尚書》最難讀，難得胸臆如此之大。孔安國以下，隨文釋義，凡帝王之所以綱理世變者，未知也。」

毛晃《禹貢指南》四卷

晃，字明叔，江山人。世傳其《增注禮部韻略》於紹興三十二年表進，自署曰衢州免解進士，蓋高宗末年人也。

史浩《尚書講義》二十卷

浩，字直翁，鄞縣人。紹興進士，官至右丞相致仕。卒謚曰文惠。

朱子曰：「史丞相說《書》亦有好處，如『命公後』，衆説皆云命伯禽爲周公之後，史云『成王既歸，命周公在後，看公「定予往矣」一言，便見得是周公且在後之意。』」

夏僎《尚書詳解》二十六卷

僎，字元肅，號柯山。龍游人。

吕祖謙《書説》三十五卷

祖謙，見易類。

臣等謹案：馬《考》稱祖謙《書説》十卷，趙希弁《讀書附志》云六卷。蓋彼乃祖謙原書，此本其門人時瀾增修也。

楊簡《五誥解》四卷

簡，見易類。

薛季宣《書古文訓》十六卷

季宣，字士龍，號艮齋，永嘉人。起居舍人徽言之子，孝宗朝官大理寺正，知湖州。乾道元年，遷知常州，未上，卒。

季宣《自序》略曰：「隸古定《書》最古，孔氏文義多本伏生之説。唐明皇更以正隸改定，而俗儒承訛，文多踳駁。古文是訓，不勞乎是正之也。《書序》出於孔子，旨自有在，詮次百篇之後，將以歸於古學，好古之僻，又何辭焉？」

朱子曰：「士龍《書解》，其學問多於地名上著功夫。」

臣等謹案：王應麟《玉海》：「宋咸平二年，直講孫奭請摹印《古文尚書音義》，與新定《釋文》並行。」即周顯德六年田敏等校勘、郭忠恕覆定之本，季宣因之爲訓。

傅寅《禹貢説斷》四卷

寅，字同叔，義烏人。學者稱杏溪先生。

喬行簡《序》略曰：「同叔家故貧，以教舉子爲業，乃能取古書。天官地志、律曆權度、井田兵制，分寸零整，乘除杪忽之説，究觀篤考，窮日夜不愒。無是書，則多方從人借之。月累歲積，遂取其書爲之圖，條列諸説，而斷以已意。」

陳經《書詳解》五十卷

經，字顯之，一字正甫，安福人。慶元進士，官至奉議郎，泉州泊幹。

魏了翁《尚書要義》十七卷　《序説》一卷

了翁,見易類。

陳大猷《尚書集傳或問》二卷

大猷,東陽人。紹定進士,由從仕郎歷六部架閣。

錢時《融堂書解》二十卷

時,字子是,淳安人。受學於楊簡。嘉熙中,以丞相喬行簡薦,授秘閣校勘,遷史館檢閲。

趙善湘《洪範統一》一卷

善湘,字清臣,濮安懿王五世孫。仕至資政殿大學士,封文水郡公,贈少師。

王柏《書疑》九卷

柏,字會之,號魯齋,金華人。從祀孔子廟庭。

柏《自序》略曰:「聖人之經難讀者,莫如《書》。伏生之口授,蝌蚪之變,更孰能保其無誤?此《書》所以難讀也。朱子於《書》,止解《典》《謨》三篇而已,後又有《金縢》《召誥》《洛誥説》及《考定武成》,凡四篇。學者猶恨不及見其全書,孰知《書》之果不可得而全解也。九峰蔡氏祖述朱子之遺規,斟酌群言而斷以義理,洗滌支離而一於簡潔。然袪疑闡正之難，朱子曰『未詳』，曰『脱簡者』，固自若也。分章絶句之難，朱子不肯句讀者，亦未能盡通也。況讀《書》至拙如予者，豈能遽豁然於中哉〔一〕？諸儒之所能解，予固幸因得而通之；所不能通，雖諸儒極融化之妙，交綴傅會，屈曲將迎，然亦終未能盡明也。在昔先儒篤厚信古，以爲觀《書》不可因脱簡而疑經。然伏生女子之口傳，孰不知其訛舛？聖人之經不可改，伏生之言亦不可正乎？糾其繆而刊其贅，訂其雜而合其離，或庶幾乎得復聖人之舊。愚不自揆，因成《書疑》九卷，凡五十篇，《正文考異》八篇。藏之家塾，以備探討。」

朱彝尊曰：「漢儒於經文，遇有錯簡，斤斤守其師傳，不敢更易次第。至宋二程子，始更定《大學篇》。而朱子遂分爲經傳，又取《孝經》考定。繼是有更定《雜卦傳》者，有更定《武成》《洪範》者，餘亦不數見也。魯齋王氏於《詩》《書》皆疑之，多有更易。《書》則於《舜典》『舜讓於德，弗嗣』下，補入《論語》『堯曰：咨！爾舜，天之曆數，在爾躬，允執其中。四海困窮，天禄永終』二十四字；又於『敬敷五教，在寬』下補入《孟子》『勞之來之，匡之直之，輔之翼之，使自得之，又從而振德之』二十二字。餘若

〔一〕遽　文淵閣本作「盡」。

《皐陶謨》《益稷》《武成》《洪範》《多方》《多士》《立政》,皆更易經文。先後而次第之。觀者未嘗不服其精當,然亦知者之過也。」

賀成大《古洪範》一卷

成大,字季常。仕履無考。

成大《自序》略曰:「《洪範》自『三、八政』以下,紊亂無次,因援朱子《大學》分經傳之例[一],每疇以禹之言爲經,以箕子之言爲傳。」

胡士行《尚書詳解》十三卷

士行,廬陵人。官臨江教授。

金履祥《尚書表注》二卷

履祥,字吉父,號仁山,蘭谿人。師事王柏,同登何基之門。德祐初,徵爲史館編修,不至。入元,隱居教授以終。至正中,追謚文安,從祀孔子廟庭。事迹具《元史·儒學傳》。

柳貫曰:「仁山早歲所著《尚書章釋句解》,既成書矣。一日,超然自悟,擺脱衆

〔一〕例　文淵閣本作「列」。

説，獨抱遺經，復讀玩味，則其節目明整，脉絡貫通，中間枝葉與夫謬訛，一一易見。因推本父師之意，正句畫段，提其章旨與其義理之微，事爲之概，考正文字之誤，表諸四闌之外，曰《尚書表注》而自序之。」

元

吴澄《書纂言》四卷 《經籍志》作《尚書纂注》六卷。

澄，見易類。

納喇性德曰：「吴氏獨有今文，置古文而不釋，其見可謂卓矣。至其考據詳博，釐正錯簡，咸皆確當。學者將以明經祛惑，于《纂言》一書，必有取爾矣。」

許謙《讀書叢説》六卷

謙，字益之，金華人。從金履祥學，儒者稱爲白雲先生。後謚文懿，從祀孔子廟庭。事迹見《元史·儒林傳》。

謙《自序》略曰：「自堯至襄王，凡六十五君。堯元年至襄二十八年，歷年一千七百三十四，而惟十八君之世有書〔一〕。以亡書考之，亦惟沃丁、太戊、仲丁、河亶甲、祖

〔一〕書　文淵閣本作「之」。

乙五君之世，有書十篇耳。自此二十三君之外，其餘豈無出號令、紀政事之言？蓋皆孔子所芟夷者。緯書謂孔子求帝魁之書，迄于秦穆，凡三千二百四十篇。雖其言未必實，然有書者，不止二十三君則明矣。愚嘗謂聖人欲納天下于善，惟示之勸戒而已，于《春秋》嚴其褒貶之辭，使人知所懼；于《書》獨存其善，使人知所法；羿、浞之篡夏，幽、厲之滅周，略不及之，此則聖人之意可見矣。」

董鼎《尚書輯録纂注》六卷

鼎，字季亨，鄱陽人。

鼎《自序》略曰：「朱子以《尚書集傳》之功未竟，以屬九峰蔡氏，既嘗訂定之，則猶其自著也。族兄介軒夢程親受業于勉齋黄氏、槃澗董氏，故再傳而鼎獲私淑焉。釋經諸論，多出朱子。乃取訂定《集傳》爲之宗，而蒐輯《語録》于其次，又增纂諸家之注有相發明者，并綴所見于後。」

吴澄曰：「輯録纂注同異，俱有所裨。《西伯戡黎》其國蓋在黎陽之地，而非上黨、壺關之黎。武王伐商，兵度孟津，必過黎陽，先戡黎而後至紂都，如齊桓伐楚，先潰蔡而後入楚境也。《輯録》引董銖叔重之問，謂吳才老以戡黎爲伐紂時事。《召誥》三月甲子，周公用書命庶殷侯甸男邦伯，《多士篇》即其命庶殷之書也。而舊注云《多士》作于祀洛次年之三月〔一〕，《纂注》引陳櫟壽翁之説，以此三月誥殷士，爲周王至洛之年，周公居東。二説兼存，不以蔡之從鄭爲然也。略舉一二端，則季亨之有功多矣。」

王天與《尚書纂傳》四十六卷

天與，字立大，號梅浦，安福人。官臨江教授。

劉辰翁《序》略曰：「聞『若稽古』説三萬言，又聞《書》解近年至四百家，使人茫然不識其所謂。得王君《纂傳》，如遠游半天下，得路以歸；如觀樂請止，不願更有，是可嘉也。」

陳櫟《書傳纂疏》六卷

櫟字壽翁，號定宇，休寧人。事迹具《元史·儒林傳》。

櫟《自序》略曰：「《尚書》自有注解以來，三四百家。朱子晚年始命門人集傳之，惜所訂正三篇而止。今科舉《書》宗蔡《傳》固宜。櫟不揆晚學，三十年前科舉未興，嘗編《書解折衷》，將以羽翼蔡《傳》。後又即蔡《傳》而纂疏之，博采精究，方克成編。

〔一〕祀　文淵閣本作「紀」。

又自述折衷，云予編是書，宗朱、蔡，采諸家，附己見，但不盡載蔡《傳》于前爾。」

陳師凱《書蔡傳旁通》六卷

師凱，家彭蠡，故自題曰東匯澤。其始末無考。

師凱《自序》略曰：「朱、蔡授受有傳，鄱陽董氏因有《輯録纂注》一書，然《輯録》特問答之多端，《纂注》又專門之獨見，殆未可由此以通本傳也。傳中不無囁嚅齟齬，況天文、地理、律曆、禮樂、兵刑、龜策、河圖、洛書、道德、性命、官職、封建之屬，未可以一言盡，是以不厭瑣碎，專務釋傳，至于通而後止。」

黄虞稷曰：「師凱至治辛酉爲此書，凡傳中所引名物度數，必詳究所出，有功蔡《傳》甚大。」

朱祖義《尚書句解》十三卷

祖義，字子田，廬陵人。

黄鎮成《尚書通考》十卷

鎮成，字元鎮，邵武人。以薦授江南儒學提舉，未上而卒。

鎮成《自序》略曰：「道德仁聖統于心，制作名物達于事。統于心者，先後古今，脗合無二；達于事者，儀章器物，因革無存。故求帝王之心易，而考帝王之事難。二

《典》曆象、日月星辰、律度衡量、五禮六樂、《禹貢》山川、《洪範》九疇之類，須一一理會令透。蓋讀書窮理，即器會通，乃學者之當務也。余方授《書》兒輩，取關涉考究者，薈萃抄撮。或不可言曉者，復繪爲圖以示之。至衆家之説，有所不通，則附以己見。如舊圖舊説已備者，不復贅出，其有未盡則隨條辨析焉。」

納喇性德曰：「《通考》紀《尚書》名物度數，舉夫七政、九疇、六宗、五里，方州之貢賦，水土、律呂之長短忽微，皆著其説。説有未盡，復系以圖，彙集諸家，而衷以己意，詳且備矣。」

王充耘《讀書管見》二卷　《書義矜式》六卷

充耘，字與耕，吉水人。元統進士，同知永新州事。母老歸養，著是書卒，未幾，遭元末山棚之變，從子光薦，密置是書複壁中，以付其子吉。

無名氏《序管見》略曰：「是篇自微辭奥旨及名物訓詁、山川疆里，靡不究竟辨析。」

張雲章《論書義矜式》略曰：「延祐中，以經義取士，著有定式。充耘主張題意，率本功令，而又自爲經義，名曰《矜式》。存此，猶見當時體製。」

胡一中《定正洪範》二卷

一中,字允文,諸暨人。官紹興路參軍。

一中《自序》略曰:「魯齋王氏,本心文氏,草廬吴氏,皆有考定本,所見不同,互有得失。竊因括蒼鮑氏有《定正武成》之論,以竹簡每行十三字而定其差,推之《洪範》,則史氏之敘七行『初一』以下爲疇之經,大禹本文也。以河圖九數爲綱,以洛書十數爲目,『一五』行以下,亦禹所授之。『章水曰潤下』以下,則箕子所釋之傳也,『二五』事至『福極』皆然。九章皆當析大禹之經、箕子之傳,支分節解,脉絡貫通,而八政、五紀同傳,五福、六極亦然。其文則因三先生而定,各摭所長以正之,非敢出于臆見云。」

陳悦道《書義斷法》六卷

自題曰鄒次,不知何許人。

欽定續文獻通考·經籍考卷七

經 書

明

《書傳會選》六卷

翰林學士劉三吾奉敕撰。

劉三吾《序》略曰：「九峰蔡氏《集傳》，發明殆盡矣。然書成於朱子既卒之後，不無可議。如《堯典》天與日月皆左旋，《洪範》相協厥居，爲天之陰騭，下民有未當者，宜考正其説。爰奉命校定之。」

顧炎武曰：「此書若《堯典》謂天左旋，日月星辰違天而右旋，主陳氏祥道；《高宗肜日》謂祖庚繹祭高宗之廟，主金氏履祥；《西伯戡黎》謂是武王，亦主金氏；《洛誥》惟周公誕保文武，受命惟七年，謂周公輔成王之七年，主陳氏櫟。皆不易之論。又如《禹貢》厥賦貞，主蘇氏軾，謂賦與田正相當；涇屬渭汭，主孔《傳》，水北曰汭;《太甲》自周有終,主金氏,謂周當作君;多方不克,開於民之麗,主葉氏。惟《金縢》周公居東,駁孔氏,以爲東征非是,至《洛誥》又取東征之説,自相牴牾耳。每傳之末,繫以經傳音釋,於字音、字體、字義,辨之甚悉。其傳中用古人姓氏、古書名目,必具出處,兼亦考正典故,蓋宋元以來諸儒之規模猶在,而其爲此書者,皆自幼爲務本之學,非由八股發身之人,故所著之書,雖不及先儒,而尚有功於後學云。」

《書傳大全》十卷

胡廣等奉敕撰。

臣等謹案:《書》以蔡沈《集傳》爲主,自延祐貢舉,條格已然。然元制猶兼用古注疏。明太祖親驗天象,知蔡《傳》不盡可據,因命作《書傳會選》,以糾其失。是洪武中,尚不以蔡《傳》爲主。其耑主蔡《傳》定爲功令者,則始自廣等。

朱升《尚書旁注》六卷

升,見易類。

陳雅言《尚書義卓躍》六卷

雅言,永豐人。洪武初,以薦官本縣教諭。

臣等謹案：楊士奇謂此書專爲科舉而設。

徐善述《尚書直指》六卷

善述，字好古，天台人。洪武中，貢入太學，授桂陽學正[一]，官至左贊善，坐累死。洪熙初，贈太子少保，謚文肅。

朱彝尊曰：「是書未曾刊行，亦不列撰書姓名。其後中官錢能鏤板，不知爲文肅所著也。予從同里曹溶家見之，因爲標出。」

彭勖《書傳通釋》六卷

勖，字祖期，永豐人。永樂進士，累官山東按察司副使。

章陬《書經提要》無卷數

陬，字仲寅，黄巖人。正統進士，官禮部主事。

韓邦奇《禹貢詳略》無卷數

邦奇，見易類。

〔一〕桂　文淵閣本作「貴」。

吕柟《尚書説要》五卷

柟,見易類。

張雲章曰:「此涇野門人,因扣擊而得之師者,筆之于編。焦氏《經籍志》、朱氏《授經圖》所載《因問録》,疑即其書。」

梅鷟《尚書考異》五卷　《尚書譜》五卷

鷟,見易類。

鷟《自序》略曰:「朱子云:『古文東晉時始出,前此諸儒皆未之見。』無而爲有,將以誰欺?安國不言,《史記》不載,使聖人正經反附僞書以行世。隋唐以來千餘年,自吴草廬《纂言》之外,曾無一人爲聖經之忠臣義士者,豈不痛哉?予作此譜,使古文廢興之由、先後義僭之辨,如指諸掌,庶幾裨《纂言》之未備云。」

臣等謹案:鷟是書辨正古文《尚書》,其謂二十五篇,爲皇甫謐僞作,雜取諸傳記中語,補綴爲之。則宇宙殊時而一理,聖賢異世而同心,不得以其詞之相近而遽疑其相襲,誠有如陳第《尚書疏衍》所云者。至其辨孔《傳》非安國所作,則指摘多有依據。如謂瀍水出谷城縣,兩《漢志》並同,晉始省谷城入河南,而孔《傳》乃云:「出河南北山。」積石山在西南羌中,漢昭帝始元六年,始置金城郡,而孔《傳》乃云:「積石山在金城西南。」孔安國卒於漢武時，載在《史記》，則猶在司馬遷以前，安得知此地名乎？凡此之類援證皆確，固非好爲掊擊者比也。

吴世忠《書傳洪範考疑》一卷

世忠，字懋貞，金谿人。弘治進士，累官僉都御史、巡撫延綏。

王大用《書經旨略》一卷

大用，字時行，號蘗谷，興化人。正德進士，官至副都御史。

馬明衡《尚書疑義》六卷

明衡，字子萃，莆田人。正德進士，官御史。事迹附見《明史·朱淛傳》。

張雲章曰：「治《書》之家，其與蔡氏異者，元新安程氏直方著《蔡傳辨正》，鄱陽余氏芑舒、程氏蒤舒著《讀蔡傳疑》《蔡傳訂誤》，明嘉善袁仁有《砭蔡編》，今其書不盡傳，是編亦止見抄本。」

臣等謹案：是書前有《自序》云：「凡於所明而無疑者，從蔡氏；其有所疑於心，而不敢苟從者，輒録爲篇。」書中如「六宗」從「祭法」，輯「五瑞」謂是朝覲之常，非爲更新立異；『治梁及岐』，謂蔡《傳》勝孔氏；《洪範》日月之行，取沈括之説；于《金縢》頗有疑詞。皆能參酌衆説，不主一家，非有心與蔡氏異者。惟「三江必欲連震澤而於所其無逸」之「所」字，亦不從蔡《傳》，則未免意見之偏。要自瑕不掩瑜也。

豐坊《古書世學》六卷

坊，見易類。

顧炎武曰：「豐熙之《古書世本》可怪焉。曰箕子朝鮮本者，箕子封於朝鮮，傳《書》古文自《帝典》至《微子》止，後附《洪範》一篇。曰徐市倭國本者，徐市爲秦博士，因李斯坑儒生，託言入海求仙，盡載古書，至島上，立倭國，即今日本是也。二國所譯書，其曾大父河南布政慶録得之，以藏於家。按，宋歐陽修《日本刀歌》：『徐福行時書未焚，《逸書》百篇今尚存。』蓋昔時已有是説，而葉少藴固已疑之。夫詩人寄興之詞[一]，豈必真有其事哉？日本之職貢於唐久矣，自唐及宋，歷代求書之詔不能得，而千載之後，慶乃得之，其得之又不以獻之朝廷而藏之家，何也？至曰箕子傳《書》古文，自《帝典》至《微子》，則不應别無一篇逸《書》，而一一盡同于伏生、孔安國之所傳。其曰後附《洪範》一篇者，蓋徒見《左氏傳》三引《洪範》，皆謂之《商書》，而不知『王

[一] 詞　文淵閣本作「時」。

者』，周人之稱，『十有三祀者』〔一〕，周史之記，不得謂商人之書也〔二〕。《禹貢》以導山導水移於九州之前，此不知古人先經後緯之義也。《五子之歌》『爲人上者，奈何不敬』，以其不叶，而改之曰『可不敬乎』。謂本之鴻都石經，據《正義》言，蔡邕所書石經，《尚書》止今文三十四篇，無《五子之歌》，熙又何以不考而妄言之也？」

臣等謹案：是編以今文、古文、石經列於前，而後以楷書釋之，且采朝鮮、倭國二本以合於古本，故曰《古書》。又以豐氏自宋迄明，世學《古書》，稷爲正音，慶爲續音，熙爲集説，道生爲考補，故曰《世學》。考坊《序》所稱，正統六年，朝鮮使臣嫣文卿、日本使臣徐睿入貢。檢《明英宗實録》，無此兩使臣之名，又朝鮮今爲外藩，其《書》不異中國，絶無箕子本之説。日本所刻之《尚書》，一一與中國注疏本同，不過字句偶異耳。此不待辨而可知其妄者也。

蔡悉《書疇彝訓》一卷

悉，字士備，合肥人。嘉靖進士，官至南京尚寶司卿，移署國子監祭酒。《明史·儒林傳》附《王畿傳》後。

〔一〕祀　文淵閣本作「年」。
〔二〕謂　文淵閣本作「爲」。

鄭曉《禹貢說》一卷〔一〕

曉，字窒甫，海鹽人。嘉靖進士，官至刑部尚書，謚端簡。

張居正《書經直解》十三卷

居正，字叔大，江陵人。嘉靖進士，官至太師、吏部尚書、中極殿大學士，謚文忠。

沈偉《書經說意》十卷

偉，號虹野，吴江人。嘉靖舉人。

臣等謹案：朱彝尊《經義考》有杜氏偉《尚書說意》，不著卷數。考偉本姓杜，少育於沈漢家，因冒其姓，後乃歸宗。此蓋其未復姓時所著。彝尊則據其後而言之也。

王樵《尚書日記》十六卷　《書帷別記》四卷

樵，見易類。

李維楨《序》曰：「《書》有古文、今文，而今之解《書》者，又有古義、時義。初，學士劉三吾等爲《書傳會選》，其後有《直指》《輯注》《會通》《纂義》《疏意》《書繹》數十家，是爲古義，而經生科舉之文不盡用。自《書經大全》布在學官，獨重蔡氏注，經生

〔一〕「卷」下　文淵閣本同，浙江書局本有「圖說一卷」。

習之。其主蔡氏而爲之説者，坊肆所盛行亦數十家，皆便科舉之文，是爲時義。惟金壇王中丞公《日記》，裒録百家訓詁，於經旨多所發明，而亦可用於科舉之文。其中若精一協一、建中建極，禹箕衍疇之法，湯尹談理之宗，《召誥》《周官》之義，微箕抱器受封、周公居東致辟之辨，本原學術，窮究性命，昭揭倫常，破除誣罔，有功於經不少也。」

張萱曰：「金壇王樵著《日記》一編，上自羲皇之紀，洎於歷代稗官，即今士大夫譚議，凡有當於《尚書》者，皆參收之。」

張雲章曰：「方麓《日記》，字比句櫛，討論折衷，或並存衆説，或定從一家，必求至當之歸。而於曆象、璣衡、地理，皆詳稽而得其依據。有明一代，以《尚書》之學著聞者絶少，朱、蔡之傳，賴王氏以不墜矣。《書帷别記》爲舉業而作，自序行之。」

申時行《書經講義會編》十二卷

時行，字汝默，號瑶泉，長洲人。嘉靖壬戌進士第一，累官吏部尚書，中極殿大學士，謚文定。

袁仁《尚書砭蔡編》一卷

仁，字良貴，蘇州人。

王鑑《禹貢山川郡邑考》四卷〔一〕

鑑，字汝明，無錫人。嘉靖進士，官至太僕寺卿。

俞鯤《禹貢元珠》一卷

鯤，字之鵬，嘉興人。

臣等謹案：是書朱彝尊《經義考》不著録，而别載其《百家尚書彙解》，列於申時行、袁仁之後，屠本畯、鄧元錫之前，蓋嘉隆間人也。

陳第《尚書疏衍》四卷

第，見易類。

陳泰來《尚書注考》一卷

泰來，字長水，平湖人。萬曆進士，官至禮部精膳司員外郎。

臣等謹案：是書皆考訂蔡《傳》之訛。

郝敬《尚書辨解》十卷

敬，見易類。

〔一〕禹貢　《總目》卷一二同，文淵閣本無。

張雲章曰：「京山郝氏專信今文，而力辨孔《傳》爲非。且以周公未嘗有東征殺管叔之事，亦未嘗有踐阼朝諸侯之事。《蔡仲之命》致辟管叔，乃誤解《金縢》中『我之弗辟』一句。《禮記·明堂位》周公朝諸侯，誤解《洛誥》中『周公誕保文武，受命惟七年』之文。其意以孔書僞作，《禮記》出於漢儒，俱不足信。其指似吴草廬《纂言》，前八卷解今文，後二卷辨正古文。」

姚舜牧《書經疑問》十二卷

舜牧，見易類。

王肯堂《尚書要旨》三十卷

肯堂，字宇泰，金壇人。樵之次子。萬曆進士，官至福建布政司參政。

張雲章曰：「《要旨》一書，肯堂官詞館所撰。蓋原本家學，而爲學士家説經訓詁之用者也。」

胡瓚《禹貢備遺增注》二卷〔一〕

瓚，字伯玉，桐城人。萬曆進士，官至江西布政司參政。

〔一〕增注　《總目》卷一四同，文淵閣本無。

曹學佺《書傳會衷》十卷

學佺，見易類。

張雲章曰：「此書大概即蔡《傳》而損益之。」

陸鍵《尚書傳翼》十卷

鍵，字實府，秀水人。其時又有一陸鍵，平湖人，萬曆丙午舉人。未知是一是二也。

陳懿典曰：「邇來經生，專務新説，實府所訂《尚書傳翼》[一]，博而不泛，深而不僻，其見卓，其心苦。」

史惟堡《尚書晚訂》十二卷

惟堡，字心傳[二]，金壇人。萬曆進士，官工部郎中。

鄒期楨《尚書揆》一六卷

期楨，字公寧，無錫人。萬曆中諸生。

潘士遴《尚書葦籥》二十一卷

士遴，字叔獻，烏程人。天啓進士，官至大理寺寺副。

[一] 實府　文淵閣本作「開仲」。

[二] 心傳　文淵閣本作「景南」。

朱朝瑛《讀尚書略記》無卷數

朝瑛，見易類。

茅瑞徵《虞書箋》二卷　《禹貢匯疏》十五卷

瑞徵，字伯符，歸安人。萬曆進士，累官南京光禄寺卿。

瑞徵《禹貢匯疏·自序》略曰：「《禹貢》一書，兩孔氏注疏，原本山川，頗得其概。而三江、九江，悉屬影響。至宋蔡氏深心訂定，多出先儒意表，然援引證據未能曲暢。間考蘇端明《書傳》，意解各殊，及參以《大全》，諸儒論著，問難蜂起。因從誦讀之餘，凡關《禹貢》疑義，信手摘録，彙爲全書。」

萬嗣達《書經集意》六卷

嗣達，字孝仲，潯陽人。履貫無考。《自序》稱「天啓壬戌，書於陪京」，《序》中有「雲曹簡静」云云，蓋官南京刑部時所作。

艾南英《禹貢圖注》無卷數

南英，字千子，東鄉人。天啓舉人。事迹具《明史·文苑傳》。

南英《自序》略曰：「《禹貢》一書，古今地理志之祖，何可汶汶？是編内注，一遵蔡氏,删繁就簡,以便記誦,有不可廢者,仍録爲外注。諸儒之論,足與傳注發明〔一〕,咸收之以備參考。間有訂訛釋疑,皆出前儒之旨,無敢師心。若乃疆域之下,形勢表裏之獨詳,古今都會之孰優,以至河道之遷徙,轉運之難易,尤加意焉。形勢要害,守國之所重,而河、淮、汶、濟之間,又今日之不可不講也。」

夏允彝《禹貢合注》五卷

允彝,字彝仲,華亭人。崇禎進士,官長樂縣知縣。福王時,召爲吏部主事。南都失守,投水死。

允彝《自序》略曰:「余偕陳卧子出入,見其留意博詢,凡水泉之曲折,塗徑之分岐,必明晰而後已。因念即此是學,欲作地理圖,于用兵險要、水利屯田、城池賦税,尤加詳焉。其説閎達,非數年不能竣。先舉其大略,爲《禹貢古今合注》,惟閩、粤、滇、黔未入《禹貢》九州,不能附贅,餘已包舉,以爲用世之一助。」

陳子龍曰:「其書引伸觸類,旁覽史傳、山水之經、郡國之志無不采,險要之區、泉澤之利無不載,探奇攬勝之迹、物産方俗之異無不紀,皆附見於經文之下,可謂宏

〔一〕發明　文淵閣本作「相發」。

博而核矣。」

黄道周《洪範明義》四卷

道周，見易類。

楊文彩《書繹》六卷

文彩，字治文，寧都人。

許胥臣《禹貢廣覽》三卷

胥臣，錢塘人。

蔡璋《尚書講義》無卷數

璋，字達夫，無錫人。

李楨扆《尚書解意》六卷

楨扆，字華麓，任邱人。

邵璜《禹貢通解》一卷

璜，嘉興人。始末無考。

欽定續文獻通考・經籍考卷八

經　詩

《宋史・藝文志》詩類八十二部一千一百二十卷。不著録者十四部二百四十五卷。

《遼》《金》《元》三史不立藝文志，散見各紀傳中。

《明史・藝文志》詩類八十七部九百八卷。

宋

張耒《詩説》一卷

耒，字文潛，楚州淮陰人。元祐中，官至起居舍人。紹聖中，謫監黄州酒税。徽宗召爲太常寺卿。坐元祐黨，復貶房州别駕、黄州安置，尋得自便〔一〕，居陳州，主管崇福宫，卒。事迹具《宋史・文苑傳》。

〔一〕尋　文淵閣本無此字。

程大昌《詩論》一卷

大昌，字泰之，休寧人。紹興進士，累官龍圖閣直學士，謚文簡。

大昌《自序》略曰：「儒者孰不談經？而獨尊信漢説者，意其近古，或有所本也。若夫古語之所以證經者，遠在六經未作之前，而經文之在古簡者，親預聖人援證之數，則其端的可據，豈不愈於或有師承者哉？而世人苟且循習之舊，無能以其所當據，而格其所不當據，是敢於違背古聖人，而不敢於考正漢儒也。此《詩義》之所爲作也。」

陸元輔曰：「程氏《詩義》十七篇：一論古有二《南》，無《國風》名；二論《南》《雅》《頌》爲樂詩，諸國爲徒詩；三論《南》《雅》《頌》之爲樂〔一〕；四論四始品目；五論《國風》之名出於《左》《荀》；六證創標風名之誤；七論逸《詩》有《豳雅》《豳頌》無《豳風》〔二〕；八論豳詩非《七月》；九辨《詩序》不出子夏；十辨《小序》綴語出衛宏〔三〕；十一辨《詩序》不可廢；十二辨據季札序《詩》篇次，知無風名；十三論《毛詩》有古序，

〔一〕「樂」下　文淵閣本有「無疑」二字。
〔二〕「豳風」下　文淵閣本有「以證風不得抗雅」七字。
〔三〕語　文淵閣本作「詩」。

勝於三家;十四論采《詩》、序《詩》因乎其地;十五論《南》爲樂名;十六論《關雎》爲文王詩;十七論《詩》樂及商、魯二《頌》。」

范處義《詩補傳》三十卷

處義,號逸齋,金華人。紹興進士。

處義《自序》略曰:「經以經世爲義,傳以傳業爲名。毛氏《詩》謂之《訓詁傳》,故於訓詁則詳,於文義則略。韓氏有《外傳》,乃倣左氏《國語》,非《詩》傳也。惟《詩序》,先儒比之《易·繫辭》,謂之《詩大傳》。近世諸儒或爲小傳、集説〔一〕、疏義、注記、類説〔二〕、論解〔三〕,其名不一,既於詁訓文義,互有得失,其不通者,輒欲廢之,以就己説,學者病之。補傳之作,以《詩序》爲據,兼取諸家之長,揆之情性,參之物理,以平易求古詩人之意。文義有闕,補以六經、史傳;詁訓有闕,補以《説文》《篇》《類》〔四〕。異同者一之,隱奥者明之,窒礙者通之,乖離者合之,謬誤者正之,曼衍者削之,而意

〔一〕説　文淵閣本作「傳」。
〔二〕類　文淵閣本作「論」。
〔三〕論　文淵閣本作「類」。
〔四〕類　文淵閣本同,原書序文作「韻」。

之所自得者，亦錯出其間，《補傳》大略如此。或曰：『《詩序》可盡信乎？』曰：『聖人删定《詩》《書》，《詩序》猶《書序》也，獨可廢乎？況《詩序》如都人士之序記禮者，以爲夫子之言賁之，序與《論語》合。《孔叢子》所記夫子讀二《南》及《柏舟》諸篇，其説皆與今序義相應，以是知《詩序》嘗經聖人筆削之手。不然，則取諸聖人之遺言也，故不敢廢《詩序》者，信六經也，尊聖人也。若夫聞見單淺，古書之存於世者，力不能盡得，未敢以今日之言爲然，博雅君子嗣而修之，使《詩》之一經無所闕疑，不亦善乎？』」

臣等謹案：《詩補傳》三十卷，以《詩序》爲主，而兼采諸家之説。《國風》《雅》《頌》二十八卷，《附説》一卷，釋十五國及雅頌名。《廣詁》一卷，風雅頌，字有異音，及字同音訓俱異者，音同訓異者，音異訓同者，通用者，重言通用者，重言字同音訓異者，重言字異音訓同者，重言音同字訓異者，重名者，各舉《詩》字、《詩》名以證。卷首但題「逸齋」，而不著姓名。《宋・藝文志》有范處義《補傳》三十卷，卷數與逸齋本相符。朱睦㮮《聚樂堂書目》則直書處義名，當有證據。考《通志堂經解》刊此書於南宋之末，注云「宋人，失名」，蓋未考《聚樂堂書目》之故。又焦竑《經籍志》有范處義《詩地理考》，《宋志》不載。

《毛詩集解》四十二卷

不著編輯者名氏。集李樗、黄櫄兩家《詩解》爲一編，而附以李泳所訂呂祖謙《釋音》。

櫄書已見馬《考》。櫄，字實夫，龍溪人，淳熙進士，官南劍教授，終宣教郎。泳，字深卿，始末無考。

楊簡《慈湖詩傳》二十卷

簡，見易類。

袁燮《絜齋毛詩經筵講義》四卷

燮，見書類。

林岊《毛詩講義》十二卷

岊，字仲山，古田人。紹熙元年，特奏名。嘉定間，嘗守全州，有惠政，郡人祀之柳宗元廟。

輔廣《詩童子問》十卷

廣，字漢卿，號潛齋。其父本河朔人，南渡後居秀州之崇德縣，從朱子、吕祖謙學，講學家所稱「慶源輔氏」者也。

王禕曰：「輔氏書多補朱《傳》所未備。」

王應麟《詩地理考》六卷

應麟，字伯厚，慶元人。淳祐進士，寶祐中博學鴻辭，累官禮部尚書兼給事中。事迹具《宋史·儒林傳》。

應麟《自序》略曰：「人之心與天地山川相通，發於聲，見於辭，莫不因水土之風，而屬三光五嶽之氣。因詩以求其地之所在，稽風俗之厚薄，見政化之盛衰，感發善心，而得性情之正，匪徒辨疆域云爾。因據傳箋、義疏，參之《禹貢》《職方》《春秋》《爾雅》《説文》《地志》《水經》，罔羅遺文古事，傳以諸儒之説，列《鄭氏譜》十首，爲《詩地理考》。」

朱鑑《詩傳遺説》六卷

鑑，見易類。

鑑《後序》曰：「先文公《詩集傳》，豫章、長沙、後山皆有本，而後山讐校最精。第初脱稿時，音訓間有未備。今取家本，親加訂正。抑鑑昔侍旁，每見學者相與講論是書，凡一字之疑，一義之隱，反覆問答切磋研究，必令心通意解而後已。今又集《書問》《語録》所紀載，無慮數千百條，彙次成編，題曰《遺説》。讀《詩》者能兼考乎此，而盡心焉，則無異於親承訓誘矣。」

嚴粲《詩輯》三十六卷

粲，字明卿，又字坦叔，邵武人。官清湘令。

林希逸《序》略曰:「嚴君早有《詩》名,余求全書而讀之,乃知其鉤貫根葉,疏析條緒,辭錯而理,意曲而通。至於音訓疑似[一],名物異同,時代之後前,制度之纖悉,訂證精密,開卷瞭然,《詩》於是乎盡之矣。」

袁甫曰:「坦叔於《黍離》《中谷有蓷》《葛藟》,不用舊説,獨能探得詩人優柔之意。」

黄佐曰:「嚴氏《詩輯》以吕氏《讀詩記》爲主,而集諸家之説以發明之。」

段昌武《毛詩集解》二十五卷

昌武,字子武,廬陵人。登進士,官朝奉郎。

陸元輔曰:「昌武《詩總説》有二:首載《學詩總説》,分作《詩》之理、寓《詩》之樂、讀《詩》之法;次載《論詩總説》,分《詩》之次,《詩》之序,《詩》之體,《詩》之派;餘分十五《國風》《小雅》《大雅》《周頌》《魯頌》《商頌》,引先儒之説,間附以己意,大抵如《東萊讀詩記》例。前後無序跋,但有其從子惟清《狀》略曰:『本之《東萊詩説》,參以晦翁《詩傳》,近世諸儒,一話一言,足發明者,必録焉。』焦竑《經籍志》載是書,而誤

[一] 音 文淵閣本作「意」。

『段昌武』爲『段文昌』。朱睦㮮《授經圖》載是書，而誤『段昌武』爲『段武昌』，皆不見其書之故也。」

王柏《詩疑》二卷

柏，見易類。

納喇性德曰：「柏師何基，基師黄幹，幹師朱子。古之説《詩》者，率本《大》《小序》。自朱子始去《序》言《詩》〔一〕，柏自信之堅，過於朱子，以爲三百五篇，豈盡夫子之舊容？或删去之《詩》，存於閭巷之口，漢儒各出所記，以補其缺。又以二《南》各十有一篇，兩兩相配，退《何彼襛矣》《甘棠》，歸之《王風》，削去《野有死麕》一篇。此則漢唐群儒莫之敢爲者也。何文定基嘗語曰：『諸經既經朱子訂定，且當謹守，不必多起疑論。有欲爲後學言者，謹之又謹可也。』昔人之善誨人如此。」

《詩義斷法》五卷

不著撰人名氏。

臣等謹案：是書卷首有「建安日新書堂刊行」字，又有「至正丙戌」字，蓋元時所

〔一〕始　文淵閣本作「詩」。

刻。朱彝尊《經義考》載宋謝叔孫《詩義斷法》,不列卷數,注引《江西通志》曰:「叔孫,南城人。」又載《詩義斷法》一卷,不著名氏,注曰「見《菉竹堂書目》」,並云已佚。此本五卷,與後一部一卷之數不符,疑即叔孫之書,謹附録于此。

《毛詩正變指南圖》六卷

臣等謹案:是書明末陳重光所刻。前有李雯《序》,謂其書爲宋人未竟之本,疑即重光自輯。重光,字端羲,華亭人。

元

許謙《詩集傳名物鈔》八卷

謙,見書類。

吴師道《序》略曰:「自北山何氏基得黄氏勉齋之傳,而魯齋王氏、仁山金氏授受相承,逮公四傳而益大。公念朱《傳》猶有未備者,旁搜博采,而多引王氏、金氏,附以己見,要皆前人所未發。又以鄭氏、歐陽氏《譜》世多舛,一從朱子補定正音,釋考名物度數,粲然秩然。」

黄溍曰:「先生是書,正其音,釋考其名物度數,以補先儒之未備,仍存其逸議,旁采遠援,而以己意終之。」

錢曾曰：「朱子之學，一傳爲何基、王柏，再傳爲金履祥、許謙，授受相傳。白雲一代大儒，其於《詩》專宗朱子，泛掃毛、鄭之説，未知今之三百篇，果非夫子之舊與？抑《桑中》《溱洧》諸篇，夫子删《詩》，意不辨爲淫佚之什而采之歟？退《何彼穠矣》《甘棠》於《王風》，削去《野有死麕》，其卓識遠過於夫子歟？子曰：『多聞闕疑。』聖人且云然，而後學反立己見以疑聖人，非予所敢言也。」

臣等謹案：《鈔》中二《南》相配，圖各十有一篇，退《何彼穠矣》《甘棠》於《王風》，而削去《野有死麕》，猶守魯齋之説也。

梁益《詩傳旁通》十五卷

益，字友直，號庸齋，江陰人。教授鄉里以終。

翟思忠《序》略曰：「《旁通》者，引用群經兼輯《詩》説，不泥不僻，如《易》六爻發揮旁通，周流該貫也。」

劉瑾《詩傳通釋》二十卷

瑾，字公瑾，安福人。隱居不仕。

楊士奇曰：「宗朱子，而録各經傳及諸儒所發要義，又考求世次源流，蓋會通之書也。」

朱公遷《詩經疏義》二十卷

公遷，字克升，樂平人。至正初，徵至南京，授翰林直學士院。忤當國者，出爲金華學正。

公遷《自序》略曰：「輔氏《羽翼傳説》條理通暢，予因其説而擴充之；剖析傳文，以達經義。而於未發者必究其藴，已發者不羡其辭，庶乎顯微闡幽，而因傳求經，不難也。」

朱倬《詩疑問》七卷附《詩辨説》一卷

倬，字孟章，江西新城人。至正進士，知遂安縣事。

納喇性德曰：「《詩疑問》七卷，元進士朱倬孟章著。朱氏《授經圖》、焦氏《經籍志》皆作六卷，今本七卷，末附南昌趙德《詩辨説》一卷。余始得是書，稱盱黎進士朱倬。考之《新安文獻志》載『明初歙人』，汪叡仲魯所爲《七哀辭》録元季守節服義者七人，而倬與焉。《元史》至正十二年七月，饒、徽賊犯昱嶺關，陷杭州路，當是其時。又稱其下車興學誦詩，民熙化洽，蓋倬固當時良吏，不僅以一死自了者。而《元史》既不爲之立傳，郡人亦不載其行事於志，可哀也已。」

梁寅《詩演義》十五卷

寅，見易類。

寅《自述》曰：「因朱子之《傳》，演其義而申之。」

劉玉汝《詩纘緒》十八卷

玉汝，字成之，廬陵人。嘗舉鄉貢進士。

欽定續文獻通考·經籍考卷九

經　詩

明

陶宗儀《國風尊經》一卷

宗儀，字九成，黄巖人。元末，舉進士不中，即棄去，累辭辟舉。洪武中，乃出爲教官。事迹具《明史·文苑傳》。

朱善《詩解頤》四卷

善，字備萬，號一齊，豐城人。洪武中，官文淵閣大學士。謚文恪。

《詩集傳大全》二十卷

胡廣等奉敕撰。

季本《詩説解頤》四十卷

本，見易類。

徐渭曰：「會稽季先生所著《詩説解頤》，其志正，其見遠，其意悉本于經，而不泥于舊聞，深得孔氏之遺。」

李先芳《讀詩私記》二卷〔一〕

先芳，字伯承，號北山，監利人，寄籍濮州。嘉靖進士，官至尚寶司少卿。

先芳《自序》略曰：「文公謂《小序》不得《小雅》之説，一舉而歸之刺。馬端臨謂文公不得鄭衛之風，一舉而歸之淫。胥有然否，不自揣量，折衷其間。」

吕柟《毛詩序説》六卷〔二〕

柟，見易類。

袁仁《毛詩或問》一卷

仁，見書類。

豐坊《魯詩世學》三十二卷　《詩傳》一卷　《詩説》一卷

坊，見易類。

朱彝尊曰：「豐坊《魯詩世學》列僞《子貢詩傳》于前，而更《小雅》爲《小正》，《大

〔一〕記　《總目》卷一六同，文淵閣本作「説」。

〔二〕序説　文淵閣本同，《總目》卷一七作「説序」。

雅》爲《大正》，盡反子夏之序。謂之世學者，以《正音》歸之遠祖稷，以《續音》歸之慶，以《補音》歸之耘，以《正説》歸之其父熙而已。爲之考補，其實皆坊一手所製也。坊恃其能書，以篆隸體僞爲正始石經，一時鉅公皆信之，不知《魯詩》亡于西晉，自晉以後，孰得見之？其僅存可證者，洪氏适《隸釋》所載蔡邕殘碑數版，如『河水清且漣漪』作『兮』，『不稼不穡』作『嗇』，『坎坎伐輪』作『欿欿』，『三歲貫女』作『宦女』，『山有樞』作『蓲』。此外，『素衣朱襮』作『綃』，見《儀禮注》；『傷如之何』作『陽』，見《爾雅注》；『艷妻煽方處』作『閻妻』，『中冓之言』作『中篝』，見《漢書注》。而豐氏本則仍同毛《傳》之文，是未睹《魯詩》之文也。楚元王受《詩》于浮邱伯，劉向元王之後，故《新序》《説苑》《列女傳》説《詩》皆依魯，其義與毛《傳》不同，而豐氏本無與諸書合，是未詳《魯詩》之義也。至于《定之方中》爲楚宮移入《魯頌》，又移逸詩「唐棣之華」四句于《東門之墠》二章之前，而更篇名爲《唐棣》，又增益《漸漸之石》之辭曰：『馬鳴蕭蕭，陟彼崖矣。月麗于箕，風揚沙矣。武人東征，不遑家矣。』肆逞其意見，狎侮聖人之言。且慮己之作僞，未能取信于人，則又假黄文裕佐作序，中間欲申魯説而改易毛、鄭者，皆託諸文裕之言，排斥先儒不遺餘力。其如文裕自有《詩傳通解》行于世，其言《詩》不主于魯，觀文裕《自序》可見。又四明楊文懿著《詩私鈔》，改編《詩》之定次，文裕罪其妄，豈肯助豐氏邪説者乎？至于黨豐氏者，不知石經爲坊僞撰，乃誣文裕得之中秘。今《文淵閣目録》具在，使果有魏時石經，目中豈不載？此洵爲無稽之言矣。」

臣等謹案：豐坊《古詩世學》，見于彝尊所辨者甚詳，子貢《詩傳》、申培《詩説》二書，皆坊僞作也。

倪復《詩傳纂義》無卷數

復，字汝新，鄞縣人。

張廷臣《張氏詩説》一卷[一]

廷臣，字元忠，崑山人。嘉靖舉人。

戴君恩《讀風臆評》無卷數

君恩，字仲甫，長沙人。嘉靖進士，官巴縣知縣。

許天贈《詩經正義》二十七卷

天贈，字德天，黟縣人。嘉靖進士，官至山東布政司參政。

臣等謹案：是書專爲作時文而作，其説頗弇陋。

[一] 詩説　文淵閣本、《總目》卷一七作「説詩」。

葉朝榮《詩經存固》八卷

朝榮，字良時，福清人。大學士向高之父。隆慶元年，恩貢授九江府通判，終養利州知州。

邵弁《詩序解頤》一卷

弁，字元偉，太倉州人。隆慶時歲貢生。

朱謀瑋《詩故》十卷

謀瑋，見易類。

謀瑋《自序》略曰：「所見諸家義疏，率多牽于舊説，其于比興之旨，往往鬱而未章。爰研究物理，會通訓詁，三百五篇，篇各爲説，次爲十卷，名之曰《詩故》。」

黄汝亨《序》略曰：「考亭訓注，大約于《雅》《頌》多合，《國風》多離，如『執放鄭聲』一語，而鄭衛之詩概從淫邪，不知夫聲之非詩也。鬱儀説《詩》，原本《小序》，按文、武、周公以來《春秋》《左》《國》之事，而次第其世，考其習俗〔一〕，論其人而以意通之，集諸家之成，無失作者之意。孟軻氏曰：『以意逆志，是爲得之。』又曰：『誦其

〔一〕其　文淵閣本作「之」。

詩，論其世。』此真善説《詩》者，吾今見鬱儀氏矣。」

馮應京《六家詩名物疏》五十四卷

應京，字可大，號慕岡，盱眙人。萬曆進士，官至湖廣按察使僉事。

葉向高《序》略曰：「《詩》之爲比興者，其寄情或深于賦，而比興之物，又必有其義，如《關雎》之配偶，《棠棣》之兄弟，《蔦蘿》之親戚，《蜉蝣》之娱樂，《鴇羽》之憂勞，皆非泛然漫爲之説，舉其物而義可知也。海虞馮生詳疏名物，采集經史，以至諸子百家、稗官小説，與夫讖緯、醫卜、天文諸書，無不搜列。以視李樗之《詳解》、王景文之《總聞》、王應麟之《詩考》，其宏富精覈，不啻倍之矣。」

姚舜牧《詩經疑問》十二卷

舜牧，見易類。

舜牧《自序》略曰：「三經風雅頌，三緯賦比興。蓋通融取義，謂所賦之有比有興耳，非截然謂此爲賦，此爲比，此爲興也。惟截然分而爲三，于是求之不得，其説則將爲賦而興，又比也賦，而比又興也，而寖失其義矣。此三緯之説之可疑者，又斷章取義，凡《詩》皆可通用矣。詩人之志，一字各函一義，奈之何汨没陳説，而不能探其旨哉？故亟爲辨正云。」

吴雨《毛詩鳥獸草木考》二十卷

雨,自著閩郡人,始末無考。

臣等謹案:《草木蟲魚疏》,鄭樵以爲晉陸機撰,馬端臨以爲吴中庶子烏程陸璣撰,陳振孫兩疑之。書止二卷,吴氏廣爲二十卷。其名「毛詩」者,本文之下仍用毛萇《大》《小序》也。其先鳥獸而及草木者,蓋夫子標多識之目,而《國風》首《關雎》也。

張以誠《毛詩微言》二十卷

以誠,字君一,華亭人。萬曆辛丑進士第一,授翰林院修撰。

陳以藴《毛詩説》四卷

以藴,字仲宣,南昌人。萬曆舉人。

鍾惺《詩經圖史合考》二十卷　《毛詩解》無卷數

惺,字伯敬,竟陵人。萬曆進士,官至福建提學僉事。《明史·文苑傳》附載《袁宏道傳》中。

鄒忠允《詩傳闡》二十三卷　《闡餘》二卷

忠允,字肇敏,無錫人。萬曆進士,官至江西按察司副使。

魏浣初《詩經脈》八卷

浣初，字仲雪，常熟人。萬曆進士，官至布政司參政。

宋景雲《毛詩發微》三十卷

景雲，字祥禎，博興人。萬曆進士，官監察御史，巡按湖廣。

林兆珂《毛詩多識篇》七卷〔一〕

兆珂，字孟鳴，莆田人。萬曆進士，官至安慶府知府。

郭喬泰《序》曰：「吾鄉鄭漁仲先生撰有《昆蟲草木志略》，其《自序》云：『已得鳥獸草木之真，然後傳《詩》，則以《詩》家發興之本在也。標曰『志略』，精核爲諸家最。』今林孟鳴先生撰《多識篇》，篇中主三百篇名物，其三百記事之珠歟？漁仲先生嘗嘆儒生家多不識田野之物，農圃人又不識《詩》《書》之旨，二者無由參合，遂使鳥獸草木之學不傳，試讀先生《多識篇》，才人之窮觀，詩人之逸趣，具是矣。」

郝敬《毛詩原解》三十六卷

敬，見易類。

〔一〕篇　文淵閣本同，《總目》卷一七「編」。

沈萬銂《詩經類考》三十卷

萬銂,字仲容,號玉臺,嘉善人。萬曆舉人,官知縣。

沈守正《詩經說通》十三卷

守正,字允中,號無回,錢塘人。萬曆舉人,官國子監博士。

諸九鼎曰:「其說存《小序》首句,與蘇子由同。」

徐光啓《毛詩六帖》十四卷

光啓,字子先,上海人。萬曆進士,累官東閣大學士,謚文定。

臣等謹案:光啓書本六卷,見《明史・藝文志》。所謂六帖者,一《翼傳》,二《存古》,三《廣義》,四《擥藻》,五《博物》,六《正叶》也。此本爲國朝范方重訂,删去《博物》一門,而仍名「六帖」,失原書命名之意矣。

陸化熙《詩通》四卷

化熙,字羽明,常熟人。萬曆進士,官至廣西提學僉事。

張次仲《待軒詩記》六卷

次仲,見易類。

次仲《自序》略曰:「說《詩》者固不可誣經從傳,亦何可去《序》昧經?故以《序》

爲本，而不能盡信者，酌以衆論，附以已意。」

陸嘉淑曰：「張氏詮《風雨》之詩，『既見君子』，則應喜矣，然君子雖處山澤，感時悼俗，偏覓同心之交，喑啞相對，有不知其憂從中來者，故曰『云胡不喜也』。」

何楷《毛詩世本古義》二十八卷〔一〕

楷，見易類。

吴應箕曰：「何氏《世本》，其中疏論，有卓然不朽，發前人未發者。但更易四始，爲有識者所非。」

朱彝尊曰：「何氏《世本》，其序次首夏少康之世詩八篇，《公劉》也，《七月》也，《甫田》也，《大田》也，《豐年》也，《良耜》也，《載芟》也，《行葦》也；次殷盤庚之世詩一篇，《長發》也；高宗之世詩三篇，《那》也，《烈祖》也，《玄鳥》也；祖庚之世詩一篇，《殷武》也；武乙之世詩五篇，《關雎》也，《鵲巢》也，《桃夭》也，《螽斯》也，《葛覃》也；太丁之世詩五篇，《采薇》也，《卷耳》也，《鹿鳴》也，《南山有臺》也，《伐木》也；帝乙之世詩五篇，《草蟲》也，《出車》也，《四牡》也，《杕杜》也，《皇皇者華》也；帝辛之世詩二

〔一〕毛詩　文淵閣本同，《總目》卷一六作「詩經」。

十篇，《采蘩》也，《兔罝》也，《樛木》也，《南有嘉魚》也，《羔羊》也，《小星》也，《江有汜》也，《摽有梅》也，《漢廣》也，《芣苢》也，《野有死麕》也，《麟之趾》也，《殷其雷》也，《騶虞》也，《行露》也，《菁菁者莪》也，《汝墳》也，《魚麗》也，《采蘋》也，《鳧鷖》也；周武王之世詩十三篇，《魚藻》也，《綿》也，《旱麓》也，《皇矣》也，《天作》也，《既醉》也，《雝》也，《思齊》也，《棫樸》也，《靈臺》也，《臣工》也，《白駒》也，《小宛》也；成王之世詩五十篇，《閔予小子》也，《匏有苦葉》也，《鴟鴞》也，《狼跋》也，《伐柯》也，《九罭》也，《假樂》也，《載見》也，《烈文》也，《訪落》也，《小毖》也，《敬之》也，《東山》也，《破斧》也，《泮水》也，《常棣》也，《大明》也，《文王有聲》也，《思文》也，《生民》也，《我將》也，《絲衣》也，《楚茨》也，《信南山》也，《潛》也，《桑扈》也，《蓼蕭》也，《湛露》也，《彤弓》也，《綿蠻》也，《吉日》也，《振鷺》也，《有瞽》也，《武》也，《酌》也，《賚》也，《般》也，《時邁》也，《桓》也，《有客》也，《文王》也，《蟋蟀》也，《天保》也，《清廟》也，《維天之命》也，《維清》也，《斯干》也，《泂酌》也，《卷阿》也，《凱風》也；康王之世詩五篇，《采薇》也，《昊天有成命》也，《下武》也，《噫嘻》也，《甘棠》也；昭王之世詩二篇，《執競》也，《鼓鐘》也；共王之世詩一篇，《綢繆》也；懿王之世詩一篇，《還》也；夷王之世詩三篇，《柏舟》也，《北門》也，《北風》也；厲王之世詩十篇，《漸漸之石》也，《桑柔》也，《四月》也，

《采緑》也，《民勞》也，《板》也，《蕩》也，《宛丘》也，《東門之枌》也，《衡門》也；宣王之世詩二十篇，《都人士》也，《鴻雁》也，《韓奕》也，《六月》也，《采芑》也，《常武》也，《江漢》也，《無衣》也，《崧高》也，《黍苗》也，《烝民》也，《無羊》也，《車攻》也，《泛彼柏舟》也，《庭燎》也，《雲漢》也，《祈父》也，《沔水》也，《黄鳥》也，《嚶鳴》也；幽王之世詩三十二篇，《無將大車》也，《隰桑》也，《大東》也，《巷伯》也，《鴛鴦》也，《白華》也，《車舝》也，《角弓》也，《頍弁》也，《瓠葉》也，《小戎》也，《正月》也，《瞻卬》也，《召旻》也，《小旻》也，《青蠅》也，《我行其野》也，《小弁》也，《蓼莪》也，《十月之交》也，《雨無正》也，《北山》也，《何草不黄》也，《小明》也，《匪風》也，《素冠》也，《逍遥》也，《丘中有麻》也，《隰有萇楚》也，《菀柳》也，《巧言》也，《苕之華》也；平王之世詩三十四篇，《瞻彼洛矣》也，《緇衣》也，《車鄰》也，《裳裳者華》也，《溱洧》也，《東門之墠》也，《女曰雞鳴》也，《出其東門》也，《駟驖》也，《賓之初筵》也，《抑》也，《淇澳》也，《終南》也，《蒹葭》也，《黍離》也，《中谷有蓷》也，《碩人》也，《緑衣》也，《終風》也，《日月》也，《簡兮》也，《考槃》也，《采葛》也，《遵大路》也，《白石》也，《山有樞》也，《椒聊》也，《戍申》也，《君子于役》也，《葛藟》也，《叔于田》也，《大叔于田》也，《將仲子》也，《野有蔓草》也；桓王之世詩三十二篇，《燕燕》也，《擊鼓》也，《節南山》也，《雄雉》也，《新臺》也，《蝃蝀》

也，《君子偕老》也，《静女》也，《相鼠》也，《谷風》也，《氓》也，《何人斯》也，《著》也，《敝笱》也，《葛屨》也，《墓門》也，《習習谷風》也，《伯兮》也，《兔爰》也，《有女同車》也，《鴇羽》也，《山有扶蘇》也，《狡童》也，《褰裳》也，《二子乘舟》也，《芄蘭》也，《墻有茨》也，《鶉之奔奔》也，《桑中》也，《東方未明》也，《盧令》也；莊王之世詩九篇；《揚之水》也，《風雨》也，《南山》也，《東方之日》也，《猗嗟》也，《甫田》也，《載驅》也，《何彼穠矣》也，《雞鳴》也；僖王之世詩二篇，《大車》也，《無衣七兮》也；惠王之世詩十六篇，《君子陽陽》也，《防有鵲巢》也，《伐檀》也，《園有桃》也，《河廣》也，《干旄》也《竹竿》也，《載馳》也，《泉水》也，《有狐》也，《清人》也，《木瓜》也，《定之方中》也，《采苓》也，《陟岵》也，《葛生》也；襄王之世詩十五篇，《有杕》也，《權輿》也，《十畝之間》也，《蜉蝣》也，《候人》也，《渭陽》也，《羔裘豹袪》也，《有杕之杜》也，《鳲鳩》也，《羔裘如濡》也，《閟宫》也，《有駜》也，《駉》也，《晨風》也，《黄鳥》也；頃王之世詩一篇，《碩鼠》也，定王之世詩八篇，《彼汾沮洳》也，《株林》也，《東門之楊》也，《東門之池》也，《月出》也，《澤陂》也，《旄丘》也，《式微》也；景王之世詩二篇，《子衿》也，《丰》也；敬王之世詩一篇，《下泉》也。雖《風》《雅》《頌》混而不分，其義專主《孟子》所云『誦其詩，論其世』，故其書亦有足取〔一〕，非豐氏《魯詩》徒變亂經文者比也。至若以《草蟲》爲《南陔》《菁菁者莪》爲《由儀》《緜蠻》爲《崇丘》，皆出于臆見，不足信矣。」

凌濛初《聖門傳詩嫡冢》十六卷附録一卷　《言詩翼》六卷　《詩逆》六卷

濛初，字稚成〔二〕，烏程人。

章調鼎《詩經備考》二十四卷

調鼎，字玉鉉，富順人。

錢天錫《詩牖》十五卷

天錫，字公永，竟陵人。天啓進士，官至僉都御史。

　天錫《自序》略曰：「他經可以詁解，《詩》當以聲論，以聲感者于性近，牖民孔易，亦求之于性情之間而已。」

唐汝諤《毛詩微言合參》八卷〔三〕

汝諤，字士雅，華亭人。天啓中，以歲貢官常熟縣教諭。

〔一〕書　文淵閣本作「詩」。
〔二〕稚　文淵閣本作「雉」。
〔三〕毛詩　文淵閣本同，《總目》卷一七作「詩經」。

汝諤《自序》略曰：「朱子掊擊《小序》，而後人復左袒漢儒，又如呂氏《詩記》、嚴氏《詩輯》，與朱《傳》抗衡。揆之數者，不無附會矯枉之疑。國朝纂修《大全》。屏黜與朱《傳》相左者，故注疏之説不收，而諸家之説亦無所發明。因采擇箋疏，輯成此書，欲補《大全》所未備云。」

黄文焕《詩經考》十八卷

文焕，字維章，永福人。天啓進士。崇禎中，由山陽縣知縣擢翰林院編修。

聞性道《㲺泉手學》二卷

性道，字大直，鄞縣人。

〈臣等謹案：是書取豐坊所作《子貢詩傳》《申培詩説》二書，合爲一編，以篆文與釋文皆出手抄，故謂之手學〔一〕。

顧懋樊《桂林詩正》八卷

懋樊，見易類。

〔一〕手　文淵閣本作「古」。

張溥《詩經注疏大全合纂》三十四卷

溥，字天如，太倉人。崇禎進士，改庶吉士。事迹具《明史·文苑傳》。

朱朝瑛《讀詩略記》六卷

朝瑛，見易類。

臣等謹案：朝瑛論《詩》以《小序》首句爲主，其説本于蘇轍。然謂鄭詩不特辭不淫，聲亦不淫，則夫子所謂鄭聲淫者，當作何解？此其憑臆妄談，真蘇軾所云：「喜爲異説而不讓，敢爲高論而不顧者也。」

萬時華《詩經偶箋》十三卷

時華，字茂先，南昌人。

陳組綬《詩經副墨》八卷

組綬，字伯玉，武進人。崇禎進士，官兵部主事。

范王孫《詩志》二十六卷

王孫，字士文，休寧人，寄籍錢塘。

陸元輔曰：「雜采古今諸儒之説而編次之，至陳際泰、顧夢麟而止，金聲爲之序。」

陳子龍《詩問略》一卷

子龍，字人中，一字卧子，華亭人。崇禎進士，官紹興府推官。後魯王以爲兵科給事中，事敗被執，乘間投水死。

臣等謹案：子龍于乾隆四十一年賜謚忠裕。

毛晉《毛詩陸疏廣要》二卷

晉，原名鳳苞，字子晉，常熟人。明末諸生。

臣等謹案：陸璣原書已載馬《考》，此爲晉所自編。原書二卷，此則于每卷又分上下卷〔一〕，徵引繁富，考訂亦頗不苟。

賀貽孫《詩觸》四卷

貽孫，字子翼，蘇州人。

陳元亮《鑑湖詩説》四卷

元亮，字寅倩，山陰人。

〔一〕上下　文淵閣本作「二子」。

詹雲程《詩經精意》無卷數

雲程，字念庭，江西人。

劉敬純《詩意》無卷數

敬純，武進人。

欽定續文獻通考·經籍考卷十

經 禮

《宋史·藝文志》禮類一百十三部一千三百九十九卷。不著録者二十六部四百六十九卷。

《遼》《金》《元》三史不立藝文志，散見各紀傳中。

《明史·藝文志》禮類一百七部一千一百二十一卷。

臣等謹案：馬端臨所載禮經次第，《儀禮》在前，《周禮》《禮記》在後，今仍其舊。

宋

陸佃《儀禮義》十七卷

佃，字農師，山陰人。熙寧進士，累官尚書左丞。

楊復《儀禮圖》十七卷附《儀禮旁通圖》一卷

復，字茂才，號信齋，福州人。贈文林郎。

復《自序》略曰：「學者多苦《儀禮》難讀，雖韓昌黎亦云：『何爲其難也？』莫難明于《易》，可以象而求；莫難讀於《禮》，可以圖而見，圖亦象也。曩從先師朱文公讀《儀禮》，求其解而不可得，則擬爲圖以象之，圖成而義顯[一]。凡位之先後秩序，物之輕重權衡，禮之恭遜文明，仁之忠厚懇至，義之時措從宜，智之文理密察，精粗本末，昭然可見。嚴陵趙彦肅嘗作《特牲》《少牢》二禮圖，質之先師，先師喜曰：『更得冠昏圖及堂室制度并考之，乃爲佳耳。』蓋《儀禮》原未有圖，故先師欲與學者考定以成之也。復今所圖者，則高堂生十七卷之書也，釐爲家、鄉、邦、國、王朝，喪祭禮則因先師《經傳通解》之義例，附《儀禮旁通圖》于其後，則制度名物之總要也，庶幾其或有以得先師之心焉。」

陳普《序》略曰：「大淵獻之歲，昭武謝子祥刊《儀禮》本經十七篇，及信齋楊氏圖成，奕然孔壁淹中之出世也。秦漢以來，十七篇賴高堂生、鄭注、賈疏，千有餘年，綿綿如絲，而荆舒王氏加踐迹之[二]。舉子不習書史，不陳晦翁、勉齋、信齋師弟之扶持，力倍于高堂生、鄭、賈，心與周、孔、顏、孟同其勞，亦僅不滅而已。子祥之書，救焚拯溺之功，景星慶雲之瑞，是經雖微，士冠、昏、喪、祭，卿相見，大夫祭，幸皆無恙，天子、

[一] 成　文淵閣本作「存」。
[二] 迹　文淵閣本作「籍」。

諸侯亦幸存一二。故晦翁《通解》、勉齋《喪禮》、信齋《祭禮》,得以爲依據,三十九篇髣髴乎不亡矣。然則十七篇之存,固亦有天意,廢之者有餘罪,興之者誠有莫大之功也。三百之數不可考,以圖概之三十九篇,疑可得三千,在三百中亦可舉。其《旁通圖》名物制度尤明,盡合十七篇,圖而熟之,既無昌黎難讀之患,而古人太平之具,一朝而在我矣。」

臣等謹案:復有《儀禮經傳通解續》十四卷,已見馬《考》注中,兹不複載。

魏了翁《儀禮要義》五十卷

了翁,見易類。

元

敖繼公《儀禮集説》十七卷

繼公,字君善,福建長樂人,寓居湖州。邃通經術,趙孟頫師事之。平章高彦敬薦于朝,授信州教授。

繼公《自序》曰:「周公此書,乃爲侯國而作,而王朝之禮不與焉,何以知其然也?書中十七篇,《冠》《昏》《相見》《鄉飲》《鄉射》《士喪》《既夕》《士虞》《特牲饋食》凡九篇,皆言侯國之士禮;《少牢饋食》上下二篇,皆言侯國之大夫禮;《聘》《食》《燕》

《大射》四篇，皆言諸侯之禮；惟《覲禮》一篇，則言諸侯朝天子之禮，然主於諸侯而言也；《喪服》篇中，言諸侯及公子、大夫、士之服詳矣，其間雖有諸侯與諸侯之大夫爲天子之服，然亦主于諸侯與其大夫而言也。然則聖人必爲侯國作此書者，何也？夫子有言曰：『夫禮，必本於天，殽於地，列於鬼神，達於喪、祭、冠、昏、射、御、朝、聘，聖人以禮示之〔一〕，故天下國家可得而正也。』以夫子此言證之，則是書也，聖人以其爲正天下之具也歟？故當是時，天下五等之國，莫不寶守是書，而藏之有司，以爲典籍，無事則其君臣相與講明之，有事則皆據此以行禮。又且班之於其國，以教其人，此有周之時，所以國無異禮，家無殊俗，兵寢刑措以躋太平者乎？其後王室衰微，諸侯不道，惡典籍之不便於己而皆去之，則其晶之受于王朝者，不復藏於有司矣；晶之藏於有司者，或私傳於民間矣。此十七篇所以不絶如綫而幸存，以至今日也。或曰：『此十七篇爲侯國之書固也，豈其本數但如是而已乎？抑或有遺亡而不具者乎？』曰：『是不可知也。經之言《士禮》特詳，其於大夫則但見其祭祀耳，而其昏禮、喪禮則無聞焉，此必其遺亡也。公食大夫，《禮》云「設洗如饗」，謂如其公饗大夫之禮也，而今之

〔一〕示 文淵閣本作「守」。

經乃無是禮焉；又諸侯之有覲禮，但用於王朝耳；若其邦交亦有相朝相饗相食之禮；又諸侯亦當有喪禮、祭禮，而今皆無聞焉，是亦其亡逸者也。然此但以經之所常言禮之所可推者而知之，況其間又有不盡然者乎？則是經之篇數本不止於十七，亦可見矣。但不知諸侯既去其籍之後即失之耶？抑傳之民間久而後失也？是皆不可得而考矣。』」

又《後序》曰：「《禮古經》十七篇，其十三篇之後皆有《記》，四篇則無之。四篇者，《士相見》、《大射》、《少牢》上下也，以意度之，此四篇未必無記，或有之而亡逸耳。夫記者，乃後人述其所聞，以足經意者也。舊各置之於其本篇之後者，所以尊經而不敢與之雜也。朱子作《儀禮經解》，乃始以記文分屬於經文每條之下，謂以從簡便。予作《集説》，而於此則不能從也。何以言之？《儀禮》諸篇之記，有特爲一條而發者，有兼爲兩條而發者，亦有兼爲數條而發者，亦有經義之外别見他禮者，若其但爲一條而發者，固可用《通解》之例矣，非是則未見其可也，何則？《通解》之書規模大而篇數繁，其記文有不可附於本條每篇之下者，則或於其篇末見之，否則於他篇附之。故雖未必盡如其所謂以從簡便之説，而於其記文，亦皆包括而無所遺也。然以記者之意考之，則亦不爲無少異矣。予之所撰但十七篇之《集説》耳，若亦用此法，則所遺不既多乎？故不若仍舊貫之爲愈，而不敢效朱子《通解》之爲也。」

張萱曰：「敖注多仍舊文，與朱子《通解》稍異。」

吴澄《儀禮逸經》二卷

澄，見易類。

澄《自序》曰：「漢興，高堂生得《儀禮》十七篇。後魯恭王壞孔子宅，得古文《禮經》於壁中，凡五十六篇，河間獻王得而上之。其十七篇與《儀禮》正同，餘三十九篇藏在秘府，謂之《逸禮》。哀帝初，劉歆欲以列之學官，諸博士不肯置對，竟不得立。孔、鄭所引《逸禮》，《中霤禮》《禘於太廟禮》《王居明堂禮》皆其篇也。唐初猶存，諸儒曾不以爲意，遂至於亡。今所纂八篇，其二取之《小戴記》，其三取之《大戴記》，其三取之鄭氏注。《奔喪》也，《中霤》也，《禘於太廟》也，《王居明堂》也，固得《逸禮》三十九篇之四，而《投壺》之類，未有考焉。疑《古禮》逸者甚多，不止於三十九篇也。《投壺》《奔喪》篇首與《儀禮》諸篇之體如一。《公冠》等三篇雖已不存，此例蓋作記者删取其要以入《記》，非復正經全篇矣。《投壺》大、小戴不同，《奔喪》與《逸禮》亦異，則知此二篇亦經刊削，但未如《公冠》等篇之甚耳。五篇之經文，殆皆不完，然實爲《禮經》之正篇，則不可以其不完而擯之於《記》。故特纂爲《逸經》，以續十七篇之末。若至《中霤》以下三篇，其經亡矣，而篇題僅見於注家，片言隻字之未泯者，猶必收拾而不敢遺，亦我愛其禮之意也。」

明

林烈《鄉射禮儀節》無卷數

烈，福州人。

烈《自序》曰：「嘗於其鄉之嵩陽社創設射圃，擇子弟一百七十三人，每月朔望行古鄉射之禮，因作是書。」

郝敬《儀禮節解》十七卷

敬，見易類。

朱朝瑛《讀儀禮略記》十七卷

朝瑛，見易類。

以上儀禮

欽定續文獻通考·經籍考卷十一

經 禮

宋

俞庭椿《周禮復古編》一卷

庭椿，字壽翁，臨川人。乾道進士，官古田令。

朱彝尊曰：「俞氏《復古編》以《天官》之屬《獸人》《獻人》《鼈人》《獸醫》《司裘》《染人》《追師》《屨人》《掌皮》《典絲》《典枲》，改入《冬官》。以《地官》之屬《鼓人》《舞師》，改入《春官》；《封人》《載師》《閭師》《縣師》《均人》《遂人》《遂師》《遂大夫》《土均》《草人》《稻人》《土訓》《山虞》《林衡》《川衡》《澤虞》《丱人》《角人》《羽人》《掌葛》《掌染》《草囿人》《場人》，改入《冬官》。以《春官》之屬《天府》《世婦》《内宗》《外宗》《大史》《小史》《内史》《外史》《御史》，改入《天官》；《典瑞》《典同》《巾車》《司常〔一〕》《冢人》《墓大夫》，改入《冬官》；以《夏官》之屬《弁師》《司弓矢》《稾人》《職方氏》《土方氏》《形方氏》《山師》《川師》《邍師》，改入《冬官》。以《秋官》之屬《大行人》《小行人》《司儀》《行夫》《掌客》《掌訝》《掌交》《環人》，改入《春官》。」

臣等謹案：庭椿是書，丘葵謂：「朱子一見，以爲《冬官》不亡，考索甚當，鄭、賈以來皆當退舍而明。」陳深、徐常吉痛駁之。具載朱彝尊《經義考》。深謂：「先王設五職以存其體，而虛其一以待用。司空有官而無職，自唐虞已然，因引禹以司空總百揆，召公以太保營洛，仲山甫以冢宰而城，齊召穆公平淮而亦以營謝。諸經傳爲證其說，以《冬官》爲有官無職，固未必然。然庭椿鑿空臆斷，竄亂聖經，實爲妄人之尤，丘葵所述，殆非朱子之言。葵即著《周禮全書》者，或以其書與己意合，託之朱子以自護焉耳。」

葉時《禮經會元》四卷

時，字秀發，自號竹野愚叟，錢塘人。淳熙中，進士及第，累官吏部尚書、寶文閣學士，提舉崇福宮。卒謚文康。

〔一〕常　文淵閣本作「裳」。

易祓《周官總義》三十卷

祓，見易類。

王應麟曰：「易氏《總義》云：府史胥徒，《通典》總言其爲六萬三千六百七十五人。愚考之《通典》，周官六萬三千六百七十五員，内二千六百四十三人，外諸侯國官六萬一千三十二人，此乃官數，非府史胥徒也。」

鄭伯謙《太平經國之書》十一卷

伯謙，字節卿，永嘉人。官衢州教授。

王與之《周禮訂義》八十卷

與之，字次點，樂清人。從松溪陳氏學。淳祐初，郡守趙汝騰進其書，授賓州文學。終通判泗州，年九十有七。

趙汝騰《進周禮訂義劄子》略曰：「諸經訓解，皆有先儒折衷彙集成書，獨二禮闕。《周禮》又不幸遭王安石不善用，以禍天下，學者望而疑之。雖程顥、程頤、張載三先生尊信此書，僅有緒言見於《語録》。近世大儒朱熹辨明甚至，皆有意表章之，然亦未嘗作爲訓義，以行於世。與之乃能徧營天下前後先儒講解，或一説之精，或一義之當，蒐獵無遺。間亦自附己見，剖析微渺，是非審確。故西山真德秀擊節是書，爲之序。德秀没,與之益加意,删繁取要,由博得約,今是書益精粹無疵矣[一],上可以裨聖明之治,下可以釋學者之惑,有功於六典甚多[二]。其爲人踐履無玷,守節不阿,皓首著書數種,《周官》特其一也。會秘省取其著書,敢以姓名聞。」

納喇性德《序》曰:「王與之《周禮訂義》載《宋史·藝文志》中。宋之群儒經義甚富,獨詮解《周禮》者寡,見於《志》者僅二十有二家而已。蓋自王安石當國,變常平爲青苗,藉口周官泉府之遺[三],作新經義,以所創新法,盡傳著之,又廢《春秋》,不立學官。於是與王氏異者,多説《春秋》而罷言《周禮》。若潁濱蘇氏、五峰胡氏,殆攻王氏,而并及《周禮》者歟?昔之言《周禮》者,鄭康成信爲周公成太平之迹,陸陲謂爲群經原本,王仲淹美其經制大備,朱子亦稱其廣大精密,非聖人不能作,則爲周秦古書無可疑者。東巖之説,謂周公將整六典以爲宅洛計,不幸没而成王不果遷,規模不獲。究其説,本鄭氏注而暢發之。至云《冬官》未嘗亡,錯見於五官中,則與臨川俞壽翁合。其編集諸家之説,宋儒自劉原父以下,凡四十五家,可謂詳且博矣。」

[一] 益精粹　文淵閣本作「亦精純」。
[二] 典　文淵閣本作「經」。
[三] 官　文淵閣本作「家」。

林希逸《鬳齋考工記解》二卷

希逸，字肅翁，福清人。端平進士，景定間官司農少卿，終中書舍人。

希逸《自序》曰：「《周禮》六官，其五官體制皆同，而《冬官》以《考工記》補之，又自一體，似造物之意，特亡彼而存此，以成此書之妙也。」又曰：「《冬官》司空掌百工之事，舜命共工即此職也，並之五官，其屬亦六十，此記祇三十官名，以考工者，考試百工之事而記之也。人生日用飲食，百工所爲，必備宫室舟車等制，十三卦所象，皆聖人所作也。生民之初，橧巢營窟而已，聖人既處之以宫室，衣毛之俗又易而衣裘，百工之事自此愈多矣。先王獨設一官以主之，至周尤詳。秦以來法度廢壞，漢宣帝總覈名實，至於百工技巧，咸精其能，此亦爲國急務也。」又曰：「《周官》六典本有六篇，當時所得祇五篇，故以《考工記》補之，此記原無『冬官』二字，乃漢人所增也。但文字簡古，必戰國以來先秦古書，如小戴《檀弓》一篇，《公羊》《穀梁春秋傳》，亦先秦古書也，蓋其文簡當且聱牙，非漢文字之比。漢人以金帛募書，多有僞作，如此等文字，非後世鉛槧書生所及也。」又曰：「此書續出，闕略不全，不止《韋氏》《裘氏》《段氏》等官而已。其先後次序，亦有參錯不齊，如攻木之工《輪》《輿》《弓》《廬》《匠》《車》《梓》，若以序言，當在上篇，今《梓》《廬》《匠》《車》《弓》皆在下篇，而其序亦自不同。

又《畫》《繢》二官，而止曰畫、繢之事，《玉人》亦然，意其全書，凡曰之事者，皆總言之，其列官自别，即《車人》之事，又有車人爲某可知也。況一官非止爲一事，如《輪人》《梓人》《匠人》《車人》，皆一官之名，而分主數事，惜乎其不全見也。」

朱申《周禮句解》十二卷

申，字繼顯〔二〕，贛州人。太學生。

《周禮集説》十卷

不著撰人名氏，前有元初陳友仁《序》。蓋友仁因宋人舊本重輯也。友仁，字君復，湖州人。

元

丘葵《周禮補亡》六卷

葵，字吉甫，莆田人。《閩書》作「同安人」。

朱彝尊曰：「丘氏更定《周禮·天官》之屬六十，《地官》之屬五十七，《春官》之屬

〔二〕顯　文淵閣本作「宣」。

六十，《夏官》之屬五十九[一]，《秋官》之屬五十九[二]，《冬官》補亡五十四，蓋合俞壽翁、王次點兩家之説而損益之。」

毛應龍《周禮集傳》十六卷

應龍，字介石，豫章人。大德間，爲澧州教授。

明

何喬新《周禮集注》七卷

喬新，字廷秀，江西廣昌人。景泰進士，官至刑部尚書，謚文肅。

喬新《自序》略曰：「《周禮》多錯簡，《冬官》未嘗亡也。臨川俞氏壽翁始悟《冬官》散見五官中，作《復古編》以正漢儒妄補之非。永嘉王氏次點亦作《周禮訂義》，以羽翼俞氏之説。其後臨川吴氏、清源丘氏各有考注，四家之説備矣。惜其得於此者，或失於彼，乃重加考訂。每篇首依鄭本列其目，存舊以參考也；次則取四家所論定其屬，正譌以從古也；黜《考工記》别爲卷，不敢淆聖經也。參考諸説，附以臆見，作《集注》，以俟後之君子擇焉。」

[一] 五十九　文淵閣本作「六十」。
[二] 九　文淵閣本作「七」。

魏校《周禮沿革傳》四卷

校，字子才，號莊渠，崑山人。弘治進士，累官太常卿。遷國子祭酒，未上卒，謚恭簡。事迹具《明史·儒林傳》。

季本《讀禮疑圖》六卷

本，見易類。

本《自序》曰：「孟子曰：『有布縷之征，粟米之征，力役之征，君子用其一，緩其二三者，之外別無征焉。』《周禮》之征，則不止此。蓋書成於戰國之士，中間多雜邪世之制，迂儒之談，而非由大本以行達道者也。當漢武時，其書始出，衆儒共排其非，至林孝存則曰『末世瀆亂，不經之書』，何休則曰『六國陰謀之書』。惟劉歆、鄭康成以爲周公致太平之迹。而朱子深信之，亦以爲周公遺典，又以爲聖人所作，必不會差；又謂《周禮》一書，亦是起草未曾得行；又謂周公晚年作此，小處或未及改，則以《周禮》爲未定之書也。予即平日之所疑者爲圖，旁引以辨證之，而一以《孟子》爲主。書凡六卷，其前三卷疑圖具在，見禮意焉；其後三卷則上敘《孟子》之言，以明本原，下評歷代之事，以備參考。」

舒芬《周禮定本》四卷

芬，見易類。

芬《自序》略曰：「東漢而下，是書與《儀禮》《戴記》並行。宋興，大儒輩出，表章遺經，於此蓋闕如。予自弱冠即好是書，隨所窺測，作爲《五官敘辨》五篇，《六官圖釋》一篇，《剔僞》一篇，既乃録成正經，重加校訂。其有逸於他書者，取而附之；錯於他官者，編而正之，題曰《周禮定本》。」

臣等謹案：芬是書大旨主俞庭椿「《冬官》不亡，雜出於五官中」之説，而復以己意進退之。庭椿之書，荒經蔑古，芬不能訂正其訛，乃師其意而加厲焉，甚且删削舊文，十幾二三，自命曰《定本》，傎彌甚矣。

唐樞《周禮因論》一卷

樞，見易類。

林兆珂《考工記述注》二卷

兆珂，見詩類。

陳深《周禮訓雋》二十卷

深，字子淵，長興人。嘉靖舉人，官雷州推官。

柯尚遷《周禮全經釋原》十四卷

尚遷,字喬可,號陽石山人,長樂人。嘉靖中貢生,官邢臺縣丞。

尚遷《自序》略曰:「《周禮》,周公之遺典也,古今相傳,漢本猶在,不敢移易。至臨川俞庭椿氏以爲《冬官》未嘗亡,實雜出於五官中,取四十九官以補《冬官》之闕,又分《大司徒》之半以爲《大司空》之職,著《復古編》以伸其說。嘉熙間,永嘉王次點又作《周禮訂義》。元泰定間,清源丘吉甫又以《序官》置各職之首,大加更定。而臨川吴氏又於《大司徒》補《孟子》五典於十二教之上,并去《序官》之文,始以《遂人》入《司空》。至本朝椒丘何氏,又復《序官》於諸職之前,以《大司樂》爲《司徒》之教,而《司勛》《司士》《太史》之屬,皆入《天官》,工作之事皆入《冬官》,則略倣我朝制度矣。至近時有《周禮》剔僞之作,又於諸職之文逐句删合,分別真僞,奪彼與此。夫《周禮》諸職之文,諸官之序,親出於周公所裁定,豈容一毫移易哉?一壞於諸侯害己之惡,遂合《冬官》於《地官》,使大典淆闕,幸而漢儒傳習,尚存古本,至宋俞氏再亂矣。王、丘、吴、何雖各自爲書,然諸職之文,則未嘗更也。至剔僞圖釋之書,則逐句逐字皆可去取更易矣。是今之《周禮》雖存,不過古人之事,料隨人意見即可爲書[一]，豈先王經世之典哉？愚研精覃思，會衆説而折其衷，是故復《遂人》以下爲《冬官》，而六典備；考鄉遂以下爲鄉官，而位職明；發在位之職與在職之位，而封建定；推師保練救之教[二]，而學校舉表宰夫、鄉師、遂師、肆師、士師以下爲六十屬，而三百六十之數定；取《司馬法》，以明井牧之制、簡稽之法，而軍制復辨九功非九職之税，而賦斂之法明；以九比爲九等之稽，上中下地有三類，而授田征役之施舍審[三]。至於辨天地分合祀之非，以明郊社禘嘗之義，則質之胡氏之論；推司樂三宫之制，爲古《雲門》《大韶》之樂，則聞之師説，敢竭鄙見，作釋原以發明之。其他先儒之論，有可采如葉氏、丘氏、李氏、鄭氏之類，能推明大義者，俱書於所釋之後。非敢繁也，俾聖經之大旨，敷暢闡明焉爾。」

臣等謹案：是書較俞庭椿之紛更割裂，差爲稍勝，然仍不免竄改經文，惟其訓詁經義，尚條暢分明，有所闡發云。

[一] 即 文淵閣本作「皆」。
[二] 練 文淵閣本作「諫」。
[三] 授 文淵閣本作「校」。

沈瑶《周禮發明》一卷

瑶,字林珍,德清人。嘉靖進士,官兵部郎中。

金瑶《周禮述注》六卷

瑶,見易類。

王應電《周禮傳》十卷　《圖説》二卷　《翼傳》二卷

應電,字昭明,號明齋,崑山人。魏校弟子。嘉靖中,避亂居江西,遂終於泰和。《明史·儒林傳》附《魏校傳》後。

史傳略曰:「應電謂《周禮》自宋以後,胡宏、季本各著書指摘其瑕釁,至數十萬言,而俞壽翁、吴澄則以爲《冬官》未嘗亡,雜見於五官中,而更次之。近世何喬新、陳鳳梧、舒芬亦各以意更定。然此皆諸儒之《周禮》也。覃研十數載,先求聖人之心,溯斯禮之源;次考天象之文,原設官之意,推五官離合之故,見綱維統體之極。因顯以探微,因細而釋大,成此書,以爲百世繼周而治,必出於此。就正羅洪先,洪先大服。胡松撫江西,刊行於世。」

楊豫孫曰:「明齋王先生受業於魏恭簡公校,尤嗜《周禮》,乃以其暇作《傳》,其最要者,『六官之相資』『四民之相轄』『《冬官》之不補』『《考工》之不録』及『不會國服』

諸篇，宛然睹聖人與其臣民之心相爲融洽，而非有所徇。至於六飲、九穀、屋粟、夫征之類爲時所急者，皆能以百姓之欲，破先儒之争。蓋先王之學，得禮之本，劉、鄭之所不能者，惟缺此耳。」

王志長《周禮注疏删翼》三十卷

志長，字平仲，崑山人。萬曆中舉人。《明史·文苑傳》附見其兄《志堅傳》中。

徐即登《周禮説》十四卷

即登，字獻和，又字德峻，號匡岳，豐城人。萬曆進士，官至河南按察使。

即登《自序》略曰：「《周禮》一書，聖人治天下之大經大法，而何儒者之疑信參焉？其冠各官之篇首，不曰設官分職，以爲民極乎？是故分之爲各職，治之法也；合之爲民極，治之本也。極也者，《詩》所云『四方之極』，《洪範》所謂『皇建其有極，用敷錫厥庶民者也』。此堯舜執中以來，聖聖相承，以治天下，而周公用之輔相成王，以致太平。若謂出於漢儒附會，豈惟非劉歆所能，恐董、賈亦莫之能也。愚故斷《周禮》爲聖人之書，不必考其六典之詳，而惟於爲民極之一言決之也。」

郭正域《批點考工記》一卷

正域，字美命，江夏人。萬曆進士，官禮部侍郎，謚文毅。

郝敬《周禮完解》十二卷

敬,見易類。

敬《自序》略曰:「《周禮》有《考工記》,亦猶《儀禮》諸篇,終各繫以《記》也。世儒不疑《儀禮》之記爲添補,何獨於《周禮》疑也?」

郭良翰《周禮古本訂注》六卷

良翰,字道憲,莆田人。萬曆中,以蔭官太僕寺寺丞。

良翰《自序》略曰:「六官,秦亡其一耳,自漢李氏上之河間,河間補以《考工》。《考工記》出,而《冬官》亡矣。其後俞庭椿、王次點、丘葵、吴澄、何喬新五家,或謂《冬官》錯簡於五官,取其類《冬官》者以爲《冬官》,而五官亡矣;又謂五官互有錯簡,并取五官之肖五官者,以參互於五官,而六官俱亡矣。總之五官,不離古文者近是。或曰:『然則《考工記》在所必削乎?』曰:『節取其辭,《冬官》無庸贅,五官無加損也。』吾之論《周禮》止於此,爰以弁《周禮》古本。」

郎兆玉《古周禮》六卷

兆玉,字完白,仁和人。萬曆進士。

孫攀《古周禮釋評》六卷

攀，字士龍，宣城人。

攀《自序》略曰：「臨川俞壽翁著《復古編》，謂《冬官》不亡，雜出五官之中。永嘉王氏因之，清源丘氏、臨川吴氏又因之。國朝盱江何司寇復加易置，雖若於六官無缺[一]，而非聖經之初矣。晉安柯氏又以《地官・遂人》屬《冬官》，黜《秋官・哲簇氏》《翦氏》《赤犮氏》《蟈氏》《壺涿氏》《庭氏》六官於《考工記》，而《考工記》不入其書，然鄉屬《司徒》而遂屬《司空》，抑又誖矣。《考工記》特以記語，諸君子不附於經，則輪輿、陶冶、弓車、廬梓諸人果可廢耶？宋朱周翰氏依鄭本爲《句解》，猶有未備，竊自忘固陋，偏閱諸家，黜者逆之還，納者送之返，釋而評之，便考鏡爾。」

徐昭慶《考工記通》二卷

昭慶，字穆如，宣城人。

陳仁錫《重校古周禮》六卷[二]

仁錫，見易類。

[一] 若　文淵閣本作「合」。
[二] 古　《總目》卷二三同，文淵閣本無。

張采《周禮注疏合解》十八卷

采,字受先,太倉人。崇禎進士,官臨川縣知縣。福王時,爲禮部員外郎。《明史·文苑傳》附見《張溥傳》中。

采《自序》略曰:「《周禮》爲諸儒襞裂,幾令人不及見古本節目。今是書行康成之學,將還舊觀。其經諸儒移置者,仍爲標指,以著訛謬,則益令正經顯白。但於漢唐注疏外,有參考衆家,釐紛整散者,則不得直名注疏,因題曰《周禮合解》。」

朱朝瑛《讀周禮略記》六卷

朝瑛,見易類。

程明哲《考工記纂注》二卷

明哲,字如晦,歙縣人。

《周禮説略》六卷

不著撰人名氏。

《周禮文物大全》無卷數

不著撰人名氏。

以上周禮

欽定續文獻通考·經籍考卷十二

經

禮

宋

袁甫《蒙齋中庸講義》四卷

甫，字廣微，鄞縣人。嘉定進士，官至吏部侍郎兼國子監祭酒，權兵部尚書。謚正肅。

黎立武《中庸指歸》一卷　《中庸分章》一卷　《大學發微》一卷　《大學本旨》一卷

立武，字以常，號元中子，新喻人。咸淳進士，官國子司業。宋亡不仕，閒居三十年終。

趙秉文《序》略曰：「《中庸指歸》首以正位居體釋所以名中之義，其説曰：『《乾》九二，人道之始，故稱龍德正中，中之體也；《坤》六五，心君之位，故稱黄中通理，中之位也。』帝降衷，民受中，萬化之所由出也。作《大學發微》曰：『《大學》，曾子之書，一書之功在于止善。』止善之説，蓋取諸《艮》。曾子嘗稱《艮》象曰：『君子思不出其位，厥旨甚深，所謂一以貫之者，此也夫。』《易》冒天下之道，《中庸》《大學》實出于《易》。先生提綱舉要，統宗會元，由是天人相與之際，體用一原之實，昭徹無間。既又原作者之意，爲《中庸分章》，以見繩聯珠貫之妙。據舊文之古，爲《大學本旨》，以訂夫更定錯簡之疑，備論詳説，歸其有極。先生有功于聖門，有賜于後學，可謂遠且大矣。」

朱彝尊曰：「黎氏《中庸》分爲十五章，自『天命之謂性』至『萬物育焉』爲第一章，『仲尼曰』至『唯聖者能之』爲第二章，『君子之道費而隱』至『察乎天地』爲第三章，『子曰道不遠人』至『胡不慥慥爾』爲第四章，『君子素其位而行』至『反求諸其身』爲第五章，『君子之道』至『父母其順矣乎』爲第六章，『子曰鬼神之爲德』至『治國其如示諸掌乎』爲第七章，『哀公問政』至『不誠乎身矣』爲第八章，『誠者天之道也』至『明則誠矣』爲第九章，『唯天下至誠』至『故至誠如神』爲第十章，『誠者自成也』至『純亦不已』爲第十一章，『大哉聖人之道』至『而蚤有譽于天下者也』爲第十二章，『仲尼祖述堯舜』至『此天地之所以爲大也』爲第十三章，『唯天下至聖』至『其孰能知之』爲第十四章，『《詩》曰「衣錦尚絅」』至『無聲無臭，至矣』爲第十五章。各繪一圖，大指謂《中庸》之道出于《易》，蓋主郭氏父子兼山白雲之説者。」

又曰：「黎氏《大學》，其詮『格物致知』云，格物即『物有本末』之物，致知即『知所先後』之知，蓋通徹物之本末，事之終始，而知用力之先後耳。夫物孰有出于身心家國天下之外者哉？天下之本在國，國之本在家，家之本在身，身之主在心，心之發爲意，此物之本末也。誠而正，正而修，修而齊，齊而治，治而平，此事之終始也。本始，先也；末終，後也。而曰知所先後者，其究在乎知止而已。其後心齋王艮亦云：『格物者，格其物有本末之物；致知者，致其知所先後之知。』心齋雖爲姚江之學，而其論格物與師説不同，語本于黎氏也。」

張虙《月令解》十二卷

虙，字子宓，慈谿人。慶元進士，官至國子監祭酒，謚文靖。

史傳略曰：「端平元年，虙爲國子司業兼侍講，謂《月令》之書雖出于呂不韋，然人主後天而奉天時，此書不爲無助，乃爲《月令解》十二卷以進。」

謝枋得《批點檀弓》二卷

枋得，字君直，號疊山。信州弋陽人，寶祐進士，累官江西招諭使。事迹具《宋史·忠義傳》。

金履祥《大學疏義》一卷

履祥,見書類。

元

吳澄《禮記纂言》三十六卷　《月令七十二候集解》一卷

澄,見易類。

澄《自序》略曰:「《小戴記》三十六篇,澄所序次。漢興,得先儒所記禮書二百餘篇,大戴氏删合爲八十五,小戴氏又損益爲四十三。《曲禮》《檀弓》《雜記》分上下,馬氏增以《月令》《明堂位》《樂記》,鄭氏爲之注,總四十九篇。諸篇出于先儒著作之全書者無幾,多是記者旁搜博采,勦取殘篇斷簡,薈萃成書,無復詮次,讀者每病其雜亂而無章。朱子嘗與東萊先生吕氏商訂「三禮」篇次,欲取《戴記》中有關于《儀禮》者附之經,其不係于《儀禮》者,仍別爲記。吕氏既不及答,而朱子又不及爲,幸其大綱存于文集,猶可考也。晚年編校《儀禮》經傳,則其條例與前所商訂又不同矣。其間所附《戴記》數篇,或削本篇之文,而附以他篇之文。今則不敢改正,就本文科分櫛剔,以類相從,俾其上下章文意聯屬。章之大旨,標識于左,庶讀者開卷瞭然。若其篇第,則《大學》《中庸》,程子、朱子既表章之,與《論語》《孟子》並而爲《四書》,固不容復附之禮篇。而《投壺》《奔喪》，禮之正經，亦不可以雜之于《記》，其《冠義》《昏義》《鄉飲酒義》《射義》《燕義》《聘義》六篇，正釋《儀禮》，別輯爲《傳》，以附經後。此其外猶三十六篇，曰通禮者九，《曲禮》《内則》《少儀》《玉藻》通記大小儀文，而《深衣》附焉；《月令》《王制》專記國家制度，而《文王》《世子》《明堂位》附焉。曰喪禮者十有一，《喪大記》《雜記》《喪服小記》《服問》《檀弓》《曾子問》六篇記喪，而《大傳》《閒傳》《問喪》《三年問》《喪服四制》五篇則喪之義也。曰祭禮者四，《祭法》一篇記祭，而《郊特牲》《祭義》《祭統》三篇則祭之義也。曰通論者十有二，《禮運》《禮器》《經解》一類，《哀公問》《仲尼燕居》《孔子閒居》一類，《坊記》《表記》《緇衣》一類，《儒行》自爲一類。《學記》《樂記》，其文雅馴，非諸篇比，則以爲是書之終。嗚呼！由漢以來，此書千有餘歲矣，其顛倒糾紛，至朱子始欲爲之是正，而未及竟，豈無所望于後之人歟？用敢竊取其意修而成之。」

陳澔《禮記集説》十卷

澔，字可大，江西都昌縣人。父大猷，號東齋，饒雙峰弟子，著《書傳會通》十一卷，尤精于《禮》。澔承家學，作《集説》，學者號雲莊先生。從祀孔子廟庭。

澔《自序》略曰：「《戴記》四十九篇，雖純駁不同，然義之同異淺深，誠未易言也。

鄭氏祖讖緯，孔疏惟鄭之從，雖有他説，不復收載，固爲可恨。然其灼然可據者，不可易也。近世應氏《集解》于《雜記》《大》《小記》諸篇皆缺而不釋。噫，『慎終追遠』，其關于人倫世道，非細故而可略哉！先君子師事雙峰先生十有四年，以是經三領鄉書，爲名進士，所得于師門講論甚多，中罹煨燼，隻字不遺。不肖孤僭不自量，薈萃衍繹，而附以臆見，名曰《禮記集説》。蓋欲以坦明之説，使初學讀之即了其義，庶幾章句通，則藴奥自見。正不必高爲議論，而卑視訓詁之辭也。」

景星《大學中庸集説啓蒙》二卷

星，號訥菴，餘姚人。

《中庸合注》一卷

不著撰人名氏。前有吴澄序。

明

《禮記大全》三十卷

胡廣等奉敕撰。

魏校《大學指歸》二卷附《考異》一卷

校，見周禮類。

廖紀《大學管窺》一卷　《中庸管窺》一卷

紀，字時陳，號龍灣，東光人。弘治進士，官至吏部尚書。謚靖僖。

穆孔暉《大學千慮》一卷

孔暉，字元庵，堂邑人。弘治進士，官至翰林院侍講學士。謚文簡。

楊慎《檀弓叢訓》二卷

慎，字用修，號升菴，新都人。正德辛未進士第一，授翰林院修撰。以諫大禮，謫戍滇中。

戴冠《禮記集説辨疑》一卷

冠，字章甫，長洲人。以選貢授紹興府訓導。

黄乾行《禮記日録》三十卷

乾行，字玉巖，又字大同，福寧人。嘉靖進士，累官重慶府知府。

宗周《就正録禮記會要》六卷

周，字維翰，興化人。嘉靖舉人，官知府。

王覺《禮記明音》二卷

覺，號溝東，江陰人，《江南通志》作「武進人」。嘉靖進士。

徐師曾《禮記集注》三十卷

師曾,見易類。

聞人德行《禮記要旨補》十卷

德行,字越望,餘姚人。嘉靖進士。

徐養相《禮記輯覽》八卷

養相,睢陽衛籍,鳳陽人。嘉靖進士。

馬時敏《禮記中説》三十六卷

時敏,字晉卿,陳留人。隆慶時貢生[一]。

李經綸《大學稽中傳》三卷

經綸,字大經,號寅清,南豐人。正嘉間諸生。

蔡悉《大學注》一卷

悉,見書類。

[一] 時貢生 文淵閣本同,浙江書局本作「進士」。

劉元卿《大學新編》五卷

元卿，見易類。

方時化《中庸點綴》一卷

時化，見易類。

郝敬《禮記通解》二十二卷

敬，見易類。

朱泰貞《禮記意評》四卷

泰貞，字道子，海鹽人。萬曆進士，官監察御史。

湯三才《禮記新義》三十卷

三才，字中立，丹陽人。

姚舜牧《禮記疑問》十二卷

舜牧，見易類。

童維巖《禮記新裁》三十六卷

維巖，字叔嶷，錢塘人。

姚應仁《檀弓原》二卷　《大學中庸讀》二卷

應仁,字安之,徽州人。

張鳳翔《禮經集注》十七卷

鳳翔,字蓬元,堂邑人。萬曆進士,官至兵部尚書。

楊梧《禮記説義集訂》二十四卷

梧,字鳳閣,一字嶧珍,涇陽人。萬曆舉人,官青州府同知。

湯道衡《禮記纂注》三十卷

道衡,字平子,丹陽人。萬曆進士,官至僉都御史,巡撫甘肅。

陳鴻恩《禮記手書》十卷

鴻恩,黄岡人。萬曆舉人。

林兆珂《檀弓述注》二卷

兆珂,見詩類。

陳與郊《檀弓輯注》二卷

與郊,字子野,海寧人。萬曆進士,官至太常寺少卿。

趙南星《學庸正説》三卷

南星，字夢白，號儕鶴，高邑人。萬曆進士，官至吏部尚書，以忤魏忠賢削籍謫戍。崇禎初，追謚忠毅。

劉斯源《大學古今通義》十二卷〔一〕

斯源，字憲仲，臨潁人。

徐昭慶《檀弓通》二卷

昭慶，見周禮類。

黄道周《月令明義》四卷　《表記集傳》二卷　《坊記集傳》二卷　《緇衣集傳》四卷　《儒行集傳》二卷

道周，見易類。

鄭開極《月令明義序》略曰：「石齋先生《月令明義》以二十四氣歸于中五，洛書以九，律吕以八，歲閏以成，曆象以定，故有氣候生合之圖。禮樂之作，本于五行，行政施令本于《易》象，中星既定，四方爲則，故有中星卦體之圖。王道首重農事，致治

〔一〕義　文淵閣本同，《總目》卷三七作「考」。

在乎得人,得失在乎法古,凡古今之建言行事,合于《月令》者悉附焉。」

又《表記》《坊記》《緇衣》《儒行集傳序》略曰:「孔子之語言問難,其門弟子備録而無遺,《魯論》《孝經》而外,見于《曲》《臺》所載。《表記》《坊記》《緇衣》《儒行》諸篇,蓋聖人以是非予奪,立天下之坊;以立身踐言,正天下之表。好賢則其表益端,知人則其坊益慎。石齋先生《集傳》之義,其在斯乎!學者以存誠爲表,以遏欲爲坊,好德以法《緇衣》,力學以敦《儒行》,由是而揚庭致用、青史流徽也。而所望于修身踐言者,則尤取乎《儒行》焉。」

道周《儒行集傳自序》略曰:「古未有稱儒者,魯之稱儒,有道藝之臣,伏而未仕者也。其首行曰待聘、待問、待舉、待取者,需也,故儒之爲言需也。《易》曰:『雲上于天,需天下所待其膏雨者也。』而説者以爲柔懦,故天下無知儒者也。天子無儒臣,則道義不充,禮樂不作,亂賊恒有;天下無儒學,則驕慢上陳,貪鄙下行,寇攘穿窬竊于高位,而賢人之德業皆熄矣。仲尼故舉十七種以明之,先于學問,衷于忠信,而歸之于仁。故仁者,儒者之質也。夫子既知儒之實,不疑于名,因而求之,得其數種,皆足以爲治。其無當于是,雖習章句,被文繡,皆小人之儒也。使後之天子,循名考實,知人善任,爲天下得人,不以爵禄爲宵小僥倖,不以黼黻驕于士大夫。故其懸鑑甚定，取舍甚辨，則備取諸此也。」

許兆金《説禮約》十七卷

兆金，字丙仲，餘姚人。天啓時貢生，官弋陽縣知縣。

楊鼎熙《禮記敬業》八卷

鼎熙，字緝庵，京山人。崇禎舉人。

朱朝瑛《讀禮記略記》四十九卷〔一〕

朝瑛，見易類。

牛斗星《檀弓評》二卷

斗星，里貫無考。嘗補訂陳禹謨《四書名物考》，蓋天崇間人也。

謝文洊《學庸切己録》二卷

文洊，字約齋，號程山，南豐人。

以上禮類

〔一〕四十九卷　《總目》卷二四同，文淵閣本作「無卷數」。

宋

傅崧卿《夏小正戴氏傳》四卷

崧卿，字子駿，山陰人。舉進士，累官給事中。

崧卿《自序》略曰：「崧卿少時讀《禮記》，至孔子得夏時于杞，鄭氏注曰：『夏四時之書也，其存者有《小正》。』而鄭注《月令》引《小正》者八，辭大抵約嚴，不類秦漢以來文章，信其爲有夏氏之遺書。顧欲睹其全，未之得。政和中，閱外兄關澮藏書，始得而讀之。蓋夏之《月令》也，闕本合傳爲一卷，而不著作傳人名氏。案《漢》《唐·藝文志》不載，惟《隋志》有其目，曰『《夏小正》一卷，戴德撰』，疑澮所藏即此書。後讀孔穎達之《禮記正義》，其疏《月令》注曰《夏小正》，《大戴禮》之篇名也。因求集賢所藏《大戴禮》版本參較，信然。《漢》《唐·志》既録戴氏《禮》矣，此書宜不別見，抑不知取戴《禮》爲此書自何代？始意者隋重賞以求逸書，進書者遂多以微賞帛，故離析篇目而爲此乎？有司受此，又不加辨，而作《志》者亦不復考。且《小正》夏書，德所撰傳爾，而《隋志》云然，可謂疏矣。德，西漢梁人，與聖俱受《禮》后蒼，號大戴，嘗爲信都太傅。而集賢《大戴禮》，其前乃云漢九江太守戴德撰。以《儒林傳》考之，爲九江太守者，聖也。書藏集賢蓋久，無有正其訛謬者，使世無漢史，而《大戴禮》獨傳，後人詎復有知德爲信都太傅者與？由是知前代書因陋承訛，流傳及今，不可復辨者，蓋多矣，豈特是書也哉？關本《戴禮》，皆以《夏小正》文錯諸傳中，渾渾之書，雜以漢儒文詞，醇駁弗類，且所訓疑有失本旨者，乃倣《左氏春秋》例，正文在前，而附以傳，自爲一篇，凡十有二篇，釐爲四卷，名曰《夏小正》戴氏傳。關本簡編失倫，悉以《大戴禮》是正，兩書互有得失，或字衍脱不同，則擇其善者從之，仍注其下，而闕其可疑者。《大戴禮》無注釋，關本注釋二十三處，懼與今注相糅，則云舊注别之，來者宜詳焉。」

以上附録《大戴禮》

宋

《禮經奥旨》一卷

舊題鄭樵撰。

臣等謹案：其文即《六經奥論》之一。《六經奥論》爲危邦輔所作，託之鄭樵。此摘其一卷，别立書名，尤僞中之僞也。

《三禮考》一卷

舊題真德秀撰。

臣等謹案：是書諸家書目不著録，惟曹溶《學海類編》載之。書止五頁，内引元丘葵《更定周禮》及吴澄《三禮考注》，其僞不待辯也。

元

吴澄《三禮考注》六十四卷

澄，見易類。

楊士奇《跋》略曰：「吴文正公澄用朱子之意，考定爲《儀禮》十七篇，《儀禮逸經》八篇，《儀禮傳》十篇，《周官》六篇，《考工記》别爲一篇，見公《文集》中《三禮敘録》及《虞文靖公行狀》。聞故老言，吾邑康震宗武受學于公，元季兵亂，其書藏康氏。亂後，郡中晏璧彦文從康之孫求得之，遂掩爲己有。余近于鄒侍講仲熙家，見璧所録初本，注内有稱『澄曰』者，皆改作『先君曰』，稱『澄案』者，改作『愚謂』，用粉塗其舊而書之，其迹隱隱可見。至後《曲禮》八篇，皆無所塗改，與向所聞頗同，遂與鄒各録一本。凡其塗改者，皆從舊書之，而參之敘録，其篇數增損不同。《敘録》補《逸經》八篇：《投壺》《奔喪》《公冠》《諸侯遷廟》《諸侯釁朝》之外，《中霤》《禘于太廟》《王居明堂》三篇，其經亡矣，篇題僅見于鄭注。片言隻字之未泯者，必收拾而不敢遺。今此書《逸禮》止六篇，而《中霤》《禘于太廟》其篇題皆不著敘録；《儀禮傳》十篇，此書增入《服義》《喪大記》《喪義》《祭法》《祭義》五篇敘録；正經及傳之外，其餘悉歸之《戴記》。

此書傳後復增《曲禮》八篇，凡增十三篇。其中固有載入《禮記纂言》者，不當復出也。文正分《禮》爲經，《義》爲傳，今此書《禮》《義》悉混淆無别。又其卷首亦載《敘録》，而與卷中自有不合者，决非其孫富所爲，豈壁所增耶？」

鄭瑗曰：「《三禮考注》或謂非吴文正公書，考公年譜行狀，皆不言嘗注此書。楊東里謂其編次時與《三禮敘録》不同。予案《巵言集·周禮敘録》，但云：『《冬官》雖缺，今姑仍其舊。而《考工記》别爲一卷，附之經後。』今此書篇首亦載《敘録》，乃更之，曰：『《冬官》雖缺，以《尚書·周官》考之，《冬官》司空掌邦土，而雜于《地官》司徒掌邦教之中，今取其掌邦土之官，列于司空之後，庶乎《冬官》不亡。』《巵言敘録》云：『《儀禮》傳十篇，澄所纂次。』而此書十字下乃加五字，此蓋或者欲附會此書出于公手，故揭公《敘録》，置之篇首，又從而附益之耳。且觀其考次，亦不能無可疑者，如《春官》大司樂之下，皆取而歸之司徒；《地官》中小司徒之職，則取而歸之司空。然觀《周書》穆王命君牙爲司徒，而有『祁寒暑雨，小民怨咨，思艱圖易，民乃寧』之語，又云：『宗伯治神人，和上下』。《周禮·春官》大宗伯之職，亦云：『以天産作陰德，以中禮防之；以地産作陽德，以和樂防之。以禮樂合天地之化，百物之産，以事鬼神，以諧萬民，以致百物。』與《周書》之言，實相表裏。由是觀之，則司徒豈專掌教而不及養，宗伯豈專掌禮而不及樂乎？《敘録》所纂《儀禮逸經》，文僅存者止五篇，《公冠》《諸侯遷廟》《諸侯釁廟》《投壺》《奔喪》也，云《中霤》《禘于太廟》《王居明堂》三篇，其經亡矣。此乃以《大戴·明堂篇》補《王居明堂》，其詞云：『朱草日生一葉，至十五日生十五葉，十六日一葉落，終而復始。』此緯書野史之説，皇皇禮經而有是乎？其以《公符》補《公冠》，雖公之意，然篇中雜記周成王、漢昭帝之冠詞，其非古經之文明矣。公平昔深惡經傳之混淆，豈若是雜亂而無區别乎？予嘗謂《諸侯遷廟》《釁廟》《奔喪》《投壺》四篇，猶略存經之髣髴，以之補經，尚不能不起人之疑，《公符》《明堂》之不可補經也明矣。」

汪克寬《禮經補逸》九卷

克寬，字德輔，祁門人。泰定丙寅，舉于鄉。元亡不仕。明初，徵修《元史》，以老疾辭歸。洪武五年，卒于家。事迹具《明史·儒林傳》。

克寬《自序》曰：「自樂亡，而經行于世惟五，《易》《詩》《書》《春秋》雖其中不無殘闕，而未若《禮經》甚焉。然三百三千不傳，蓋十之八九矣。朱子嘗定四經，謂三禮體大，未易緒正。晚年惓惓是書，未就而没，遂爲萬世缺典，克寬伏讀而加惋惜焉。世之三禮所傳，曰《周禮》，曰《儀禮》，曰《禮記》。其實《禮記》乃《儀禮》之傳，《儀禮》乃

《周禮》之節文。而三《禮》之要，則存乎吉、凶、軍、賓、嘉五禮之别也。何則？吉禮之别十有二，以禋祀祀昊天上帝，以實柴祀日月星辰，以槱燎祀司中、司命、飌師、雨師，以血祭祭社稷、五祀、五嶽，以貍沈祭山林川澤，以疈辜祭四方百物，以肆獻祼享先王，以饋食饗先王，以祠春饗先王，以禴夏饗先王，以嘗秋饗先王，以烝冬饗先王。凶禮之别有五，以喪禮哀死亡，以荒禮哀凶札，以弔禮哀禍烖，以禬禮哀圍敗，以恤禮哀寇亂。賓禮之别有八，春見曰朝，夏見曰宗，秋見曰覲，冬見曰遇，時見曰會，殷見曰同，時聘曰問，殷覜曰視。軍禮之别有五，以大師之禮用衆，以大均之禮恤衆，以大田之禮簡衆，以大役之禮任衆，以大封之禮合衆。嘉禮之别有六，以飲食之禮親宗族兄弟，以冠昏之禮親成男女，以賓射之禮親故舊朋友，以鄉燕之禮親四方賓客，以脤膰之禮親兄弟之國，以賀慶之禮親異姓之國。此其大較也。然《儀禮》十七篇，吉禮之存，惟《特牲饋食》篇乃侯國之士祭祖廟之禮，《少牢饋食》及《有司徹》篇乃諸侯、卿大夫祭祖禰廟之禮；凶禮之存，惟《喪服禮》篇乃制尊卑親疏冠絰衣服之禮，《士喪禮》篇乃士喪其親，自始死至既殯之禮，《士虞禮》篇乃士既葬其親，迎精而返日中，而祭于殯宫之禮；賓禮之存，惟《士相見禮》篇，乃士以職位相親，始承贄相見之禮，《聘禮》篇乃諸侯相交久無事，使相問之禮，《覲禮》篇乃諸侯秋朝天子之禮；嘉禮之存，惟《冠禮》篇乃士之子始加冠之禮，《士昏禮》篇乃士娶妻之禮，《鄉飲酒禮》篇乃鄉大夫賓興賢能飲酒之禮，《鄉射禮》篇乃士爲州長，會民射于州序之禮，《燕禮》篇乃諸侯燕饗其臣之禮，《大射儀》篇乃諸侯將有祭祀之事，與群臣燕飲之禮，《公食大夫禮》篇乃諸侯以禮食鄰國小聘大夫之禮。自此之外，如朝覲、會同、郊祀、大饗帝、大喪之禮，蓋皆亡逸。況軍禮無存，非闕細故，此豈散逸已在于夫子正禮之前哉？是以當時吉禮之失，如魯君之郊僭天子之禮，孟獻子之禘七月而爲之，夏父弗綦躋僖公而逆祀，三桓大夫立公廟于私家，管仲鏤簋朱紘，晏平仲豚肩不掩豆，至于太廟説笏與燔柴于奥，諸侯宫縣而祭以白牡之類是也。凶禮之失，如子路姊喪過而弗除，子上母死而不喪，成人兄死不爲衰；有爲慈母練冠，爲妾齊衰者；有居喪沐浴佩玉，與浴于爨室者；有朝祥而暮歌，與既祥而絲屨組纓者；以至小斂而奠于西方，既祖而反柩受弔；有以大夫而遣車一乘，有葬其夫人而醯醢百甕之類是也。賓禮之失，如天子下堂而見諸侯，諸侯朝覲而私覿王，王臣以私好而朝諸侯者有焉，諸侯以强大而盟天子之三公者有焉，庭燎之百侯國用之繡黼朱丹中衣，大夫用之者又有焉。嘉禮之失，如魯昭公娶于吴，則不告于天子；魯哀公爲《肆夏》，以饗賓天子；以喪賓燕者有之，夫人出境而饗諸侯者有之，大夫反坫與不識肴烝者又有之。軍禮之失，如齊桓亟舉兵作僞主以行，魯莊公及宋戰，以失御而敗，戰而復矢，始于升陘，敗而髽弔，始于臺鮐，以至蒐田不時，丘甲始作之類，可考也。又況出師，專征習視，故常争地黷武，歲無虚日。使《禮經》舊典具存于當時，則五禮之失，豈至如是之甚哉？由是知周之叔世，禮典已多散逸，蓋不特火于秦而亡于漢也。今考于《儀禮》《周官》《大》《小戴記》《易》《詩》《書》《春秋傳》《孝經》《家語》及漢儒紀録，凡有合于禮者，各著其目，列爲五禮之篇名，曰《經禮補逸》。是編也于周公經世之典，雖未能極意象之微，然五禮之大體，蓋略包舉無遺。庶幾學者于此俾由得失，以觀其會通，而天之所秩與造化之運不容息者，卒歸于性命之正，則三代可復也。明時制作之盛，或有擇焉，亦區區愛禮之一得云。」

明

劉績《三禮圖》四卷〔二〕

績，字用熙，號蘆泉，江夏人。弘治進士，官至鎮江府知府。

貢汝成《三禮纂注》四十九卷

汝成，字玉甫，宣城人。正德中舉人，官翰林院待詔。

〔二〕四 文淵閣本作「二」。

欽定續文獻通考·經籍考卷十三

經 春秋

《宋史·藝文志》春秋類二百四十部二千七百九十九卷。不著録者二十三部四百八十八卷。

《遼》《金》《元》三史不立藝文志，散見各紀傳中。

《明史·藝文志》春秋類一百三十一部一千五百二十五卷。

宋

《左傳節文》十五卷

舊題歐陽修編。

臣等謹案：是編刻于明季，取《左傳》之文，略爲删削。每篇之首分標敘事、議論、詞令諸目，又標神品、能品、真品、具品、妙品諸名，及章法、句法、字法諸字。前有修《自序》，序中稱胡安國《春秋傳》及真德秀《文章正宗》，其爲作僞無疑也。

洪咨夔《春秋説》三十卷

咨夔，字舜俞，於潛人。歷官端明殿學士。

趙鵬飛《春秋經筌》十六卷

鵬飛，字企明，號木訥。綿州人。

鵬飛《自序》略曰：「《春秋》每多異説，麟筆一絶，三家鼎峙，及何休、杜預之注興，則又各護所師，交相矛盾，於聖經何有哉？」又曰：「三傳固無足據，然公吾心以評之，亦時有得聖意者，若何休癖護其學，吾未嘗觀焉。惟范甯爲近公，論三家均舉其失所師之失，亦從而箴之，故穀梁子之傳，實賴甯爲多。而王通亦曰：『范甯有志乎《春秋》焉？』」

留夢炎《序》略曰：「麟經之傳於蜀，自濂溪先生仕於合，伊川先生謫於涪，金堂謝持正先生親受教於伊川，以發明筆削之旨，老師宿儒持所討論，傳述其徒。雖前有斷爛朝報之毁，後有僞學之禁，而守之不變，故薰陶浸漬，所被者廣，如馮公輔、朱萬里、張習之、劉光遠先生，皆一時所宗。木訥趙先生獨抱遺經，窮探冥索，實爲之倡。所著《詩故》《經筌》二書，有功於聖經甚大。《詩故》湮没不傳，惟《經筌》獨存。其爲説不外乎濂洛之學，而善於原情，不爲傳注所拘，至於推見至隱，使二百四十二年事瞭如在目焉。」

納喇性德曰:「《春秋》之傳五,鄒氏無師,夾氏未有書,列於學官者三焉。《漢志》二十三家,《隋志》九十七部,《唐志》六十六部,未有舍三傳而別自爲傳者。自啖助、趙匡稍有去取折衷,至宋諸儒各自爲傳,或不取傳注,專以經解經;或以傳爲案,以經爲斷;或以傳有乖謬,則棄而信經。往往用意太過,不能得是非之公。嗚呼,聖人之志不明於後世久矣!蓋嘗讀《黄氏日抄》,見所采木訥趙氏之説,恒有契於心焉。既得《經筌》定本,乃鏤板而傳之。善哉,木訥子之言乎,善學《春秋》者,當先平吾心以經明經,而無惑於異端,則褒貶自見。蓋《春秋》,公天下之書,學者當以公天下之心求之斯言也,庶幾得是非之公,而聖人之志以弗晦焉已。」

李石《左氏君子例》一卷　《詩如例》一卷　《詩補遺》一卷

石,見易類。

臣等謹案:《左氏傳》多有「君子曰」字,林栗指爲劉歆所加,其説無據。石以爲《左氏傳》有所謂「君子曰」者,皆示後學以褒貶大法,因録爲例。又以引《詩》與今説《詩》者不同,因取所載一篇一句,悉裒集而闡論之,名曰《詩如例》。復采所載箴詞歌謡,名曰《詩補遺》。石門人劉伯熊合爲一編,題曰《左氏諸例》,實非石之舊名,今仍各標本目云。

戴溪《春秋講義》四卷

溪，字少望，永嘉人。淳熙五年，爲別頭省試第一。歷官工部尚書、華文閣學士。卒贈端明殿學士，謚文端。事迹具《宋史·儒林傳》。

魏了翁《左傳要義》三十一卷

了翁，見易類。

張洽《春秋集注》十一卷 《綱領》一卷

洽，字元德，清江人。朱子弟子，嘉定進士，累官至著作佐郎，謚文憲。事迹具《宋史·道學傳》。

納喇性德曰：「洽於《春秋》，有《集傳》《集注》《地理沿革表》三書。端平中，進於朝，宣付秘閣。明洪武初，頒五經、四書於學官，傳注多宗朱子，惟《易》則兼用程、朱《傳》《義》，《春秋》則胡氏《傳》、張氏《注》並存久之。習《易》者舍程《傳》而專宗朱子，習《春秋》者胡《傳》單行，而《集注》流傳日鮮。今誦其書，集諸家之長而折衷歸於至當，無胡氏牽合之弊，允宜頒之學官者也。」

李明復《春秋集義》五十卷　《綱領》三卷

明復，一名俞，字伯勇，合陽人。嘉定間太學生。

張萱曰：「宋嘉定間，太學生李俞編進。俞舊名明復，字伯勇，取周、程、張三子，或著書以明《春秋》，或講他經以及《春秋》，或其說有合於《春秋》者，皆廣收之。定其後先，審其精粗，各附於本章之次。有魏鶴山序。」

朱彝尊曰：「《宋史·藝文志》載李明復《春秋集義》五十卷，又載王夢應《春秋集義》五十卷。予嘗見宋季舊刻，即李氏原本，而王氏刊行之，非王氏别有《集義》也，《宋史》兩存之，誤矣。」

陳深《清全齋讀春秋編》十二卷

深，字子微，平江人。嘗題所居曰「清全齋」，因自號清全。

納喇性德曰：「子微自宋社既屋，即謝去舉業，沉潛學問，淹貫遺經，閉門教授。鄭元祐稱其年登髦耆，生識先輩，著書立言，咸造底藴，良有然矣。讀《春秋編》原本左、胡，采摭衆説，深有益於學者。」

呂大圭《春秋或問》二十卷附《春秋五論》一卷

大圭，字圭叔，號樸鄉，南安人。淳祐進士，官至朝散大夫，知興化軍。元兵至，沿海都制置蒲壽庚舉城降，令署降箋，不從遇害。

大圭論曰：「《春秋》所書，其義有《春秋》之通例，有聖人之特筆，有日則書日，有月則書月，名稱從其名稱，爵號從其爵號，與夫盟則書盟，會則書會，卒則書卒，葬則書葬，戰則書戰，伐則書伐，弑則書弑，殺則書殺，一因其事實而無所加損焉，此通例也。其或史之所無而筆之以示義，史之所有而削之以示戒者，此特筆也。用通例而無所加損者，聖人之公心；有特筆以明其是非者，聖人之精義。」

何夢申《跋》云：「傳《春秋》者幾百家，大抵以褒貶賞罰爲主。蓋三傳倡之，諸儒和之。惟朱文公以爲不然，今載於門人所記録者，略見一二，獨恨未及成書耳。廣文吕先生嘉惠潮士，諸士有以《春秋》請問者，先生出《五論》示之，咸駭未聞，因并求全稿，先生又出《集傳》《或問》二書。蓋本文公之説而發明之，有《五論》以開其端，有《集説》以詳其義，又有《或問》以極其辨難之指歸，而《春秋》之旨明矣。夫子之心至文公而明，文公之論至先生而備，先生亦有功於世教矣。」

納喇性德曰：「《春秋論》五篇，共一卷。一曰論夫子作《春秋》，二曰辨日月褒貶之例，三曰特筆，四曰論三傳所長所短，五曰世變。五論閎肆而嚴正，《春秋》大旨具是矣。圭叔少嗜學，師事鄉先生王昭，昭爲北溪陳淳弟子，淳受業晦菴，淵源之來，人稱温陵宗派。宋社既屋，人争北向，圭叔大節，凛凛道學，亦何負於人國乎！」

家鉉翁《春秋詳説》三十卷

鉉翁，號則堂，眉州人。以蔭補官，賜進士，累官端明殿學士，簽書樞密院事。

龔璛曰：「至元丙子，宋亡，以則堂先生歸置諸瀛州者十年，乃成此書。自瀛寄宣，託於其友肅齋潘公從大，藏之蓋久，而《綱目》十篇，學士、大夫已盛傳於世矣。泰定乙丑，宣學以廩士之贏，刊《大學疏義》等書，取諸潘氏，鋟梓於學，凡三十卷。其曰《春秋詳説》者，蓋俟夫説約者得經旨焉，此先生著述之意也。」

朱申《春秋左傳句解》三十五卷

申，見禮類。

王鏊《序》略曰：「《春秋左傳詳節》三十五卷，宋魯齋朱申周翰注釋，今董南畿學政黄侍御希武翻刻，以示後學者也。侍御以近世學者莫不爲文，而未知文之有法，故刻示之。予序之曰：文非道之所貴也，而聖賢有所不廢。左氏疏《春秋》，於聖人之旨殊未得也，而載二百四十二年列國諸侯征伐、會盟、朝聘、宴饗，名卿大夫往來詞命則具焉，其文蓋爛然矣。於時若臧僖伯、哀伯、晏子、子産、叔向、叔孫豹之流，尤所謂能言而可法者；下是雖疆埸之人，亦善言焉，有若展喜、瑕吕、飴甥、賓媚人、解揚是已；方伎之賤，亦善言焉，有若史蘇、梓慎、裨竈、蔡墨、醫和、醫緩、祝鮀、師曠是已；屬國之遠，亦善言焉，有若郯子、駒支、季札、聲子、沈無、戌薳、啓疆是已；閨門之懿，亦善言焉，有若鄧曼、穆姜、定姜、僖負羈之妻、叔向之母是已。於戲，其猶有先王之風乎？其辭婉而暢，直而不肆，深而不晦，鍊而不煩繩削，後之以文名家者，孰能遺之？而爲史者，尤多取法焉。蓋已幾於醇且粹矣，學者因是而求之，爲文之法，盡在是矣。若夫究聖人筆削之旨，以寓一王之法，自當求其全，以進於經。」

王穉登曰：「周翰輯是書，無裨《左氏》，裨夫學《左氏》者耳。」

李琪《春秋王霸列國世紀編》三卷

琪，字開伯，號竹湖，吴郡人。累官國子司業。書成於嘉定辛未。

琪《自序》略曰：「是書敘東周十有四王之統，合齊晉十有三霸之目，舉諸侯數十大國之系，皆世爲之紀，不失全經之文，略備各代之實。每紀之後，敘其事變之由，考得失之故，參諸傳之紀，以明經之所書。初學問津，或有取焉。」

周自得《序》略曰：「初得竹湖李氏所著《世紀》，疑爲析裂經文，既觀其分王伯之行事，世系之本末，復敘其治亂興衰之故而論之，讀者一目而洞徹原委，則極嘆前輩之讀書不苟，而由是會經傳之大全，以探筆削之深意，未必非通經之一助也。」

《春秋通論》二卷

題宋人撰，不著名氏。

金

利鑾孫《春秋握奇圖》一卷

鑾孫，字士貴，盱江人。

元

吴澄《春秋纂言》十二卷　《總例》七卷〔一〕《總例》，《藝文略》作二卷。

澄，見易類。

澄《纂言自序》略曰：「三傳得失，載事則《左氏》詳於《公》《穀》，釋經則《公》《穀》精於《左氏》。意者《左氏》必有案據之書，而《公》《穀》多是傳聞之説，況人名、地名之殊，或由語音、字畫之舛，此類一從《左氏》可也。然有考之於義，確然見《左氏》爲失而《公》《穀》爲得者，則又豈容以偏徇哉？漢儒專門守殘護缺，不合不公，誰復能貫穿異同，而有所去取？至唐啖助、趙匡、陸淳三子，始能信經駁傳，以聖人書法，纂而爲

〔一〕七　《總目》卷二八同，文淵閣本作「一」。

例，得其義者十七八。自漢以來，未聞或之先也。觀趙氏所定三傳異同，用意密矣，惜其予奪未能悉當。間嘗再爲審定，以成其美。其間不繫乎大義者，趙氏於三家從其多，今則如朱子意，專以《左氏》爲主。倘義有不然，則從其是，《左氏》雖有事迹，亦不從也，一斷諸義而已。欲因啖、趙、陸氏遺説，博之以諸家，參之以管見，使人知聖筆有一定之法，而是經無不通之例，不敢隨文生義，以侮聖言，故先爲正其史之文如此。」

《總例自序》略曰：「屬辭比事，《春秋》教也。昔唐啖助、趙匡集《春秋傳》，門人陸淳又類聚事辭，成《纂例》十卷。今澄既采摭諸家之言，各麗於經，乃分所異，合所同，倣《纂例》，爲《總例》七篇。初一《天道》，次二《人紀》，次三《嘉禮》，次四《賓禮》，次五《軍禮》，次六《凶禮》，次七《吉禮》，例之綱七，例之目八十有八。凡《春秋》之例，禮失者書，出於禮則入於法，故曰刑書也。事實辭文善惡，必見聖人，何容心哉？蓋渾渾如天道焉。嗚呼！其義微矣，而執謙自謂之竊取，區區末學，詎可得與聞乎？」

程端學《春秋本義》三十卷〔一〕 **《春秋或問》十卷** **《三傳辨疑》二十卷**

端學，字時叔，慶元人。至治進士，官國子助教，遷翰林國史院編修官。事迹附載《元

〔一〕三 文淵閣本作「二」。

史·儒學傳·韓性傳》中〔一〕。

臣等謹案：端學慨《春秋》一經未有歸宿之旨，因徧索前代說《春秋》者，凡百三十家，折衷異同，湛思二十餘年，作《本義》以發聖人之經旨，作《辨疑》以討三傳之疑似，作《或問》以校諸儒之異同。至正三年，浙東廉訪使慶喜上其書於朝，詔慶元路儒學版行天下。

黄復祖《春秋經問對》二卷

復祖，字仲篪，廬陵人。

臣等謹案：《元史》仁宗皇慶三年，復科舉法。漢人、南人第一場，明經、經疑二問，四書内出題，經義一道，各治一經。元統以後，少變程式，《易》第一場，四書爲本經。復祖《序》稱「至正辛巳大科」，即《元史志》所謂變程式之時也。其書以經傳之事同辭異者，求其常變，察其詳略，以經覈傳，以傳考經。蓋亦比事屬辭之遺意，專爲場屋進取而作。

〔一〕性　原作「信」，據文淵閣本改。

楊維禎《春秋合題著説》三卷

維禎，字廉夫，號鐵崖，山陰人。泰定進士，爲建德總管府推官，擢江西儒學提舉。未及上而兵亂，遂不復仕。明初，命修《禮樂書》，旋以老病辭歸。事迹具《明史·文苑傳》。

俞皐《春秋集傳釋義大成》十二卷

皐，字心遠，新安人。

皐《自序凡例》曰：「自晉杜氏注《左傳》，始有凡例之説，取經之事同辭同者，計其數凡若干，而不考其義。唐陸氏學於啖、趙，作《纂例》之書，雖分析詳備，然亦未嘗以義言之。逮程子爲《傳》，分別義例，學者始得聞焉。愚遵程子説，以事同辭同義同者，定爲例十六條。凡經之書事義如此，而其辭例如此者，是所謂例也。其有義不同而辭同，事同而辭不同者，則見各事之下，非可以例拘也。且如殊會，其辭雖同，而其義則不同，會王世子而殊會，是尊之而不敢與抗，若曰『王世子在是，而諸侯往會之』，不敢與世子之列也；會吴而殊會，是抑之而不使其抗，若曰『諸侯自爲會，而後會吴』，不使與諸侯列也。又如歸、來歸、復歸，歸字雖同，而其義則不同。婦人謂嫁曰歸，而書『來歸』則出也；諸國君、大夫出奔而復，則書『歸』，而書『復歸』，則義不當復也；天王使宰咺來歸惠公仲子之賵、秦人來歸僖公成風之隧，則譏其過時始至之失也；至於季子來歸，齊人來歸鄆、讙、龜陰田，此又喜其歸，異其詞以嘉之也。凡此，皆辭同而義不同者也。又如國君奔一也，而內奔書遜；弒君一也，而內弒書薨不地；殺公子一也，而內殺公子書刺。凡此皆事同而辭不同者也。又如易田書假城，虎牢不繫鄭，戍虎牢曰鄭因，會伐而朝書如，凡此之類，乃程子所謂微詞隱義，時措咸宜者也。是皆不可以例拘也。學者誠能熟玩程子《傳》，以求其意，至於沉潛反復，一旦豁然貫通，庶乎可窺聖人用心之萬一也。」

錢曾曰：「先取各家注釋，以己意采集於前，申之以程子之言，後詳列三傳、胡氏《傳》，使人得備覽而詳繹其說，元刻中之佳者。」

李廉《春秋諸傳會通》二十四卷

廉，字行簡，廬陵人。擢進士，知信豐縣。遇寇亂殉節。

廉《自序》略曰：「傳《春秋》者三家，《左氏》事詳而義疏，《公》《穀》義精而事略，有不能相通。兩漢專門，各守師說，至唐啖、趙始合三家所長，務以通經爲主。陸氏《纂集》已爲小成，宋河南程夫子始以廣大精微之學，發明奥意，真有以得筆削之心，而深有取於啖、趙，良有以也。高宗紹興初，武夷胡氏進講，篤意此經，於是承詔作傳，事按《左氏》，義取《公》《穀》之精，大綱本《孟子》，主程氏而集大成。方今取士用三傳及胡氏，誠不易之法。然四家之外，如陳氏《後傳》、張氏《集注》皆爲全書，學者所當考，而孫氏之《發微》、劉氏之《意林權衡》、吕氏之《集解》與其餘諸家之議論，亦不可以不究。於是盡取諸傳，薈萃成編。先《左氏》，事之案也；次《公》《穀》，傳經之始也；次杜氏、何氏、范氏三傳，專門也；次疏義，釋所疑也；總之以胡氏，貴斷也；陳、張並列，擇所長也。而又備采諸儒成説及諸傳記，略加梳剔，於異同、是非、始末之際，每究心焉，謂之《春秋諸傳會通》。」

楊士奇跋曰：「明修《元史》時，知行簡者無在朝，故不得列之史傳，始之知者少[一]。其於《春秋》不徒能明之，蓋煒然有光科目者也。」

王元杰《春秋讞義》九卷

元杰，字子英，吴江人。至正間，領鄉薦，以兵興不仕，教授鄉里以終。

鄭玉《春秋闕疑》四十五卷

玉，字子美，歙人。至正中，除翰林待制，不赴。元末，城破自經。事迹詳《元史·忠義傳》。

[一] 始　文淵閣本作「世」。

玉《自序》略曰：「因朱子《通鑑綱目》之例，以經爲綱，大字揭之於上，復以傳爲目，小字疏之於下。敘事則專於《左氏》，而附以《公》《穀》，合於經者則取之；立論則先於《公》《穀》，而參以歷代諸儒之説，合於理者則取之。其或經有脱誤，無從質證，則寧闕之，以俟知者，而不敢强爲訓解。傳有不同，無所考據，則寧兩存之，而不敢妄爲去取。至於誅討之事，尤不敢輕信傳文，曲爲附會，必欲獄得其情，事得其實，則以經之所作，由於斯也。聖人之經，詞簡義奥，與其强通其所不可通，以取譏於當世，孰若闕其所當闕，以俟知於後人。程子謂《春秋》大義數十，炳如日星，豈無可明之義？朱子謂起頭一句『春，王正月』，便不可解，固有當闕之疑。某之爲是書也，折衷二説，而爲之義例，殆以便檢閲、備遺忘而已。」

徐尊生曰：「讀《春秋集傳闕疑序》，知先生所以著述之意甚公，且平世儒説《春秋》，其病皆在不能闕疑，而欲鑿空杜撰，是以説愈巧而聖人之心愈不可見也。」

齊履謙《春秋諸國統紀》六卷，

履謙，字伯恒，大名人。官至太史院使。

履謙《自序》略曰：「墨子曰『吾見百國《春秋》』，又嘗考之古文，有夏商《春秋》，又有晉《春秋》。《國語》晉羊舌肸習於《春秋》，悼公使傳其太子，楚莊王使申叔時傳太子箴，教之《春秋》。《左傳》韓宣子適魯，見魯《春秋》。至於後世史學，亦多以『春秋』名其書者，若《虞卿春秋》《吕氏春秋》《陸賈春秋》《吴越春秋》《漢魏春秋》《唐春秋》之類，往往有之。故知『春秋』者，古史記之通稱。而今之《春秋》一經，聖人以同會異，以一統萬之書也。始魯終吴，合二十國史記而爲之也。然自三傳既分，世之學者類皆務以褒貶爲工。至於諸國分合，與夫《春秋》之所以爲《春秋》，未聞其有及之者。予竊疑之久矣，暇日輒以所見，妄爲敘類，私之巾篋，蓋不惟有以備諸家之闕，庶幾全經之綱領，自此或可以尋究云。」

陳則通《春秋提綱》十卷

則通，字鐵山。始末無考。

盱江胡光世《序》略曰：「《春秋》一經，説者無慮數十百家。此篇櫽括諸傳，包舉無遺，頗於聖人之意，若滄海之有畔，可以濟其闊而極其際。至於編中之所本者，有諸傳在，熟讀傳以求經之旨，而於此編以發經之藴，信所謂提綱者矣。」

趙汸《春秋集傳》十五卷　《春秋屬辭》十五卷　《春秋左氏傳補注》十卷　《春秋師説》三卷　《春秋金鎖匙》一卷

汸，見易類。

汸《自序集傳》略曰:「《春秋》,聖人經世之書也。書成一歲而孔子卒,當時弟子蓋僅有得其傳者。歷戰國、秦漢以及近代,說者殆數十百家,其深知聖人制作之原者,鄒孟氏而已。孟氏之言曰:『王者之迹熄而《詩》亡,《詩》亡然後《春秋》作。』此孔門傳《春秋》,學者之微言也。蓋周雖失政,而先王《詩》《書》禮樂之教,結於民心者未泯,故善有美而惡有刺。迨其極也,三綱失序,而上下相忘,怨刺不作,則文武成康治教之迹,始湮没無餘矣。夫世變如此,而《春秋》不作,則人心將安所底止乎?故曰『《詩》亡然後《春秋》作』。隱、桓之世,王室日卑,齊伯肇興,《春秋》所由始也;定、哀之世,中國日衰,晉伯攸廢,《春秋》所由終也。方天命在周未改,而上無天子,下無方伯,桓、文之事不可誣也,是以聖人詳焉,故曰『其事則齊桓、晉文』。古者列國皆有史官,掌記一國之事。《春秋》,魯史策書也,事之得書、不得書,有周公遺法焉,太史氏掌之,非他人之所得議也。孔子,魯司寇也,一旦取太史氏所職而修之,魯之君臣,其能無惑志歟?然則將如之何?凡史所書,有筆有削;史所不書,則不加益也,故曰『其文則史』,史主實録而已。《春秋》志存撥亂,筆則筆,削則削,游、夏不能贊一辭,非史氏所及也,故曰『其義則丘竊取之矣』。此制作之原也。然自孟氏以來,鮮有能推是說以論《春秋》者。蓋其失由三傳始,《左氏》有見於史,其所發皆史例也,故常主史以釋經，是不知筆削之有義也；《公羊》《穀梁》有見於經，其所傳者猶有經之佚義焉，故據經以生義，是不知其文之則史也。後之學者，於三傳無所師承，莫能相一。其有兼取三傳者，則臆決無據，流遁失中；其厭於尋繹者，則欲盡舍三傳，直究遺經。分異乖離，莫知統紀。至永嘉陳君舉，始用二家之説，參之《左氏》，以其所不書實其所書，以其所書推見其所不書，爲得學《春秋》之要。然其所蔽，則遂以《左氏》所録爲魯史舊文，而不知策、書有體，夫子所據以加筆削，《左氏》亦未之見也。《左氏》書首所載不書之例，皆史法，非筆削之旨；《公》《穀》每難疑，以不書發義，實與《左氏》異師。陳氏合而求之，失其本矣。故於《左氏》所録而經不書者，皆以爲夫子所削，則其不合於聖經者亦多矣，由不考孟氏，而昧夫制作之原也。蓋常論之策書之例十有五，而筆削之義有八。策書之例，一曰君舉必書，非君命不書。二曰公即位，不行其禮不書。三曰納幣逆夫人，夫人至，夫人歸，皆書。四曰君夫人薨，不成喪不書葬，不用夫人禮則書卒，君見弑則諱而書薨。五曰適子生則書，公子、大夫在位書卒。六曰公女嫁爲諸侯夫人，納幣、來逆、女歸、娣歸、來媵、致女、卒葬、來歸皆書，爲大夫妻則止書來逆。七曰時祀、時田，苟過時越禮則書，軍賦改作踰制亦書。此史氏之録乎内者也。八曰諸侯告則書卒，不訃則不書，雖及滅國，滅不告敗，勝不告克，不書。九曰雖伯主之役，令不及魯，亦不書。十曰凡諸侯之女行，惟王后書，適諸侯雖告不書。十一曰諸侯之大夫奔，有玉帛之使則告，告則書。此史氏之録乎外者也。十二曰凡天子之命無不書，王臣有事爲諸侯，則以内辭書之。十三曰大夫已命書名氏，未命書名，微者名氏不書，止書其事，外微者書人。十四曰將尊師少稱將，將卑師衆稱師，將尊師衆稱某帥師，君自將不言帥師。十五曰凡天災物異無不書，外災告則書。此史氏之通録乎内外者也。筆削之義，一曰存策書之大體。凡策書大體，曰天道，曰王事，曰土功，曰公即位，曰逆夫人、夫人至、庶子生，曰公夫人外如，曰薨葬，曰孫，曰夫人歸，曰内女卒葬，曰來歸，曰大夫、公子卒，曰公大夫出疆，曰盟會，曰出師，曰國受兵，曰祭祀、蒐狩越禮，軍賦改作踰制，外諸侯卒葬，曰兩君之好，曰玉帛之使。凡此類之書於策者，皆不削也。《春秋》，魯史也，策書之大體，吾不與易焉，以爲猶《魯春秋》也。二曰假筆削以行權。《春秋》撥亂經，而史有恒體，有書有不書，以互顯其義。書者筆之，不書者削之。其筆削大凡有五：或略同以存異，公行不書至之類也；或略常以明變，釋不朝正、内女歸寧之類也；或略彼以見此，以來歸爲義則不書歸，以出奔爲義則殺之不書之類也；或略是以著非，諸侯有罪及勤王復辟不書之類也；或略輕以見重，非有關於天下之故，不悉書是也。三曰變文以示義。《春秋》雖有筆有削，而所書者皆從主人之辭，然有事同而文異者，有文同而事異者，則予奪無章，而是非不著於是，有變文之法焉，將使學者即其文之異同詳略以求之，則可別嫌疑、明是非矣。四曰辨名實之際。亦變文也，正必書王，諸侯稱爵，大夫稱名氏，四裔雖大皆稱子，此《春秋》之名也；諸侯不王而伯者興，中國無伯而荆楚横，大夫專兵而諸侯散，此《春秋》之實也。於是有去名以全其實者，征伐在諸侯則大夫將不稱名氏，中國有伯則楚君侵伐不稱君；又有去名以責實者，諸侯無王則正不書王，中國無伯則諸侯不序君，大夫將略其恒稱則稱人。五曰謹内外之辨，亦變文也。楚至東周，僭王猾夏，故伯者之興，以攘卻爲功。自晉伯中衰，楚益侵凌中國，甚至假討賊之義，以號令天下，天下知有楚而已。故《春秋》書楚事，無一不致其嚴者，而書吴越與徐，亦必與中國異辭，所以伸大義於天下也。六曰特筆以正名。筆削不足以盡義，而後有變文。然禍亂既極，大分不明，雖變文猶不足盡義，而後聖人加之特筆，所以正名分也。夫變文雖有損益，猶曰史氏恒辭，若特筆則辭旨卓異，非復史氏恒辭矣。七曰因日月以明類。上下内外之無別，天道人事之反常，六者尚不能盡見，則又假日月之法，區而别之。大義以日爲詳則以不日爲略，以月爲詳則以不月爲略；其以日爲恒則以不日爲變，以不日爲恒則以日爲變；其以月爲恒，則以不月爲變，甚則以不月爲異，以不月爲恒，則以月爲變，甚則以日爲異。將使屬辭比事以求之，則筆削、變文、特筆，既各以類明，而日月又相爲經緯，無微不顯矣。八曰辭從主人。主人，謂魯君也。《春秋》本魯史成書，夫子作經，惟以筆削見義，自非有所是正，皆從史氏舊文，而所是正亦不多見，故曰辭從主人。此八者，實制作之權衡也，然聖人議而弗辨。是非之心，人皆有之，善而見録則爲褒，惡而見録則爲貶，其褒貶則皆千萬世人心之公也，聖人何容心哉？辭足以明義斯已矣。是故知存策書之大體，而治乎内者恒異乎外也，則謂之夫子法書者，不足以言《春秋》矣；知假筆削以行權，而治乎外者恒異乎内也，則謂之實録者，不足以言《春秋》矣；知一經之體要，議而弗辨，則凡謂《春秋》賞人之功，罰人之罪，去人之族，黜人之爵，褒而字之，貶而名之者，亦不足以論聖人矣。故學者必知策書之例，然後筆削之義可求，筆削之義既明，則凡以虚辭説經者，其刻深辨詰之説，皆不攻自破，然後《春秋》經世之道可得而明矣。雖然，使非孟氏之遺言尚在，則亦安能追求聖人之意於千百年之上哉？汸自早歲獲聞資中黄楚望先生論五經旨要，於《春秋》以求書法爲先，謂有魯史書法，有聖人書法，在學者自思而得之。於是思之十有餘年，卒有得於孟氏之言，因其説以考三傳及諸家陳氏之書，具知其得失異同之故，乃輯録爲書，名曰《春秋集傳》，凡十五卷。尚意學者溺於所聞，不能無惑，別撰《屬辭》八篇，發其隱蔽，傳諸同志焉。」

朱彝尊曰：「東山、環谷二先生俱以經學重，尤精研《春秋》。環谷守康侯之説，東山學於黄楚望，首闢夏時冠周月之非，不相雷同。」

錢曾曰：「子常游楚望之門，得益《春秋》爲多，故次其師説十一篇，以成是書。楚望云：『學《春秋》，當以三傳爲主；而三傳之中，又當據《左氏》事實，以求聖人旨意之所歸。蓋其中自有脈絡可尋，人自不肯細意推求耳。』旨哉，斯語一洗唐宋來舍傳求經之妄論矣！」

臣等謹案：汸所輯《左傳補注》，稟其師黄澤之説，謂《春秋》本源，脈絡盡在《左傳》，而後世説《春秋》者，惟杜預《注》、陳傅良《章旨》最有據依。因反覆辨討，出入百家，究其得失，取陳氏《章旨》附於杜《注》之下，去短集長而補其所不及，其微詞奧義，注有未備者，頗采孔穎達之《疏》暢述之。其所輯《師説》，皆取其師黄澤所著，發明疑義諸條，汸爲編次之，凡十一篇，分三卷，又附録上下二卷。録澤所爲詩及文，與已所爲澤行狀，足與師説相發明也。其所輯《屬辭》，欲學者由《春秋》之教，以求制作之原。制作之原既得，而後聖人經世之義可言，因爲離經析義，分别條目，創爲八類，辨而釋之，成八篇，篇各有序，共十五卷。殫精畢慮，凡二十年而成。至其《集傳》一書，蓋兩易其藁也。始元至正戊子，初作《集傳》，迨後《屬辭》成，義精例密，以《集傳》所列經義史法，猶有未備，更須討論，且謂屬詞、特推、筆削之權，而《集傳》大明經世之志，必二書相表裏，而後《春秋》之旨方完。壬寅後，乃重更定其書，至昭公二十七年，嬰疾，遂輟筆。洪武己酉冬，卒。其門人倪尚誼，援汸之義，續成之，而其書藏弆，人不及見。嘉靖中，提學御史東阿劉隅按徽下令索之，以原本藏於學宫，更屬教諭夏鏜訂刊傳世。

汪克寬《春秋胡傳附録纂疏》三十卷

克寬，見易類。

克寬論曰：「《春秋》紀事，大而天地、日星、人倫、邦國，小而宫室、器幣、草木、禽蟲，凡天下萬物之理，無不具焉。能通是經，則理無不窮矣。故揚子曰：『説理者，莫辨乎《春秋》。』」

臣等謹案：克寬《附録纂疏》，以胡安國爲主，而博采衆説，薈萃成書，成於順帝至元中。汪澤民、虞集各有序，明初纂《春秋大全》，全用其書。

晏兼善《春秋透天關》四卷

兼善，里貫無考。

《麟經指南》一卷

不著撰人名氏。

《春秋圖説》無卷數

不著撰人名氏。

《春秋四傳》三十八卷

不著編輯者名氏。

欽定續文獻通考·經籍考卷十四

經 春秋

明

張以寧《春王正月考》二卷

以寧，字志通，古田人。元泰定進士，官至翰林侍讀學士，知制誥。入明，仍故官。洪武二年，奉使册封安南王，還卒于道。事迹具《明史·文苑傳》。

石光霽《春秋鉤玄》四卷

光霽，字仲濂，泰州人。從張以寧學。洪武十三年，以薦爲國子監學正，擢《春秋》博士。《明史·文苑傳》附載《張以寧傳》中。

《春秋大全》七十卷

永樂中，胡廣等奉敕撰。

饒秉鑑《春秋提要》四卷

秉鑑，字憲章，號雯峰，廣昌人。正統舉人，官至廉州府知府。

邵寶《左觿》一卷

寶，字國賢，號二泉，無錫人。成化進士，官至南京禮部尚書。卒謚文莊。事迹具《明史·儒林傳》。

童品《春秋經傳辨疑》一卷

品，字廷式，號慎齋，蘭溪人。弘治進士，官至兵部員外郎。

魏校《春秋經世》一卷

校，見禮類。

吕柟《春秋説志》五卷

柟，見易類。

鍾芳《春秋集要》十二卷

芳，字仲實，瓊山人。正德進士，官至户部侍郎。

季本《春秋私考》三十六卷

本，見易類。

豐坊《春秋世學》三十二卷

坊,見易類。

唐樞《春秋讀意》一卷

樞,見易類。

熊過《春秋明志録》十二卷

過,見易類。

趙恒《春秋録疑》十六卷

恒,字志貞,晉江人。嘉靖進士,官至姚安府知府。

高拱《春秋正旨》一卷

拱,字肅卿,新鄭人。嘉靖進士,官至吏部尚書、中極殿大學士,謚文襄。

徐學謨《春秋億》六卷

學謨,字叔明,嘉定人。嘉靖進士,官至禮部尚書。

姜寶《春秋事義全考》十六卷

寶,見易類。

袁仁《春秋胡傳考誤》一卷

仁，見書類。

黃正憲《春秋翼附》二十卷

正憲，見易類。

臣等謹案：正憲論僖公二十八年晉伐曹、衛云：「是時諸侯俱已事楚，獨宋尚存，而今已受圍。晉所恃以協力排楚者，齊、秦二大國而已。而二國之師又未能遽至。於是潛掠曹境以摇四國之心，聲言伐衛以致楚救，及楚救衛，晉又不與戰而入曹政，使楚人兩地奔馳〔一〕，寬緩時日，以待齊、秦之至也。」又論僖公三十二年秦人入滑云：「秦雖係顓頊之後，然棄禮義，尚戰功，未免西戎習氣。自晉文藉其力以勝楚，始通盟會，抑楚以興秦，有拒虎進狼之意。當其與晉圍鄭，棄盟而去，已有藐晉争雄之心。使秦得志于鄭，乘勝長驅，諸侯必有再受其毒者。是役也，謀洩于滑，師敗于殽，秦師于是不敢東下。然秦、晉讐殺者四五世，于是晉力稍疲而楚復横矣。」又論宣公十二年晉楚戰邲云：「楚莊强横，蔑視諸侯〔二〕，入陳圍鄭，莫敢誰何？其威力淩轢，十

〔一〕「使」上　文淵閣本有「不過」二字。
〔二〕侯　文淵閣本作「國」。

倍楚成。且齊召陵之師,尚約六國爲援;晉文城濮之戰,必待齊、秦之至。今晉景公初立,霸業已衰,視文公時威力人心,消索幾盡,乃欲以林父偏師[一],當虎狼之楚乎?即今諸將同心,三軍用命,勝負之勢,猶不可必,况林父節制不嚴,計謀不一,始惑于韓厥分惡專罪之言,繼壞於趙旃致師召盟之請[二],故楚師一乘,倉猝無措。然則致此敗者,豈可專歸咎于先縠乎?邲一敗而楚滅蕭圍宋,勢益横行矣。」此皆洞見情勢之談也。

鄒德溥《春秋匡解》六卷

德溥,見易類。

嚴訥《春秋國華》十七卷

訥,字敏卿,常熟人。嘉靖進士,官至吏部尚書、武英殿大學士,謚文靖。

陸粲《左傳附注》五卷　《左氏春秋鐫》二卷　《春秋胡氏傳辨疑》二卷

粲,字子餘,長洲人。嘉靖進士,官工科給事中。以劾張璁、桂萼謫驛丞,遷知永新縣。

[一] 偏　文淵閣本作「之」。

[二] 趙　文淵閣本作「錡」。

臣等謹案：粲讀《左氏注疏》及《經典釋文》，於訓詁旁切可疑者，輒以己見及他書之説可證據者，附注其下，曰《左傳附注》。又以左氏非左丘明，其言亦卑淺不中于道，疑戰國時人所爲，因爲之鐫，以曉示學者，曰《左氏鐫》。其《辨疑》則摘胡《傳》之疑者以析之也。

馮時可《左氏釋》二卷　《左氏討》一卷　《左氏論》一卷

時可，字敏卿，號元成，華亭人。隆慶進士，官至湖廣布政司參政。

黄虞稷曰：「討不如論，論不如釋。」

傅遜《左傳屬事》二十卷　《左傳注解辨誤》二卷

遜，字士凱，太倉人。從歸有光學。以歲貢授建昌訓導。

臣等謹案：《左傳屬事》倣宋袁樞《通鑑紀事本末》爲之，更加考注以訂杜氏之訛，每一事竟，復論其人所以得失成敗。其《注解辨誤》會衆説以折衷之，杜《注》之誤，有未經辨議者，亦創以己意，爲之釐革。

徐浦《春秋四傳私考》十三卷

浦，字伯源，浦城人。官監察御史。

郝敬《春秋直解》十五卷

敬,見易類。

臣等謹案:敬論僖公四年齊桓召陵之盟,先儒最稱之。其辭曰:「桓公稱霸二十餘年,諸侯力能抗齊,不受盟者,惟秦與楚。秦遠而楚近,楚屈則東諸侯震,而齊益張,故桓公拳拳以楚爲事,而心又畏楚之强也,又期于勝而萬不可敗也。先舉蔡嘗楚,以示諸侯,而次于陘,夫次陘則無必進之志矣。使齊果能討楚,于楚使來,當首問其稱王,問其伐鄭,問其虜蔡侯之罪。有辭止,無辭進,服則止,不服則進,此堂堂問罪之師矣。釋此不言,支吾遠引『包茅不貢,昭王不復』,是明借以易託之辭,惟恐逢彼之怒,至戰而勝負未可知也。陳師以出,未踐郢郊,未覿楚子,僅僅屈完一盟,遂振旅歸,楚亦有以微窺其意,而姑與之盟。歸未逾年,而楚滅弦矣,逾年又圍許矣。自召陵後,同盟有事,楚未聞遣一介一旅以從,嗣是而楚勢益横也。齊方釀楚之横,而何云服楚耶?」

曹學佺《春秋闡義》十二卷

學佺,見易類。

高攀龍《春秋孔義》十二卷

攀龍，見易類。

攀龍兄子世泰《序》略曰：「我伯父忠憲公有《春秋孔義》之書，凡經無傳有者，不敢信也；經有傳無者，不敢疑也。其文簡，其意覈，有嚴正之義，有忠恕之仁，有闕疑之慎，顔以『孔義』，欲誦法孔子者，爲聖人之徒也。」

卓爾康《春秋辨義》三十九卷

爾康，見易類。

爾康《自序》略曰：「辨義者，一曰經義，二曰傳義，三曰書義，四曰不書義，五曰時義，六曰地義。」

湛若水《春秋正傳》三十七卷

若水，見禮類。

臣等謹案：若水正諸傳之謬而歸之于正，故曰「正傳」。如隱公八年秋七月，宋公、齊侯、衛侯盟瓦屋，《左傳》以爲禮，《穀梁》以爲謹而日。若水正之曰：「古者天下爲公，會同之禮制于天子，無上命而私盟，無道之甚者也，故書而紀之，日與不日，史記有詳略，聖人遂因之而不削耳。」又如莊公五年秋，郳黎來來朝，三傳皆以爲未受王命，若水正之曰：「已朝王也，史未之傳焉耳。觀王命以爲小邾，可見其朝矣。」凡此，諸儒皆韙其説。

王樵《春秋輯傳》十三卷　《春秋凡例》二卷

樵，見書類。

臣等謹案：樵説《春秋》，其有裨于經者。如隱公九年冬會防，樵云：「是時未有霸也而已。爲霸之漸，前此惟兩君相會，至此而參會矣；前此惟敵國相攻，至此而連諸侯伐宋矣。自參盟而有主盟，自連諸侯而遂摟諸侯以伐諸侯。故五霸，三王之罪人也；而放恣之諸侯，又五霸之罪人也。此《春秋》之大旨也。」又莊公二十七年秋，公子友如陳葬原仲，樵云：「此直書其事，不待貶而義自見者也。胡傳謂季子私行而無貶者，乃《春秋》端本之意，謂王臣私交而始亂末流，乃至大夫交政于中國[一]，若諸侯大夫則無譏，非經本旨，此皆得《春秋》之正者。」

朱睦㮮《春秋諸傳辨疑》四卷

睦㮮，見易類。

[一] 中國　文淵閣本作「國中」。

瞿九思《春秋以俟録》一卷

九思，字睿夫，黄梅人。萬曆中舉人。爲張維翰誣構，謫戍，張居正援之，得釋。後以薦授翰林待詔，不赴。事迹具《明史·文苑傳》。

姚舜牧《春秋疑問》十二卷

舜牧，見易類。

陳懿典《讀左漫筆》一卷

懿典，字孟常，秀水人。萬曆進士，官至中允，乞假歸。崇禎初，起爲少詹事，不赴。

張杞《麟經統一篇》十二卷

杞，字成夫，湖州人。萬曆中舉人，官福清縣教諭。

余敷中《春秋麟寶》六十三卷

敷中，不知何許人。前有萬曆乙卯《自序》。

鄭鈢《春秋心印》十四卷

鈢，上海人。萬曆中，由貢生官青田縣訓導。

王震《春秋左翼》四十三卷《經義考》作《左傳參同》。

震，字子長，烏程人。萬曆中舉人。

朱彝尊曰：「烏程王氏《左傳參同》四十三卷，別有《凡例》《列國世系考》《國號考異》《年表》《世次圖》《名號歸一圖》《名號考異》《字例》《書目》《姓氏》，附見于前後。其《報沈太史仲潤書》云：人謂僕變亂《左氏》，非敢然也。僕所謂編輯者，不過因其散亂而次第之，或緣其記識闕略而補葺之，如齊桓公遷邢于夷儀，封衛于楚丘，此是僖公元年、二年事也，傳乃載于閔公末年，當乎？否耶。又如晉獻公殺世子申生，本僖公五年事也，傳乃散見于莊公、閔公、僖公二三十年之間，考核者便乎？否耶。至如管仲匡合之功，孔子亟稱之，然《左氏》不詳見也。管子于召陵之役，則曰：『楚人攻宋，鄭燒焫熯，使城壞者不得復築也，屋之燒者不得復葺也。要宋田，塞兩川，使水不得東流，東山之西，水深滅垝四百里〔一〕，而後可田也。』于是興兵，南存宋、鄭，茲亦不見桓公、管仲之仁矣乎？令尹子文之忠，孔子嘉之，《左氏》未之及也，《國語》則曰：『子文緇衣以朝，鹿裘以處，未明而入朝，日晦而歸食，家無一日之積。』茲亦不見子文之徇公矣乎？三都之隳，聖人施爲大略具見于此經文，大書屢書必自有說，《左氏》僅曰：『仲由爲季氏宰，將隳三都。』抑何略也？《家語》則云：『孔子言于公曰：

〔一〕深　文淵閣本作「流」。

古者家不藏甲，大夫無百雉之城，今三家過制，請損之。』此出自聖人隳郈、隳費之本意，傳何可不載？至西狩獲麟，聖《經》于此絕筆，原有深意，《左氏》乃曰：『叔孫氏之車子鉏商獲麟，以爲不祥，賜虞人。仲尼觀之曰：麟也。然後取之。』其于《經》義，惡睹萬一。《家語》紀孔子之言，則曰：『麟之至，爲明王也，出非其時而被害，是以悲之。』此出自聖人絕筆至情，又何嫌攙入已？諸所增益[一]，大都不出此類。獨《左逸》《說林》等書，謬爲纂附，疑于真僞錯雜。然鄙意傳疏主于明《經》，苟于《經》義有裨，雖附見無傷也，矧細書傳後，原與本傳毫無混淆，又何真僞錯雜之足疑乎[二]？此書出，讀者可省檢閱覆覈之勞，其于初學不無小補，聖人蓋云：『屬辭比事，《春秋》教也。』僕之編輯，倘亦屬比之萬一乎？其著書大略具見此書。」

凌稚隆《左傳評注測義》七十卷

稚隆，字以棟，號磊泉，烏程人。萬曆時貢生。

鄭良弼《春秋續義發微》十二卷

良弼，字子宗，號肖巖，淳安人。萬曆中舉人。

[一] 諸　文淵閣本作「已之」。

[二] 足　文淵閣本作「可」。

楊于庭《春秋質疑》十二卷

于庭，字道行，全椒人。萬曆進士，官兵部職方司郎中。

陳許廷《春秋左傳典略》十二卷

許廷，字靈茂，海鹽人。萬曆中諸生，以薦授兵部司務。

王道焜、趙如源同編《左傳杜林合注》五十卷

道焜，杭州人，天啓舉人。如源，字濬之，亦杭州人。

朱朝瑛《讀春秋略記》十卷

朝瑛，見易類。

王介之《春秋四傳質》二卷

介之，字石崖，衡陽人。

鄧來鸞《春秋實録》十二卷

來鸞，字繡青，宜黄人。天啓進士，官至武昌府知府。

黄道周《春秋揆》一卷

道周，見易類。

張溥《春秋三書》三十二卷〔一〕

溥，見詩類。

張采《序》略曰：「《三書》者，張子讀《春秋》所作也。曷云三書？一曰《列國論》，是則張子分之以明經；一曰《諸傳斷》，是則張子合之以明經；一曰《書法解》，是則張子分合一致以明經。張子没，就所屬稿，《列國論》已完，《傳斷》中缺文公，復缺襄公以下，其僖公間缺十餘年。《書法解》爲目多端，而僅成一則。賈人强予續之，不自量，許其請，病不克，竟因先完僖公，出正同志，其他所缺，亦小有條緒。」

劉城《春秋左傳地名録》二卷

城，字伯宗，貴池人。崇禎中貢生。

顧懋樊《春秋義》三十卷

懋樊，見易類。

馮夢龍《春秋衡庫》三十卷　《别本春秋大全》三十卷

夢龍，字猶龍，吴縣人。崇禎時，以貢生知壽寧縣事。

〔一〕二　《總目》卷三〇同，文淵閣本作「三」。

陳士芳《春秋四傳通辭》十二卷通辭,《藝文略》作「通解」。

士芳,字清佩,海寧人。

朱之俊《春秋纂》無卷數

之俊,見易類。

陳于鼎《麟旨定》無卷數

于鼎,字爾新,宜興人。

王寖大《春秋説》三十卷　附録三卷

寖大,字幼章,合肥人。崇禎進士。

寖大《自序》略曰:「《春秋》本魯史原文,孔子修之,蓋筆削史文以見義,非變史文以起義。自説經者不舉大義,而求之名字、爵號、日月及會盟之類以爲義例,蓋昉于《公》《穀》,盛于胡氏。詮説愈繁,而經學愈亂。故著是書,以破諸家之言書法者〔一〕。」

《鍾評左傳》三十卷

毛晉汲古閣所刻,鍾惺評點。

〔一〕家 文淵閣本作「公」。

夏元彬《麟傳統宗》十三卷

元彬，本名彪，字仲弢，德清人。

梅之熉《春秋因是》三十卷

之熉，字惠連，麻城人。

施天遇《春秋三傳衷考》十二卷

天遇，字昌辰，武康人。

《春秋年考》一卷

不著撰人名氏。

欽定續文獻通考·經籍考卷十五

經 論語 孟子

《宋史·藝文志》論語類七十三部五百七十九卷,不著録者八部八十二卷。儒家類中《孟子》三十部三百二十六卷。

《遼》《金》《元》三史不立藝文志,散見各紀傳中。

《明史·藝文志》論語類五部六十六卷,孟子類二部十一卷。

宋

鄭汝諧《論語意原》二卷

汝諧,字舜舉,號東谷,處州人。仕至吏部侍郎。

真德秀曰:「《意原》以其己意而逆聖人之志,蓋多得之。《八佾篇》謂其傷權臣之僭竊,痛名分之紊亂,大指與《春秋》相表裏。於『子賤』章謂其爲人沈厚簡重,非魯多君子,不能取以爲君子。於『聞韶』章,謂以揖遜之樂作於僭竊之國,聖人蓋傷之。

於『三仁』章，謂微子之去，爲去王朝而之國，非歸周也。若是者，不可殫書，其言若異於先儒，而未嘗不合乎義理之正。」

臣等謹案：馬端臨《考》載《論語意原》一卷，引陳振孫《書録解題》云「不知作者」。兹以其卷數不同，復不著撰人，疑或别是一書，仍著録焉。

蔡節《論語集説》十三卷〔一〕

節，字覺庵，永嘉人。淳祐間，官太府卿兼樞密副都承旨。

姜文龍曰：「永嘉蔡先生《集説》之作，自《集義》中來，本之明道、伊川二先生，參以晦菴《或問》，而于晦菴、南軒尤得其骨髓。蓋南軒學于五峰先生，又與晦菴相講磨，故語説多親切。」

納喇性德曰：「是書《宋藝文志》不載，諸家藏書目俱不收，予購得之，幸矣。永嘉自伊洛諸儒未作，王景山出，發明經藴，述《儒志》一編，其後則有劉安節元承、鮑若雨商霖、謝天申用休、潘旻子文、周行己恭叔、陳經正貴一暨弟經邦貴敘，其姓名皆入《伊洛淵源録》中。而著群經説者，若陳鵬飛少南、薛季宣士龍、張淳忠甫、葉適正則、

〔一〕三 《總目》卷三五同，文淵閣本無。

戴溪肖望、陳傅良君舉、葉味道知道、錢文子文季、黃仲炎若晦、湯達達可、陳埴潛室、王與之次點皆有成書著録。諺曰：『温居瀛壖，理學之淵。』不信然與？」

黄虞稷曰：「是書淳祐五年表進。」

金履祥《論語集注考證》十卷

履祥，見書類。

明

陳士元《論語類考》二十卷

士元，見易類。

士元《自序》略曰：「《論語》者，孔子答弟子、時人及弟子相與言而所聞於孔子之語也。《論語讖》謂子夏等六十四人撰，鄭康成謂仲弓、游夏輩撰，而程正叔以爲成於有子、曾子之門人，洪景盧又謂兼成於閔子之門人，云其書《古論》二十一篇，《齊論》二十二篇，《魯論》二十篇，漢孝文置《論語》博士，平帝召通《論語》者，駕軺詣京師，蓋慎其選而重茲科也。張禹本受《魯論》，兼講《齊論》，合而考之，删其煩複，主《魯論》二十篇，除《齊論・問王》《知道》二篇，稱爲《張侯論》，今所傳《論語》是已，齊、古二學遂不傳。明興，設科取士，初試『七藝』，《論語》居先，而世之學者，幼時即承斯業，及從政爲邦，則目爲筌蹄，不復省覽，予於是蓋病焉。昔人有言《論語》，始於不愠，終於知命，爲君子儒，洙泗爲仁之方，一貫之道，可終身違乎？予素檮昧，有一得輒出入口耳間，乃著此編，貯之右塾。凡二十卷，爲類十有八，目四百九十有四，云《論語》八十策，較《六經》之策，三居二聘，禮疏可稽也。傳録者誤爲八十宗，徐遵明曲爲之解，爲王應麟所詆誚，予兹曲解不止八十宗三言耳，其不免覽者詆誚哉？」

王肯堂《論語義府》二十卷

肯堂，見書類。

王綱振曰：「損菴先生裒集先儒語録，下及近儒諸説經者，凡數百家，名曰《義府》。《論語》最先脱稿，計四十餘萬言。」

周宗建《論語商》二卷

宗建，字季侯，吴江人。萬曆進士，官至監察御史，巡按湖廣，爲魏忠賢所害。崇禎初，追贈太僕寺卿，謚忠毅。

繆永曰：「《論語商》二卷，成於武康官廨。」

劉宗周《論語學案》十卷[一]

宗周,見易類。

右《論語》

宋

《蘇評孟子》二卷

舊題蘇洵評。

臣等謹案:是書詞意庸淺,當是依託之作。

蔡模《孟子集疏》十四卷

模,字仲覺,號覺軒,建安人。蔡沈之子,蔡杭之兄也。

蔡杭《後序》略曰:「紫陽朱子集諸儒之大成,《論》《孟》二書,有《集義》以發其所疑,有《或問》以别其所異,而《集注》出焉。杭王父西山府君在師門最久,先君子九峰府君世師師學,得于問辨講明爲尤詳。伯氏《覺軒語》及《過庭舊聞》,慨然旁搜博取,以就先志,九年究心,於是參《或問》以見同異,采《集義》以補缺遺,《文集》則以剖決

[一] 十卷 《總目》卷三六同,文淵閣本作「無卷數」。

而無隱，《語録》則以講辨而益精。至兩世所見聞，門人所敷繹，有足以發越朱子言外之意者，會而通之，故觀《集疏》而《集注》之意易見。」

納喇性德曰：「牧堂蔡仲與，朱子稱其教子不干利禄，而開之以聖賢之學，非世人所及。其子元定、季通，孫淵伯静、沈仲默，曾孫模仲覺、杭仲節，皆隱居著書。既而仲覺任建安書院席長，以謝方叔湯恢薦補迪功郎，添差本州教授。而仲節旋中進士，爲諸王教授，累遷端明殿學士、參知政事。蔡氏撰述，季通《律吕新書》、仲默《書傳》最著。而伯静《易訓解》，鄱陽董氏載入《諸儒沿革》中，仲覺則有《易傳集解》《大學衍》《論語孟子集疏》《河洛探賾》《續近思録》諸書。予所見者，僅《孟子集疏》十四卷而已，仲節爲之《後序》，稱其參《或問》以見同異，采《集義》以補闕遺，洵有功於《集注》者矣。仲覺被薦，嘗疏言：『敬義爲萬世帝王心學之本，而《大雅》「价人維藩」六語，爲國家守邦要道。』又請以《白鹿洞學規》頒諸天下。蓋無愧牧堂老人之教，而其家學誠非世人所能幾及也。」

施德操《孟子發題》一卷

德操，字彦執，海昌人。以病廢，不能婚、宦，坎壈而没。

金履祥《孟子集注考證》七卷

履祥，見書類。

明

陳士元《孟子雜記》四卷

士元，見易類。

管志道《孟義訂測》七卷

志道，字登之，婁縣人。事迹附見《明史·顔鯨傳》。

郝敬《孟子説解》十四卷

敬，見易類。

陸元輔曰：郝仲輿《孟子説解》前有《讀孟子》三十一條爲一卷，《孟子遺事》一卷，餘隨文詳説十二卷。

右《孟子》